"일대일로" 수첩

《"一带一路"手册》

主编 蔡昉 [英]彼得·诺兰 (Peter Nolan) 王灵桂

执行主编 赵江林

"YI DAI YI LU"SHOU CE

ZHUBIAN: CAI FANG; PETER NOLAN(UK); WANG LINGGUI

ZHIXING ZHUBIAN: ZHAO JIANGLIN

"일대일로" 수첩

"一带一路"手册

편집장 차이팡(蔡昉) · Peter Nolan · 왕링구이(王灵桂)
편집주간 자오지앙린(赵江林)
옮긴이 김극(金克)

역락

작가 명단(한자 병음순)

비엔융주(卜永祖)

판쥐앤룽(范娟荣)

펑웨이지앙(冯维江)

궈진펑(郭金峰)

허우뽀(候波)

지이(计奕)

쟈중정(贾中正)

지앙팡페이(蒋芳菲)

리하이펑(李海风)

리티앤궈(李天国)

류징예(刘静烨)

류러(刘乐)

류웨이(刘玮)

류쭈오쿠이(刘作奎)

팡쟈신(庞加欣)

친성(秦升)

취차이윈(屈彩云)

런린(任琳)

선밍후이(沈铭辉)

티앤펑(田丰)

티앤광치앙(田光强)

티앤후이팡(田慧芳)

왕웨이(王伟)

왕융중(王永中)

왕위주(王玉主)

우왕쓰치(吴汪世琦)

셰라이후이(谢来辉)

쉬시우쥔(徐秀军)

쉬리핑(许丽平)

쉬에리(薛力)

양단즈(杨丹志)

자오지앙린(赵江林)

장위안(张元)

장중위안(张中元)

중페이텅(钟飞腾)

시진핑(习近平) 중국국가주석이 2013년 "일대일로" 이니셔티브를 제기한 이후 해당 이니셔티브는 많은 국가와 국제기구들의 적극적인 호응과 동참을 이끌어 냈으며 점점 더 많은 우방과 파트너들이 "일대일로"에 참여했다. 그 후 "일대일로" 이니셔티브는 전반적인 계획으로부터 세부적인 실행에 이르는 과정을 겪으면서 협력과 실천의 수준이 더욱 심화되었고 실무공간이 더욱 넓어졌으며 발전의 퀼리티도 더욱 향상되었다. 오늘날에 이르러 "일대일로" 이니셔티브와 그 실천 과정은 이미 전 세계적인 화제 및 현상으로 자리 잡았다.

첫째, "일대일로"는 실무적인 측면에서 양호한 진전을 보이고 있다. 2021년 1월 기준, 중국은 140개 국가와 31개 국제기구들과 205건의 "일대일로" 관련 협력 문서를 체결했다. 2013~2019년 중국과 "일대일로" 주변 국가들 간의 누적 화물 교역액은 7.8조 달러를 초과했고 연안 국가들에 대한 직접투자는 1100억 달러를 넘어섰다.

둘째, "일대일로"는 세계적인 관심을 불러일으키며 국제여론과 강좌의 뜨거운 토론 주제로 떠올랐다. 2017년 5월에 개최된 제1차 "일대일로" 국제협력서밋에는 29개 국 정상과 140여 개의 국가 및 80여 개의 국제기구에서 온 1600여 명의 대표들이 자리에 참석했다. 그 후 2019년 4월 제2차 "일대일로" 국제협력서밋이 개최되었으며 2020년 6월에는

"일대일로" 국제협력 고위층 화상회의가 북경에서 열렸다.

중국에서 시작된 "일대일로" 건설은 국가와 지역, 상이한 경제 사회 발전단계, 다양한 문명을 뛰어 넘는 개방적이고 포용적인 협력의 장으로 자리를 잡아갔고 각 측이 함께 만들어가는 글로벌 공공재가 되었다. 유엔총회와 유엔안전보장이사회에서 채택된 중요 결의사항에도 "일대일로" 건설 관련 내용이 포함되었다.

셋째, "일대일로"는 학계와 여론계의 열기 띤 연구 및 전파에 힘입어 이론 분야의 성과가 우후죽순처럼 나타나고 있다. 각 나라 학자들이 "일대일로"와 관련된 역사, 지리, 경제, 문화 등 화제들을 둘러싸고 토론을 벌렸고 정책 연구자들이 공동상의·공동건설·상호공유 과정 중에 나타난 문제점 및 의사결정에 관한 연구를 진행하면서 정책 소통, 인프라 연통(联通, 연결), 무역 창통(畅通, 원활화), 자금 융통, 민심 상통 등 실무적인 분야에서 풍성한 결실을 거두고 있다.

세계는 점점 더 긴밀하게 연결되고 있으며 인류도 점점 더 동고동락하는 운명공동체로 거듭나고 있다. 모든 국가와 지역들이 다 각자의 경제사회 발전을 도모하고 있지만 그 어떤 국가와 지역도 서로와 동떨어진 상태에서 독립적으로 발전을 이뤄낼 수 없는 만큼 세계화는 거스를 수 없는 추세가 되고 있다. 다만 세계화는 자연스럽게 생성되는 산물이 아니며 모든 관계자들이 서로 얽히고 설키는 과정을 겪어야 한다. 또한 세계화는 결코 자연스럽게 모든 국가와 모든 인류들에게 혜택을 가져다 줄 수는 없으며 정성, 수정, 개량과 수호를 필요로 한다.

2008~2009년 글로벌 금융 위기 발발 후 잠시 탈세계화가 잠시 성행한 적도 있었지만 결국에는 세계화의 지속적인 발전을 막지는 못했다. 일부 국가들은 포퓰리즘, 보호주의, 일방주의의 길을 걸었지만 기

타 국가들로부터 보편적인 인정을 받지 못했고 이를 모방하는 국가들도 없었다. 무역 갈등을 유발하고 더 나아가 심지어 무역 전쟁까지 불사하는 행동들은 자신과 모든 사람들에게 피해를 끼치고 일련의 문제점을 야기할 수 있기에 필연코 많은 저항에 맞닥뜨리게 된다. 2020년 들어 세계 각국에서 코로나 19 팬데믹이 발생하면서 일부 국가의 자국 우선주의를 부추겼지만 이 역시 세계화의 흐름을 막지는 못했다. 단 코로나19 기간 글로벌 공급 사슬에 파열음이 생기기 시작했고 수에즈 운하 마비 사고와 같이 막대한 혼란과 손실을 야기한 사건 사고가 속출했는데 이는 세계화의 흐름을 거슬러서는 안된다는 점을 잘 보여주고 있으며 세계화의 취약부를 여실히 보여주는 대목이기도 하다. 이런 취약성은 협력의 의지가 부족하고 소통이 충분히 이뤄지지 않았기에 나타난 것이며 세계 각국을 연결한 인프라에 여전히 거대한 구멍이 존재한다는 방증이다.

세계화는 돌이킬 수 없는 추세인 만큼 우리는 용왕매진해야 하고, 국가 간의 협력과 교류가 또다시 단절되어서는 안되는 만큼 우리는 반드시 상호 연결성과 연결 능력을 강화해야 한다. 연결성은 세계화의 핵심이자 글로벌 가치 사슬의 취약점이기도 하기에 다양한 지역을 아우르는 인프라를 통해 연결성을 향상해야 한다. "일대일로" 이니셔티브가 적극적이고 광범위한 호응을 얻을 수 있었던 것은 해당 이니셔티브 및 그 실행 과정이 세계화와 관련국들의 발전에 대한 현실적인 수요를 만족시킬 수 있었기 때문이다.

"일대일로" 건설은 주변 국가와 제3국들이 관련되어 있고 대량의 건설 중 및 실시 예정인 프로젝트들이 연관되어 있는 만큼 경제 체제, 정책 이념, 문화 전통, 선·후천적 요소 등 일련의 문제들이 야기한 난관과 어려움을 극복해야 한다. "일대일로"는 단순한 인프라 건설 프로젝트가 아니라 기타 제반 분야를 상호 연결시키는 교량 역할을 해내야 하는 셈이다.

좋은 소식이라 하면 관련국 간 광범위한 협상이 이뤄지고 있고 건설 프로젝트가 초기 성과를 보이고 있으며 학계와 여론계간 상호 교류가 증진되고 있다는 점이다. 이러한 호재는 우리에게 새로운 사물과 새로운 경험을 다양하게 제공해 주고 있으며 구동존이[01](求同存異)를 실현하고 새로운 인식과 새로운 공감대를 형성하는데 일조하고 있다.《"일대일로" 수첩》의 작가는 과거 발행본의 내용에 기초하여 새로운 발전 관련 내용을 광범위하게 채택 및 반영하여 내용의 완전성, 풍부성과 정확성을 한층 더 향상시킨 새로운 발행본을 출시하였다. 해당 수첩의 새로운 발행본이 각계각층의 독자들이 "일대일로" 관련 문제에 대한 이해를 증진시키고 더 나아가 실질적인 건설 추진에 도움이 될 수 있기를 바라는 바이다.

차이팡(蔡昉)

중국사회과학원 국가고위싱크탱크 수석전문가

2021년 5월 7일

---

01   구동존이: 서로 다른 점은 인정하면서 공동의 이익을 추구한다.

Infrastructure is the core of the Chinese government's Belt and Road (BRI) policy. It is crucial for development and it is closely connected with trade and investment. Infrastructure is necessary in order not only to liberate the creative energies of entrepreneurship but also to provide the foundation for the realisation of human self-development. In countries at all stages of development, markets often fail to provide the necessary level of infrastructure provision. The requisite extent and nature of state involvement in infrastructure may vary between countries of different sizes and traditions, and at different points in history. The complex relationship between government provision of infrastructure provision and development was captured by Adam Smith's proposition:' The third and last duty of the sovereign or commonwealth is that of erecting and maintaining those public institutions and those public works which, though they may be in the highest degree advantageous to a great society, are, however, of such a nature that the profit could never repay the expense to any individual or small number of individuals, and which it therefore cannot be expected that any individual or small number of individuals should erect or maintain. *The performance of this duty requires too very different degrees of expense in the different periods of society'* (Adam Smith, 1776: 244).[01]

In order to allow the market mechanism to function effectively, the pre-modern Chinese state performed critically important functions. They included the framework of peace and law, famine prevention, commodity price stabilisation, and control of the money supply. However, the most important state function at both the local and the national level was water control. This included massive centrally administered schemes such as the Yellow River Authority and the maintenance of the Grand Canal, as well as a myriad local water control structures. The 'visible hand' of ethically-guided stateaction provided the foundation for the operation of the 'invisible hand' of the market mechanism. From the collapse of the Roman Empire up until the eighteenth century China's level of commercialisation, urbanisation, technology and culture was much ahead of that in Europe. The gap only narrowed significantly after the sixteenth century. Through China's trade and cultural interaction with Central and Southeast Asia a long-term flow of ideas took place from China to Europe, which helped to nourish the Industrial Revolution through which Europe vaulted

---

01   Smith, A., 1776, The Wealth of Nations, Chicago: University of Chicago Press, Cannan edition (originally published, 1776).

ahead of China in the space of only half a century. Through this revolution the West rapidly rose to dominate the whole global political economy, including that of Central and Southeast Asia. However, the period since the European Industrial Revolution is less than 200 years.

The West's massive impact upon the regions between it and China is a thin veneer layered on top of deep, complex lacquer of interaction between China and these regions. This interaction is of great antiquity, stretching back more than 2000 years. China's BRI policy builds on the history of ancient trade networks and cultural trans- mission between China on the one hand and Central and Southeast Asia on the other. Before the nineteenth century the interaction between China and Europe was mostly indirect, mainly through intermediary trade systems. These trading systems involved not only Chinese people, but also large numbers of inhabitants of the regions that lie between China and the Far West. Although their numbers were tiny compared to the vast Chinese population, substantial trading communities from Central and Southeast Asia, including Buddhists, Arabs, Muslims, Persians, and Indians, settled in China's western and southern coastal regions. A significant number of Chinese people settled in these regions, especially in southeast Asia. China's traditional international trade was tiny in comparison with the vast volume of internal trade. However, it was highly significant in terms of the deep inter-connections between China and the regions immediately around it to the West and the South. Mainly through trade relations, a deep long- term symbiotic, two-way flow of culture took place between China and these regions, which helped to weave them together in a complex cultural tapestry.

Infrastructure development has been a vital part of China's modernisation during the era of Reform and Opening-up. The growth of infrastructure has been essential to the creation of an environment in which both domestic and international capital can invest. Infrastructure provides the 'cage' within which the 'bird' of market forces can spread its wings as the cage expands. Throughout China's history the duty of government officials has been to ensure 'all under heaven for the common good' (*tian xiawei gong*). This philosophy, which was first enunciated by Confucius, remains the foundation of the search for 'common prosperity' (*gong tong fu yu*) in China today. In pursuit of this goal, the pace of infrastructure building in China has accelerated in recent years. The government has served as the coordinating entity that brings together financial sources from diverse channels to construct the infrastructure necessary for development.

China's installed electricity generating capacity more than doubled between 2008 and 2019. China has one of the of the world's most reliable electricity grids and it has become the world leader in renewable electricity generation. By 2019 over one-fifth of

China's total generating capacity was from wind and solar. Between 1978 and 2018, China's urban population increased from 172 million to 831 million. At the same time, the floor space per person in the urban areas increased from less than 7 sq. m. to 38 sq. m. Between 2008 and 2019 China's port container traffic more than doubled and the number of passengers on planes more than tripled. China's port and air traffic system is at the forefront of global technology. Between 2008 and 2019 China's passenger vehicle ownership increased almost six-fold. This required large-scale expansion of China's road system. Over three-fifths of China's rail journeys (by passenger-kilometres) are now made by high-speed rail, with fares set at a level that are affordable to a large part of the population. China's technically advanced high-speed rail system includes state-of-the-art stations, digital ticketing, and provides a safe, rapid and civilised mode of transport. By 2018 China had a total of 35 metro systems with 185 metro lines. China's metro network grew from ten per cent of the global metro network in 1990 to 28% in 2017. Fares are much lower than the global average. By 2019 China accounted for around one-half of the world's total number of 4G base stations. By May 2021 it had already installed 819, 000 5G base stations, with 280 million mobile connections, amounting to around 80% of the global total. China is on course to complete the 5G network by 2025. In 2021 China's mobile users paid an average monthly charge of US $ 5. 94, compared with a global average of US $ 11. 36. China's rapid development of 5G deeply affects daily life and the style of work, as well as personal consumption and social interaction, including entertainment, healthcare and urban governance.

China has a rich tradition of public action to build the infrastructure necessary for the market economy to function effectively. This tradition has continued into the current era and forms the foundation of China's modernisation. China's experience of pragmatic state action to step in where markets fail has the potential to make a profound contribution to economic and social development along the Silk Road by Land and Sea.

Peter Nolan

December 15, 2021

"일대일로": 모두가 손잡고 나아가는 탄탄대로

　"일대일로" 이니셔티브는 정식 발의 후 거시적인 로드맵에서 세부적인 실행에 이르기까지, 그리고 더 나아가 공동으로 고품질의 "일대일로" 탄탄대로를 지속적으로 건설하기까지, 기반 구축, 프레임 설계, 추진 및 실행, 지속 발전 등 다양한 단계를 거쳐왔고 지금은 풍부한 실천성과 매력적인 이념을 앞세워 세계 발전사에 한 획을 그을 독창적인 탄탄대로라는 새로운 단계에 접어들고 있다. 향후 관련국들이 힘을 모아 "일대일로" 공동건설의 "백척간두 진일보[01](百尺竿头, 更进一步)를 도모해야 한다. 즉 건전한 발전 추세를 유지하는 기초하에 새로운 발전 이념을 가이드라인으로 삼고 상호 협력을 통해 질적 성장의 새로운 국면으로 전환해야 하며 "모두가 손잡고 나아가는 탄탄대로"를 목표 삼아

01　백척간두 진일보: 이미 도달한 탁월한 경지에 만족하지 않고 더욱 분발하여 더 많이 발전하다.

공동건설 업무의 지속적이고 심층적인 진전을 강구해야 한다.

　시진핑 주석을 핵심으로 하는 당중앙은 새로운 시대에 진입한 중국의 발전 현황에 입각하여 미래의 글로벌 트렌드를 읽고 고대 실크로드 정신에서 영양분을 흡수하면서 중국의 발전과 세계의 공동발전을 유기적으로 결합시켰으며 "일대일로" 플랫폼 공동건설을 통해 인류 운명공동체를 구축하는것을 취지로 한 이니셔티브를 제기했다. 해당 이니셔티브는 중국의 개혁개방과 장기적인 발전을 출발점으로 삼았기에 중화민족이 대대로 물려온 천하대동(天下大同) 이념과 중국 인민들이 인덕(仁德)을 통해 먼 벗들을 불러들이고 만천하의 조화로운 발전을 추구했던 세계관과 부합된다. 따라서 자연스럽게 국제 도덕의 고지를 선점할 수 있었고 중국과 협력 파트너 국가들을 평화, 발전, 협력, 원윈의 길로 이끌 수 있었다. "일대일로" 이니셔티브를 제기한 이후 중국은 시종일관 대화와 협상, 공동건설과 상호공유, 호혜와 상생, 교류와 학습을 견지하면서 주변국들과 함께 협력의 최대공약수를 모색했고 국가 간 정치적 상호 신뢰와 경제 및 인문 교류를 추진했으며 한 걸음 한 걸음 착실하게 실행에 옮기고 조금씩 성과를 이뤄내면서 정책 소통, 인프라 연통(联通, 연결), 무역 창통(畅通, 원활화), 자금 융통, 민심 상통 등 분야에서 눈에 띄게 풍성한 결실을 수확했다. "일대일로"가 정식으로 제기된 2013년부터 2018년 8월까지, 단 5년이란 시간 동안 중국과 "일대일로" 관련국 간의 누적 화물 교역액은 5조 달러를 넘어섰고 해외직접투자는 600억 달러를 초과했으며 현지에 20만 개가 넘는 일자리를 창출해내면서 글로벌 해외직접투자의 상승세를 견인한 엔진 역할을 해냈을 뿐만 아니라 점점 더 많은 국가들로부터 뜨거운 호응을 받았다. 실천이 증명하다시피 "일대일로" 공동건설이 광범위한 지지를 얻은 원인은 "일대일로" 공동건설이 경제 분야에 국한된 협력이 아니라 글로벌 발전 모델과 글로벌 거버넌스를 보완하고 경제 세계화의 건전한 발전을 추진하는 중요한 루트였기 때문이다. "일대일로"는 글로벌 거버넌스 변혁의 내적 요구에 부합되고 관련 국가 특히 많은 개도국들이 평화와 발전을 도모하고자 하는 염원을 반영하고 있으며 동주공제(同舟共济, 같은 배를 타고 함께 강을 건넌다)와 권책공담(权责共担, 권력에는 책임이 따른다)을 골자로 하는 운명공동체 의식을 부각시키면서 글로벌 거번넌스의 변혁에 새로운 이념과 새로운 방안을 제공하고 있다.

2018년 시진핑 총서기는 베이징에서 개최된 "일대일로" 건설 5주년 좌담회에서 "일대일로" 공동건설은 거시적인 로드맵에서 세부적인 실행으로 전환해야 한다는 요구사항을 제기했다. 시진핑 총서기는 과거 수년간 "일대일로" 공동건설의 전반적인 로드맵이 완성됨에 따라 한 편의 "대사의[02](大写意)"가 마무리되었으니 앞으로는 중요한 사항에 집중하면서 정밀하고 디테일한 세부 작업을 통해 주변국들과 함께 정교한 "공필화" 작품을 만들어가야 한다고 강조했다. "일대일로 공필화" 공동 집필의 내적 요구에 따라 "일대일로" 공동건설 관련국들은 업무 메커니즘 구축, 지원 시스템 체계화 등을 통해 관련 프로젝트들을 적극 추진했고 상호 협력을 통해 더 많은 무역 진흥 플랫폼을 구축했으며 크로스 오버 전자상거래 등 새로운 무역 형태와 무역 모델의 활기찬 성장을 견인했다. 이와 동시에 중국은 설중송탄[03](雪中送炭)의 이념하에

---

02 대사의(大写意): 중국전통화 회화 기법 중 하나이며 세부적인 디테일보다는 전반적인 인상과 느낌을 표현하는데 치중한다.

03 설중송탄(雪中送炭) : 눈 속에 있는 사람에게 숯을 보낸다는 뜻으로, 어려움에 처한 사람을 마침맞게 도와줌을 이르는 말이다.

협력국들과 함께 현지 주민들에게 실질적인 혜택을 가져다줄 수 있는 일련의 민생 프로젝트를 성공시켰고 "일대일로" 공동건설을 둘러싼 일련의 효율적인 민생 대책을 제정 및 실행했으며 교육, 과학기술, 문화, 스포츠, 관광, 보건, 고고학 등 분야에서의 교류를 증진하면서 민심 상통을 추진하였을 뿐만 아니라 "일대일로" 홍보대사들도 대거 육성해냈다. 2020년 12월 기준, 중국 정부는 이미 138개 국가 및 지역, 31개 국제 및 역내 조직과 203건에 달하는 "일대일로" 협력 문서를 체결했다. "일대일로 공필화"의 안정적인 추진은 전 세계에 중국의 발전 기회를 공유할 수 있는 새로운 플랫폼을 제공해 주었고 국제 협력의 새로운 루트와 새로운 공간을 개척해 줌으로써 "일대일로" 이니셔티브를 국제사회로부터 찬사를 받는 협력 플랫폼이자 전 세계 동반 성장 및 공동 발전을 추진하는 모멘텀으로, 그리고 더 나아가 인류 운명공동체를 구성을 향한 실천 매개체로 격상시켰다.

　　시진핑 총서기는 2021년 보아오 포럼 개막식 영상 연설에서 "'일대일로'는 모두가 손잡고 나아가는 탄탄대로이지 특정 국가만을 위한 지름길이 아니며 '일대일로' 공동건설은 발전을 추구하고 원원을 지향하며 희망을 전파한다. 향후 우리는 관련국들과 함께 지속적으로 '일대일로'의 질적 성장을 도모하고 공동상의·공동건설·상호공유의 원칙을 견지하며 개방, 친환경, 청렴의 이념을 널리 전파하면서 높은 기준, 민생 혜택, 지속 가능한 발전이라는 목표를 실현할 것이다"라고 밝혔다. 시진핑 총서기의 기조연설은 전 세계에 중국이 다양한 국가들과 함께 "일대일로" 탄탄대로를 공동건설하고자 하는 시대적 호소를 전달했다. 해당 연설은 또한 새로운 시기, 새로운 단계에 들어선 중국이 "일대일로" 공동건설을 지속적으로 추진하고 꾸준히 주변국 인민들에게 행복을 가져다주며 흔들림 없이 인류 운명공동체를 구축하는 액션플랜과 로드맵이 되었다.

첫째, 더욱 평화롭고 따뜻한 "일대일로"를 건설해야 한다. 한나라 때 장건(張騫)은 평화대사라는 중임을 짊어지고 중화문화를 서역(西域)에 널리 전파하고 서역의 문화 성과를 도입했다. 정화(鄭和)는 일곱 차례에 걸쳐 아시아·아프리카 지역의 30여 개국을 항행하며 중국과 주변국 인민 간의 우호 협력을 이끌었다. 만리도 넘게 이어진 고대 실크로드는 2000여 년의 시간 동안 평화협력, 개방포용, 상호학습, 호혜상생을 핵심으로 하는 실크로드 정신을 전승해왔으며 인류 역사를 통틀어도 손에 꼽힐 정도로 소중한 정신적 유산을 형성하였다. "일대일로" 이니셔티브는 고대 실크로드의 정신을 계승 및 발양하였고 중국과 일대일로 주변국들의 발전을, 그리고 중국몽과 주변 국가 및 지역 인민들의 꿈을 유기적으로 결합시키면서 고대 실크로드 정신에 새로운 시대적 의미를 부여하였다. 중국은 "일대일로" 공동건설 과정에서 시종일관 상대국의 주권, 존엄과 영토 완정을 존중해왔고 상대국의 발전 노선과 사회 제도를 존중해왔으며 상대국의 핵심 이익과 중대 관심사항을 존중해왔다. 이를 통해 모두가 함께 건설하고 함께 누릴 수 있는 안전 체계를 구축하였고 공평과 정의, 협상과 조율을 기반으로 주변국들과 함께 정치적 이슈들을 풀어나가면서 국제사회의 보편적인 찬사를 받았으며 "평화적자" 문제를 해결한 모범 사례로 남았다. 2016년 11월 193개 유엔 회원국들은 만장일치로 "일대일로" 등 경제 협력 이니셔티브를 환영하는 결의안을 통과시켰고 국제사회에 "일대일로" 건설에 필요한 안전 보장을 제공해 줄 것을 호소했다. 시진핑 총서기는 "일대일로" 공동건설의 목적은 모든 참여국들이 성과를 공유할 수 있는 백화원(百花園)

을 만드는 것이라고 밝힌 바 있다. 2021년 4월 시진핑 주석은 2021 보아오 포럼 개막식 기조연설에서 "우리는 평등 협상을 통해 모두가 호혜 상생할 수 있는 미래를 개척해야 한다. 국제사회의 일은 모든 국가가 공동으로 상의해서 해결해야 하고 세계의 미래와 운명 역시 모든 국가가 공동으로 개척해야지 하나 혹은 몇 개의 특정 국가가 제정한 규칙을 강제 적용하거나 일부 국가의 일방주의에 끌려다녀서는 안된다. 세계는 패권이 아닌 공정과 공평을 원하고 있다"라고 강조했다. 시진핑 주석은 높은 기준, 민생 혜택, 지속 가능한 발전이라는 목표를 제시했고 더욱 긴밀한 위생보건 협력 파트너십 구축 및 백신의 글로벌 공공재화를 추진하면서 개도국들이 코로나19를 극복하는데 더 많은 도움을 주었으며 세계 각국 인민들의 생명 안전과 신체 건강을 공동으로 수호했다. 고대 실크로드 평화 정신을 담은 이러한 이니셔티브와 선언은 평화로운 "일대일로"를 구축하고자 하는 중국의 굳건한 결심을 전 세계에 보여주었다.

둘째, 더욱 번영하고 따뜻한 "일대일로"를 건설해야 한다. 발전은 모든 문제를 해결할 수 있는 열쇠이다. "일대일로" 공동건설은 "일대일로" 주변국들 대다수가 개도국이며 발전이 절박하다는 근본적인 문제에 주안점을 두고 있다. 상호 협력과 공동건설 과정에서 각자가 가진 자원 우세를 결합하여 자원을 재분배하고 각국의 발전 잠재력을 발굴하며 경제 융합, 공동 발전, 성과 공유를 실현하면서 "일대일로"를 번영의 길로 만들고 발전과 번영의 햇살이 주변국 인민들을 따뜻하게 비춰줄 수 있도록 해야 한다. "일대일로" 이니셔티브는 제기된 이후 시종일관 관련국과의 심층적인 산업 협력을 추진했고 경제 무역과 산업협력 단지를 통해 서로의 산업 발전 계획을 상호 융합 및 촉진시켰으며 특히 글로벌 생산능력과 장비 제조 능력 강화 분야에서 새로운 산업혁명의 발전 기회를 포착하면서 끊임없이 경제 발전에 새로운 활력을 불어넣었다. 2021년 4월 시진핑 총서기는 "새로운 과학기술 혁명과 산업 변혁이 가져다 준 역사적 기회를 포착하여 디지털 경제를 적극 발전시키고 인공지능, 바이오 의약, 현대 에너지 등 분야에서 협력을 강화하여 과학기술의 혁신 성과가 각국 인민들에게 더 많은 혜택을 가져다줄 수 있게 해야 한다." "더욱 긴밀하게 연결된 파트너 관계를 구축하고 인프라의 연결성과 규칙 기준의 통용화를 강화하며 무역과 투자 분야의 원활한 협력 보장 및 실크로드 전자상거래 적극 발전을 통해 공동 융합 발전을 도모해야 한다." "더욱 긴밀하고 개방적이며 포용적인 파트너 관계를 구축하고 참여 의향이 있는 관련 국가 및 조직들과 함께 노력하여 '일대일로'를 '빈곤퇴치의 길' '성장의 길'로 만들어 가면서 인류의 공동 번영에 적극 기여해야 한다"고 강조했다. 중요한 의미를 내포한 시진핑 총서기의 해당 연설은 중국과 주변국들과 함께 만들어가는 공동번영의 길이 "폭넓은 발전"의 시대에 접어들었다는 것을 뜻한다. 향후 한층 더 강렬해진 번영의 햇살이 지속적으로 "일대일로"를 비춰줄 것이다.

셋째, 더욱 개방적이고 따뜻한 "일대일로"를 건설해야 한다. 개방은 진보를 수반하고 폐쇄는 낙후를 야기한다. 이는 전 세계 특히 광범한 개도국들의 보편적이고 공통적인 인식이다. "일대일로"를 개방형 협력 플랫폼 및 개방의 길로 만들어 다자간 무역 체계를 수호하고 경제 성장과 발전 불균형의 문제를 해결하는 것은 중국이 예로부터 견지해온 "일대일로" 공동건설 원칙이다. "일대일로" 이니셔티브가 제기된 이후 중국은 개방이라는 목표를 방향 삼아 주변국들과 함께 개방과 발전에 유리한 환경을 만들어왔고 공정하고 합리적이며 투명한 국제경제무역 투자규칙체계를 구축해왔으며 자유무역지역 건설 및 투자 무역의 자유화와 편리화를 추진하면서 경제 성장과 발전의 불균형 문제, 거버넌스 곤경, 정보 격차, 분배 차이 등 문제 해결에 앞장섰고 개도국들의 글로벌 가치 사슬, 산업 사슬 및 공급 사실 편입을 견인했다. 또한 중국은 각 참여국들이 자국 실정에 맞춰 개방형 경제를 발전하고 지역 및 글로벌 경제 거버넌스에 참여하는 것을 독려했으며 그들과 함께 더 많은 공공재를 창출하면서 광범위한 이익 공동체를 만들어왔다. 시진핑 총서기는 2021년 4월 20일 연설을 통해 개방은 발전과 진보 실현을 위해 반드시 거쳐가야 하는 길이자 포스트 코로나 시대 경제 회복의 핵심이라고 밝혔다. 또한 개방과 융통은 거스를 수 없는 역사적 흐름인 만큼 인위적인 폐쇄와 탈동조화는 경제와 시장규칙에 어긋나며 결국 자신과 남에게 모두 해를 끼치는 행위라고 강조했다. 이 중대 선언은 "일대일로" 협력 국가와 국제사회에 중국은 절대 한번 개방한 대문을 다시 닫지 않을 것이라는 명확한 신호를 보내주었고 "일대일로"를 개방의 길로 만드는데 큰 자신감과 힘을 실어주었다.

넷째, 더욱 혁신적이고 따뜻한 "일대일로"를 건설해야 한다. 혁신은 발전을 추진하는 중요한 동력이다. "일대일로" 이니셔티브 자체가 하나의 역사적인 사업인 만큼 해당 이니셔트브를 심층적으로 추진하려면 혁신을 통해 모멘텀을 확보해야 한다. 중국은 혁신 구동형 전략을 견지하는 동시에 주변국들과 함께 적극적으로 신(新) 산업협명의 발전 추세에 순응하였고 디지털화, 네트워크화, 스마트화의 발전 기회를 포착하여 공동으로 새로운 기술, 새로운 산업 형태, 새로운 모델을 탐색하였다. 또한 디지털 경제, 인공지능, 나노 기술 등 첨단 분야에서의 공동 협력을 강화하여 빅데이터와 스마트 도시 건설을 추진하였고 주변국들과 함께 21세기 디지털 실크로드, 친환경 실크로드, 혁신형 실크로드를 만들어갔다. 현재 실행 및 지속 추진 중인 인문 교류, 연합실험실 공동 창립, 과학기술단지 협력, 기술 이전 등 프로젝트는 관련 국가에 거대한 혁신 모멘텀을 제공해 주고 있다. 유엔 2030 지속 가능 발전목표(SDGs) 프레임 내에서 중국은 주변국들과 《"일대일로" 친환경투자 원칙》을 공동 제정했고 친환경 발전의 새로운 이념을 공동 이행했으며 친환경, 저탄소, 순환 및 지속 가능한 생산과 생활방식을 제창하면서 생태문명 건설 분야에서 혁신적인 걸음을 내디뎠고 중요한 단계적 성과를 거두었다. 시진핑 총서기는 4월 20일 기조연설에서 "우리는 더욱 긴밀한 친환경 발전 파트너 관계를 구축하고 친환경 인프라, 친환경 에너지, 녹색금융 등 분야에서의 협력을 강화하며 '일대일로' 친환경 발전 연맹과 '일대일로' 녹색투자 원칙 등 다자간 협력 플랫폼을 지속적으로 개선해나가면서 녹색을 '일대일로' 공동건설의 바탕색으로 만들 것이다"라고 강조한 바 있다.

다섯째, 더욱 문명하고 따뜻한 "일대일로"를 건설해야 한다. 국가 간 교류는 국민 간의 친밀함에 달려있고, 국민 간의 친밀함은 마음의 소통에 달려있다(国之交在于民相亲,民相亲在于心相通). 중국은 예로부터 "일대일로" 주변 지역의 다양한 문명 특징을 감안하여 관련국들과 함께 문명 교류 및 학습을 강화하고 상호 이해를 증진해왔으며 상호 존중, 상호 신뢰를 통해 "일대일로"를 둘러싼 더욱 포용적인 협력을 이끌어냈다. 지난 수년간 중국은 다양한 계층의 인문 협력 메커니즘, 협력 플랫폼, 협력 채널을 구축했다. 특히 제1회 아시아 문명 대화대회를 소집하여 서로 다른 문명 간 교류와 소통을 제창하고 인류의 문명 발전을 추진했으며 지속적으로 실크로드 중국정부 장학금 프로젝트, 한어교

(汉语桥) 하계 캠프, "일대일로" 청년 창의 및 유산 포럼 등 프로그램을 개최 및 실시하였고 "일대일로" 글로벌 싱크탱크 협력위원회, 신문협력연맹 등 메커니즘을 공동으로 구축하면서 더욱 지혜로운 실크로드를 개척해갔다. 시진핑 총서기는 4월 20일 기조연설을 통해 중국은 코로나19 방역이 안정화되는 대로 즉시 제2회 아시아문명 대화대회를 개최하여 아시아와 세계 문명간 대화에 적극 기여하겠다고 강조했다. 우리는 제1회 아시아 문명 대화대회 성공 개최를 기반으로 삼아 제2회 아시아 문명 대화대회도 서로 다른 문명 간 대화의 저변과 지평을 넓혀가는 자리가 될 것이라 확신하며 "일대일로" 공동건설 역시 문명단절이 아닌 문명교류, 문명충돌이 아닌 문명학습, 문명우월이 아닌 문명공존을 이념 삼아 "일대일로" 곳곳에 문명의 햇살을 전파하리라 믿는다.

새로운 발전단계 진입, 새로운 발전이념 이행, 새로운 발전국면 구축이라는 배경하에 중국의 새로운 발전전략은 "일대일로"와 유기적으로 결합하고 상호 작용하면서 또 한번 찬란한 업적을 창출할 것이다. 또한 시진핑 총서기를 핵심으로 하는 당중앙의 흔들림 없는 인솔하에 평화, 번영, 개방, 혁신, 문명을 골자로 하는 "일대일로"는 질적 성장을 향한 탄탄대로를 따라 앞으로 매진하면서 고대 중화민족과 현대 중국이 전 세계에 기여하고, 세계 각국으로부터 그 소중함을 인정 받는, 글로벌 공공재와 글로벌 협력 플랫폼으로 자리매김할 것이다.

이상 서문을 마친다.

연구원 왕링구이(王灵桂)

중국사회과학원 국가고위싱크탱크 이사회 부이사장

2021년 9월 15일

세계 각국은 서로 상이한 발전단계에 처해있고 각자 다른 역사와 문화를 가지고 있지만 전 세계인들은 평화와 발전이라는 공동된 염원을 가지고 있다. 빈곤 퇴치와 생활의 질 향상을 기본 방향으로 삼고 국가의 경제사회 발전 수준을 제고하는 것은 각 나라 지도자들이 제정한 목표이자 자국 인민들에게 해왔던 약속이기도 하다. 또한 인민들 역시 자국 발전을 도모하는 동시에 타국도 함께 배려해야 한다는 점, 그리고 더 나아가 모든 국가가 공동으로 발전해야만 특정 국가가 지속 가능한 발전을 꾀할 수 있다는 점에 대해 보편적으로 동의하고 있다. 시진핑 총서기는 2013년 중국 국가주석으로 선출된 이후 꾸준히 인류 운명공동체 구축이념을 전파하고 제창하면서 짧은 시간 안에 국제사회로부터 광범위한 인정을 받았으며 해당 이념 역시 일련의 유엔 결의안에 채택되었다.

공동의 발전 염원을 가지고 있다는 것은 오로지 하나의 길만 걷거나 하나의 모델만 따르는 게 아니라 발전 루트의 다양화, 현지화를 인정하면서 시대의 흐름과 더불어 발전해야 한다는 것을 뜻한다. 하지만 세계 각국은 발전을 도모하는 과정에서 자본 누적의 한계, 국제무역관계 중의 불평등, 인프라 부족, 인력자원 육성난, 인력자원 유동성 부족 및 저효율적인 자원 분배 등 일련의 걸림돌에 맞닥뜨리고 있다. 따라서 발전 모델의 다양성을 인정 및 독려해야 한다. 또한 세계 각국 특히 개도국은 발전에 필요한 조건을 창조할 수 있고 핵심분야의 한계와 제약을 타파할 수 있으며 서로의 성공 경험과 실패 사례를 공유하면서 모든 국가에 충분한 선택지를 제공할 수 있는 전략적 발전 프레임을 조속히 구축해야 하는데 시진핑 중국 국가주석이 2013년 제기한 "일대일로" 이니셔티브가 바로 이 모든 조건을 만족하는 개방형 프레임이다.

우선, "일대일로" 이니셔티브의 기본이념과 주요 사고방식은 이미 중국 개혁개방 시기를 통해 충분한 검증을 받았다. 중국의 지난 40년은 세계 경제사에서 협력의 파이를 크게 키우고 합리적으로 분배한 성공사례로 남아있다. 1978~2015년 기간 중국의 실제 GPD규모와 1인당 GDP는 각각 29배와 20배 증가했고 경제 성장과 취업 활성화가 꾸준히 이어지면서 도농 주민의 수입이 대폭 개선됨에 따라, 실제 소비수준이 16배 증가했으며 노동생산률 (노동인구 평균GPD기준 16.7배 증가)도 거의 같은 수준으로 향상되었다. 중국은 21세기 들어 서부 개발, 중부 굴기 등 지역발전 전략을 실행하면서 중서부 지역의 교통상황, 인프라 조건, 기초공공서비스 보장능력과 인력 및 자본 수준을 개선해왔다. 투자와 발전환경의 현저한 개선에 힘입어 중서부 지역의 제조업 이전 능력도 따라서 향상되었다.

다음으로, "일대일로" 이니셔티브는 공동상의 · 공동건설 · 상호공유의 원칙을 견지하고 있다. 해당 이니셔티브는 단순하게 고대 대륙 및 해상 실크로드라는 부호만 따온게 아니라 더욱 심층적인 의미와 현실적인 계시를 담고 있다. 더 심층적인 역사적 관점에서 보면 이 부호는 전통적인 서방중심론에 대한 부정을 은연중에 내포하고 있으며 동서방 문명 간 상호 교류 및 상호 학습이 인류 발전사에서 더 큰 역할을 해왔다는 점을 강조하고 있다. 더욱 거시적인 역사적 관점에서 보면 해당 부호는 패권국가를 중심으로 하는 전통적인 글로벌 공공재 공급체계에 대한 고도화 방안을 제시하고 있으며 모든 국가가 전 세계 빈곤 퇴치에 동참해야 한다는 새로운 이념을 전달하고 있다.

그 다음으로, "일대일로" 이니셔티브는 인프라 건설이라는 대부분 국가가 보편적으로 직면한 문제점을 포착했다. 거의 모든 "일대일로" 주변국과 관련국들은 모두 교통, 에너지 등 인프라가 취약하다는 제약을 받고 있는데 이는 오랜 시간 동안 투자 효율과 산업 발전을 저해하였고 많은 국가들이 경제 글로벌화의 혜택을 충분히 누릴 수 없게 만들었다. 이에 중국은 앞장서 투자를 진행했고 아시아인프라투자은행(AIIB), 브릭스 신개발은행(NDB), 실크로드기금(Silk Road Fund) 등 융자기관을 통해 관련 국가 및 지역들과 인프라 건설 분야에서의 협력을 강화했다. 중국의 서부개발전략이 큰 성공을 이뤄낸 것처럼 "일대일로" 이니셔티브 역시 개도국들의 인프라 조건을 대폭 개선할 수 있을 것으로 전망된다.

마지막으로, "일대일로" 이니셔티브는 각 나라가 자국 국정에 부합되는 발전모델을 모색할 수 있도록 충분한 공간을 마련해 주었다. 한 국가가 빈곤을 퇴치하고 현대화를 향해 나아가려면 결국에는 자국 국정에 입각하여 강한 의지와 꾸준한 노력을 통해 발전동력과 제도환경 등 방면의 장애물들을 제거해야 한다. 이 과정에서 외부인이 할 수 있는 유의미한 일이 (글로벌 공공재로 정의 여부와는 별개로) 있다면 그건 바로 유익한 지식을 제공하는 것인데, 여기에는 과거 기타 환경에서 거둔 성공의 경험, 실패의 교훈, 소프트웨어와 하드웨어 인프라 건설 과정에서 필요한 도움, 접근성과 효과성을 보장할 수 있는 시장 투자기회 등이 포함된다. 이처럼 세계 각국의 서로 상이한 수요와 노력을 융합 및 병행시킬 수 있는 이니셔티브가 바로 "일대일로"이다.

2013년 시진핑 주석이 처음으로 "일대일로" 이니셔티브를 제기한 이후 일련의 국제협력체계가 구축되었고 합작프로젝트가 실행되었으며 일부 초기 프로젝트가 가시적인 성과를 거두는 등 해당 이니셔티브의 실행에 가속도가 붙고 있다. 물론 "일대일로" 이니셔티브에 대해 다르게 이해하고 다르게 행동하는 사람들도 있고, 해당 이니셔티브를 의심하고 오해하며 심지어 고의적으로 왜곡하는 사람들도 비일비재하다. 하지만 인류사회의 모든 활동이 필연적으로 끊임없이 탐색하고 인식하는 과정이 필요하듯이 모든 합작 프로젝트 역시 관계자들 간 호흡을 맞추고 조율하는 과정이 필요한 법이다. "일대일로" 이니셔티브는 개방적인 성격을 띄고 있는 만큼, 실천 과정에서 경험을 축적하고 이념을 발전시키면서 공감대를 형성해가야 한다. 따라서 실천 단계별로 이미 획득한 진전을 되짚어보고 이미 축적한 경험을 객관적으로 평가하며 이미 형성된 공감대를 재차 확인해야 한다.

본 수첩은 지금까지의 "일대일로" 이론 및 초기 실천 과정에서 얻은 단계적 성과를 되돌아보는 문헌이며 "일대일로" 이념과 실무 관련 초심, 원칙, 역사와 현황, 기본지식 및 최신 연구결과를 녹여내기 위해 다양한 관련 분야 연구진들이 공동 집필했다. 본 수첩의 작가들은 해당 수첩이 이론과 실천 분야의 지도적 문헌까지는 아니더라도 "일대일로" 건설에 참여한 연구자, 실무자, 관찰자 및 "일대일로"에 관심을 가지는 독자들에게 나침판이 되었으면 하는 바램을 가지고 있다. 본문 중 불가피하게 간혹 최신 사항을 반영하지 못했거나 착오가 있는 내용들이 포함될 수 있는 만큼 집필진은 독자들의 다양한 지적과 건의사항을 겸허히 수용할 것을 약속한다.

차이팡 (蔡昉)

중국사회과학원 부원장, 학부위원

중국사회과학원 국가글로벌전략싱크탱크 이사장

2018년 4월 25일

The Silk Road by land and sea[01]
Yi Dai Yi Lu

In 1987, 20 exquisite pieces of colored glaze were excavated at the underground chamber of Famen Temple in Shaanxi, China. These East Roman and Islamic relics were brought into China during the Tang Dynasty. Marvelling at these exotic relics, I thought hard and concluded that as we approach the world's different civilizations, we should not limit ourselves to just admiring the exquisiteness of the objects involved. Rather,

---

01   A short version of this paper was delivered at the China Development Forum in March 2014. A longer version was prepared for the conference on 'The historical heritage of scientists and thinkers of the Medieval East, and its role and significance for the modern civilisation' (Samarkand, 15 - 16 May 2014). I am grateful to Tim Clissold, Stephen Perry and Zhang Jin for their comments on this paper.

we should try to learn and appreciate the cultural significance behind them. Instead of only satisfying ourselves with their artistic presentation of people's life in the past, we should do our best to breathe new life into their inherent spirit.

(President Xi, Jinping, Speech at the UNESCO headquarters, March 28, 2014)

In 2011 / 12 the United States announced a major shift of strategic direction to- wards an emphasis on the Asia-Pacific region: "US economic and security interests are inextricably linked to developments in the arc extending from the Western Pacific and East Asia into the Indian Ocean region and South Asia, creating a mix of evolving challenges and opportunities. Accordingly, while the US military will continue to con- tribute to security globally, *we will of necessity rebalance toward the Asia-Pacific region*" (US Department of Defense, 2012: 2). US Secretary of State, Hillary Clinton affirmed that 'the 21st century will be America's Pacific century, just like previous centuries have been' (Clinton, 2012). She enlarged on the shift in US strategic direction: 'The future of politics will be decided in Asia, not Afghanistan or Iraq andthe United States will be right at the centre of the action⋯ One of the most important tasks of American statecraft over the next decade will therefore be to lock in substantially increased investment-diplomatic, economic, strategic, and otherwise-in the Asia Pacific region" (Clinton, 2011).

Constructing a network of Asian political and military alliances is a critically important part of US international relations strategy in the decades ahead. The United States believes that its renewed involvement in Asia is vital to the region's future: "The region is eager for our leadership and our business-perhaps more than at any time in modern history. We are the only power with a network of strong alliances in the region, no territorial ambitions, and a long record of providing for the common good… Our challenge now is to build a web of relationships across the Pacific that is as durable and as consistent with American interests and values as the web we have built across the Atlantic" (Clinton, 2011).

Until around 200 years ago Europe's knowledge of Central Asia and Southeast Asia, as well as China itself, was extremely limited, and mainly acquired second-hand through the intermediary of trade with East Asia via the Silk Road by Land and Sea. When Captain Cook made his famous voyages of exploration between 1768 and 1779 the Asia-Pacific region was hardly known to Europeans.When Britain's North American colonies announced their independence from Britain in 1776, the United States consisted of a small group of colonial settlers huddled together in the eastern fringes of the vast continent of North America.[02] The West coast

---

02 In 1780 the United States consisted of just thirteen states on the extreme eastern fringe of the continent. The population was 2. 8 million, of whom 2. 2 million were white people, mainly from Britain, and 0. 6 million were black people, mainly slaves.

state of California, which looks out on the Pacific Ocean, only became part of the "United States" in 1850.

China's President Xi Jinping has made the policy of "The New Silk Road by Land and Sea", which connects China with the West, a key part of China's international relations. On 7 September 2013, President Xi proposed to build a "Silk Road Economic Belt" during his speech at Kazakhstan's Nazarbayev University. On 3rd October 2013, he proposed to build a '21st Century Maritime Silk Road' during his speech at the Indonesian House of Representatives. For over 2000 years China has had a deep inter- relationship with the surrounding regions of Asia. China has had deep long-term trade and cultural interactions with Central Asia through Xinjiang and with Southeast Asia through the Southern Sea (Nan Hai). Xinjiang and the Southern Sea constitute China's 'doorway' into Central and Southeast Asia respectively.

The Silk Road by land and sea

In 2013 President Xi visited Central Asia, including Uzbekistan, Turkmenistan, Kyrgyzstan and Kazakhstan. The visit was especially significant, as no US president

has visited the post-Soviet states of Central Asia. President Xi also visited Southeast Asia, including Malaysia and Indonesia. In spring 2014 he visited Europe. In a sequence of speeches during these visits he clarified China's conception of the bridge between China and Europe along the New Silk Road by land and sea. He paid close attention to the importance of infrastructure development, including ports, airports, roads, rail, water, electricity, and telecommunications. These are vital in order to stimulate commercial relations, which are the foundation of enhanced mutual understanding.

In each of his visits President Xi Jinping stressed the importance of an appreciation of history for mutual understanding: "For any country in the world, the past always holds the key to the present and the present is always rooted in the past. Only when we know where a country has come from, could we possibly understand why the country is what it is today, and only then could we realize in which direction it is heading" (Xi Jinping, 2014b). He emphasised the contribution that commercial relations make to cultural interaction and peaceful development. He repeatedly drew attention to the importance of enhanced mutual understanding of culture for peaceful development: 'History tells us that only by interacting with and learning from others can a civilization enjoy full vitality. If all civilizations can uphold inclusiveness, the so-called " clash of civilizations" will be out of the question and the harmony of civilizations will become reality' (Xi Jinping, 2014a).

China and Europe stand at either end of the New Silk Road. His speeches drew attention to the long connections between

China and Europe from ancient times along both the land and the sea routes. In his speech at UNESCO headquarters he said: " We need to build a bridge of common cultural prosperity linking the two major civilizations of China and Europe. China represents in an important way the Eastern civilization, while Europe is the birthplace of the Western civilization" (Xi Jinping, 2014a). He emphasized the contribution that the spread of ideas from China along the Silk Road had made to European development: " China's Four Great Inventions, namely, papermaking, gunpowder, movable-type printing and compass, led to changes in the world, including the European Renaissance. China's philosophy, literature, medicine, silk, porcelain and tea reached the West and became part of people's daily life. The Travels of Marco Polo generated a widespread interest in China" (Xi Jinping, 2014a).

President Xi stressed the importance of Central Asia and Southeast Asia as bridges to link China and Europe: "A bridge not only makes life more convenient; it could also be a symbol of communication, understanding and friendship. I have come to Europe to build, together with our European friends, a bridge of friendship and cooperation across the Eurasian continent" (Xi Jinping, 2014b).

The Chinese government's policy of the "New Silk Road by Land and Sea" has the development of infrastructure and commercial relationships at its core. Infrastructure building in order to support commerce and foster social stability was a foundation-stone of China's own long-term prosperity over the course of more than 2000 years. China's traditional international trade was tiny in comparison with the vast volume of internal trade. However, it was highly significant in terms of the deep inter-connections between China and the regions immediately around it to the West and the South. Mainly through trade relations, a deep long-term symbiotic, two-way flow of culture took place between China and these regions, which helped to weave them together in a complex cultural tapestry.

Peter Nolan, CBE
Chong Hua Professor of Chinese Development (Emeritus)
Founding Director, Centre of Development Studies,
University of Cambridge
and
Director, China Centre,
Jesus College,
Cambridge

Bibliography

Clinton, H., 2011, America's Pacific Century, Foreign Affairs, November
Clinton, H., 2012, Forestal Lecture, Naval Academy, Annapolis, January
US Department of Defense, 2012, Sustaining US Global Leadership: Priorities for 21st Century Defense, January, Washington DC
Xi, Jinping, 2014a, Speech at the UNESCO headquarters, 28 March
Xi, Jinping, 2014b, Speech at the College of Europe, 1 April

7부 전문분야 다자간 협력 이니셔티브 및 플랫폼 531

1부

"일대일로"
이니셔티브 탄생의
시대적 배경

1. 개방형 경제건설과 "일대일로"

개방형 경제의 제기 및 의미

2008년 글로벌 금융위기 발발 이후 국가 간 분업, 무역 규칙 더 나아가 전반적인 국제 정치 및 경제 질서도 중대한 조정에 직면하게 되었고 중국의 개혁개방, 경제건설 및 대외관계도 새로운 발전 단계에 진입했다. 이러한 배경하에 중국은 새로운 개방형 경제체제 건설을 제기했다. 중국공산당 제18차 전국대표대회 보고서에는 호혜상생적이고 다양한 주체의 균형 잡힌 성장이 가능하며 안전성과 효율성을 보장할 수 있는 개방형 경제 시스템을 체계화해야 한다는 내용이 명확히 기재되었다. 2013년 12월, 중국공산당 제18기 중앙위원회 제3차 전체회의에서는 주변 국가 및 지역 간 인프라 상호 연결을 가속화하고 실크로드 경제벨트, 해상 실크로드 건설을 추진하여 전방위적인 신(新)개방국면을 형성해야 한다는 결론이 도출되었다. 2015년 9월, 중국공산당 중앙위원회와 국무원은 《새로운 개방형 경제체제 구축에 관한 약간의 의견》을 발행하여 △총체적 요구 △대외개방구역 최적화 배치 △"일대일로" 이니셔티브 실행 가속화 △새로운 글로벌 경제협력공간 개척 △보장체계에 대한 지원 강화 등 제반 분야를 아우르는 새로운 개방형 경제체제 구축 목표와 관련 중대조치를 제기하였다. 2017년 중국공산당 제19

차 전국대표대회 보고서는 한걸음 더 나아가 능동적으로 경제 글로벌화에 참여하고 경제 글로벌화를 추진하여 더 높은 단계의 개방형 경제를 발전시키고 중국의 경제실력과 종합국력을 꾸준히 키워나가야 한다고 밝혔다.

개방형 경제란 한 국가 혹은 지역이 요소, 상품, 서비스의 국가 간 및 지역 간 자유로운 유동을 보장하고 국내경제와 전반적인 국제시장을 연결시키는 것을 통해 글로벌 분업체계에 최대한 충분히 참여하고 해당 과정에서 자국 경제의 비교우위를 십분 발휘하면서 자원의 최적화 배치와 경제의 효율 최대화를 실현하는 일종의 경제체제 모델이다. 개방형 경제의 기본적인 특징은 생산요소와 시장수요의 글로벌화, 산업구조 간 관련 및 융합의 고도화, 국내외 제도환경 간 매칭이다. 이와 반대로 비교적 보수적인 경제체제 모델인 폐쇄형 경제란 특정 국가 혹은 지역이 요소, 상품, 서비스의 국내 유동 위주로 경제를 발전시키고 해외시장과의 연결을 줄이는 것을 뜻한다. 경제 글로벌화의 흐름 속에서 개방형 경제는 폐쇄형 경제보다 경제발전의 객관법칙과 전반적인 추세에 더 부합되며 세계경제가 일정한 수준까지 성장한 뒤 반드시 겪어야 하는 필연적인 단계이기도 하다. 개방형 경제는 외향적 경제와는 또 다르다. 양자의 가장 큰 차이점은 후자는 수출 지향적인 경제 모델인데 비해 전자는 관세장벽을 낮추고 자본의 자유로운 유동을 강화하는 경제모델이라는데 있다. 개방형 경제는 수출과 수입을 병행하고 어느 한 쪽에 치우치지 않기 때문에 비교우위를 충분히 발휘할 수 있다. 또한 외자유치와 대외투자도 병행하기 때문에 자본 유동에 대한 제한이 비교적 적다. 통상적으로 한 국가의 경제발전 수준이 높을수록, 그리고 시장화 정도가 높을수록 개방형 경제에 더 가깝다고 볼 수 있다.

"일대일로"가 개방형 경제 건설에서 차지하는 중요한 의의

첫째, "일대일로"는 국내 경제구조 전환 및 고도화에 새로운 동력을 제공해 주었다. 국제 생산능력 협력은 "일대일로"의 주요한 내용 중 하나이다. "일대일로" 건설은 중국과 관련국들 간의 생산능력 협력에 도움이 될 뿐만 아니라 중국의 선진적인 산업기술과 완비된 인프라 등 비교우위를 충분히 이용하여 관련국들과 장단점을 상호보완할 수 있다. "일대일로" 건설은 또한 국내 산업구조의 고도화에도 도움이 되며 과거 제조업 중심이었던 중국의 산업구조를 서비스업을 중심으로 하고 제조업과 현대농업을 공동 발전시키는 방향으로 전환시킬 수 있다.

둘째, "일대일로"는 국내 지역별 경제의 균형 잡힌 발전에 새로운 계기를 제공해 주었다. 현재 중국의 경제발전은 서부지역과 동부, 중부지역 간 불평등, 불균형 등 문제를 겪고 있다. "일대일로"는 서부지역의 인프라 건설을 가속화하고 경제발전에 더 많은 기회를 제공하면서 각 성(省)과 지역이 "일대일로" 및 개방형 경제 건설 과정에서 각자의 우세를 충분히 발휘할 수 있도록 독려해 줄 수 있다. "일대일로"는 또한 국내 각 지역 간 상호 연결을 가일층 강화하는 교통 허브와 교량 역할을 맡음으로써 중국 지역별 경제발전의 평등성과 균형성을 향상하고 중국 경제발전 공간의 최적화 배치를 추진할 수 있다.

셋째, "일대일로"는 중국이 대외 경제무역 협력의 신(新) 국면을 열어가는데 새로운 플랫폼을 제공해 주었다. 개방형 경제를 건설하기 위해 중국은 내부 경제구조를 조정하고 공간 배치를 최적화해야 할 뿐만 아니라 대외 협력관계도 가일층 공고 및 확장해야 한다. "일대일로"는 개방적인 다자간 협력 메커니즘으로서 그 주변에는 다양한 자원을 보유하고 있고 중국과 여러 분야에서 상호보완할 수 있는 국가들이 대거 집중되어 있는 만큼, 중국이 파트너십을 강화하고 관련국들과 경제무역 협력을 공고 및 확대하는데 중요한 기회를 제공해 주고 있다.

넷째, "일대일로"는 중국의 글로벌 경제 거버넌스 심층적 참여에 새로운 모멘텀을 제공해 주었다. 2008년 글로벌 금융위기 이후 기존의 글로벌 경제 거버넌스 체계는 메커니즘의 폐쇄화, 규칙의 파편화, 리스크 대응능력 부족 등 단점이 부각되면서 점차 새로운 국제 형세와 발전 수요에 적응할 수 없게 되었다. 글로벌 경제 거버넌스 변혁 및 최적화에 대한 수요가 두드러짐에 따라 "일대일로" 이니셔티브가 제기되고 아시아인프라투자은행(AIIB)이 설립되었는데 이는 중국과 국제사회 간의 관계를 새로운 단계로 격상시켰으며 더 나아가 글로벌 거버넌스 체계 최적화, 세계 경제 성장 견인, 개방·포용·홍익·평등·원원을 골자로 하는 새로운 경제발전 메커니즘 구축 등 프로세스에 중국의 지혜를 기여했다.

개방형 경제와 "일대일로" 건설 추진에 관한 정책성 건의

첫째, 호혜상생의 개방 전략을 이행하고 경제구조의 전략적 조정을 꾸준히 추진하면서 더욱 전면적이고 심층적이며 다원화된 대외개방구도를 창출해야 한다. "일대일로" 건설을 중점으로 삼고 국내 동부·중부·서부 지역의 비교우위를 충분히 발휘하여 육로와 해상을 아우르고 동양과 서방이 서로에게 도움을 줄 수 있는 개방국면을 형성해야 한다. 전략적 신흥산업과 선진 제조업의 건강한 발전을 추진하고 전통산업의 전환 및 고도화에 박차를 가하며 서비스업, 특히 현대 서비스업의 발전을 추진해야 한다. 무역강국 전략을 굳건히 추진하고 국제 경제 협력 및 경쟁 과정에서 새로운 우세를 집중 육성하며 과학기술과 혁신을 동력 삼아 전략적 신흥산업과 새로운 무역 모델을 적극 발전시켜야 한다. 또한 위안화 국제화 프로세스를 적극 추진하고 자유무역항 건설을 모색하면서 글로벌 자원 배치 능력과 글로벌 공공재 공급 능력을 전면적으로 향상시켜야 한다.

둘째, "일대일로" 관련국들과의 정책 소통 및 전략적 연계를 강화하고 관련국들과 협력에 관한 공감대를 형성하면서 이해관계의 균형점을 모색해야 하며 각 분야에서의 실질적인 협력을 추진하여 동반성장을 도모해야 한다. (1)각 분야에서의 거시정책을 조율하여 무역과 투자의 자유화, 편리화를 추진하며 발전과 협력 관련 계획을 효율적으로 연계시켜 장단점을 상호 보완하고 함께 성장해야 한다. (2)중국의 자본 및 기술 우세를 발휘하고 상호 연결을 핵심내용으로 삼아 인프라 네트워크 연결, 경제회랑건설 적극 추진, 실물경제 발전 가속화를 꾀해야 한다. (3)기존의 양자 및 다자간 협력 메커니즘을 충분히 이용하고 일대일로 주변 국가, 지역, 서브지역 관련 플랫폼의 건설적인 역할을 발휘하여 합작프로젝트를 공동으로 추진해 나가야 한다. (4)인문 교류를 가일층 심화 및 확대하여 각국 인민들 간 편리한 왕래를 보장해 주어야 한다.

셋째, 글로벌 거버넌스와 국제규칙 제정 과정에서 개발도상국들의 "제도적 발언권"을 확대하고 개도국과 선진국 간 대화 및 협력 플랫폼을 구축하며 "공유"의 분위기를 조성하여 글로벌 거버넌스 체계를 더욱 공평하고 합리적이고 포용적이며 개방적인 방향으로 개혁시키는 것을 통해 더 많은 국가와 지역들이 세계 발전과 글로벌 거버넌스의 성과를 누릴 수 있도록 해야 한다. 또한 관련국 간 비전통 안보 분야의 정책적 협력을 강화하여 공동으로 글로벌 위기에 대응하고 글로벌 거버넌스 체계를 개선해 나가야 한다.

(집필자: 지앙팡페이 蔣芳菲)

2. 혁신형 발전과 "일대일로"

혁신형 발전의 제기 및 기본 의미

40년의 개혁개방을 거친 중국 경제는 성장세 둔화, 모멘텀 전환, 산업구조와 발전 방식의 재조정 및 고도화를 골자로 하는 관건적인 시기에 진입했다. 현재 태동하고 있는 차세대 과학기술혁명 및 산업혁명과 국내 경제사회 발전 간 역사적인 교차점이 형성됨에 따라 시진핑 주석을 핵심으로 하는 당중앙은 국내외 형세를 결합하고 새로운 시기 중국 건설의 실천수요에 입각하여 혁신형 발전이라는 이념을 제기하였다.

2012년 중국공산당 제18차 전국대표대회에서는 혁신 구동형 발전에 대한 전략적 조치를 발표하였고 "과학기술 혁신은 사회 생산력과 종합 국력을 향상시키는 전략적인 기둥인 만큼 반드시 국가 발전비전 중 핵심적인 위치에 놓아야 한다"고 밝혔다. 그 후 2015년 《체계 및 메커니즘 개혁을 심화하고 혁신 구동형 발전전략 실행을 가속화할 것에 관한 중공중앙과 국무원의 약간의 의견》과 《과학기술 체계 개혁 심화 실행방안》이 선후로 발표되었다. 같은 해 10월 소집된 당의 제18기 중앙위원회 제5차 전체회의는 "13차 5개년" 계획건의를 통과시켰고 혁신, 조화, 친환경, 개방, 공유 등 5대 발전이념을 제기하였는데 이 중 "혁신형 발전"을 최우선 순위로 지정하였다. 11월 시진핑은 G20 제10

차 정상회담 1단계 회의 연설에서 "세계 경제의 장기적인 발전 모멘텀
은 혁신에서 비롯된다. 체계와 메커니즘 변혁 과정에서 나타나는 활력
과 창조력, 그리고 과학기술 진보가 만들어낸 새로운 산업과 상품은 세
계 경제가 과거 중대 위기를 겪은 후 곤경을 타개하고 성장세를 회복
할 수 있었던 근본적인 원인이었다"고 강조한 바 있다. 2016년 5월 국
가 혁신 구동형 발전전략에 박차를 가하기 위해 중공중앙과 국무원은
《국가 혁신 구동형 발전전략 강령》을 발표하여 혁신 구동형 발전전략
의 배경, 요구와 배치 사항을 한층 더 명확히 하였다.

　　이른바 혁신형 발전이란 혁신을 발전을 견인하는 제1동력으로 삼
고 과학기술 혁신과 제도 혁신, 관리 혁신, 비즈니스모델 혁신, 산업 혁
신 및 문화 혁신과 결합시켜 발전방식을 지속적인 지식 축적, 기술 진
보, 노동력 질적 향상 등 방향으로 전환하고 경제를 형태 고급화, 분업
정밀화, 구조 합리화 단계로 성장시키는 것을 뜻한다. 혁신형 발전은
두 가지 의미를 내표하고 있는데 하나는 중국의 발전은 전통적인 노동
력, 자원 혹은 에너지가 아닌 과학기술 혁신과 체계 및 메커니즘의 혁
신을 구동력으로 삼아야 하는 것이고 다른 하나는 혁신하는 과정에서
중국의 발전방식을 규모 확장 위주의 조방적 성장에서 퀄리티와 효익
성 위주의 지속 가능한 성장으로 전환하여 중국을 세계 혁신형 국가 대
열 합류국에서 세계 혁신형 국가 선두주자, 그리고 세계 과학기술 혁신
강국으로 꾸준히 탈바꿈시켜야 한다는 것이다.

"일대일로"가 혁신형 발전에 끼치는 중요한 의의

첫째, "일대일로"는 중국이 국제관계와 국가발전에 대한 이념적인 혁신이고 혁신형 발전에 필요한 더욱 평화롭고 안정적인 국제환경을 조성해 줄 수 있다. 세계 각국이 상호 의존하고 글로벌 위기가 끊이질 않는 지금의 국제사회 중에서 미국을 필두로 하는 서방국가는 여전히 약육강식, 제로섬게임 사고방식, 패권쟁탈, 강권정치 등 전통적인 서방 이념을 고수하고 있으며 중국의 굴기를 기타 국가의 발전과 대립시키고 있는데 이러한 행보는 각 국가들이 평등협력, 호혜상생의 국제 관계를 구축하는데 불리할 뿐만 아니라 인류사회의 지속 가능한 발전도 저애하고 있다. 이러한 배경하에 중국이 제기한 "일대일로" 이니셔티브는 "인류 운명공동체"를 최고 목표와 비전으로 삼아 평화, 발전, 협력, 윈윈의 기치를 높이 치켜들었고 평화협력, 개방포용, 상호학습, 호혜상생의 이념과 "국무대소, 일률평등[01](国无大小, 一律平等)"의 취지를 고수하며 공동상의, 공동건설, 공유의 원칙을 견지하면서 중국의 발전을 세계 각국의 발전과 긴밀히 연결시켰다. 이는 서방 전통이념에 대한 초월과 혁신이고 중국이 세계대국으로서의 글로벌 안목과 책임감을 보여주었으며 국제사회의 공감대 형성, 도전 공동 대응, 동반 성장에 현실적인 버팀목이 되고 있다.

둘째, "일대일로"는 중국이 국내 메커니즘과 체계를 최적화하고 국제 협력모델을 모색하는 일종의 제도적 혁신이며 혁신형 발전에 격려 및 보장 조치를 제공해 주고 양호한 제도적 환경을 조성하는데 호재로

---

01   국무대소, 일률평등: 모든 국가가 대소국 구분 없이 일률로 평등하다.

작용할 수 있다. "일대일로" 건설은 중국이 대외협력 추진 과정에서 국내제도를 가일층 체계화하는데 도움이 되고 시장제도 혁신, 인재육성제도 혁신, 지식재산권 보호제도 혁신 등 분야에서 꾸준히 국내 혁신제도환경을 최적화하여 중국 과학기술 혁신역량 향상을 가로막는 제도적 장애물을 척결할 수 있다. 다른 한편으로 중국은 "일대일로"를 "혁신의 길"로 만드는데 주력하고 있으며 주변국들과 공동으로 지속 가능한 과학기술혁신 협력모델을 탐색 및 구축하여 "일대일로" 혁신 공동체를 공동건설할 것을 제안했다. 이는 각 나라들이 혁신형 발전 추진을 위해 더욱 긴밀히 협력하는데 유리할 뿐만 아니라 협력 모델을 혁신하고 혁신형 발전의 새로운 모멘텀을 발굴하는데도 유리하게 작용하고 있다.

셋째, "일대일로"는 중국이 과학기술 혁신을 추진하는 중요한 플랫폼이며 중국의 과학기술 혁신역량 향상과 과학기술 혁신 및 협력에 필요한 모멘텀을 꾸준히 제공해 줄 수 있다. 2016년 9월 과기부 등 4곳의 중앙부처와 위원회는 공동으로《"일대일로" 건설 과학기술 혁신 및 협력 추진에 관한 전담 계획》을 발표하였는데 그 취지는 과학기술 혁신이 "일대일로" 이니셔티브 중에서 지탱 및 인솔 역할을 발휘하게 하고 발전이념 상통, 요소유동 창통(畅通, 원활), 과학기술인프라 연통(联通, 연결), 혁신체인 융통, 인적교류 순통을 골자로 하는 혁신 공동체를 구축하는데 있다. 2017년 5월, 시진핑은 제1차 "일대일로" 국제협력서밋 개막식 기조연설에서 중국은 세계 각국과 함께 혁신 협력을 강화하고 "일대일로" 과학기술혁신 액션플랜을 가동할 의향이 있다고 밝혔다. 이는 중국이 과학기술 혁신역량을 향상하고 과학기술 협력을 추진하는데 방향을 제시해 주었을 뿐만 아니라 중국이 최근 몇 년간 "일대일로" 주변국들과 과학기술 인적교류를 강화하고 과학기술 플랫폼 및 과학기술 단지 합작 건설을 추진하는데 중요한 추진력을 제공해 주었다.

"일대일로" 건설 및 혁신형 발전 추진에 관한 정책적 건의

첫째, 제도적 혁신을 가일층 추진하여 과학기술 혁신에 제도적 보장을 제공해 주어야 한다. 우선 시장제도를 최적화해야 한다. 시장 경제체계 개혁을 심화하며 기업 중소투자자의 권익을 보호하고 시장경쟁 메커니즘을 체계화하여 시장제도가 기업의 혁신발전 과정에서 격려 및 보호 작용을 발휘할 수 있게 해야 한다. 다음으로 교육제도 혁신을 추진해야 한다. 기초교육과 고등교육 과정에서 학생들의 혁신 의식과 혁신 취미를 육성하고 이와 동시에 더 많은 자금과 자원을 기초학과와 기초이론연구에 투입하여 과학기술 혁신에 필요한 인력자원 기반을 탄탄히 다져야 한다. 마지막으로 지식재산권 보호에 관한 법률법규를 체계화해야 한다. 지식재산권 침범 행위를 강력히 반대하고 핵심 기술성과를 보호하는 동시에 법률 집행력과 강도를 강화하여 불법 범죄를 엄벌하고 혁신주체의 합법적인 권익을 보호해야 한다.

둘째, 주변국과의 과학기술 혁신 관련 협력을 가일층 강화하고 상호 협력을 통해 혁신형 발전에 필요한 새로운 모멘텀을 발굴해 나가야 한다. 우선 기술의 지역 간 이전 과정에서 허브역할을 발휘하여 중국의 기술 및 산업 이전을 적극적으로 추진해야 한다. 다음으로 주변국과 각자의 장점을 발휘할 수 있고 관련 조건을 구비한 분야에서 공동 연구개발을 추진하여 새로운 기술과 상품을 개방해야 한다. 그 다음으로 과학기술단지 협력을 강화하여 과학기술단지를 과학기술 혁신과 협력의 중요한 매개체로 육성해야 한다. 마지막으로 국제적인 과학 프로젝트와 공정을 공동으로 조직 및 개최하여 대형 과학시설, 과학장치, 과학 데이터 간 개방과 공유의 수준을 향상해야 한다.

셋째, 자주적인 혁신능력을 가일층 강화하고 기업상품의 부가가치를 제고하며 하이테크 산업의 발전을 추진하여 중국이 글로벌 가치체인에서 차지하는 지위를 격상시켜야 한다. 우선 과학기술지식의 창조력, 영향력과 전파력을 향상하고 지식과 기술의 성과물을 증가시켜야 한다. 다음으로 격려조치를 통해 기업이 기술전환과 혁신응용 과정에서 중요한 책임을 짊어지도록 하고 기업의 생산력, 경쟁력, 혁신 잠재력을 적극 발굴하여 지식을 성과물로 전환시켜야 한다. 마지막으로 학부와 기업 간 협력을 독려하여 자원의 통합을 추진하고 고등학부, 연구기관과 기업 간 인재 육성, 지식 전환, 기술 이전 관련 시스템을 구축하며 혁신문화를 조성하여 학부와 기업 간 고도로 융합되고 하나로 어우러져 혁신을 추진하는 조화로운 생태계를 만들어야 한다.

(집필자: 지앙팡페이 蔣芳菲)

3. 중국 특색의 대국 외교

새로운 시기에 들어선 후 중국 특색의 대국외교가 중국의 대외관계 이념 및 실천의 핵심으로 자리 잡고 있다. 중국은 빠른 변화를 겪고 있는 개발도상국이다. 중국이 2014년 11월 말 제기한 중국 특색의 대국 외교 이념은 중국이 향후 어떤 방식으로 발전을 도모하고 세계에 어떤 영향을 끼칠지를 보여주는 열쇠와도 같다.

형성 과정

2008년 발발한 글로벌 금융위기는 국제형세를 빠르게 변화시켰다. 중국의 발전속도는 눈에 띄게 빨라졌고 이는 중국 외교의 발전으로 이어졌다. 후진타오(胡錦濤)는 2009년 7월 개최된 제11차 외국 주재 사절 회의에서 중국은 지금 새로운 역사적 기점에 서있다고 선포했다.[01] 중국 지도자들은 글로벌 금융위기를 계기로 중국의 국제지위, 국제책임과 국가이익이 전례 없는 속도로 신장되고 있다는 점을 인지하게 되었다. 2012년 11월 개최된 중국공산당 제18차 전국대표대회는 시대의 흐

---

01   후진타오:《후진타오문선》(제3권), 인민출판사 2016년호, 235, 238-239페이지.

름에 부합되는 일련의 새로운 외교사상을 제기하였는데 이 중에는 "인류 운명공동체 의식 제창"과 "장기적이고 안정적이며 건강하게 발전하는 신형 대국관계 건설 추진"이 포함되어 있다. 오랜 시간 동안 서방 주도의 국제질서 속에 몸 담고 있었던 세계 각국에게 이 두 개념은 매우 중요한 의미를 내포하고 있다.

중화민족의 위대한 부흥은 시진핑이 중국 최고지도자 자리에 올라선 뒤 제정한 핵심 목표이다. 2012년 11월 29일, 시진핑은《부흥의 길》전시회를 참관한 뒤 근대 중화민족의 가장 위대한 꿈은 중화민족의 위대한 부흥을 이뤄내는 것이라는 중대한 인식을 발표했다[02]. 중화민족의 위대한 부흥은 중국공산당 창설 100주년에 전면적인 소강(小康)사회를 건설하고 신중국 성립 100주년에 부강·민주·문명·화합을 골자로 하는 아름다운 사회주의 현대화 강국을 건설한다는 두 개의 구체적인 목표를 가지고 있다. 중국은 과거 그 어느 때보다도 이 위대한 꿈을 실현할 수 있는 유리한 조건을 가지고 있다.

2014년 11월 28일, 시진핑은 중앙외사공작회의에서 중국은 반드시 자신의 특색을 지닌 대국 외교를 구비해야 한다고 강조했다[03]. 그 후 해당 의견은 빠르게 중국 대외 업무의 핵심으로 자리매김했다. 한 해 전인 2013년 10월 말, 중공중앙은 새로운 형세 하의 주변외교 업무 좌담회를 소집하여 향후 5~10년 주변외교 업무의 전략적 목표, 기본 방침과 마스터 플랜을 명확히 하였고 더욱 강력하게 주변외교를 펼칠 것을 요구했다. 이로서 중국의 외교는 "강력한 주변외교"에서 "중국 특색의 대

---

02   시진핑:《시진핑, 국정운영을 논하다》, 외문출판사2014년호, 36페이지.

03   시진핑:《시진핑, 국정운영을 논하다》(제2권), 외문출판사 2017년호, 제441-444페이지.

국외교"라는 새로운 단계에 진입했다. 외교의 최종 목표가 "중화민족의 위대한 부흥에 일조"로 격상되었을 뿐만 아니라 외교 자체도 위대한 부흥의 목표 중 하나로 자리 잡게 되었다.

주요 내용

시진핑은 2014년 연말에 개최된 중앙외사공작회의에서 중국 특색의 대국외교가 반드시 견지해야 하는 세 가지 방향을 제시했다. 첫째, 중국공산당의 지도와 중국 특색의 사회주의를 견지하고 중국의 발전노선, 사회제도, 문화전통, 가치관을 견지해야 한다. 둘째, 독립적이고 자주적인 평화외교 방침을 견지하고 국력 신장을 통해 국가와 민족의 발전을 도모하는 것을 견지하며 흔들림 없이 평화 발전의 길을 걸어야 한다. 또한 자국의 정당한 권익을 절대 포기하지 않고 국가의 핵심 이익을 견결히 수호해야 한다. 셋째, 국제관계의 민주화를 견지하고 평화 상생의 5대 원칙을 견지하며 국가의 면적, 강약, 빈부와 상관 없이 모두가 국제사회의 평등한 구성원이라는 점, 그리고 세계의 운명은 반드시 각국 인민들이 공동으로 결정한다는 점을 견지해야 한다. 또한 국제사회의 공정과 정의를 수호하고 특히 다수의 개도국들을 위해 목소리를 내야 한다.[04]

내용을 놓고 보면 중국 특색의 대국외교는 주로 "중국 특색"과 "대국외교" 두 분야에 주안점을 두고 있다. "중국 특색"이란 중국공산당이 인솔하는 중국 특색의 사회주의노선을 뜻하며 "대국외교"란 중국이 대

---

04   시진핑: 《시진핑, 국정운영을 논하다》(제2권), 외문출판사 2017년호, 제443페이지.

국으로서의 신분 특징을 더욱 강조하는 것이다.

중국의 대국외교 중 "대국"과 "외교" 모두 새로운 뜻을 담고 있다. 과거 중국의 외교용어 체계에서 "대국"이라는 단어는 통상적으로 국토 면적과 인구규모의 범주에서 사용되었지만 2014년 중앙외사공작회의에서 제기된 "대국외교"라는 단어는 국토 면적과 인구 규모의 범주를 벗어난 더욱 복합적인 개념을 내포하고 있으며 여기에는 정치, 경제, 군사 및 문화 등 다양한 분야가 포함된다. 현재 중국 대국외교의 대상은 주로 두 분류로 나눌 수 있는데 하나는 서방의 선진국, 다른 하나는 개발도상국이다. 여기서 강조해야 할 부분은 중국 특색의 대국외교 중 "대국"이란 주로 전략적 안정역할을 가지고 있는 국제 행위주체를 뜻하지만 이 외에도 브릭스와 EU 등 다양한 국가로 구성된 행위주체도 이에 포함된다.

"외교"라는 함의에 있어 중국이 사용하는 원칙과 이념은 서방 선진국들과는 조금 차이가 있다. 예를 들면 중국이 강조하는 "국제관계 민주화"란 중소국과 빈곤국들도 평등하게 국제사무에 참여할 기회와 권리를 보장하는 것인데 반해 서방이 국제사무에서 자주 사용하는 "민주화"란 용어는 국제체계 중의 국가 개념이 아니라 자국 내 정권의 조직형태를 뜻한다. 특히 눈여겨봐야 할 부분은 "중국 특색의 대국외교"는 정확한 의리관(义利观)도 매우 중요시한다는 점이다. 중국은 물질주의만 중시하는 대국이 아니라 도의(道义), 책임과 가치관 역시 매우 중요하게 생각하고 있다.

현실 및 이론적 함의

중국은 통상적으로 이론은 실천에서 비롯되고 실천은 이론적인 지도가 필요하다는 점을 강조해왔는데 이 변증관계는 서방여론이 자주 논의하는 이론과 실천의 관계와는 궤를 달리 한다. 서방여론이 언급하는 이론은 그 범위가 협소하고 일관성에만 중점을 둔 논리체계인 경우가 다반수이며 이론과 행동 간 직접적인 연관성이 부재하다. 하지만 중국의 언어체계 중 이론은 현실을 지도하는 중요한 역할과 정책적인 의미를 가지고 있는 만큼 이론이라는 용어의 함의와 외연성을 이해하고 받아들이는 것 또한 매우 중요하다. 이론적으로 접근하자면 "중국 특색의 대국외교"는 강대해진 중국이 향후 그 힘을 어떻게 사용할지에 대한 비교적 안정적인 기대치를 외계에 보여주고 있는 셈이다.

중국의 대외관계에 입각해 봤을 때 "중국 특색의 대국외교"는 총괄적인 성질을 띄고 있고 전면적인 의미를 담고 있다. 중국이 적극 추진했던 대외관계 관련 업무는 모두 "중국 특색의 대국외교"라는 프레임 안에서 중화민족의 위대한 부흥에 기여해왔다.

2013년 가을, 시진핑이 제기한 "일대일로" 이니셔티브는 해당 외교이념의 가장 생명력 넘치는 실천 결과물이 되었다. "일대일로"는 중국이 단독으로 주도하는 메커니즘이 아니며 엄격한 의미에서의 공식적인 제도가 존재하지 않는다. "일대일로"는 하나의 국제협력 플랫폼이며 모든 국가에게 열려 있다. 이론적으로 봤을 때 공동상의, 공동건설과 상호공유의 원칙은 중국 특색의 사회주의 발전 노선 목표와도 일치하다. 중국 지도자들은 2017년과 2019년 두 차례 개최된 "일대일로" 국제협력서밋에서 중국은 패권을 추구하려 하는 것도, "일대일로"를 서방과 대항하는 지정학적 전략으로 이용하려는 것도 아니라고 여러 차례 강조한 바 있다. 새로운 시기 들어 중국이 글로벌 발전 및 협력을 추진하는 국제협력 플랫폼으로서 "일대일로"는 이미 세계 절대다수 국가로부터 환영을 받고 있다.

실천 과정에서 광범위한 영향을 끼친 또 하나의 요소가 있는데 그건 바로 글로벌 거버넌스에서 중국이 맡고 있는 역할이다. 대국외교에 대한 기대에 부응하기 위해 중국 정부는 그동안 적극적으로 글로벌 거버넌스에 참여해왔고 책임감 있는 대국 역할을 수행해왔다. 2015년 12월, 중국이 제안한 아시아인프라투자은행(AIIB)이 정식으로 설립되었고 전문성, 효율성, 청렴 삼박자를 모두 갖춘 21세기 신형 다자간 개발은행으로 거듭나고 있다. 중국은 세계은행, 국제통화기금(IMF) 등 국제기구의 개혁에도 적극적으로 참여해왔다. 2016년 10월, 위안화가 정식으로 IMF 특별인출권(SDR) 통화바스켓에 포함되었고 2020년 3월, 코로나19 사태가 글로벌 팬데믹까지 치달았던 당시 중국정부는 수차례에 걸쳐 세계보건기구(WHO)에 성금을 전달하면서 보건 분야의 글로벌 협력을 추진했다.

(집필자: 중페이팅 钟飞腾)

4. 신뢰적자와 "일대일로"

신뢰적자의 제기와 기본 의미

최근 몇 년 사이 국가 간 전략경쟁과 마찰이 끊임없이 가중되고 지정학적 대결 구도가 점차 선명해지고 있으며 국제 협력 역시 심각한 피해를 입고 있다. 이러한 배경 하에 시진핑은 2019년 3월 26일 개최된 중국—프랑스 글로벌 거버넌스 포럼 폐막식에서 기조연설을 통해 "국제사회는 현재 거버넌스적자, 신뢰적자, 평화적자, 발전적자 등 4대 도전에 직면해있으며 상술한 적자 문제를 해결하기 위해 △공정성과 합리성 △상호 논의 및 양해 △동주공제[01](同舟共济) △호혜상생 등 4대 이념을 견지해야 한다."고 명확히 지적했다. 이는 중국 지도자가 공식 석상에서 처음으로 "신뢰적자"라는 개념을 제기한 것이지만 사실 시진핑 동지를 핵심으로 하는 당중앙은 예로부터 국가 간 상호 신뢰와 협력을 중요시해왔다. 중국공산당 제18차 전국대표대회 보고서에는 "평등호신, 포용호감, 합작공영[02](平等互信、包容互鉴、合作共赢)"의 12자 방침이 명

---

01 동주공제: 같은 배를 타고 함께 강을 건넌다는 의미로 이해와 환란을 같이 했다는 것을 뜻한다.

02 평등호신, 포용호감, 합작공영: 평등 및 상호 신뢰, 포용 및 상호 학습, 협력 및 원원을 뜻한다.

확히 기재되어 있으며 국가 간 상호 신뢰를 구축하고 호혜 협력을 증진하는 것을 중국 외교정책의 중요한 목표로 제정하였다. 2012년 시진핑은 미국 방문 당시 상호 신뢰 증진을 중미 양국 사이에 놓여진 최우선 도전 과제로 삼아야 한다고 강조했다. 2014년 제4회 아시아 교류 및 신뢰 구축회의(CICA)에서 중국은 기타 아시아국가 대표와 "아시아 안전 형세" "상호 신뢰 및 협력 조치 추진" 등 의제를 둘러싸고 의견을 나눈 뒤 《상하이(上海) 선언》을 공동으로 발표하였고 아시아 국가 간 상호 신뢰와 협력 강화하고 아시아 지역의 평화, 안전과 안정을 수호하는 일이 얼마나 중요한 지를 재차 강조하였다.

신뢰는 국제관계 중 최고의 접착제일 뿐만 아니라 국제협력의 구축, 유지 및 증진에 있어 반드시 필요한 기반이자 조건이다. "신뢰적자"란 주로 현재 국제사회 중에서 서로 의지해야 하는 국가들이 오히려 상대를 의심하고 기피하면서 감정의 골과 오해가 깊어지고 협력이 아닌 경쟁관계로 돌아서는 현상을 뜻한다. "신뢰적자"는 현재 국제사회 중에 존재하는 두 가지 문제점을 반영하고 있다. 첫째, 미국이 패권주의, 일방주의와 보호무역주의를 강행함에 따라 기존의 국제 정치 및 경제 체계에 기반하여 구축된 신뢰 체계가 큰 타격을 입고 있으며 국제사회의 불안정성와 불확실성도 따라서 급증하고 있는데 이로 인해 세계 각국이 상호 신뢰와 협력을 유지하는 난이도와 비용이 눈에 띄게 증가하고 있다. 둘째, 경제 글로벌화의 배경 하에 국가 간 복합적인 상호 의존도가 끊임없이 심화되고 있는데 반해 국가 간 협력 수준은 아직 한참 뒤처져 있으며 이로 인해 국제 협력과 세계 경제발전의 "천장효과"가 점차 두드러지고 있다. 특히 글로벌 금융 위기 이후, 중국의 신속한 발전이 미국 등 서방국가의 상대적인 쇠퇴와 맞물리면서 해당 국가들은 대중국 협력 강화의 중요성과 필요성을 깨닫게 되었다. 하지만 자국의 발전 전망에 대해 자신감을 잃은 해당 국가들은 또 다른 한편으로는 중국을 의심하고 두려워하는 심리와 긴장감, 초조감 등 정서가 나날이 강해짐에 따라 신뢰와 협력 사이의 모순이 격화되고 있다.

따라서 "신뢰적자" 해결은 세계 각국의 외교정책과 외교행위 뿐만 아니라 자국의 발전 상황과도 맞물려 있으며 더 나아가 국제사회 전반의 평화 및 안정, 세계 경제의 번영 및 발전과도 직결되어 있다. "신뢰적자"와 "거버넌스적자"는 겉에 드러나는 표상일 뿐이며 그 핵심과 본질에는 "평화적자"와 "발전적자"가 자리 잡고 있다.

"일대일로"가 "신뢰적자" 해결에서 차지하는 중요한 의미

첫째, 기본 이념에 입각해 보면 "일대일로"는 서방의 전통적인 정글의 법칙과 "제로섬게임" 사고방식이 아닌 평화협력, 개방포용, 상호학습, 호혜상생의 이념을 지향하고 있는데 이는 세계 각국이 상호신뢰 관계를 구축 및 강화하여 더욱 평화롭고 안정적인 국제환경을 조성하는데 유리할 뿐만 아니라 국제 신뢰문화 조성과 보편적 신뢰 강화에도 유리하며 더욱 공정하고 합리적이고 평등하고 개방적인 국제 정치 및 경제 질서를 구축하는데 탄탄한 기반을 마련해줄 수 있다.

둘째, 건설 방향성에 입각해 보면 "일대일로"는 발전 주도형 모델을 견지하고 있으며 중국과 주변국들과의 상호 연결 및 호혜협력 강화를 통해 함께 새로운 발전 기회를 포착하고 새로운 발전 모멘텀을 발굴하며 새로운 발전 공간을 개척하는 것을 목표로 삼고 있다. 이는 세계 각국이 직면한 발전 병목 현상을 해결하고 세계 경제 성장에 새로운 활력을 불어넣는데 유리할 뿐만 아니라 세계 각국이 호혜상생과 동반성장을 도모하는 과정에서 상대방과의 교류와 이해를 증진하고 의심과 오해를 줄여나가며 공감대를 형성하고 일치단결하여 협력과 발전 과정에서 나타나는 일련의 도전에 공동으로 대응하는데도 유리하다.

셋째, 기본 원칙에 입각해 보면 "일대일로"는 "국무대소, 일률평등(国无大小, 一律平等, 모든 국가가 국토면적, 국력과 상관 없이 일률로 평등하다)"의 취지와 공동상의·공동건설·상호공유 원칙을 견지하고 있는데 이는 중국이 서로 다른 국가들의 발전 노선과 모델을 충분히 존중하고 각 국가와 이익주체가 평등하게 협상 과정 및 규칙 제정 과정에 참여할 권리를 존중하며 주변국들과 평등하게 협상하고 공동으로 의사결정을 내리면서 함께 책임을 짊어지고 성과를 공유할 의향이 있음을 잘 보여주고 있다. 이는 중국이 기타 국가들과 함께 상호존중, 상호의논, 상호양해를 골자로 하는 선순환 소통모델을 구축하는데 유리할 뿐만 아니라 기타 국가들이 중국의 굴기, 그리고 자국의 발전 전망에 대한 긴장감과 초조감을 줄여주는데도 유리하다. 또한 각 관련국들이 평등하게 협력하고 공동으로 책임을 짊어지며 함께 성과를 공유하는 과정에서 서로의 이익에 대한 관심과 포용심을 키우고 서로에 대한 선의적인 인식을 쌓아가면서 상호 신뢰와 협력의 단계를 끊임없이 격상시키는데도 일조할 수 있다.

넷째, 의리관에 입각해 보면 "일대일로"는 의리와 이익을 모두 추구하되 의리를 더욱 우선시하는 정확한 의리관을 고수하고 있는데 이는 "일대일로"가 중국의 발전을 도모할 뿐만 아니라 세계의 발전도 함께 도모하고 있다는 점을 보여주고 있으며 중국이 자국의 발전을 꾀하는 동시에 기타 국가의 합리적 이익 보장에도 관심을 가지고 있음을 의

미하고 있다. 이러한 의리관은 중국이 세계적인 대국으로서 지니고 있는 책임감, 안목과 흥금을 잘 보여주고 있는데 이는 중국이 국제신망과 긍정적인 이미지를 수립하고 중국에 대한 기타 국가의 의심과 우려를 줄이는데 일조할 수 있다. 뿐만 아니라 국가 간 상호신뢰관계 구축 및 유지 과정에서 시범역할을 보여주고 국제사회에 팽배한 "신뢰적자" 갈등를 완화하는 과정에서 중국이 더 많은 역할을 기여하는데도 유리하게 작용할 수 있다.

"일대일로" 건설 추진 및 "신뢰적자" 해결 관련 정책적 건의

첫째, 상호존중, 상호상의, 상호양해의 기초 하에 주변국들과의 정책적 소통과 전략적 컨텍을 가일층 강화해야 한다. 주변국들과 공동으로 다양한 분야, 다양한 채널의 평등 대화 및 교류 메커니즘을 구축하고 이해관계 간 균형점을 꾸준히 모색하면서 "일대일로"가 참여국들의 이익과 수요를 더욱 공정하고 평등하게 반영할 수 있도록 보장해야 한다. 또한 "일대일로" 협력 메커니즘과 기존의 협력 메커니즘 간의 상호보완성을 강화하여 관련국들 모두가 이익을 볼 수 있도록 최대한 노력하고 "일대일로" 건설 성과가 모든 참여 주체들에게 더욱 공평하게 돌아갈 수 있도록 보장해야 한다.

둘째, "일대일로" 건설 과정 중 의사결정자와 집행자, 건설자와 현지 정부 및 민중과의 화합을 가일층 강화해야 한다. 중국—외국 협력프로젝트 책임자의 자격심사제도를 체계화하고 프로젝트 건설 과정에서 책임주체에 대한 감독 및 관리 역량을 강화해야 한다. 또한 주변국들이 자발적으로 "일대일로" 건설에 참여하도록 독려하고 적극적으로 주변 국들과의 상호 연결을 강화하고 상호 소통을 유지해나가면서 동반 성 장을 이뤄내야 한다.

셋째, 협력 과정 중의 리스크 관리 및 관계 관리 역량을 가일층 강화해야 한다. 주변국들과 공동으로 효율적인 리스크 관리체계, 위기 관리체계, 분쟁 해결체계를 설립하고 갈등은 사전예방 및 집중관리 방식으로, 충돌은 평등협상 방식으로 해결해야 한다. 또한 핵심이익을 침해하지 않는 전제하에 돌발사건 혹은 특정분야에서의 갈등이 전반적인 상호 신뢰 및 협력 관계에 해를 끼치지 않도록 최대한 노력해야 한다.

넷째, 외국과의 인문교류를 가일층 강화하고 싱크탱크 협력을 추진하여 대외관계의 민심 기반을 탄탄히 다져야 한다. 외국과의 인문교류 관련 콘텐츠, 채널과 분야를 풍부히 하고 국제교류 및 협력 분야의 전문가들을 집중 육성하며 국제적 영향력을 지닌 교류 플랫폼과 브랜드 프로젝트를 추진하면서 대외 인문교류 수준을 꾸준히 향상시켜야 한다. 중국 내 싱크탱크 건설과 중국과 외국 간 싱크탱크 교류 및 협력을 가일층 강화하여 각 나라 싱크탱크가 가지고 있는 정부와 민중을 연결하는 중요한 교량 역할, 정책 제정 과정의 핵심적인 주춧돌 역할, 공공외교에서 차지하는 독특하고 긍정적인 역할을 충분히 발휘할 수 있도록 해야 한다. (집필자: 지앙팡페이 蔣芳菲)

5. 평화적자와 "일대일로"

2017년 5월 14일, 시진핑은 제1차 "일대일로" 국제협력서밋 개막식 기조연설에서 처음으로 평화적자를 언급했다. 시진핑은 연설에서 "현실적인 측면에서 봤을 때 우리는 현재 도전으로 가득 찬 세계 속에 살고 있다. 평화적자, 발전적자, 거버넌스적자는 전 세계인들이 직면한 준엄한 도전들이다"[01]라고 밝혔다. 평화적자는 상술한 3대 적자 중 가장 심각한 적자이며 이미 인류의 생존과 발전을 크게 위협하고 있다

평화적자의 개념

"적자"는 "수입보다 지출이 많은 상황"이라고 이해할 수 있으며 시스템의 효율이 저하되거나 문제가 발생하여 보충량이 소모량을 따라가지 못하는 불균형상태를 뜻한다. 끊이지 않는 전쟁과 갈등이 평화와 안정을 해치고 평화적자를 야기하고 있다. 2차 세계대전 이후 아직까지 전 세계적인 전쟁이 발발하지는 않았고 평화와 발전은 인류문명의 거스를 수 없는 추세가 되었지만 지금의 세계는 여전히 평화롭지 않다.

---

01   시진핑:《"일대일로" 공동건설 추진》,《인민일보》2017년5월15일.

현재, 강권정치와 패권주의가 난무하고 지역 갈등이 격화되고 있으며 테러리즘이 만연되면서 세계 평화의 지출이 수입을 초과하고 있다. 우선 냉전 종료 후 미국을 필두로 하는 서방국가들은 "인권"과 "민주" 수호라는 미명하에 무력까지 동원하면서 일방적으로 기타 국가의 내정에 간섭했고 상대국의 주권을 짓밟는 행위도 서슴치 않았다. 이로 인해 이라크, 시리아 등 국가는 반정 폭동이 끊이질 않고 민생이 도탄에 빠지게 되었다. 다음으로 종교, 종족, 영토 등 요소로 인한 지역 갈등과 국가 간 분쟁이 끊이질 않고 있다. 동아시아에서는 남북갈등과 남해분쟁이 오랜 시간 동안 해당 지역의 평화와 안정을 위협하고 있고 서아시아와 북아프리카에서는 종교, 담수자원, 석유, 영토 등을 둘러싼 분쟁이 빈번히 발생하고 있다. 특히 2010년 연말 튀니지에서 시작된 아랍의 봄 운동은 서아시아와 북아프리카 전체 지역을 강타했고 지금까지도 영향을 끼치고 있다. 마지막으로 앞에서 언급한 두 가지 사항은 테러리즘의 출현과 확장까지 부추기고 있다. 과학기술의 발전에 따라 테러리즘의 위해성과 확장세도 지속 증가하고 있다. 공신력 있는 글로벌 기구인 경제평화연구소(IEP)의 최신 보고서《글로벌 테러리즘지수 보고서》에 따르면 중동지역에서 중앙아시아 및 남아시아 지역까지, 그리고 더 나아가 동남아 지역까지 아우르는 "테러리즘 호형(弧形)지대"가 형성되었고 주변 국가와 인민들의 안전을 엄중하게 위협하고 있다.[02]

상술한 사례에서 알 수 있다시피 현재 전 세계 평화적자를 만들어 내는 원인은 다음과 같은 몇 가지가 있다. 첫째, 서방의 선진국들이 해

---

02   Institue for Economics and Peace, "Global Terrorism Inedx 2019", November, 2019, http://vision=ofhumanity.org/app/uploads/2019/11/GTI-2019web.pdf.

외 시장을 쟁탈하고 가치관을 수출하기 위해 지속적으로 타국 내정을 간섭하고 있다. 둘째, 일부 국가는 여전히 "제로섬게임"의 냉전식 사고 방식을 버리지 못하고 특정 지역에서 직접적인 충돌 혹은 대리인을 통한 전쟁을 발동하고 있다. 셋째, 종교분쟁과 빈곤이 테러리즘의 온상 역할을 하고 있다. 넷째, 분쟁과 관련된 역사의 유물이 다양한 요소의 작용하에 다시 부활하고 있다.

"일대일로" 이니셔티브와 평화적자

"평화는 인민들의 영원한 소망이다. 평화는 공기와 햇살과도 같아 그 혜택을 받을 때에는 체감이 되지 않지만 정작 잃게 되면 생존할 수가 없다."[03] 지금의 세계는 평화적자에 빠졌지만 인민들은 평화를 간절히 기원하고 있다. 이러한 시대적 배경하에 "일대일로" 이니셔티브의 탄생은 상당히 시의적절하다고 볼 수 있다. 시진핑은 인류 운명공동체 구축이라는 뛰어난 안목으로 세계를 바라봤고 문제해결과 실천을 방향 삼아 "일대일로" 건설을 힘써 제창하면서 평화적자에 대한 중국식 해결방안을 제시했다.

"일대일로" 이니셔티브의 이념은 평화적자를 해결할 수 있는 중국의 지혜가 잘 드러나는 대목이다. 첫째, "일대일로" 이니셔티브는 호혜상생을 견지하고 "제로섬게임"을 반대한다. 역사가 증명하다시피 "제로섬게임", 남에게 피해를 끼치고 자기의 이익만 도모하는 행위, 그리

---

03   시진핑:《아시아와 세계의 아름다운 미래를 공동 창조하자》,《인민일보》2013년 4월 8일.

고 승자독식이 거듭될수록 미움의 씨앗만 늘어나게 되고 더 많은 혼란과 분쟁을 야기하여 세계의 장기적인 안보에도 악영향을 끼치게 된다. "일대일로" 이니셔티브는 지정학적 도구가 아니며 타국의 내정에 간섭하고 사회제도와 이데올로기 수출에만 급급했던 과거의 행태를 답습하지 않는다. "일대일로"는 호혜호조[04](互惠互助), 협력상생, 그리고 파트너는 맺되 연맹을 만들지 않는다는 이념에 따라 더 많은 국가와 인민들이 "일대일로" 협력의 성과를 향유할 수 있도록 노력하고 있으며 빈곤, 낙후, 불평등 문제를 해결하고 발전을 통해 평화를 촉진하며 전쟁통과 혼란을 야기하는 토양을 척결하고 있다. 둘째, "일대일로" 이니셔티브는 평등협상을 견지하고 힘으로 약자를 괴롭히는 행위를 반대한다. 역사에서 알수 있다시피 약육강식은 인류의 공존을 향한 길이 아니며 무력을 남용하여 전쟁을 일삼는 행위로는 아름다운 세계를 만들 수가 없다.[05] "일대일로" 이니셔티브는 패권주의와 일방주의, 그리고 무력과 제재를 남발하는 서방의 이념이 아닌 "덕행으로 사람을 복종시키고 예의로 사람을 대하는" 중국의 전통미덕을 계승하고 있으며 시종일관 "공동상의·공동건설·상호공유"의 다자주의 원칙을 견지하고 모든 국가가 면적, 국력, 빈부와 상관 없이 일률로 평등하다고 강조해왔다. "일대일로"는 세계의 운명은 반드시 세계 각국이 공동으로 결정해야 한다고 주장하고 있으며 각 국가들은 상호존중을 전제로 평등한 소통과 협상을 통해 의견 차이와 쟁점을 줄여가고 협력의 최대공약수를 모색하

---

04   호혜호조(互惠互助): 상호 협력을 통해 서로에게 혜택을 준다. .
05   시진핑: 《전통우호를 선양하고 협력의 새로운 한 페이지를 함께 써나가자》, 《인민일보》 2014년 7월 18일.

면서 공감대를 형성해가야 한다고 강조하고 있다. 셋째, "일대일로" 이니셔티브는 포용과 개방을 견지하고 유아독존(唯我独尊)을 반대한다. 최근 들어 서방의 소위 "문명충돌론"이 점차 고개를 쳐들고 있는데 서방은 협애하고 배타적인 시각으로 기타 문명을 바라보고 있으며 사상은 오만과 편견으로 가득 차있다. "일대일로" 이니셔티브의 취지는 "고대 실크로드 문명"의 미담을 전승하는 것이다. "일대일로" 이니셔티브는 모든 사회제도, 문화, 종교신앙에 열려있으며 모든 참여국들은 공동으로 "일대일로"를 문화와 평화의 길로 개척할 수 있다. "일대일로"는 세계 문명의 다양성을 충분히 존중하고 문명 장벽이 아닌 문명 교류, 문명 충돌이 아닌 문명 학습, 문명 우월감이 아닌 문명 공존성을 지향하고 있으며 이를 통해 서로 다른 문명 간의 조화로운 상생을 추진하고 있다.

구체적인 실천 방식에 있어 "일대일로" 이니셔티브는 평화적자 해결을 위한 중국의 기여를 강조하고 있다. 지난 6여년 간, "일대일로"는 세계 평화 프로세스 추진 과정에서 만족스러운 "성적표"를 내놓았다. 우선, "일대일로"는 "실크로드기금"과 아시아인프라투자은행(AIIB)을 설립했고 주변국들의 인프라 연결을 적극 추진했으며 발전을 통해 주변 국가와 지역의 평화와 안정을 촉진하고 "6개의 회랑, 6개의 길, 많은 국가, 많은 항만"의 협력 프레임을 구축하면서 일련의 상징적 의미를 지닌 프로젝트들이 실질적인 진전을 가져왔다. 다음으로, 중국은 혼란과 분쟁을 야기하는 토양을 척결하기 위해 "일대일로" 주변국들에 대한 경제 및 기술적 지원을 아끼지 않았고 빈곤퇴치에 앞장서왔다. 제1차 "일대일로" 국제협력서밋 개최 이후 중국은 "일대일로" 주변의 개도국들에 20억 위안에 달하는 긴급 구호식량을 조달하였고 주변국들을 위해 "행복의 집" "사랑 나눔" "회복 지원" 등 테마별로 100개의 캠페인을 실시하였다.[06] 마지막으로, "일대일로" 이니셔티브는 인문교류 플랫폼 적극 구축, 민심상통 증진, 상호간 문명 학습을 통해 서로 다른 문명 간의 장벽과 충돌을 해소해야 한다고 제창하고 있다. 중국은 "일대일로" 주변국들과 함께 다양한 예술, 영화 및 음악 관련 페스티벌, 문물(文物)전, 도서전 등 활동을 주최했고 공동으로 고퀄리티 도서와 영화 작품의 창작, 번역, 방송 작업을 진행했다. 현재 설립 중인 "일대일로" 신문협력연맹은 25개 국가의 40개 주류 언론사들이 모여 이사회를 구성하였다. 실크로드 주변국 민간조직 협력네트워크는 이미 300여개의 회원조직을 확보하였고 주변국 간 우호적인 왕래를 추진하는 중요한 플랫폼으로 자리 잡고 있다. 2018년 11월에 설립된 "일대일로" 국제과학조직연맹은 주변 국가 및 지역의 과학연구기관과 국제조직이 공동으로 창설한 첫번째 종합성 국제과학기술조직이다.[07]

"일대일로" 이니셔티브는 세계의 평화와 발전의 길을 밝혀주는 등대이다. 하지만 세계 평화를 향해 나아가는 배의 키는 세계 각국이 함께 잡아야 한다. 중국은 향후에도 적극적으로 "일대일로" 건설을 추진하고 세계 각국과의 교류와 협력을 강화하여 세계 평화를 향한 중국의 지혜, 중국의 방안과 중국의 역량을 더 많이 기여할 것이다. 중국은 세계 각국과 함께 상호존중의 웅장한 서사시를 써내려가고 동반성장의 아름다운 화폭을 완성할 것이며 지속적인 평화와 공동 번영을 골자로

---

06 《"일대일로"가 걸어온 지난 6년——민심상통(民心相通)편》, 2019년 9월 6일, 중국 일대일로 홈페이지, http://www.yidaiyilu.gov.ydylcylznzd/cjc/102469.htm .

07 《"일대일로"가 걸어온 지난 6년——민심상통(民心相通)편》, 2019년 9월 6일, 중국 일대일로 홈페이지, http://www.yidaiyilu.gov.ydylcylznzd/cjc/102469.htm.

하는 조화로운 세상을 만들어갈 것이다.

(집필자: 쉬리핑, 우왕스치 許利平、吳汪世琦)

6. 발전적자와 "일대일로"

2017년 5월 14일, 시진핑은 제1차 "일대일로" 국제협력서밋 개막식에서 《"일대일로" 공동건설 추진》이라는 기조연설을 통해 "평화적자, 발전적자, 거버넌스적자는 전 세계인들이 직면한 준엄한 도전들이다"[01]라고 밝힌 바 있다.

발전적자의 주요한 표현

첫째, 국제적으로 봤을 때 국제 경제구도와 글로벌 거버넌스체계에 존재하는 불균형으로 인해 국가와 지역 간 발전 불균형 현상이 발생하고 있는데 특히 수입 분배와 발전 공간 등 분야에서 그 격차가 더욱 벌어지고 있다. 이 외에도 반(反)글로벌화 사고방식과 "이웃과 담을 쌓는" 발전 이념으로 인해 국가 간 분쟁과 충돌이 격화되고 글로벌 협력이 난항을 겪고 있다. 일부 패권주의강국은 현재 국제 정치 및 경제 질서의 불공정과 불합리성을 악용하여 소위 "합법적인 경로"를 통해 타국 자원 약탈을 일삼고 있는데 이 과정에서 타켓이 된 대상국은 산업의

---

01   시진핑: 《"일대일로" 공동건설 추진》, 《인민일보》 2017년5월15일.

고도화가 어려워지고 발전 속도가 느려지면서 결국 질적 성장을 이루지 못하게 된다. 이와 동시에 현대화 관념이 부족한 관계로 해당국가들의 국정운영 능력과 조직 효율성도 크게 떨어진 상태이며 이로 인해 생산력 수준 향상에 어려움을 겪고 있다. 게다가 패권국가들이 시도 때도 없이 정치 및 경제적 제재를 통해 탄압을 강행하다보니 이런 낙후한 국가들은 지리적 위치가 뛰어나고 풍부한 자연자원을 보유하고 있음에도 불구하고 국민들이 빈곤선에서 허덕이고 있다. 중동, 아프리카, 라틴아메리카와 남아시아 등 지역의 많은 국가들이 이런 딜레마에 빠져 있으며 국제사회의 원조에 의지하고 있다. 뿐만 아니라 "제로섬게임", "승자독식"의 기존 국제사회 발전관 또한 평화적자 해결의 걸림돌이 되고 있다.[02] 국제사회 중의 이러한 현상들은 세계 평화발전 프로세스를 직접적으로 저해하고 있고 발전적자라는 문제점을 야기하고 있다

둘째, 국가 내부의 빈부격차 심화와 불합리한 경제성장 모델이 사회의 모순을 격화시키고 있다. 이러한 현상은 주로 불합리한 국가의 분배 체계로 인해 발전의 성과가 불공정하게 분배되는 방식으로 부각되고 있다. 일부 국가의 현대화 건설은 오히려 사회계층의 양극화를 부추기고 있는데 사회의 대부분 부가 소수의 이익단체쪽으로 흘러들어가다 보니 절대다수의 민중이 생활고를 겪고 있으며 빈익빈, 부익부 현상이 점점 더 두드러지고 있다. 경제문제가 야기한 시위활동으로 인해 사회의 기능이 마비되고 불안정성이 확대되고 있으며 사회 전체가 오히려 과거 덜 발전했던 시기보다도 더 큰 혼란을 겪고 있다. "기회의 유동

---

02   창둥량(常东亮) :《인류 운명공동체: 내적인 논리, 현실적인 도전과 실천 노선》,《샤먼 특구당교(厦门特区党校)학보》2019년 제5기.

성 결여와 정치의 제도화 수준 저하로 인해 사회 기능 마비와 정치적 혼란 간 상관계수가 커지고 있다."[03] 이 외에도 국가 지도층의 잘못된 의사결정으로 인해 실제 경제상황에 부합되지 않는 발전모델이 제정되었고 이러한 발전모델은 경제성장에 오히려 악영향을 끼치고 있다. 또한 적자율 과다로 인한 통화팽창과 국가재정 부족 현상 역시 사회의 불안정성을 증폭시키고 있는 상황이다. 현재 많은 국가들이 현대화 과정에서 경제발전을 수반한 분배 난제와 잘못된 발전모델이 야기한 경기침체라는 이중고 국면에 처해있다.

셋째, 자연자원의 과다 채굴로 인해 지속 가능한 발전이 어려워지고 있다. 18세기 60년대 들어 글로벌 산업화 붐이 불기 시작하면서 인류는 새로운 시대에 진입했지만 그 이면에는 회복이 불가할 정도로 만신창이가 된 자연환경이 있었고 글로벌 기후 온난화, 플라스틱 범람 등 해결이 시급한 환경 문제들이 산적해있다. 이와 동시에 도시화의 확산과 중산층의 굴기는 소비주의의 급격한 팽창을 불러왔고 인간의 탐욕은 자연자원이 감당할 수 있는 선을 넘어서기 시작했다. 인류의 생산과 소비에 대한 수요는 흡사 블랙홀처럼 제한적인 자원을 무시무시한 속도로 소진시키고 있는데 인간과 자연 간의 이러한 수급 불균형도 발전 적자를 야기하는 중요한 원인 중 하나이다.

---

03   [미] Samuel P. Huntington 저 《변화하는 사회의 정치 질서》, 상하이인민출판사 2015년호, 42페이지.

"일대일로" 이니셔티브와 발전적자

현재 인류사회는 발전적자로 인한 국가 간 발전 불균형, 국내 빈부 격차 격화, 자연자원의 무의미한 소모 등 난제에 직면해있다. 중국이 제창하고 있는 "일대일로" 건설은 발전적자에 대한 효율적인 해결책을 제시해 주고 있다.

"일대일로" 건설은 제도적 보장을 제공해 줄 수 있다. 즉 공동상의, 공동건설, 개방포용, 호혜상생의 협력 메커니즘을 형성하여 조화롭고 통일된 방식으로 발전적자를 해결할 수 있다. "일대일로" 건설의 체계적 프레임과 연동 방안은 정책 소통, 인프라 연결, 무역창통(畅通, 원활화), 자금 융통, 민심 상통을 골자로 하고 있다. 이와 동시에 세계 각국과 적극적으로 소통하고 정책적 조치를 개선하며 기술, 산업, 교육, 금융 등 분야에서의 협력을 강화하여 상대국의 개방 수준 향상, 더 나아가 전 세계의 공동발전을 도모하고 모든 국가가 발전의 성과를 공유하는데 그 목적을 두고 있다.

글로벌 발전적자 문제 해결을 위해 "일대일로"는 공동가치 추구를 선양하고 상호이해, 상호존중의 전제하에 글로벌 거버넌스의 새로운 발전을 꾀하고 있으며 거버넌스 규칙의 민주화를 추진하여 공동상의·공동건설·상호공유의 글로벌 거버넌스관을 형성하고 있다.[04] 시진핑은 B20 서밋 개막식에서《중국 발전의 새로운 출발점 글로벌 성장의 새로운 비전》이라는 기조연설을 통해 "글로벌 경제 거버넌스는 공유를 목표로 삼아야 하고 모두가 참여하고 모두가 혜택을 누릴 수 있어야

---

04   창둥량(常东亮) :《인류 운명공동체: 내적인 논리, 현실적인 도전과 실천 노선》,《샤먼 특구당교(厦门特区党校)학보》2019년 제5기.

한다. 특정 대상이 독점하거나 승자독식하는 모델이 아닌 이익 공유 모델을 모색하여 원원의 목표를 실현해야 한다"[05]고 강조했다. 이러한 호혜상생의 새로운 발전이념은 이웃과 담을 쌓고 "제로섬게임"을 고수하는 낡은 이념과 궤를 달리 하고 있으며 발전적자 문제를 효율적으로 해결할 수 있는 새로운 관찰자의 시각을 제시하였다. 이 외에도 "일대일로" 건설은 주변국과 관련국들의 적극적인 참여를 독려하고 각 나라의 주권과 영토 완정을 존중하며 각 나라 인민들이 자국 사회제도와 발전노을 선택할 수 있는 권리를 존중한다. 중국은 "일대일로" 건설 과정에서 꾸준히 중국의 발전 경험을 공유해왔지만 대신 그 어떤 정치적인 조건도 부가하지 않고 중국의 사회제도와 모델을 강요하지도 않는다. 이와 동시에 대량의 자금이 "일대일로" 건설 관련 기구를 통해 다양한 건설 프로젝트에 유입되면서 지역 발전 추진에도 일조하고 있다. "일대일로"는 일련의 실질적인 조치를 통해 지역의 조화로운 발전을 견인했고 호혜상생의 이념을 실천하면서 글로벌 발전적자 문제 해결에 효율적인 루트를 제공해왔다.

국가 내부의 발전 곤경을 해결하기 위해 "일대일로"는 "공동상의·공동건설·상호공유"의 방식으로 다양한 국가와 집단 모두 경제 글로벌화의 혜택을 받을 수 있게 하였고 특정 소수가 경제발전의 결실을 독점하는 것을 방지했다. 공평과 효율 간의 관계 처리에 있어서는 양자를 함께 추진하는 방법을 선택했다. 시진핑은 2017년 세계경제포럼 개막식에서 《시대의 책임을 함께 짊어지고 세계의 발전을 함께 추진해야

---

05   시진핑:《중국 발전의 새로운 출발점 글로벌 성장의 새로운 비전》,《인민일보》2016년 9월 4일.

한다》라는 기조연설을 통해 "근검절약과 노력분투를 제창하는 사회 기풍을 형성하고 모든 이의 노동 성과를 존중해야 한다. 빈곤, 실업, 수입 격차 심화 등 문제를 해결하고 취약계층의 목소리에 귀를 기울이면서 사회의 공평과 정의를 실현해야 한다"[06]고 밝혔다. 중국은 "일대일로" 건설 과정에서 인민을 중심으로 하는 발전 이념과 경험을 기타 국가와 공유할 것이며 인민을 발전의 주요 추진력으로 삼고 발전을 통해 인민들에게 복지를 제공해 줄 것이다.

이 외에도, 국가별 실정에 부합되는 정책과 조치를 제정하기 위해 중국은 "일대일로" 건설 관련국들과 다양한 양자 간·다자간 협력 메커니즘을 구축 및 보완했으며 다양한 수준, 다양한 채널의 소통과 협력을 진행해왔다. 현재 다양한 형식의 고위층연합위원회, 지도위원회, 협회위원회, 혼합위원회, 관리위원회 등 양자 간 업무 메커니즘들이 구축되었다.[07] 다자간 협력 메커니즘 또한 중요한 역할을 발휘하고 있는데 예를 들면 상하이협력기구(SCO) 등 관련 조직을 선두로 공동상의, 공동건설 메커니즘을 형성하고 있다. 중국은 양자 및 다자간 협력 메커니즘을 통해 주변국 조직과의 소통과 협상을 강화했고 각 나라의 실정에 따라 실행 가능성 있는 정책방안을 내놓았으며 공동으로 협력 프로젝트를 추진하면서 발전적자 문제 해결에 앞장섰다.

"일대일로"는 자연환경 분야에서 직면한 발전적자 문제에도 해결책을 제시해 주었다. 즉 친환경 발전관념 홍보를 강화하여 경제건설과

---

06   시진핑:《시대의 책임을 함께 짊어지고 세계의 발전을 함께 추진해야 한다》,《인민일보》2017년 1월 18일.

07   웨이난즈(魏南枝) 저《공동상의 공동건설 상호공유의 방식으로 발전 적자 해결 촉진》,《붉은기 문고(红旗文稿)》2017년 제20호.

생태보호의 관계를 양자택일에서 변증법적 통일로 전환시킨 것이다. "일대일로" 건설은 발전에 대한 새로운 사고방식을 각 나라에 제공해 주면서 해당 국가들이 생태환경 파괴를 대가로 하는 경제성장은 지양하고 지속 가능한 발전모델을 도모하는데 일조하였다. "일대일로"의 인솔하에 지속적인 평화, 보편적인 안전, 개방과 포용 및 공동번영이 가능한 깨끗하고 아름다운 세계를 만들어야 한다는 목소리가 세계 곳곳에서 널리 퍼지고 있다. 중국은 "일대일로"를 통해 관련국들과 함께 생태계를 보호하면서 서로가 윈윈할 수 있는 시스템을 구축하고 있으며 인간과 자연 간의 조화로운 상생, 그리고 지속 가능한 발전을 도모하고 있다.

(집필자: 런린 任琳)

7. 거버넌스적자와 "일대일로"

20세기 90년대 이후 경제 글로벌화의 고속 발전에 힘입어 국가 간 왕래가 더욱 잦아지는 동시에 다양한 글로벌 도전들도 우후죽순처럼 나타나기 시작했고 글로벌 기후 온난화, 테러리즘, 사이버 안전 등 문제들이 점차 국제사회의 중점 의제로 부상하고 있다. 하지만 성숙된 국제적 메커니즘과 규정 제도 부재, 일부 국가들의 탈세계화 강행, 대국 간 경쟁 등이 글로벌 거버넌스 체계의 혼란을 가중시키고 있다. 일련의 문제점과 갈등들로 인해 거버넌스 역량이 지속적으로 하락하고 있고 이는 전 세계가 직면한 거버넌스적자로 이어지고 있다.

거버넌스적자의 발생 원인 및 표현

국가 내부에서 발생하는 거버넌스적자는 주로 미성숙하고 저효율적인 국내 정치제도에서 비롯되는데 그 주요한 표현은 다음과 같다. 첫째, 제도적인 부패가 정부 거버넌스의 효율 저하를 야기하고 있다. 다수의 개도국들에게 있어 "부정부패는 효율적인 정치 제도화 부재의 발현이다."[01] 제도적 공백이 발생하면 사회의 공정 실현이 어려워지고 정부는 결국 공신력을 잃게 되는데 이러한 상황이 도래하게 되면 기존 법규 준수를 거부하는 개체들이 나타나면서 사회에 혼란을 가져다 줄 수 있으며 결국에는 정부 거버넌스 효율이 비정상적인 수준으로 떨어지는 상황까지 이어질 수 있다. 둘째, 개도국들이 전통에서 현대로 넘어가는 과정에서 정확한 정치체계를 구축하지 못한 관계로 독재와 군벌할거 등 국면이 나타났고 이로 인해 거버넌스 역량이 가파르게 떨어지고 있다. 셋째, 당파 투쟁과 권력의 과도한 분산으로 인해 정부의 거버넌스가 방향을 잡지 못하고 있다. 단 앞의 두 가지 현상과 다른 부분이 있다면 당파 투쟁은 통상적으로 제3세계국가가 아닌 서방의 자본주의 국가에서 발생한다는 점이다. 또한 입법권, 사법권과 행정권이 분리되어 상호 제약하고 있고 여당과 야당은 서로를 공격하기에만 급급한 상황에서 지도자들까지 극단적인 정치성향을 보이고 있다보니 경제 및 사회 보장 프로젝트의 실행 및 추진이 어려워지고 있다. 권력 분리를 통해 균형을 이루고자 설계되었던 정부 구조가 오히려 국가의 거버넌스 역량 향상을 저해하고 있는 셈이다.

21세기에 들어선 이후 기존의 낡은 국제질서가 나날이 두드러지는 글로벌 문제의 충격하에 점차 와해되면서 글로벌 거버넌스적자를 야기하고 있는데 그 주요한 표현은 다음과 같다. 첫째, 신흥경제체의 굴기와 새로운 국제 정치·경제 질서에 대한 강한 수요가 맞물리면서 기존 수혜국이 유지하고자 하는 현존 질서에 큰 충격을 가져다주고 있다.

---

01   [미] Samuel P. Huntington 저 《변화하는 사회의 정치 질서》, 상하이인민출판사 2015년호, 45페이지.

경제 글로벌화의 트렌드속에서 중국, 브라질, 남아공, 인도 등 신흥경제체들이 두각을 드러내기 시작했고 이들 국가는 국제 경제 교류 및 협력 체계에 더 깊이 참여하기 위해 앞다투어 국제조직에 가입하기 시작했는데 이는 후자의 힘의 균형 구도를 크게 변화시키고 있다. 이 과정에서 자신들의 발언권이 부족하다는 점을 깨달은 신흥경제체들은 기존의 불공평한 글로벌 거버넌스 체계 개혁을 강하게 요구하고 있다. 예를 들어 중국은 국제통화기금, 세계은행 등 금융조직의 개혁을 촉구하면서 개도국들의 점유율과 지분을 향상해야 한다고 호소해왔다. 이와 동시에 서방의 선진국들이 이러한 충격을 기존 국제 제도에 대한 도전으로 간주하고 자신들이 보유한 글로벌 거버넌스 영향력과 자국 이익에 위협을 줄 수 있다고 판단함에 따라 양자 간 갈등이 점차 첨예해지고 있으며 글로벌 거버넌스의 불안정성도 따라서 증폭되고 있다. 선진국들은 구태의연한 태도로 변혁을 거부하고 있고 개도국들은 높아지는 진입장벽 앞에서 좌절하고 있으며 세계 각국은 이름 모를 초조함에 시달리고 있다. 둘째, 비전통 안보 문제 등 전 세계적인 거버넌스 난제들이 점차 고개를 쳐들고 있지만 이와 관련된 글로벌 대응 체계에는 여전히 많은 빈 틈이 존재한다. 경제 글로벌화는 테러리즘, 사이버안보, 기후변화, 감염병, 난민위기, 에너지위기 등 비전통적 안보 문제를 수반한다. 전통적인 거버넌스 이념은 여전히 경제, 군사 등 분야에만 주안점을 두고 있는 만큼 나날이 악화되는 비전통적 안보 문제를 해결할 수 있는 효율적인 거버넌스 체계가 부재한 상황이다. 이 외에도 탈세계화 추세와 일방주의가 끊임없이 무역 갈등을 일으킴에 따라 많은 국가들의 관계가 악화 일로를 걷고 있는데 이 역시 전통적인 글로벌 거버넌스 질서에 도전을 가져다주고 있다. 셋째, 국제조직들이 각 나라의 거버넌스 협업을 조율하는 역할을 발휘하지 못하고 있고 효율적인 협상 플랫폼도 제공하지 못하고 있다. 2차 세계대전 종료 이후 유엔, 세계은행과 국제통화기금을 필두로 하는 국제조직들은 글로벌 거버넌스의 중요 플랫폼 역할을 수행해야 했지만 일부 대국의 견제와 배후 조종으로 인해 정상적으로 기능을 발휘하지 못하고 있으며 조율 과정에서도 대국과의 협력을 우선 순위에 놓고 중소국가와 비정부기구(NGO)의 목소리에는 귀를 기울이지 않고 있는데 이는 국제 협력 추진이라는 본연의 역할을 무색하게 만들고 있다.

"일대일로"와 거버넌스적자

"일대일로" 건설은 탈세계화의 성행, 세계경제 발전 둔화, 글로벌 거버넌스 체계 혼란 등 문제에 중국식 해결방안을 제시하고 있다. 2015년 3월 28일 발표된 《실크로드 경제벨트와 21세기 해상 실크로드 공동건설 추진에 관한 비전과 행동》에는 "일대일로" 건설은 국제 협력 및 글로벌 거버넌스의 새로운 모델을 적극 모색하고 있다고 기재되어 있다.[02]

"일대일로"는 글로벌 거버넌스적자 문제에 있어 다음과 같은 해결책을 제시하고 있다. 첫째, 공동상의·공동건설·상호공유의 거버넌스관을 견지하고 "평화협력, 개방포용, 상호학습, 호혜상생"의 새로운 이념을 이행해야 한다. "일대일로"가 내포한 인류 운명공동체 이념은 《국

---

02   국가발전개혁위원회, 외교부, 상무부 공동 발표 《실크로드 경제벨트와 21세기 해상 실크로드 공동건설 추진에 관한 비전과 행동》,《인민일보》 2015년 3월 29일 4면.

제연합헌장》정신을 포함한 국제행위 기본준칙과 상호보완성을 가지고 있다. 현재 탈세계화가 기승을 부리고 거버넌스적자 문제가 부각되고 있는 배경하에 "일대일로"는 기존 제도에 기반하여 글로벌 거버넌스에 대한 관심을 다시 불러일으켰고 글로벌 발전 추세에 대한 새로운 시각을 세계 각국에 제공하였다. 둘째, 신형 다자간 기구의 역할을 적극 발휘시키고 새로운 글로벌 거버넌스 메커니즘을 구축하여 기존 국제조직들이 개혁을 추진하도록 압박해야 한다. 국가 간 인프라 연결성이 강화되고 경제무역 협력이 신속히 발전함에 따라 "일대일로" 건설 과정에서 모색한 관련 규범, 원칙, 질서는 기존 거버넌스 체계의 부족점을 채워줄 수 있으며 국가 간 이익 균등 분배를 조율할 수 있다. 새로운 거버넌스 요소의 충격하에 유엔안보리, 국제통화기금, 세계은행 등 기구의 개혁이 점차 시급해지고 있으며 중국을 포함한 개도국들이 강력 호소하고 있는 새로운 국제 정치·경제 질서 구축은 거스를 수 없는 대세가 되고 있다. 셋째, 중국을 대표로 하는 개도국들을 글로벌 거버넌스 무대에 등장시켜야 하며 적극적이고 진취적인 태도로 글로벌 거버넌스를 실무적이고 실행 가능한 방향으로 이끌어야 한다. "일대일로"는 주변국들과의 평등 대화를 강조하고 지역 경제의 통합 발전을 추진하며 각 나라의 발전 현황에 따라 해당국 실정에 부합되는 거버넌스 조치를 적기에 제정함으로써 글로벌 거버넌스의 왜곡된 부분을 바로잡을 수 있다. 안토니오 구테흐스 유엔 사무총장은 "일대일로" 이니셔티브가 유엔의 《2030 지속 가능 발전목표(SDGs)》와 방향이 일치하며 경제 글로벌화가 더욱 균형 잡히고 포용적이며 조화로운 방향으로 발전하는데 도움이 될 것이라고 밝혔으며 국제 협력을 통해 지금의 세계가 직면한 일련의 도전을 해결하는데 중대한 의미를 지니고 있다고 강

조했다.[03]

이 외에도 "일대일로"는 관련국들을 지역 통합화와 글로벌화의 경제 발전 궤도에 안착시켰고 국가 내부의 사회갈등을 해소해 주었으며 테러리즘의 출현을 원척적으로 봉쇄시켰다. 어쩌면 이러한 공동발전, 공동번영의 발전 모델이 비전통적 안보 문제의 근원을 해결할 수 있는 대책이 될 수 있을지도 모른다.

국가 내부의 거버넌스적자 문제와 관련하여 "일대일로"의 새로운 협력 모델은 갈등을 효율적으로 해소할 수 있는 새로운 거버넌스 방안을 제시하고 있다. 첫째, "일대일로" 건설은 공동상의, 상호공유, 공동 건설의 원칙을 견지하며 《국제연합헌장》의 취지와 원칙을 준수한다. "일대일로"는 평화공존의 5대 원칙을 견지하며 주권 존중, 일률 평등을 골자로 하는 신흥 협력 모델을 제창하고 있는데 이는 서방이 주도하고 있는 이데올로기 수출 위주의 국제 협력 모델보다 많은 장점을 가지고 있다. "일대일로"는 "주권보다 인권이 먼저다"와 같은 국제관계의 기본적인 준칙에 어긋나는 가치관을 제기하지 않으며 해당 국가의 내부 분열과 충돌을 격화시킬 수 있는 행동을 하지 않는다. "일대일로"는 서로의 국가주권을 상호 존중해야 한다는 국제규범을 제창하고 주권과 영토의 완정을 적극 수호하는 것을 통해 새롭고 안정적인 국제질서 형성을 추진하고 있다. 둘째, 주요 대상국의 자주적인 능동성을 충분히 발휘하여 기업과 비정부기구의 심층적인 참여를 독려하고 국가 간 대화와 협상의 방식을 통해 건설 및 발전 과정 중에 나타나는 문제점들

03　《안토니오 구테흐스: "일대일로"는 글로벌화가 균형 잡히고 포용적이며 조화로운 방향으로 발전하는데 도움을 주고 있다》, 2017년 5월 13일, 신화통신(新华网), http://www.xinhuanet.com//2017-05/13/c_1120967409.htm .

을 해결하도록 해야 한다. 상술한 협력 방식은 주변국가의 거버넌스 역량과 수준을 향상할 수 있고 해당 국가들의 경제 원조에 대한 의존도를 줄일 수 있다. 예를 들어 중국―태국 철도협력 프로젝트는 태국의 중남반도 교통허브 지위를 더욱 공고히 할 수 있고 태국 및 주변 지역의 인프라 건설을 추진하여 새로운 발전 기회를 창출해 낼 수 있으며 해당지역의 교통관리 역량도 제고할 수 있다.[04] "물고기를 주는 것보다 물고기 잡는 법을 가르치는 쪽이 더 바람직하다(授人以鱼不如授人以渔)"라는 중국의 속담처럼 "일대일로"는 관련국의 자주적인 거버넌스 역량을 향상시키고 적극성을 고취시키는 것을 통해 글로벌 거버넌스에 신선한 혈액을 수혈해 주고 있다. 셋째, "일대일로"는 부패 척결 관련 국제적 협력의 중요한 구성부분으로서 관련국들의 부패 척결 역량 강화를 추진했다. 시진핑은 2017년부터 부패 척결에 관한 국제적 협력을 강화하고 "일대일로"를 청렴의 길로 만들어야 한다고 강조해왔다.[05] 2018년 7월 개최된 "일대일로" 법치협력 국제포럼은《"일대일로" 법치협력 국제포럼 공동 주석 성명》을 통해 "일대일로" 참여국들이 힘을 모아 청렴한 "일대일로" 건설을 구축하고《국제연합반부패협약》등 국제 공약과 관련 양자 간 조약을 기반으로 반부패 협력을 강화하여 "일대일로"를 청렴의 길로 만들어야 한다고 호소했다.[06] "일대일로" 건설은 주변국과의 사법 · 집법 협력 심화를 통해 국가 내부의 부패세력을 효율적으로 억

---

04   친야칭(秦亚青), 웨이링(魏玲) :《신형 글로벌 거버넌스관 및 "일대일로" 협력에 관한 실천》,《외교평론》2018년 제2기.

05   시진핑:《"일대일로" 공동건설 추진》,《인민일보》2017년5월15일.

06   《""일대일로" 법치협력 국제포럼 공동 주석 성명"》, 2018년 7월 3일, 신화통신, http://www.xinhuanet.com/politics/2018-07/03/c \ 1123073746.htm.

제하고 정부의 투명성을 보장할 수 있으며 이를 통해 글로벌 부패 척결 거버넌스에 혁신적인 방안을 제공하고 있다.

(집필자: 런린 任琳)

8. 글로벌 거버넌스관

2008년의 글로벌 금융위기는 중국의 국제 신분과 중국이 국제 정치구도에 대한 판단을 크게 바뀌어 놓았고 중국은 이를 계기로 글로벌 거버넌스에 대해 탐색하고 연구하기 시작했다. 최근 몇 년간 중국의 굴기가 미국 국력의 상대적 쇠약과 맞물리면서 중국이 글로벌 거버넌스에서 차지하는 역할이 과거 그 어느 때보다도 더 중요해졌다. 세계 각국은 중국이 더욱 적극적으로 글로벌 거버넌스에 융합되어야 한다는 점에 대해 공감대를 형성했다. 중국공산당 제18차 전국대표대회 이후 시진핑은 글로벌 거버넌스 의제에 대한 이론과 관점들을 제시했고 이러한 이론과 관점들이 모여 체계적인 글로벌 거버넌스관을 구성하고 있다.

글로벌 거버넌스관

시진핑은 파리에서 개최된 중국—프랑스 글로벌 거버넌스 포럼 폐막식에서《더욱 아름다운 지구를 건설하기 위해 지혜와 역량을 기여해야 한다》는 주제의 기조연설을 통해 글로벌 거버넌스관의 핵심적인 의미를 제시했다.[01] "우리는 공동상의·공동건설·상호공유의 글로벌 거버넌스관을 견지하고 글로벌 사무는 세계 각국 인민들의 공동 상의하에 결정되어야 한다는 이념을 견지하면서 적극적으로 글로벌 거버넌스 규칙의 민주화를 추진해야 한다."

현재 글로벌 거버넌스는 중요한 단계에 처해있다. 세계 곳곳에서 대국보호주의가 우위를 차지하고 있고 "미국 우선"을 표방하는 일련의 정책들은 글로벌 공공재 제공에 대한 의지가 약해지고 있음을 보여주고 있다. 또 다른 한편으로는 우후죽순처럼 나타나고 있는 비전통적 안보 문제, 예를 들면 감염병, 테러리즘, 기후 문제, 사이버 안보 등에 대한 체계적인 대응 시스템과 규칙이 부재하다는 점도 시급한 해결이 필요하다. 상술한 두 가지 상황이 얽히고 설키면서 지금의 글로벌 거버넌스가 직면한 권력의 진공(真空), 거버넌스적자 등 문제들을 야기하고 있다. 거버넌스적자 문제 해결에 있어 공정성과 합리성을 지키는 것이 가장 중요한데 이는 공동상의, 공동건설, 상호공유 3대 원칙의 구체적인 표현이기도 하다. 공정이란 자신의 이익을 추구하는 동시에 타인의 이익도 함께 고려하는 것이며 이미 국제사회에서 공감대가 형성된 국제법률과 규칙을 준수하고 해당 법률과 규칙의 합법성과 권위성을 보장하는 것이다. 국제 형세가 끊임없이 변화함에 따라 글로벌 거버넌스 체계 역시 합리적으로 변화에 적응해야 한다. 국제사회의 현존 권력 구도를 반영하여 능력이 있는 국가들이 더욱 적극적으로 더 많은 국제적 책임을 짊어질 수 있도록, 국력이 향상된 신흥경제체들과 개도국들이 글

---

01   시진핑:《더 아름다운 지구를 건설하기 위해 지혜와 역량을 기여해야 한다》,《인민일보》2019년 3월 27일.

로벌 거버넌스 체계와 다자간 국제 기구에서 더 많은 발언권과 참여권을 확보할 수 있도록 해야 한다. 공정성과 합리성의 기본 원칙은 글로벌 거버넌스 질서의 안정성을 보장하는 주춧돌이자 현재 시국에서 글로벌 거버넌스 체계의 효율적인 개혁을 가능케 하는 버팀목이다.

글로벌 거버넌스 추진방안

중국공산당 제19차 전국대표대회 보고서에서 명확히 제시된 공동상의·공동건설·상호공유의 글로벌 거버넌스관은 "인류 운명공동체" 및 "일대일로" 이니셔티브의 가이드 라인이 되었을 뿐만 아니라 유엔총회가 제정한 글로벌 거버넌스 결의안에도 기입되었다.[02] 2017년 시진핑은 유엔 제네바 사무국에서 《인류 운명공동체 공동 구축》을 주제로 한 기조연설에서 "세계는 무슨 일이 발생하고 있고 우리는 어떻게 해야 할까"라는 글로벌 문제를 언급한 바 있는데 공동상의·공동건설·상호공유는 각기 다른 시각을 통해 "누가" "어떻게" 그리고 "왜" 거버넌스를 실행해야 하는지에 대한 해답을 제시해 주고 있다.[03]

공동상의 원칙은 글로벌 거버넌스의 주체에 대하여 과거 거버넌스 체계 중의 특정 국가 혹은 특정 부류 국가들이 아닌 세계의 모든 국가, 즉 서로 다른 이데올로기, 발전 단계, 정치 체계의 다양한 행위체들이라고 정의하고 있는데 이는 국제관계 민주화의 구현이자 협상민주사

---

02   중성(钟声) : 《공동상의·공동건설·상호공유의 글로벌 거버넌스 노선 개척》, 《인민일보》 2017년 11월 5일.

03   친야칭(秦亚青) : 《공동상의·공동건설·상호공유를 통해 인류 운명공동체 건설을 적극 추진해야 한다》, 《중국교육보》 2017년 12월 2일.

상의 연장선이기도 하다. 시진핑은 중국공산당 창설 95주년 축하 대회에서 "어떤 국제 질서와 글로벌 거버넌스 체계가 세계 각국과 인민들에게 유리한지는 각 나라 인민들이 공동으로 상의하여 결정해야지 한 국가나 소수의 집단이 사사로이 정해서는 안된다"고 밝혔다.[04] 세계 각국의 국제적 역량은 실시간으로 변화하고 있고 그 어떤 부류의 국가들도 영원히 패권의 지위를 향유할 수 없는 만큼 권력을 동원한 강압적인 거버넌스는 장기적인 대안이 될 수 없다. "신뢰적자" 해결에 있어서는 평등, 민주, 협상의 방식이 더욱 바람직하다. 상호논의와 상호이해를 견지해야만 대화와 소통을 증진할 수 있고, 서로에 대한 신뢰를 강화하고 불신을 해소할 수 있으며, 현재 격화 양상을 보이고 있는 국제 갈등과 경쟁을 줄이고, 지정학적 이슈와 "제로섬게임"의 대립구도를 최소화할 수 있다.

평화를 제창하는 공동건설 원칙은 거버넌스에 대한 방법론을 제시하고 있으며 평화적자 해결에도 일조하고 있다. 평화와 발전은 중국 외교의 변함 없는 준칙이다. 공동건설은 다양한 국가의 참여를 강조하고 있으며 현재는 주로 개도국의 참여도 향상에 주안점을 두고 있는데 이는 기존 글로벌 거버넌스 체계가 가지고 있는 "상징성의 일부 결여"라는 문제점을 해결하는데 도움이 되고 있다. "특정 국가에서만 나타는 게 아닌 많은 문제점들, 한 국가의 힘으로는 해결할 수 없는 많은 도전들이 속출하고 있다. 글로벌 도전은 세계 각국이 일치단결하여 공동으

---

04   시진핑:《중국공산당 창설 95주년 축하 대회에서의 연설》,《인민일보》 2016년 7월 2일.

로 대응해야 한다."[05] 협력으로 발전을 촉진해야 하고 오직 협력만이 장기적인 평화를 수호할 수 있다.

호혜상생을 견지하는 상호공유 원칙은 발전적자 해결에 도움이 될 수 있다. "다양한 글로벌 도전을 해결하기 위한……근본적인 방법은 평화를 추구하고 발전을 이뤄내는 것이다. 겹겹이 쌓인 도전과 난관에 직면한 우리는 반드시 발전이라는 열쇠를 거머쥐어야 한다. 발전만이 충돌의 근원을 해소할 수 있고 발전만이 인민의 기본권리를 보장할 수 있으며 발전만이 인민들의 아름다운 삶에 대한 염원을 만족시킬 수 있다."[06] 글로벌화를 수반한 격차의 확대가 탈세계화를 어느 정도 부추기고 있는 것은 사실이다. 하지만 글로벌화는 세계 경제 성장을 견인하는 엔진이며 여전히 글로벌 발전의 주요한 방향인 만큼 우리는 어떻게 해야만 더욱 공평하고 합리적으로 글로벌화의 결실을 분배할 수 있을지 고민해야 한다. 2013년 시진핑은 모스크바국제관계학원에서의 연설을 통해 "각 나라와 인민들이 발전의 성과를 공유할 수 있도록 해야 한다. 국가들 간 빈익빈, 부익부 현상이 지속된다면 세계는 장기적인 발전을 도모할 수 없다. 모든 국가들이 공동으로 발전해야 세계가 더 나은 방향으로 발전할 수 있다"고 주장했다. 현재 국가 간 상호의존도가 꾸준히 높아지고 있고 상호 연결성이 나날이 강화되고 있는데 이는 인류가 동고동락하는 운명공동체라는 점을 잘 보여주고 있다.

---

05 《시진핑은 중공중앙정치국 제27차 집단학습회의에서 글로벌 거버넌스 체계가 더욱 공정하고 더욱 합리적인 방법으로 중국의 발전과 세계의 평화에 유리한 조건을 창조하도록 추진해야 한다고 강조했다》, 2015년 10월 13일, 중국정부망(中國政府網), http://www.gov.cn/xinwen/2015-10/13/content_2946293.htm.

06 시진핑: 《천년의 우의를 다지는 새로운 장을 열어나가자》, 《인민일보》 2020년 1월 17일.

공동상의·공동건설·상호공유의 글로벌 거버넌스관은 새로운 신흥산물이 아니며 해당 거버넌스관이 내포하고 있는 사상은 중국의 수천 년간의 전통문화와 현재의 실제상황이 유기적으로 결합된 산물로서 중국의 평화외교 사상과 일련의 독립적이고 자주적이며 평화로운 외교정책에서 자주 응용되고 있다. 또한 글로벌 거버넌스 사상은 시진핑의 국정운영과 관련하여 제기한 일련의 논술과도 일맥상통한다.

(집필자: 런린 任琳)

9. 친성혜용(亲诚惠容)

개념의 제기

"친(亲, 우호), 성(诚, 신용), 혜(惠, 호혜), 용(容, 포용)"은 시진핑이 제1차 신중국 주변외교 심포지엄에서 제기한 개념이며 현재는 중국 주변외교의 새로운 이념으로 자리 잡고 있다. 시진핑은 심포지엄에서 "중국 주변외교의 기본 방침은 이웃에 친절을 베풀고 이웃과 동반자가 되는 것, 그리고 이웃과의 화목을 도모하고 이웃의 안정을 추진하며 이웃을 도와 부를 창출하는 것을 견지하고 친, 성, 혜, 용의 이념을 부각하는 것이다"고 밝혔다.[01]

중국에 있어 주변국이란 안신입명(安身立命)[02]의 뿌리이자 번영 발전의 기반이기도 하다. 중국공산당 제18차 전국대표대회 이후 시진핑 동지를 핵심으로 하는 당중앙은 "주변외교"를 더욱 중요시하기 시작했고 "주변외교"를 "대국외교"와 동일한 선상에 올려놓았으며 꾸준히 중국

---

01 시진핑:《공동으로 지속 가능한 발전을 도모하고 원원의 파트너관계를 구축해야 한다》, 2015년 9월 27일, 중국정부망. http://www.gov.cn/xinwen/2015-09/27/content_2939377.htm.

02 안신입명 (安身立命): 신념에 안주하여 풍파에 흔들리지 않고 몸과 마음의 안위를 조금도 걱정하지 아니함.

주변외교를 업그레이드하고 주변외교 업무의 마스터 플랜 제정에 중점을 두었다. 이러한 배경하에 주변국과의 관계를 더욱 잘 운영하기 위해 만든 이념이 바로 "친, 성, 혜, 용"이다. "친, 성, 혜, 용"의 주변외교 이념은 신중국 성립 이후 당중앙이 실행해왔던 "이웃과의 화합을 도모하는" 외교이론과 실천을 고도화한 산물이며 중국 주변 환경의 새로운 형세에 기반하여 제기된 "심층적인 문화적 소양과 외교적 의미를 내포"한 이념이다.

중국과 주변국 간의 왕래 중 "친(亲)"이란 주변국과 지리적으로 근접하고 인적교류가 활성화되었으며 문화가 상통한 전통적인 정서적 연결고리를 더욱 탄탄하게 다지고 시종일관 이웃과의 우호 증진, 상호 지원을 견지하는 것이다. 국가 간 교류에서 가장 중요한 것은 국민 간 친근감 형성이다. "왕래가 빈번할수록 친척은 더욱 친해지고 친구는 더욱 가까워진다"[03]라는 말처럼 주변국과의 인적교류를 증진하고 중국이 주변 지역에서 가지는 친화력과 호소력을 강화하여 더욱 긴밀한 중국—주변국 운명공동체 구축에 필요한 민심 기반을 마련해야 한다. "성(诚)"은 중국과 주변국 간 우호협력의 초석이다. 중국에는 "사람이 신망을 잃으면 큰 일을 이룰 수 없고 국가가 신용을 잃으면 쇠퇴의 길에 접어든다(人无信不立, 国无信则衰)"라는 말이 있다. 신용은 개인이 안신입명을 이뤄내는 기본이자 국가가 융성으로 향하는 뿌리이다. 중국은 주변국들을 성심성의껏 대해왔고 "약속을 행동에 옮기고 그 행동이 결과로 이어질 수 있도록(言必信, 行必果)" 노력했으며 외교적 승낙과 조

03　시진핑:《천년의 우의를 다지는 새로운 장을 열어나가자》,《인민일보》 2020년 1월 17일.

약들을 이행해왔다. 중국은 허심탄회한 태도로 현실적인 갈등과 분쟁을 직시했고 자국의 입장과 레드라인을 명확히 했다. 또한 주변국들의 목소리에도 귀를 기울이면서 갈등과 분쟁을 합리적으로 관리했고 양자가 관계의 안정과 지속 가능한 발전을 유지해왔다. "혜(惠)"는 중국과 주변국들의 발전에 대한 공동 요구이다. "협력은 향기를 풍기는 난초와도 같아 꺾어서 소지하고 있으면 모두가 윈윈할 수 있다(合作如兰, 扬扬其香, 采而佩之, 共赢四方)." 협력을 통해 윈윈하고 협력의 성과를 주변국들과 공유하는 외교 이념하에 중국은 자국의 발전과 주변국들의 발전을 긴밀히 결합시킬 의향이 있으며 주변국들이 언제든 중국 경제성장의 고속열차에 편승하는 것을 환영한다. 주변국들과 협력을 진행할 때는 상대국의 발전 전략을 충분히 감안하여 주변국들이 더 큰 성취감과 만족감을 얻을 수 있도록 해야 한다. "용(容)"은 겸용과 관용을 뜻한다. 중화민족의 "해납백천 유용내대(海纳百川, 有容乃大)[04]"의 전통미덕을 발양하여 주변국들의 사회, 민족, 종교 등 분야의 다양성을 존중하고 적극적으로 상대국의 문명을 학습해야 한다. "문명은 교류를 통해 더 다채로워지고 상호 학습을 통해 더 풍부해진다."[05] 국가별 기본 국정에 근거하여 상대국이 편안함을 느낄 수 있는 협력 환경을 조성해야 하고 일부 소국의 "무례함"과 "일방주의"에 대해서는 일정한 절제와 관용이 필요하다. "일화독방부시춘 백화제방춘만원(一花独放不是春, 百花齐放春满园)[06]"

04　"해납백천 유용내대": 수많은 강줄기를 수용하는 바다처럼 모든 것을 포용할 수 있는 흉금을 지니다.

05　《시진핑 유네스코본부 연설문》,《인민일보》2014년 3월 28일.

06　"일화독방부시춘 백화제방춘만원": 꽃 한 송이가 피었다고 봄이 온 것이 아니다. 수많은 꽃들이 만개해야만 진정한 봄이라 할 수 있다.

이라는 말처럼 중국은 개방과 포용의 자세로 주변국들과 동반성장 및 공동번영을 도모하고자 한다. 상술한 설명에서 알 수 있다시피 "친, 성, 혜, 용" 네 글자는 각각의 의미를 내포하고 있으며 서로 긴밀히 연결되어 있다. "우호적인 기류가 형성되면 상호 포용이 가능하고" "호혜상생은 상호 신뢰를 수반한다". 그리고 "친, 성, 혜, 용"은 상호 보완과 상호 융합을 통해 중국 주변국 외교 이념의 유기적인 결합체를 만들어 줄 수 있다.

"일대일로" 이니셔티브와 "친, 성, 혜, 용"

"일대일로"는 국가급 협력 이니셔티브로서 "친, 성, 혜, 용"을 골자로 하는 新 주변외교 이념의 중요한 운반체이다.

우선, "일대일로" 이니셔티브는 주변국과의 민심 상통을 중요시하며 적극적인 인적 교류를 통해 서로 간의 거리를 좁혀나가고 있다. 교육 분야 협력에 있어 중국교육부는《"일대일로" 교육 공동추진에 관한 행동》을 인쇄 및 발행하였고 "실크로드" 중국정부장학금을 설립하였으며 주변국들과 함께 "일대일로" 고등학부전략연맹, 중국—아세안 교육협력위크, 중러 대학연맹, 중한 대학총장포럼 등 협력메커니즘을 구축하여 중국과 주변국간의 교육 협력을 강화했다. 문화 교류 증진에 있어 중국은 모든 "일대일로" 주변국들과 정부 간 문화교류 협력협의를 체결하였고《문화부 "일대일로"문화발전 액션플랜(2016-2020년)》을 제정하였다. 이 외에도 중국은 주변국들과 함께 "일대일로" 문화의 해, 관광의 해, 예술제 등 일련의 시범효과를 갖춘 이벤트를 기획하였고 "실크로드 국제박물관연맹" "실크로드 국제도서관연맹" "실크로드 국제미

술관연맹" "실크로드 국제예술제연맹" "실크로드 국제극장연맹" 등 5대 문화교류연맹을 발족하였다. 관광 협력 강화에 있어 중국은 다수의 "일대일로" 주변국들과 무사증 입국 혹은 비자발급 간소화 관련 협의를 체결하여 관광객들에게 편의를 제공해 주었다. 언론매체 협력 강화에 있어 중국은 관련 주변국들과 함께 적극적으로 "일대일로" 신문협력연맹 건설을 추진하고 있다.

다음으로, "일대일로" 이니셔티브는 주변국들의 발전전략을 심층적으로 결합시켰고 주변국들에게 적극적으로 공공재를 제공해 주면서 호혜상생과 협력강화에 대한 성의를 보여주었다. 전략적 협력 분야에 있어 "일대일로" 이니셔티브는 카자흐스탄의 "광명의 길", 러시아의 "유라시아 경제연맹", 베트남의 "두 개의 회랑, 하나의 경제권", 인도네시아의 "글로벌 해양거점", 캄보디아의 "사각전력(SR)", 몽골국의 "광명의 길"과 심층적인 협업을 추진하고 있다. 이 외에도 "일대일로" 이니셔티브는 태국의 "태국4.0", 필리핀의 "야심2040" 및 "빌드(Build), 빌드, 빌드"전략, 브루나이의 "2035비전", 라오스의 "육지로 둘러싸인 나라에서 육지로 연결된 나라로" 등 전략과 공감대를 형성했고 다음 단계의 협력 계획을 논의하고 있다. 공공재 제공에 있어 "일대일로" 이니셔티브가 설립한 아시아인프라투자은행(AIIB)은 주변 지역의 인프라와 자금 융통의 중요한 버팀목이 되어주고 있다. 뿐만 아니라 중국은 "일대일로" 프레임 안에서 "광명행외교(光明行外交)"를 통해 캄보디아, 미얀마이 등 주변국들의 시각 질환자들에게 무료로 의료 지원 서비스를 제공하여 그들이 다시 빛을 볼 수 있도록 도움을 주고 있다.

마지막으로, "일대일로" 이니셔티브는 시종일관 포용과 개방의 자세로 평화를 사랑하는 모든 주변국들의 참여를 환영하고 있다. 2020년

1월 기준, 중국은 이미 러시아, 한국, 몽골국, 아세안 10개국, 카자흐스탄, 파키스탄 등 20여개의 국가들과 "일대일로" 공동건설에 관한 협력 문서를 체결했다. 해당 국가들은 정치제도, 종교신앙, 인종, 발전상황, 종합국력 등이 제각각 상이하다. 하지만 "일대일로" 이니셔티브는 각 국가의 다양성을 충분히 존중하고 국가별 자원 잠재력을 발굴하였면서 주변 지역을 동반성장, 공동번영, 호혜상생의 유기체로 만들고 있는데 이는 "일대일로"가 겸용과 관용의 미덕을 갖춘 백화제방(百花齊放)의 "개방의 길"임을 잘 보여주고 있다.

　　중국은 주변국들과 지리적으로 인접해 있고 오랫동안 이웃 관계를 유지해왔다. 향후 중국은 변함 없이 "친, 성, 혜, 용"의 외교이념을 견지하고 "공동상의·공동건설·상호공유"의 원칙을 견지할 것이며 "일대일로" 이니셔티브를 활용하여 주변국과의 화합을 도모하고 관계국과의 협력을 한 단계 더 격상시킬 것이다. "일대일로"는 중국의 "일대일로" 이자 세계의 "일대일로"이기도 하다. 중국은 "중국몽"과 주변국들의 꿈을 유기적으로 결합시킬 것이며 주변국들과 함께 손을 맞잡고 동반성장과 공동번영을 향한 새로운 장을 열어가고 더욱 긴밀한 중국—주변국 운명공동체를 구축해 나갈 것이다.

(집필자: 쉬리핑, 우왕스치 許利平、吳汪世琦)

10. 진, 실, 친, 성(真、实、亲、诚)

개념의 제기

2013년 3월 25일, 시진핑은 탄자니아 니에레레국제회의센터에서 《영원히 믿음직스러운 친구와 진실된 파트너》라는 기조연설을 통해 중국—아프리카 관계와 아프리카에 대한 중국의 정책기조에 대해 전면적으로 설명했다. 시진핑은 해당 연설에서 처음으로 대아프라카정책 중의 "진, 실, 친, 성" 개념을 제기했다.

첫째, 아프리카 우방국들을 대할 때 "진(真, 진솔함)"을 강조해야 한다. 시진핑은 "우리는 시종일관 아프리카 국가와의 단결과 협력을 발전시키는 것을 중국 대외정책의 중요한 기조로 삼아왔다. 해당 기조는 결코 중국의 발전이 가속화되거나 국제지위가 격상된다고 해서 달라지지 않는다. 중국은 모든 국가들이 국토면적, 국력, 빈부와 상관 없이 일률로 평등하다는 주장을 견지하고 공평과 정의 구현을 지지하며 약소국과 빈곤국을 무시하거나 탄압하는 행위, 타국 내정에 간섭하는 행위를 반대한다. 중국은 향후 지속적으로 아프리카 국가들과 함께 상대국의 핵심 이익 및 주요 관심사 등 문제를 둘러싼 상호 지원을 강화할 것이며 지속적으로 국제 및 지역 사무 중 아프리카 국가들의 정의로운 입장을 흔들림 없이 지지하면서 개도국들의 공동 이익을 수호 및 발전시킬 것이다. 중국은 향후 아프리카 국가들이 자주적으로 지역 문제를 해결하는 것을 변함 없이 지지할 것이며 아프리카의 평화와 안전에 더 큰 기여를 할 것이다"고 밝혔다.

둘째, 아프리카와의 협력 과정에서 "실(实, 내실)"을 강조해야 한다. 중국은 자국의 발전과 아프리카의 발전을 긴밀히 연결시키고 중국 인민의 이익과 아프리카 인민의 이익을 긴밀히 결합시키며 중국의 발전 기회와 아프리카의 발전 기회를 긴밀히 융합시키기 위해 노력해왔다. 중국은 자국의 발전을 도모하는 동시에 아프리카 우방국들에게 물심 양면으로 지원을 아끼지 않았다. 최근 몇 년간 중국은 아프리카에 대한 원조와 협력을 강화해왔고 자신이 약속했던 내용들을 어김없이 실행에 옮겼다. 중국―아프리카 협력 중의 "실"은 구체적으로 융자, 인재육성 및 원조 등 분야에서 두드러지고 있다. 시진핑은 "중국은 향후 지속적으로 아프리카와의 투자 및 융자 협력을 강화하여 3년 내로 아프리카에 200억 달러에 달하는 차관을 제공하기로 했던 약속을 이행할 것이다"라고 밝혔다. "아프리카 역내 범국가 범지역 인프라 건설 협력파트너 관계"를 구축하고 아프리카 국가와 농업, 제조업 등 분야를 둘러싼 호혜적 협력을 강화하여 아프리카 국가들이 자원 우세를 발전 우세로 전환하고 자주적인 발전과 지속 가능한 발전을 이뤄내는데 도움을 주어야 한다.

셋째, 중국과 아프리카 간 우호 관계를 강화하는 과정에서 "친(亲, 우호)"을 강조해야 한다. 시진핑은 "중국 인민과 아프리카 인민들은 서로에 대한 천연적인 친근감과 유대감을 가지고 있는데 이는 심층적인 대화와 실제적인 행동을 통해 마음속의 공감대를 형성했기 때문이다"라고 밝힌 바 있다. 시진핑은 중국―아프리카 관계 중의 인민성을 매우 중요시해왔다. 시진핑은 중국—아프리 관계의 뿌리와 혈통은 모두 인민에 있으며 중국—아프리카 관계의 발전은 인민들을 대상으로 이뤄져야 한다고 아래와 같이 강조했다. "중국—아프리카 인문 교류를 더욱 중요시해야 하고 중국과 아프리카 인민들의 서로에 대한 이해와 인식을 증진하여 중국—아프리카 우호 사업의 사회적 기반을 구축해야 한다." 시진핑은 또한 "중국—아프리카 관계는 미래 지향적인 사업인 만큼 큰 포부를 지닌 중국와 아프리카의 청년들이 대대로 노력과 분투를 이어가야 한다. 양측은 청년 교류를 적극적으로 추진하여 중국—아프리카 우호 사업의 후계자들을 육성해야 하고 중국—아프리카 우호 사업에 청춘과 활력을 불어넣어야 한다"고 강조했다.

넷째, 협력 과정에서 나타난 문제점들을 해결할 때 "성(诚, 성의)"를 강조해야 한다. 중국과 아프리카 모두 고속 성장기에 처해 있는 만큼 끊임없이 시대의 흐름에 따라 상대에 대한 인식을 바꿔가야 한다. "중국은 중국—아프리카 관계가 맞이한 새로운 상황과 새로운 문제들을 허심탄회하게 직시하고 있다. 우리는 상호존중, 호혜상생의 이념으로 양자 간 관계에서 발생한 문제들을 적절히 해결해 나가야 한다." "중국은 발전 단계와 상관 없이 영원히 아프리카 국가들을 '환난지교(患难之交,고난을 함께한 친구)로 간주할 것이다."[01]

"진, 실, 친, 성" 이념의 제기와 실행은 중국과 아프리카의 관계를 더욱 가깝게 만들었다. 현재 아프리카의 여론은 보편적으로 오늘날 중국—아프리카 관계가 전면적으로 발전하는 고속성장 단계에 접어들었

---

01   시진핑: 《영원히 믿음직스러운 친구와 진실된 파트너—탄자니아 니에레레국제회의 센터에서의 기조연설》, 2013년 3월 26일, 인민망, http://theory.people.com.cn/n/2013/0326/c;36457-20914243.html.

으며 중국과 아프리카는 다양한 분야의 협력에서 눈에 띄는 성과를 도출했다고 보고 있다. 양측은 중국—아프리카 협력포럼을 출범했고 포괄적 전략 동반자 관계를 구축했다. 중국과 아프리카는 경제무역 협력, 인문 교류 등 분야에서 꾸준히 협력을 강화했고 상대방의 핵심 이익과 주요 관심사에 대해서는 상호적으로 지지하면서 중국—아프리카 관계의 새로운 장을 열어나갔다.[02]

기본 의미

"진, 실, 친, 성"은 시진핑 동지를 핵심으로 하는 당중앙이 새로운 형세하의 대아프리카 외교업무에 대해 제기한 개념적 지도 원칙이며 과거 당중앙 지도자들의 아프리카 관련 업무 경험에 대해 회고, 총괄 및 계승하고 여기에 혁신과 발전을 더한 결과물이다.

"진(眞, 진솔함)"은 아프리카 국가들에 대한 중국의 진심 어린 태도에서 드러나고 있다. 중국은 아프리카와의 전통적 우호 관계를 소중히 여기고 아프리카 국가들의 주권, 존엄 및 핵심 이익을 존중하며 아프리카 국가들의 내정에 간섭하지 않는다. 중국은 아프리카는 아프리카 인민들의 아프리카라는 점을 견지하고 아프리카 국가들은 자국의 발전 노선과 발전 모델을 자유롭게 선택할 권리, 자주적으로 지역 문제를 해결할 권리가 있다는 점을 견지하고 있는데 이는 아프리카의 평화와 안전에 크게 기여하고 있다. 또한 중국은 아프리카 국가들이 상호 협력을

02　《"진실친성"의 비범한 매력》, 2017년 3월 25일, 신화통신, http://www.xinhuanet.com/world/2017-03/25/c_1120692965.htm.

통해 자강(自强)의 길로 나아가는 것을 지지하며 아프리카 통일조직이 지역 사무 중에서 중요한 역할을 발휘하는 것을 지지한다.

"실(实, 내실)"은 다음과 같은 두 가지 방면에서 표현된다. 첫째, 중국은 보여주기 식이 아닌 실제 행동으로 성심성의껏 아프리카 국가들을 도와왔다. 중국은 아프리카 인민들이 가장 필요로 하는 분야인 자금, 기술, 인재육성 등 분야에서 도움의 손길을 내밀었고 이 과정에서 그 어떤 정치적인 조건도 내걸지 않았다. 둘째, 중국은 시종일관 아프리카 우방국들에 대한 신용과 의리를 지켜왔다. 중국은 아프리카 국가들을 원조하기로 한 승낙을 준수하였고 한번 한 약속은 그 어떤 곤란이 있더라도 모두 극복하고 반드시 실행했다. 2020년 연초 코로나19가 전 세계를 휩쓸면서 중국이 방역의 핵심 시기에 처해있을 때 아프리카 국가들은 중국을 지지하고 중국을 위해 목소리를 내주었다. 현재 아프리카에는 여전히 코로나19가 확산하고 있는데 중국은 이러한 상황을 예의주시하고 있으며 중국 정부가 에티오피아와 부르키나파소에 파견한 두 의료전문가팀은 이미 현재 현지에 도착하였다. 중국은 앞으로도 아프리카 지역의 관련 국가에 후속 의료전문가팀을 파견할 계획이라고 밝혔고 현지에서 부족한 방역물자를 힘닿는 데까지 전폭적으로 지원하여 아프리카 국가와 인민들이 방역을 지원하겠다는 입장을 피력했다. 이번 코로나19 방역 협력을 통해 중국과 아프리카 간의 우호적인 기반은 더욱 탄탄해질 것이다.[03]

"친(亲, 우호)"는 우호적인 민심의 중요성을 강조하고 있다. "친"은

---

03 《코로나19 방역 협력을 통해 중국과 아프리카 간의 우정이 더욱 두터워지고 있다》, 중국—아프리카 협력포럼 사이트, http://www.focac.org/chn/zfgx/zzjw/tl770960.htm.

국가정치제도, 이데올로기, 근접한 지리적 조건에 기반한 전통적인 지정학 및 지경학 범주를 벗어난 개념이며 공동의 운명과 공동의 이익을 도모하는 과정 중에 인민들 사이에서 생겨난 신뢰감과 친밀감에서 그 모습을 찾아볼 수 있다.

"성(誠, 성의)"는 중국이 중국—아프리카 관계에서 나타난 새로운 상황과 새로운 문제를 허심탄회하게 직시해야 함을 강조하고 있다. 양측은 상호존중, 호혜상생의 이념으로 양자 간 관계에서 발생한 문제들을 적절히 해결해 나가야 한다. 중국은 과거에도 그리고 앞으로도 변함 없이 아프리카 국가들과 함께 실질적인 조치를 통해 중국—아프리카 경제무역 협력에서 존재하는 문제점들을 적절히 해결하면서 아프리카 국가들이 협력 과정에서 더 큰 이익을 볼 수 있도록 보장해 줄 것이다. 또한 중국은 중국의 기업과 국민들에게 아프리카와의 현지 협력을 추진할 때 후자에 상응한 편의를 제공해 주기를 바란다는 진솔한 입장을 전달했다.

"진, 실, 친, 성" 이념 이행의 이론적 가치와 현실적 의미

"진, 실, 친, 성"의 제기로 인해 중국—아프리카 관계는 더욱 활기찬 모습을 띠고 있다. "중국은 확고부동하게 아프리카의 발전을 지지하며 아프리카와 동고동락할 것이다. 아프리카 역시 자신과 지기(知己)의 연을 맺길 원하는 중국의 진심, 평등하고 우호적인 태도, 그리고 호혜상생을 견지하는 이념을 마음 깊이 느끼고 있다."[04] "진, 실, 친, 성"

---

04   《"진실친성"의 비범한 매력》, 2017년 3월 25일, 신화통신, http://www.xinhuanet.

개념 이행의 이론적 가치와 현실적 의미는 주로 다음과 같은 세 가지 분야에서 드러난다.

첫째, "진, 실, 친, 성"은 새로운 형세하에 중국─아프리카 관계 기반을 더욱 탄탄하게 다지고 중국─아프리카 간 우의 증진 및 협력 강화를 도모하는데 중요한 의미를 가지고 있다. 시진핑이 탄자니아 니에레레국제회의센터에서 발표했던 기조연설처럼 "중국─아프리카 관계가 왕성한 생명력을 유지하려면 반드시 시대의 흐름에 편승하면서 혁신을 도모해야 한다. 지난 반 세기 동안 중국─아프리카 관계가 새로운 발전단계에 접어들 때마다 양측 모두 장기적인 안목으로 양자 간 협력의 새로운 접점과 성장 포인트를 발굴하면서 중국─아프리카 관계를 새로운 단계로 격상시켜왔다." 따라서 "진, 실, 친, 성" 이념의 제기는 중국이 해당 분야에서 적극적으로 노력했음을 보여주는 방증이다. "진, 실, 친, 성"은 새로운 형세하에 중국─아프리카 관계의 가일층 발전을 꾀하는데 필요한 방향과 목표를 명확히 해주었고 해당 목표를 달성하기 위한 구체적이고 실무적이며 실행 가능한 조치와 방안을 제시해주었다. 또한 진, 실, 친, 성"은 서방국가들이 중국의 대아프리카 외교에 대한 모함과 중국─아프리카 관계를 이간시키는 언행을 향해 날리는 강력한 일침이다. 뿐만 아니라 중국이 아프리카 국가들을 대상으로 제기한 "진, 실, 친, 성"의 이념은 아프리카에만 적용되는게 아니며 새로운 형세하에 중국이 모든 개도국들과의 관계를 추진하는 과정에서 긍정적인 참고 역할을 할 수 있다.

둘째, "진, 실, 친, 성(眞、實、親、誠)"과 "친, 성, 혜, 용(親、誠、惠、容)"

com/world/2017-03/25/c_1120692965.htm.

은 일맥상통하며 양자 모두 "일대일로" 이니셔티브의 기본적인 이념이다. "진, 실, 친, 성"의 이행은 "일대일로" 이니셔티브가 아프리카에서 실질적인 진전을 가져오는데 일조할 수 있다. "진, 실, 친, 성" 역시 "실제"와 "실효(实效)"에 주안점을 두고 있다. 오랫동안 중국과 아프리카는 꾸준히 경제 분야에서의 호혜적 협력을 유지했고 중국과 아프리키 간 정치적 상호 신뢰와 경제적 상호 보완성을 충분히 발휘하면서 양자 간 협력의 비약적인 발전을 견인해왔다.[05]

셋째, "진, 실, 친, 성"은 새로운 시기에 접어든 아프리카의 새로운 발전 수요이기도 하다. 아프리카 국가들이 적극적으로 "일대일로" 건설에 동참한 것은 자국 발전의 실정에도 부합되었기 때문이다. 발전 단계만 놓고 봤을 때 아프리카 국가들은 보편적으로 산업화와 경제의 다원화를 갈망하고 있고 외국의 투자와 기술 이전이 시급한 상황이다. 이 외에도 아프리카 국가들은 중국이 개혁개방을 통해 이룩한 거대한 성공과 그 배후의 성공 경험, 발전 모델을 거울 삼아 경제적 독립과 자주적이고 지속 가능한 발전을 이뤄낼 수 있다. 아프리카 국가들이 "동방으로 눈길을 돌리는 것"은 이미 하나의 흐름이 되고 있다. 아프리카 국가들은 자국의 인프라 수준을 향상하고 경제발전의 다원화를 실현하여 기존의 일원화된 경제발전 모델을 탈피하려 한다. 중국은 풍부한 경제발전 경험과 생산능력 협력 관련 수요를 가지고 있는데 이는 아프리카의 산업화 발전을 가속화 시킬 수 있다. "일대일로" 건설은 중국이 전 세계를 향해 제기한 중요한 발전 이니셔티브로서 중국과 아프리카

---

05 《"진실친성"의 비범한 매력》, 2017년 3월 25일, 신화통신, http://www.xinhuanet.com/world/2017-03/25/c_1120692965.htm.

양자 간 협력에 새로운 기회를 가져다주고 있다. 중국이 보유한 자금, 기술, 시장, 기업, 인재 및 성공한 발전 경험들이 아프라카의 풍부한 자연자원, 거대한 인구 보너스 및 시장 잠재력과 맞물릴 수 있다면 중국과 아프리카 모두 윈윈의 길로 나아갈 수 있다.

(집필자: 양단즈 杨丹志)

11. 문명 간 교류 및 학습

의미 및 형성 과정

문명 간 교류 및 학습은 중국 지도자들이 과거 수년간 적극 추진했던 외교 이념과 실천이다. 모든 문명은 평등하고 각각의 장점을 지니고 있기에 상이한 문명 간 상호 교류를 통해 서로의 장단점을 보완하고 서로를 귀감으로 삼으면서 세계 평화 수호, 공동 번영 실현, 인류 운명공동체 구축을 이뤄내야 한다.

2014년 3월 말, 시진핑은 유네스코에서 기조연설을 통해 "문명은 교류로 인해 다채로워지고 상호 학습을 통해 풍부해진다. 문명 간 교류와 학습은 인류의 문명 진보와 세계의 평화로운 발전을 추진했던 중요한 동력이다"[01]라고 밝혔다. 이는 "일대일로" 이니셔티브가 제기된 이후 중국 지도자가 처음으로 국제 석상에서 문명 간 교류와 학습이라는 개념을 언급한 것이었다.

시진핑은 이후에도 많은 중요 석상에서 꾸준히 문명 간 교류와 학습의 필요성과 중국—아랍국가 협력포럼 제6차 장관급 포럼, 평화공존

---

01 《시진핑 유네스코본부 연설문》, 2014년 3월 28일, 신화통신, http://www.xinhuanet.com/world/2014-03/28/c_119982831_2.htm.

의 5대 원칙 발표 60주년 기념대회, 보아오포럼, 아시아 교류 및 신뢰 구축회의, 아시아 교류 및 신뢰 구축회의 제5차 외교장관급 회의, 정치국 제31차 단체학습회의, 유엔 제네바 사무국, "일대일로" 국제협력서밋, 브릭스국가 공상포럼, 중국공산당 제19차 전국대표대회 보고서 등 중국의 구체적인 추진 조치들에 대해 역설해왔다. 2019년 5월 15일 개최된 아시아 문명 대화대회 개막식에서 시진핑은 "문명 간 교류와 학습 강화, 아시아 운명공동체 공동건설"을 주제로 한 기조연설을 통해 상호 교류 및 학습은 문명 발전의 본질적인 요구라는 주장을 제기했다.[02]

중국 정부도 "일대일로" 관련 중요문헌을 통해 문명 간 교류와 학습을 강조해왔다. 예를 들면 2015년 3월 28일 발표한 《실크로드 경제벨트와 21세기 해상 실크로드 공동건설 추진에 관한 비전과 행동》이라는 문서 중 "시대적 배경"이라는 장에는 "주변국 인민들의 인문 교류와 문명 간 상호 학습을 증진해야 한다"는 내용이 기재되어 있다.

주요 내용 및 조치

"문명 간 교류 및 학습"의 주요 내용은 다음과 같다. 첫째, 서로 다른 문명 간 소통과 상호 장단점 보완을 뜻한다. 둘째, 범문명 교류를 강조한다. 하지만 대부분 국가들 간의 교류는 결국 서로 다른 문명 간의 교류인만큼 문명 간 교류 및 학습은 통상적으로 인문 교류를 통해 실현된다. 셋째, 다양한 문명을 보유한 아시아 지역은 "일대일로"의 중점 실

---

02   시진핑:《문명 간 교류와 학습 강화, 아시아 운명공동체 공동건설—아시아 문명 대화대회 개막식에서의 기조연설》,《인민일보》2019년 5월 16일 2면.

행 지역이기도 하다. 다양한 문명 간 대화는 문명 간 교류 및 학습의 중요한 형식인만큼 특별히 중요시할 필요가 있다. 넷째, 중국 정부는 "문명 간 교류 및 학습"을 "일대일로" 건설의 착력점으로 삼고 있기에 다양한 관련 조치들이 "일대일로" 프레임 안에서 실행되고 있는데 양자 간 교류를 위주로 하고 다자간 및 지역간 교류 메커니즘 구축을 병행하는 방식이 주를 이루고 있다. 내용을 살펴 보면 문화 교류, 학술 왕래, 인재 교류 및 협력, 언론 협력, 청년 및 여성 왕래, 자원봉사 서비스 등이 포함되어 있다.[03]

중국 정부는 아래와 같은 다양한 조치를 통해 인문 교류를 추진해 왔다.

상대국과의 유학생 파견 규모를 확대하고 공동으로 학부를 개설했으며 매년 1만명의 주변국 유학생들에게 정부장학금을 지원해 주었다. 주변국들과 함께 문화의 해, 예술제, 영화제, TV 위크, 도서전 등 이벤트를 개최하고 공동으로 고퀄리티 영상 작품의 창작과 번역을 진행했으며 공동으로 세계문화유산을 신청하고 세계유산 보호작업을 진행했다.

관광협력을 강화하고 관광규모를 확대했으며 주변국들과 함께 관광 위크, 홍보의 달 등 이벤트를 개최하고 공동으로 실크로드 특색을 지닌 국제 관광 노선과 관광 상품을 기획했으며 주변 국가 관광객들의 비자 편의성을 향상했다. 또한 21세기 해상 실크로드 크루즈 관광 협력을 추진하고 스포츠 교류 이벤트를 적극 개최했으며 주변국들의 세계적인 스포츠 행사 유치 신청을 지지해왔다.

---

03 국가발전개혁위원회, 외교부, 상무부 공동 발표《실크로드 경제벨트와 21세기 해상 실크로드 공동건설 추진에 관한 비전과 행동》,《인민일보》2015년 3월 29일 4면.

주변국과 감염병 정보 공유, 방역기술 교류, 전문인력 육성 등 분야에서의 협력을 강화하고 돌발성 공중위생사건에 대한 대응 능력을 향상해왔다. 중국은 관련국들에게 의료지원과 긴급의료구조를 제공했고 여성 및 아동 건강, 장애인 재활 및 주요 감염병 분야에서 실질적인 협력을 추진했으며 전통 의약분야에서의 협력을 확대했다.

과학기술 협력을 강화하고 연합실험실(연구센터), 국제기술이전센터, 해상협력센터를 공동건설했다. 또한 인적 교류를 활성화하고 협력을 통해 과학기술 분야의 중대 난관을 풀어나갔으며 함께 과학기술 혁신역량을 향상해왔다.

기존의 자원을 통합하여 주변국들의 공동 관심 분야인 청년취업, 창업교육, 전문기술 개발, 사회 보장 및 관리 서비스, 공공행정 관리 등 분야를 둘러싼 실질적인 협력을 추진했다.

정당, 의회 교류의 교량 역할을 충분히 발휘하여 주변국들의 입법기구, 주요당파, 정치조직들 간 우호적인 왕래를 촉진했다. 도시 간 교류와 협력을 추진하고 주변국 주요 도시들과 자매도시 관계를 맺었으며 인문 교류를 중점 삼아 실질적인 협력을 강화하면서 다양한 협력의 사례를 만들어냈다. 또한 열린 마음으로 주변국 싱크탱크들과 공동으로 연구를 진행하고 함께 관련 포럼들을 개최해왔다.

의미

"부물지부제, 물지정야(夫物之不齐, 物之情也)[04]"라는 맹자의 말처럼 사

---

04   부물지부제, 물지정야: 무릇 사물이라 하면 서로 다 다르기 마련이다. 그게 사물의 본

물의 다양성이 있었기에 인류가 다양한 문명을 만들어낼 수 있었다. 그리고 서로 다른 문명들 모두 고유의 장점을 가지고 있기에 문명 간 교류와 학습을 통해 각각의 진가를 발휘할 수 있다. 고대 실크로드는 나일강 유역, 티그리스강과 유프라테스강 유역, 인더스강과 갠지스강 유역, 황하와 장강 유역, 이집트 문명, 바빌론 문명, 인도 문명, 중화 문명, 불교, 기독교, 이슬람교도 집거지 등 다양한 유역(流域), 문명과 종교를 거쳐왔다. 서로 다른 문명, 종교, 종족들이 구동존이(求同存異)[05]와 개방 포용을 통해 공동으로 상호 존중이라는 시편을 써내려가고 공동 발전이라는 아름다운 그림을 그려왔다.[06]

"국가 간 교류는 국민 간의 친화에 있고 국민 간의 친화는 서로와 마음이 통하는데 있다(国之交在于民相亲, 民相亲在于心相通)." 서로 다른 국가 간 문화교류는 민심 상통을 실현하는 중요한 수단이고 다양한 국가들이 다양한 문명 속에서 지혜를 얻고 영양분을 섭취하는데 도움이 되며 인민들에게 정신적인 지주와 심적인 위로를 제공해 줄 수 있다. 하지만 문명 간의 차이는 예로부터 유라시아대륙에서 충돌을 야기해온 근원이었다. 냉전 기간에는 이데올로기의 갈등이 민족 갈등을 넘어서면서 유라시아대륙 내부 충돌의 주요한 근원으로 자리 잡았다.

냉전 종료 후, 이데올로기 차이는 더 이상 대국 간의 주요 갈등이 아니었다. 새뮤얼 헌팅턴(Samuel Huntington)의 "문명충돌론"은 세계적인

질이다.

05   구동존이: 서로 다른 점을 인정하면서 공동의 이익을 추구한다.

06   《문명 간 교류와 상호 학습 및 공존 촉진— 시진핑 주석의 "일대일로" 국제협력서 밋 개막식 기조연설이 내포한 여섯가지 사상을 심층적으로 학습하다》, 《광명일보》 2017년 5월 20일.

공감대를 형성하는데 실패했고 이와 반대로 문명 공존을 강조하고 문명 간 교류와 대화 증진을 주장하는 관점이 더욱 광범위한 지지를 받게 되었다. 유엔이 2001년을 "문명 간 대화의 해"로 제정하고《문명대화선언》을 발표한 것이 전형적인 사례이다.

중국 정부와 학자들도 "문명충돌론"에 대한 반대 입장을 가지고 있다. 중국학자들은 서로 다른 문명 간 차이점이 있다는 점은 인정하지만 문명 간 대화를 통해 충돌을 피하고 의견 차이를 줄일 수 있다는 점을 강조하면서 세계 각국은 문명 간 교류와 학습을 추진하여 서로 다른 문명 간 공동 발전을 도모해야 한다고 주장해왔다.[07] 역사적으로 봤을 때 문명 간 충돌은 인류에게 많은 재난을 가져다 주었지만 거시적인 관점에서 보면 인류는 여전히 앞으로 발전하고 있고 문명 간 충돌의 시간이 협력과 교류의 시간보다 짧았다는 것은 부정할 수 없는 사실이다.

시진핑 주석을 핵심으로 하는 당중앙은 변화하는 국제정세와 향상된 중국국력에 근거하여 "중국몽 실현"과 "인류 운명공동체 구축"이라는 대내외적인 이중 목표를 제시했다. "일대일로" 이니셔티브는 중국 대외관계의 마스터플랜으로서 인프라 건설과 상호 연결성 강화를 촉진하고 각 나라의 정책과 발전 전략을 결합시키며 실무적인 협력을 강화하고 조화로운 상생발전을 추진하여 공동번영을 실현하는 것을 핵심 내용으로 삼고 있다.[08] "일대일로" 이니셔티브의 협력 중점은 "5개의 통(通)" 즉 정책 소통, 인프라 연통(联通, 연결), 무역 창통(畅通, 원활화),

---

07   숭지엔(宋健) 저《문명대화: 세계의 공동한 추구》,《인민일보》2001년 9월 21일.

08   《시진핑의 "일대일로" 국제협력서밋 원탁정상회담 개막사》, 2017년 5월 15일, 신화통신, http://www.xinhuanet.com/politics/2017-05/15/c_1120976082.htm.

자금 융통, 민심 상통이다. 민심 상통의 실현 방식을 여러 가지가 있는 데 그 중 문명 간 소통 및 학습이 핵심적인 역할을 맡고 있다. 따라서 중국 정부는 "일대일로" 이니셔티브를 제기한 이후 외교 석상에서 꾸준히 문명 교류, 문명 대화, 문명 학습을 강조하는 한편 다양한 양자 간, 다자간, 지역간 채널을 통해 인문 교류를 추진해왔다.

요컨대 중국은 맨 처음 "문명 간 교류 및 학습"을 제창한 나라는 아니지만 "문명 간 교류 및 학습"을 인류 운명공동체 구축의 주요 수단과 "일대일로" 건설의 중요 부분으로 지정하면서 다양한 분야에 거쳐 일련의 구체적인 정책을 제정하고 인력, 자금, 자원을 총투입하였으며 이를 통해 "문명 간 교류 및 학습"을 새로운 단계로 격상시켰다. 중국은 또한 "문명 간 교류 및 학습"을 경제 협력 외의 또 하나의 중요한 협력 분야로 지정하고 이에 민심 상통, 충돌 해소, 문명 간 상호 보완 실현, 공동번영 일조라는 일련의 중임을 부여했다.

(집필자: 쉐리 薛力)

12. "일대일로" 건설의 발전사: 진전과 도전

"일대일로" 건설이 획득한 주요 진전

2008년 글로벌 금융위기로 인해 국제 무역과 세계 경제는 큰 타격을 입었고 국제 정치 및 경제 구도와 다자간 투자 무역 규칙이 기나긴 조정기에 접어들었다. 또한 WTO 협상이 지지부진해지고 지역 협력 프로세스가 둔화되었으며 세계 각국이 심각한 발전 문제에 직면하게 되었다. 이러한 배경하에 2013년 9월과 10월, 시진핑은 선후로 카자흐스탄과 인도네시아를 방문하여 "실크로드 경제벨트" 와 "21세기 해상 실크로드" (이하 "일대일로"로 통칭) 공동건설에 관한 이니셔티브를 제기하였고 국제사회로부터 적극적인 호응과 광범위한 지지를 받았다. 지난 6년간 "일대일로" 이니셔티브는 무에서 유로, 그리고 점에서 면으로 발전하면서 일련의 실질적인 진전과 눈에 띄는 결실을 거두었다.

우선, 중국 내 정책 지원 체계, 각 급 조직구조와 통합 조율 메커니즘이 점차 체계화되고 있다. "일대일로" 건설을 적극적으로 추진하기 위해 당중앙은 특별히 마스터플랜 제정과 통합적 조율을 책임지는 "일대일로" 건설업무지도소조를 출범하였다. 관련 중앙부와 위원회, 성급 정부들도 앞다투어 탑다운 방식의 지도 체계와 실행 체계 및 다양한 부서 간 조율 체계를 설립하였다. 칭화대학 등 대학교와 중국사회과학원 등 과학기술연구기구들도 잇달아 "일대일로" 연구원(소)를 설립하여 "일대일로" 관련 연구에 매진하기 시작했다. 2015년 3월, 국가발전개혁위원회, 외교부와 상무부는 공동으로《실크로드 경제벨트와 21세기 해상 실크로드 공동건설 추진에 관한 비전과 행동》을 발표하여 "일대일로"의 공동건설 원칙, 프레임 설계, 협력 중점, 협력 메커니즘 등 내용을 체계적으로 전달했다. 2015년 11월, 전국 31개의 성(省)급, 구(区)급, 시(市)급 지방 정부와 신장생산건설병단(新疆生产建设兵团)은 "일대일로" 건설 실행방안 통합업무를 기본적으로 완성하였고 각 지역이 "일대일로" 건설 중에서 차지하는 비교 우위와 역할을 한층 더 명확히 규정하였다.

다음으로, 국제적 협력 메커니즘과 제도 건설이 일사분란하게 추진되었고 비교적 체계적이고 전면적인 중외 협력 메커니즘과 제도 보장 시스템이 어느 정도 형성되었다. 주변국들을 대상으로 한 투·융자 지원을 강화하고 호연호통(互联互通, 상호 연결)을 추진하기 위해 실크로드 기금유한공사와 아시아인프라투자은행이 잇달아 설립되었다. 2016년 11월, "일대일로" 이니셔티브가 처음으로 유엔 총회 A/71/9번 결의안에 기입되었는데 이는 국제사회가 보편적으로 "일대일로" 건설을 지지하고 있음을 보여주는 대목이며 협력 추진에 필요한 안전보장환경 조성에도 도움을 주고 있다. 중국은 2017년 5월과 2019년 4월 연이어 두 차례의 "일대일로" 국제협력서밋을 개최하면서 세계 각국이 협력의 길을 모색하고 관련 프로젝트를 실행하는데 중요한 플랫폼을 제공해 주었다. 또한 중국과 외국 정부 간 체결한 협력 문서도 매 년 증가세를 보이고 있다. 2020년 1월 말 기준, 중국은 이미 138개 국가와 30개 국제조직과 200건에 달하는 "일대일로" 공동건설 관련 협력 문서를 체결했는데 이 중에는 37개의 아시아 국가와 44개의 아프리카 국가가 포함되었다.[01] 협력 문서의 체결은 "일대일로" 건설의 질서 있는 추진에 중요한 보장을 제공해 주었다.

마지막으로, 중국과 주변국 간 다양한 분야를 둘러싼 협력이 가속화되었고 호연호통(互联互通, 상호 연결) 관련 눈에 띄는 성과를 거두었다. 지난 6년간 "일대일로" 공동건설 관련 전문 분야에서의 협력이 질서 있게 추진되었고 국제경제협력회랑과 통로 건설이 큰 진전을 거두었으며 인프라 간 상호 연결성, 그리고 무역과 투자의 자유화와 편의화 수준이 대폭 향상되었다. 또한 무역 방식과 국제 투·융자 모델의 혁신 속도가 빨라졌고 문화 교류 및 협력 방식의 다양화에 힘입어 풍성한 성과를 거두었으며 글로벌 생산능력 협력과 제3자 시장 협력이 안정적으로 추진되었다. 2019년 3월 기준, 중국은 이미 16개 국가와 디지털 실크로드 건설에 관한 협력 문서를 체결하였고 49개의 국가 및 지역과 85건의 표준화 협력 관련 협의서를 체결하였으며 47개의 국가와 38건의 양자 간 해운협정을 체결했다. 또한 1239개의 국제선 항공편을 신설하고 세수 협력 네트워크를 111개의 국가와 지역까지 확대했다. 통계에 따르면 2013~2019년 기준 중국과 주변국 간 화물무역 누적규모는 7조 8천억 달러를 넘어섰고 중국은 주변국들을 대상으로 1100억 달러가 넘는 직접투자를 진행했으며 새로 체결한 건설 프로젝트 계약금액이 8000억 달러에 근접했다.[02]

---

01 《중국—아프리카 "일대일로" 협력의 새로운 장을 함께 열어가다》. 2020년 4월 5일, 인민망, http://news.china.com.cn/live/2020-04/05/content_775907.htm.

02 《중국과 "일대일로" 주변국 간 화물무역 규모가 7조8천억을 넘어서다》, 2020년 5월 18일, CCTV 홈페이지, http://news.cctv.com/2020/05/18/ARTIjlMPlkIQn

—— "일대일로" 건설이 직면한 주요 도전

하지만 "일대일로" 건설은 방대하고 장기적이며 체계적인 프로젝트인만큼 추진 과정에서 일련의 도전과 문제점에 직면하고 있다.

첫째, 미국의 방해로 인해 중국은 더욱 열악하고 불확실성으로 가득 찬 국제 환경에 처해질 수 있으며 이는 중국이 "일대일로" 건설을 추진하는 과정 중의 난이도와 비용을 증가시키고 있다. 최근 들어 중국과 미국 간 상대적인 실력 격차가 점차 줄어듦에 따라 미국은 중국에 대한 탄압을 한층 더 강화하고 중국이 제창하는 "일대일로"에 대한 비방과 모함을 일삼고 있다. 다른 한편으로 세계 유일의 초강대국으로서 미국은 트럼프 정부 출범 이후 일방주의와 보호무역주의를 강행하고 고의적으로 대중국 무역 마찰을 빚어내면서 다자간 국제 제도를 짓밟고 있는데 이는 중국의 발전과 "일대일로" 건설에 비교적 큰 도전을 가져다주었고 국제사회의 구조적인 "신뢰적자" "거버넌스적자"를 키우고 있으며 국제사회의 평화와 안정, 그리고 세계 경제의 발전에도 비교적 큰 악영향을 끼치고 있다.

둘째, 주변국들의 정치, 안전 및 경제 상황은 "일대일로" 건설에 비교적 큰 리스크를 안겨줄 수 있다. "일대일로" 주변국 대부분은 개도국들인데 해당 국가들의 내부적인 요소들이 중국의 대외투자와 "일대일로" 건설의 리스크를 크게 증폭시키고 있으며 장기적인 상호 신뢰 관계와 협력 관계의 구축 및 유지를 어렵게 만들고 있다. 게다가 해당 국가들은 발전 수준이 상대적으로 뒤떨어져있기에 시장의 개방 난이도

DCaYalxplvi200518.shtml.

와 정부의 계약 위반 리스크가 비교적 크다. 장기적으로 봤을 때 중국의 실력과 보유한 자금은 제한적이기에 투자를 수익으로 전환할 수 있는 효율적인 방법이 없다면 비용과 수익 간 심각한 불균형 발생, 지나치게 광범위한 투자, 과중한 책임, 후속 추진력 부족 등 리스크에 직면할 수 있다.

셋째, 중국의 내부적인 문제점과 부족점 역시 "일대일로" 건설의 효율성을 저하시킬 수 있다. 우선 중국 내부의 "일대일로" 협력 메커니즘과 체계 및 백업 시스템이 아직 체계화되지 않았고 국내외 제도와 기술 표준화 분야의 호환성 부족으로 인해 기업의 해외 투자와 관련 프로젝트 추진이 여전히 난항을 겪고 있다. 다음으로 중국 기업의 국제화 경험과 역량이 상대적으로 부족한 관계로 글로벌 시야를 갖춘 관리형·기술형 전문 인재가 부족하고 주변국들의 국내 정치상황, 비즈니스 습관, 제도법률과 사회환경에 대한 심층적인 이해가 결여되다 보니 관련 프로젝트의 추진이 어렵고 기업 해외 투자의 효율이 크게 저하되어있다.

"일대일로"는 중화문명의 오래된 지혜와 우수한 전통문화를 계승하고 발전시켰을 뿐만 아니라 새로운 시대에 접어든 중국과 "4대 적자"에 직면한 국제사회 모두에게 있어 중대하고 심층적인 의미를 지니고 있다. 중국의 적극적인 추진과 주변국들의 공동 노력에 힘입어 "일대일로" 건설은 이념에서 현실로 한 걸음 한 걸음 가까워지고 있다. 지난 6여 년간 "일대일로" 건설이 획득한 성과와 진전은 중국이 인류를 아름다운 미래로 이끌 "창도자"이자 추진력과 책임감을 고루 갖춘 "실천자"라는 점을 잘 보여주고 있다. 중국 역시 실제 행동을 통해 세계 각국과 상호 존중 및 신뢰, 평화협력, 호혜상생, 동반성장을 추구하고자 하는 자신감과 결심을 증명하였다. 이와 동시에 중국은 "일대일로" 건설이 직면한 일련의 문제와 도전들을 정확히 인지하고 심층적으로 이해할 필요가 있으며 이에 근거하여 맞춤형 대응책과 해결안을 도출해야 한다. 또한 개혁개방을 가일층 심화하고 혁신형 발전을 추진하며 "일대일로"의 기초적인 이론과 구체적인 정책에 대한 연구를 강화하고 다양한 분야에서 국제화 전문 인력을 대거 육성해야 한다. 뿐만 아니라 "5개의 통(通)" 관련 건설을 전면적으로 추진하고 실천 과정에서 "일대일로" 이니셔티브의 기획, 제도, 메커니즘 등을 끊임없이 세분화하고 체계화해야 한다. 중국과 주변국들의 공동 노력하에 "일대일로" 건설이 장미빛 미래를 맞이하리라 믿어 의심치 않는다.

(집필자: 지앙팡페이 蔣芳菲)

2부

"일대일로"
이니셔티브의
프레임 및 이념

13. 구상의 제기 과정

시진핑이 처음으로 제기한 "일대일로" 구상은 새로운 시기 국제협력 노선에 대한 당중앙의 집단지성 결과물이기도 하다.

시진핑, 처음으로 이니셔티브를 제기하다

2013년 9월 시진핑은 카자흐스탄을 방문하였고 9월 7일 나자르바예프대학교를 방문하여《인민 간 우의 선양, 아름다운 미래 공동 개척》이라는 중요 연설을 발표했다. 시진핑은 연설을 통해 "유라시아 각국의 경제 연결성을 더욱 긴밀히 강화하고 상호 협력을 더욱 심층적으로 추진하며 더욱 광활한 발전 공간을 개척하기 위해 우리는 새로운 협력 모델을 모색하고 '실크로드 경제벨트'를 공동건설하여 점(点)을 면(面)으로 확대하는 방식을 통해 점진적으로 지역 간 대협력을 형성해야 한다"고 밝혔다. 협력을 강화하는 수단으로서 시진핑은 호연호통(互联互通, 상호 연결)의 중요성을 재차 피력했고 호연호통의 5대 분야에 대해 구체적으로 분석했다. 첫째, 정책적 소통을 강화해야 한다. 각 나라는 경제발전전략에 대한 교류를 진행하고 협상을 통해 지역협력 관련 계획과 조치를 제정해야 한다. 둘째, 도로 연통(联通, 연결)을 강화해야 한다.

태평양부터 발트해에 이르는 해상운수통로를 연결하고 순차적으로 동아시아, 서아시아, 남아시아를 잇는 교통운수 네트워크를 형성해야 한다. 셋째, 무역 창통(暢通, 원활화)을 강화해야 한다. 관련국들은 무역과 투자 편의성 증진와 관련한 상호 논의를 통해 실질적인 행동을 보여주어야 한다. 넷째, 화폐의 유통을 강화해야 한다. 통화스와프와 자국통화 결제를 추진하여 금융리스크 방어능력을 강화하고 해당지역 경제의 국제 경쟁력을 향상해야 한다. 다섯째, 민심 상통을 강화해야 한다. 인민 간 우호적인 왕래를 강화하고 서로에 대한 이해와 전통적인 우호관계를 증진해야 한다.

한 달 뒤인 2013년 10월, 시진핑은 인도네시아를 방문하였고 10월 3일 인도네시아 국회에서 발표한 기조연설을 통해 중국과 아세안 양자 간 호혜적 협력의 중요한 의미를 피력했고 아세안 국가와 함께 21세기 "해상 실크로드"를 공동건설할 것에 관한 이니셔티브를 명확히 제기하였다. 시진핑은 연설에서 아래와 같이 강조했다. "중국은 평등과 호혜의 전제하에 아세안 국가에 대한 개방을 확대하여 자국의 발전이 아세안 국가들에게 더 큰 혜택을 가져다 줄 수 있도록 할 것이다. 중국은 중국—아세안 자유무역지역의 역할을 강화하여 2020년까지 양자 간 교역액이 1조 달러에 달할 수 있도록 노력할 것이다. 중국은 아세안 국가와의 호연호통(互联互通, 상호 연결)을 강화하는데 주력할 것이며 아시아인프라투자은행 설립을 통해 본 지역의 아세안 국가를 포함한 개도국들의 인프라 건설과 연결을 도울 것이다. 동남아 지역은 예로부터 '해상 실크로드'의 중요한 허브였다. 중국은 아세안 국가와의 해상 협력을 강화하고 중국 정부가 설립한 중국—아세안 해상협력기금을 활용하여 해양 협력 동반자 관계를 발전시키고 아세안 국가와 공동으로 21세기 '해상 실크로드'를 구축하려 한다. 중국은 아세안 국가와의 실질적인 협력을 확대하고 서로의 공백 부분을 채워주며 장단점을 상호보완해 나갈 의향이 있으며 그리고 이를 통해 아세안 국가들과 함께 기회를 공유하고 공동으로 도전에 대응하면서 동반성장과 공동번영을 실현하려 한다."[01]

이니셔티브 제기 후, 우선은 중국 국내에서 큰 반향을 불러일으켰다. 하지만 다수의 사람들은 그때까지만 해도 선후로 제기된 두 개의 협력 이니셔티브가 향후 "일대일로" 이니셔티브로 통합될 줄을 예상하지 못하고 있었다. 당시 두 개의 이니셔티브가 제기된 구체적인 환경을 놓고 봤을 때 실크로드 경제벨트는 유라시아 국가들을 대상으로 한 이니셔티브였고 21세기 "해상 실크로드"는 중국과 아세안의 협력에 방점을 두고 있었다. 두 이니셔티브가 서로 다른 두 개의 방향을 가리키고 있었기에 초반까지만 해도 여론들은 두 이니셔티브 간 연결성을 간파하지 못했다. 하지만 중국공산당 중앙위원회가 상기 두 이니셔티브를 매우 중요시한다는 점은 자명한 사실이었다. 2013년 11월 12일 중국공산당 제18기 중앙위원회 제3차 전체회의는 《약간의 중요문제에 대한 전면적인 개혁을 심화할 것에 관한 중공중앙의 결정》을 통과시켰고 개발성 금융기구를 설립하고 주변 국가와 지역 간 인프라 호연호통(互联互通, 상호 연결) 건설을 가속화하며 실크로드 경제벨트와 해상 실크로드 건설을 추진하여 전방위적으로 개방된 새로운 국면을 열어가야 한다고 명확히 밝혔다.[02]

---

01 시진핑 《중국—아세안 운명공동체 공동건설》, 《인민일보》, 2013년 10월 4일 제2호.
02 《역사 경험을 참조하여 협력 이념을 혁신하고 "일대일로" 건설을 통해 각 나라의 공

중국공산당 제18기 중앙위원회 제3차 전체회의의 《결정》에 기입되었다는 것은 이니셔티브에 대한 당중앙의 공감대가 형성되었다는 것을 의미한다. 뿐만 아니라 이로부터 한 달 뒤인 2013년 12월 소집된 중앙경제공작회의에서 시진핑은 2014년 경제업무 중의 6대 주요 임무를 제시했는데 이 중 대외개방 수준 지속 향상 임무에 "실크로드 경제벨트 건설 추진, 전략 계획 조속 제정, 인프라 상호 연결 강화, 21세기 해상 실크로드 건설, 해상통로 상호 연결 강화, 관련국 간 이익 연결고리 강화" 등 내용을 포함시켰다. 당중앙의 의사결정을 추진하기 위해 리커창(李克强) 총리는 2014년 정부업무보고서에서 "실크로드 경제벨트와 21세기 해상 실크로드 건설에 박차를 가하고 방글라데시—중국—인도—미얀마 경제회랑과 중국—파키스탄 경제회랑 건설을 추진하며 일련의 중대 지원 정책을 제정하여 인프라 호연호통(互联互通, 상호 연결)을 가속화하고 국제 경제기술 협력의 새로운 공간을 개척해야 한다"고 강조했다.

이로부터 알 수 있듯이 당중앙은 이미 두 이니셔티브를 중국의 대외개방과 긴밀히 연결시켰으며 정부는 현재 당중앙의 인식을 적극 실행에 옮기고 있다. 하지만 상기 문서의 내용을 살펴보면 두 이니셔티브는 여전히 분리된 상태로 기술되고 있으며 아직 "일대일로"로 완전히 통합되지 않았다는 느낌을 준다.

《비전과 행동》 발표

"일대일로" 이니셔티브 관련 대부분 세부사항들은 2015년 3월 발

동발전을 추진해야 한다》, 《인민일보》, 2016년 5월 1일 제1호.

표된 《실크로드 경제벨트와 21세기 해상 실크로드 공동건설 추진에 관한 비전과 행동》이라는 문서에서 찾아볼 수 있으며 해당 문서는 특히 두 이니셔티브를 명확히 "일대일로"로 통칭하고 있다. 하지만 중앙 지도층들의 관련 행사 보도를 잘 살펴보면 《비전과 행동》이 발표되기 전부터 중국정부는 공식적으로 "일대일로"라는 용어를 사용하기 시작했다는 것을 발견할 수 있다. 신화통신(新华社)의 보도에 따르면 2014년 10월 10일 장가오리(张高丽) 부총리는 시안(西安)에서 "일대일로" 건설업무좌담회를 소집하였고 회의에서 여러 차례 "일대일로"라는 용어로 실크로드 경제벨트와 21세기 해상 실크로드, 두 이니셔티브를 약칭한 바 있다. 2014년 11월 시진핑은 제22차 APEC 비공식 정상회담에서 중국이 400억 달러를 들여 실크로드기금을 설립할 것이라고 선포했다. 해당 회담에서 시진핑은 실크로드 경제벨트와 21세기 해상 실크로드는 호연호통(互联互通, 상호 연결)이념과 깊이 융합되고 상호 보완성을 가지고 있다고 밝혔다. 위에서 언급한 당중안 중요 문서들이 두 이니셔티브를 별도로 분리하여 기술한 것과 비교해 봤을 때 시진핑과 장가오리 부총리의 연설은 당중앙에서 이미 "일대일로"를 하나의 유기적인 결합체로 보고 있음을 의미하고 있다.

　"일대일로" 이니셔티브의 실행과 추진을 강화하기 위해 2015년 2월 장가오리를 필두로 한 "일대일로" 건설공작영도소조가 설립되었다. 후에 공개된 정보에 의하면 당시 국무원 부총리직을 맡고 있던 장가오리가 조장을 맡았고 왕후닝(王沪宁), 왕양(汪洋), 杨洁篪(양제츠)가 부조장을 맡았으며 영도소조판공실은 국가발전개혁위원회 산하에 설립된 걸로 알려졌다. 2015년 3월 국가발전개혁위원회, 외교부, 상무부는 국무원으로부터 권한을 받아 《실크로드 경제벨트와 21세기 해상 실크로드 공동건설 추진에 관한 비전과 행동》을 발표하였는데 이는 실크로드 경제벨트 이니셔티브와 21세기 해상 실크로드 이니셔티브를 "일대일로"로 통칭한 첫번째 정부 문서였다. 이때는 시진핑이 처음으로 이니셔티브를 제기한 시점으로부터 1년 6개월이 지난 뒤였으며 이로 인해《비전과 행동》에서 명확히 "일대일로" 이니셔티브의 영문 번역을 "Belt and Road Initiative(BRI)"로 규정했지만 국제사회는 이미 그전부터 널리 사용했던 "One Belt One Road(OBOR)"이라는 직역에 더욱 익숙해졌다.

"일대일로" 구상의 지속적한 진화

시진핑의 두 차례 이니셔티브 관련 연설과 중국 정부가 발표한《비전과 행동》사이에는 1년 6개월간의 공백기가 있었는데 이는 "일대일로" 구상이 이 기간 동안 꾸준히 진화를 거듭하고 있었음을 보여준다. 해당 진화 과정은 자기 개선과 자아 조정에서 비롯된 부분도 있지만 더 주요하게는 국제사회의 인식을 정확히 반영하기 위해서였다. 물론 이 과정에서 산학연관이 제기한 "일대일로" 건설 관련 의견과 건의상황도 폭넓게 수렴되었다.

"5개의 통(通)" 관련 설명 내용의 변화를 그 예로 들 수 있다. "일대일로" 이니셔티브는 호연호통(互联互通, 상호 연결)건설을 매우 중요시하고 있는데 시진핑이 이와 관련하여 "5개의 통"에 대한 개념을 제기했다.《비전과 행동》문서는 "5개의 통"에 대해 각각 정책 소통, 인프라 연통(联通, 연결), 무역 창통(畅通, 원활화), 자금 유통, 민심 상통이라고 정의를 내렸지만 시진핑이 카자흐스탄에서 처음으로 언급한 "5개의 통"은

"정책 소통, 도로 연통(联通, 연결), 무역 창통(畅通, 원활화), 화폐 유통, 민심 상통"이었다. 2014년 장가오리 부총리가 "일대일로" 건설업무좌담회에서 언급한 "5개의 통"은 여전히 시진핑 주석이 카자흐스탄에서 연설했던 버전이었다. 《비전과 행동》 문서는 "도로 연통"을 "인프라 연통"으로, "통화 유통"을 "자금 유통"으로 대체했고 "5개의 통"을 "일대일로" 중점 협력 분야로 지정하였다.

호연호통(互联互通, 상호 연결)은 원래 인터넷 통신 분야의 전문 용어였다. 2010년 발표된 《아세안 호연호통 총체적 계획》은 호연호통 건설을 강화해야 한다고 밝혔고 이를 "물리적인 연결, 제도적인 연결, 사람과 사람 간의 연결" 세 분야로 나눠서 정의를 내렸다. 시진핑이 제기한 "5개의 통(通)" 개념은 아세안과의 호연호통 정의를 한층 더 확대한 결과물이었다. 하지만 초반에 제기되었던 "도로 연통(联通, 연결)"은 "일대일로" 인프라 건설 중의 에너지 네트워크, 통신 네트워크 등 내용을 포함할 수 없다는 점을 감안하여 "인프라 연통(联通, 연결)으로 대신했고 더 광범위한 인프라 건설을 해당 내용에 포함시켰다." 마찬가지로 시진핑이 처음으로 제기했던 "통화 유통"은 무역 분야의 통화 리스크에 방점을 두었는데 "일대일로" 건설 과정에서 융자 역시 통화 못지 않는 큰 문제가 되고 있었다. 중국 정부도 이를 감지하고 400억 달러의 거금을 들여 "실크로드기금"을 설립하였으며 국제사회와 함께 "아시아인프라투자은행"을 공동 설립하였다. 이러한 배경에서 탄생한 "자금 융통"이라는 개념은 "일대일로" 건설의 주요 관심사를 더 정확하게 반영할 수 있다.

또한 "일대일로" 건설의 지리적 범위도 한 차례의 큰 변화를 거쳤다. 앞서 언급했다시피 시진핑이 실크로드 경제벨트 이니셔티브를 제기한 것은 유라시아국가과의 협력을 강화하기 위함이었고 21세기 해상 실크로드 이니셔티브는 중국—아세안 협력에 방점을 두고 있었다. 이에 비해 2015년 발표된 《비전과 행동》 문서는 "일대일로"를 다음과 같이 기술하고 있다. "'일대일로'는 유라시아와 아프리카 대륙을 가로지르고 있는데 한 쪽은 활기 띤 동아시아 경제권이고 다른 한 쪽은 발달한 유럽 경제권이며 그 사이에는 거대한 경제발전 잠재력을 지닌 내륙 국가들이 대거 밀집해있다. 실크로드 경제벨트는 중국에서 중앙아시아와 러시아를 거쳐 유럽(발트해)에 이르는 지역, 중국에서 중앙아시아, 서아시아를 거쳐 페르시아만과 지중해에 이르는 지역, 중국에서 동남아, 남아시아, 인도양으로 이어지는 지역의 원활한 연결을 목적으로 하고 있다. 21세기 해상 실크로드는 중국 연해 항만에서 남해를 거쳐 인도양, 그리고 유럽으로 이어지는 지역, 중국 연해 항만에서 남해를 거쳐 남태평으로 이어지는 지역을 중점으로 삼고 있다." 상기 내용에 근거하여 "일대일로"는 초반에 65개의 주변국을 포함하고 있다는 결론에 다다를 수 있다.

아시아인프라투자은행이 설립됨에 따라 "일대일로" 참여국은 처음의 57개에서 70개로 증가했고 지금도 꾸준히 증가하고 있다. 또한 초반에는 "일대일로" 주변국에 포함되지 않았던 국가들도 연달아 "일대일로" 이니셔티브에 참여하기 시작했다. 더욱 중요한 것은 점점 더 많은 개도국들이 "일대일로" 협력이 보여준 장미빛 미래에 이끌리고 있다는 점이다. 비주변국들의 "일대일로" 참여가 빈번해짐에 따라 "일대일로" 주변국이라는 개념이 모호해지고 있으며 "일대일로"도 점차 글로벌 협력 플랫폼으로 거듭나고 있다. 시진핑은 2017년 중국공산당 제19차 전국대표대회 보고서에서 "일대일로" 글로벌 협력 추진의 중요성을 강조했고 "일대일로"는 이미 지리적인 범주에서 벗어나 모든 우호 국들에게 열려 있는 글로벌 협력 플랫폼으로 거듭나고 있다고 밝혔다.

이러한 진화 과정을 거치면서 중국 정부는 "일대일로"와 "마셜 플랜" 간 차이점과 공동점을 설명하였고 중국 중심의 국제 체계를 구축하려는게 아니냐는 여론의 의구심에 답변을 내놓았으며 중국의 대외투자에 대한 비판적인 목소리에도 귀를 기울였다. 이니셔티브를 추진했던 지난 5년은 중국이 일련의 의심과 비판에 적극 대응하고 우수한 건의사항들을 널리 수렴했던 과정이었다.

"일대일로"는 중국의 새로운 지도자 집단이 변화하는 국제 정세 하에 대외개방을 가속화하기 위해 제기한 이니셔티브이다. 해당 구상은 시진핑이 제기했던 두 개의 협력 관련 이니셔티브에서 비롯되었고 그 후 빠른 시간 내에 범국가적인 의지로 격상했으며 후속 실천 과정에서 개방과 포용의 자세로 국내외 및 다양한 국제기구, 비정부기구의 의견과 건의사항을 수렴하면서 자아 개선과 자기 진화를 거듭해왔다. 현재 상황으로 봤을 때 "일대일로" 이니셔티브는 향후 건설 과정에서 끊임없이 새로운 도전에 직면할 것이고 이를 대응하기 위해 조정과 진화를 거듭할 것이다. "일대일로"는 본질적으로 봤을 때 현 단계까지 발전한 중국이 변화하는 환경에 대응하기 위해 개방을 가속화한 전략이며 해당 이니셔티브는 중국 경제 발전을 최종 목표로 두고 있다. 다수의 국가들이 "일대일로" 건설이 가져오는 발전 기회를 두 손 들어 반기고 있지만 일부 국가들은 여전히 이를 경쟁과 위협 요소로 간주하고 있다. 미국 국제전략문제연구소(CSIS)의 전문가들은 "일대일로" 이니셔티브가 성공할 경우 중국이 미국을 제치고 국제 무대의 중심 위치에 서게 된다는 생각을 고수하고 있다. 이러한 도전적인 인식들이 팽배한 만큼 시진핑이 제1차 "일대일로" 국제협력서밋에서 제기했던 "일대일로"를 평화의 길, 번영의 길, 개방의 길, 혁신의 길, 문명의 길로 만들어야 한다는 목표를 실현하려면 "일대일로" 구상의 실행 과정에서 끊임없이 내실을 다지고 진화를 거듭해야 한다.

(집필자: 왕위주 王玉主)

14. 대사의(大写意)[01]

개념의 제기

2018년 8월 27일, "일대일로" 건설 5주년 좌담회가 베이징에서 개최되었다. 이번 회의에서 시진핑은 "일대일로" 이니셔티브가 지난 5년간 거둔 성과를 전면적으로 돌이키면서 과거 수년간 "일대일로" 공동건설이 전반적으로 자리를 잡아갔으며 한 폭의 "대사의(大写意)"가 완성되었다고 강조했는데 이는 "일대일로" 대사의 개념이 처음으로 등장한 대목이었다. 해당 비유는 기반과 프레임을 탄탄하게 다져온 지난 5년의 시간을 거쳐 "일대일로"가 마스터플랜에서 액션플랜으로, 계획안에서 실천안으로, 이념적인 이니셔티브에서 자주적인 실행으로 전환되었음을 뜻한다.

시진핑은 연설을 통해 중국이 2013년 가을에 제기했던 "일대일로" 공동건설 이니셔티브가 점점 더 많은 국가들로부터 뜨거운 호응을 받고 있으며 "일대일로" 공동건설은 중국이 글로벌 개방 협력에 참여하고 글로벌 경제 거버넌스 체계를 개선하며 세계의 동반성장과 공동번

---

01   대사의: 대담하고 거침 없이 필과 묵을 사용하여 사실적인 표현보다 대상물의 내재적인 정신과 기운을 담아내는 회화 방식을 일컫는다.

영을 추진하고 인류 운명공동체를 구축하는 중국식 대안으로 자리 잡고 있다고 밝혔다. 지난 5년간 "일대일로" 공동건설은 중국 무역투자의 자유화와 편의화 수준을 대폭 향상시켰고 연해, 연강(江) 지역에서 내륙, 국경지역으로 발전공간을 확대시키면서 육상과 해상을 연결하고 동부와 서부가 서로 도움을 주는 새로운 개방 구도를 만들었다. 중국과 "일대일로" 관련국 간 누적 화물교역액은 5조 달러를 초과했고 해외직접투자액은 600억 달러를 넘어섰으며 현지에 20만 개가 넘는 일자리를 만들어주었다. 이처럼 중국의 해외투자는 글로벌 해외직접투자액의 증가를 견인하는 중요한 엔진이 되고 있다.

2013~2018년 기간, "일대일로" 공동건설은 뿌리를 깊숙이 내리고 지속적으로 발전하는 단계에 접어들었다. 많은 개도국들이 산업화와 도시화에 박차를 가하기 시작했고 경제 독립과 민족 부흥이 바야흐로 힘차게 발전하고 있었다. "일대일로"가 광범위한 지지와 성원을 받았다는 것은 세계 각국 특히 많은 개도국들이 평화 촉진과 발전 도모를 소망하고 있다는 방증이다. "일대일로" 공동건설은 경제협력 이니셔티브이지 결코 지정학적 연맹이나 군사적 동맹이 아니다. "일대일로" 공동건설은 개방과 포용을 골자로 하는 프로세스이지 문을 닫아걸고 소집단을 만드려는 것도, "중국 클럽"을 설립하려는 것도 아니다. "일대일로" 공동건설은 이데올로기로 진영을 구분하지 않고 제로섬게임을 추구하지 않으며 참여 의향이 있는 모든 국가들에게 항상 문을 열어놓고 있다.

주요 성과

"일대일로" 이니셔티브가 제기된 2013년 11월, 중국공산당 제18기 중앙위원회 제3차 전체회의는《약간의 중요문제에 대한 전면적인 개혁을 심화할 것에 관한 중공중앙의 결정》을 통과시켰고 "주변 국가와 지역 간 인프라 호연호통(互聯互通, 상호 연결) 건설을 가속화하고 실크로드 경제벨트와 해상 실크로드 건설을 추진하여 전방위적으로 개방된 새로운 국면을 열어가야 한다"고 명확히 밝혔다. 2014년 11월 중앙재경영도소조 제8차 회의는 실크로드 경제벨트와 21세기 해상 실크로드 관련 계획을 중점적으로 연구하였고 아시아인프라투자은행과 실크로드기금 설립을 발의했다. 2016년 8월, 시진핑은 "일대일로" 건설업무좌담회에서 3개 분야의 "집중"과 8개의 "실질적 추진" 관련 요구사항을 제기하였는데 그 내용을 살펴보면 통일된 사상에서 통합적인 실행까지, 금융 혁신에서 인문 협력까지, 발언권 체계 건설에서 안전 보장까지 모든 분야를 아우르고 있다. 2017년 10월 24일,《중국공산당정관 (수정안)》이 중국공산당 제19차 전국대표대회에서 통과되었는데 여기에는 "일대일로" 건설 관련 내용이 정식으로 기입되었다. 일련의 마스터플랜들이 "일대일로"의 대들보과 버팀목을 이루면서 새로운 시기에 접어든 중국이 관련국들과 함께 "일대일로"를 공동건설하고 신형 국제 관계를 구축하는데 방향을 제시하고 강력한 모멘텀을 불어넣고 있다.

2019년 기준 "일대일로" 건설은 6년간의 발전 여정을 걸어왔는데 이 과정에서 꾸준히 "평화협력, 개방포용, 상호학습, 호혜상생"의 실크로드 정신을 선양했고 창조적인 방식으로 중국몽과 참여국 인민들의 아름다운 삶에 대한 염원을 긴밀히 연결시켰으며 고대 실크로드에 새로운 시대적 의미를 부여하였다. 실천이 보여주다시피 "일대일로"의 위대한 구상과 창대한 비전은 "천하의 이익을 우선시하는" 동방의 지혜와 "대도지간, 실간위요(大道至简, 实干为要)[02]"의 협력 정신을 하나로 결합시켜 점점 더 많은 우방국들을 확보하고 있다. "일대일로" 이니셔티브는 새로운 시기 중국이 추진 중인 고품격 대외개방 업무의 명함이 되었으며 인류 운명공동체를 구축하고 글로벌 거버넌스의 변혁 모색하는 데 있어 새로운 방안을 제시하고 있다.

지난 6년간의 협력 진전을 살펴보면 "일대일로" 공동건설은 국가 간 정치적 신뢰를 현저히 제고시켰고 실질적인 협력을 통해 풍성한 결실을 수확하였으며 다양하고 다채로운 인문 교류를 추진하면서 참여국 인민들에게 실질적인 혜택을 가져다 주었다.

정책 소통은 "일대일로" 공동건설 참여국들을 인류 운명공동체 구축의 새로운 본보기로 만들어주었다. 2018년 중국은 아프리카, 라틴아메리카, 카리브해 지역 등 60여개의 국가 및 지역과 "일대일로" 협력 문서를 체결하였는데 이는 "일대일로"의 새 식구들이 가장 많이 늘어난 한 해였다. 2020년 1월 말 기준, 중국은 이미 138개 국가와 30개 국제조직과 200건에 달하는 "일대일로" 협력 문서를 체결하였는데 이 중에는 37개의 아시아 국가와 44개의 아프리카 국가들이 포함되었다. 뿐만 아니라 "일대일로" 국제협력서밋 자문위원화와 연락판공실이 잇달아 설립되었는데 이는 "일대일로" 공동건설 참여국 간 협력이 실질적인 추진, 효율적인 조율, 호혜적인 상생의 새로운 단계로 접어들었음을

---

02   대도지간, 실간위요: 큰 도리일수록 오히려 더 간단한 법이며 실천에 옮기는 것이 가장 중요하다.

상징하고 있다.

인프라 연통(联通, 연결)은 참여국들의 경제 발전에 날개를 달아주었다. 중국―라오스 철도가 순조롭게 건설되었고 중국―태국 철도 제1기 공정이 공동건설 중에 있으며 자카르타―반둥 고속철도 중 20여 곳의 중점 공정이 시공을 개시하였고 헝가리―세르비아 철도 중 세르비아 역내의 베오그라드―스타라파조바 구간이 시공을 시작했다. 중국, 벨라루스, 독일 등 7개국 철도부서 간 체결한 《중국―유럽 화물열차(CR Express) 협력 협정》은 중국―유럽 화물열차의 안정적인 운행에 제도적 보장을 제공해 주었다. 2020년 3월 22일 기준, 중국―유럽 화물열차는 누적 21000차례 운영되었다.

무역 창통(畅通, 원활화)은 경제 글로벌화와 무역 자유화를 지지하는 중국의 의지와 자신감을 세계에 보여주었다. 지난 6여 년간 중국과 "일대일로" 관련국 간의 누적 교역액은 6억 달러를 넘어섰고 "일대일로" 관련국에 대한 직접투자액은 900억 달러를 초과했으며 관련국들에게 더욱 이상적인 비즈니스 환경, 더욱 편리한 생활조건, 더욱 다양한 발전 기회를 제공해 주었다.[03] 중국―벨라루스 산업단지, 중국―아랍 에미리트 연합 생산능력 협력단지, 중국―이집트 수에즈 경제무역 협력지역 등 프로젝트도 차질 없이 추진되고 있다. 2018년 중국은 세계에서 처음으로 수입을 주제로 한 국가급 박람회를 개최하면서 국제 무역 발전사에 새로운 한 획을 그었다.

자금 융통은 "일대일로" 공동건설 국가들이 민생을 개선하는데 강

---

03 국가통계국, 2019년 8월 19일, http://www.stats.gov.cn/tjsj/zxfb/201908/ t20190819_1691881.html.

력한 모멘텀을 제공해 주었다. 지난 6여 년간, 중국 정부는 실크로드기금에 1000억 위안을 증자하였고 아시아인프라투자은행을 통해 39개의 프로젝트에 총 79.4억 달러를 투자했으며 중국 자본 금융기구를 통해 "일대일로" 관련국에 총 2500억 달러에 달하는 자금을 조달해 주면서 인프라 호연호통(互联互通, 상호 연결), 생산능력 협력, 사회 민생 보장 등 분야의 협력을 중점적으로 지원해 주었다.

민심 상통은 "일대일로" 공동건설 국가 간 교류와 융합에 인문적인 의미를 부여해 주었다. "예술의 해", "문화위크", "관광전" 등 다양한 분야의 인문 협력 메커니즘이 잇달아 설립되고 과학기술 교류, 교육 협력, 친환경 발전, 대외 원조 등 분야의 협력 플랫폼들이 연이어 구축되었다. "일대일로"는 문명 장벽이 아닌 문명 교류, 문명 충돌이 아닌 문명 학습, 문명 우월감이 아닌 문명 공존성을 지향하고 있다.

(집필자: 허우보 侯波)

15. 공필화(工笔画)[01]

개념의 제기 및 의미

2018년 8월 27일 개최된 "일대일로" 건설 5주년 좌담회에서 시진핑은 처음으로 "일대일로" 건설의 "공필화(工笔画)"라는 개념을 제기했다. "지난 몇 년간 "일대일로" 공동건설이 전반적으로 자리를 잡아갔으며 한폭의 '대사의(大写意)'가 완성되었다. 앞으로는 중점에 포커싱하고 디테일에 신경을 쓰면서 세밀하고 정교한 '공필화'를 함께 그려나가야 한다."

시진핑은 "앞으로 '일대일로'는 프로젝트 건설에 방점을 두고 업무메커니즘을 구축해야 하며 지원 시스템을 체계화하여 관련 프로젝트의 진전을 전력 추진해야 한다. 또한 설중송탄(雪中送炭)[02]을 염두에 두고 상대국이 가장 필요로 하고 현지 인민들이 혜택을 누릴 수 있는 민생공정에 대한 지원을 강화해야 한다"고 강조했으며 다음과 같은 다섯개의 요구사항을 제시했다. 첫째, 시장을 적극적으로 개척하고 더 많은 무역 촉진 플랫폼을 구축해야 하며 실력 있는 자국 기업들이 주변국과 투자 협력을 진행하도록 독려하고 크로스오버 전자상거래 등 새로운

---

01   공필화: 공을 들여 세밀하고 정교하게 대상을 그려내는 회화 기법.

02   설중송탄: 눈 속에 있는 사람에게 숯을 보낸다는 뜻으로, 어려움에 처한 사람을 마침
      맞게 도와줌을 이르는 말.

무역 업종과 새로운 무역 모델을 발전시키는 동시에 무역 균형을 중요
시해야 한다. 둘째, 금융 보장에 방점을 두고 금융 수단을 통해 "일대일
로" 건설을 지원하는 정책 체계를 조속히 추진하며 위안화의 국제화를
질서 있게 추진해야 한다. 또한 사회 자금이 주변국 인프라 건설, 자원
개발 등 프로젝트에 유입될 수 있도록 독려하고 해외 투자 기업의 외환
관련 업무에 편의를 제공해 주어야 한다. 셋째, 교육, 과학기술, 문화,
스포츠, 관광, 위생, 고고학 등 분야의 활발한 교류를 추진하고 "일대일
로" 공동건설을 둘러싼 효율적인 민생 원조를 제공해 주어야 한다. 넷
째, 기업의 투자 및 경영을 규범화하고 합법·준법 경영을 강조하며 환
경 보호를 중요시하고 사회적 책임 이행을 촉구하면서 기업을 "일대일
로"의 홍보대사로 만들어야 한다. 다섯째, 해외 리스크 관리를 예의주
시하고 안전 리스크 예방 시스템을 체계화하여 해외 안전 보장과 리스
크 대응 역량을 강화해야 한다.[03]

"공필화"의 중점

"일대일로" 건설은 다양한 분야를 섭렵하고 있고 규모 또한 매우
크기 때문에 모든 부분에서 완벽할 수 는 없다. 따라서 다양한 분야의
협력을 병행하는 과정에서 중점에 포커싱하고 점(点)을 면(面)으로 확대
해야 한다. 중점 공정과 비교적 큰 영향력을 지닌 프로젝트는 단 한 번
의 성공만으로도 주변에 큰 영향을 끼칠 수 있고 사람들의 자신감을 고

---

03   《대화와 협상, 공동건설과 상호공유, 호혜상생과 교류학습 견지, "일대일로" 공동건
      설 심층 추진을 통해 인민들에게 혜택 제공》, 《인민일보》 2018년 8월 28일.

취시킬 수 있기에 모든 역량을 집중적으로 투입해야 한다. 거시적인 관점에서 볼 때 "중점에 포커싱한다"는 것은 건강하고 선순환적인 발전 모델을 전제로 "일대일로"의 질적 성장을 도모하는 한편 프로젝트 건설, 시장 개척, 금융 보장 등 분야에 공을 들이는 것을 뜻한다. 중점 프로젝트를 통해 전반적인 분야의 발전을 견인할 수 있다면 비교적 적은 힘을 들여 큰 성과를 낸다는 "사반공배(事半功倍, 힘을 덜 들였는데도 그 효과가 매우 크다)" 효과를 기대할 수 있으며 "일대일로" 건설의 취지 즉 국제 사회의 글로벌 거버넌스 혁신에 필요한 지역, 분야, 이데올로기를 뛰어넘는 "글로벌 공공재"를 제공할 수 있다. 그리고 이는 중국이 세계 경제에 융합되고 세계 경제 성장과 발전의 병목현상을 해소할 수 있는 열쇠이기도 하다.

첫째, "일대일로" 건설의 대내외 중점을 한층 더 명확히 해야 한다. "일대일로" 건설은 중국의 경제 사회가 질적 성장 단계로 전환하는 데 필요한 내적 수요에 포커싱해야 한다. 향후 "일대일로" 건설은 징진지(京津冀, 베이징시·톈진시·허베이성) 협동 발전, 장강 경제벨트 발전, 광둥성·홍콩·마카오 대만구(粤港澳大湾区, GBA) 건설 등 중대 전략과 긴밀히 융합하고 연해지역 개방, 동북지역 진흥, 중부지역 굴기, 국경지역 개발 등 발전 전략과 결합하여 해당 프레임 안에서의 마스터플랜과 프로젝트 계획을 강화해야 한다. 또 다른 한편으로는 기타 국가의 이익을 고려 및 배려하고 건설 계획 중인 프로젝트와 "일대일로" 공동건설 국가의 발전전략 간 접점을 찾아야 한다. 이를 통해 러시아의 유라시아 경제연맹 건설, 카자흐스탄의 "광명의 길" 경제전략, 유럽연합의 "융커투자계획" 등과 유기적으로 결합하여 더 많은 이익의 접점과 협력의 성장점을 창조하고 양질의 협력과 발전을 도모하는데 기반을 마련해 주어야 한다.

둘째, "일대일로" 건설 과정에서 정부의 주도 역할과 기업의 주체 역할을 충분히 발휘해야 한다. 시진핑은 "일대일로" 건설 과정에서 정부는 방향성을 제시하고 전반적인 조율을 담당하는 역할을 맡아야 할 뿐만 아니라 시장의 역할이 충분히 발휘될 수 있도록 보장해 주어야 한다고 강조했다. 따라서 각 급 정부부처는 거시적 계획 제정, 정책 소통, 통합 조율 등 분야에서 지속적으로 인솔자 역할을 발휘하고 정기적으로 관련 분야의 액션플랜을 발표해야 한다. 관련 해외 주재기관은 외국 기구와의 긴밀한 협력 및 조율 관련 업무를 적극 추진하여 관련 정책과 주장이 대상국에서 실행될 수 있도록 해야 한다. 또한 시장을 기반으로 하고, 기업을 주체로 하는 지역 경제협력 매너니즘을 강화하여 기업의 해외투자에 도움을 제공하고 우세 생산능력 이전과 산업 고도화 과정에서 전 세계에 고품질의 "메이드 인 차이나" 상품을 제공해야 한다.

셋째, 세계 주요 대국과 주요 주변국 간의 관계를 슬기롭게 처리해야 한다. "일대일로" 건설을 고위층 상호 방문과 양자 간 교류의 중요한 내용으로 삼고 정치적 상호 신뢰를 증진하는 것을 통해 정치 구동력을 형성해야 한다. 다양한 분야에서의 양자 간 협력 수준을 향상하고 협력의 저변을 확대해야 하며 서로의 이익을 심층적으로 융합시키면서 주변국들의 참여 적극성과 능동성을 제고해야 한다. 공동상의·공동건설·상호공유의 원칙을 견지하고 주변국들의 발전전략을 적극적으로 수렴해야 하며 하나하나의 성공 사례를 통해 주변국과의 공감대를 점차 형성해 나가야 한다. 중국과 러시아 고위층 간 상호 왕래를 활용하여 실크로드 경제벨트 중 양국의 이익 접점을 확대하고 양자 간 경제무역 협력 수준을 향상해야 하며 러시아가 주도하는 유라시아 경제

연맹과의 상호 촉진 및 공동 발전을 통해 해당 국가들을 실크로드 경제 벨트의 중요한 참여자와 추진자로 만들어야 한다. 또한 유럽연합과의 소통과 협력을 지속적으로 강화하고 협력의 채널을 확대해야 하며 유럽국가들의 "일대일로" 건설 참여를 쟁취하여 "일대일로"와 유럽연합 투자계획을 결합시켜야 한다.

넷째, 경제 협력과 인문 교류 간 관계를 잘 처리해야 한다. "일대일로"는 주변국들의 경제 번영과 지역내 경제 협력을 중점으로 삼는 동시에 서로 다른 문명 간의 교류와 학습도 강조하면서 꾸준히 세계의 평화를 촉진해야 한다. 한편으로는, 교통 인프라와 에너지 통로 건설, 국가간 케이블 배선을 포함한 통신 네트워크 구축 등 인프라 호연호통(互联互通, 상호 연결)을 우선적으로 추진해야 한다. 또한 무역구조 최적화, 새로운 무역성장 동력 발굴, 무역방식 혁신, 전통 무역의 공고화와 확대화, 현대 서비스 무역 전력 발전 등 내용을 포함한 경제무역 협력 수준을 전면적으로 향상해야 한다. 이 외에도 주변국들과 차세대 정보통신, 바이오, 신에너지, 신소재 등 신흥 산업 분야를 둘러싼 심층적인 협력을 추진해야 한다. 또 다른 한편으로는, 인문 교류를 주춧돌 삼아 실크로드 우호협력 정신을 선양 및 계승하고 물리적·심리적 거리를 줄여나가야 한다. 세부적으로는 "일대일로" 건설의 문명 간 교량 역할, 우정의 연결고리 역할을 발휘하고 인류 운명공동체 의식을 널리 전파하면서 "문명 장벽이 아닌 문명 교류, 문명 충돌이 아닌 문명 학습, 문명 우월감이 아닌 문명 공존성을 지향하고 국가 간 상호 이해, 상호 존중과 상호 신뢰를 증진해야 한다."

다섯째, "일대일로" 건설 과정에서 싱크탱크의 역할과 언론의 기능을 중요시해야 한다. 싱크탱크 협력은 "일대일로" 이니셔티브가 추구하는 호혜상생을 실현할 수 있는 중요한 루트인 만큼 각국가의 싱크탱크는 학술 연구와 정책 해독(解读)을 통해 민심 상통 분야에서 중요한 교량과 연결고리 역할을 발휘하고 연구 성과를 프로젝트 협력 과정 중 발생한 문제점들의 해결 방안과 지혜로운 대안으로 승화시켜야 한다. 특히 "일대일로" 국제싱크탱크 협력위원회의 역할을 충분히 발휘하고 국제싱크탱크, 국제 및 지역 조직, 각국의 전문가와 학자들에게 "일대일로" 관련 과제를 연구하고 사상을 교류할 수 있는 소통의 장을 마련해 주면서 이론적 혁신, 성과 공유, 지식 전파 및 인적 교류를 촉진해야 한다. 언론매체는 인민들 간 교류와 왕래를 강화하고 서로에 대한 이해와 우정을 증진하는 중요한 채널이자 교량으로서 문명 간 대화와 교류의 중임을 짊어지고 있다. 언론매체가 이념 전달, 신뢰 강화, 의심 해소, 우의 증진 등 분야에서 차지하는 독특한 우세를 발휘하여 다양한 나라와 민족들이 보유한 문명과 문화의 고유정서를 발굴하고 여기에 시대적 특징과 현실적 상황을 결합시켜 시청자들로부터 호평을 받을 수 있는 고품질 프로그램을 공동 제작해야 한다. 특히 뉴미디어 채널을 통해 다양한 분야에서 선의의 소통을 진행할 수 있는 "민심 상통" 플랫폼을 구축하여 "일대일로" 관련 화제가 각 나라 인민들의 삶 속에 녹아들 수 있도록 해야 하며 상이한 문명, 상이한 발전 모델 간 교류와 대화를 촉진하는 것을 통해 호혜상생과 협력속에서 서로의 장단점을 보완하면서 공동발전을 도모해야 한다.

(집필자: 허우보 侯波)

16. 인류 운명공동체

인류 운명공동체는 시진핑의 새로운 시대 중국 특색 사회주의 사상의 중요한 구성부분이다. 인류 운명공동체 구축은 중국 대국외교의 새로운 이념이자 신형 대국 관계에 대한 중국의 새로운 해석이며 글로벌 거버넌스에 대해 제기한 새로운 방안이다. 시진핑이 처음으로 인류 운명공동체를 언급한 이후 정계와 학계는 그 개념에 대해 큰 관심을 보이고 있으며 꾸준히 새로운 내적 의미를 부여해왔다. 해당 개념 자체도 끊임없는 해석과 이해를 거듭하면서 하나의 글로벌 컨센서스로 자리매김하고 있다.

기본 의미

인류 운명공동체는 상당히 방대한 개념인만큼 해당 의미에 대한 명확한 정의가 부재한 상황이며 학자들은 다양한 각도에서 인류 운명공동체의 기본 의미를 해석하고 있다. 일부 학자는 인류 운명공동체를 "인류" "운명" "공동체" 세 키워드의 집합체라고 주장하고 있다.[01] 일부

---

01   왕이웨이(王义桅) : 《인류 운명공동체가 새로운 시대하에 가지는 이론적 의미》, 2018년 2월 26일, 구사망(求是网), http://www.qstheory.cn/제/2018-02/26/

학자는 인류 운명공동체를 세 개의 점진적인 관계로 세분화하였는데 각 분야 공동체를 포함한 "이익공동체"를 근본적인 기반으로 삼고 "가치공동체"를 추구하면서 최종적으로 "책임공동체"라는 보장을 획득하는 것이라 보고 있다.[02][03] 혹자는 인류 운명공동체의 세로축은 역사, 현실, 미래 등 3개 영역으로 나뉘어 지는데 많은 학자들이 이 중 현실이라는 영역에 가로축을 그리고 그 위의 정치, 경제, 안전, 생태, 문화 등 좌표를 분석하고 있다고 주장한다. 또 일부 학자는 인류 운명공동체는 상술한 5개 좌표 외에도 정당, 제도, 민생, 가치 등 분야의 공동체를 포함해야 하며 전 세계 각 지역, 국내 및 국제 운명공동체의 집합체가 되어야 한다고 보고 있다. 이 외에도 민족에서 지방, 지역을 거쳐 인류 운명공동체 전반 분야까지 다양한 방식으로 해당 개념을 세분화하는 연구들이 진행되고 있으며 제각각 상이한 해석을 내놓고 있다. 하지만 전반적으로 봤을 때 인류 운명공동체는 다양한 층면, 차원, 각도를 망라하고 있으며 일원화되고 구태의연한 전통적의 분류 방식에서 벗어난 세계적인 범위의 글로벌 개념이다.

사상의 유래

인류 운명공동체는 공중누각이 아니며 탄탄하고 풍부한 이론 및

---

c_1122453621.htm.

02 쉬리핑(許利平) 등:《중국과 주변 운명공동체: 구축 및 노선》, 사회과학문헌출판사 2016년호, 3-5페이지.

03 후안강(胡鞍鋼), 리핑(李萍):《인류 운명공동체 구축에 관한 시진핑의 사상과 중국의 방안》,《신장사범대학학보》(철학사회과학원) 2018년 제5기.

사상 자원이 뒷바침해 주고 있다.

역사적 유물론의 중요한 구성 부분으로서 마르크스주의 공동체사상은 "자연적으로 형성된 공동체" "거짓된 공동체" "진정한 공동체"라는 세 개의 발전 단계를 포함하고 있다. 비록 많은 학자들이 인류 운명공동체가 "진정한 공동체"의 시작점과 추구인지 아니면 연장과 혁신인지에 대해 갑논을박을 벌이고 있지만[04] 인류 운명공동체가 마르크스주의 공동체 사상을 계승했다는 점에 대해서는 부인하지 않고 있다. 이와 동시에 인류 운명공동체는 고도의 유사성을 지닌 세계 역사 이론에 대한 실천이기도 하다.

인류 운명공동체는 수천 년에 달하는 중국 전통문화에 대한 선양과 계승이기도 하다. 중국은 예로부터 "만방(万邦)의 화합" "세계의 대동(大同)" "천하의 평안" 등 모든 나라가 유기적인 결합체가 되어 서로 선의를 베풀어야 한다는 사상을 지녀왔다. 천지만물은 본디 일체라는 이념과 화합(和合) 정신 추구는 중국 문화가 내포한 핵심적인 의미이다.[05] 수천 년간 전승해온 이러한 사상과 이념은 은연중에 중국의 거버넌스관에 영향을 주고 있으며 현 시대적 배경하의 발전 방향을 제시해 주고 있다.

이러한 전통 사상이 내포한 개방과 포용의 특성은 인류 운명공동체가 세계 및 서방의 고전적인 철학 사상을 참고하고 이해하고자 하는 노력에서도 잘 드러나고 있다. 맨 처음의 "도시국가 공동체"에서 "종교

---

04 왕궁룽(王公龙) 등:《인류 운명공동체 구축 사상에 대한 연구》, 인민출판사 2019년호, 89, 171-172페이지.

05 지앙스쉐에(江时学):《인류 운명공동체에 대한 연구》, 세계지식출판사 2018년호, 60, 67페이지.

공동체” “계약 공동체” “윤리 공동체”, 더 나아가 “세계주의” “영구평화론”까지 모두 국제 거버넌스 중의 인본사상, 평등 및 법치의 중요성을 강조하고 있다. 일부 학자는 인류 운명공동체를 사회주의 성질을 지닌 국제주의의 일종으로 보고 있다.

인류 운명공동체 사상은 전통적인 사상 및 이념의 전승과 탈태(脫胎)이자 근대 이래 마오저둥(毛澤東) 시기의 평화공존 5대 원칙, “구동존이(求同存異) 방침”, “세 개의 세계” 전략적 구상, 덩샤오핑(邓小平) 시기의 평화발전 전략, 장쩌민(江澤民) 시기의 새로운 안전관 및 후진타오(胡錦濤) 시기의 조화로운 세계 건설 등 중국 공산당 역대 지도자 집단들의 정치적 주장과 대외 실천 관련 경험의 집대성이다. 요컨태 인류 운명공동체는 중국 특색 사회주의 이론 체계의 중요한 성과이다.

실천적 의미

첫째, 중국의 새로운 시기 외교 이념을 보여주고 있다. 인류 운명공동체는 여러 가지 요소가 복합적으로 작용하여 생성된 결과물이었으며 제기된 이후 줄곧 새로운 시기 중국 특색 대국외교의 핵심 성과이자 마스터플랜으로 자리매김하고 있었다. 중국 공산당은 현재의 시대적 배경에 대한 깊은 통찰, 중국의 국제적 역할에 대한 투철한 인식, 맑시즘 사상과 이념에 대한 이해와 융합, 기존 국가 이익에 대한 정확한 판단에 의거하여 중국 특색 국제관계의 새로운 이념을 제기하였다. 이 새로운 이념은 서방 대국이 주장하는 국가중심주의, 대립을 위주로 하는 자유주의, 구조주의, 현실주의 등 국제관계 사상과 결을 달리한다. 중국 공산당 제19차 전국대표대회 보고서는 중국 특색의 대국외교는 신형 국제관계 건설과 인류 운명공동체 구축을 추진해야 한다[06]고 밝혔다. 또한 "내진우기, 외순우도[07]（内尽于己, 外顺于道)"의 이념을 실행하여 내부적으로는 모든 역량을 동원하여 외교수단을 끊임없이 개선하고 외부적으로는 다양한 길을 개척하고 국제관계 이론을 혁신하면서 세계 각국과 함께 인류 운명공동체를 구축해야 한다고 강조하고 있다.

둘째, "중국몽"의 "세계몽"을 재현하고 있다. "중국몽"과 "세계몽" 모두 평화와 발전, 협력과 상생의 가치관을 강조하고 있고 모두 전 인류의 복지 추구를 목표로 삼고 있는 만큼 두 개의 꿈은 서로 융합되고 상호 보완하는 관계이다. 중국몽을 실현하기 위해 경주한 노력들은 세계몽의 실현에도 도움을 주고 있으며 "세계몽"은 중국몽에게 더욱 친화적이고 안정적인 외부환경을 제공하여 중화민족의 위대한 부흥을 향한 발걸음을 가속시키고 있다. 이와 동시에 세계몽은 전 세계에 중국몽의 의미를 더욱 명확하게 설명해 주고 있으며 기타 국가 특히 글로벌 대국과 주변 이웃국가에 서방의 전통적인 지정학적·제로섬게임 사고방식과는 전혀 다른 중국의 정치 사상을 전달하고 있다. 이는 기타 국가가 중국에 대한 이해를 증진하고 인식을 바로잡는데 도움이 될 뿐만 아니라 능동적으로 더 많은 책임을 짊어지고 글로벌 거버넌스에 적극 융합되고자 하는 중국의 의지와 태도를 전 세계에 보여주고 있다.

셋째, 중국의 글로벌 거버넌스관을 보여주고 있다. 인류 운명공동

06　시진핑:《전면적인 소강사회 건설, 새로운 시대 중국 특색 사회주의의 위대한 승리 쟁취—중국 공산당 제19차 전국대표대회에서의 보고》, 인민출판사 2017년호, 19페이지.

07　내진우기, 외순우도: 대내적으로는 역량껏 최선을 다하고 대외적으로는 대도(大道)에 순응해야 한다.

체는 인류의 공동가치를 부각시키고 인류의 공동이익을 실현하고 있다. 현재 글로벌화와 국가 간 상호의존도가 심화됨에 따라 제반 분야에서 다수의 국가 이익과 관련된 문제들이 나타나고 있는데 이런 문제들은 특정 국가가 독자적으로 해결할 수 있는 범주가 아니며 그럴 권리도 없다. 그리고 최근 들어 발생하고 있는 신흥 문제와 비전통 안보 위협은 존재 그 자체만으로도 세계적인 영향을 끼치고 있으며 기후 온난화, 테러리즘, 사이버 남용 등 문제는 전 인류의 실질적인 이익과 직결되고 있다. 지금의 세계는 글로벌 거버넌스를 필요로 하고 있지만 글로벌화 시대의 정의 부재가 글로벌화의 걸림돌이 되고 있다.[08] 인류 운명공동체는 중국이 현재의 글로벌 제도 체계, 규칙 및 질서하에 글로벌 공간에서의 정의를 구현할 수 있는 중국식 방안이며 해당 모순을 해결하기 위해 인류가 어떤 조치를 취해야 하는지 제시해 주고 있다. 중국이 제정한 방안이지만 해당 방안은 주권 평등을 강조하는 유엔의 원칙을 존중하고 지지해왔으며 이로 인해 인류 운명공동체은 개념은 여러 차례 유엔의 관련 문서에 기입되면서 광범위한 인정을 받을 수 있었다.

실행 노선

인류 운명공동체 관련 실천 행동은 현재의 국가 전략과 유기적으로 결합되어야 한다. 일부 학자는 인류 운명공동체와 전면적인 개혁 심화를 연결시켜 전자가 후자의 문화적 버팀목과 정신적 지주가 되고 있

---

08   위앤웨이화(袁伟华):《인류 운명공동체: 글로벌 공간 정의 구축에 대한 중국식 방안》,《이론건설》2020년 제1호.

으며 이는 사회에서 전면적이고 통합적인 의식이 형성되는데 도움이 된다고 강조하고 있다. 문화의 역할은 해외에서도 동등하게 적용된다. 중국 문화가 내포한 포용의 정신과 "화합 중시, 조화 추구, 중용(中庸) 숭상"의 특징을 발휘하고 다양한 민족 문화 간 왕래와 소통을 추진하며 서로 다른 문명 속에서 평화 추구와 같은 공동의 목표를 발견하는 것을 통해 국제사회로부터 더 많은 이해와 지지를 받을 수 있다.

인류 운명공동체의 구체적인 실행은 "일대일로"라는 플랫폼과 떼려야 뗄 수 없다. 시진핑이 2017년 중국 공산당과 세계 정당 간 고위층 대화에서 발표했던 기조연설《더욱 아름다운 세계 공동건설》중에는 "처음 '일대일로' 이니셔티브를 제기한 목적은 인류 운명공동체를 실현하기 위해서였다"라는 대목이 적혀있다.[09] "일대일로"는 중국 외교의 마스터플랜으로서 인류 운명공동체 건설에 물질적인 기반을 마련해 주었고 "중국몽"과 "세계몽"을 연결하는 교량 역할을 하고 있다. 그리고 인류 운명공동체는 "일대일로" 이니셔티브의 실천에 더욱 심층적인 의미를 부여해 주었다.

시진핑은 2017년 연초 유엔 제네바 사무국에서의 기조연설을 통해 인류 운명공동체를 구축하고 상생과 공유를 실현하는 것은 변화하는 시대적 배경하에 중국이 내놓은 글로벌 문제 대응 방안이라고 밝힌 바 있다.[10] 현재 다자간 메커니즘이 제자리 걸음을 하고 있고 민족주의가 나날이 성행하고 있는 상황하에 글로벌 거버넌스 체계의 변혁을 적

---

09 시진핑:《더욱 아름다운 세계 공동건설—중국 공산당과 세계 정당 간 고위층 대화에서 발표한 기조연설》,《인민일보》(해외판) 2017년 12월 2일.

10 시진핑:《인류 운명공동체 지속 건설 추진을 논하다》, 중앙문헌출판사 2018년호, 254-256, 383, 416페이지.

극 추진하여 끊임 없는 혁신으로 변화하는 국제 권력구도에 적응하고 중국을 대표로 하는 신흥개도국들에게 자국 실력에 부합되는 발언권을 부여하며 북극 거버넌스, 사이버 안전 등 전 인류가 직면한 글로벌 문제를 해결해야 한다. 이는 기존 국제 질서의 안정성과 합법성 수호, 다양한 국가 이익 만족, 글로벌 거버넌스 참여에 대한 적극성과 자신감 고취에 큰 도움이 될 수 있고 인류 운명공동체 실현에 양호하고 탄탄한 기반을 마련해 줄 수 있다. 인류 운명공동체 구축은 글로벌 거버넌스의 성공적인 실천사례로 거듭날 것이다.

(집필자: 런린, 任琳)

17. 공동상의 · 공동건설 · 상호공유 원칙

　　"일대일로" 이니셔티브 마스터플랜이 점점 체계화됨에 따라 공동상의 · 공동건설 · 상호공유 원칙이 중국 대외 경제 협력에서 중요한 지위를 차지하기 시작했으며 중국이 글로벌 거버넌스에 참여하고 인류 운명공동체를 구축하는 과정에서 입지가 더욱 두터워지고 있다. 2015년 3월 발표된 《실크로드 경제벨트와 21세기 해상 실크로드 공동건설 추진에 관한 비전과 행동》에는 "일대일로" 건설은 하나의 체계적인 공정인만큼 공동상의 · 공동건설 · 상호공유 원칙을 견지해야 하며 주변국 발전전략 간 상호 결합을 적극 추진해야 한다는 내용이 포함되었다. 2017년 10월 발표된 중국공산당 제19차 전국대표대회 보고서는 공동상의 · 공동건설 · 상호공유 원칙이 "일대일로" 건설에서 차지하는 중요한 지위를 재차 강조했으며 해당 원칙을 중국의 글로벌 거버넌스관으로 확립했다. 또한 중국이 "일대일로" 건설과 글로벌 거버넌스 참여를 추진하는 과정에서 공동상의 · 공동건설 · 상호공유 원칙이 내포한 이론적 의미도 한층 더 성숙해지고 있다.

이념의 형성 과정

　　"일대일로" 이니셔티브 추진 과정에서 공동상의 · 공동건설 · 상호

공유의 이념이 점차 형성 및 강화되기 시작했다. 2015년 3월 국가발전개혁위원회, 외교부와 상무부는 공동으로 《실크로드 경제벨트와 21세기 해상 실크로드 공동건설 추진에 관한 비전과 행동》을 발표하여 "일대일로" 건설 과정에서 공동상의·공동건설·상호공유 원칙을 견지하고 전방위적이고, 다층적이며 복합적인 호연호통(互联互通, 상호 연결) 네트워크를 구축하는 것을 통해 주변국들의 다원화적·자주적·균형적이며 지속 가능한 발전을 꾀해야 한다고 강조했다.[01] "일대일로" 이니셔티브의 의미, 이념과 실질을 더욱 투철하게 설명하기 위해 "일대일로" 건설업무지도소조 판공실은 2017년 5월 《"일대일로" 공동건설: 이념, 실천, 중국의 기여》라는 보고서를 발표하여 "일대일로" 공동건설은 모든 국가가 공동상의·공동건설·상호공유의 이념을 이행하면서 새로운 글로벌 경제 거버넌스 체계를 함께 구축해가는 과정이라는 점을 명확히 했다. 지난 3년간 "일대일로" 건설은 무(无)에서 유(有)로, 점(点)에서 면(面)으로의 긍정적인 진전을 가져왔으며 공동상의·공동건설·상호공유의 협력 국면을 어느 정도 형성하였다.[02]

중국이 국제협력 중에서 점점 더 큰 국제적 책임을 짊어짐에 따라 공동상의·공동건설·상호공유의 원칙도 점차 중국의 이념에서 글로벌 컨센서스로 변화하고 있다. 2017년 9일 11일, 유엔총회가 통과시킨 "유엔과 글로벌 경제 거버넌스" 결의안에 처음으로 공동상의·공동건설·

---

01 국가발전개혁위원회, 외교부, 상무부 공동 발표 《실크로드 경제벨트와 21세기 해상 실크로드 공동건설 추진에 관한 비전과 행동》, 《인민일보》 2015년 3월 29일 4면.

02 "일대일로" 건설업무지도소조 판공실: 《"일대일로" 공동건설: 이념, 실천, 중국의 기여》, 2017년 5월 10일, 신화통신, http://xinhuanet.com/silkroad/2017-05/10/c_1120951928.htm.

상호공유의 글로벌 경제 거버넌스 이념이 등장하였다. 해당 결의안은 "모든 국가는 '공동상의·공동건설·상호공유'의 원칙에 따라 글로벌 경제 거버넌스를 개선하고 글로벌 도전에 대응할 수 있는 공동대안을 모색하며 인류 운명공동체를 구축해야 한다"고 규정했는데 이는 중국의 목소리가 국제사회에서 공감대를 형성하고 있다는 방증이다.

2017년 10월, 중국 공산당 제19차 전국대표대회 보고서는 "일대일로" 건설 과정 중에서 반드시 공동상의·공동건설·상호공유의 원칙을 준수해야 한다고 강조했으며 중국은 향후 공동상의·공동건설·상호공유의 글로벌 거버넌스관에 따라 지속적으로 책임감 있는 대국 역할을 담당하고 글로벌 거버넌스 체계의 개혁과 건설에 적극 참여할 것이며 중국의 지혜와 역량을 끊임없이 기여할 것이라고 밝혔다.[03] 공동상의·공동건설·상호공유는 중국의 "일대일로" 건설 추진 과정의 기본원칙으로 자리 잡았으며 중국이 글로벌 거버넌스 체계의 변혁을 위해 노력하는 방향이 되고 있다. 또한 공동상의·공동건설·상호공유 원칙 준수 및 "일대일로" 건설 추진을《중국공산당정관》에 써넣었다는 것은 "일대일로" 국제협력 적극 추진 및 인류 운명공동체 구축에 대한 중국의 의지와 자신감을 잘 보여주는 대목이기도 하다.

이론적 의미와 실천

공동상의·공동건설·상호공유 원칙이 내포한 이론적 의미는 중국

---

03   시진핑:《소강사회 전면 결설, 새로운 시대 중국 특색 사회주의의 위대한 승리 쟁취─중국 공산당 제19차 전국대표대회에서의 보고》,《인민일보》2017년 10월 28일 제1호.

이 "일대일로" 건설을 추진하고 글로벌 거버넌스에 참여하는 과정에서 점차 체계화되고 있다. 2019년 4월, "일대일로" 건설업무지도소조 판공실은 《"일대일로" 이니셔티브 공동건설: 진전, 기여와 전망》을 발표하여 공동상의·공동건설·상호공유 원칙의 이론적 의미를 구체적으로 해석했다. 공동상의란 중국의 이니셔티브가 글로벌 컨센서스로 거듭나는 과정에서 "모두의 일은 모두가 함께 상의하고 해결하는 것"을 뜻한다. 평등한 참여와 충분한 협상을 강조하는 공동상의는 평등과 자원의 전제하에 충분한 대화와 소통을 통해 인식의 접점, 협력의 교차점과 공동발전의 착력점을 찾아내는 과정이다. 공동건설은 함께 조화로운 삶의 터전을 만들어 가는 것을 취지로 삼고 있으며 모든 국가가 평등한 참여자, 건설자, 공헌자이자 책임과 리스크의 공동 담당자이다. 상호공유는 모든 참여자들에게 실질적인 혜택을 가져다주고 협력대상의 이익과 관심사를 중요시하며 이익의 접합점과 협력의 최대공약수를 모색하여 참여국 모두 협력의 결실을 수확할 수 있도록 하는 것이다. "일대일로" 공동건설은 "누군가가 얻으면 누군가는 잃어야 하는" 제로섬게임이 아니라 모두가 윈윈할 수 있는 게임이다.

중국은 3대 원칙 제기를 통해 새로운 이념, 새로운 사고방식, 새로운 협력 모델로 글로벌 경제 협력에 참여하고자 한다. "일대일로"의 구체적인 건설 과정 중 공동상의란 소통과 협상을 통해 이해관계자들의 이익과 관심사를 고루 배려하고 각자의 지혜와 창의력을 활용하는 것을 뜻한다. "일대일로" 주변에는 많은 국가들이 위치해 있고 국가별 발전수준, 경제규모, 문화풍습이 모두 상이한 만큼 공동상의를 기반으로 삼아 주변국들에게 평등하게 협상에 참여할 수 있는 권리를 부여하고 각각의 이익과 관심사를 배려하면서 이익의 접점과 협력의 최대공약수를 모색해야만 모두의 역량이 한 곳에 결집되고 각자의 지혜가 빛을 볼 수 있다.

공동건설은 공동참여를 강조하고 있으며 해당 과정에서 각자의 장점과 잠재력을 충분히 발휘하고 지속적으로 추진해나가는 것을 골자로 한다. "일대일로" 주변국들은 지리적 위치, 자연자원, 자금, 기술, 인재 등 분야에서 제각각 장점을 보유하고 있는 만큼 "일대일로" 건설 과정 중 공동건설을 채널 삼아 상호 장단점을 보완해야만 자원의 최적화 배치를 실현하고 각자의 장점과 잠재력을 충분히 발휘할 수 있으며 국가별 발전 수요도 다양하게 만족시킬 수 있다.

상호공유는 호혜상생에 주안점을 두고 있다. 각자의 이익 접점과 협력의 최대공약수를 모색하고 공동이익의 파이를 키워나가면서 더 많은 지역들이 공동건설의 결실을 수확할 수 있도록 해야 한다. "일대일로" 주변국은 대부분 개발도상국들이며 경제 발전 등 일련의 문제점에 직면해있는 경우가 대다수이다. "일대일로" 건설은 호혜상생의 이념을 견지하고 해당 문제들을 해결할 수 있는 새로운 협력 프레임을 제공하고 있으며 발전 이념, 발전 모델, 통상 협력, 호연호통(互联互通, 상호연결), 문화교류 등 분야에서 협력의 성과를 널리 공유하고 있다. 상호공유를 목적으로 해야만 각 나라 인민들로부터 전폭적인 지지를 받을 수 있고 "일대일로"를 중국의 이니셔티브에서 세계적 컨센서스로 전환시킬 수 있으며 각 나라 인민들에게 실질적인 혜택을 안겨줄 수 있다.

3대 원칙은 서로의 장단점을 보완하고 서로 간 긴밀히 연결되면서 하나의 유기적인 결합체를 이루고 있다. "일대일로" 건설 중 공동상의를 전제로 해야 진정한 공동건설을 실현할 수 있고 공동상의와 공동건설이 선행되어야 진정한 상호공유가 가능하기에 셋은 유기적이고 통일적인 관계에 놓여있다. 공동상의·공동건설·상호공유 원칙의 핵심은 "공(共, 공동)"에 있다. 오직 공동으로 상의하고 공동으로 건설하며 상호 공유해야만 하나의 운명 공동체가 형성될 수 있다.

　실제 건설 과정에서도 중국은 공동상의·공동건설·상호공유의 원칙에 따라 정책 소통, 인프라 연통(연결), 무역 창통(원활화), 자금 융통, 민심 상통을 추진해왔고 국가별 발전 전략을 결합하고 호혜적 협력을 강화하면서 지역 경제의 발전과 민생의 개선에 거대한 모멘텀을 부여하였다. 공동상의를 놓고 보면, 중국은 "일대일로" 국제협력서밋, 중국국제수입박람회 등 국제적 회의 및 전시회 개최를 통해 세계적인 공동상의 플랫폼과 채널을 제공하고 기존의 글로벌 메커니즘을 기반으로 호혜적인 협력을 추진하면서 다자간 체계에서 중국이 차지하는 역할을 강화했다. 또한 주변국들 간 소통 채널을 확대하기 위해 중국은 일련의 "투트랙" 대화 메커니즘을 구축하여 국제사회가 "일대일로" 건설의 실시간 진도를 확인할 수 있게끔 만들었다. 공동건설을 놓고 보면, 중국은 아시아인프라투자은행 설립을 주도하고 실크로드기금을 출자 설립하면서 "일대일로" 공동건설에 필요한 융자플랫폼을 구축해왔다. 또한 제3자 시장과의 협력을 통해 중국기업과 기타 국가 기업 간 장단점 상호 보완을 촉진하면서 모두가 윈윈할 수 있는 길을 개척했다. 상호공유를 놓고 보면, 중국은 많은 개도국들의 인프라 건설과 과학기술 이전 플랫폼 구축을 적극 지원하면서 자국의 발전 성과를 주변국들과 공유하였고 일련의 빈곤퇴치 캠페인과 보건협력 프로젝트를 통해 주변국들의 민생을 개선하였으며 "일대일로" 건설 과정에서 친환경 생태 이념을 적극 이행해왔다. "일대일로" 이니셔티브는 공동상의·공동건설·상호공유의 원칙에 따라 평화협력, 개방포용, 상호학습, 호혜상생의 정신을 이행하면서 이념에서 행동으로, 비전에서 현실로, 이니셔티브에서 세계적인 환영을 받는 공공재로 거듭나고 있다.

(집필자: 왕위주, 왕웨이 王玉主、王伟)

18. 정확한 의리관

개념의 제기

2013년 3월 24일부터 30일까지, 시진핑은 탄자니아, 남아프리카공화국, 콩고 등 아프리카 3국을 방문하면서 처음으로 중국 외교의 "정확한 의리관"을 제기하였다.

2013년 10월, 신중국 성립 이후 처음으로 개최된 주변외교업무좌담회에서 시진핑은 "호혜상생의 원칙에 따라 주변국들과 협력을 추진하고 더욱 긴밀한 공동이익 네트워크를 구축하여 서로 간 이익의 접점을 확대하며 주변국들이 중국의 발전에서 실리를 얻을 수 있고 중국 또한 주변국들과의 공동 발전 과정에서 혜택을 볼 수 있도록 해야 한다"고 강조했으며 "(중국과 주변국 간) 이익의 공동점과 접점을 모색하고 정확한 의리관을 견지해야 하며 원칙, 우정, 도의를 중요시하면서 개도국들을 힘닿는 데까지 도와야 한다"고 밝혔다.[01]

시진핑은 이후 외교석상에서, 그리고 중국의 외교관계자들을 만날 때에도 항상 "정확한 의리관 견지"를 언급하곤 했다. 시진핑은 "정

---

01 《시진핑이 주변외교업무좌담회에서 발표한 중요 연설》, 2013년 10월 25일, 인민망, http:/politics. people.com.cn/n/2013/1025/c1024_23332318_2.html.

확한 의리관을 견지하고 영원히 개도국들의 믿음직스러운 친구와 진실된 파트너가 되어야 한다" "정확한 의리관을 견지하고 의(义,의리)와 리(利,이익)을 함께 추구하되 의를 우선시해야 한다" "정확한 의리관을 견지하고 의와 리를 모두 고려해야 한다. 또한 신용을 지키고 정을 중요하시며 정의를 선양하고 도의를 수립해야 한다" 등 의리관을 누누이 강조해왔다. 시진핑이 공개적으로 진행한 연설과 서명한 문서 중에서 "정확한 의리관"이라는 단어가 무려 40여 차례나 언급되었다. 예를 들자면 시진핑은 2014년 4월 8일 나미비아 총리 하기 게잉고브(Hage Geingob)와의 회담에서 "중국은 아프리카와의 협력 중에서 정확한 의리관을 견지하고 발전의 경험을 공유하였으며 아프리카를 도와 투자 유치에 최적화된 환경을 구축해 주면서 아프리카 국가들의 자주적인 발전 역량을 향상시키고 아프리카 인민들에게 혜택을 가져다 주었다. 이로서 중국과 아프리카는 진정한 의미의 호혜상생을 이워냈고 동반성장의 꿈을 실현했다"고 강조했다.[02] 또 2016년 7월 27일에는 르완다에서 개최된 제27차 아프리카연맹 정상회담에 축전을 보내 아프리카 국가들과 인민들에게 회담의 성공적인 개최에 대한 축하의 뜻을 전했다. 시진핑은 축전을 통해 "중국은 중국—아프리카 관계 발전을 매우 중요시하고 있으며 앞으로도 진실친성(真实亲诚)을 골자로 하는 대아프리카 정책이념과 정확한 의리관을 견지할 것이고 전면적으로 중국—아프리카 '10대 협력 계획'을 추진하면서 중국—아프리카 간 포괄적 전략 동반자 관계를 격상시키고 더 많은 중국과 아프리카 인민들에게 복지를 제공해 줄 것"이라고 강조했다.

---

02   《시진핑, 나미비아 총리 하기 게잉고브 회견》, 2014년 4월 8일, 신화통신.

최근 들어 "정확한 의리관"은 시진핑의 국내외 중요 석상 연설문에서 빈번하게 언급되고 있는데 이는 시진핑 동지를 핵심으로 하는 당 중앙이 해당 이념을 상당히 중요시하고 있음을 보여주고 있다.

의미

의리관 중의 "의(义)"는 주로 도의와 책임을 뜻한다. 중국의 우수한 전통문화는 예로부터 도의와 책임을 중요시해왔다.

공자(孔子)는 "군자의이위상(君子以义为上)[03]"을 강조했고 묵자(墨子)는 "의, 리야(义, 利也)[04]"의 이념을 제기했으며 맹자(孟子)는 "생명과 도의를 모두 추구하지만 양자택일해야 할 경우에는 후자를 택해야 한다"고 주장했다.

"의리관"이 내포한 의미에 대해 시진핑은 다음과 같이 설명한 바 있다.

시진핑은 "의(义)는 우리의 이념 즉 공산당원과 사회주의 국가의 이념을 반영하고 있다. 이 세상에는 풍요롭게 잘 지내는 사람들도 있지만 그렇지 못한 사람들도 상당수 존재하는데 이는 결코 바람직한 현상이 아니다. 모두가 함께 기쁘고 공동으로 행복해야 진정한 기쁨과 행복이라 할 수 있다. 우리는 전 세계의 공동 발전을 희망하며 특히 개도국들의 빠른 성장을 바라고 있다. 리(利)는 호혜상생의 원칙을 견지하고 제로섬게임이 아닌 윈윈의 길을 개척하는 것을 뜻한다. 우리는 빈곤국들

---

03   군자의이위상: 군자는 의를 으뜸으로 여겨야 한다.

04   의, 리야: 도의와 이익은 본디 하나다.

을 힘닿는 데까지 도울 의무가 있으며 필요하다면 자신의 이익을 기꺼이 포기하고 도의와 책임을 이행해야 한다. 시시콜콜 사리사욕만 추구하는 행위는 반드시 지양해야 한다"고 밝혔다.[05]

시진핑은 "'정확한 '의리관' 중의 '의(义)'란 정치적인 면에서 공정과 정의를 고수하고 평등 대우를 견지하며 국제관계의 기본 원칙을 준수하고 패권주의와 강권정치를 반대하며 사리사욕을 위해 타인의 이익을 침범하는 행위, 지역의 평화와 안정을 해치는 행위를 반대하는 것이다. '리(利)'란 경제적인 면에서 호혜상생과 공동 발전을 견지하는 것이다. 오랫동안 중국과 우호적인 관계를 맺어온, 그리고 현재 어려운 발전 상황에 처한 주변국과 개도국들을 대할 때에는 상대의 이익을 더욱 우선시해야 하지 절대 사리사욕을 위해 상대의 이익을 해치거나 그들과 담을 쌓아서는 안된다.

중국에는 "이익보다 도의를 중요시하는 사람에게는 영예가, 도의보다 이익을 중요시하는 사람에게는 치욕이 기다리고 있을 것이다(先义后利者荣, 先利后义者辱)"라는 말이 있다. 의(义)를 리(利)보다 중요시하고, 의(义)를 리(利)보다 우선시하며, 도의적인 방식으로 리(利)를 추구하는 것은 중화민족의 유구한 도덕준칙이자 행위규범이었다. 이론적으로 보면 고대 중국의 의리관이든, 현재의 "정확한 의리관"이든, 양자 모두 의를 으뜸으로 여기고 있다. 또한 고대의 의리관과 현재의 "정확한 의리관" 모두 의(义)와 리(利)간의 균형을 중요시하고 있다. 즉 "의를 우선시하고(以义为先)" "의를 으뜸으로 여기는" 동시에 정당한 방식으로 핵심적인 이익도 추구해야 함을 뜻한다.

---

05 《시진핑 주석의 올해 첫 해외 방문, 이 개념을 다시 새겨야 한다》, 2018년 7월 19일, 중국군망(中国军网), http://www.81.cn/jmywyl/2018-07/content_8093627.htm.

"정확한 의리관" 견지의 이론 및 실천적 의미

"정확한 의리관"을 견지하는 것은 중요한 이론 및 실천적 의미를 가지고 있다.

첫째, 시진핑이 외교 업무 중에서 제기한 "정확한 의리관" 견지 관련 중요 사상은 시진핑 동지를 핵심으로 하는 당중앙이 제정한 중국의 향후 국제적 지위 및 역할에 대한 전략적 계획을 잘 보여주고 있다. 중국이 "정확한 의리관"을 강조하는 것은 세계 평화 유지에 있어 중요한 역할을 담당하고자 하는 의지, 평화 발전 노선에 대한 결심, 대국 간 전쟁이라는 역사적 비극을 막고자 하는 염원을 보여주고 있다. 또한 중국은 "의를 으뜸으로 여겨야 한다"는 이념을 견지하고 있는데 이는 국제사회에 대한 중국의 장엄한 약속이자 대국으로서의 풍채를 잘 보여주는 대목이기도 하다.

"정확한 의리관"을 견지하는 것은 절대 국제사회가 함께 만들어낸 성과에 "무임승차"하지 않겠다는 중국의 의지를 보여주고 있다. 중국은 세계의 평화와 발전이라는 대의에 입각하여 더욱 적극적인 자세로 국제 사무에 참여할 것이며 평화 발전의 실천자, 공동 발전의 추진자, 다자간 무역체계의 수호자, 글로벌 경제 거버넌스의 참여자로서 인류 진보 추진을 위해 더 큰 역할을 발휘할 것이다.[06] 실제로 중국은 "정확한 의리관"을 수십 년간 견지해왔다. 20세기 60~70년대 중국은 수만 명의 건설 노동자와 기술 인력을 아프리카에 파견하여 탄자니아—잠

---

06   왕이(王毅):《정확한 의리관 견지, 대국의 역할과 책임을 적극적으로 발휘해야 한다—시진핑 동지의 외교업무 관련 중요 연설 정신에 대한 심층적인 이해》,《인민일보》 2013년 9월 10일 제7부.

비아 철도 건설을 지원해왔고 이 과정에서 수십 명의 소중한 생명이 희생되었다. 뿐만 아니라 중국은 반세기 전부터 해외에 의료진을 파견해왔는데 지금까지 총 66개 국가와 지역에 2.3만 명의 의료진을 파견하여 2.7억 명의 환자들을 치료했고 현지 인민으로부터 많은 찬사를 받왔다.

둘째, 시진핑이 외교 업무 중에서 제기한 "정확한 의리관" 견지 관련 중요 논술은 중국외교의 핵심 가치관을 한층 더 풍부하게 만들었고 새로운 시기 중국 외교업무에 대한 가이드 라인을 제시하였으며 더 나아가 인류 공동가치의 보고(宝库)에 새로운 의미를 포함시켰다.[07] "정확한 의리관"의 제기와 실천은 중국이 자국의 발전과 세계의 발전을 긴밀히 연결시켰고 세계 2위의 경제체로서 자신이 짊어져야 하는 국제적 책임을 회피하거나 전가하지 않겠다는 의지와 기타 국가와 국제사회의 이익을 희생하는 대가로 자국의 발전을 실현하지 않겠다는 결심을 잘 보여주고 있다. 중국은 "갈택이어(竭泽而渔)[08]"의 방식이 아닌 지속가능한 발전을 도모하고 있으며 결코 환경과 인민의 건강복지를 대가로 발전목표를 실현하지 않는다. 중국의 안정적인 성장과 부강(富强), 민주, 문명, 진보는 그 자체로도 세계의 평화와 발전에 큰 기여를 하고 있는 셈이며 중국은 앞으로도 흔들림 없이 이 방향에 따라 전진할 것이다. 중국 외교부장관 왕이(王毅)의 말처럼 "'정확한 의리관'은 중국 특색의 사회주의국가 이념을 충분히 보여주고 있으며 새로운 시기 중국외

---

07   왕이(王毅): 《정확한 의리관 견지, 대국의 역할과 책임을 적극적으로 발휘해야 한다—
      시진핑 동지의 외교업무 관련 중요 연설 정신에 대한 심층적인 이해》, 《인민일보》
      2013년 9월 10일 제7부.

08   갈택이어: 못의 물을 말려 고기를 잡다, 즉 눈 앞의 이익만 보고 장래를 생각하지 않
      음을 뜻한다.

교의 기치가 되고 있다". 시진핑은 외교 업무 중에서 정확한 의리관을 견지해야 한다는 중요 사상을 제기하였는데 이는 중국 특색 사회주의의 내적인 요구를 반영하고 있다. 중국 특색의 사회주의는 평화를 주장하는 사회주의이며 평화 발전은 중국 특색 사회주의의 필연적인 선택이다. 새로운 형세하에 정확한 의리관을 견지하는 것은 애국주의와 국제주의의 통일을 견지하는 것이자 중국 인민의 이익과 세계 인민의 공동이익 결합을 견지하는 것이며 중국과 세계 간 우호적인 소통과 호혜적인 협력을 견지하는 것이다.

셋째, "정확한 의리관"의 제기와 실천은 새로운 시대에 들어선 중국의 "소프트 파워"를 부각시키고 있으며 이와 동시에 세계 인민들의 이익에도 부합되기 때문에 국제사회로부터 전폭적인 지지와 인정을 받는 것은 필연적인 결과이다. 현재 국제사회는 코로나19 방역에 전력을 다하고 있다. 하지만 이는 "일대일로" 건설의 영원한 정체를 뜻하지 않는다. "일대일로" 이니셔티브는 앞으로도 꾸준히 추진되고 실행될 것이다. 중국과 "일대일로" 주변국들은 향후 협력 과정에서 불가피하게 "의(义)"와 "리(利)"의 우선 순위를 두고 고민해야 하는 상황에 직면하게 된다. "정확한 의리관"의 제기는 중국 굴기에 대한 "일대일로" 주변국들의 전략적 초조함을 줄여주는데 일조할 수 있을 뿐만 아니라 "일대일로" 이니셔티브에 대한 일부 서방국가와 적대세력의 비방에 강력 대응할 수 있으며 더 나아가 중국과 "일대일로" 주변국 간 상호 신뢰의 기반을 다지고 "일대일로" 이니셔티브의 지속 가능한 발전에 필요한 액션플랜이 될 수 있다

(집필자: 양단즈 杨丹志)

19. 개방·친환경·청렴 이념

이념의 제기

2019년 4월 26일, 시진핑은 제2차 "일대일로" 국제협력서밋 개막식에서 《한마음 한뜻으로 "일대일로" 건설의 아름다운 미래 공동 개척》이라는 기조연설을 통해 "우리는 개방·친환경·청렴의 이념을 견지하고 배타적인 소모임을 만들지 않을 것이며 친환경을 주제로 하는 친환경 인프라 건설, 녹색투자, 녹색금융을 추진하면서 모두의 지구를 보호할 것이다. 또한 햇빛 아래에서 모든 협력을 진행하고 한치의 부정부패도 용납하지 않을 것이며 《청렴한 실크로드 베이징 이니셔티브》를 통해 관련국들과 함께 청렴한 실크로드를 만들어 갈 것이다"라고 밝혔다.[01] 이는 처음으로 "일대일로" 건설 과정에서 이행하는 이념을 명확히 제기한 자리였다.

"일대일로" 건설이 "대사의(大写意)"에서 "공필화(工笔画)" 단계로 접어듦에 따라 참여국 모두가 개방·친환경·청렴의 이념을 견지하면서 질적 성장의 길로 나아가는 것을 희망하고 있다. "개방은 기회를 수반

---

01 《한마음 한뜻으로 "일대일로" 건설의 아름다운 미래 공동 개척》,《인민일보》2019년 4월 27일 3면.

한다." 이는 중국이 40여 년간의 개혁개방을 통해 획득한 중요한 경험일 뿐만 아니라 "일대일로" 건설 초반부터 확립했던 방향성이기도 하다. 중국은 배타적인 소모임을 만들지 않고 지정학적 대립을 야기하는 꼼수를 부리지 않으며 힘을 내세운 강압적인 거래를 강요하지 않는다. "일대일로" 이니셔티브는 중국에서 비롯되었지만 그 기회와 성과는 전 세계가 공유할 수 있다. 친환경 발전은 "일대일로" 건설의 밑그림이다. 중국은 발전 과정에서 "청산녹수"가 바로 "금산은산"이라는 이론을 적극 실천에 옮기고 생태문명 건설에 관한 중국의 중요 사상과 실천 성과를 "일대일로" 건설 과정에 융합시키는 것을 통해 "일대일로"가 내포한 의미를 한층 더 풍부하게 만들었을 뿐만 아니라 "일대일로"의 질적 성장도 함께 견인했으며 더 나아가 유엔 2030 지속 가능 발전목표(SDGs) 실현에도 기여해왔다. 청렴은 "일대일로" 건설의 실질적인 이행과 안정적인 추진을 위한 뒷받침이다. 현재 세계 각국 정부는 반부패 법치 체계와 관련 메커니즘을 지속적으로 개선하여 청렴형 정경관계를 구축하고 뇌물수수 범죄에 대한 처벌 형량을 강화하고 있다. "청렴" 이념의 제기는 청렴한 실크로드 공동건설에 대한 각 나라의 굳은 결의를 잘 보여주고 있다.

개방의 이념 견지

개방은 진보를 불러오고 폐쇄는 낙후를 야기한다. 지금의 세계는 전례 없는 변화를 겪고 있고 글로벌 이슈가 이곳저곳에서 속출하고 있으며 거버넌스적자, 신뢰적자, 평화적자, 발전적자 등 준엄한 도전이 인류의 앞을 가로막고 있다. 공동의 난제에 직면하여 세계 각국은 시대의 흐름에 부응하고 개방과 융통을 견지하면서 공동발전을 실현해야 한다. "일대일로" 공동건설은 관련국 간의 호연호통(互联互通, 상호 연결)을 촉진하고 국가 간 공감대 형성과 협력 강화를 추진했으며 더욱 긴밀한 경제 연결성, 더욱 활발한 인적 교류, 더욱 탄탄한 이익 연결고리를 도출해냈다. 뿐만 아니라 글로벌 거버넌스 체계의 내적인 요구에 부응하면서 글로벌 거버넌스 체계의 변혁에 관한 새로운 접근 방식과 새로운 방안을 제공하였다.

호혜상생과 공동발전을 목표 삼아 "일대일로" 이니셔티브를 인류 운명공동체 구축의 중요한 실천 플랫폼으로 만들어야 한다. "일대일로" 공동건설은 중국 국내의 투자 자유화·편의화 수준을 대폭 향상시켰고 연해, 연강(江) 지역에서 내륙, 국경지역으로 발전공간을 확대시키면서 육상과 해상을 연결하고 동부와 서부가 서로 도움을 주는 새로운 개방 구도를 만들었다. 다른 한편으로 "일대일로" 공동건설은 다양한 지역, 다양한 발전 단계, 다양한 문명을 아우르면서 주변국 인민들을 긴밀히 연결시켰고 개방과 포용의 협력 플랫폼을 제공해 주었다. 참여국들은 공동으로 세계경제가 직면한 도전에 대응하고 함께 발전의 새로운 기회를 포착하고 발전의 새로운 모멘텀을 모색하며 발전의 새로운 공간을 개척하면서 인류 운명공동체의 길을 따라 매진했다. "일대일로" 공동건설은 국가 간 대립이 아닌 대화를 이끌었고 연맹이 아닌 동반자 관계를 구축했으며 상호 학습을 독려했다. 또한 다자간 무역 체계를 지지하고 무역과 투자의 자유화·편의화를 촉진했으며 경제의 글로벌화가 더욱 개방적이고 포용적이며 모두가 혜택을 볼 수 있고 평등하며 윈윈할 수 있는 방향으로 발전하게끔 만들었다.

"일대일로" 공동건설의 실천이 보여주다시피 "일대일로"는 관련국들이 일치단결하여 호연호통(互联互通, 상호 연결)을 강화하고 글로벌 도전에 대응하며 세계 경제 성장을 촉진하고 공동번영을 실현하는 기회의 길이며 관련국들은 더욱 긴밀한 이익공동체, 책임공동체, 운명공동체로 만들어주고 있다. 영국의 역사학자 피터 프랭코판의 저서《실크로드 세계사 (The Silk Roads: A New History of the World)》중 "오늘날 세계의 회전축은 점차 이전하고 있다. 천년 전 회전의 근원지였던 실크로드를 향해서 말이다"라는 글귀가 이를 대변해 주고 있다.

친환경의 이념 견지

중국은 "일대일로" 건설 과정에서 시종일관 친환경의 이념을 이행해왔다. 2016년 6월 시진핑은 우즈베키스탄을 방문하여 "친환경 실크로드"를 공동 개척할 것을 제안했다. 2017년 5월 시진핑은 제1차 "일대일로" 국제협력서밋에서 친환경 "일대일로" 건설에 관한 구체적인 이니셔티브를 제기했고 중국환경보호부는 외교부, 국가발전개혁위원회와 상무부와 공동으로《친환경 "일대일로" 건설 추진에 관한 지도의견》을 발표했다. 이 외에도 여러 중앙 부처와 위원회가 "일대일로" 투자, 무역, 생산능력 등 분야의 협력 관련 문서를 잇달아 발표하면서 친환경 발전 이념의 중요성을 피력했고 친환경 플랫폼 구축, 정책과 조치 체계화, 지방 우세 발휘, 협력과 교류 강화 등에 필요한 제도적 보장을 마련해 주었다. 보다시피 친환경 "일대일로" 관련 정책 프레임은 조방적인 개념에서 세부적인 항목으로, 문서적인 내용에서 실질적인 조치로 점차 전환하고 있으며 구속력을 지닌 규칙과 표준으로 거듭나고 있다.

"일대일로" 주변 국가와 지역 간 환경 및 법률 체계, 정책 체계, 표준화 체계 등이 큰 차이를 보이고 있는 만큼 각국은 친환경 관련 협력 프로젝트를 추진하는 과정에서 평등호혜와 상호존중의 원칙을 견지하고 다양한 분야에서 전방위적인 정책 소통 메커니즘을 구축해 나가야 한다. 예를 들어 주변국 간 생태환경 관련 정책을 논의할 때에는 기존의 다자간·양자 간 환경협력 메커니즘을 충분히 활용하고 다자간·양자 간 환경협력 조약 혹은 MOU를 근거로 삼아 관련 국제환경공약과 생태환경보호표준을 준수하는 전제하에 환경협력 관련 정책과 제도의 초안을 제정하고 실질적인 행동으로 친환경 발전 이념을 실천하면서 글로벌 모멘텀의 신구(新舊) 교체를 이뤄내야 한다. 또한 "일대일로" 건설을 글로벌 생태환경 보호 및 지속 가능한 발전 사업에 융합시키고 서로 간 충분한 합의점을 도출한 뒤 점진적으로 "일대일로" 주변국들의 이익과 생태환경 관련 법률, 정책 및 표준에 부합되는, 실행 가능한 체계를 구축해 나가야 한다.

청렴의 이념 견지

중국은 "일대일로" 이니셔티브의 투명성을 중요시하고 있으며 정기적으로 정책 문건을 발표하고 협력 진도를 소개하면서 "청렴의 길" 관련 이념을 행동으로, 관련 비전을 현실로 전환시키고 있다. 중국 정부는 "일대일로" 관련 루머와 오해가 발생할 때마다 바로 해명에 나섰고 "중국 일대일로 홈페이지(中国一带一路网)"를 통해 모든 공식 문서, 정책 법규 및 프로젝트 상황을 대외적으로 공개해왔다. 기업의 측면에서 보면, 중국계 기업은 "일대일로" 관련국들과 투자 협력을 진행할 때 상대국의 요구를 존중해왔고 국제적 관습에 따라 관련 프로젝트의 입찰에 적극 참여하면서 다른 동종 글로벌 기업들과 동일한 플랫폼에서 경쟁과 협력을 진행해왔다. 중국계 기업은 언론매체와 현지 사회단체와의 소통도 강화하고 있다. 언론 기자들과 사회단체 대표들을 초청하여 프로젝트를 참관시켰고 신문발표회 개최, 홍보수첩 발행 등을 통해 프로젝트에 대한 외부의 이해를 증진시켰다. 이 외에도 참여국들과 함께 반부패 컨센서스와 실질적인 협력을 병행 추진했고 정책 소통과 메커니즘 건설을 강화했으며 정부 모니터링과 기업 준법경영 분야에서 눈에 띄는 성과를 거두었다.

향후 "일대일로" 관련국들은 정책 소통을 가일층 강화하고 안정, 공평, 투명성을 골자로 하는 규칙 및 메커니즘 프레임을 구축하며 청렴의 문화를 적극 육성해 나가려 한다. 또한 규범화되고 법치화된 비즈니스 환경을 조성하고 반부패 관련 국제협력을 강화하여 사법협력 네트워크의 사각지대를 지속적으로 해소할 것이다. 중국 외교부 부부장 공현우(孔鉉佑)는 "일대일로"는 청렴의 길이자 법치의 길이다라고 밝힌 바 있다. "일대일로" 건설이 질적 성장 단계에 접어듦에 따라 중국은 공동상의·공동건설·상호공유의 원칙하에 각 관련국들과 함께 상대국 주권을 존중하고 국제규칙을 준수하며 상호학습을 추진하는 법치의 길을 만들어 갈 것이다.

(집필자: 허우보 侯波)

20. 높은 기준, 민생 혜택 및 지속 가능한 목표

높은 기준, 민생 혜택, 지속 가능한 목표의 제기

2019년 4월 26일, 시진핑은 베이징에서 개최된 제2차 "일대일로" 국제협력서밋에서 《한마음 한뜻으로 "일대일로" 건설의 아름다운 미래 공동 개척》이라는 기조연설을 통해 "일대일로" 공동건설이 세계 각국의 발전에 새로운 기회를 제공해 주었을 뿐만 아니라 중국의 개방과 발전에도 새로운 국면을 열어주었다고 강조했다. "향후 우리는 높은 기준, 민생 혜택 및 지속 가능한 목표를 실현하기 위해 노력하고 "일대일로" 공동건설의 질적 성장을 도모해야 한다."

높은 기준, 민생 혜택, 지속 가능한 목표는 "일대일로" 건설의 목적이 무엇인지를 제시해 주고 있다. 즉 전방위적인 호연호통(互联互通, 상호 연결)을 통해 각국이 보편적으로 지지하는 규칙과 표준을 도입하고 기업이 프로젝트 건설, 운영, 조달, 입찰 등 관련 업무를 추진할 때 보편적으로 받아들일 수 있는 국제규칙과 표준을 적용시키며 각국의 법률법규를 존중하면서 최종적으로 각국의 발전을 글로벌 공급사슬, 산업사슬, 가치사슬에 더 깊숙이 편입시키고 상생발전을 실현하는 것이다. 이러한 기초하에 중국은 인민을 중심으로 하는 발전 이념을 견지하고 빈곤 퇴치, 취업 증가, 민생 개선에 주안점을 두면서 "일대일로" 공동건설을 통해 모든 인민들에게 혜택을 가져다주고 현지의 경제 및 사회 발전에 실질적으로 기여했으며 상업과 재정의 지속 가능성을 확보하면서 유종의 미를 거두었다. 각 관련국은 국제사회의 공동 비전과 보편적인 지지를 기반으로 삼아 정책 소통과 실질적인 협력을 추진하고 세계에 양질의 글로벌 공공재를 공급하며 개방과 포용의 협력 플랫폼을 구축하고 호혜상생의 "파이"를 키워나가면서 세계경제의 강력하고 지속 가능하며 균형적이고 포용적인 성장에 이바지해야 한다.

높은 기준의 의미

"일대일로" 공동건설은 경제협력에만 국한되는게 아니라 글로벌 발전모델과 글로벌 거버넌스 최적화 및 경제 글로벌화의 건강한 발전 추진에 있어서도 중요한 채널을 제공해 주고 있다. 높은 기준의 "일대일로" 공동건설을 추진하는 것은 글로벌 발전 난제의 해결책을 담고 있는 중국식 지혜와 방안이며 세계 각국 인민이 발전의 성과를 공유할 수 있는 제도적 설계이다.

중국은 "일대일로" 건설을 추진하는 과정에서 시장의 개방을 가일층 확대했고 무역과 투자의 자유화·편의화를 향상시켰으며 더 넓은 분야에서 외국계 자본의 현지 투자를 유치했다. 또한 지식재산권 보호 관련 국제적 협력을 강화했고 상품과 서비스 수입 규모를 확대했으며 글로벌 거시경제 정책에 대한 활용도를 높이면서 무역 균형이 더 높은 기준으로 발전할 수 있게끔 견인했다. 각국은 투명하고 우호적이며 차별이 없고 예상 가능한 융자환경을 적극 조성해야 하고 필요한 투자 편의화 프로세스를 가속화해야 하며 모든 형식의 무역 및 투자 보호주의를 반대해야 한다. 중국은 금융시장의 질서 있는 개방을 중점적으로 추진할 것이며 관련국이 짊어질 수 있는 국제적 의무를 존중할 것이다. 또한 각국이 국내 법률법규를 준수하는 전제하에 자국 국정에 근거하여 점진적으로 은행, 보험, 증권 등 시장진입을 확대하는 것을 독려하고 금융기구가 역외 자회사와(혹은) 계열사를 설립하는 것을 지지하며 금융기구 설립 신청 및 심의 프로세스의 편의화를 촉진할 것이다.

이 외에도 "일대일로" 공동건설은 관련국들의 법률을 준수하고 공인된 국제규칙, 표준과 시장 규칙을 준수하며 공평, 공정, 공개, 효율성을 골자로 하는 법률 협상 제도와 호혜상생적·투자우호적인 세수 제도를 꾸준히 체계화하는 것을 통해 공정하고 합법적이며 합리적인 방식으로 채무 및 투자 관련 분쟁을 해소하고 채권자와 투자자의 합법적인 권익을 보호하고 있는데 이 역시 중국이 높은 기준의 "일대일로" 건설을 추진하고 있음을 보여주는 일련의 대목들이다. 또한 각국은 융자 프로젝트가 사회환경에 끼치는 영향 평가와 리스크 관리를 강화하고 에너지 절약 및 환경 보호 관련 협력을 중요시하며 사회적 책임을 이행하고 현지 일자리 창출에 일조하면서 경제와 사회의 지속 가능한 발전을 추진해야 한다.

민생 혜택의 의미

"일대일로" 이니셔티브는 중국에서 비롯되었지만 그 기회와 성과는 전 세계가 공유할 수 있다. 2019년 연말 기준, 중국 기업은 주변국가에 다수의 역외 경제무역 협력지역을 설립하였고 누적 투자액이 350억 달러를 넘어섰으며 대상국에 30억 달러가 넘는 세금을 납부하였고 현지에 32만개의 일자리를 창출했다. "일대일로" 공동건설 프레임하에 중국은 아시아, 아프리카, 라틴아메리카 등 지역의 많은 개도국들이 인프라 건설을 확대하는 과정에 도움을 제공했고 세계경제 발전의 결실이 해당 개도국들에게 지속적으로 유입될 수 있게끔 노력했다. 세계은행연구팀의 무역모델 정량화 분석 결과에 따르면 "일대일로" 공동건설은 "동아시아 및 태평양 지역의 개발도상국"들의 국내GDP를 평균적으로 2.6%~3.9% 성장시켰다.

중국은 주변국들에게 제공한 빈곤 퇴치, 농업, 교육, 보건, 환경보호 등 분야의 민생 지원도 "일대일로" 공동건설의 범주에 포함시켰다. 중국은 중국—아프리카 빈곤 퇴치 협력계획, 동아시아 빈곤 퇴치 협력시범 등 캠페인을 조직했고 메콩강 수원 긴급 보충 프로젝트에 적극 동참하면서 주변국들과 함께 한재에 대응했으며 태국, 미얀마 등 국가에 홍수방지 관련 기술을 이전해 주었다. 중국은 세계보건기구와 "일대일로" 보건분야 협력 추진에 관한 양해각서(MOU)를 체결하였고 중국—아프리카 공공보건 협력계획, 중국—아세안 공공보건 전문인재 육성 백인계획(百人計劃)을 실행했다. 중국은 주변국들과의 협력을 통해 수천 명이 넘는 공공보건분야 관리 인원과 감염병 방역 인원을 육성해냈고 관련국의 5200명이 넘는 백내장환자들에게 무료로 수술을 진행해 주었으며 매년 3만명에 달하는 주변국 환자들에게 양질의 의료 서비스를 제공해 주었다. 중국 중의학 의료진은 선후로 캄보디아, 코모로, 토고, 상투메프린시페, 파푸아뉴기니 등 국가에 말라리아 쾌속 퇴치방법을 전수했다.

일련의 사실이 보여주다시피 "일대일로" 이니셔티브는 세계화의 시대적 요구에 순응하면서 주변국 인민들에게 실질적인 복지를 제공해 주었으며 특히 현재처럼 불확실성으로 가득찬 국제 형세 속에서 "일대일로"는 세계 각국이 동반성장과 공동번영을 실현할 수 있는 새로운 길을 개척해 주었다. "일대일로"는 모든 국가를 더욱 포용적이고 균형적이며 모두가 혜택을 볼 수 있고 윈윈할 수 있는 세계화 프로세스 중의 수혜자로 만들어주면서 그 강인한 생명력과 창대한 미래를 다시한번 전 세계에 보여주고 있다.

지속 가능의 의미

"일대일로" 공동건설의 목표는 인류 공동의 미래를 가리키고 있으며 경쟁성과 배타성을 최소화하고 글로벌 거버넌스 체계의 공정성, 평등성, 개방성, 포용성에 대한 국제사회의 요구에 부응하고 있는데 이는 국가 간 상호이해 증진에 도움이 될 뿐만 아니라 문화장벽 해소에도 일조할 수 있으며 더 나아가 최종적으로 전 세계의 평화, 화합과 번영을 이끌어낼 수 있다.

"일대일로" 이니셔티브와 지속 가능한 발전 목표 모두 《국제연합헌장》의 취지와 원칙을 지지하고 다자주의와 글로벌 거버넌스 추진을 지지한다. "일대일로" 이니셔티브는 개방과 포용을 견지하며 "공동상의·공동건설·상호공유"의 글로벌 거버넌스 이념을 이행하고 있다. 글로벌 발전 비전과 빈곤 퇴치, 건강 개선, 교육 추진, 환경 보호 등 분야의 구체적인 실행 지표를 담고 있는 지속 가능한 목표는 글로벌 거버넌스 추진의 체크리스트라 할 수 있다. "일대일로" 이니셔티브는 지역 간 협력과 통합화 프로세스를 가속시키고 지속 가능한 발전목표를 실현하는데 유리한 조건을 만들어 주고 있다.

"일대일로" 이니셔티브는 지속 가능한 발전목표와 궤를 같이한다. "일대일로" 이니셔티브의 중점 방향인 "다섯 개의 통(通)", 즉 정책 소통, 인프라 연통(联通, 연결), 무역 창통(畅通, 원활화), 자금 융통과 민심 상통은 중국과 주변국 간의 무역 및 투자를 활성화시키고 주변국 간의 호연호통(互联互通, 상호 연결)과 신형 공업화를 촉진하며 주변국 인민들과 발전의 성과를 공유하고 있다. 지속 가능한 발전목표는 총 169개의 구체적인 목표가 포함된 17가지 항목으로 구성되었다. "정책 소통"은 정부 간 다양한 분야의 거시정책 소통 메커니즘 구축을 통해 지속 가능한 발전목표 실현을 정부 정책과 결합시킬 수 있다. "인프라 연통(联通, 연결)"은 교통, 에너지, 통신 등 인프라 건설을 체계화하여 교육, 보건, 에너지, 인프라 및 취업 등 분야의 지속 가능한 목표 달성을 촉진할 수 있다. "무역 창통(畅通, 원활화)"은 무역의 편의화 증진을 견지하고 산업 간 협동 발전을 이뤄낼 수 있으며 식량 안전, 경제 성장, 일자리 창출 등 분야의 지속 가능한 발전을 견인할 수 있다. "자금 융통"은 금융 협력을 강화하고 다원화된 투·융자 체계를 구축하는 것을 통해 지속 가능한 발전목표 달성에 필요한 효율적인 집행 수단을 제공해 줄 수 있다. "민심 상통"은 대중 간 소통과 왕래를 추진하고 문화, 교육, 관광 등 분야의 교류에 편의를 제공해 주고 있는데 이는 포용적 사회 건설 및 지속 가능한 발전목표 달성에 유리한 외부환경 조성에 긍정적으로 작용하고 있다.

(집필자: 허우보 侯波)

21. "일대일로" 공동건설

　　"일대일로" 공동건설 이니셔티브는 시진핑이 변화하고 있는 국내외 형세를 종합적으로 분석한 뒤 제기한 중대한 이니셔티브이다. 고대 중국에서 비롯된 "일대일로" 공동건설 이니셔티브는 현재 새로운 시대적 의미를 내포하고 있으며 특정한 목적, 원칙, 이념, 정신 및 목표를 지니고 있다. 심원한 시대적 의미를 품고 있는 "일대일로" 공동건설 이니셔티브는 새로운 구도를 전면적으로 개방하고 국제 협력의 새로운 공간을 개척하고 있으며 공동발전에 새로운 모멘텀을 불어넣고 글로벌 거버넌스의 새로운 방안을 제공하며 주변국 복지증진의 새로운 플랫폼으로 거듭나고 있다. 선명한 시대적 요구를 반영하는 "일대일로" 공동건설 이니셔티브는 협력과 양해의 정신을 견지하고 무역과 투자를 병행하며 공동건설과 윈윈 간 결합을 촉진하고 발전과 안전을 동시에 고려하고 있다.

"일대일로" 공동건설 원칙

　　각 참여국은 《국제연합헌장》의 취지와 원칙을 엄수하고 평화 공존의 5대원칙 즉 각국 주권 및 영토의 완정 존중, 상호 불가침, 타국 내정 간섭 불가, 평화 공존, 평등 호혜의 원칙을 준수해야 한다. 각 참여국은 개방과 협력을 견지해야 한다. "일대일로" 이니셔티브는 고대 실크로드의 범위에만 국한되지 않으며 각 나라와 국제 조직, 지역 조직 모두에게 열려있고 공동건설의 결실을 더 널리 공유하려 한다. 각 참여국은 조화와 포용을 견지하고 문명과 관용을 제창하며 각국의 발전 노과 발전모델을 존중하고 문명 간 대화를 강화하며 구동존이(求同存異)[01], 관용과 수용, 평화와 공존, 공생과 공영(共榮)의 이념을 이행해야 한다. 각 참여국은 시장 운영을 견지하고 시장규율과 국제통상규칙을 준수하며 자원 분배 과정에서 시장의 결정적 역할과 기업의 주체적 역할을 충분히 발휘하는 동시에 정부의 역할도 잘 발휘해야 한다. 각 참여국은 호혜상생을 견지하고 각국의 이익과 관심사를 고루 배려하며 이익의 접점과 협력의 최대공약수를 모색하고 서로의 지혜와 창의력을 발휘하며 각자의 장점와 우세, 그리고 잠재력을 충분히 발휘해야 한다.

"일대일로" 공동건설 프로세스

"일대일로" 공동건설 이니셔티브는 유엔, 주요20개국(G20), 아시아·태평양경제협력체(APEC) 등 다수 국제조직의 중요 문서에 기입되었다. 2015년 7월, 상하이협력기구(SCO)는 《상하이협력기구 회원국 정상 우파 선언》을 발표하여 "실크로드 경제벨트" 건설 관련 이니셔티브를 지지했다. 2016년 9월, 《주요 20개국 항저우 정상회담 공보》는 "글로벌 인프라 호연호통(互联互通, 상호 연결) 연맹" 설립 관련 이니셔티브

---

01   구동존이: 서로 다른 점은 인정하면서 공동의 이익을 추구한다.

를 통과시켰다. 2016년 11월, 193개 유엔 회원국은 만장일치로 "일대일로" 공동건설 등 경제협력 이니셔티브 지지 관련 결의안을 통과시켰고 국제사회가 "일대일로" 건설의 안전을 보장할 수 있는 환경을 조성해야 한다고 호소했다. 2017년 3월, 유엔 안보리는 만장일치로 2344번 결의안을 통과시키면서 국제사회가 "일대일로" 건설을 통해 지역 간 경제협력을 강화해야 한다고 강조했으며 "인류 운명공동체"의 이념을 처음으로 명문화하였다. 2018년, 제2차 중국—라틴아메리카 및 카리브해 국가공동체 포럼(China-CELAC Forum, CCF) 장관급 회담, 제8차 중국—아랍국가 협력 포럼 장관급 회담, 중국—아프리카 협력 포럼 베이징 서밋 등 회의가 선후로 개최되었고 중국—라틴아메리카 및 카리브해 국가공동체의 《"일대일로" 이니셔티브 관련 특별 성명》《중국—아랍국가 "일대일로" 공동건설 관련 행동 선언》《더욱 긴밀한 중국—아프리카 운명 공동체 구축에 관한 베이징 선언》 등 결과물을 만들어냈다.

"일대일로 공동건설"의 프레임하에 각 참여국과 국제조직은 구동존이(求同存异)의 원칙으로 경제 발전 계획과 조치를 협상 및 제정하였다. "일대일로" 공동건설 관련국의 범위는 이미 유라시아 대륙에서 아프리카, 라틴아메리카, 남태평양 등 지역으로 확장되고 있다. "일대일로" 공동건설 관련 전문 분야를 둘러싼 다자간 협력도 일사불란하게 추진되고 있다. 디지털 실크로드 건설은 현재 "일대일로" 공동건설의 중요한 구성 부분으로 자리 잡고 있다. 중국은 이집트, 라오스, 사우디아라비아, 세르비아, 태국, 튀르키예, 아랍에미리트 등 국가와 공동으로 《"일대일로" 디지털 경제 국제협력 이니셔티브》를 발의했고 16개 국가와 디지털 실크로드 건설을 강화할 것에 관한 협력 문서를 체결했다. 중국은 《표준 연통(联通, 일원화) "일대일로" 공동건설 액션플랜(2018~2020

년)》을 발표했고 49개의 국가 및 지역과 85건의 표준화 협력 협의를 체결했다. "일대일로" 세수 장기 협력 메커니즘도 나날이 성숙되고 있다. 중국은 "일대일로" 세수 협력 회의를 개최하여 《아스타나 "일대일로" 세수 협력 이니셔티브》를 발표했고 111개 국가와 지역을 아우르는 세수 협력 네트워크를 구축했다. 중국은 49개의 주변국과 공동으로 《"일대일로" 국가 지식재산권 실질적 협력 가일층 추진에 관한 연합성명》을 발표했다. 또한 중국은 "일대일로" 법치 협력 국제포럼을 개최하여 《"일대일로" 법치 협력 국제포럼 공동 주석 성명》을 발표했다. 중국은 "일대일로" 에너지 분야 장관급 회담을 개최하여 18개 국가와 공동으로 "일대일로" 에너지 협력 파트너 관계 체결을 선포했다. 이 외에도 중국은 《"일대일로" 건설 농업 협력 공동 추진에 관한 비전과 행동》, 《"일대일로" 건설 해상 협력 구상》 등 문서를 발표했고 국제 비즈니스 법정 설립을 추진했으며 국제 비즈니스 분쟁 "원스톱" 해결 메커니즘을 구축했다.

"일대일로" 공동건설 메커니즘

"일대일로" 공동건설은 참여국들의 양자 간 협력 참여를 독려하고 다양한 분야, 다양한 루트의 소통 채널을 제공해 주면서 양자 간 관계의 전면적인 발전을 추진했다. 또한 협력 MOU 혹은 협력 계획서 체결을 추진했고 일련의 양자 간 협력 시범 프로젝트를 진행시켰다. 이외에도 체계적인 양자 간 업무 협력 메커니즘을 구축하고 "일대일로" 건설의 실행 방안과 액션플랜을 제시했다. 뿐만 아니라 기존의 연합위원회, 혼합위원회, 협의위원회, 지도위원회, 관리위원회 등 양자 간 메커니즘의 역할을 충분히 발휘하면서 협력 프로젝트의 원활한 실행을 보장했다.

"일대일로" 공동건설은 다자간 협력 메커니즘의 역할을 강화하고 상하이협력기구(SCO), 중국—아세안 "10+1", 아시아·태평양경제협력체(APEC), 아시아 교류 및 신뢰 구축회의(CICA), 중국—아랍국가 협력 포럼, 중국—걸프협력회의 전략적 대화, 메콩강 경제권(GMS) 경제 협력, 중앙아시아 경제협력체(CAREC) 등 기존의 다자간 협력 메커니즘의 역할을 충분히 발휘하여 관련국 간 소통을 증진하고 더 많은 국가와 지역이 "일대일로" 건설에 참여할 수 있게끔 만들고 있다.

"일대일로" 공동건설은 각 국가와 소구역 관련 국제 포럼, 전시회, 보아오 포럼, 중국—아세안 박람회, 중국—유라시아 박람회, 유라시아 경제 포럼, 중국국제투자무역상담회(CIFIT), 중국—남아시아 박람회, 중국—아랍국가 박람회, 중국서부국제박람회, 중국—러시아 박람회, 첸하이(前海) 협력 포럼 등 플랫폼의 건설적 역할을 지속적으로 발휘하고 있다. 또한 주변국 지방과 민간에서 "일대일로" 역사와 문화유산을 발굴하는 것을 지지하고 주변국들과 공동으로 투자, 무역, 문화 등 분야의 교류 활동을 개최했으며 실크로드(둔황, 敦煌) 국제문화박람회, 실크로드 국제영화제 및 도서전을 기획했다.

(집필자: 허우보 侯波)

22. "일대일로"의 질적 발전

"일대일로"의 질적 발전은 중국 개혁개방 심화에 따른 본질적인 요구이자 국제협력을 추진하는 중요한 이념이기도 하다. 2013년 가을 "일대일로" 이니셔티브가 처음으로 제기된 이후 세계 각국과의 "일대일로" 공동건설은 중국이 글로벌 개방 협력에 참여하고 글로벌 경제 거버넌스 체계를 개선하며 글로벌 공동 발전과 번영을 추진하고 인류 운명 공동체를 구축하는 중요한 방안으로 자리 잡고 있다. 점점 더 많은 국가들이 "일대일로" 공동건설에 참여하고 더 많은 협력 프로젝트들이 출범되고 있으며 발전과 협력의 이념이 꾸준히 체계화되고 있는데 이에 힘입어 "일대일로" 건설 또한 꾸준히 새로운 단계에 진입하고 있다.

형성 과정

2017년 10월, 시진핑은 중국공산당 제19차 전국대표대회에서 "중국 특색의 사회주의가 새로운 시대에 진입함에 따라 나날이 증가하는 인민들의 아름다운 삶에 대한 수요와 불균형하고 불충분한 발전 간의 모순이 중국 사회의 주요한 모순으로 자리 잡고 있다"고 밝혔다.[01] 이 중대한 판단을 뒷받침해 주는 논지로 시진핑이 강조했던 "중국 경제는 이미 고속성장 단계에서 질적 발전 단계로 접어들었고 현재 발전방식 변화, 발전구조 고도화, 성장 모멘텀 전환의 핵심 단계에 처해있다. 현대화된 경제 체계를 구축하는 것은 다음 발전 단계로 넘어가는데 있어 반드시 필요한 요구사항이자 중국 발전의 전략적 목표이기도 하다"라는 발언을 들 수 있다.[02] 이는 중국공산당 정치 보고서에서 처음으로 "질적 발전"을 명문화한 대목이었고 "질적 발전"은 그 후 중국의 새로운 발전 단계의 총체적 요구로 격상되었다.

중국공산당 제19차 전국대표대회 보고서는 "전면적 개방의 새로운 국면 형성을 추진하는 것은 현대화 경제 체계 건설의 중요한 구성 부분인만큼 "일대일로" 건설을 중점으로 삼고 최종적으로 '육로와 해로를 연결하고 동부와 서부가 서로 도움을 주는 새로운 개방 구도'를 형성해야 한다"고 밝혔다. 중국이 제기한 "질적 발전" 이념은 국내 발전 상황을 기반 삼아 형성된 새로운 이념과 새로운 요구이며 중국과 세계의 관계가 새로운 단계로 발전했음을 보여주고 있다. 뿐만 아니라 중국은 질적 발전을 추진하기 위해 국제사회와의 더욱 전면적인 개방 구도를 형성해야 한다는 점도 한층 더 명확히 했다.

2018년 8월 27일, 시진핑은 "일대일로" 건설 5주년 좌담회에서 "'일대일로'공동건설을 질적 발전 단계로 전환시키는 것이 향후 건설

---

01 시진핑:《전면적인 소강사회 건설, 새로운 시대 중국 특색 사회주의의 위대한 승리 쟁취―중국 공산당 제19차 전국대표대회에서의 보고》,《인민일보》 2017년 10월 28일 1면.

02 위와 같음.

단계에서의 기본적인 업무 요구이다"라고 밝혔다.[03] 2019년 4월 26일, 베이징에서 개최된 제2차 "일대일로" 국제협력서밋에서 시진핑은 "'일대일로'공동건설이 질적 발전의 방향으로 끊임없이 전진할 수 있도록 해야 한다"고 재차 강조했다.[04]

주요 내용

첫째, 공동상의·공동건설·상호공유의 원칙을 이행하고 다자주의를 견지해야 한다. "일대일로" 이니셔티브는 중국에서 비롯되었지만 이는 하나의 개방적인 국제 협력 플랫폼이며 관련국들의 지원, 참여와 기여를 필요로 한다. 현재 세계화 프로세스가 우여곡절 속에서 발전하고 있고 국제 무역과 투자의 자유화 및 편의화가 큰 타격을 입고 있으며 보호주의, 일방주의가 일부 국가와 지역에서 다시 고개를 들기 시작하면서 세계 경제 회복의 발걸음이 느려지고 있다. 이러한 배경하에 선진국, 개도국 할 것 없이 모두 전통적인 세계화 발전 모델은 더 이상 새로운 시대적 요구를 만족시킬 수 없다는 점을 명확히 인지해야 한다. 따라서 건설 노선을 공동상의하고 건설 성과를 상호공유하는 전제하에 세계화 발전 모델을 적극 혁신해야만 더 많은 국가의 국제 협력 프로세스 참여를 이끌어 낼 수 있다.

둘째, 개방, 청렴, 친환경의 이념을 견지해야 한다. 중국은 40년 불

---

03   《대화와 협상, 공동건설과 상호공유, 호혜상생과 교류학습 견지, "일대일로" 공동건설 심층 추진을 통해 인민들에게 혜택 제공》, 《인민일보》 2018년 8월 28일 1면.

04   《한마음 한뜻으로 "일대일로" 건설의 아름다운 미래 공동 개척》, 《인민일보》 2019년 4월 27일 3면.

과한 시간 동안 저소득 국가에서 중고소득 국가로 성장했고 미국에 버금가는 세계 제2의 경제체로 거듭났는데 이를 가능케 만든 중요한 경험 중 하나가 바로 개방이었다. 중국 정부도 향후 일련의 중대한 개혁개방 조치를 실행하고 제도적·구조적 장치를 강화하며 대외 개방 수준을 한층 더 향상시키겠다고 약속했다. 국내의 질적 발전을 견지하는 중국은 세계에 더 큰 기여를 할 수 있으며 기타 국가들도 "일대일로"에 적극 동참하여 중국의 발전 속에서 혜택을 볼 수 있다. 중국은 유엔이 제기한 2030 지속 가능 발전목표(SDGs)를 지지하고 내부적으로 이미 친환경 발전과 아름다운 중국 건설을 핵심 목표와 임무로 삼은 만큼 "일대일로" 건설 과정 중에서 친환경 인프라 건설, 녹색투자, 녹색금융을 추진할 수 있기를 희망하고 있다. 이와 동시에 중국은 국내 부패 척결에 앞장서고 있으며 "일대일로"를 청렴의 길로 만들 수 있기를 기대하고 있다. 이를 위해 중국은 관련국들과 공동으로 "일대일로" 지속 가능 도시 연맹과 친환경 발전 국제연맹을 설립했고 《"일대일로" 녹색투자 원칙》을 제정했다. 중국은 또한 "일대일로" 생태환경 보호 관련 빅데이터 서비스 플랫폼을 구축하고 친환경 실크로드 대사 계획을 실시했으며 관련국들과 함께 "일대일로" 기후변화 대응 남남협력(南南合作, 개도국 간 협력) 계획을 실행에 옮겼다.

셋째, 높은 기준, 민생 혜택, 지속 가능한 목표 실현을 위해 노력해야 한다. 여기서 "높은 기준"을 강조했다 해서 중국이 전에 건설했던 인프라 수준이 낮았다는 것은 결코 아니다. "높은 기준"을 강조하는 원인은 각 분야에서 보편적으로 인정을 받고 있는 규칙과 표준을 도입하여 "일대일로" 프로젝트 건설에 참여하는 기업들로 하여금 "일대일로" 건설 표준이 단순히 중국 내 건설 표준을 복제한 것이 아니라 국제사회의 수요를 만족시킬 수 있고 대상국의 단기적인 수요와 국제사회의 장기적인 이익에도 부합되는 표준이라는 점을 명확히 인지하도록 하기 위해서이다. 다양한 분야에 종사하는 기업들은 프로젝트 건설, 운영, 조달, 입찰 등 단계에서 대상국의 법률법규를 준수하는 외에도 보편적으로 인정을 받는 국제 규칙과 표준 또한 준수해야 한다. "높은 기준"이라는 요구사항은 기업의 행위에 구속력을 지닐 뿐만 아니라 참여국들의 행보에도 영향력을 끼친다. 중국은 국내 건설 과정에서 항상 "민생 혜택"을 중요시해왔고 이를 통해 중국이 "사회의 장기적인 안정이라는 기적"을 이뤄내는데 필요한 기반을 닦아주었다.[05] 지속 가능한 목표 역시 2008년 글로벌 금융 위기 이후 많은 국가들의 GDP 대비 부채율이 지속적으로 상승하고 있는 점을 감안하여 제기한 것이다. 따라서 주변국들과 "일대일로" 건설 관련 프로젝트를 협상할 때 상대국 비즈니스 및 재정의 지속 가능성 문제를 충분히 중요시해야 한다. 이를 위해 중국은 앞장 서서 《"일대일로" 융자 지도원칙》을 제정하고 《"일대일로" 부채 지속 가능성 분석 프레임》을 발표하면서 "일대일로" 공동 건설 관련 융자 협력에 지침을 제공해 주었다.

현실 및 이론적 의미

"일대일로" 건설은 "인류 운명공동체"의 중대한 이론적 실천이다. 또한 인류 전체와 직결된 사업으로서 "일대일로" 이니셔티브는 전례

---

05   시진핑: 《중국 특색의 사회주의제도 견지 및 개선, 국가 거버넌스 체계 및 거버넌스 역량의 현대화 추진》, 《구사(求是)》 2020년 제1기.

없을 정도로 많은 사람들에게 영향을 끼치고 있고 또 그만큼 다양한 도전에 직면해있다. 따라서 중국은 지난 수년간의 결실을 돌이켜 보았을 뿐만 아니라 장기적인 안목으로 관련국들의 소중한 제안과 의견을 수렴하고 해당 이니셔티브 본연의 복잡성도 충분히 고려한 뒤 "일대일로" 질적 발전이라는 이념을 제기하였다. 이는 실사구시(实事求是)[06]를 추구하는 중국의 태도와 대국으로서의 책임을 성실히 이행하는 중국의 자세를 세계에 잘 보여주었다.

"일대일로" 건설은 새로운 사업이 아니기에 모든 것을 처음부터 시작할 필요가 없다. "일대일로" 이니셔티브의 핵심 분야이자 경제 발전의 추동력이기도 한 인프라를 예로 들 수 있는데 현재 선진국들은 수백 년에 달하는 인프라 건설 관련 경험을 지니고 있고 개도국들과 신흥국들도 다수의 성공 사례를 보유하고 있는 만큼 이들의 경험과 노하우를 벤치마킹하는 것도 하나의 대안이 될 수 있다. "일대일로" 질적 발전 개념의 제기는 중국이 선대들의 경험과 성과를 기반으로 꾸준히 혁신을 거듭하고 있다는 방증이기도 하다.

(집필자: 중페이팅 钟飞腾)

---

06   실사구시: 사실에 입각하여 진리를 탐구하는 태도.

23. 글로벌 호연호통(互联互通) 파트너 관계

2019년 4월, 제2차 "일대일로" 국제협력서밋에서 시진핑은 ""일대일로" 공동건설의 핵심은 호연호통(互联互通, 상호 연결)에 있다. 우리는 글로벌 호연호통 파트너 관계를 구축하여 공동의 발전과 번영을 실현해야 한다"고 밝혔다.[01] "정책 소통, 인프라 연통(联通, 연결), 무역 창통(畅通, 원활화), 자금 융통, 민심 상통"을 핵심 내용으로 하는 호연호통(互联互通, 상호 연결) 건설은 이미 "일대일로" 건설을 추진하는 강력한 추동력이 되었다.

기본 내용

"5개의 통(通)"은 "일대일로" 관련국들 간 호연호통(互联互通, 상호 연결)수준을 향상시키고 국제협력의 발전을 견인하고 있다. "5개의 통(通)"은 각국의 정책, 프로젝트, 인원 간 교류를 가로막는 울타리를 무너뜨리면서 경제의 대(大)융합, 발전의 대결합, 성과의 대공유를 실현시켰고 관련국 간 상호 이해, 상호 존중과 상호 신뢰를 한층 더 증진시켰다.

---

01 《시진핑: 글로벌 호연호통 파트너 관계 구축》, 2019년 4월 26일, 신화통신, http://www.xinhuanet.com//politics/2019-04/26/c_1124419205.htm.

"5개의 통(通)" 관련 실질적인 협력을 통해 평등하고 지속 가능한 발전을 실현할 수 있고 지역 간 협력을 강화할 수 있다.

다른 한편으로, "5개의 통(通)"은 서로를 지탱해 주고 상호 촉진하면서 "일대일로"의 심층적이고 실질적인 추진을 보장하고 있다. "5개의 통(通)"은 각자 다른 분야에 주안점을 두고 있지만 서로와 유기적으로 연결되어 있다. 정책 소통은 "5개의 통(通)"에 정책적인 보장을 제공해 주고 있고 인프라 연통(联通, 연결)과 무역 창통(畅通, 원활화)은 "5개의 통(通)" 관련 프로젝트의 추진을 뒷받침해 주고 있다. 자금 융통은 순조로운 협력에 필요한 자금을 지원해 주었고 민심 상통은 이를 위한 사회적 기반을 닦아주고 있다.

협력의 성과

"일대일로" 이니셔티브는 지난 6년간 무(无)에서 유(有)로, 점(点)에서 면(面)으로 발전을 거듭해왔다. 협력의 실천 과정에서 중국은 "일대일로" 주변국들과의 호연호통(互联互通, 상호 연결)을 통해 개방포용, 호혜상생, 상호학습의 협력 국면을 형성하였다.

"일대일로" 건설은 호연호통(互联互通, 상호 연결)의 제반 분야에서 풍성한 성과를 획득했다. 정책 소통에 있어 "일대일로" 이니셔티브는 중국의 방안에서 세계의 컨센서스로 전환하고 있다. 중국은 100여 개의 국가 및 국제조직과 "일대일로" 협력 관련 협정을 체결했으며 유엔은 세 건의 관련 결의안을 통과시키면서 국제사회가 "일대일로" 건설을 통해 협력을 강화해야 한다고 강조했다. 인프라 연통(联通, 연결)에 있어 "일대일로"는 하드웨어적·소프트웨어적 인프라 건설을 병행해왔다.

철도, 국도, 항만, 항공, 우편, 에너지, 정보 관련 인프라, 품질기술 체계 일원화 등 중점 분야를 둘러싼 협력을 통해 호연호통 건설을 추진했고 주변국들의 경제 성장을 촉진했다. 무역 창통(畅通, 원활화)에 있어 "일대일로"는 국제 무역과 투자의 편의화를 향상시켰고 글로벌 경제 거버넌스에 혁신을 가져다 주었다. 자유무역구 네트워크 구축, 생산능력 협력, 단지 건설 등 채널을 통해 글로벌 무역 체계의 개혁을 선두하고 세계경제의 발전을 추진했다. 자금 융통에 있어 금융협력 관련 플랫폼과 메커니즘을 혁신하면서 주변국 경제 발전에 새로운 모멘텀을 불어넣었다. 여기에는 새로운 협력 플랫폼 구축, 다자간 은행과의 협력, 개발성 금융의 참여 독려 등이 포함된다. 민심 상통에 있어 민생과 우정을 둘러싼 상호 학습 및 문화 융합의 교류 국면을 형성했다. 다양한 분야와 주체 간 문화 교류 및 협력을 지원하는 것을 통해 "일대일로" 주변국 인민들 간 상호 이해를 증진했고 문화적 동질감 형성을 촉진했으며 양자 및 다자간 협력 강화에 필요한 민심 기반을 닦아주었다.

높은 기준의 글로벌 호연호통(互联互通) 파트너 관계 구축

2019년 4월 제2차 "일대일로" 국제협력서밋에서 각 참여국들은 개방, 친환경, 청렴의 이념에 따라 높은 기준, 민생 혜택, 지속 가능한 목표를 추구하면서 일련의 실질적인 협력 성과를 도출해냈다. 회의 기간 각 참여국들은 협력의 공감대를 형성했고 협력의 중점을 명확히 했으며 협력의 메커니즘을 구축했다. "정책 소통, 인프라 연통(联通, 연결), 무역 창통(畅通, 원활화), 자금 융통 및 민심 상통"은 "일대일로" 건설의 5대 중점 협력 분야로서 질적 발전의 방향으로 나아가고 있으며 전방위적인 호연호통 구축을 통해 "일대일로" 건설을 새로운 단계로 견인하고 있다.

첫째, 파트너 관계 구축을 통해 협력 메커니즘을 강화하고 높은 수준의 정책 소통을 강화해야 한다. 시진핑은 제2차 "일대일로" 국제협력서밋 기자회견식에서 "향후 중국은 글로벌 호연호통(互联互通, 상호 연결) 파트너 관계를 전력 구축할 것이며 "일대일로" 관련국들과의 발전전략을 유기적으로 연결하는 외에도 "일대일로" 이니셔티브와 지역 및 국제 발전 아젠다 간 효율적인 결합을 추진하고 양자 간·다자간 협력 및 제3국과의 협력 등 다양한 방식을 통해 "일대일로" 공동건설에 중요한 보장을 제공해줄 것이다"라고 밝힌 바 있다. 서밋 기간 중국은 적도 기니, 이탈리아, 페루 등 국가와 "일대일로" 공동건설 관련 양해각서를 체결했고 세르비아, 몽골국 등 국가와 아프리카 연맹, 유엔인간정주계획, 유엔 아프리카 경제위원회 등 국제기구와 "일대일로" 공동건설 관련 협력 계획 혹은 액션플랜을 제정했다.

둘째, 통로 건설을 기반으로 호연호통(互联互通, 상호 연결) 네트워크를 구축하고 전방위적인 인프라 연통(联通, 연결)을 추진해야 한다. "일대일로" 이니셔티브는 6년간의 발전을 거쳐 이미 "6개의 회랑, 6개의 길, 많은 국가, 많은 항만"을 골자로 하는 호연호통 프레임을 형성했다. 시진핑은 제2차 "일대일로" 국제협력서밋 개막식에서 "높은 품질, 지속 가능성, 리스크 대응능력, 합리적인 가격, 포용적인 성향 등 요소를 고루 갖춘 인프라 건설을 통해 공동 발전을 실현해야 한다"[02]고 밝혔고

---

02 《한마음 한뜻으로 "일대일로" 건설의 아름다운 미래 공동 개척》,《인민일보》2019년 4월 27일 3면.

"기존의 인프라 프로젝트 기초하에 디지털 인프라 건설에도 박차를 가해 전방위적이고 입체적인 호연호통의 새로운 국면을 개척해야 한다"고 강조했다.

셋째, 실질적인 협력을 초석으로 삼아 "소프트웨어 연결(軟联通, 국제협력 중 규정, 제도 등의 표준화를 통한 연결)"을 추진하고 개방형 무역 창통(畅通, 원활화) 체계를 구축해야 한다. "일대일로" 공동건설이 거둔 초기 성과 중 산업협력 단지와 다양한 분야에서의 실질적인 프로젝트들은 경제 통합화와 세계경제 발전에 기회를 마련해 주었다. "일대일로"는 공동 번영으로 향하는 기회의 길이다. 중국은 경제회랑 건설과 동시에 "소프트웨어 연결"도 꾸준히 추진하여 무역과 투자의 편의화를 향상하고 글로벌 개방형 경제 발전을 촉진할 것이다.

넷째, 융자 체계의 다원화를 목표로 삼아 제3국 시장과의 협력을 강화하고 많은 국가가 혜택을 볼 수 있는 자금 융통 체계를 형성해야 한다. 시진핑은 제2차 "일대일로" 국제협력서밋 원탁정상회담에서 "우리는 앞으로도 지속적으로 융자 채널을 확대하고 융자 비용을 줄여나갈 예정이니 다자간 기구와 국제금융기구들의 적극적인 투자 및 융자 관련 협력을 기대한다"[03]고 밝혔다. 정상회담 기간 중국과 관련국들 간 제3국 시장 공동 진출 협력과 혁신적 금융 협력이 새로운 진전을 가져왔다. 그 예로 중국국가발전개혁위원회와 프랑스공공재정총국은 중국—프랑스 제3국 시장 협력 시범 리스트 (제3차)를 체결했고 중국투자유한책임공사는 관련국 정부와 기업들과 공동으로 중국—미국 제조업 협력 기금, 중국—일본 산업 협력 기금 등 신형 양자 간 기금을 설립했

---

03 《높은 기준의 "일대일로" 공동건설》,《인민일보》 2019년 4월 28일 2면.

으며 중국 실크로드기금은 유럽투자기금 및 프랑스 투자기구 Trial과 공동투자기금을 설립했다.

다섯째, 민생 건설을 내용으로 삼아 다원화된 인문 교류 국면을 형성하고 다양한 분야에서의 민심 상통을 증진해야 한다. "일대일로" 건설은 민생 안정을 중임으로 삼으면서 다양한 분야, 다양한 주체 간 인문 교류를 꾸준히 추진할 것이다. 서밋 기간 중국은 관련 국가, 국제기구 및 공상계·학계 대표들과 공동으로 《청렴한 실크로드 베이징 이니셔티브》를 발의했다. 중국은 앞으로도 친환경 실크로드 대사 계획을 지속적으로 실시하고 향후 3년간 "일대일로" 공동건설 관련국 환경부서에 1500개의 교육 정원을 제공할 예정이며 "일대일로" 관련국들과 유학생, 학자, 과학기술 전문가 등 다양한 분야의 인적 교류를 대폭 강화할 계획이다.

(집필자: 류징예 刘静烨)

24. "6개의 회랑, 6개의 길, 많은 국가, 많은 항만"

2019년 4월 26일, 시진핑은 제2차 "일대일로" 국제협력서밋 개막식에서 "'일대일로' 공동건설 이니셔티브의 목적은 호연호통(互联互通, 상호 연결)에 포커싱하여 실질적인 협력을 강화하고 인류가 직면한 다양한 리스크와 도전에 함께 대응하면서 호혜상생과 공동발전을 실현하는 것이다. 각 관련국들의 공동 노력에 힘입어 '6개의 회랑, 6개의 길, 많은 국가, 많은 항만'을 골자로 하는 호연호통 프레임이 기본적으로 형성되었다"고 강조했다.[01] "6개의 회랑"은 6대 국제경제협력회랑 즉 중국—몽골국—러시아 경제회랑, 신(新) 유리시아 대륙 교량 경제회랑, 중국—중앙아시아—서아시아 경제회랑, 중국—인도차이나반도 경제회랑, 중국—파키스탄 경제회랑, 방글라데시—중국—인도—미얀마 경제회랑을 뜻한다. "6개의 길"은 인프라 연통(联通, 연결) 관련 6대 분야 즉 철도, 도로, 수로, 항공로, 수송관 및 정보 고속도로를 뜻한다. "많은 국가와 많은 항만"은 다양한 국가와 항만이 호연호통 건설에 참여하였음을 뜻한다. "6개의 회랑, 6개의 길, 많은 국가, 많은 항만"은 하드웨어 연결(硬联通, 국제 협력에서 도로, 철도, 항만 등 인프라 건설을 통한 연결)과 소프트웨어 연결(软联通, 국제 협력 중 규정, 제도 등의 표준화를 통한 연결)을 포함하

---

01   《높은 기준의 "일대일로" 공동건설》, 《인민일보》 2019년 4월 28일 2면.

고 있는데 정책, 규칙, 표준 등의 연결을 중점으로 하는 "소프트웨어 연결" 관련 협력을 꾸준히 강화하고 인프라 건설을 주요 내용으로 하는 "하드웨어 연결"을 지속적으로 추진해야 한다는 내용을 담고 있다.

6대 국제경제협력회랑, 유라시아 경제 협력에 추동력 부여

6대 국제경제협력회랑은 아시아 경제권과 유럽 경제권을 하나로 연결시키고 있으며 국가 간 호연호통(互联互通, 상호 연결) 파트너 관계 구축 및 강화, 그리고 효율적이고 원활한 범유라시아 시장 구축에 있어 중요한 역할을 발휘하고 있다.[02]

"6개의 회랑" 소프트웨어 연결은 유라시아 국가 간 규칙의 표준화를 증진하고 있다. 신(新) 유리시아 대륙 교량 경제회랑 건설 과정에서 중국과 유라시아 간 호연호통 플랫폼 건설이 끊임없이 추진되었고《중국―중동부유럽국가 협력 부다페스 강령》,《중국―중동부유럽국가 협력 소피아 강령》등 협력 강령이 체결되었다. 2018년 중국, 몽골국, 러시아 3국은 체계화된 3자 간 협력 메커니즘을 구축하기 위해《중국―몽골국―러시아 경제회랑 공동 추진 메커니즘 설립에 관한 양해각서》를 체결했다. 양자 간 정책들의 유기적인 결합도 경제협력회랑 건설에 협력의 초석을 마련해 주었다. 중국―라오스 경제협력회랑 프로젝트가 가동되었고 태국의 "동부경제회랑"과 "일대일로" 이니셔티브간 연결이 가속화되고 있으며 중국과 미얀마는 공동으로 중국―미얀마 경

---

02 "일대일로" 건설업무지도소조 판공실:《"일대일로" 이니셔티브 공동건설: 진전, 기여와 전망》,《인민일보》2019년 4월 23일 7면.

제회랑 연합위원회를 설립하고 《중국ㅡ미얀마 경제회랑 공동건설에 관한 양해각서》를 체결하였다. 이 외에도 중국과 사우디아라비아는 중국ㅡ사우디아라비아 투자협력포럼을 통해 "일대일로" 이니셔티브와 사우디아라비아 "2030 비전"을 연결시켰다.

"6개의 회랑" 하드웨어 연결은 유라시아 경제의 지속적인 발전에 일조하고 있다. 6대 경제협력회랑 건설에는 메커니즘 구축외에도 인프라 호연호통(互联互通, 상호 연결), 항만 건설, 산업단지 건설, 에너지 협력 등 중점 분야가 포함되어 있다. 인프라 연결 사업 중 중국서부ㅡ서유럽 국제도로(중국서부ㅡ카자흐스탄ㅡ러시아ㅡ서유럽) 건설이 거의 완성단계에 접어들었고 중국ㅡ몽골국ㅡ러시아(얼렌하오터, 二连浩特) 지하 케이블 시스템이 구축되었다. 중국, 몽골국, 러시아 3국은 이 외에도 철도, 도로, 국경 항구를 주체로 하는 범국가 인프라 연결 네트워크를 적극 구축하고 있다. 뿐만 아니라 쿤밍(昆明)ㅡ방콕(曼谷) 도로가 전격 개통되었으며 중국ㅡ라오스 철도, 중국ㅡ태국 철도 등 프로젝트도 차질 없이 추진되고 있다.

6개 분야의 인프라 연결 협력, 글로벌 경제 발전에 기여

인프라 호연호통(互联互通, 상호 연결)은 "일대일로" 공동건설의 중점 분야이자 "일대일로"의 실질적인 협력을 추진하는 중요한 내용이다. "일대일로" 건설 6년간, 각 관련국들은 공동상의·공동건설·상호공유의 원칙에 따라 다양한 분야에서의 인프라 연결을 추진하면서 글로벌 경제 발전에 추동력을 제공해 주었다.

인프라 건설 관련 규칙 및 기준의 표준화가 꾸준히 추진되고 있다.

2019년 4월 기준, 중국은 관련국들과 총 18건의 도로운송 편의화 관련 협정과 39건의 해상운송 협정을 체결하였고 62개의 국가와 양자 간 항공운송 협정을 체결하였으며 45개의 국가와 직항 편을 운항하였고 21개 국가와 우편물 관련 협력 문서를 체결했다. 이로서 "일대일로" 에너지 협력 관련 정책 체계가 초보적으로 형성되었고 인프라 상호 연결이 더욱 원활하게 진행되고 있다.[03] 중국은 정식으로 《국제도로운송협약》(TIR협약)에 가입하였고 47개의 주변국들과 38건의 양자 간 및 지역 간 해상운송 협정을 체결하였으며 국제전기통신연합(ITU)과 《"일대일로" 프레임 안의 전기통신 및 정보 네트워크 분야 협력 강화에 관한 양해각서》를 체결했다.[04]

철도, 도로, 항만, 항공 등 분야에서의 협력이 꾸준히 강화되고 있다. "일대일로" 건설 과정에서 일련의 호연호통(互联互通, 상호 연결) 프로젝트들이 잇달아 완성되면서 세계경제의 발전을 추진해왔다. 현재 중국—유럽 화물열차(CR Express)는 유라시아 대륙의 16개 국가, 108개 도시를 연결하고 있는데 2019년 기준 중국—유럽 화물열차 연간 운행횟수는 8,225회로 동기 대비 29% 증가하였고 컨테이너 운송량은 72.5만 개로 동기 대비 34% 증가하였으며 종합 적재율은 94%에 달한다. 중국—유럽 화물열차가 통관 편의성을 꾸준히 향상함에 따라 운송량이 나날이 증가하고 있는 상황에서 운송시간은 오히려 지속적으로 줄어

---

03 《교통운수부: 45개 "일대일로" 참여국과 직항 편 운항》, 2019년 4월 29일, CCTV 홈페이지, http://news.cctv.com/2019/04/29/ARTLuvXaILJQcCRi8HlkNLJk 190429.shtml.

04 "일대일로" 건설업무지도소조 판공실: 《"일대일로" 이니셔티브 공동건설: 진전, 기여와 전망》, 《인민일보》 2019년 4월 23일 7면.

들고 있으며 물류 비용도 대폭 절감되고 있다.[05] 중국국가철도그룹유한공사의 통계에 따르면 2020년 1분기 기준, 중국—유럽 화물열차는 총 1,941회 운행하였고 17.4만 개의 컨테이너를 운송하였는데 이는 각각 동기 대비 15%, 18% 증가한 수치이다.[06] 2018년 2월, 중국—키르기스스탄—우즈베키스탄 국제 도로가 상시화 운행을 시작했고 중국—베트남 베이룬허(Beilun River) 제2대교가 정식으로 개통되었다. 2019년 5월, 인도네시아 자카르타—반둥 고속철도 와리니(Walini)터널이 개통되었고 2018년 12월, 아랍에미리트 칼리파항구 제2기 컨테이너 적재항이 정식으로 개통되었다. 2019년 4월 기준, 중국은 주변국들과 1,239개의 항공편을 신설했는데 이는 신설 국제 항공편의 69.1%에 달하는 규모이다.[07] 이 외에도 중국—미얀마, 중국—파키스탄, 중국—키르기스스탄, 중국—러시아 광케이블 정보 통로 건설도 눈에 띄는 진전을 거두었다.

많은 국가, 많은 항만, 전방위적인 호연호통 구축에 참여

2016년, 시진핑은 "'일대일로'건설은 탐색 속에서 전진하고 발전 속에서 체계화되며 협력 속에서 성장하고 있다. 우리는 공동상의·공동

---

05 《중국—유럽 화물열차(CR Express) 2019년 운행 데이터 관련 분석》, 2020년 1월 13일, 저장성 일대일로 홈페이지, http://zjydyl.zj.gov.cn/text/ghsl/zkyj/2020 01/303938.html.

06 http://www.xinhuanet.com/world/2020-04/24/c_1125901385.htm.

07 "일대일로" 건설업무지도소조 판공실: 《"일대일로" 이니셔티브 공동건설: 진전, 기여와 전망》, 《인민일보》 2019년 4월 23일 7면.

건설·상호공유를 '일대일로' 건설의 원칙으로 삼고 평화협력, 개방포용, 상호학습, 호혜상생의 실크로드 정신에 따라 운명공동체와 이익공동체 구축을 협력 목표로 삼았으며 주변국들로부터 광범위한 인정을 받았다"[08]라고 강조했다. "일대일로" 건설은 개방과 포용을 협력 이념으로 삼았고 6년 간의 협력과 관련국들의 공동 노력에 힘입어 개방적이고 포용적인 국제 협력 플랫폼으로 거듭났으며 다양한 글로벌 공공재를 제공해왔다. 제2차 "일대일로" 국제협력서밋에서는 "해상 실크로드" 항만 협력 메커니즘을 설립하기도 했다. 관련국들의 공동 참여와 건설을 통해 높은 기준의 "일대일로" 건설이 추진되고 있고 전방위적인 호연호통(互联互通, 상호 연결)구도가 형성되고 있는데 이는 인프라 연결, 산업 클러스터화, 경제 발전, 민생 개선 등 종합적인 효과를 가져올 것이다.

(집필자: 류징예 刘静烨)

---

08   시진핑:《실크로드의 새로운 영광 공동 구현》,《인민일보》2016년 6월 23일 2면.

25. 제3국 시장 협력

"일대일로" 프레임 안의 제3국 시장 협력

2015년 6월 중국과 프랑스 정부가《제3국 시장 협력에 관한 중국—프랑스 공동 성명》을 발표한 이후, 제3국 시장 협력은 점차 "일대일로" 국제 협력의 중요한 모델로 자리 잡고 있다. 2019년 3월,《정부업무보고서》에서 처음으로 제3국 시장 협력이 언급되었다.《정부업무보고서》는 "일대일로" 공동건설 추진에 관한 업무 배치에서 제3국 시장 협력을 강화해야 한다고 명확히 강조했다. 2019년 4월 시진핑은 제2차 "일대일로" 국제협력서밋에서 기조연설을 통해 "우리는 다자간 및 각국 금융기구의 '일대일로' 공동건설 관련 투·융자 적극 참여를 환영하고 제3국 시장 협력 추진을 독려하며 다양한 국가의 참여를 통해 공동 수혜의 목표를 실현하고자 한다"고 밝혔다.[01]

제3국 시장 협력이란 두 개 혹은 두 개 이상의 경제체가 각자의 기업들로 하여금 공동으로 제3국 시장을 개척하도록 하는 협력 모델을 뜻한다. 혁신적인 "일대일로" 국제 협력 모델로서 제3국 시장 협력은

---

01   《한마음 한뜻으로 "일대일로" 건설의 아름다운 미래 공동 개척》,《인민일보》2019년 4월 27일 3면.

"공동상의·공동건설·상호공유"의 원칙을 준수하고 정부 독려, 기업 주체, 시장 지향의 이념을 견지하면서 관련국들 간 상호 보완, 상호 수혜, 개방 및 포용을 끊임없이 추진하고 있다. "일대일로" 건설업무지도소조 판공실의 보고서에 따르면 "일대일로" 공동건설은 개방적이고 포용적이며 실질적이고 효율적인 제3국 시장 협력을 전력 추진하고 있으며 이를 통해 중국 기업과 각국 기업 간 장단점을 상호 보완하여 "1+1+1〉3"의 윈윈 모델을 구축하고자 한다.[02] 제3국 시장 협력의 목적은 중국의 생산능력, 선진국의 선진 기술과 관리 경험, 대상국(특히 개도국)의 발전 수요를 효율적으로 결합시켜 "1+1+1〉3"의 효과를 볼 수 있도록 하는 것이다. 따라서 제3국 시장 협력은 아래와 같은 세 가지 장점을 가지고 있다. 첫째, 다양한 주체 간 협력을 통해 서로의 장단점을 보완할 수 있다. 둘째, 더 많은 이익을 창출하고 서로와 공유할 수 있다. 셋째, 책임과 리스크를 공동으로 책임질 수 있다.

제3국 시장 협력은 "일대일로" 공동건설에 눈에 띄는 적극적인 효과를 가져다 줄 수 있다. 우선, 제3국 시장 협력은 "일대일로" 파트너 관계를 확대시킬 수 있다. "일대일로"는 그 어떤 특정 국가를 겨냥해서 만든 이니셔티브가 아니라 모두에게 열려있는 국제 협력 이니셔티브 이지만 일부 국가 특히 선진국들은 여전히 "일대일로"에 대한 우려, 오해와 의심을 품고 있다. 중국은 이러한 국가들과 제3국 시장 협력 프로젝트를 통해 서로 간 협력을 강화하고 공동으로 "일대일로" 건설을 추진할 수 있다. 다음으로, 제3국 시장 협력은 "일대일로" 협력에 필요한

---

02   "일대일로" 건설업무지도소조 판공실:《"일대일로" 공동건설 이니셔티브: 진전, 기여와 전망》,《인민일보》 2019년 4월 23일 7면.

공간과 모멘텀을 제공할 수 있다. 모든 국가들은 분야별로 장단점을 가지고 있기 때문에 제3국 시장 협력을 통해 서로의 장점과 자원을 결합시켜 더 많은 협력의 조건과 기회를 창출할 수 있다. 마지막으로, 제3국 시장 협력은 "일대일로" 플랫폼이 지닌 협력의 속성을 가일층 강화할 수 있으며 "일대일로" 이니셔티브를 진정한 의미에서의 글로벌 공공재로 만들 수 있다. 또한 참여 기업들은 제3국 시장 협력을 통해 중국 산업의 고도화를 추진하고 개도국의 산업화와 경제 발전을 촉진할 수 있을 뿐만 아니라 선진국들과 호혜상생의 협력 공간을 개척할 수 있다.

중국─프랑스 제3국 시장 협력 및 후속 조치

2015년 6월, 중국과 프랑스는 파리에서 제3국 시장 협력에 관한 공동성명을 발표하여 △인프라 및 에너지 분야 △민용 항공기 △교통 분야 △농업 분야 △보건 분야 △기후 변화 대응 △전문 기술 협력 및 산업 단지 건설 △금융 및 보험 등 분야에서 협력을 진행하겠다고 밝혔다. 이 외에도 양국 정부는 중국과 프랑스의 기업, 싱크탱크, 민간기구들이 제3국 시장에서의 협력을 강화하는 것을 적극 독려했다. 2016년 10월, 중국광핵그룹(CGN)과 프랑스전력공사(EDF)는 영국 신규 원전 건설에 관한 투자협정을 체결했다. 중국광핵그룹을 필두로 하는 중국기업연합은 프랑스전력공사와의 공동 투자를 통해 영국 힝클리 포인트 C (HPC)프로젝트를 건설하고 사이즈웰 C (SZC) 프로젝트와 브래드월 B (BRB)프로젝트 건설도 후속 추진하기로 결정했다. 이 중 브래드월 B 원전은 중국이 자주적으로 개발한 3세대 원전기술 "화룽1호(华龙一号)"를 사용하기로 잠정 결정되었다. 협력 과정에서 양측은 기본적으로 균등한 지분율을 유지했고 평등협력과 호혜상생의 기본 이념을 이행했다. 이는 중국과 프랑스 간 제3국 시장 협력의 첫 번째 성공 사례로 남았고 이 후 양국 간 제3국 시장 협력은 점점 더 가속도가 붙기 시작했다.

2016년 11월, 제4차 중국－프랑스 고위층 경제 재정 대화가 파리에서 개최되었다. 회의 기간 중국과 프랑스는《중국－프랑스 제3국 시장 협력 지도위원회 설립에 관한 양해각서》를 체결했고 중국－프랑스 제3국 시장 협력의 기본 원칙과 1단계 협력 시범 프로젝트 리스트에 대해 의견을 교환했다. 이 후 2018년 11월과 2019년 3월, 양측은 각각 제2차, 제3차 시범 프로젝트 리스트를 체결했고 중국－프랑스 제3국 시장 협력 기금도 정식으로 가동시켰다. 해당 리스트에는 원전, 항공, 항천 등 전통적인 협력 분야에서의 프로젝트들 외에도 과학기술 혁신, 농업, 금융, 실버 산업 등 신흥 분야 관련 프로젝트들도 대거 포함되었다. 중국－프랑스 제3국 시장 협력의 신속한 추진은 양국의 경제 무역 협력 수준도 빠르게 향상시키고 있다.

중국과 프랑스가 제3국 시장 협력을 추진한 이 후 제3국 시장에서의 협력은 "일대일로" 공동건설의 새로운 채널, 국제 협력의 새로운 모델로 자리 잡았고 국제사회로부터 적극적인 호응을 받았으며 중국과 관련국들 간의 제3국 시장 협력에서 긍정적인 효과들이 나타나기 시작했다. 2019년 연말 기준, 중국은 호주, 오스트리아, 벨기에, 캐나다, 프랑스, 이탈리아, 일본, 네덜란드, 포르투갈, 한국, 싱가포르, 스페인, 스위스, 영국 등 14개의 선진국들과 제3국 시장 협력 관련 협정을 체결하였고 관련 협력 플랫폼을 잇달아 구축했으며 인프라, 에너지, 환경보호, 금융 등 서로의 장점을 부각할 수 있는 분야에서 일련의 굵직한 프로젝트들을 추진했고 모두 실질적인 성과를 거두었다. 이 외에도 중국

금융기구는 선진국 금융기구 및 다자간 개방성 금융기구들과 제3국 시장 협력에 관한 공감대를 형성했다. 예를 들어, 중국수출입은행(EIBC)은 미즈호은행, 스캔더드 차터은행 등 동종 업계 기구들과 "일대일로" 프레임 안의 제3국 시장 협력 협정을 체결했고 중국인민은행은 유럽부흥개발은행(EBRD)과 제3국 시장 투·융자 관련 협력 추진에 관한 양해각서를 체결했다.

제3국 시장 협력, "일대일로" 협력에 새로운 모멘텀 부여

다양한 국가, 다양한 기업들의 참여에 힘입어 제3국 시장 협력은 "일대일로" 대상국들로 하여금 더욱 큰 규모의 협력 프로젝트를 기획하고 더욱 다양화된 자금, 기술, 인원을 유치할 수 있게끔 만들었고 이로 인해 협력의 메커니즘 또한 더욱 유연해지고 있다. 실천이 증명하다시피 제3국 시장 협력은 공동상의·공동건설·상호공유의 "일대일로" 국제 협력 이념을 부각시켰고 일종의 개방적·포용적·실질적·효율적인 국제 협력 모델로서 중국 기업과 기타 각국 기업, 특히 선진국 기업 및 글로벌 기업들과 시너지 효과를 낼 수 있도록 만들어 주면서 "일대일로" 건설에 새로운 모멘텀을 부여하고 있다. 2015년 이후, "일대일로" 프레임 안의 제3국 시장 협력은 다음과 같은 특징과 추세에 따라 발전하고 있다.

첫째, 협력의 대상이 나날이 늘어나고 있다. 비록 아직 중국과 "일대일로" 협력 문서를 체결하지 않은 국가들도 있지만 이는 양측이 공동으로 제3국 시장을 개척하는데 영향을 끼치지 않을 뿐더러 오히려 더 많은 국가들의 "일대일로" 협력 참여를 유치하고 있다. 현재 아직

"일대일로" 이니셔티브에 참여하지 않은 국가와 기업들이 제3국 시장 협력에 큰 관심을 보이고 있는데 이는 제3국 시장 협력이 거대한 발전 공간을 가지고 있음을 보여준다. 2018년 10월, 독일연방무역투자청, 독일상공회의소, 독일경제아프리카협회가 공동으로 발표한 《아프리카에서의 중국: 독일 기업의 비전, 전략과 협력 잠재력》이라는 보고서에 따르면 독일의 많은 인터뷰 대상 기업들이 중국 기업들과 아프리카 지역에서 제3국 시장 협력을 추진할 의향이 있다고 밝혔다. 중국과 독일 정부 역시 양국 간 제3국 시장 협력 메커니즘을 적극 구축하고 있다. 독일뿐만 아니라 일부 미국 기업들도 중국 기업과의 제3국 시장 협력을 적극 추진하고 있다. 2018년 7월, 미국 제너럴 일렉트릭은 중국 싼샤그룹(三峽集团)과 《제3국 시장에서의 전략적 협력 공동 추진에 관한 양해 각서》를 체결하여 제3국 시장 청정 에너지 분야를 둘러싼 실질적인 협력을 추진하기로 결정했다.

둘째, 협력의 범위가 나날이 확대되고 있다. 현재 제3국 시장 협력 프로젝트는 상품 및 서비스, 공정 협력, 투자 협력, 산업 융합 협력, 전략적 협력 등 5가지로 분류되며 에너지, 환경 보호, 전력, 화학공업, 농업, 인프라, 금융 등 다양한 분야를 포함하고 있다. 점점 더 많은 국가와 기업들이 제3국 시장 협력에 참여함에 따라 향후 협력의 분야도 하이테크 분야로 확장될 것으로 전망된다.

셋째, 협력의 효과가 나날이 두드러지고 있다. 예를 들면, 동방전기그룹과 이탈리아 기업이 함께 건설한 에티오피아 지부티 제3수력발전소는 2015년 10월부터 2018년까지 총 150억kWh에 달하는 전력을 제공하여 현지의 심각한 전력난 문제를 효율적으로 해결했을 뿐만 아니라 전력 수출을 통해 대량의 외화도 벌어들였다. 또한 중국, 일본, 프랑스 등 국가의 석유 및 가스 관련 기업들이 공동으로 건설한 러시아 Yamal LNG 프로젝트는 러시아의 글로벌 LNG시장 점유율을 향상시켰고 러시아에 10만 개가 넘는 일자리를 창출했다. 현재 시공 중인 일련의 협력 프로젝트들이 잇달아 가동됨에 따라 대상국들이 보는 수익도 점점 더 커질 것이다. 예를 들어 중국중철(中国中铁)과 이탈리아 토목 공정 도급업체인 CMC가 레바논에서 건설한 베이루트인수(引水)터널이 준공되면 레바논 수도 베이루트에서 거주하는 160만 명의 주민들이 깨끗하고 저렴한 수돗물을 마실 수 있게 된다. 또한 중국에너지건설(中国能建)이 말레이시아, 에스토니아 등 국가 기업들과 공동으로 건설한 요르단 오일세일 발전소가 준공되면 요르단 정부는 매년 약 3.5억 디나르에 달하는 에너지 지출을 줄일 수 있고 이와 동시에 수천 개의 일자리도 창출할 수 있다.[03]

향후 제3국 시장 협력은 메커니즘 구축, 프로젝트 관리 및 모니터링, 프로젝트 평가 등 분야에서 새로운 진전을 가져올 것이며 "일대일로" 건설 중에서 더욱 중요한 역할을 발휘하면서 "일대일로" 이니셔티브가 국제 협력의 중요한 플랫폼으로 거듭나는데 추동력을 제공해 줄 것이다.

---

03   국가발전개혁위원회:《제3국 시장 협력 지침 및 사례》, 2019년 9월.

26. "일대일로" 협력 양해각서

"일대일로"는 중국이 인류 운명공동체 이념을 추진하는 중요 실천이며 신형 글로벌화 발전을 추진하는 중요한 국제 협력 플랫폼으로 자리 잡고 있다. 협력의 측면에서 보면, 다양한 협력 양해각서의 체결 역시 "일대일로" 건설의 중요한 제도화 건설 내용이다. 다양한 국가, 국제조직, 각국 지방정부, 기업그룹, 비정부기구 등 주체들이 중국과 협력 양해각서를 체결했는데 이는 중국이 제기한 공동상의·공동건설·상호공유 원칙이 광범위한 인정을 받았다는 것을 보여주고 있다. "일대일로" 건설은 양해각서 체결이라는 중요한 방식을 통해 협력의 최대공약수를 찾아냈다. 양해각서 체결은 하나의 새로운 협력 방식과 이념이다.

형성과정

2014년 6월, 베이징에서 개최된 중국—아랍국가 협력 포럼 제6차 장관급 회담에서 처음으로 "일대(하나의 벨트)"와 "일로(하나의 길)"를 우리가 현재 익히 알고 있는 "일대일로"로 통칭하였다.[01] 2014년 12월 2

---

01   시진핑:《시진핑, "일대일로"를 논하다》, 중앙문헌출판사 2018년호, 35페이지.

일 중국 정부는 내부공개용《실크로드 경제벨트와 21세기 해상 실크로드 건설 전략 기획》을 제정하여 "일대일로" 건설업무를 전면적으로 배치하였다.[02] 2015년 3월, 중국 하이난에서 개최된 보아오포럼 기간, 국가발전개혁위원회, 외교부와 상무부는 대외 공개 버전인《실크로드 경제벨트와 21세기 해상 실크로드 공동건설 추진에 관한 비전과 행동》을 공동 발표했다.[03] 이로서 국제사회는 "일대일로" 건설에 관한 중국의 구체적인 강령과 계획을 이해하게 되었다.

2015년 10월, 시진핑은 중국공산당 제18기 중앙위원회 제3차 전체회의에서 "일대일로"를 "개방 확대의 중대 전략적 조치와 경제 외교의 마스터 플랜"으로 정의했다.[04] 중국 정부는 해당 회의에서 처음으로 "일대일로"를 경제 외교와 개방 확대와 연결시켰는데 이는 중국이 범국가적 역량과 외교 자원을 동원하여 "일대일로" 건설에 주력하겠다는 방증이다.

이념과 개념이 점차 명확해지는 과정에서, "일대일로" 제도화 건설 역시 적극적으로 추진되었는데 이는 주로 두 가지 측면에서 나타나고 있다. 첫째, 다양한 문서(협력 양해각서 혹은 협력 협정) 체결을 통해 더 많은 국가들의 지지를 받고 있다. 둘째, 관련 이념과 개념을 정부 간 국제기구의 업무 내용으로 전환시켰다. 문서 체결 관련, 외교부와 지도자들이 중요 회의에서 공식적으로 언급한 숫자외에도 국가발전개혁위원회,

---

02   중공중앙당사연구실:《당의 제18차 전국대표대회 이래 대사기(大事记)》, 인민출판사 2017년호, 41페이지.

03   국가발전개혁위원회, 외교부와 상무부:《실크로드 경제벨트와 21세기 해상 실크로드 공동건설 추진에 관한 비전과 행동》,《인민일보》 2015년 3월 29일 4면.

04   시진핑:《시진핑, "일대일로"를 논하다》, 중앙문헌출판사 2018년호, 84페이지.

상무부가 중국정부를 대표하여 체결한 양자 간 문서, 그리고 지방정부, 기업단위가 외국의 관련 기구들과 체결한 협력 협정도 포함된다.

2014년 6월, 중국－아랍국가 협력포럼 기간, 쿠웨이트는 중국과 《쿠웨이트－중국 실크로드 경제벨트와 쿠웨이트 실크로드 도시 건설 협력에 관한 양해각서》를 체결하였고 처음으로 중국과 이런 유형의 양자 간 협정을 체결한 국가가 되었다. 2014년 12월 상순, 중국 상무부는 스리랑카 재정계획부와 《중국－스리랑카 경제무역 공동위원회 프레임 안에서 "21세기 해상 실크로드"와 "마힌다 비전"을 공동 추진할 것에 관한 양해각서》를 체결하였다. 이로서 스리랑카는 처음으로 중국과 "일대일로" 양자 간 협력 협정을 체결한 남아시아 국가가 되었다. 2014년 12월 하순, 중국은 카자흐스탄과 실크로드 경제벨트 공동 건설에 관한 양해각서를 체결했고 2015년 5월 상순, 러시아와 《실크로드 경제벨트 건설과 유라시아 경제 연맹 건설 상호 협력에 관한 공동 성명》을 발표했다. 같은 해 6월 상순, 중국 외교부는 헝가리 외교 및 대외 경제부와 협력 협정을 체결했다. 2015년 12월 초, 시진핑은 남아프리카공화국 방문기간 중국－아프리카 협력포럼 요하네스버그 정상회담에 참석하여 남아프리카공화국 대통령 제이콥 주마와 공식 회담을 가진 뒤 "일대일로" 관련 양해각서를 체결했다. 이로서 남아프리카공화국은 처음으로 중국과 "일대일로" 양자 간 협력 협정을 체결한 아프리카 국가가 되었다.

2017년 5월, 시진핑은 베이징에서 개최된 제1차 "일대일로" 국제 협력서밋에서 "100여개의 국가와 국제조직이 "일대일로" 이니셔티브에 참여했고 일련의 협력 프로젝트들이 잇달아 가동되고 있다"고 밝혔다.[05] 중국국가정보센터 주관 중국 일대일로 홈페이지 공식 통계에 따르면, 2020년 1월 말 기준, 중국은 이미 138개의 국가와 30개의 국제조직과 200건에 달하는 "일대일로" 협력 문서를 체결했다.[06]

주요 내용

문서의 체결 일자와 문서의 형식들을 살펴보면 중국 최고지도자가 다자간 활동을 통해 체결한 문서들이 주를 이룬다. 중국—아랍국가 협력 포럼, 아시아 교류 및 신뢰 구축회의(CICA), 중국—아프리카 협력 포럼, "일대일로" 국제협력서밋 등 다자간 협력 메커니즘은 양자 간 협력 협정 체결에 큰 도움을 주고 있다.

초반에는 국가발전개혁위원회, 상무부 등 중앙위원회와 부처들이 자신의 업무 범위내에서 주변국 관련 기구들과 협력 협정을 체결하는 방식이 대부분이었지만 2015년 3월 중국 정부가 "일대일로" 비전 및 행동 계획을 발표한 이 후, 이러한 양자 간 협력 협정은 국가급 협정으로 격상되었다. 따라서 그 중요도와 법적 효력도 전에 비해 많이 달라졌다.

많은 국가들이 중국과 협력 양해각서를 체결할 때 "일대일로" 협력 업무를 양자 간 경제무역 협력 위원회에 위임했다. 2016년 1월, 시진핑은 사우디아라비아, 이집트, 이란 3국을 순방하면서 해당 국가들과

---

05   시진핑:《시진핑, "일대일로"를 논하다》, 중앙문헌출판사 2018년호, 194페이지.

06   《중국과 "일대일로" 협력 문서를 체결한 국가들》, 2019년 4월 12일, 중국 일대일로 홈페이지, htps://www.yidaiyilu.gov.cn/xwzx/rol/77298.htm.

각각 "일대일로" 협력 양해각서를 체결했다. 이 중 사우디아라비아와 체결한 문서의 명칭 중에 "생산능력 협력 추진"이라는 문구를 명기하였는데 이는 처음으로 생산능력 협력 내용이 포함된 "일대일로" 양자 간 협력 문서였다.

현실 및 이론적 의미

체결된 문서의 성질을 놓고 보면, 대부분 양해각서의 형식으로 양국 협력의 원칙과 프레임을 확정하고 있다. 통상적으로 외교 분야에서의 양해각서는 정치각서(照会)에 버금가는 문서이며 대부분 상황에서 법적 효력을 가지지 않고 있다. 하지만 만약 해당 양해각서가 양측의 약속 내용 및 계약 체결에 대한 의지를 포함하고 있다면 계약적 효력을 지니게 된다. 더욱 중요한 것은, 중국과 관련국들 간 "일대일로" 협력 양해각서 체결은 신문과 방송을 통한 코뮈니케와 공동 코뮈니케 체결이라는 프레임 안에서 진행된다는 점이다. 최근 "일대일로" 문서를 체결한 일부 국가들에 있어 "일대일로" 협력은 양국 공동 코뮈니케의 내용 중 일부이다.

중국의 대외 관계에 있어, 중국과 미국이 체결한 3건의 공동 코뮈니케는 중미관계의 초석으로 자리 잡고 있다. 그만큼 공동 코뮈니케는 통상적으로 조약 특성의 법적 구속력을 지니고 있다고 여겨지고 있다. 협력 양해각서는 이니셔티브를 국가 간 관계의 구성 부분으로 전환시킬 수 있으며 제도화 건설 혹은 제도화, 즉 양국 정부 기구들이 특정 의제를 둘러싸고 대화와 협상을 진행하는 시스템을 구축할 수 있다. 특히 외교부가 나서서 체결한 양해각서는 조약과 유사한 성질을 띠고 있다.

중국 학자들은 "일대일로"와 국제제도, 국제법과의 관계에 대해서 "일대일로"는 규칙을 배척하지는 않지만 규칙에만 의존하는 제도 형식에 국한되지 않으며 발전 지향적인 전략, 그리고 더욱 개방적이고 실질적이며 유연하고 다양한 제도 형식을 지향하고 있다.

(집필자: 중페이팅 钟飞腾)

3부

"5개의 통(通)"/
호연호통(互联互通)

27. 정책 소통

내용 및 의미

"일대일로"는 글로벌 거버넌스 문제에 대한 중국의 해결 방안과 경험을 제공해 주고 있으며 중국이 대외 개방을 확대하는 중대한 조치이기도 하다. 정책 소통은 공감대를 형성하고 갈등과 분쟁을 해소하며 공동발전을 추구하는 "일대일로"의 전반 과정에서 두각을 드러내고 있으며 "일대일로" 공동건설에 중요한 보장을 제공하고 있다.

정책 소통은 정치적 상호신뢰를 구축하고 전략적 협력을 추진하며 제도 간 융합을 완성하고 상생 경제를 실현하는 국가 간의 상호작용 과정이다. "일대일로"는 세계적인 발전 이니셔티브로서 참여국들의 정치 제도, 경제 발전 수준, 역사와 문화, 종교와 신앙 등이 큰 차이가 있는 만큼 정치적 상호신뢰 관계를 구축하고 협력과 발전의 공감대를 형성하는 것이 "일대일로" 이니셔티브의 실행과 장기적인 발전에 지대한 영향을 미치게 된다. 현재 세계는 전례 없는 변화를 겪고 있으며 탈세계화 추세가 눈에 띄게 선명해지고 있다. 이러한 배경 하에 다양한 분야의 대화 메커니즘과 제도적 조치를 통해 "일대일로" 주변국들과 우호적으로 소통하고 국가별 발전 특점과 발전 단계를 충분히 존중하며 꾸준한 사상 교류와 정책 협상을 통해 이견을 해소하고 모든 참여국들이 기본적으로 일치한 전략, 의사결정, 정책과 규칙을 형성할 수 있도록 노력하면서 발전의 최대공약수를 모색해야 한다.

실행 진도

2013년 "일대일로" 이니셔티브 제기 이후, 중국은 서밋과 정상회담을 위주로 하고 다자간 협력 메커니즘을 병행하는 "일대일로" 복합적 국제 협력 구도를 성공적으로 구축했다. 또한 해당 프레임 안에서 관련 국가와 국제조직들과 충분한 소통과 조율을 거치면서 꾸준히 "일대일로" 공동건설 국가와의 전략, 기획, 메커니즘 및 플랫폼, 프로젝트 간 유기적인 결합을 추진했고 이를 통해 발전의 공감대 형성 및 공동건설 관련 협력 추진 등 분야에서 중요한 역할을 발휘했다.

첫째, 다자간 프레임이 끊임없이 체계화되고 있다. 최근 들어 중국과 "일대일로" 협력 문서를 체결한 국가와 국제조직이 매년 증가하는 양상을 보이고 있으며 "일대일로" 건설 협력 범위도 점차 아프리카, 라틴아메리카, 남태평양, 서유럽 등 지역으로 확장되고 있다. 2019년, 중국은 선후로 바베이도스, 이탈리아, 룩셈부르크, 자메이카, 페루, 스위스 등 15개 국가와 "일대일로" 협력에 관한 양해각서를 체결했다. 2020년 1월 말 기준, 중국은 이미 138개의 국가와 30개의 국제조직과 200건에 달하는 "일대일로" 협력 문서를 체결했고 "일대일로" 공동건설 협력 범위도 점차 유라시아 대륙에서 아프리카, 라틴아메리카, 남태평양, 서유럽 등 지역으로 확대되고 있다. 특히 일부 서방 선진국들의 "일대일로" 건설에 대한 태도가 달라짐에 따라 "일대일로" 건설이 서유럽 지역에서 눈에 띄는 진전을 보이기 시작했다. 2019년 3월, 이탈리아는 중국과 "일대일로" 협력 양해각서를 체결하면서 G7국가 중 처음으로 "일대일로" 이니셔티브에 참여한 국가가 되었다. 이 후 2달도 채 안 되는 기간 동안 룩셈부르크와 스위스가 연이어 중국과 "일대일로" 협력 문서를 체결했고 이 외에도 독일, 프랑스 등 일부 유럽국가들이 "일대일로" 공동건설에 참여할 의향을 내비쳤다. "일대일로" 이니셔티브는 중국이 세계에 제공한 글로벌 공공재로서 진정한 의미에서의 글로벌 컨센서스 및 국제 협력 플랫폼으로 거듭나고 있다.

둘째, 마스터 플랜이 꾸준히 구체화되고 있다. "일대일로" 이니셔티브 제기 이후 중국은 두 차례의 "일대일로" 국제협력서밋을 성공적으로 개최하면서 "일대일로" 건설을 질적 발전 단계로 견인하였다. 2017년 5월, 제1차 "일대일로" 국제협력서밋이 베이징에서 성공적으로 개최되었는데 이는 "일대일로" 건설 프레임 안에서 가장 영향력 있는 글로벌 공식 대화 메커니즘이 구축되었음을 의미한다. 2019년 4월, 중국은 제2차 "일대일로" 국제협력서밋도 성공적으로 개최하였고 "일대일로" 건설의 진전 상황을 전면적으로 반영한 《"일대일로" 공동건설 이니셔티브: 진전, 기여와 전망》 보고서를 발표하였다. 제2차 "일대일로" 국제협력서밋은 인원 규모, 참여 국가, 회의 내용, 최종 성과 등 면에서 1차 서밋에 비해 크게 향상되었으며 참여국들에게 "일대일로" 지방 협력 강화 및 인류 운명공동체 구축에 대한 긍정적인 신호를 전달했다. 이 외에도, 2018년 이후, 중국—라틴아메리카 포럼 제2차 장관급 회담, 중국—아랍국가 협력 포럼 제8차 장관급 회담, 중국—아프리카 협력 포럼 베이징 서밋이 잇달아 개최되었고 각각 중요한 성과 문서를 도출했다.

셋째, 정상 외교가 인솔 역할을 발휘하고 있다. 중국이 가장 먼저

"일대일로" 정책 소통을 추진했고 대국 외교를 통해 꾸준히 주변국과의 정책을 조율하고 정치적 상호신뢰와 새로운 협력 컨센서스를 구축했으며 인류 운명공동체 건설을 추진했다. 2017년 6월 이후, 시진핑은 선후로 러시아, 베트남, 라오스, 세네갈, 태평양 섬국가, 필리핀 등 국가와 지역을 방문하였고 중국을 방문한 룩셈부르크, 파나마, 오스트리아, 솔로몬 제도 등 국가와 지역의 지도자들을 회견하면서 "일대일로" 이니셔티브의 추진, 관련 발전전략 간 유기적인 결합, 양자 간 협력 문서의 체결 등 분야에서 솔선수범의 모습을 보여주었다. 중국—아프리카 협력 포럼 베이징 서밋에서는 일련의 "일대일로" 관련 중요 공감대가 형성되었다. 중국은 28개의 아프리카 국가와 아프리카 연맹과 "일대일로" 정부 간 양해각서를 체결하면서 중국이 대외개방을 확대하고 개방형 세계 경제 건설을 추진하며 인류 운명공동체를 구축하고자 하는 자신감, 결심과 책임감을 부각시켰다.

넷째, 정책 실행이 현저한 효과를 보이고 있다. 초반에 추진했던 정책 소통의 성과가 속속 드러나면서 후속 단계의 기획 및 프로젝트 간 유기적인 결합을 가속화시키고 있다. 2013년 들어 "일대일로" 이니셔티브는 잇달아 카자흐스탄의 "광명의 길", 몽골국의 "광명의 길", 베트남의 "두 개의 회랑, 하나의 경제권", 아세안의 《2025 호연호통(互联互通, 상호 연결) 총제적 기획》, 아프리카 연맹의 《2063 아젠다》, 유럽연합의 《유라시아 호연호통 전략》 등 국가와 지역이 제기한 발전계획과 유기적으로 결합하면서 지역 간 상호 연결 및 지역 경제 통합화 프로세스에 힘을 실어주었다. 2019년 들어 중국은 세르비아, 지부티, 몽골국, 모잠비크, 에티오피아, 파푸아뉴기니 등 국가 및 아프리카 연맹, 유엔인간정주위원회(UN-Habitat), 유엔아프리카경제위원회와 "일대일로" 협력 계획 혹은 행동 계획을 체결했고 라오스, 미얀마, 인도네시아와 관련 경제회랑 협력 계획을 발표했다. 2019년 기준, 중국은 20개의 국가와 "일대일로" 공동건설 프레임 안에서의 협력 계획 혹은 행동 계획을 체결하면서 중국과 관련국 간 협력의 구체적인 내용, 자금 출처 및 실행 메커니즘을 명확히 밝히고 중점 협력 프로젝트를 선정하였으며 이를 통해 관련 프로젝트들의 실질적인 추진에 방향성과 노선을 제공해 주었다.

다섯째, 전문 분야에서의 협력이 질서 있게 추진되고 있다. 디지털 실크로드 건설은 현재 "일대일로" 공동건설의 중요한 구성 부분으로 자리 잡고 있다. 중국은 이집트, 라오스, 사우디아라비아, 세르비아, 태국, 튀르키예, 아랍에미리트 등 국가와 공동으로《"일대일로" 디지털 경제 국제협력 이니셔티브》를 발의했고 16개 국가와 디지털 실크로드 건설을 강화할 것에 관한 협력 문서를 체결했다. 중국은《표준 연통(联通, 일원화) "일대일로" 공동건설 액션플랜 (2018-2020년)》을 발표했고 49개의 국가 및 지역과 85건의 표준화 협력 협의를 체결했다. "일대일로" 세수 장기 협력 메커니즘도 나날이 성숙되고 있다. 중국은 "일대일로" 세수 협력 회의를 개최하여《아스타나 "일대일로" 세수 협력 이니셔티브》를 발표했고 111개 국가와 지역을 아우르는 세수 협력 네트워크를 구축했다. 중국은 49개의 주변국과 공동으로《"일대일로" 국가 지식재산권 실질적 협력 가일층 추진에 관한 연합성명》을 발표했다. 또한 중국은 "일대일로" 법치 협력 국제포럼을 개최하여《"일대일로" 법치 협력 국제포럼 공동 주석 성명》을 발표했다. 중국은 "일대일로" 에너지 분야 장관급 회담을 개최하여 18개 국가와 공동으로 "일대일로" 에너지 협력 파트너 관계 체결을 선포했다. 이 외에도 중국은《"일대일로"

건설 농업 협력 공동 추진에 관한 비전과 행동》《"일대일로" 건설 해상 협력 구상》 등 문서를 발표했고 국제 비즈니스 법정 설립을 추진했으며 국제 비즈니스 분쟁 "원스톱" 해결 메커니즘을 구축했다.

(집필자: 선밍후이, 리하이펑 沈铭辉、李海风)

28. 인프라 연통(联通)

개념

인프라 호연호통(互联互通, 상호 연결)은 "일대일로" 건설의 중점적인 방향이자 "일대일로" 건설의 우선 분야이기도 하다. 《제2차 "일대일로" 국제협력서밋 원탁정상회담 공동 코뮈니케》에는 "공동 성장을 촉진하기 위해 우리는 전방위적이고 복합적인 인프라 호연호통을 지지하며 인프라 투자를 통해 경제 성장과 민생 개선을 촉진하고자 한다. 우리는 육지로 둘러싸인 나라들을 육지로 연결된 나라로 전환시키기 위한 정책적 지원을 아끼지 않을 것이다. 여기에는 국경 통과조치와 인프라 분야의 협력을 강화하는 내용도 포함되어 있다"는 내용이 기입되어있다.[01] "일대일로"가 강조하는 호연호통(互联互通, 상호 연결)은 도로나 교량 등 인프라의 연결에만 국한되는 것이 아니라 인프라, 제도 및 규정, 인적 교류 등 3개 분야 모두에 적용되며 더 나아가 정책 소통, 인프라 연통(联通, 연결), 무역 창통(畅通, 원활화), 자금 융통, 민심 상통 등 5대 분야 병행 추진을 골자로 하고 있다.

---

01   《제2차 "일대일로" 국제협력서밋 원탁정상회담 공동 코뮈니케》, 2019년 4월 27일.

"일대일로" 건설 중의 인프라 연통(联通, 연결)은 인프라 관련 표준화 협력을 강조하고 있으며 인프라 연통 네트워크 건설을 목적으로 삼고 있다. 교통 인프라 분야에 있어, 지속적으로 철도, 도로, 해상운수, 민항 등 분야의 기술 표준화 체계를 구축하고 적극적으로 참여국들의 상이한 표준을 정리 및 귀납해야 한다. 에너지 인프라 분야에 있어, 러시아, 벨라루스, 카자흐스탄 등 국가와 전력, 그리드, 신에너지 등 분야의 국제 표준화 협력을 강화하고 국가와 지역 간 최적화된 에너지 분배 방안을 도출해야 한다. 중국이 발표한《표준 연통(联通, 일원화) "일대일로" 공동건설 액션플랜 (2018-2020년)》에는 "정보 인프라 분야에 있어, 도시 간 정보 연결 표준을 정립하고 주변국들과 디지털 TV 기술 표준, 중국 IMAX 시스템, 레이더 방영 기술, 홈시어터 기술 규범 등을 둘러싼 시범 항목을 추진하며 현지화 디지털 TV 표준을 공동 제정해야 한다"는 내용이 포함되어 있다.[02]

《"일대일로" 이니셔티브 공동건설: 진전, 기여와 전망》에서 언급되다시피 "관련국들의 주권과 안전을 존중하는 전제하에 각국의 공동 노력에 힘입어 철도, 도로, 항공운수, 관로, 공간 종합 정보 네트워크를 핵심으로 하는 다양하고 전방위적이며 복합적인 인프라 네트워크가 빠르게 형성되면서 지역 간 상품, 자금, 정보, 기술 등의 거래 비용이 대폭 절감되었고 지역 간 자원 및 요소의 질서 있는 유동과 최적화 배분이 효율적으로 추진되었으며 호혜적 협력과 상생 발전이 실현되었다."[03]

---

02   "일대일로" 건설업무지도소조 판공실:《표준 연통(联通, 일원화) "일대일로" 공동건설 액션플랜 (2018-2020년)》, 2017년 12월 22일.

03   "일대일로" 건설업무지도소조 판공실:《"일대일로" 공동건설 이니셔티브: 진전, 기여와 전망》,《인민일보》 2019년 4월 23일 7면.

현실적 의미

인프라 건설은 "일대일로" 참여국들이 장기적이고 지속 가능하며 건강한 경제 발전을 실현하는데 중요한 버팀목이 될 것이다. 인프라는 국가와 지역 경제가 빠른 성장세를 유지하는데 있어 핵심적인 역할을 하고 있으며 경제와 사회 발전을 가능케 하는 기반이자 선제적 조건이다. 인프라 건설은 "일대일로" 참여국들의 가장 기본적이고 가장 절박한 수요가 될 것으로 전망된다.

현재 전반적인 글로벌 경제가 하방 압력에 직면한 상황에서 상당한 국가들이 부진한 외부 수요 환경에 직면하고 있는데 이는 해당 국가들의 생산과 경제에 악영향을 끼칠 수 있다. 특히 개도국들은 더욱 해당 지역의 수요 발굴을 중요시해야 한다. 따라서 지역 내 무역을 활성화할 수 있고 수요의 증가에 대응할 수 있는 생산 네트워크와 공급사슬 관련 인프라의 역할이 더욱 중요해지고 있다. 각국은 인프라 분야의 협력을 통해 거대한 경제 잠재력을 발휘하고 지속 가능하고 상호 공유할 수 있는 고속 성장 모델을 도출할 수 있으며 빈곤 발생 가능성도 한층 더 줄여나갈 수 있다. 인프라 연통(联通, 연결)은 빈곤 인구들에게 더 많은 발전의 기회를 제공해 주고 상품과 서비스 소비 비용을 절감할 수 있으며 빈곤 지역의 투자, 무역과 경제 성장을 활성화하면서 선진국과의 발전 격차를 줄여가는데 일조할 수 있다.

인프라의 고도화는 특정 국가의 경제 발전에만 호재로 작용하는 것이 아니라 모든 지역, 모든 국가에게 혜택을 가져다 줄 수 있다. 지역 공급 사슬 중의 모든 국가들은 화물과 인원의 유동 과정에서 기타 국가의 인프라 네트워크 고도화가 가져다주는 이익을 누릴 수 있다. 따라서 각국이 추진하는 인프라 고도화는 지역 전반의 무역과 경제 성장을 촉진할 수 있다. 각국이 서로의 배전망, 송유관, 가스관을 연결하고 공동으로 자연자원을 개발하게 되면 무역과 운송 비용을 줄일 수 있을 뿐만 아니라 에너지 안전과 공급도 보장할 수 있으며 역내 국가들의 상생 발전도 실현할 수 있다. 인프라 네트워크의 고도화와 확장은 "승수효과"[04]를 통해 투자액의 수 배에 달하는 사회 수요와 국민 수요를 가져올 수 있다.

실행 진도

첫째, "일대일로" 공동건설 과정 중에서 신(新) 유라시아 대륙 교량 경제회랑, 중국—몽골국—러시아 경제회랑, 중국—중앙아시아—서아시아 경제회랑, 중국—인도차이나반도 경제회랑, 중국—파키스탄 경제회랑, 방글라데시—중국—인도—미얀마 경제회랑 등 6개 경제회랑의 건설이 중요한 진전을 보이고 있다. 신(新) 유라시아 대륙 교량 경제회랑의 경우, 중국은 중동부유럽국들과《중국—중동부유럽국가 협력 부다페스 강령》,《중국—중동부유럽국가 협력 소피아 강령》을 체결하였고 중국과 유럽 간 호연호통(互联互通, 상호 연결) 프로젝트 협력이 중요한 진전을 거두었다. 중국—몽골국—러시아 경제회랑의 경우, 2019년 7월 중국, 몽골, 러시아 3국은《아시아도로 네트워크 국제도로 운

---

04 승수효과(乘數效应): 특정 변수 A에 대해 영향을 갖는 또 다른 변수 B가 있을 때, B의 증감이 있을 경우, B의 증감의 수준보다 더 높은 수준에서 A의 증감이 이루어지는 것을 가리킨다.

수 정부 간 협정(IGA)》연합위원회 제1차 회의를 개최했고 중국―몽골국―러시아 국제도로의 정식 개통을 선포했다. 중국―중앙아시아―서아시아 경제회랑의 경우, 2019년 2월 중국과 사우디아라비아는 중국―사우디아라비아 투자협력포럼을 통해 "일대일로" 이니셔티브와 사우디아라비아 "2030 비전"을 연결시켰고 280억 달러가 넘는 규모의 협력 협정을 체결했다. 2019년 7월, 중국은 이란과 우편 분야 협력 강화에 관한 양해각서를 체결했다.

중국―인도차이나반도 경제회랑 건설 진도를 살펴보면, 2019년 중국―라오스 철도 훼이한(会汉) 1번 터널이 순조롭게 개통되었고 중국―태국 철도 프로젝트도 안정적으로 추진되고 있다. 중국―파키스탄 경제회랑의 경우, 초반에 추진했던 22개의 프로젝트 중 대부분이 준공된 상태이며 에너지 및 인프라 시설의 조기 준공은 파키스탄의 전력난 완화에 크게 기여하고 있다. 중국―파키스탄 경제회랑의 2단계 건설 관련 27개의 새로운 프로젝트가 현재 가동 준비 중이다. 방글라데시―중국―인도―미얀마 경제회랑의 경우, 네 국가는 2019년 6월 4일 중국 윈난(云南)에서 개최된 방글라데시―중국―인도―미얀마 협력 포럼 제13차 회의에서 공동으로 《방글라데시―중국―인도―미얀마 협력 포럼 제13차 회의 공동 성명》을 발표하였고 방글라데시―중국―인도―미얀마 경제회랑 건설도 실질적인 진전을 가져왔다.

둘째, "일대일로" 공동건설 국가의 인프라 호연호통(互联互通, 상호 연결) 수준이 대폭 향상되었다. 철도 협력의 경우, 중국―라오스 철도, 중국―태국 철도, 헝가리―세르비아 철도, 자카르타―반둥 고속철도 등 프로젝트를 중점으로 하는 지역 간 철도 네트워크 건설이 중대한 진전을 보이고 있다. 2020년 2월 말 기준, 중국―유럽 화물열차(CR Express)

는 누적 2.1만 회 운행하였고 유럽대륙의 18개 국가, 57개 도시를 연결시키면서 현지의 경제 발전을 효율적으로 추진했다. 중국—유럽 화물열차 국내선에는 62개의 도시가 포함되었고 누적 컨테이너 운송량은 110만 TEU를 초과했다. 중국에서 출발한 화물열차의 적재율은 94%에 달했고 중국에 도착한 화물열차의 적재율은 71%에 달했다.

도로 협력의 경우, 중국은 15개 국가와 《상하이협력기구 회원국 정부 간 국제도로 운송 편의화 협정》을 포함한 18개의 양자 간·다자간 운송 편의화 협정을 체결했다. 2018년 2월 중국—키르기스스탄—우즈베키스탄 국제 도로가 상시화 운행에 들어갔다. 2019년 3월, 중국 둥싱(东兴)—베트남　닝성 몽까이 통상구 베이룬허 제2대교가 정식으로 개통되었다. 항만 분야의 경우, 중국은 이미 47개의 주변국들과 38개의 양자 간 및 지역 간 해운 협정을 체결했다. 2014~2019년, 중국은 주변국들과 1,239개의 항공편을 신설했는데 이는 신설 국제 항공편의 69.1%에 달하는 규모였다. 중국은 이 외에도 "일대일로" 공동건설 국가들과 일련의 에너지 분야 협력 구도 협정과 양해각서를 체결했고 전력, 원유, 가스, 원전, 신에너지, 석탄 등 분야에서 광범위한 협력을 진행했으며 관련국들과 공동으로 송유관과 가스관의 안전 운영을 보장했고 국가와 지역 간 에너지 자원의 최적화 배치를 촉진했다.

(집필자: 리티엔궈 李天国)

29. 무역 창통(暢通)

개념

"일대일로" 공동건설 과정 중에서 무역 협력은 항상 각 참여국들이 매우 중요시하는 핵심 내용 중 하나였다. 2019년 발표된 《제2차 "일대일로" 국제협력서밋 원탁정상회담 공동 코뮈니케》에는 "우리는 무역과 투자의 자유화와 편의화를 촉진할 결심을 가지고 있으며 시장의 가일층 개방을 기대하고 보호무역주의와 일방주의, 그리고 세계무역기구(WTO) 협정에 부합되지 않은 기타 조치들을 반대한다. 우리는 WTO 협정 중의 '특수 및 차별 대우'의 중요성을 강조한다"는 내용이 기입되었다.[01] 중국은 "일대일로" 건설 과정에서 기타 국가와 함께 투자와 무역의 편의화를 증진할 수 있는 방안을 연구하고 투자와 무역 장벽을 하나씩 허물어가며 역내 각국에 우호적인 비즈니스 환경을 구축하고 주변 국가 및 지역과 공동으로 자유무역구를 설립하기를 기대하고 있다. "일대일로" 건설은 개방적인 경제 시스템 구축을 통해 국가 간 무역의 자유성과 포용성을 보장해 주고 있으며 개방적이고 공정하며 차별이

---

01 《제2차 "일대일로" 국제협력서밋 원탁정상회담 공동 코뮈니케》, 2019년 4월 27일.

없는, WTO를 핵심으로 하는 다자간 무역체계의 발전을 수호하고 있다. "일대일로" 건설은 통관의 편리화를 중요시하고 있으며 관련 부처가 통관 수속, 세관 간 협력, 정보 공유, 세관 및 출입국 수속 간소화 등 분야에서 협력을 강화하는 것을 독려하고 있다. "일대일로"는 WTO의 《무역 편의화 협정》에 부합되는 조치들을 지지하는 동시에 불법 무역, 사기 범죄 등에 대한 관리감독 역량도 강화하고 있다.

"일대일로" 공동건설 국가의 투자와 무역의 자유화 및 편의화를 증진하기 위해 중국은 향후 아래와 같은 조치를 취할 예정이다. (1)참여국들과 공동으로 자유무역 네트워크 체계를 건설하면서 투자와 무역 장벽을 줄여 나갈 것이다. (2)공동으로 자유무역구 건설 관련 의제를 논의하고 역내 각국에 우호적인 비즈니스 환경을 조성해 주면서 협력의 잠재력을 발굴해 나갈 것이다. (3)공동으로 기술적 무역 조치의 투명성을 향상하고 비관세장벽을 줄여나가면서 투자의 자유화와 편의화를 증진할 것이다. (4)공동으로 무역 분야를 확대하고 무역 구조를 개선하며 무역의 새로운 성장점을 발굴하면서 무역의 균형 발전을 이끌어 나갈 것이다. (5)투자와 무역을 유기적으로 결합시키고 투자를 통해 무역 발전을 견인하며 투자 및 무역 과정에서 생태문명 이념을 부각하고 생태환경과 생물의 다양성 보호 및 기후 변화 대응 관련 협력을 강화하면서 친환경 실크로드를 공동으로 건설해 나갈 것이다. (6)중국국제수입박람회 개최를 통해 해외 상품 수입을 확대하는 동시에 다자간 공공 플랫폼을 구축하여 세계 각국의 기업들이 박람회, 전시회에 참여하여 상호 소통하고 경제 협력의 기회를 모색할 수 있도록 할 것이다. (7)공동으로 산업 사슬, 가치 사슬, 공급 사슬과 서비스 사슬을 최적화하여 국가와 지역 산업 간 장단점 상호 보완을 촉진할 것이다. (8)새로운 개방

"일대일로" 수첩

과 개발의 길을 공동 개척하면서 호혜상생, 균형발전, 안전효율을 골자로 하는 개방형 경제 체계를 구축할 것이다. (9)협력 의향이 있는 국가들과 공동으로 경제무역 협력지역과 산업단지를 설립하는 방식을 통해 국제 제조업 협력을 추진할 것이다.

현실적 의미

《제2차 "일대일로" 국제협력서밋 원탁정상회담 공동 코뮈니케》중에는 '일대일로'는 아래와 같은 신념에서 비롯되었다. 호연호통(互联互通, 상호 연결)은 경제 성장, 사회 발전, 상품 및 서비스 무역 촉진, 투자 유치, 일자리 창출, 인문 교류 증진 등 분야에 호재로 작용할 수 있으며 개방적이고 포용적이며 투명한 글로벌 호연호통 파트너 관계를 구축하는 것은 세계 각국에 많은 기회를 가져다 줄 수 있다"는 내용이 적혀 있다.[02] 중국이 제기한 "일대일로" 공동건설 국가 간 정책 소통 이념은 "일대일로" 건설에 참여한 개도국들의 현실적인 발전 수요에 부합된다. 중국과 "일대일로" 참여국들은 각자의 자원 우세를 발휘하여 양자간 및 다자간 경제 무역 협력을 강화할 필요가 있으며 무역의 편의화와 투자의 자유화를 통해 생산요소의 역내 최적화 분배를 실현해야 한다.

국제 정세의 변화 흐름에 입각해보면 "일대일로"를 공동건설하고 국가 간 무역 창통(畅通, 원활화)를 추진하는 것은 현재 세계가 직면한 평화적자, 발전적자, 거버넌스적자를 해결할 수 있는 중요한 해결 방안

---

02 《제2차 "일대일로" 국제협력서밋 원탁정상회담 공동 코뮈니케》, 2019년 4월 27일, 신화통신, http://www.xinhuanet.com/world/2019-04/27/c_1124425237.htm.

중 하나이다. 세계 곳곳에서 일어나고 있는 무역 및 투자 보호주의는 각국이 무역 발전을 통해 경제 성장을 견인하는데 불리하게 작용하고 있다. 글로벌 기업들의 대규모 해외투자와 무역 조치는 보호무역주의라는 큰 장벽에 부딪히고 있다. 현재 글로벌 성장 동력이 부족한 배경에서 세계 각국은 상대국의 발전 목표를 존중하는 전제하에 더욱 활력넘치고 더욱 포용적이며 더욱 지속 가능한 경제 글로벌화를 추진할 필요가 있으며 이를 통해 무역과 투자의 자유화와 편의화를 촉진하고 보호무역주의를 반대해야 한다. 중국은 굳건히 경제 글로벌화를 지지하며 무역의 원활화를 통해 무역의 자유화와 투자의 편의화를 증진할 수 있는 조치들을 꾸준히 모색하면서 세계 무역의 성장과 경제의 전면적인 회복을 견인하고자 한다. "일대일로" 공동건설 이니셔티브는 다자주의와 다자간 무역체계를 굳건히 지지하며 무역과 투자의 자유화를 통해 세계 경제에 강력한 추동력을 부여하고 있다. 중국과 주변국들은 서로 간의 무역 창통(畅通, 원활화)을 통해 끊임없이 양자 간 및 다자간 무역의 잠재력을 발굴하고 전반적인 무역 규모와 수준을 향상해야 한다.

실행 진도

첫째, "일대일로" 주변국들 간 무역 규모가 나날이 확대되고 있고 무역의 편의화 수준도 가일층 향상되고 있다. 2014~2019년 기간, 중국과 "일대일로" 주변국 간의 누적 무역 규모는 44만억 위안을 넘어섰고 연간 6.1%의 성장세를 기록하고 있다. 중국은 이미 25개 주변국의 1위 무역 대상국이 되었다. 이 중 2019년 중국과 "일대일로" 주변국 간 수출입 총액은 연간 총 수출입 규모의 30%에 달하는 9.27만억 위안을 기록했다.

무역 편의화 수준의 경우, 2019년 연말 기준, 중국 세관은 15개의 경제체와 42개의 국가(지역)과 AEO 상호인정협정을 체결하면서 세계에서 가장 많은 상호인정국(지역)을 보유한 나라가 되었다. 이 중에는 18개의 "일대일로" 주변국들과 구축한 "통관 단일창구" 시스템과 25개 중앙부처 및 위원회 시스템 연결, 데이터 공유, 화물 신고, 세금 지급 등 16개 분야의 600건에 근접하는 기업 친화형 사업이 포함되었다. 중국은 카자흐스탄, 키르기스스탄, 타지키스탄과 농산품 신속 통관 관련 "녹색 통로" 건설을 적극 추진하면서 농산품 통관 시간을 90% 단축시켰다. 이 외에도 중국은 국경을 맞대고 있는 "일대일로" 주변국들과 병원체·매개체 모니터링 시스템을 구축하고 건강한 "실크로드" 건설을 공동 추진하고 있다. 2019년 들어 새로운 육상·해상 통로 건설도 가속화되고 있다. 중국은 싱가포르와 신(新) 육상·해상 통로 건설 관련 양자간 협력 계획을 가동했고 중국 서부의 12개 성, 구, 시(省区市), 하이난(海南)성 및 광둥(广东)성 잔장(湛江)시가 공동으로 협력 문서를 체결했다.

둘째, 자유무역시범구와 자유무역구의 건설이 큰 진전을 가져왔다. 중국은 외자 유치 분야를 한층 더 확대했고 높은 기준의 국제 비즈니스 환경을 조성했다. 2013년 이후 , 중국은 상하이, 광둥, 톈진(天津), 푸젠(福建), 랴오닝(辽宁) , 저장(浙江) 등 지에서 전 세계에 개방된 18개의 자유무역시범구를 설립하였고 하이난자유무역항 설립을 논의하기 시작했다. 중국은 자유무역구의 상품 유통 허브역할을 충분히 활용하여 "일대일로" 참여 지역과 국가들과의 수출 무역과 중간 무역을 확대하면서 글로벌 무역에서의 영향력을 키워갈 것이다. 2019년, 중국 기업은 주변국가에 다수의 역외 경제무역 협력지역을 설립하였고 누적 투자액이 350억 달러를 넘어섰으며 대상국에 30억 달러가 넘는 세금을 납부하였고 현지에 32만개의 일자리를 창출했다. 이 외에도 2019년 중국은 뉴질랜드와의 자유무역 확대협정에 관한 담판을 마무리했고 파키스탄과 2단계 자유무역협정을 체결 및 발효시켰으며 아세안, 싱가포르, 칠리와 자유무역확대협정을 체결 및 발효시켰다.

셋째, "일대일로" 공동건설 국가 간 무역 방식이 빠르게 혁신되고 있다. 크로스오버 전자상거래 등 새로운 산업 형태와 모델이 무역 창통(暢通, 원활화)을 추진하는 중요한 신흥세력으로 자리 잡고 있다. 2018년 중국 세관 크로스오버 전자상거래 관리플랫폼을 통해 수출입된 상품 총액은 동기 대비 50% 증가한 203억 달러에 달하며 이 중 수출은 동기 대비 67% 증가한 84.8억 달러, 수입은 동기 대비 39.8% 증가한 118.7억 달러를 기록했다. 2019년, 중국이 개최한 제2차 국제수입박람회는 711억 달러 규모의 거래를 성사시키면서 국제 조달, 투자 촉진, 인문 교류, 개방 협력 플랫폼으로서의 입지를 굳혀갔다. 또한 같은 해 중국은 제1차 중국—아프리카 경제무역박람회와 제1차 중국—중동부유럽 박람회 등 대형 박람회도 성공적으로 개최했으며 "실크로드 전자상거래" 관련 협력도 빠르게 추진되고 있다. 2019년 연말 기준, 중국은 22개 국가와 전자상거래 협력 메커니즘을 구축했고 브릭스국가 등 다자간 메커니즘 안에서 전자상거래 관련 협력 문서를 체결하면서 기업과 브랜드의 실질적인 성장을 가속화시켰다.

(집필자: 리티엔궈 李天国)

30. 자금 융통

내용 및 의미

　자금 융통은 "일대일로" 건설 중의 "5개의 통(通)" 목표 실현을 가능케하는 중요한 버팀목이다. 자금 융통은 "일대일로" 건설의 핵심적인 추동력이고 자금 융통의 지속 가능 여부는 "일대일로"의 장기적인 발전과 비전에도 큰 영향을 끼친다. 자금 융통은 또한 "일대일로" 건설을 바람직한 방향으로 이끄는 핵심 요소이기도 하다.

　2019년 4월 26일, 제2차 "일대일로" 국제협력서밋이 베이징에서 성공적으로 개최되었다.《"일대일로" 공동건설 이니셔티브: 진전, 기여와 전망》보고서에 따르면 중국은 150여개의 국가와 국제조직과 "일대일로" 공동건설에 관한 협력 협정을 체결했으며 협력의 범위는 아시아와 유럽 국가에서 아프리카, 라틴아메리카, 남태평양 등 지역으로 확대되고 있다. "일대일로" 참여국 대부분은 개도국이거나 신흥시장국가이며 해당 국가들은 경제 발전 속도가 비교적 빠른데 반해 불균형한 경제 발전, 취약한 인프라 건설, 낙후한 금융시장 등 문제에 직면해 있다. 이런 국가와 지역들의 산업화와 도시화는 대규모 인프라 건설을 필요로 하지만 인프라 건설은 시공 주기가 길고 자금 수요가 큰 특징을 가지고 있다. 다른 한편으로, "일대일로" 공동건설 국가의 취약하고 낙후한 금융 시스템이 "일대일로" 인프라 건설 투입과 경제의 빠른 성장을 제약하고 있다. 구체적으로 살펴보면 금융 인프라 간 차이성, 프로젝트 공급와 금융 수요 간의 비매칭, 금융시장 운행 체계 간 불일치, 국내 금융 기구의 더딘 국제화 프로세스, 국가 간 금융 정보 기술의 비(非)표준화, 금융 리스크 관리감독 시스템의 이원화 등 문제가 산적해있다. 따라서 "일대일로" 참여국들은 일치단결하여 협력을 강화하고 다양한 자원의 효율적인 결합을 추진하며 장기적이고 지속 가능한 자금 지원체계를 구축해야 한다.

시진핑은 제1차 "일대일로" 국제협력서밋에서 기조연설을 통해 "우리는 안정적이고 지속 가능하며 리스크 관리가 가능한 금융 보장 체계를 구축하고 투자와 융자 모델을 혁신하며 정부와 사회자본 간의 협력을 강화하여 다원화된 융자 체계와 자본시장을 건설해야 한다. 또한 인클루시브 금융(普惠金融)을 발전시키고 금융 서비스 네트워크를 체계화해야 한다"고 강조한 바 있다. "일대일로" 건설 관련 프로젝트는 투자 규모가 크고, 건설 주기가 길며 다양한 통화가 취급된다는 특점을 지니고 있다. "일대일로" 자금 융통은 금융 중개라는 수단을 통해 기타 "네 개의 통(通)" 건설을 촉진할 수 있으며 "일대일로" 건설 과정에서 중요한 주춧돌 역할을 발휘할 수 있다. 중국은 "일대일로" 이니셔티브의 발의국으로서 아시아인프라투자은행(AIIB)과 실크로드기금의 설립을 주도했고 브릭스 신개발은행, 상하이협력기구 개발은행 등 금융 플랫폼 설립을 추진하면서 자금 융통 분야의 귀감이 되었다. 현재 실크로드기금 투자금 중 70%는 발전시설 개발, 인프라 건설, 항만 운송, 첨단 제조 등 대형 국제 협력 프로젝트에 사용되고 있는데 이는 중국의 책임감 있는 태도를 잘 보여주고 있다.

실행 진도

최근 몇 년간, "일대일로" 관련 협력이 끊임없이 추진 됨에 따라 "일대일로" 자금 융통을 골자로 하는 협력의 길도 심층적으로 발전하고 있으며 글로벌 다자간 금융기구와 다양한 상업은행 역시 꾸준히 투자와 융자모델을 혁신하면서 다양화된 융자 채널을 적극 개척하고 있다.

첫째, 위안화의 국제화가 안정적으로 추진되고 있으며 은행 간 상시적 협력 메커니즘도 점차 성숙되고 있다. 2016년 IMF가 위안화를 SDR 통화바스켓의 5번째 통화로 선정한 이래, 위안화의 글로벌 결제, 투자, 거래, 비축 기능이 안정적으로 강화되고 있으며 국제화 수준도 빠르게 발전하고 있다. 2019년 기준, 전 세계 70여 개 국가의 중앙은행 혹은 화폐발행기구가 위안화를 외환보유고에 포함시키고 있다. 중국은 거의 40개에 달하는 국가와 통화스와프 협정을 체결했는데 이 중 "일대일로" 공동건설 국가만 20개가 넘는다. 중국인민은행은 7개의 "일대일로" 공동건설 국가를 포함한 25개의 국가와 지역에서 위안화 청산체제를 구축했다. 이 외에도 2020년 2월 말 기준, 총 941개의 금융기구가 CIPS 시스템에 가입했는데 이 중 직접 가입 금융기구는 33개, 간접 가입 금융기구는 908개에 달한다.[01] 현재 11개의 중국계 은행이 28개의 주변국에서 76개의 1급기구를 설립했으며 22개 주변국의 50개 은행이

---

01   국제은행간결제시스템유한책임공사(CIPSCo.,Ltd.), http://www.cips.com.cn/cips mobile/_2534/_2538/40259/index.html#.

중국에서 7개의 법인은행, 19개의 중국지점과 34개의 대표처를 설립했다. 위안화는 점차 세계적인 핵심 통화로 거듭나고 있다.

둘째, 다자간 금융 협력의 지탱 작용이 점차 부각되고 있다. 2017년 5월, 중국 재정부는 아르헨티나, 러시아, 인도네시아, 영국, 싱가포르 등 27개 국가의 재정부와 공동으로《"일대일로" 융자 지도원칙》을 심사 및 비준하면서 금융 자원이 관련 국가와 지역의 실물경제 발전에 서비스해야 한다는 원칙을 명확히 했고 인프라 상호 연결, 무역 투자, 생산능력 협력 등 분야에서의 융자 지원을 중점적으로 확대했다. 2017년 11월, 중국－중동부유럽 은행연합체가 설립되었고 2018년 7월과 9월, 중국－아랍국가 은행연합체와 중국－아프리카 금융협력 은행연합체가 선후로 설립되었는데 이는 중국과 아랍 국가, 중국과 아프리카 국가 간 첫 번째로 설립된 다자간 금융 협력 메커니즘이었다. 제2차 "일대일로" 국제협력서밋을 통해 6대 분야, 총 283건의 성과 문서가 도출되었고 은행 간 상시화 협력 메커니즘 안에서 일련의 실질적인 협력이 이루어졌다. 2019년 4월, "일대일로" 투자 환경과 사회 리스크 관리 역량을 강화하고 "일대일로"의 녹색투자를 추진하기 위해 중국은행을 포함한 19개의 국내외 금융기구들이 《"일대일로" 녹색투자 원칙》을 공동 제정했다. 2019년 5월, 중국공상은행은 "일대일로" 은행간 상시화 협력체제(BRBR)의 첫 번째 친환경 채권을 발행했고 유럽부흥개발은행, 프랑스 크레디 아그리꼴은행, 일본 미즈호은행 등 BRBR 회원 기구와 공동으로 "일대일로" 녹색금융 지수를 발표하면서 "일대일로"의 심층적인 녹색금융 협력을 추진했다.

셋째, 국제 투자 및 융자 모델이 다원화되고 있다. "일대일로" 주변국 인프라 건설과 생산능력 협력은 거대한 발전 공간을 지니고 있지만 이와 동시에 심각한 융자 부족 현상을 겪고 있다. 2019년 중국 기업은 56개 "일대일로" 주변국을 대상으로 동기 대비 3.8% 감소한 150.4억 달러의 비금융 부문 대외직접투자를 진행했는데 이는 같은 기간 전체 비금융 부문 대외직접투자액의 13.6%에 달하며 싱가포르, 베트남, 라오스, 인도네시아, 파키스탄, 태국, 말레이시아, 아랍에미리트, 캄보디아, 카자흐스탄 등이 주요대상국이었다.[02] 우선, 정책성 은행과 대형 국유 상업은행이 자금 융통 분야에서 주력군 역할을 발휘하고 있다. 2019년 4월 기준, 중국수출입은행(EIBC)이 참여한 "일대일로" 프로젝트만 1800 건이 넘으며 차관 금액은 1조 위안을 상회하고 있다. 이 중 몸바사─나이로비 철도, 중국─라오스 철도, 아디스아바바─지부티 철도, 과다르 항구 등 상징적인 의미를 지닌 인프라 프로젝트들 모두 중국수출입은행(EIBC)이 차관을 제공해 주었다. 중국은행, 중국공상은행, 중국농업은행, 중국건설은행 등 중국계 상업은행들은 주변국들과 광범위한 코리스폰던트 관계를 구축했다. 2018년7월, 독일상업은행은 중국공상은행과 협력 양해각서를 체결하면서 처음으로 BRBR 체제에 가입한 독일계 은행이 되었다. 다음으로, 각국의 국부펀드와 투자기금이 점점 더 중요한 역할을 맡고 있다. 최근 몇 년간, 아랍에미리트 아부 다비 투자국, 중국투자유한책임공사 등 국부펀드의 "일대일로" 주변 신흥국에 대한 투자 규모가 눈에 띄게 증가하고 있다. 그 다음으로, 다양한 혁신형 금융 상품이 속출하면서 "일대일로" 공동건설 융자 채널을 크게 확대시키고 있다. 2019년 8월 말 기준, 판다채권(熊猫債, 해외 금융기관이 중국

---

02   상부무 대외투자및경제협력사:《2019년 "일대일로" 주변국 투자 현황》, 2020년 1월 22일, 상무부 홈페이지, http://hzs.mofcom.gov.cn/article/date/202001/2020 0102932445.shtml.

내에서 발행하는 위안화 표시 채권)의 발행 규모는 3,558.7억 위안, 보유량 규모는 2,802.9억 위안에 달한다. 중국 중국수출입은행(EIBC)은 글로벌 투자자들을 대상으로 20억 위안의 "채권통(債券通)" 녹색금융 채권을 발행했다. 마지막으로, 신흥 다자간 개발 금융기구의 역할이 점차 부각되고 있다. 실크로드기금과 유럽투자기금(EIF)이 공동 설립한 중국—유럽 공동투자기금은 2018년 7월부터 정식 운영되었고 투자 규모는 5억 유로이다. 해당 기금은 설립 이후 "일대일로" 공동건설 이니셔티브와 유럽투자계획 간 유기적인 결합을 촉진해왔다.

(집필자: 선밍후이, 리하이펑 沈铭辉、李海风)

31. 민심 상통

내용 및 의미

"국가 간 교류는 국민 간의 친화에 있고 국민 간의 친화는 서로와 마음이 통하는데 있다(国之交在于民相亲, 民相亲在于心相通)." 민심 상통은 "일대일로" 건설 중 "5개의 통(通)"의 중점 내용 중 하나이자 "일대일로" 건설의 사회적 기반, 인문적 저변이며 "일대일로" 건설 중에서 튼튼한 초석과 같은 역할을 맡고 있다. 민심 상통이란 차이점 존중, 상호 포용, 평등 자원, 호혜 상생의 원칙에 따라 주변국 인민들과 교류하고 소통하며 서로에 대한 의심과 오해를 줄이고 이해를 증진하며 공감대를 형성하는 것이다. 이를 통해 다양한 국가와 지역이 "일대일로"를 공동건설하는 과정에서 탄탄한 민심 기반과 사회적 기초를 제공하고 국가, 기업, 인민 간의 장기적이고 심층적인 협력을 추진하며 공동 발전을 도모할 수 있다.

민심 상통은 가장 심층적이고, 가장 유구한 호연호통(互联互通, 상호 연결)이자 문명 간 교류와 학습의 성과를 가장 잘 보여주는 중요한 지표이기도 하다. "일대일로"는 유라시아 대륙과 인도양에서 태평양에 이르는 광활한 해역을 아우르고 있으며 역내 국가들마다 각자 상이한 상황에 처해있다. 이러한 배경하에 민심 상통은 서로 간 거리감을 없애고

감정을 증진하며 공감대를 형성하는데 있어 중요한 역할을 발휘하고 있다. 특히 탈세계화, 포퓰리즘, 보호무역주의, 극단주의사상이 고개를 들고 있는 상황에서 민심 상통의 중요성이 더욱 부각되고 있는 만큼 우리는 더욱 적극적인 태도로 민심 상통의 교량을 건설하고 영혼 상통의 길을 닦아야 하며 주변국들 사이에서 "상호 인정, 상호 이해, 상호 존중의 인문 구도"를 조속히 형성하면서 진정한 의미에서의 문명 간 융합을 이뤄내야 한다.

실행 진도

"일대일로" 이니셔티브의 발의국으로서 "중국의 이야기를 잘 들려주고, 중국의 목소리를 잘 전달하는 것"은 민심 상통의 중요한 구성 부분이다. 시진핑은 "중국의 목소리를 잘 전달하고, 중국의 이야기를 잘 들려주는 것을 통해 세계에 진실한 중국, 입체적인 중국, 전면적인 중국의 면모를 보여주어여 하며 평화 발전과 호혜 상생을 견지하는 중국의 이야기를 능동적으로 전달하는 것을 통해 세계가 중국에 대해 더 잘 알 수 있도록 해야 한다"고 강조했다. 세계 인민들이 쉽게 받아들일 수 있고, 쉽게 이해할 수 있는 언어로 중국의 이야기를 전달하고 중국의 이념을 전파해야 한다. 민심 상통 이념이 세계 각국에서 광범위하게 전파됨에 따라 문화, 교육, 관광, 싱크탱크 협력, 질병관리 등 다양한 분야에서 대중들의 정신적 및 물질적 수요를 만족시키고 있는 일련의 프로젝트들이 속출하고 있는데 이는 대중 간 상호 이해와 동질감 형성을 촉진하고 있으며 "일대일로" 공동건설에 탄탄한 민심 기반을 구축해 주고 있다.

첫째, 문화 교류의 형식이 다양해지고 있다. 중국은 주변국들과 함께 예술제, 영화제, 음악페스티벌, 문물전, 도서전 등 이벤트를 개최하고 공동으로 고퀄리티 영상 작품의 창작과 번역을 진행했으며 실크로드 극장, 박물관, 예술제, 도서관, 미술관 등 국제연맹을 잇달아 설립했다. 중국은 중동부유럽, 아세안, 러시아, 네팔, 그리스, 이집트, 남아프리카공화국 등 국가와 지역과 공동으로 "문화의 해" 이벤트를 개최했고 "실크로드 관광" "중국—아프리카 문화 포커싱" 등 10여 개의 문화교류 브랜드를 만들었으며 실크로드 둔황(敦煌) 국제문화박람회, 실크로드 국제 예술제, 해상 실크로드 국제 예술제 등 활동을 개최했을 뿐만 아니라 주변국들에 17곳의 중국문화센터를 설립했다. 중국은 인도네시아, 미얀마, 세르비아, 싱가포르, 사우디아라비아 등 국가와 문화유산 협력 문서를 체결했다. 또한 중국은 카자흐스탄, 키르기스스탄과 함께 "실크로드: 창안(長安)—톈산(天山) 회랑 네트워크"를 세계문화유산에 등재시켰다. 2017년 들어, 제1차 "실크로드 주변국 민간조직 협력 네트워크 포럼", 상하이국제영화제, "이집트중국영화전", 벨라루스중국영화전, 제1차 중국—아세안 TV 위크, "2020 중국영화제" 등 중대한 문화교류 활동이 잇달아 개최되었다. 중국—아세안 인터넷 영상 콘텐츠 산업단지가 설립되었고 중국이 동티모르에 원조한 디지털TV 지원 프로젝트 서명식이 성황리에 막을 내렸으며 아프리카 지원 프로젝트인 "완춘퉁(万村通)" 가나 프로젝트가 준공되면서 민간 우호 협력의 중요한 플랫폼으로 자리 잡았다. 상술한 활동과 프로젝트 모두 "일대일로" 주변국 민심 상통 건설의 중요한 성과들이다.

둘째, 교육 커리큘럼과 인재 교육의 성과가 풍부해지고 있다. 중국은 "실크로드" 중국정부장학금 프로젝트를 설립했고 24개의 주변국들과 고등교육 학력 및 학위 상호 인정 협정을 체결했으며 홍콩특별행정구, 마카오특별행정구에도 "일대일로" 공동건설 관련 장학금을 설립했다. 중국과학원은 주변국에 석사, 박사 장학금과 과학기술 교육과정을 설립했고 현재 5,000명이 해당 교육을 수료했다. 2018년 한 해, 총 196개 국가에서 온 49.22만 명의 유학생들이 중국을 방문했는데 이 중 "일대일로" 주변국 유학생은 26.06만 명으로서 전체 유학생 규모의 52.95%를 차지했다. 2018년 연말 기준, "일대일로"는 53개의 주변국에 137곳의 공자학원과 130개의 공자학당을 설립했는데 이는 전 세계 공자학원의 1/4에 달하는 규모이다. 공자학원은 언어 인재 육성, 문화 활동 개최, 민간 교류 증진 등 분야에서 중요한 역할을 발휘하고 있으며 "일대일로" 건설을 추진하는 중요한 추동력이 되고 있다.

셋째, 정당과 싱크탱크, "투트랙" 대화체제의 역할이 두드러지고 있다. 중국은 주변국들과 정당, 의회, 싱크탱크, 지방, 민간, 상공계, 매체, 대학 등 "투트랙" 채널을 통해 "일대일로" 공동건설 관련 다양한 소통, 대화, 교류와 협력을 추진해왔다. 중국은 관련국들과 잇달아 "일대일로" 싱크탱크 협력 위원회, 실크로드 글로벌 싱크탱크 네트워크, 대학교 싱크탱크 연맹 등을 설립했고 영국, 일본, 한국, 싱가포르, 카자흐스탄 등 국가와 "일대일로" 연구기관을 설립했으며 해당 국가들과 다양한 포럼과 세미나를 개최했다. 또한 많은 중국대학들이 외국대학과 함께 "일대일로" 연구센터, 협력발전학원, 연합교육센터 등 기구를 설립하면서 "일대일로" 공동건설에 필요한 글로벌 인재를 육성해냈다. 이 외에도 중국매체들은 외국매체와의 협력을 강화하고 매체포럼 개최, 영화 공동제작, 공동 인터뷰 등 방식을 통해 "일대일로" 이니셔티브의 글로벌 커뮤니케이션 역량을 향상시켰으며 국제사회가 "일대일로"

공동건설 관련 정보를 제때에 확인할 수 있도록 만들었다.

넷째, 관광 협력과 스포츠 교류 활동이 풍부해지고 있다. 중국은 여러 국가들과 함께 "관광의 해" 활동을 개최하고 실크로드 관광도시 홍보연맹, 해상 실크로드 관광 홍보연맹, "만리다도(万里茶道)" 국제관광연맹 등 관광 협력 메커니즘을 구축했다. 2020년 1월 기준, 중국과 상호 무사증 입국 협정을 체결한 "일대일로" 국가와 지역은 15개에 달하며 중국 공민의 무사증 입국을 허락한 국가와 지역은 17개, 중국 공민의 도착비자 발급을 허락한 국가와 지역은 40개에 달한다.[01] 《"일대일로"——중국 해외 자유관광 빅데이터 보고서》에 따르면 해외 관광지 TOP 10중 태국, 싱가포르, 말레이시아 등 "일대일로" 관련 국가가 7곳을 차지했으며 "일대일로" 이니셔티브에 참여한 유럽국들에 대한 관광 선호도가 현저히 상승하고 있다.

다섯째, 질병관리와 의약 협력이 순조롭게 진전되고 있다. 제1차 "일대일로" 국제협력서밋 개최 이래, 중국은 다양한 국가, 국제조직 및 비정부기구와 56건의 위생보건 협력 관련 협정을 체결했고 글로벌 보건 협력에 필요한 제반 공공재를 제공해왔다. 중국은 또한 "일대일로" 참여국들과 감염병 예방 및 관리, 보건의료 원조, 인재 육성, 중의약 홍보 등 분야에서 폭 넓은 협력을 이어왔다. 2018년 3월 중국은 라오스, 베트남, 미얀마, 캄보디아, 태국 등 국가와 《란창강(澜沧江)—메콩강(湄公河) 지역 말라리아 및 뎅기열 공동예방·공동관리 협력 협정 (2018-2022)》 및 양해각서를 체결한 이후, "란창강—메콩강 지역 곤충매개 감염병

---

01 《일반여권을 소지한 중국 공민의 관련 국가 및 지역 입국 대우 일람표 (2020년 1월 업그레이드)》중국영사서비스 홈페이지, http://cs.mfa.gov.cn/gyls/lsgz/fwx/t1185357.shtml.

공동예방·공동관리 플랫폼"을 통해 중국—라오스 국경과 중국—미얀마 국경의 지방보건원에서 19곳의 발열체크 검측소를 설립하였고 윈난(云南) 변경 지역의 8개 자치주, 시(市), 현(县)에서 곤충매개체 감염병 방어전선을 구축했으며 라오스 북부의 5개 성(省)을 아우르는 검측 네트워크를 구축했다. 이 외에도 중국은 "일대일로" 주변국 인민들이 가장 절실하게 필요로 하는 의료진 파견, 의약품 배송 등 민생 지원을 아끼지 않았고 "광명행(光明行)" "애심행(爱心行)" "감천행(甘泉性)" "행복천(幸福泉)" "사랑의 소포(爱心包裹)" "행복한 터전(幸福家园)" "태양촌(太阳村)" "친환경 대사 계획" 및 남태평양 섬나라를 대상으로 한 "의료진 상륙 프로젝트(送医上岛)", 중국—파키스탄 응급회랑 건설 등 일련의 의료 지원 및 협력 프로젝트를 실행했다. 2019년 5월 기준, 중국은 35개의 "일대일로" 주변국들에 중의약 해외센터를 설립했고 43개의 중의약 국제 협력기지를 건설했다.

(집필자: 선밍후이, 리하이펑 沈铭辉、李海风)

4부

다양한 길 건설

32. 평화의 길

개념 및 내용

"평화의 길"은 "일대일로" 건설의 중요한 비전 중 하나이다. 2016년 6월 22일, 시진핑은 《중국—중앙아시아—서아시아 경제회랑 건설 공동 추진》이라는 기조연설에서 처음으로 "평화로운 실크로드" 건설을 언급했다. 시진핑은 "안보 관련 협력을 적극 강화하고 공동·종합·협력·지속가능성을 골자로 하는 아시아 안전관을 이행해야 하며 아시아 특색을 지닌 안전 거버넌스 모델을 구축하고 '평화로운 실크로드'를 공동 개척해야 한다"고 밝혔다.[01] 2017년 5월 14일, 시진핑은 "일대일로" 국제협력서밋 기조연설에서 처음으로 "일대일로" 건설의 중요 비전인 "평화의 길, 번영의 길, 개방의 길, 혁신의 길과 문명의 길"에 대해 체계적으로 설명했다.[02] 이 중 "평화의 길"은 "일대일로" 건설의 중요 비전 중 맨 앞 자리를 차지했다.

"일대일로"를 평화의 길로 건설하는 것은 중국과 주변국들 모두의

---

01   시진핑: 《중국—중앙아시아—서아시아 경제회랑 건설 공동 추진》, 《시진핑, "일대일로"를 논하다》, 중앙문헌출판사 2018년호, 112페이지.

02   시진핑: 《"일대일로" 건설 공동 추진》, 《시진핑, 국정운영을 논하다》(제2권), 외문출판사 2017년호, 506-517페이지.

소망이자 "일대일로" 건설이 순조롭게 진행될 수 있는 전제 조건이다. 평화는 "일대일로"의 기조와 바탕색이다. 역사적으로 봤을 때 "실크로드"는 동방과 서방 간 협력의 연결고리이자 평화의 교량이었다. "일대일로" 건설은 평화롭고 안정적인 환경과 떼려야 뗄 수가 없다. 평화는 교류, 협력, 발전, 번영의 전제 조건이다. 평화와 안정적인 환경이 보장되어야 "일대일로"를 더 나은 방향으로 건설할 수 있고 더불어 각국 인민들에게 혜택을 가져다 줄 수 있다.

"일대일로" 건설 및 실천 과정에서 구현되는 "평화의 길" 정신

첫째, "일대일로" 건설은 상호 존중, 공평과 정의, 협력과 상생이 가능한 신형 국제관계를 구축하고자 하며 대립이 아닌 대화를 이어가고 연맹이 아닌 동반자 관계를 만들어갈 것이다.

중국은 평화공존의 5대 원칙 안에서 모든 "일대일로" 참여국들과 우호적인 협력 관계를 발전시킬 의향이 있고 전 세계와 발전의 경험을 공유할 의향이 있다. 단 중국은 타국의 내정에 간섭하지 않을 것이고 다른 국가에 중국의 사회제도와 발전모델을 수출하거나 강요하지 않을 것이다. 중국이 추진하는 "일대일로" 건설은 지정학적 대립이라는 전철을 밟지 않을 것이며 그 대신 협력과 상생의 새로운 모델을 개척할 것이다. 또한 안정을 해치는 소집단 대신 조화로운 공존이 가능한 대가정을 만들어 갈 것이다. "세계 각국은 각자의 주권, 존엄과 영토 완정을 존중해야 하고, 각자의 발전 노선과 사회 제도를 존중해야 하며, 각자의 핵심 이익과 중대 관심사를 존중해야 한다."[03]

둘째, "일대일로" 건설은 "공동, 종합, 협력, 지속 가능성을 골자로 하는 안전관을 수립하고 공동건설·상호공유의 안전 구도를 형성해야 한다". 시진핑은 2017년 유엔 제네바 사무국에서의 기조연설에서 "세상에는 절대적으로 안전한 무릉도원이 존재하지 않는다. 한 국가의 안전은 타국의 혼란을 대가로 해서는 안되며 타국의 위협이 자국의 도전이 될 수도 있다는 점을 명심해야 한다. 이웃이 어려움에 처했을 때 자기 집 울타리를 보수하는데만 급급할 것이 아니라 이웃한테 도움의 손길을 내밀어야 한다. '뭉치면 살고 흩어지면 죽는다'는 말이 있듯이 각국은 공동, 종합, 협력, 지속 가능성을 골자로 하는 안전관을 수립해야 한다"고 밝혔다.[04] 중국은 공동·종합·협력·지속가능성을 골자로 하는 안전관을 주장하고 아프리카 국가와 아프리카 연맹 등 지역 조직이 아프리카의 방식으로 아프리카의 문제를 해결하는 것을 굳건히 지지하며 아프리카가 "총성 없는 아프리카" 이니셔티브를 실행하는 것을 지지한다. 중국은 아프리카의 평화와 안정을 촉진하는 과정에서 건설적인 역할을 하고자 하며 아프리카 국가가 자주적 안정 및 평화 유지 역량을 향상하는 것을 지지한다.[05]

셋째, 중국이 "일대일로"를 평화의 길로 건설하는 것은 역사적 경

---

03   시진핑: 《"일대일로" 건설 공동 추진》, 《시진핑, 국정운영을 논하다》(제2권), 외문출판사 2017년호, 506-517페이지.

04   시진핑: 《인류 운명공동체 공동 구축》, 《시진핑, 국정운영을 논하다》 (제2권), 외문출판사 2017년호, 542페이지.

05   《함께 손을 맞잡고 운명을 같이 하며 한마음 한뜻으로 발전을 촉진해야 한다》, 《인민일보》 2018년 9월 4일 제2호.

험과 현실적 기초에 기반한 것이며 각국이 공동으로 노력하고 서로에게 다가갈 수 있다면 주변국들에게 평화롭고 아름다운 미래를 가져다 줄 수 있다. 이와 동시에 중국은 자신의 발전 성과를 통해 전 세계에 "평화의 길" 건설은 실행 가능성이 있음을 시사하고 있으며 세계 각국 또한 중국의 경험을 거울로 삼을 수 있다. 중국은 항상 세계 평화의 건설자, 글로벌 발전의 기여자이자 국제 질서의 수호자였고 세계 평화를 수호하고자 하는 의지는 한 번도 변한 적이 없다. 2015년 9월, 시진핑은 미국 뉴욕 본부에서의 기조연설을 통해 "중국은 시종일관 세계 평화의 건설자 역할을 담당할 것이고 흔들림 없이 평화 발전의 길을 걸을 것이다. 국제 정세가 어떻게 변하든, 국력이 얼마만큼 발전하든, 중국은 영원히 패권주의를 강행하지 않을 것이고 영원히 영토를 확장하지 않을 것이며 영원히 세력 범위를 키워가지 않을 것이다"고 강조했다.[06]

최근 몇 년간, 중국은 한반도 핵문제, 이란 핵문제, 팔레스타인―이스라엘 분쟁, 시리아, 남수단, 아프가니스탄, 미얀마 로힝야족 위기 및 지역 반테러리즘 등 이슈와 관련된 대화와 담판에 적극 참여하면서 문제 해결에 기여해왔다. 2017년 1월, 시진핑은 유엔 제네바 사무국에서 중국은 삶의 터전을 잃은 시리아 난민들에게 2억 위안의 인도주의적 지원을 제공할 것이라고 선포했다. 2017년 5월 14일, 시진핑은 "일대일로" 국제협력서밋에서 중국은 향후 3년간 "일대일로" 건설에 참여한 개도국과 국제조직에 600억 위안의 민생 인프라 건설 자금을 포함한 일련의 지원을 제공할 것이라고 전 세계에 약속했다.

---

06   시진핑:《공동으로 협력과 상생의 새로운 동반자 관계를 구축하고 한마음 한뜻으로 인류 운명공동체를 구축해야 한다》,《시진핑, 국정운영을 논하다》(제2권), 외문출판사 2017년호, 525페이지.

국제사회도 평화의 길 건설을 높게 평가하고 있다. 2016년 11월 17일, 유엔 193개 회원국은 만장일치로 "일대일로" 공동건설 등 경제협력 이니셔티브 지지 관련 결의안을 통과시켰고 국제사회가 "일대일로" 건설의 안전을 보장할 수 있는 환경을 조성해야 한다고 호소했다. 2017년 3월, 유엔 안보리는 만장일치로 2344번 결의안을 통과시키면서 국제사회가 "일대일로" 건설을 통해 지역 간 경제협력을 강화해야 한다고 강조했다.

중요 의미

"일대일로" 건설은 지역 간 협력 강화, 문명 간 교류와 학습 증진 및 호혜상생 실현을 목표로 삼고 있으며 세계의 평화와 안정을 수호하는데 일조하고 있다.

우선, "일대일로"는 공동 발전을 통해 평화와 안정을 도모한다는 이념을 제창하고 있는데 이는 세계가 위기에서 탈출하고 평화와 번영의 길로 나아가는데 긍정적으로 작용하고 있다. "일대일로" 공동건설을 통한 동반성장은 세계의 평화와 안정에 중요한 공헌이 될 것이다. 현재 세계는 발전 불균형, 수입 분배 불평등, 발전 공간 불균형을 겪고 있는데 이는 세계가 직면한 최대 도전이자 일부 국가의 혼란을 야기하는 중요한 원인이기도 하다. "일대일로" 주변에는 개도국들이 많이 위치해있으며 일부 지역은 복잡한 지정학적 환경으로 인해 종교 극단주의와 테러리즘의 온상으로 전락하여 세계의 평화와 안정에 큰 위협을 가져다주고 있다. 따라서 "일대일로" 주변국들부터 평화와 안정을 실현할 수 있다면 세계 안보에 크게 기여할 수 있다. "일대일로"는 "공동상의·공동건설·상호공유"의 원칙을 제창하고 서로 다른 국가 간 발전 전략을 유기적으로 결합시키는 것을 통해 공동발전을 도모하고 이익공동체, 책임공동체와 운명공동체를 구축하고자 한다. "일대일로"의 이러한 이념은 관련 지역의 충돌을 해소하고 전쟁을 원천적으로 차단하는데 도움이 되고 있다.

다음으로, "평화의 길"은 신형 국제관계와 "공동, 종합, 협력, 지속가능성"을 골자로 하는 안전관을 이론적 기반으로 하는데 이는 전 세계 "평화적자"를 줄여가는데 긍정적으로 작용하고 있다. 장기간에 거친 국제관계의 불공정과 불평등은 "실크로드"의 혼란을 가중시키고 전쟁을 야기한 근본적인 원인이다. 지난 역사를 돌이켜보면 "실크로드"는 한때 "제국의 길" "냉전의 길" "패권의 길"과 "전쟁의 길"로 전락한 적 있었다. 전철을 밟지 않기 위해 "일대일로"는 발전 부족과 발전 불균형 문제를 해결하고 남남협력(南南合作, 개도국 간 협력)과 남북협력(南北合作, 개도국과 선진국 간 협력)을 추진하기 위해, 그리고 공동으로 지역과 세계의 평화와 안정을 수호하고 동반성장과 공동번영을 도모하기 위해 모든 노력을 경주하고 있다.

(집필자: 셰라이후이 谢来辉)

"일대일로" 수첩

33. 번영의 길

개념 및 내용

　"번영의 길"은 "일대일로" 건설의 중요한 비전 중 하나이다. 2017년 5월 14일, 시진핑은 제1차 "일대일로" 국제협력서밋에서 기조연설을 통해 "일대일로" 건설의 중요 비전인 "평화의 길, 번영의 길, 개방의 길, 혁신의 길과 문명의 길" 건설을 제기했다.[01] 시진핑은 "번영의 길"을 언급하면서 발전은 모든 문제를 해결할 수 있는 만능 열쇠라고 강조한 바 있다. "일대일로" 건설 추진은 발전이라는 근본적인 문제에 포커싱하고 각국의 발전 잠재력을 발굴하여 경제의 대(大)융합, 발전의 대결합, 성과의 대공유를 실현하는 것을 목표로 삼고 있다.

　"일대일로" 이니셔티브는 중국에서 비롯되었지만 그 성과는 전 세계가 함께 공유할 수 있다. "일대일로" 건설은 세계의 기회를 중국의 기회로, 중국의 기회를 세계의 기회로 상호 전환시키면서 "일대일로" 주변국, 더 나아가 전 세계의 공동발전을 추진하고자 한다.

01　시진핑:《"일대일로" 건설 공동 추진》,《시진핑, 국정운영을 논하다》(제2권), 외문출판사 2017년호, 506-517페이지.

"일대일로" 건설 및 실천 과정에서 구현되는 "번영의 길" 정신

번영과 발전의 "번영의 길을 공동건설하는 것은 "일대일로"의 근본적인 출발점이다. 정책 소통, 인프라 연통(联通, 연결), 무역 창통(畅通, 원활화), 자금 융통은 결국 모두 "번영의 길"을 건설하기 위한 것이다.

"일대일로"는 본질적으로 하나의 경제 협력 이니셔티브이며 핵심 기능은 중국과 주변국들의 공동발전을 실현하는 것이다. "일대일로" 공동건설은 중국과 주변국들의 동반성장, 공동번영을 실현하는 효율적인 루트이자 협력과 상생을 위한 혁신적인 조치이다. 현재 중국의 경제발전은 성장세 둔화, 발전 구조 고도화, 모멘텀 전환의 뉴노멀 단계에 진입했다. 기업들도 대외투자 확대와 다양한 국제 생산능력 협력을 통해 해외투자에 박차를 가하고 있는데 이는 중국 산업구조의 전환과 고도화에 긍정적으로 작용할 뿐만 아니라 협력 파트너들이 중국과 장단점을 상호 보완하고 각자의 발전을 가속화하는데도 도움이 되고 있다.

"일대일로"를 "번영의 길"로 건설하는 주요 루트는 다음과 같은 세 가지가 있다. 첫째, 심층적인 산업 협력을 추진하고 다양한 국가의 산업 발전 계획을 상호 결합시키며 대형 프로젝트 건설을 중요시해야 한다. 또한 생산능력 및 장비 제조 관련 글로벌 협력을 강화하고 신(新)산업혁명의 발전 기회를 포착하여 새로운 산업 생태계를 구축하며 경제의 성장 모멘텀을 유지해야 한다. 둘째, 안정적이고 지속 가능하며 리스크 관리가 가능한 금융 보장 체계를 구축하고 투자와 융자 모델을 혁신하며 정부와 사회자본 간의 협력을 강화하여 다원화된 융자 체계와 자본시장을 건설해야 한다. 또한 인클루시브 금융(普惠金融)을 발전시키고 금융 서비스 네트워크를 체계화해야 한다. 셋째, 호연호통(互联互通, 상호 연결) 관련 프로젝트를 전력 추진해야 한다. 육상, 해상, 항공, 정보 사위일체를 추진하고 핵심 통로, 핵심 도시, 핵심 프로젝트에 포커싱하며 육상 도로 및 철도 네트워크와 해상 항만 네트워크를 연결시켜야 한다. 또한 "일대일로" 6대 경제회랑 건설을 착실하게 추진해야 한다. 에너지 구조 조정 및 에너지 기술 변화의 새로운 흐름에 편승하여 글로벌 에너지 네트워크를 건설하고 친환경·저탄소 발전을 실현하며 지역 간 체계적인 물류 네트워크를 건설해야 한다. 이 외에도 정책, 규칙, 표준의 삼위일체를 추진하면서 호연호통에 필요한 제도적 기반을 마련해 주어야 한다.[02]

2019년 4월, 시진핑은 제2차 "일대일로" 국제협력서밋에서 "유라시아 대륙에서 아프리카, 아메리카, 대양주에 이르기까지, '일대일로' 공동건설은 세계 경제의 성장에 새로운 공간을 개척해 주었고 국제 무역과 투자에 새로운 플랫폼을 구축해 주었으며 글로벌 경제 거버넌스 개선에 새로운 실천방향을 제공하고 각국 민생 복지 증진에 새로운 공헌을 기여하면서 모두의 기회의 길, 번영의 길로 거듭나고 있다"고 밝혔다.[03]

사실이 증명하다시피, "일대일로" 공동건설은 세계 각국의 발전에 새로운 기회를 마련해 주었을 뿐만 아니라 중국의 개방과 발전에도 새로운 국면을 열어주었다. 현재 중국은 카자흐스탄, 이집트, 에티오피아,

---

02   시진핑:《"일대일로" 건설 공동 추진》,《시진핑, 국정운영을 논하다》(제2권), 외문출판 사 2017년호, 506-517페이지.

03   《한마음 한뜻으로 "일대일로" 건설의 아름다운 미래 공동 개척》,《인민일보》2019년 4월 27일 3면.

브라질 등 40여 개의 국가와 생산능력 협력 문서를 체결했고 아세안, 아프리카 연맹, 라틴아메리카—카리브해 국가공동체 등 지역 조직과 생산능력 관련 협력을 추진했다.[04] 통계에 따르면, 2013~2019년 기준 중국과 주변국 간 화물 교역 누적 규모는7조8천억 달러를 넘어섰고 중국은 주변국들을 대상으로 1100억 달러가 넘는 직접투자를 진행했으며 새로 체결한 건설 프로젝트 계약금액이 8000억 달러에 근접했다.[05]

　"일대일로"를 "번영의 길"로 공동건설하는 것은 국제사회로부터 보편적인 인정을 받고 있다. 2019년 4월 세계은행연구팀이 발표한 보고서에 따르면 "일대일로" 공동건설 이니셔티브는 71개의 잠재적 참여국의 무역에 영향을 끼치고 있으며 참여국 간의 무역 규모를 4.1% 증가시켰다. 또한 주변국들의 외국인직접투자도 4.97% 증가시켰는데 이 중 주변국의 외국인직접투자가 4.36%, 경제협력개발기구(OECD)의 외국인직접투자가 4.63%, 비주변국 외국인직접투자가 5.75% 증가했다. 보고서에 따르면, "일대일로" 공동건설은 "동아시아 및 태평양 지역의 개발도상국"들의 국내GDP를 평균적으로 2.6%~3.9% 성장시켰다. 보고서의 전망에 따르면, 2030년까지 "일대일로" 이니셔티브 관련 투자는 대량의 일자리를 창출해 낼 수 있고 전 세계적으로 최소 760만명을 절대적 빈곤 상태 (일일 생활비용 1.90달러 이하)에서 탈출시킬 수 있으며 3200만 명을 중등 빈곤 상태(일일 생활비용 3.20달러 이하)에서 탈출시킬 수 있다.[06]

04　"일대일로" 건설업무지도소조 판공실: 《"일대일로" 이니셔티브 공동건설: 진전, 기여와 전망》,《인민일보》 2019년 4월 23일 7면.

05　http://news.cctv.com/2020/05/18/ARTIjlMPlkIQnDCaYalxplvi200518.shtml.

06　World Bank, "Belt and Road Economics: Opportunities and Risks of

의미

첫째, "번영의 길"은 국제 생산능력 협력과 인프라 건설을 추진하고 중국과 주변국의 장단점을 상호 보완해 주고 있으며 세계 경제에 새로운 수요를 창출해 주고 있다. "일대일로" 건설은 국가 간 호연호통(互联互通, 상호 연결)을 통해 무역과 투자의 협력 수준을 향상하고 국제 생산능력과 장비 제조 관련 협력을 추진하고 있으며 효율적인 공급을 통해 새로운 수요를 창출하면서 세계 경제의 재균형을 실현하고 있다. 특히 현재 세계 경제가 지속적으로 부진하고 있는 상황에서 중국의 거대한 생산능력과 건설능력이 해외로 수출되면 주변국들의 산업화와 현대화를 추진할 수 있고 인프라 수준 향상에 대한 수요를 만족시킬 수 있으며 세계 경제 형세 안정화에도 기여할 수 있다.[07]

둘째, "번영의 길"에서 이뤄지는 국가 간 호연호통(互联互通, 상호 연결)은 교통과 물류 비용을 대폭 절감하고 경제 글로벌화에 새로운 모멘텀을 제공할 수 있다. 인프라 호연호통을 강조하는 것은 "일대일로"의 눈에 띄는 특징 중 하나이다. 인프라 호연호통의 부재는 유라시아 대륙과 아프라키 지역의 발전을 저해하는 걸림돌이 되고 있으며 더 나아가 세계 각국의 경제 글로벌화 참여성도 떨어뜨리고 있다. 이러한 배경하에 중국이 제기한 "일대일로" 이니셔티브와 중국이 설립한 아시아인프라투자은행(AIIB), 실크로드기금은 지역 인프라 건설 투자 협력의 거대한 수요를 만족시켜주고 있다. 세계은행이 2019년 4월 발표한 연

Transport Corridors", Washington, D.C., 2019.

07   시진핑: 《"일대일로" 건설을 통해 주변국 인민들에게 복지를 제공해 주어야 한다》《시진핑, 국정운영을 논하다》 (제2권), 외문출판사 2017년호, 504페이지.

구보고서에 따르면, 호연호통 인프라 건설 프로젝트에 힘입어 "일대일로" 경제회랑의 무역 규모는 2.85%~9.7% 증가했고 세계무역 성장률은 1.7%~6.2%를 기록했다. "일대일로" 호연호통 인프라 건설의 네트워크 효과는 전 세계의 무역 비용을 절감시키고 있다.[08]

셋째, "일대일로"를 "번영의 길"로 건설하는 것은 세계를 더욱 균형적이고 상생적이며 공평한 방향으로 발전시키는데 일조할 수 있다. 많은 "일대일로" 주변국들은 아직 사회 발전이 비교적 낙후한 단계에 처해있다. 현재 글로벌 빈곤층 대부분이 아시아와 아프리카 지역에 집중되어 있는데 어떤 의미에서 보면 해당 지역들이 경제 글로벌화와 세계 발전의 취약한 부분이라고 이해할 수도 있다.

번영의 길 건설은 지역 내 빈곤을 효율적으로 퇴치할 수 있고 글로벌 빈곤층 인구의 경제 수준을 향상시킬 수 있으며 경제 발전의 불균형을 최소화할 수 있다.

(집필자: 셰라이후이 谢来辉)

---

08 World Bank, "Belt and Road Economics: Opportunities and Risks of Transport Corridors", Washington, D.C., 2019.

34. 개방의 길

개념 및 내용

"개방의 길"은 "일대일로" 건설의 중요한 비전 중 하나이다. 2017년 5월 14일, 시진핑은 제1차 "일대일로" 국제협력서밋에서 기조연설을 통해 "일대일로" 건설의 중요 비전인 "평화의 길, 번영의 길, 개방의 길, 혁신의 길과 문명의 길" 건설을 제기했다.[01] 시진핑은 "개방의 길"을 언급하면서 "개방은 진보를 불러오고 폐쇄는 낙후를 야기한다. 문명은 개방 중에서 발전하고 민족은 융합 중에서 공존한다. '일대일로' 건설은 개방을 방향으로 삼고 경제의 성장 및 균형 문제를 해결해야 한다"고 강조했다.[02]

현재 경제 글로벌화가 곤경에 처한 배경하에 개방의 길을 건설하는 것은 세계 경제의 발전을 견인하는 중요한 수단이 되고 있다. 2019년 4월 개최된 제2차 "일대일로" 국제협력서밋에서 시진핑은 "우리는 무역과 투자의 자유화와 편의화를 촉진하고 보호무역주의를 견결히 반대해야 하며 경제의 글로벌화가 더욱 개방적이고 포용적이며 모두

---

01   시진핑:《"일대일로" 건설 공동 추진》,《시진핑, 국정운영을 논하다》(제2권), 외문출판사 2017년호, 506-517페이지.

02   위와 같음.

가 혜택을 볼 수 있고 윈윈할 수 있는 방향으로 발전할 수 있도록 힘을 모아야 한다"고 재차 강조했다.[03]

"일대일로"는 개방적인 경제 협력 플랫폼이며 인류 운명공동체 구축이라는 아름다운 비전을 가지고 있다. "일대일로" 이니셔티브는 중국에서 비롯되었지만 전 세계가 그 성과를 공유할 수 있으며 전 세계에 개방된 공공재이기도 하다. 시진핑은 "우리는 공동상의·공동건설·상호공유의 원칙에 따라 다자주의를 제창하고 모두의 일은 모두가 함께 상의하고 해결해야 한다. 또한 각국은 양자 간·다자간 협력, 제3국 시장 협력 등 다양한 협력 방식을 통해 각자의 장점과 잠재력을 충분히 발휘해야 한다"고 강조했다.[04]

"일대일로" 건설 및 실천 과정에서 구현되는 "개방의 길" 정신

시진핑은《"일대일로" 공동건설 추진》이라는 기조연설을 통해 "개방의 길" 건설에 있어 반드시 고려해야 하는 구체적인 원칙과 행동 방향을 제기했다.

첫째, "개방의 길"은 "일대일로"가 "개방형 협력 플랫폼"으로 발전할 것임을 의미하고 있다. "일대일로"는 개방형 세계 경제 체제를 수호 및 발전시키고 개방과 발전에 유리한 환경을 공동으로 조성해 줄 것이

---

03 《한마음 한뜻으로 "일대일로" 건설의 아름다운 미래 공동 개척》,《인민일보》2019년 4월 27일 3면.

04 위와 같음.

며 공정하고 합리적이며 투명한 국제 경제무역 투자규칙 체계를 구축하고 생산 요소의 질서 있는 유동, 자원의 효율적인 분배, 시장의 심층적인 융합을 촉진할 것이다.

둘째, "일대일로" 건설은 다자간 무역 체계를 수호하고 자유무역구 건설을 추진하며 무역과 투자의 자유화와 편의화를 증진해야 한다.

셋째, "일대일로" 건설은 경제 성장과 발전의 불균형 문제, 거버넌스 곤경, 정보 격차, 분배 차이 등 문제를 적극 해결해야 하고 개방적이고 포용적이며 모두가 혜택을 볼 수 있고 모두가 평등하며 윈윈할 수 있는 경제 글로벌화를 실현해야 한다. 중국은 세계 각국이 자국의 실제 상황에 근거하여 적극적으로 개방형 경제를 발전하고 글로벌 거버넌스와 공공재 공급에 참여하며 공동으로 광범위한 이익공동체를 구축하는 것을 환영한다.[05]

중국은 현재 전방위적인 개방 확대를 통해 개방의 길 건설에 박차를 가하고 있다. "일대일로"를 개방의 길로 건설하는 것은 중국이 "포용성 발전" 이념과 신형 글로벌화 이념을 꾸준히 이행한 결과물이기도 하다. 중국은 외자 유치 분야를 한층 더 확대했고 높은 기준의 국제 비즈니스 환경을 조성했으며 18개의 자유무역시범구를 설립하였고 하이난자유무역항 설립을 논의하면서 주변국들의 대중국 투자를 적극 유치했다. 중국의 평균 관세는 WTO 가입 전의 15.3%에서 2018년의 7.5%로 줄어들었다.[06] 이 외에도 2019년 11월에 개최된 제2차 중국국제

05 시진핑:《"일대일로" 건설 공동 추진》,《시진핑, 국정운영을 논하다》(제2권), 외문출판사 2017년호, 516페이지.

06 "일대일로" 건설업무지도소조 판공실:《"일대일로" 이니셔티브 공동건설: 진전, 기여와 전망》,《인민일보》 2019년 4월 23일 7면.

수입박람회에는 150여개 국가 및 지역의 3000개가 넘는 기업들이 참여하였고 누적 711.3억 달러에 달하는 거래를 성사시켰는데 이는 2018년 제1차 박람회에 비해 23% 증가한 수치이다.

협력 메커니즘의 경우, "일대일로" 건설은 양자 간 협력, 다자간 협력, 제3국 시장 협력 등 다양한 협력 형태를 띄고 있고 더 많은 국가와 기업들의 심층적인 참여를 독려하고 공동이익의 파이를 키워가고 있으며 개방형 세계 경제 건설을 공동 추진하고 있다. 이와 관련하여 시진핑은 "다자주의 정신으로 '일대일로' 공동건설 체제를 착실히 추진해야 한다"고 강조한 바 있다.[07] 2020년 1월 말 기준, 중국은 이미 138개 국가와 30개 국제조직과 200건에 달하는 "일대일로" 공동건설 관련 협력 문서를 체결했는데 이 중에는 37개의 아시아 국가와 44개의 아프리카 국가가 포함되었다. 또한 2019년 9월 기준, 중국은 14개 국가와 제3국 시장 협력 강화에 관한 정부 문서를 체결했다.[08]

중국은 주변국들과 높은 기준의 자유무역협정을 적극 체결했고 세관, 세수, 심계관리 등 분야에서의 협력을 강화했으며 "일대일로" 세수관리 협력 메커니즘을 공동 구축하고 "수출입안전관리 우수업체(AEO)" 국제 상호 인증 프로세스를 가속화하였다. 중국은 아세안, 싱가포르, 파키스탄, 그루지야 등 국가와 지역과 자유무역협정 혹은 자유무역확대협정을 체결했고 유라시아 경제연맹과 경제무역협정을 체결

---

07 《한마음 한뜻으로 "일대일로" 건설의 아름다운 미래 공동 개척》,《인민일보》2019년 4월 27일 3면.

08 신화통신(新华社):《중국은 이미 14개 국가와 제3국 시장 협력 문서를 체결했다》, 2019년 9월 4일, 중국정부망, http://www.gov.cn/xinwen/2019-09/04/content_5427257.htm.

했으며 주변국들과의 자유무역구 네트워크 체계를 점진적으로 구축해 나갔다. 중국은 "일대일로" 세수 협력 회의를 개최하여《아스타나 "일대일로" 세수 협력 이니셔티브》를 발표했고 111개 국가와 지역을 아우르는 세수 협력 네트워크를 구축했다. 중국은《"일대일로" 무역 원활화 협력 이니셔티브》를 발의했고 83개의 국가와 국제조직이 이에 적극 참여했다. 세관 검역·검사 관련 협력 또한 활발히 추진되고 있다. 2017년 5월 제1차 "일대일로" 국제협력서밋 개최 이후, 중국은 주변국들과 100여 건의 협력 문서를 체결했고 50여 종의 농산품·식품의 수입을 허가했다.[09] 2019년 연말 기준, 중국 해관총서(海关总署)는 "일대일로" 주변국들과 89건의 세관 검역·검사 관련 협력 문서를 체결했고 18개의 "일대일로" 주변국들과 AEO 상호 인정 체계를 구축했다.[10]

의미

우선, "개방의 길" 비전은 "일대일로"를, 그리고 "일대일로"는 글로벌화를 개방과 포용의 방향으로 발전시키고 있다. "일대일로" 공동건설은 경제 성장과 발전의 불균형 문제, 거버넌스 곤경, 정보 격차, 분배 차이 등 문제를 적극 해결하는 것을 통해 세계 각국에 평등한 발전 기회를 부여하고 있으며 세계 인민들이 발전의 성과를 공유할 수 있도록

---

09   "일대일로" 건설업무지도소조 판공실:《"일대일로" 이니셔티브 공동건설: 진전, 기여 와 전망》,《인민일보》2019년 4월 23일 7면.

10   해관총서:《지난해 중국과 "일대일로" 주변국 간 수출입 규모는 9.27조 위안에 달 하며 동기 대비 10.8% 증가했다》, 2020년 1월 7일, 상무부 홈페이지, http://fec. mofcom.gov.cn/article/fwydyl/zgzx/202001/20200102931127.shtml.

하고 있다. 물론 역외 선진국들도 제3국의 신분으로 "일대일로" 건설에 참여하여 "일대일로" 건설에 따른 기회와 성과를 공유할 수 있다. 중국은 정치세력 범위 확장이 아닌 세계 각국의 공동 발전을 꾀하기 위해 "일대일로" 이니셔티브를 제기했으며 미국을 포함한 세계 모든 국가와 국제조직들의 참여를 환영한다.[11]

다음으로, "일대일로"를 개방의 길로 건설하는 것은 경제 글로벌화 추진과 다자주의 수호에 있어 중요한 의미를 가지고 있다. 2008년 글로벌 금융위기 이후, 경제 글로벌화와 다자주의가 곤경에 빠졌고 보호무역주의가 고개를 들고 있으며 세계 경제가 쇠퇴의 위험에 직면해있다. 국제사회는 발전의 불균형과 분배의 불평등이 심각한 결과를 야기할 수 있다는 점을 인지했고 점점 더 많은 국가와 국제조직들이 "포용성 발전"을 통해 모든 국가와 모든 계층이 경제 글로벌화와 경제 발전의 성과를 공평하게 공유할 수 있어야 한다고 호소하고 있다.

이러한 배경하에 "일대일로" 이니셔티브는 개방의 길 건설을 비전으로 삼으면서 경제 글로벌화와 다자주의에 혁신적인 수단을 제공해주고 있다. 즉 규칙에 기반한 개방, 투명, 포용, 평등의 다자간 무역체계를 지지, 수호 및 강화하고 무역과 투자의 자유화와 편의화를 증진하며 주변국들과 높은 기준의 자유무역구를 설립하면서 경제 글로벌화를 바람직한 방향으로 견인하고 있다.

(집필자: 셰라이후이 谢来辉)

---

11   시진핑: 《"일대일로"는 개방적이고 포용적이다》, 《시진핑, "일대일로"를 논한다》, 중앙문헌출판사 2018년호, 75페이지.

35. 혁신의 길

개념 및 내용

"혁신의 길"은 "일대일로" 건설의 중요한 비전 중 하나이다. 2017년 5월 14일, 시진핑은 제1차 "일대일로" 국제협력서밋에서 기조연설을 통해 "일대일로" 건설의 중요 비전인 "평화의 길, 번영의 길, 개방의 길, 혁신의 길과 문명의 길" 건설을 제기했다. 시진핑은 "혁신의 길"을 언급하면서 "혁신은 발전을 추진하는 중요한 역량이다"라고 밝혔고 "'일대일로' 건설 자체가 하나의 혁신적인 시도인만큼 '일대일로' 건설은 혁신 속에서 모멘텀을 발굴해야 한다"고 강조했다.[12]

"일대일로"는 그 자체로도 일종의 혁신적인 시도이며 혁신 정신과 혁신 실천의 결과물이기도 하다. 혁신은 발전을 견인하는 가장 큰 추동력이다. 2019년 4월 개최된 제2차 국제협력서밋에서 시진핑은 "제4차 산업혁명의 발전 흐름에 순응하고 디지털화, 네트워크화, 스마트화가 가져온 발전 기회를 포착해야 하며 공동으로 새로운 기술, 새로운 산업 형태, 새로운 모델을 모색하고 새로운 성장 모멘텀과 발전 노선을 발

---

12   시진핑:《"일대일로" 건설 공동 추진》,《시진핑, 국정운영을 논하다》(제2권), 외문출판사 2017년호, 506-517페이지.

굴하면서 디지털 실크로드, 혁신의 실크로드를 건설해야 한다"고 재차 강조했다.[01]

"혁신의 길"은 현재 글로벌 경제가 직면한 성장 모멘텀 부족 문제와 글로벌 발전 불균형 문제를 해결할 수 있는 핵심 열쇠이다. G20 지도자들은 2016년 항저우 정상회담에서 중요한 공감대를 형성했고《혁신 성장 청사진》을 발표했으며 혁신을 중요한 수단으로 삼으면서 국가와 세계 경제 성장을 견인할 수 있는 새로운 추동력을 발굴해야 한다고 강조했다. 시진핑은 2017년 1월 다보스포럼 기조연설에서 "세계 경제는 현재 성장 모멘텀 부족이라는 근본적인 문제에 직면해있다. 혁신은 발전을 견인하는 가장 큰 추동력이다. 과거의 산업혁명들과 달리 제4차 산업혁명은 선형적인 속도가 아닌 기하급수적인 속도로 진행되고 있는 만큼 우리는 혁신 속에서 출로를 모색해야 한다. 오직 혁신을 두려워 하지 않고 변혁에 앞장서야만 세계 경제 성장과 발전의 병목 현상을 해결할 수 있다"고 밝혔으며 "우리는 혁신 발전의 이념으로......혁신적인 정책 수단으로 구조적 개혁을 추진하면서 성장 공간을 개척하고 모멘텀을 부여해야 한다"고 강조했다.[02]

---

01 《한마음 한뜻으로 "일대일로" 건설의 아름다운 미래 공동 개척》,《인민일보》2019년 4월 27일 3면.

02 시진핑:《시대의 책임을 함께 짊어지고 세계의 발전을 함께 추진해야 한다》,《시진핑, "일대일로"를 논하다》, 중앙문헌출판사 2018년호, 154페이지.

"일대일로" 건설 및 실천 과정에서 구현되는 "혁신의 길" 정신

"일대일로"는 혁신 구동형 발전을 견지하고 활력 넘치는 성장 모델을 구축하고 있으며 세계 경제의 새로운 모멘텀을 발굴하고 있다. 시진핑은 《"일대일로" 건설 공동 추진》이라는 연설 중에서 "혁신의 길" 실행 방향을 제시한 바 있다. 첫째, "일대일로" 건설은 혁신 구동형 발전을 견지하고 디지털경제, 인공지능, 나노기술, 양자컴퓨터 등 첨단분야에서의 협력을 강화해야 하며 빅데이터, 클라우드 컴퓨팅, 스마트 도시 건설을 추진하면서 21세기 디지털 실크로드를 개척해야 한다. 둘째, "일대일로" 건설은 과학기술과 산업, 과학기술과 금융 간 심층적인 융합을 촉진해야 하고 혁신 친화형 환경을 조성해야 하며 혁신 자원을 한곳에 집중시켜야 한다. 셋째, "일대일로" 건설은 인터넷 시대에 살고 있는 각국 청년들에게 창업의 공간과 장소를 마련해줘야 하며 미래 세대들의 청춘의 꿈을 실현해 주어야 한다. 넷째, "일대일로" 건설은 "친환경 실크로드"를 목표로 삼고 친환경 발전의 이념을 이행해야 하며 친환경, 저탄소, 순환 및 지속 가능한 생산과 생활 방식을 제창해야 한다. 또한 생태환경 보호 관련 협력을 강화하고 생태 문명을 건설하면서 유엔 2030 지속 가능 발전목표(SDGs) 를 공동으로 실현해야 한다.[03]

2016년 9월 8일, 중국과학기술부, 국가발전개혁위원회, 외교부, 상무부 등 4개의 중앙위원회와 부처들은 《"일대일로" 건설 중 과학기술 혁신 협력 추진에 관한 전문 계획》을 공동 발표하면서 일련의 "일대일

---

03   시진핑:《"일대일로" 건설 공동 추진》,《시진핑, 국정운영을 논하다》(제2권), 외문출판사 2017년호, 506-517페이지.

로" 과학기술 혁신 협력 관련 조치를 제정하였다. 《계획》은 중국이 앞으로 주변국들과 함께 일련의 연구실험실, 연구센터, 기술이전센터, 선진기술 시범 및 응용 기지를 설립하고 과학기술 연구 데이터와 과학기술자원 간의 상호 연결 및 공유 서비스를 제공할 것이며 스마트 그리드, 정보통신 네트워크, 철도 및 도로 검측 네트워크 등 분야에서의 신기술 응용을 확대하고 주변국 인프라 수준과 혁신 역량을 강화할 계획이라고 명확히 밝혔다.[04]

"혁신의 길" 비전을 실현하기 위해 중국은 "일대일로" 과학기술 혁신 액션플랜을 가동시켰고 인문 교류, 연합실험실 공동건설, 과학기술단지 협력, 기술 이전 등 4가지 분야에서 실질적인 행동을 취했다. 2019년 4월 기준, 중국은 주변국들과 46건의 과학기술협정을 체결했고 중국—아세안, 중국—남아시아 등 과학기술 파트너 계획을 잇달아 가동했으며 아세안, 남아시아, 아랍국가, 중앙아시아, 중동부유럽과 5개의 지역 간 기술 이전 플랫폼을 구축했고 "일대일로" 국제과학조직연맹을 설립했다.[05] 중국은 혁신형 인재 교류 프로젝트도 적극 추진해왔고 향후 5년간 5000명의 중국과 외국 혁신형 인재들을 대상으로 인적 교류, 교육 커리큘럼, 협력 연구 등 서비스를 지원해 줄 것이다. 중국은 또한 다양한 국가의 기업들이 협력을 통해 정보통신 인프라를 건설하고 네트워크 연결화 수준을 향상시키는 것을 지지할 것이다.[06]

---

04   《"일대일로" 건설 중 과학기술 혁신 협력 추진에 관한 전문 계획》, 국가과학기술부 홈페이지, http://www.most.gov.cn/tztg/201609/t20160914_127689.htm.

05   "일대일로" 건설업무지도소조 판공실: 《"일대일로" 이니셔티브 공동건설: 진전, 기여와 전망》, 《인민일보》 2019년 4월 23일 7면.

06   위와 같음.

"일대일로"는 융자 시스템을 혁신했고 일련의 새로운 메커니즘, 새로운 플랫폼과 새로운 규칙을 만들었다. "일대일로" 건설에 필요한 자금을 지원해 주기 위해 중국은 기존의 정책성 금융기구를 활용한 외에도 "실크로드기금"을 전문적으로 설립하였고 아시아인프라투자은행(AIIB), 브릭스 신개발은행(NDB) 등 새로운 플랫폼을 통해 자금을 조달해 주었다. 중국은 세계은행 및 기타 다자간 개발기구와 "일대일로" 관련 협력을 이끌어냈고 해당 기구들과 "일대일로" 융자 지도원칙을 제정했다. 이 외에도 중국은 "일대일로" 주변국 및 관련 기구들과 다양한 형식의 금융 협력을 추진하면서 금융기구와 금융서비스의 네트워크화를 추진했고 융자 시스템을 혁신했다.

의미

우선, "혁신의 길"이 모색하고 있는 새로운 경제협력 방식은 개방적이고 포용적이며 모두가 혜택을 볼 수 있고 모두가 평등하며 윈윈할 수 있는 경제 글로벌화 추진에 일조하고 있다. "일대일로" 이니셔티브와 전통적인 경제 통합화 이니셔티브는 큰 차이점을 가지고 있다. "일대일로" 이니셔티브는 전통적인 발전 이념과 발전 노선을 고수하지 않고 경제 발전의 전면적인 협력에 입각하여 다양한 요소들을 받아들이고 있다. "일대일로" 이니셔티브는 주변국 간 전면적인 호연호통(互联互通, 상호 연결)을 목표로 삼고 정책 소통, 인프라 연통(联通, 연결), 무역 창통(畅通, 원활화), 자금 융통, 민심 상통 등 "5개의 통(通)"을 수단으로 활용하고 있다. "일대일로"는 발전 이념과 정책 수단을 혁신했고 겉으로 드러난 문제와 근본적인 원인에 대한 종합적인 대책을 강구하는 사고방식을 수립했으며 구조적 개혁을 추진하면서 성장 공간을 개척하고 모멘텀을 부여해왔다.

다음으로, 혁신의 길은 앞으로도 글로벌 발전을 견인할 수 있는 새로운 성장 모멘텀과 발전 방식을 적극 탐색하면서 세계 경제에 새로운 추동력을 제공해 줄 것이다. 현재 세계 경제는 모멘텀 전환, 성장세 둔화의 전환기에 접어들었다. 즉 전통적인 성장 엔진의 경제 추동력이 점점 약해지고 있는 반면, 새로운 성장점이 아직 형성되지 않은 상태이다. 이러한 배경하에 "일대일로"는 성장 방식의 혁신에 주안점을 두고 차세대 산업 혁명과 디지털 경제가 불러온 기회를 포착했으며 자원 환경과 기후 변화 등 문제가 가져온 도전에 적극 대응하고 있다. 또한 정보화, 자동화 등 트렌드가 취업 시장에 미치는 충격을 선제적으로 완화시키고 새로운 산업, 새로운 환경, 새로운 모델을 육성하는 과정에서 새로운 일자리를 창출하면서 "일대일로" 주변국들에게 자신감과 희망을 안겨주고 있다.

(집필자: 세라이후이 谢来辉)

36. 문명의 길

개념 및 내용

"문명의 길"은 "일대일로" 건설의 중요한 비전 중 하나이다. 2017년 5월 14일, 시진핑은 제1차 "일대일로" 국제협력서밋에서 《"일대일로" 건설 공동 추진》이라는 기조연설을 통해 "일대일로"를 평화의 길, 번영의 길, 개방의 길, 혁신의 길과 문명의 길로 건설하겠다고 밝혔다.[07] 시진핑은 해당 연설에서 "'일대일로'는 문명 장벽이 아닌 문명 교류, 문명 충돌이 아닌 문명 학습, 문명 우월감이 아닌 문명 공존성을 지향해야 하며 국가 간 상호 이해, 상호 존중과 상호 신뢰를 추진해야 한다"고 강조했다.[08]

고대 실크로드는 다양한 국가와 민족이 서로 왕래할 수 있는 창구를 열어주었고 인류 문명 진보의 역사적인 한 획을 그었다. "일대일로" 공동건설은 유구한 문화 역사와 포용적인 문화 이념을 내포하고 있으며 주변국들이 서로에게 다가가고 서로를 알아갈 수 있는 플랫폼을 제공해 주었다. 또한 서로 다른 국가, 서로 다른 문화, 서로 다른 역사배경

---

07 시진핑: 《"일대일로" 건설 공동 추진》, 《시진핑, 국정운영을 논하다》 (제2권), 외문출판사 2017년호, 506-517페이지.

08 위와 같음.

을 지닌 인민들 간 심층적인 교류를 추진했고 각국 인민들이 민족, 문화, 제도, 종교 간 차이를 극복하고 서로를 이해하고 서로와 어울릴 수 있도록 하면서 인류 운명공동체 구축에 일조했다.[01]

진정한 의미에서의 "일대일로"를 건설하기 위해 반드시 주변국 인민들 사이에서 상호 인정, 상호 이해, 상호 존중의 인문 구도를 형성시켜야 한다. 민심 상통은 "일대일로" 건설의 중요한 내용이자 인문적 기반이기도 하다. 경제 협력과 인문 교류 공동 추진을 견지하고 인문 분야에 공을 들여야 하며 각국 인민들의 문화 역사, 풍속 습관을 존중하고 주변국 인민들 간의 우호적인 왕래를 강화하면서 "일대일로" 건설에 광범위한 사회적 기반을 닦아주어야 한다.

"일대일로" 건설 및 실천 과정에서 구현되는 "문명의 길" 정신

시진핑은 《"일대일로" 건설 공동 추진》이라는 연설 중에서 "문명의 길" 실행 방향을 명확히 제시했다. 첫째, "일대일로" 건설은 다양한 분야의 인문 협력 메커니즘을 설립하고 더 많은 협력 플랫폼을 구축해야 하며 더 많은 협력 채널을 개척해야 한다. 둘째, "일대일로" 건설은 교육 분야의 협력을 추진하고 유학생 상호 파견 규모를 확대해야 하며 높은 기준의 합작학교를 설립해야 한다. 셋째, "일대일로" 건설은 싱크탱크 역할을 발휘하고 싱크탱크 연맹과 협력 네트워크를 적극 구축해야 한다. 넷째, "일대일로" 건설은 문화, 스포츠, 보건 등 분야에서의 협

---

01 "일대일로" 건설업무지도소조 판공실: 《"일대일로" 이니셔티브 공동건설: 진전, 기여와 전망》, 《인민일보》 2019년 4월 23일 7면.

력 모델을 혁신하고 실질적인 프로젝트를 추진해야 한다. 다섯째, "일대일로" 건설은 역사와 문화유산을 활용하고 관련국들과 함께 실크로드 특색을 지닌 관광상품 개발과 문화유산 보호에 나서야 한다. 여섯째, "일대일로" 건설은 각국 의회, 정당, 민간조직 간 왕래를 강화하고 여성, 청년, 장애인 등 계층 간 교류를 증진하면서 포용적인 발전을 촉진해야 한다. 일곱째, "일대일로" 건설은 국제 반부패 협력을 강화하여 "일대일로"를 청렴의 길로 건설해야 한다.[02]

2019년 5월 15일, 아시아 및 기타 5대주 47개 국가에서 온 1352명의 대표들이 아시아 문명 대화대회에 공동으로 참석했다. 참석 대표들은 함께 아시아 문명의 발전 노선에 대해 의견을 나누었고 폭넓은 공감대를 형성했으며 《아시아 문명 대화대회 2019 베이징 컨센서스》를 공동 발표했다.[03] 시진핑은 이번 대회에서 기조연설을 통해 "문명 간 충돌은 처음부터 존재했던 것이 아니다. 우리는 문명들마다 지니고 있는 고유의 미를 발견할 수 있는 안목을 갖추어야 한다. 우리는 자국 문명에 활력을 불어넣는 동시에 타국 문명 발전에도 유리한 조건을 창조해 주면서 세계 문명의 백화제방(百花齊放, 온갖 꽃이 일제히 피다)을 실현해야 한다"고 강조했다.[04]

최근 몇 년간, "일대일로" 공동건설에 힘입어 주변국들은 교육, 과학기술, 문화, 보건, 스포츠, 언론매체, 관광 등 분야에서 폭 넓은 협력을 추진했고 정당, 청년, 사회조직, 싱크탱크, 여성, 지방 등 분야의 교

---

02   시진핑: 《"일대일로" 건설 공동 추진》, 《시진핑, 국정운영을 논하다》 (제2권), 외문출판사 2017년호, 506-517페이지.

03   《아시아 문명 대화대회 2019 베이징 컨센서스》, 《인민일보》 2019년 5월 25일 3면.

04   시진핑: 《문명 간 교류와 학습 강화, 아시아 운명공동체 공동건설—아시아 문명 대화대회 개막식에서의 기조연설》, 《인민일보》 2019년 5월 16일 2면.

류를 증진했으며 초보적으로 화이부동(和而不同, 서로 조화를 이루나 동질화되지 않음), 다원일체(多元一体, 다양성 속에서 조화를 이룸)의 문명 간 공동 번영 및 발전 국면을 형성하였다.

중국은 주변국 및 관련 국제기구와 공동으로 인문 협력 메커니즘을 설립하고 더 많은 협력 플랫폼을 구축하며 더 많은 협력 채널을 개척할 의향이 있다. 또한 교육 분야의 협력을 추진하고 유학생 상호 파견 규모를 확대하며 높은 기준의 합작학교를 설립할 의향이 있다. 중국은 관련국들과 잇달아 "일대일로" 싱크탱크연맹, "일대일로" 국제싱크탱크 협력위원회, "일대일로" 신문협력연맹을 설립했고 역사와 문화유산 보호, 문물 해외전시, 합동 고고학 조사 등 분야에서의 협력을 이어왔다. 또한 박물관 간 교류와 협력을 추진했고 공동으로 실크로드 특색을 지닌 관광상품을 개발했으며 각국 의회, 정당, 민간조직 간 왕래를 강화하고 여성, 청년, 장애인 등 계층 간 교류를 증진하면서 포용적인 발전을 촉진했다. 제2차 "일대일로" 국제협력서밋 기간, 중국 유관 부처는 유엔아동기금(UNICEF)과 "아동 관심 및 발전 공유를 통한 지속 가능 발전목표 실현"을 주제로 하는 협력 이니셔티브를 발의했다. 제2차 "일대일로" 국제협력서밋에서 "실크로드 한 식구 (One Family on The Belt and Road)" 액션플랜이 정식으로 가동되었으며 그 성과의 일환으로서 중국은 향후 2년간 "일대일로" 주변국과 민간조직과 500쌍의 파트너 관계를 구축하고 주변 개도국들과 200건의 민생 안정 프로젝트를 추진하기로 계획했다.[05]

---

05 "일대일로" 건설업무지도소조 판공실:《"일대일로" 이니셔티브 공동건설: 진전, 기여와 전망》,《인민일보》2019년 4월 23일 7면.

"문명의 길" 건설의 세계에 대한 기여

첫째, "문명의 길"이 추앙하고 있는 다양한 문명 간 교류와 학습은 인류사회의 진보를 추진하는 원동력이다. 또한 다양한 문명 간 교류와 만남은 예로부터 사상 혁신과 인류 진보를 추진하는 근원이었다. 2017년 1월 18일, 시진핑은 유엔 제네바 사무국에서의 기조연설에서 "인류 문명의 다양성은 세계의 기본 특징이자 인류 진보의 근원이기도 하다…… 문명에는 지위와 우열의 구분이 없으며 특색과 지역의 차이만 있을 뿐이다. 하나하나의 문명마다 모두 고유의 매력과 유구한 역사를 지니고 있으며 다양한 문명들이 모여 인류의 정신적 보고를 이루고 있다. 서로 다른 문명 간 상호 장단점을 보완하고 공동으로 진보하면서 문명 간 교류와 학습을 인류 사회의 진보를 추진하는 원동력으로 만들어야 한다"고 밝혔다.[06] "일대일로"는 아시아, 유럽, 아프리카, 라틴아메리카 등 광범위한 지역을 아우르고 있으며 관련된 국가, 인구와 민족이 다양하고 이익, 제도와 가치관이 비교적 복잡한 만큼 서로와의 대화와 교류는 사상 계몽과 혁신 추진에 큰 도움이 될 수 있다.

둘째, "문명의 길"은 인류 문명의 다원화와 다양성을 인정하고 있으며 세계 평화를 수호하는 연결체가 될 수 있다. "문명의 길"은 문명 간 상호 교류와 학습, 문화 간 융합과 혁신을 통해 다양한 문명들이 서로를 이해하고 각국 인민들이 서로에게 다가갈 수 있는 평화 발전의 국면을 형성해 주고 있다. 서방 학자들이 주장하고 있는 "문명충돌론"은 결코 역사의 필연적인 산물이 아니다. 오랜 시간 동안, 다양한 국가와 민족,

---

06   시진핑:《인류 운명공동체 공동 구축》,《시진핑, 국정운영을 논하다》(제2권), 외문출판사 2017년호, 543-544페이지.

다양한 신앙을 지닌 인민들이 고대 "실크로드" 위에서 우호적인 왕래를 이어왔다. 다양한 문명들이 서로를 존중하고 개방과 포용의 자세를 보여줄 수만 있다면 협력과 공존은 더 이상 어려운 일이 아니게 된다.

"일대일로"는 다양한 문명을 아우르는 이니셔티브인만큼 발전전략 간 유기적인 결합을 통해 공동 발전을 도모하고 각국 인민들의 아름다운 삶에 대한 공통의 소망을 만족시켜야 한다. "일대일로" 건설은 문명 간 대화와 교류를 증진하고 발전과 협력을 추진하는 것을 통해 이견을 좁히고 충돌과 갈등을 해소하며 이해를 증진하고 공감대를 형성하면서 세계 평화를 수호하는 연결체로 거듭나야 한다.

셋째, "문명의 길"이 강조하고 있는 상호 학습은 세계의 발전과 번영에 호재로 작용할 수 있다. 서로 다른 문명 간 상호 존중, 상호 학습은 경제 협력과 공동 발전에 도움을 줄 수 있다. 각국은 자국이 처한 실제 상황에 근거하여 각자 다른 발전 노선을 선택했지만 이와 상관 없이 모두 "일대일로" 참여를 통해 자원을 분배하고 유무상통하면서 동반성장과 공동번영을 실현할 수 있다. "문명의 길"은 다양한 국가들이 서로의 국정운영 경험을 공유하고 각자의 유구한 문명과 발전 실천 속에서 영감과 지혜를 얻는 것을 독려하고 있다. "일대일로" 건설은 전략 매칭과 장단점 상호보완을 강조하고 있다. 각 관련국들은 정책 소통, 인프라 연통(联通, 연결), 자금 융통, 무역 창통(畅通, 원활화) 등 일체화된 조치를 통해 호혜상생을 도모하고 시너지효과를 창출할 수 있다.

(집필자: 셰라이후이 谢来辉)

37. 기회의 길

개념의 제기

2017년 5월 14일, 시진핑은 제1차 "일대일로" 국제협력서밋 기조연설에서 "현재 중국의 발전은 새로운 출발점에 서있다. 중국은 혁신, 조화, 친환경, 개방, 공유의 발전 이념을 적극 이행하고 경제 발전의 뉴노멀에 적응하며 경제 발전의 새로운 트렌드를 견인하고 공급단의 구조적 개혁을 적극 추진하면서 지속 가능한 발전을 실현할 것이다. 그리고 이를 통해 '일대일로'에 강력한 모멘텀을 부여하고 세계 경제 발전에 새로운 기회를 가져다 줄 것이다"라고 밝혔다.[07] 2019년 4월 26일, 시진핑은 제2차 "일대일로" 국제협력서밋 개막식 기조연설을 통해 "유라시아 대륙에서 아프리카, 아메리카, 대양주에 이르기까지, '일대일로' 공동건설은 세계 경제의 성장에 새로운 공간을 개척해 주었고 국제 무역과 투자에 새로운 플랫폼을 구축해 주었으며 글로벌 경제 거버넌스 개선에 새로운 실천방향을 제공하고 각국 민생 복지 증진에 새로운 공헌을 기여하면서 모두의 기회의 길, 번영의 길로 거듭나고 있다"고

---

07   시진핑:《"일대일로" 건설 공동 추진》,《인민일보》2017년 5월 15일 3면.

재차 강조했다.[08]

이와 동시에, 국제사회도 보편적으로 "일대일로"를 지금의 세계가 맞이한 중요한 기회로 인식하고 있다. 예를 들어, 유엔 사무총장 안토니우 구테후스(António Guterres)는 "광범위한 국제 투자와 협력 공간은 "일대일로"를 지속 가능 발전목표 실현 역량을 향상시킬 수 있는 매우 중요한 기회로 만들고 있다"고 밝힌 바 있고[09] 이탈리아 총리 주세페 콘테(Giuseppe Conte)도 "중국의 "일대일로" 이니셔티브는 이탈리와 유럽에게 있어 발전의 기회가 될 수 있으며 이탈리아는 중국과 경제 무역 협력을 강화하는 것을 통해 더 많은 발전 기회를 만들어가기를 기대하고 있다"고 밝혔다.[10]

내용

첫째, "일대일로"는 세계 경제 성장의 새로운 공간이다. 현재 중국은 세계 경제 성장의 견인차, 안전장치와 엔진 역할을 맡고 있다. 이와 동시에 중국이 제기한 "일대일로" 이니셔티브는 지역 및 세계 경제 성장에 새롭고 강력한 모멘텀을 불어넣고 있다. 영국 싱크탱크 경제경영연구소(CEBR)의 보고 전망에 따르면 "일대일로"는 2040년까지 매년

---

08 《한마음 한뜻으로 "일대일로" 건설의 아름다운 미래 공동 개척》, 《인민일보》 2019년 4월 27일 3면.

09 《"일대일로"는 지금의 세계가 맞이한 중요한 기회이다—유엔 사무총장 안토니우 구테후스 인터뷰》, 2019년 4월 24일, 신화통신, http://www.xinhuanet.com/world/2019-04/24/c_1124410528.htm .

10 《이탈리아 총리: "일대일로" 이니셔티브는 이탈리아와 유럽에게 있어 발전의 기회이다》, 《인민일보》 2019년 3월 10일 3면.

전 세계 GDP에 7.1조 달러의 증가액과 0.2%의 성장률을 기여할 수 있다.[01]

둘째, "일대일로"는 국제 무역 투자의 새로운 플랫폼이다. 우선, "일대일로" 관련 무역 및 투자 규모가 빠르게 증가하고 있다. 중국상무부의 통계에 따르면 2013~2019년 중국과 연안 국가들간의 누적 화물 교역액은 7.8조 달러를 초과했다.[02] 다음으로, 중국은 중국국제수입박람회(CIIE) 개최와 "실크로드기금" 설립을 통해 국제 무역 및 투자에 새로운 협력 플랫폼을 제공해 주었다. 통계에 따르면, 두 차례의 CIIE는 연간 거래액 기준 각각 578.3억 달러와 711.3억 달러를 기록했다.[03] 2019년 5월 기준, 실크로드기금은 약 30건의 투자 프로젝트를 체결했고 투자 총액은 110억 달러를 넘어섰다.[04] 이 외에도, "일대일로" 건설을 수반한 호연호통(互联互通, 상호 연결) 프로젝트들이 물류 운송 시간과 국제 무역 비용을 효율적으로 절감시켰다. 세계은행의 연구보고서에 따르면 모든 "일대일로" 교통 인프라들이 순조롭게 준공될 경우 전 세

---

01 From Silk Road to Silicon Road: How the Belt and Road Initiative will Transform the World Economics, Centre for Economics and Business Research, 2019, p. 9.

02 중국 일대일로 홈페이지, htps: //www.yidaiyilu.gov.en/ xwzx/gnxw/126521. htm.

03 《578.3억 달러! 제1차 중국국제수입박람회 풍성한 결실 맺었다》, 2018년 11월 10일, 신화통신, http: //www.xinhuanet. com/ world/2018 -11/10/c_ 1123694326. Htm, 《711.3억 달러! 제2차 중국국제수입박람회 풍성한 결실 맺었다》, 2019년 11월 10일, 신화통신, htp: //www.xinhuanet com/world/2019 - 11/10/c-1125214655.

04 《실크로드기금, "일대일로" 건설에 적극 서비스 제공》, 2019년, 실크로드기금 홈페이지, htp://www.silkroadfund. com. c/enwap/25394/25396/40555/index. html.

계 무역 비용은 1.1%~2.2% 줄어들 것으로 전망된다.[05] 보다시피 "일대
일로"는 이미 국제 무역 및 투자의 중요한 협력 플랫폼으로 거듭나고
있다.

셋째, "일대일로"는 글로벌 거버넌스 체계화의 새로운 실천이다.
"일대일로"는 현재 국제사회의 글로벌 거버넌스 공동 개선에 중요한
계기를 제공해 주고 있다. "일대일로" 이니셔티브는 다양한 분야에서
의 호연호통(互联互通, 상호 연결) 강화를 통해 다양한 국가들의 공동발전
을 실현하는 것을 취지로 삼고 있다. 특히 이 중에서도 개도국 간 협력
강화와 개도국과 선진국 간 발전격차 해소를 중점적으로 다루고 있는
데 이는 글로벌 경제 거버넌스 개선에 탄탄한 물질적 기반을 닦아주고
있다. 예를 들어, Jorge Chediek 유엔 사무총장 남남협력 특사 겸 유엔
남남협력사무소장은 "일대일로" 이니셔티브가 남남협력(南南合作, 개도국
간 협력)의 모범사례가 되고 있다고 밝힌 바 있다.[06] 다른 한편으로, "일
대일로" 이니셔티브는 "공동상의·공동건설·상호공유"의 원칙에 따라
혁신, 조화, 친환경, 개방, 공유의 발전 이념을 제창하면서 글로벌 경제
거버넌스 체계화에 이념적 기반을 제공하고 있다. 제71차 유엔 총회가
공동상의·공동건설·상호공유를 "유엔과 글로벌 경제 거버넌스" 결의
안에 포함시킨 것을 예로 들 수 있다.[07]

---

05 Michele Ruta et al., "How Much Will the Belt and Road Initiative Reduce
Trade Costs?", October 16, 2018, https; //blogs. worldbank. org/ trade/how-
much-will-belt-and-road-initiative-reduce-trade-costs.

06 《"일대일로" 이니셔티브가 남남협력의 모범사례가 되고 있다—유엔 사무총장 남남
협력 특사 겸 유엔 남남협력사무소장 Jorge Chediek》, 2017년 5월 9일, 신화통신,
http://www.xinhuanet.com/silkmad/2017 -05/ 09/c_ 1120942413. htm.

07 A/RES/71/327, UNGA, September 21. 2017, https: //www.un.org/zh/

넷째, "일대일로"는 각국 민생 복지 증진에 대한 새로운 공헌이다. 우선, "일대일로" 이니셔티브 중의 교통, 전력, 통신 등 인프라 프로젝트들은 모두 현지 인민들의 삶의 수준을 향상시켜주는 민생 공정들이다. 파키스탄의 전력난 문제를 크게 완화시켜준 타벨라 프로젝트부터 몰디브의 첫 번째 해상교량인 중국—몰디브 우의대교까지, 케냐 나이로비—마라바 철도(Nariobi—Malaba Railway)에서 에콰도르 CCS 수력발전소까지, "일대일로"는 주변국 민생복지를 증진할 수 있는 일련의 굵직한 공정들을 건설했다. 다음으로, "일대일로" 투자 프로젝트는 현지의 경제 발전과 일자리 창출에 일조하고 있다. 2019년 6월 18일, 세계은행이 발표한《"일대일로" 경제학: 교통회랑의 기회와 리스크》라는 보고서에 따르면 2030년까지 "일대일로" 관련 투자는 대량의 일자리를 창출해 낼 수 있고 전 세계적으로 최소 760만명을 절대적 빈곤 상태 (일일 생활비용 1.90달러 이하)에서 탈출시킬 수 있으며 3200만명을 중등 빈곤 상태(일일 생활비용 3.20달러 이하)에서 탈출시킬 수 있다.[08] 마지막으로, 중국은 "일대일로" 플랫폼을 통해 관련 국가와 국제조직을 적극 지원하고 있다. 예를 들어 시진핑은 "일대일로" 국제협력서밋에서 중국은 향후 3년간 "일대일로" 건설에 참여한 개도국과 국제조직에 600억 위안의 민생 인프라 건설 자금을 포함한 일련의 지원을 제공할 것이라고 전 세계에 약속한 바 있다. 중국은 향후 "일대일로" 주변의 개도국들에 20억 위안 규모의 긴급식량을 지원하고 남남협력원조기금에 10억 달

---

documents/view.doc.asp? symbol = A/RES/71/327.

08 World Bank, "Belt and Road Economics: Opportunities and Risks of Transport Corridors", Washington, D.C., 2019. 59P.

러를 추가 투자하며 주변국과 100개의 "행복한 터전(幸福家园)" 프로젝트, 100개의 "사랑의 지원(爱心助困)" 프로젝트, 100개의 "재활 지원(康复助医)" 프로젝트를 추진할 계획이다. 중국은 향후 관련 국제조직에 10억 달러의 지원금을 제공하여 주변국들이 혜택을 입을 수 있는 일련의 협력 프로젝트들을 실행시킬 계획이다.[09]

의미

중국의 발전은 세계와 떼려야 뗄 수가 없고 세계의 발전 역시 중국을 필요로 하고 있다. "일대일로" 이니셔티브는 중국에서 비롯되었지만 전 세계가 그 성과를 공유할 수 있다. 중국은 "일대일로" 건설 과정에서 외부 유치과 대외 수출 간 유기적인 결합을 통해 안에서 밖으로, 그리고 밖에서 안으로 향하는 투트랙 매칭을 실현하면서 자국과 세계의 발전을 연결시키고 있다. "일대일로"는 중국이 세계 경제의 지속적인 성장과 차세대 경제 글로벌화를 추진하기 위해 제공한 중요한 기회이자 중국이 국제사회와 함께 발전 노선을 공동상의하고 발전 플랫폼을 공동건설하며 발전 성과를 상호공유하는 과정에서 제공한 중요한 기회이기도 하다.

(집필자: 류러 刘乐)

---

09 시진핑:《"일대일로" 건설 공동 추진》,《인민일보》2017년 5월 15일 3면.

38. 청렴한 실크로드

"청렴한 실크로드"의 제기

2017년 5월 14일, 시진핑은 제1차 "일대일로" 국제협력서밋 개막식 기조연설에서 부패 척결에 관한 국제적 협력을 강화하고 "일대일로"를 청렴의 길로 만들어야 한다고 강조했다.[10] 2018년 8월 27일, 시진핑은 "일대일로" 건설업무 5주년 좌담회에서 기업의 투자 및 경영을 규범화하고 합법·준법 경영을 강조하며 환경 보호를 중요시하고 사회적 책임 이행을 촉구하면서 기업을 "일대일로"의 홍보대사로 만들어야 한다고 재차 강조했다.[11] 2019년 4월 22일, "일대일로" 건설업무지도소조 판공실은 《"일대일로" 이니셔티브 공동건설: 진전, 기여와 전망》보고서에서 청렴을 "일대일로" 공동건설의 도덕적 "마지노선"과 법률적 "레드라인"으로 삼아야 한다고 명확히 규정하였다.[12] 2019년 4월 26일, 시진핑은 제2차 "일대일로" 국제협력서밋 개막식 기조연설에서 "우리

---

10   시진핑:《"일대일로" 건설 공동 추진》,《인민일보》 2017년 5월 15일 3면.

11   《대화와 협상, 공동건설과 상호공유, 호혜상생과 교류학습 견지, "일대일로" 공동건설 심층 추진을 통해 인민들에게 혜택 제공》,《인민일보》 2018년 8월 28일 1면.

12   "일대일로" 건설업무지도소조 판공실:《"일대일로" 이니셔티브 공동건설: 진전, 기여와 전망》,《인민일보》 2019년 4월 23일 7면.

는 개방·친환경·청렴의 이념을 견지하고 배타적인 소모임을 만들지 않을 것이며 친환경을 주제로 하는 친환경 인프라 건설, 녹색투자, 녹색금융을 추진하면서 모두의 지구를 보호할 것이다. 또한 햇빛 아래에서 모든 협력을 진행하고 한치의 부정부패도 용납하지 않을 것이며《청렴의 실크로드 베이징 이니셔티브》를 통해 관련국들과 함께 청렴한 실크로드를 만들어 갈 것이다"라고 재차 강조했다.[13]

"청렴한 실크로드" 건설

중국은 현재 "일대일로" 플랫폼을 통해 관련국들과 청렴한 실크로드 건설의 중요성을 적극 강조하고 있다. 구체적으로 보면 현재 "청렴한 실크로드" 건설의 주요 내용은 크게 공감대 형성, 실천과 실행 두 가지 분야로 나뉠 수 있다.

첫째, 공감대를 형성하고 있다. 정치적 공감대는 "청렴한 실크로드" 건설의 중요한 기반이다. 따라서 중국은 관련 국가 및 국제조직과 적극적으로 교류를 증진하고 협력을 강화하면서 "청렴한 실크로드" 공동건설의 기반을 다져가고 있다. 예를 들어 2017년 5월 발표된《"일대일로" 국제협력서밋 원탁정상회담 공동 코뮈니케》는 각 관련국들이 향후 공동으로 모든 형식의 부정부패와 뇌물수수에 맞설 것이라는 내용을 명문화하였다.[14] 2019년 4월 25일, 제2차 "일대일로" 국제협력서밋

---

13   《한마음 한뜻으로 "일대일로" 건설의 아름다운 미래 공동 개척》,《인민일보》 2019년
      4월 27일 3면 .
14   《"일대일로" 국제협력서밋 원탁정상회담 공동 코뮈니케》,《인민일보》 2017년 5월
      16일.

청렴한 실크로드 포럼이 베이징 국가회의센터에서 개최되었고 아래와 같은 내용들이 만장일치로 통과되었다. (1)청렴은 "일대일로" 건설의 실질적인 추진과 안정적인 발전을 뒷받침해 주는 버팀목이며 세계 각국 정부는 반부패 법치 체계와 관련 메커니즘을 지속적으로 개선하여 청렴형 정경관계를 구축하고 뇌물수수 범죄에 대한 처벌 형량을 강화해야 한다. (2)기업은 준법경영 능력을 적극 강화하고 청렴한 기업 문화를 조성하며 청렴한 리스크 관리 체계를 구축해야 한다. (3)국제사회는 "일대일로" 공동건설 국가 간 반부패 및 법치 교류 관련 협력 메커니즘 건설을 강화해야 한다.[01] 회의 기간, 중국은 관련 국가, 국제조직 및 상공계, 학계 대표들과 공동으로 《청렴한 실크로드 베이징 이니셔티브》를 발의하면서 정부 거버넌스, 기업 경영, 법률 제도, 국제 협력 등 다양한 분야에서 구체적인 조치를 제기했다.[02] 2017년 9월 19일부터 20일까지, 중공중앙기율검사위원회, 중국국가감찰위원회는 베이징에서 세계은행과 공동으로 국제협력 강화 및 청렴의 길 공동건설 관련 세미나를 개최했다. 참석 대표들은 해당 세미나를 통해 "일대일로" 이니셔티브 참여 국가 및 조직은 부정부패에 대한 불관용 태도를 견지하고 관련 제도의 사각지대를 없애며 협력의 걸림돌들을 제거해야 한다는 공감대를 형성했다. 또한 부정부패 세력의 "범죄도피처, 조세피난처, 책임회

---

01   《청렴한 실크로드 포럼에서 "베이징 이니셔티브"가 발의되다》, 2019년 4월 25일, 신화통신, http://www.xinhuanet.com/world/2019-04/25/c_1124415667.htm.

02   《청렴한 실크로드 포럼 "베이징 이니셔티브"》, 2019년 4월 26일, 중앙기율검사위원회, 중국국가감찰위원회 홈페이지, http: //www.ccdi.gov. cn/yaowen/201904/20190426- 192942.html.

피처"가 되어서는 안 된다고 입을 모았다.[03] 2018년 7월 2~3일, "일대일로" 법치협력 국제포럼이 베이징에서 개최되었다. 참여국들은 《"일대일로" 법치협력 국제포럼 공동 주석 성명》을 발표하여 "일대일로" 참여국들이 힘을 모아 청렴한 "일대일로" 건설을 구축하고 《국제연합반부패협약》 등 국제 공약과 관련 양자 간 조약을 기반으로 반부패 협력을 강화하면서 "일대일로"를 청렴의 길로 만들어야 한다고 뜻을 모았다.[04]

둘째, 실천과 실행이 병행 추진되고 있다. 현재 중국은 시범 프로젝트 건설, 국제 교류, 기업 교육 등 방식을 통해 "청렴한 실크로드"를 건설하고 있다. 시범 프로젝트 건설의 경우, 중국—라오스 철도가 가장 전형적인 사례이다. 중국—라오스 철도 건설 과정에서 양국의 감찰기관과 참여기업들은 청렴 건설을 적극 강화하면서 중국—라오스 철도를 "일대일로" 건설의 시범 공정으로 만들었다.[05] 예를 들어, 중국철로총공사(中国铁路总公司)는 《중국—라오스 철도 프로젝트 청렴 리스크 예방관리 수첩》을 편성하여 청렴 리스크 예방관리를 648개의 포인트로

03 《국제협력 강화 및 청렴의 길 공동건설 관련 세미나가 북경에서 개최되다》, 2017년 9월 20일, 중앙기율검사위원회, 중국국가감찰위원회 홈페이지, http: //www.ccdi. gov.cn/ xxgk/1djg/ls/ ayhd/201709/120170921- 1139$7. html.

04 《""일대일로" 법치협력 국제포럼 공동 주석 성명"》, 2018년 7월 3일, 신화통신, http://www.xinhuanet.com/politics/2018-07/03/c\1123073746.htm.

05 《중국-라오스 철도 "청렴의 길" 건설이 윈난에서 가동되다》, 2017년 12월 20일, 중앙기율검사위원회, 중국국가감찰위원회 홈페이지, http://www.ccdi. gov. cn/ldhd/ wbld/201712/20171220_ 156857. html, 《일대일로 공동건설, 아름다운 미래 공동 구축, 중국-라오스 철도 "청렴의 길" 건설에 대한 전반적인 고찰》, 2019년 4월 28일, 중앙기율검사위원회, 중국국가감찰위원회 홈페이지, http://www.ccdi. gov. cn/ yaowen/201904/20190428 _ 193020. html.

세분화하였고 430개의 관리감독 조치를 제정하였으며 기타 참여기업 및 감찰기관들과 함께 청렴 리스크 예방관리 시스템을 구축하면서 공정 프로젝트의 리스크 관리 역량을 강화했다.[06] 국제 교류의 경우, 중국은 현재 "일대일로" 관련국들과 반부정부패 관련 업무 경험을 적극 교류하고 있다. 2019년 6월 28일부터 7월 11일까지, 중공중앙기율검사위원회, 중국국가감찰위원회는 상무부와 함께 공동으로 "일대일로" 국가 반부패 연수과정을 설립하면서 반부정부패에 관한 중국의 풍부한 경험과 혁신적인 실천을 외부에 공개했다.[07] 기업 교육의 경우, 기업의 준법경영은 청렴한 실크로드 건설의 중요한 구성 부분인 만큼 중국은 현재 적극적으로 세계은행 등 국제조직과 함께 관련 기업에 대한 교육을 진행하고 있다. 2018년 1월 9일부터 10일까지, 중공중앙기율검사위원회, 중국국가감찰위원회, 세계은행은 베이징에서 공동으로 "일대일로" 주변국 및 중국 기업 준법경영 교육 커리큘럼을 개설했다.[08] 2019년 7월 18일, 중공중앙기율검사위원회, 중국국가감찰위원회, 세계은행은 베이징에서 공동으로 제2차 "일대일로" 참여기업 준법경영 교육 커리큘럼을 개설했다.[09]

---

06   《"일대일로"를 청렴의 길로 건설해야 한다》,《중국기검감찰보》2019년 4월 25일 1면.

07   《일치단결하여 부정부패의 사슬을 끊어내고 공동으로 청렴한 실크로드를 건설해야 한다》,《중국기검감찰보》2019년 7월 17일 3면.

08   《"일대일로" 주변국 및 중국 기업 준법경영 교육 커리큘럼이 베이징에서 개최되다》, 2018년 1월 10일, 중앙기율검사위원회, 중국국가감찰위원회 홈페이지, http: // www.ccdi.gov.cn/toutiao/201 801/t20180110_161466.html.

09   《제2차 "일대일로" 참여기업 준법경영 교육 커리큘럼 베이징에서 개최, 경험과 실천 공유, 청렴한 실크로드 공동건설》, 2019년 7월 24일, 중앙기율검사위원회, 중국국가감찰위원회 홈페이지, http://www.ccdi. gov.cn/toutiao/201907/t201907

"청렴한 실크로드"의 의미

"청렴한 실크로드" 건설은 "일대일로"의 질적 발전을 추진할 수 있는 중요한 구성 부분이다. 마찬가지로, "청렴한 실크로드" 건설은 중국과 세계 모두에게 중요한 의미를 가지고 있다. 우선, "청렴한 실크로드" 건설은 시장의 건전한 질서를 수호하고 양호한 정경관계를 구축하는 데 도움이 될 수 있다. 다음으로, "청렴한 실크로드" 건설은 권력의 남용을 방지하고 양호한 정부 이미지를 수립하는데 도움이 될 수 있다. 그 다음으로, "청렴한 실크로드" 건설은 상업 뇌물수수를 줄이고 양호한 기업 이미지를 수립하는데 도움이 될 수 있다. 마지막으로, "청렴한 실크로드" 및 관련 건설은 국제사회가 부정부패 관련 국제협력을 강화하는 중요한 플랫폼이자 《유엔 반부패협약》을 이행하는 중요한 수단이 될 수 있다.

(집필자: 류러 刘乐)

24_19766.html.

39. 디지털 실크로드

"디지털 실크로드"의 제기

2017년 5월 14일, 시진핑은 제1차 "일대일로" 국제협력서밋 개막식 기조연설에서 혁신 구동형 발전을 견지하고 디지털 경제, 인공지능, 나노기술, 양자컴퓨터 등 첨단분야에서의 협력을 강화해야 하며 빅데이터, 클라우드 컴퓨팅, 스마트 도시 건설을 추진하면서 21세기 디지털 실크로드를 개척해야 한다고 밝혔다.[10] 2018년 4월 20~21일, 시진핑은 전국 사이버 안보 및 정보화 업무 회의에서 "'일대일로' 건설을 계기로 주변국 특히 개도국과의 인프라 건설, 디지털 경제, 사이버 안보 등 분야에서의 협력을 강화하면서 21세기 디지털 실크로드를 건설해야 한다"고 강조했다.[11] 2018년 7월 10일, 시진핑은 제8차 중국—아랍국가 협력 포럼 장관급 회담 개막식 기조연설에서 "'일대일로' 공간정보회랑을 공동건설하고 항공우주 분야에서의 협력을 강화하며 중국 베이더우 위성항법시스템(BDS)과 기상원격탐사위성 기술을 활용하여 아랍국

---

10   시진핑: 《"일대일로" 건설 공동 추진》, 《인민일보》 2017년 5월 15일 3면.

11   《시진핑, 전국 사이버 안보 및 정보화 업무 회의에서 정보화 발전의 역사적 기회를 포착하고 자주적인 혁신을 통해 사이버 안보 강국 건설을 추진해야 한다고 강조하다》, 《인민일보》 2018년 4월 22일 1면.

가의 건설을 도와야 한다. 또한 인터넷 인프라, 빅데이터, 클라우드 컴퓨팅, 전자상거래 등 분야에서 더 많은 협력의 공감대를 형성하고 더 큰 성과를 거두어야 한다"고 강조했다.[12] 2019년 4월 개최된 제2차 국제협력서밋 개막식에서 시진핑은 "제4차 산업혁명의 발전 흐름에 순응하고 디지털화, 네트워크화, 스마트화가 가져온 발전 기회를 포착해야 하며 공동으로 새로운 기술, 새로운 산업 형태, 새로운 모델을 모색하고 새로운 성장 모멘텀과 발전 노선을 발굴하면서 디지털 실크로드, 혁신의 실크로드를 건설해야 한다"고 밝혔다.[13]

"디지털 실크로드" 건설

중국은 차세대 정보화 혁명의 발전 기회를 포착하기 위해 "일대일로" 관련국들과 디지털 실크로드 건설을 적극 추진하고 있다. 통계에 따르면 2019년 9월 9일 기준, 중국은 이미 16개 국가와 "디지털 실크로드" 건설 협력 강화에 관한 양해각서를 체결했다.[14] 구체적으로 보면, 현재 디지털 실크로드 건설의 주요 내용은 인터넷 인프라 건설, 디지털 경제 발전, 국제적 포럼 개최, 국제 과학 협력 등 4개 분야로 나눌 수 있다.

첫째는 인터넷 인프라 건설이다. 인터넷 인프라는 디지털 실크로

12　시진핑: 《새로운 시대의 중국-아랍국가 전략적 동반자 관계를 공동으로 추진해야 한다》, 《인민일보》 2018년 7월 11일 2면.

13　《한마음 한뜻으로 "일대일로" 건설의 아름다운 미래 공동 개척》, 《인민일보》 2019년 4월 27일 3면.

14　구양(顾阳): 《"디지털 실크로드" 건설은 향후 글로벌 발전의 새로운 엔진이 될 것이다》, 《경제일보》 2019년 9월 9일 3면.

드 호연호통(互联互通, 상호 연결)의 중요한 기반이다. 2015년 3월 28일, 국가발전개혁위원회, 외교부와 상무부가 공동으로 발표한 《실크로드 경제벨트와 21세기 해상 실크로드 공동건설 추진에 관한 비전과 행동》에는 "공동으로 국경 간 광케이블 등 통신 네트워크를 건설하고 글로벌 통신의 상호 연결 수준을 제고하면서 원활한 정보화 실크로드를 구축해야 한다. 또한 양자 간 국경지역 광케이블 개통을 가속화하고 대륙 간 해저 광케이블 프로젝트 건설을 계획하며 공중(위성) 정보 통로를 체계화하고 정보 교류와 협력을 확대해야 한다"는 내용이 기입되었다.[01] 이에 따라 중국은 현재 "일대일로" 플랫폼을 통해 관련국들과 인터넷 인프라 건설 프로젝트 관련 협력을 적극 추진하고 있다. 그 예로, 2018년 7월 13일, 중국—파키스탄 국경 간 첫 번째 육상 광케이블이 정식으로 개통되었다.[02]

둘째는 디지털 경제 발전이다. 현재 다양한 형식의 디지털 경제가 빠르게 발전하고 있다. 따라서 디지털 경제 발전은 이미 디지털 실크로드 건설의 중요한 구성 부분으로 자리 잡고 있다. 그 예로, 2015년 11월 15일, 중국은 튀르키예와 《"사이버 실크로드" 건설을 강화할 것에 관한 양해각서》를 체결했고 2017년 5월 4일, 중국—튀르키예 크로스오버 전자상거래 협력 프로젝트를 가동시켰다.[03] 2017년 12월 3일, 제4차 세

---

01   국가발전개혁위원회, 외교부와 상무부:《실크로드 경제벨트와 21세기 해상 실크로드 공동건설 추진에 관한 비전과 행동》,《인민일보》2015년 3월 29일 4면.

02   《중국과 파키스탄 국경 간 첫 번째 육상 광케이블이 정식으로 개통되다》, 2018년 7월 4일, 신화통신, http: //www.sinhuanet. com/ fortune/2018-07/14/c-1123124416. htm.

03   《위홍양(郁红阳) 대사, 중국-튀르키예 크로스오버 전자상거래 협력 프로젝트 가동식 참여》, 2017년 5월 7일, 주튀르키예 중화인민공화국 대사관 홈페이지, https://

계인터넷대회(WIC)에서 중국, 라오스, 사우디아라비아, 세르비아, 태국, 튀르키예, 아랍에미리트 등 국가의 관련 부처들이 공동으로 《"일대일로" 디지털 경제 국제협력 이니셔티브》를 발의했다.[04]

셋째는 국제적 포럼 개최이다. 포럼과 세미나는 국제협력의 저변을 확대하는 중요한 방식이다. 2019년 4월 25일, 제2차 "일대일로" 국제협력서밋 디지털 실크로드 포럼이 베이징 국가회의센터에서 개최되었다. 다양한 국가에서 온 참가자 대표들이 "21세기 디지털 실크로드 공동건설"을 주제로 한 이번 포럼에서 혁신 구동형 발전, 디지털 경제, 인공지능, 스마트 도시 건설 등 분야를 둘러싸고 깊이 있는 대화를 나눴다.[05] 이 외에도 국가발전개혁위원회는 중국인민외교학회와 함께 우전(乌镇)에서 세계인터넷대회(WIC) "디지털 실크로드" 국제협력포럼과 "일대일로" 인터넷 국제협력포럼을 개최하면서 국내외 산학연관 대표들이 디지털 실크로드 건설 관련 국제협력에 대해 의견을 교류할 수 있는 플랫폼을 제공해 주었다.

넷째는 국제 과학 협력이다. 디지털 실크로드는 자연과학 분야의 글로벌 협력에 필요한 양질의 플랫폼들을 구축해왔다. 그 예로, 2016년 5월, 중국과학원(CAS) 산하 원격탐사 및 디지털 지구 연구소(RADI)가 "디지털 실크로드" 국제과학계획(DBAR)을 발의했으며 22개의 국제

www.fmpre.gov.cn/ce/cetur/chn/xwdlt/11459409. htm.

04 《〈"일대일로" 디지털 경제 국제협력 이니셔티브〉 발표》, 2017년 12월 3일, 인민망, http://media.people.com.cn/nl /2017/1203/cl4677 -29682583. html.

05 《디지털 실크로드 포럼, 혁신 구동형 발전, 디지털 경제 등 분야에 포커싱하다》, 2019년 4월 26일, 신화통신, http: //www. sinhuanet com/xord/2019-04/26/e_ 1124417534. htm.

조직, 국제계획과 국가로부터 지지와 호응을 받았다.[06] 현재 해당 계획은 "일대일로" 관련 국가의 농업 상황, 자연재해 예방 및 구조, 도시 건설 계획, 문화유산 지역 보호 등 분야에 전면적인 기술적 지원을 제공해 주고 있다.[07]

이 외에도, 중국은 국제조직들과 디지털 실크로드 건설 관련 협력을 꾸준히 강화하고 있다. 그 예로, 중국수출입은행(EIBC)은 국제전기통신연합(ITU)과 《"일대일로" 프레임 안의 전기통신 및 정보 네트워크 분야 협력 강화에 관한 양해각서》를 체결했다.[08]

"디지털 실크로드"의 의미

사이버 공간이 육상, 해상, 항공, 우주의 뒤를 잇는 인류 제5대 활동 공간으로 자리 잡음에 따라 현재 세계는 과거 경험해 보지 못한 디지털 시대를 맞이하고 있다. 이러한 배경하에 디지털 실크로드의 제기와 건설은 국제사회의 디지털 협력 강화와 정보 격차 해소에 긍정적인 역할을 끼치고 있으며 더 많은 사람들이 디지털 시대의 발전 흐름 속에서 혜택을 받을 수 있도록 도와주고 있다. 이는 사이버 공간 운명공동체 구축의 구체적인 구현과 중요한 실천이기도 하다.

(집필자: 류러 刘乐)

---

06   궈화둥(郭华东) 등: 《"디지털 실크로드" 국제과학계획—"일대일로" 지속 가능한 발전 수호》, 《중국과학원원간(院刊)》.

07   Guo Huadong, "Steps to the Digtal Silk Road", Nature, Vol.554. 2018, p. 27.

08   《제2차 "일대일로" 국제협력서밋 성과 리스트》, 《인민일보》 2019년 4월 28일 5면.

40. 친환경 실크로드

"디지털 실크로드"의 의미

환경과 기후 변화는 전 인류가 공동으로 직면한 중대한 도전이다. "일대일로" 이니셔티브 실행 이래, 주변 국가와 지역들은 생태환경 보호를 예의주시하고 있다.

중국 정부는 "일대일로" 이니셔티브 제기 초반부터 친환경 발전 이념을 매우 중요시해왔다. 2015년 발표된 《실크로드 경제벨트와 21세기 해상 실크로드 공동건설 추진에 관한 비전과 행동》은 친환경과 저탄소의 방식으로 인프라를 건설 및 운영하고 기후 변화의 영향을 충분히 감안해야 하며 무역과 투자 전략을 제정할 때 대상국 인민들의 삶에 끼칠 수 있는 영향도 함께 고려하고 생태환경, 생물의 다양성, 기후 변화 대응 등 분야에서의 협력을 강화하면서 친환경 실크로드를 공동으로 건설해야 한다는 내용을 명문화하였다.[09] 시진핑도 다양한 공식 석상에서 "친환경 발전의 새로운 이념을 이행하고 친환경, 저탄소, 순환 및 지속 가능한 생산과 생활 방식을 제창해야 하며 생태환경 보호 관련

---

09 중국 상무부 홈페이지, http://www.mofcom.gov.cn/article/resume/n/201504/20150400929655.shtml.

협력을 강화하면서 친환경 실크로드를 건설하고 유엔 2030 지속 가능 발전목표(SDGs)를 공동으로 실현해야 한다"고 여러 차례 강조했다. 중국 정부는《"13차 5개년 계획" 중 생태환경 보호 계획》에서 특별히 "친환경 '일대일로' 건설 추진"이라는 장절(章節)을 마련하여 향후 5년간의 "일대일로" 생태환경 보호 관련 전반적 업무 계획을 제시했다.[10] 2017년 5월 "일대일로" 국제협력서밋 개최 직전, 중국 환경보호부(현 생태환경부)는 기타 중앙위원회 및 부처와 공동으로《친환경 "일대일로" 건설 추진에 관한 지도의견》(이하《지도의견》으로 약칭),《"일대일로" 생태환경 보호 협력 계획》(이하《계획》으로 약칭)을 발표했다.《지도의견》은 친환경 "일대일로" 건설의 총제적인 방향성을 명확히 제시하였고《계획》은《지도의견》의 가이드라인을 구체화시켰다. 양자는 각각 중국의 친환경 "일대일로" 건설 추진의 강령과 액션플랜이며 중국이 "일대일로" 건설 과정에서 생태 문명 이념을 부각시키고 친환경 발전을 추진하며 생태환경 보호를 강화하면서 친환경 실크로드를 공동 건설하고자 하는 굳은 결의를 잘 보여주었다.[11]

친환경 실크로드란, "일대일로" 건설 중 글로벌 발전의 전체적인 흐름에 순응하면서 "평화협력, 개방포용, 상호학습, 호혜상생"의 실크로드 정신에 따라 생태 문명과 친환경 발전의 요구를 "정책 소통, 인프라 연통(联通, 연결), 무역 창통(畅通, 원활화), 자금 융통, 민심 상통" 중의 구

---

10 국무원 신문판공실 홈페이지, http://www.scio.gov.cn/xwfbh/gbwxwfbh/xwfbh/hjbhb/Document/1552656/1552656.htm.

11 《친환경 "일대일로" 건설에 관한 지도의견》과《"일대일로" 생태환경 보호 협력 계획》관련 기자 질문에 대한 환경보호부 국제협력사의 답변, http://www.mee.gov.cn/gkml/sthjbgw/qt/201705/t20170515_414092.htm.

체적인 임무와 조치에 폭넓게 융합시키고 생태환경 보호전략 간 매칭과 정책 소통을 통해 주변 지역과의 협력을 강화하면서 지속 가능한 발전 수준을 확실하게 향상시키고 유엔 2030 지속 가능 발전목표를 공동으로 실현하는 것을 의미한다.

"친환경 실크로드" 건설의 구체적 목표와 주요 임무

2017년 발표된 《지도의견》은 친환경 실크로드 건설이 두 개의 단계로 나눠서 발전해야 한다고 명확히 제기했다. 우선 3~5년의 시간을 들여 "일대일로" 생태환경 보호 관련 협력 및 교류 체계, 지원 및 서비스 플랫폼, 그리고 산업기술 협력기지를 초보적으로 구축하고 일련의 생태환경 리스크 예방 정책과 조치를 제정 및 실행해야 한다. 그 후 다시 5~10년의 시간을 들여 생태환경 보호 관련 서비스, 지원 및 보장 시스템을 체계화하고 일련의 중요한 생태환경 보호 프로젝트의 효율적인 실행을 추진해야 한다.[01] 《계획》은 생태환경 보호 협력은 친환경 "일대일로" 건설의 근본적인 요구라는 것을 한층 더 명확히 했다. 또한 2025년까지 주변국들과 양호한 환경보호 협력 구도를 형성하고, 2030년까지 공동으로 유엔 2030 지속 가능 발전목표를 실현하며 생태환경 보호 관련 협력 분야를 지속적으로 확대하고 협력 수준을 전면적으로 향상해야 한다는 목표와 중점 임무를 설정했다.[02] 구체적으로는 다음과

---

01   http://www.mofcom.gov.cn/article/i/jyjl/m/201705/20170502571374.shtml.

02   http://www.me.gov.cn/gkml/hbb/bwj/201705/t20170516_414102.html.

같은 몇 가지 내용을 포함하고 있다.

협력과 교류의 플랫폼을 구축해야 한다. 생태환경 보호 관련 교류는 협력을 전개하는 기반이자 창구이다. 생태환경 보호 협력 플랫폼 구축의 취지는 생태 문명 이념을 전파하고 친환경 발전 관련 실천경험을 공유하며 "일대일로" 주변국들과 생태환경 보호 정책을 소통하는 것이다. 다음은 세부적인 조치들이다. (1)정부 간 고위층 대화를 진행하고 중국─아세안 협력체, 상하이협력기구, 란창강(瀾滄江)─메콩강(湄公河) 경제체, 유라시아 경제 포럼, 중국─아프리카 협력 포럼, 중국─아랍국가 협력 포럼, 아시아 교류 및 신뢰 구축회의(CICA) 등 기존의 협력 메커니즘을 충분히 활용해야 한다. (2)"일대일로" 친환경 발전 국제 연맹을 설립하고 국제 조직 및 기구와의 협력을 확대하며 더 많은 국가와 지역들이 "일대일로" 친환경 건설에 참여하도록 해야 한다. (3)다원화된 협력 네트워크를 설립하고, 정부가 인도하고 기업이 책임지며 환경보호 관련 사회조직과 민중이 참여하는 메커니즘을 구축하며 기업의 지속 가능 운영에 대한 자문, 서비스와 협조 역할을 충분히 발휘하고 전략 제정, 정책 간 매칭, 투자 컨설팅 등 분야의 싱크탱크 참여도를 향상시키면서 공동으로 친환경 실크로드를 건설해야 한다.

협력 지원 및 서비스 체계를 체계화해야 한다. 첫째, 표준 간 교류와 조율을 강화하고 "일대일로" 건설의 환경 표준화 규범을 제정해야 한다. 둘째, 환경 상품 및 서비스의 무역과 투자 편의화를 증진하고 수출 무역 환경 관리와 정책성 조율을 중점적으로 강화하여 환경 상품 및 서비스의 수출을 확대하며 친환경 공급 사슬 관리체제를 구축하면서 산업의 친환경 전환을 도와야 한다. 셋째, "일대일로" 주변의 녹색금융 발전을 추진하고 기업의 녹색 신용 평가 및 수집 시스템을 구축하여 투자 관련 의사결정의 친환경화를 유도하며 아시아인프라투자은행(AIIB), 실크로드기금, 남남협력기금 등 자금 플랫폼이 친환경 "일대일로" 건설을 더 많이 지원할 수 있도록 해야 한다.

생태환경 보호 관련 기술과 표준화 협력을 추진해야 한다. 과학기술 혁신 협력은 높은 기준의 "일대일로"를 건설하는 중요한 내용이다. 환경 친화적이고 선진적이며 널리 적용될 수 있는 기술들이 "일대일로" 주변의 개도국들 사이에서 이전되고 전환될 수 있도록 기술 이전 관련 협력을 강화해야 한다. 관련 산업 협회가 국제 표준과 통용되는 산업 생태환경 보호 표준, 규범 및 가이드라인을 제정 및 발표하는 것을 독려하고 생태환경 보호 관련 선진 기술에 대한 공동 연구개발, 홍보 및 응용을 촉진해야 한다. 빅데이터의 중요성을 감안하여 친환경 "일대일로" 생태환경 보호 빅데이터 서비스 플랫폼을 건설하고 환경 보호 관련 법률 법규, 정책 표준과 실천 경험을 교류 및 공유해야 한다. 또한 관련 부처 간 통합적인 협력을 증진하고 프로젝트의 생태환경 보호 관련 정보를 긴밀히 교류 및 공유하며 해외 프로젝트 생태환경 리스크 평가 및 예방 능력을 향상하고 친환경 "일대일로" 건설을 지지 및 보장해야 한다.

국제 생산능력 협력과 인프라 건설의 친환경화를 촉진해야 한다. 기업들이 자각적으로 현지의 환경보호 법규, 표준 및 규범을 준수하고 환경적 책임을 이행하도록 해야 하고 관련 산업 협회와 상회가 "기업 해외투자 관련 생태환경 행동준칙"을 제정하도록 해야 한다. 기업들이 자체적 환경 관리 역량을 강화하고 자발적으로 저탄소, 에너지 절약, 친환경이 가능한 재료와 기술공법을 사용하는 것을 독려해야 하며 기업의 재활용을 추진하고 철도, 전력, 자동차, 통신, 신에너지, 철강 등 분야에서 양질의 친환경 브랜드 설립을 추진해야 한다. 또한《계획》은 기업들이 친환경과 저탄소의 방식으로 인프라를 건설 및 운영할 것을 요구하고 있다. 인프라 건설 표준과 규범을 생태환경 보호 요구와 결합시키고 친환경 교통, 친환경 건축, 친환경 에너지 등 산업의 환경보호 표준과 조치를 널리 응용시키며 인프라 운영, 관리, 유지보수 등 과정에서의 친환경, 저탄소 수준을 제고해야 한다.

생태환경 중점 보호 분야와 중대 프로젝트 협력을 강화해야 한다. 환경오염 관리, 생태보호, 방사능 안전, 생태보호기술 혁신 등 중점 분야에서의 협력을 심층적으로 추진하고 친환경 실크로드 대사 계획을 실시하며 환경보호산업 기술협력 단지 및 시범 기지를 건설하고 환경 문제 관련 대외 원조를 추진해야 한다.《계획》은 특별히 25개의 중점 프로젝트를 설계했는데 이 중에는 6개의 정책 소통 관련 프로젝트, 4개의 인프라 연결 관련 프로젝트, 3개의 무역 원활화 관련 프로젝트, 2개의 자금 융통 관련 프로젝트, 4개의 민심 상통 관련 프로젝트, 6개의 능력 건설 관련 프로젝트가 포함되었다.《계획은》또한 지방 우세를 충분히 발휘하고 능력 건설을 강화하여 프로젝트의 실행을 촉진해야 한다고 강조했다.

"친환경 실크로드" 건설의 이론적 의미와 실천적 의미

기후 변화와 인구 증가가 가져다주는 부담이 지속적으로 커짐에 따라 사람들은 친환경 경제성장 방식을 절실히 필요로 하고 있으며 환경과 기후에 유리한 방식으로 인프라를 건설하기를 희망하고 있다. 친환경 발전 이념은 경제적인 효과를 볼 수 있을 뿐만 아니라 긍정적인 생태, 물리 및 사회 효과도 불러올 수 있다.

"일대일로" 주변에는 주로 개도국들과 신흥시장국가들이 위치해 있는데 이들 국가는 자원에 대한 의존도가 비교적 높고 경제 발전 방식이 조방적이다. 또한 에너지 채굴 강도가 높고 전 세계 탄소 배출총량의 60% 이상에 달하는 탄소를 배출하고 있으며 향후 글로벌 온실가스 배출량이 가장 가파르게 증가하는 지역이 될 것이다. 세계자연기금(WWF)의 통계에 따르면, "일대일로" 이니셔티브 회랑은 복잡한 지리적 조건을 가지고 있는데 중요 조류 서식지 혹은 생물 다양성 핵심지역 1739곳, 생물 다양성 핫스팟 46곳, 전 세계 생태지역 중 200곳과 겹치는 부분이 있으며 일부 지역은 생태환경이 매우 취약하다. 따라서 "일대일로" 건설은 절대 "선 오염, 후 관리"의 전철을 밟아서는 안되며 반드시 생태 문명 이념을 견지하고 처음부터 전 세계에 더 많은 글로벌 친환경 공공재를 제공하는 것을 중요시해야 한다. 만약 "일대일로" 이니셔티브에 투입된 대량의 자금이 기후 변화 대응과 지속 가능한 발전 실현이라는 목표와 다른 곳으로 흘러들어간다면 파리기후변화협약(The Paris Agreement)과 유엔 2030 지속 가능 발전목표(SDGs)의 성공적인 실현도 불가능하게 된다. 친환경 실크로드 건설은 세계적인 의미를 지닌 우선 사항이라 할 수 있다. 친환경 실크로드는 세계에 인프라 연결 등 유형상품을 제공하는 외에도 철학 혁신에 강력한 모멘텀을 제공하는 것을 통해 세계 각국이 공동으로 환경, 기후, 빈곤퇴치 관련 문제를 해결하도록 만들고 글로벌 체계와 질서가 더욱 공평하고 더욱 공정한 방향으로 발전하게끔 만들고 있다.

시진핑은 제2차 "일대일로" 국제협력서밋 개막식 기조연설에서 "개방, 친환경, 청렴의 이념을 견지하고 친환경 인프라 건설, 녹색투자,

녹색금융을 추진해야 한다. 또한 지속 가능성 발전 이념을 프로젝트의 선택, 실시부터 관리까지의 모든 방면에 융합시키고 개도국들에 더 많은 발전 기회와 공간을 제공해 주며 그들의 빈곤퇴치 활동을 적극 도우면서 지속 가능한 발전을 실현해야 한다"고 특별히 주문했다.[03] 중국의 노력은 이미《유엔 2030 지속 가능 발전목표》실현에 새로운 원동력을 주입해 주었으며 "일대일로" 이니셔티브 참여구글에게 새로운 발전 기회를 안겨다 주었다.

지난 몇 년간, 중국은 변함 없이 친환경 이념을 견지하면서 실크로드를 건설해왔고《유엔 2030 지속 가능 발전목표》와의 시너지 효과를 중요시했으며 친환경, 저탄소 방식으로 인프라를 건설, 운영 및 관리해왔다. 또한 투자와 무역 과정에서 생태 문명 보존에 주안점을 두었고 주변국들과 생태, 환경, 생물 다양성, 기후변화 대응 등 분야에서의 협력을 강화해왔다. 중국은 이미 "일대일로"에 참여한 국가와 국제조직들과 거의 50건에 달하는 생태환경 협력 관련 양자 간 및 다자간 협정을 체결했다. 중국은 또한 "일대일로" 생태환경 보호 관련 빅데이터 서비스 플랫폼, "일대일로" 친환경 공급 사슬 플랫폼, 란창강(澜沧江)—메콩강(湄公河) 유역 환경협력센터, 친환경 실크로드 대사 계획, 기후변화 대응을 위한 남남협력(南南合作, 개도국 간 협력) 교육 커리큘럼 등 프로젝트를 가동시켰다. 이 외에도 "일대일로" 친환경 발전 국제연맹이 설립되었고 다양한 국내외 금융기구들이《"일대일로" 녹색투자 원칙》을 체결하였다. 현재 중국 과학기술부는 기타 관련 중앙 위원회와 부처들

---

03   《한마음 한뜻으로 "일대일로" 건설의 아름다운 미래 공동 개척》,《인민일보》2019
      년 4월 27일 3면.

과 공동으로 대량의 정책적 조치와 프로젝트 계획을 제정하면서 "일대일로" 생태환경 보호 관련 기술 협력을 추진했으며 다양한 학과와 분야를 아우르는 글로벌 과학기술 인재 교류, 연합 실험실 및 과학기술단지 공동 설립, 기술 이전 등 일련의 구체적인 조치를 통해 핵심적인 기술 난제를 공략했고 생태보호 및 생태산업 기술 체계를 구축했으며 과학기술 협력 공유 플랫폼을 구축했다. 이에 중국의 각 성·구·시(省区市)도 잇달아 "일대일로" 과학기술 혁신 협력 관련 계획과 프로젝트를 출시하면서 "일대일로"의 혁신 능력과 국제 영향력을 전면적으로 향상시켰다.

친환경 발전은 "일대일로"의 중요한 내용이다. 친환경 실크로드 건설은 세계의 지속 가능한 발전을 실현하는 필연적 요구와 국제사회의 기대이자, 중국 친환경 발전 이념의 해외 실천과 능동적인 액션이기도 하며, 더 나아가 "일대일로" 건설을 질적 발전 단계로 전환시키는 핵심 분야로 자리 잡고 있다. "일대일로" 친환경 발전은 "일대일로" 이니셔티브의 성공적인 실행, 세계의 친환경·저탄소 전환, 그리고 글로벌 지속 가능 발전목표의 실현에 있어 중요한 의미를 가지고 있다.

(집필자: 티앤후이팡 田慧芳)

41. 건강한 실크로드

개념의 제기

글로벌화 수준이 꾸준히 향상됨에 따라 세계 곳곳에서 감염병 전파 사례가 점점 더 빈번하게 발생하고 있으며 보건위생에도 "글로벌"이라는 특징이 점점 더 많이 부여되고 있다. SARS, 조류독감, 에볼라출혈열, 메르스 등 감염병들이 반복적으로 기승을 부리고 있으며 국제사회는 "질병에는 국경이 없다"는 심각한 현실을 직시하기 시작했다. 글로벌 및 지역적 보건 문제 앞에서 세계 그 어떤 국가도 결코 자유로울 수 없다. 세계 각국은 교류와 협력을 강화하고 합동 조치를 취하면서 공동으로 글로벌 보건 안전과 자국 인민들의 건강을 수호해야 한다.

일찍이 2015년 부터, 중국 국가 위생 및 계획 출산 위원회는《"일대일로" 건설 관련 국가 위생 및 계획 출산 3년(2015~2017) 교류 실행방안》을 발표했다. 단 건강한 실크로드의 개념이 처음 제기된 것은 2016년 6월이었다. 당시 시진핑 주석은 우즈베키스탄을 방문하면서 처음으로 건강을 "일대일로"의 중요한 구성 부분에 포함시켰다. 2016년 11월, 중국은 세계보건기구(WHO)와《"일대일로" 보건 분야 협력에 관한 양해각서》를 체결했는데 이는 주변국 건강 및 보건 수준 향상의 새로운 이정표가 되었다.

건강한 실크로드란 건강과 보건을 "일대일로" 협력 아젠다에 포함시켜 공동으로 "일대일로" 국가들의 보건 안전을 수호하고 보건 분야의 지속 가능한 발전과 혁신적인 협력을 추진하는 것을 뜻한다. 중국은 건강한 실크로드 건설에만 만족하지 않았다. 2020년 3월, 시진핑은 인류 보건공동체의 개념을 제기하면서 "중국은 프랑스와 공동으로 감염병 방역 국제 협력을 추진할 의향이 있고 유엔 및 세계보건기구가 글로벌 공중위생 거버넌스에서 핵심 역할을 발휘하는 것을 지지하며 인류 보건공동체를 구축하고자 한다"고 밝혔다. 2020년 6월, 중국은 《코로나 19 방역에 관한 중국의 행동》이라는 백서를 발표하면서 각국은 자손과 후대, 그리고 인류의 발전을 위한 계획을 세워야 하고 인류 운명공동체의 이념에 따라 일치단결하고 상부상조하면서 감염병 사태를 이겨내야 하며 함께 인류 보건공동체를 구축해야 한다고 강조했다. "건강한 실크로드" 건설에서 인류 보건공동체 구축에 이르기까지, 중요한 것은 글로벌 협력을 강화하고 글로벌 보건 파트너 관계를 구축해야 하며 글로벌 공중위생 거버넌스를 체계화하고 보건 수준을 향상해야 한다는 것이다.

주요 내용

건강한 실크로드 제기 이후, 중국은 주로 다음과 같은 분야에서 행동에 나서고 있다,

첫째, 협력 메커니즘을 설립하고 있다. 최근 몇 년간, 중국은 적극적으로 세계보건기구와의 협력을 강화했고 이미 100여 개의 "일대일로" 관련 국가 혹은 지역과 양자 간·다자간 보건 협력 협정을 체결했으

며 11개의 국제(지역) 보건 협력 메커니즘을 공동 발의하거나 참여했고 상하이협력기구(SCO), 중국—아세안, 란창강(瀾滄江)—메콩강(湄公河) 지역, 아시아태평양 경제협력체(APEC), 브릭스국가 등 다자간 메커니즘 속에서 보건 협력을 추진했다. 또한 중국—아세안 보건 협력 포럼, 중국—중동부유럽 보건 협력 포럼 등 고위층 대화 플랫폼을 구축했고 일련의 양자 간 인문 교류 메커니즘을 설립했으며 전방위적이고 다양한 계급과 분야를 아우르는 "일대일로" 보건 협력 전략 구도를 일차적으로 형성했다.

둘째, 구체적인 협력을 진행하고 있다. 최근 몇 년간, 중국은 "일대일로" 주변국들과 보건 분야의 협력과 교류를 꾸준히 강화하고 협력의 범위를 끊임없이 확대했다. 또한 일련의 초기 프로젝트들이 점차 빛을 발하고 있으며 41건의 중대 프로젝트들이 잇달아 가동되었다. (1)메콩강 경제권(GMS) 국가들과 감염병 공동 예방 및 관리 협력을 추진했다. (2)중앙아시아 국가들과 포충증, 페스트 등 인수공통감염병(zoonosis) 예방 및 관리 협력을 추진했다. (3)세계보건기구, 아세안 국가, 러시아, 이스라엘 등과 긴급 의료지원 협력을 추진했다. (4)누적 5200명이 넘는 주변국 백내장 환자들에게 무료로 시력회복 수술을 제공해 주었다. (5)주변국들과 국가 간 의료 서비스 협력을 추진한다. (6)중동부유럽 국가 및 아세안 국가들과 전통 의약 분야에서의 협력을 추진하면서 다양한 분야에서 혁신적이고 시범적인 성과를 도출했고 일련의 해외 중의학 센터를 설립했으며 주변국들의 참여감과 성취감을 진작시켰다. 이처럼 보건 분야의 협력이 "일대일로" 이니셔티브에 끼치는 지원 및 촉진 역할이 나날이 두드러지고 있다.

셋째, 비상 대응 체제를 가동시키고 있다. 코로나 19 팬데믹은 210

개가 넘는 국가와 지역의 70억이 넘는 인구에 영향을 끼쳤으며 30만 개가 넘는 소중한 생명을 앗아갔다. 기세등등한 코로나19에 맞서 중국은 시종일관 공개적이고 투명하며 책임감 있는 태도를 보여왔고 적시에 세계보건기구와 기타 국가들에게 코로나19 관련 정보를 공유했으며 코로나19가 발발하자마자 바로 바이러스의 유전자 염기서열 등 정보를 대외 공개했고 관련 국가와 조직들에게 중국의 코로나19 방역 조치와 경험을 아낌없이 공유하면서 도움이 필요한 국가들에게 힘닿는 데까지 물심양면으로 지원을 제공했다.

넷째, 적시에 지원을 제공하고 있다. 중국은 이미 80여 개의 도움이 절실한 개도국들에게 백신을 지원해 주었고 43개의 국가에 백신을 수출했으며 코로나19 영향을 받은 개도국들이 방역을 강화하고 경제와 사회 질서를 회복할 수 있도록 20억 달러의 자금을 지원해 주었다. 또한 150개가 넘는 국가와 13개의 국제조직에 방역물자를 지원해 주었고 전 세계에 2800억 개가 넘는 마스크, 34억 벌이 넘는 방호복, 40억 개가 넘는 진단 키트를 제공했다.

세계적인 의미

"건강한 실크로드" 건설은 공동상의·공동건설·상호공유의 원칙 이행에 도움이 될 수 있고 향후 발생할 수 있는 공중위생 도전에 경험적 기반을 마련해 줄 수 있으며 "인류 보건공동체" 구축에 새로운 모멘텀을 불어넣을 수 있다. 코로나19 방역이 보여주다시피 담벽을 쌓고 자신을 가두는 것은 아무런 도움이 되지 않는다. 세계 각국이 서로 단결하고 장기적인 안목으로 글로벌 공중위생 거버넌스 역량을 강화해야만 바이러스와의 전쟁에서 승기를 잡을 수 있다.

"건강한 실크로드" 건설은 "일대일로" 공동건설에 드넓은 협력 공간을 개척해 주었고 협력과 교류의 형식을 혁신해 주었으며 글로벌 공중위생 거버넌스 체계화에 새로운 방향성을 제공해 주었다. 코로나19 방역이 보여주다시피, 공중위생 분야의 국제적 협력만이 지금의 감염병 위기를 해결해 줄 수 있고 인류의 건강과 복지를 증진해 줄 수 있다.

"건강한 실크로드" 건설은 정책 소통, 인프라 연통(联通, 연결), 무역 창통(畅通, 원활화), 자금 융통, 민심 상통에도 일조할 수 있다. "건강한 실크로드"는 코로나19에 강력하게 대응할 수 있는 든든한 파트너 관계를 구축해 줄 수 있고 인프라 개선을 통해 인민들이 가장 필요로 하는 보건 서비스를 제공해 줄 수 있으며 코로나19의 타격을 받은 보건 시스템을 더욱 탄탄하게 만들어줄 수 있다.

"건강한 실크로드" 건설은 글로벌 공중위생 거버넌스 강화에도 긍정적으로 작용할 수 있다. 인류가 맞이하게 될 중대 공중위생 돌발사건은 이번이 결코 마지막이 아니다. 현재 글로벌 공중위생 거버넌스는 많은 단점을 지니고 있고 글로벌 감염병 공동 예방 및 관리 메커니즘이 아직 형성되지 않았으며 글로벌 공중위생 자원이 매우 결핍하고 탈세계화의 성행으로 인해 글로벌 공중보건 시스템이 한층 더 취약해졌다. 따라서 우리는 협력을 강화할 필요가 있다. 안전하고 장기적인 글로벌 공중위생 관련 융자 메커니즘, 위협 요소 사전 감지 및 합동 대응 메커니즘, 자원 비축 및 자원 분배 시스템 등 다양한 협력 메커니즘을 설립하고 전 인류가 혜택을 볼 수 있는 효율적이고 지속 가능한 글로벌 공중위생 시스템을 구축하면서 모든 인류의 생명안전과 건강을 지켜줄 수 있는 견고한 방어선을 구축해야 한다.

"건강한 실크로드" 건설은 글로벌 경제의 발전을 추진하고 세계 경제의 쇠퇴를 방지할 수 있다. 세계 각 국은 건강한 실크로드를 공동으로 건설하기 위해 앞으로 꾸준히 보건위생분야의 과학기술 투입을 확대하고 거시적 경제 정책 조율을 강화해 나갈 것이다. 이는 코로나 19 충격 완화에 도움이 될 뿐만 아니라 세계 경제의 변동성 대응역량 향상에도 일조할 수 있다.

(집필자: 자오지앙린 赵江林)

5부

6대 경제회랑

42. 중국—몽골국—러시아 경제회랑

개념의 제기

"일대일로" 6대 경제회랑 중 하나인 중국—몽골국—러시아 경제회랑은 "일대일로"에서 중요한 지위와 핵심적인 역할을 맡고 있다. 중국—몽골국—러시아 경제회랑은 3개의 통로를 보유하고 있는데 각각 화북지역 징진지(京津冀, 베이징시, 톈진시와 허베이성)에서 후허하오터(呼和浩特)를 거쳐 몽골국과 러시아로 향하는 통로, 중국 동북 지역인 다롄(大連), 선양(沈阳), 창춘(长春), 하얼빈(哈尔滨)에서 만저우리(满洲里)와 러시아 치타에 이르는 통로, 중국 신장(新疆)에서 몽골국 울란바토르, 그리고 북으로 러시아 제1 유라시아 대륙교와 이어진 통로이다. 지리적 인접성, 경제적 상호보완성, 우호적인 상호관계가 중국—몽골국—러시아 경제회랑 건설의 탄탄한 기반이 되어주었다.

2014년 9월 11일, 시진핑 주석은 중국—러시아—몽골국 정상회담 때 실크로드 경제벨트를 러시아의 시베리아 횡단철도, 몽골국의 초원의 길 이니셔티브와 결합시켜 중국—몽골국—러시아 경제회랑을 구축할 것을 제안하였고 해당 제안은 러시아와 몽골국으로부터 적극적인 호응을 받았다. 2015년 3월 발표된 《실크로드 경제벨트와 21세기 해상 실크로드 공동건설 추진에 관한 비전과 행동》에는 러시아와 몽골국과 이어진 네이멍구(內蒙古)의 지리적 우세를 발휘하고 헤이룽장(黑龙江)과 러시아 간 철도 통로 및 네트워크를 최적화하며 헤이룽장, 지린(吉林), 랴오닝(辽宁)과 러시아 극동지역 간의 육로·해상 운송 관련 협력을 강화하고 베이징(北京)—모스크바 유라시아 고속도록 운송 회랑 구축에 박차를 가해야 한다는 내용이 기재되어 있다.

2015년 7월 9일, 중국·러시아·몽골국 3국은 《중국—몽골국—러시아 경제회랑 건설 계획 및 강령 제정에 관한 양해각서》를 체결하였다. 3국은 경제회랑 건설을 통해 크로스보더 운송의 편의화를 실현하고 3국 간 무역 수준과 상품 경쟁력을 향상하며 투·융자 관련 협력을 독려하여 지역 경제 통합화 프로세스에 필요한 환경을 조성해 주기로 의견을 모았으며 이로써 중국—몽골국—러시아 경제회랑 건설은 실질적인 추진 단계에 접어들었다. 2016년 6월 23일, 중국·러시아·몽골국은 《중국—몽골국—러시아 경제회랑 건설 계획 및 강령》을 체결하여 3국 간 협력의 구체적인 내용, 자금 출처와 실행 메커니즘을 명확히 하였고 10대 중점 분야를 아우르는 일련의 중점 협력 프로젝트를 발의하였는데 우선은 3국 접경지역에서의 협력 프로젝트를 선행 추진하기로 결정하였다. 해당 계획 및 개요는 "일대일로" 프레임 내에서 체결된 첫번째 다자간 협력 계획 및 강령이며 중국—몽골국—러시아 경제회랑 건설이 중요한 진전을 이루었음을 의미하고 있다. 2018년 3국은《중국—몽골국—러시아 경제회랑 공동 추진 메커니즘 구축에 관한 양해각서》를 체결하여 중국—몽골국—러시아 경제회랑 업무 메커니즘을 가일층 최적화하였다. 2018년 12월 10일 , 중국·러시아·몽골국 3국은《중국—몽골국—러시아 경제회랑 건설 계획 및 강령》의 실행 내용을 둘러싼 3자 간 협상을 통해 철도 및 도로 운송, 에너지, 관광 등 분야의 공동 프로젝트 개발과 울란바토르 디자인 센터 설립 등 아젠다를 논의했다. 2019년 6월 14일, 제5차 중국·러시아·몽골국 정상회담에서는 중국—몽골국—러시아 경제회랑 협력 프로젝트의 실행을 추진하고 3자간 통관 편의성을 향상해야 한다는 결론이 도출되었다.

중국—몽골국—러시아 경제회랑의 협력은 주로 교통 인프라, 무역항 건설, 생산능력 투자 협력, 경제 무역 협력, 인문 교류 협력, 생태 환경 보호 관련 협력, 지방 및 국경 지역 협력 등 7대 분야에서 이뤄지고 있으며 중점 건설 프로젝트에는 모스크바—카잔 고속철도 프로젝트, 처커(策克) 세관 국제철도 통로 프로젝트, 중국·몽골국 "두 개의 산" 철도 프로젝트, 중국·몽골국 얼롄하오터(二连浩特)—자민우드(Замын-Үүд) 경제협력지역, 만저우리(满洲里) 종합보세지역, 우리지(乌力吉) 세관, 아무르 천연가스 공장 프로젝트 등이 포함된다.

교통 인프라

2015년 4월 9일-10일, 중국·러시아·몽골국 3국은 철도운송 협력 관련 3자 간 협상회의를 통해 "실크로드 경제벨트" "유라시아 발전벨트" "초원의 길" 이니셔티브 프레임 내에서 철도를 통한 국경 간 운송 협력을 추진하여 기존 철도의 운송량을 한층 더 확대해야 한다고 밝혔고 합자 물류 회사 설립 가능성도 함께 검토했다. 또한 울란우데—나우시키—수크바타르—자민우드—얼롄하오터—지닝(集宁) 전 구간 철도 운송량 향상을 위해 적절한 조치를 취하기로 합의했다. 2016년 2월, 중국·러시아·몽골국 3국은 《아시아 국도망 국제도로운송 정부 간 협정》을 체결하였다. 중국·러시아 헤이허(黑河)—블라고베셴스크대교는 양국 사이에 위치한 헤이룽장계를 가로지르는 첫 도로교이며 2019년 5월 31일 정식으로 개통되었다. 같은 해 2019년 퉁장(同江)—니즈네린스코에 철도교가 준공되었다.

모스크바—카잔 고속철도 프로젝트는 중국—몽골국—러시아 경제회랑의 중점 프로젝트일 뿐만 아니라 중국과 러시아가 공동으로 건설 중인 "모스크바—베이징" 유라시아 고속운송회랑의 중요한 구성 부분이기도 하다. 2014년 10월 13일, 중국과 러시아는 우선적으로 모스크바—카잔 고속철도 프로젝트를 실행하기로 의견을 모았다. 모스크바—카잔 고속철도는 러시아의 첫 고속철도 프로젝트인데 총 길이 770km, 최고시속 400km로 설계되었으며 향후 에카테린부르크까지 이어질 예정이다. 해당 고속철도가 정식으로 운행되면 모스크바와 카잔 간 이동시간을 기존의 14시간에서 3.5시간으로 단축시킬 수 있다. 2015년 6월 18일, 중러기업공동체가 러시아철도공사와 모스크바—카잔 고속철도 탐사 측량 및 설계 관련 계약을 체결하에 따라 해당 프로젝트는 실질적인 추진 단계에 접어들었다. 현재 모스크바—카잔 고속철도는 이미 초기 설계를 완성한 상태이다.

2016년 5월 26일 정식으로 착공된 처커 세관 국제철도 통로 프로젝트는 중국이 "일대일로" 이니셔티브를 추진한 이후 처음으로 외국과 이어진 표준궤도철도이며 개통 후 중국—몽골국—러시아 경제회랑의 서쪽 날개와 제4유라시아대륙교의 역할을 맡게 된다. 또한 정식 개통 후 국내로는 중국 징신철도(京新铁路), 린처철도(临策铁路), 쟈처철도(嘉策铁路)와 이어지고 동쪽으로 울리아수타이를 거쳐 베이징—모스크바 철도와 이어지며 북으로는 시베리아 횡단철도까지 이어지면서 동서남북을 아우르는 에너지 운송망을 형성할 수 있다. 그 때가 되면 처커 도로와 철도, 두 세관의 연간 화물 통과량은 3000만톤을 넘어설 계획이며 처커 세관은 중국에서 가장 큰 육로세관으로 거듭나게 된다.

중국·몽골국 "두 개의 산" 철도 프로젝트는 중국 네이멍구 아얼산(阿尔山)시에서 몽골국 동방성 처이발상[01]시까지 이어지는 국제철도다. 해당 철도는 총 길이 476km로 설계되었고 예상 투자액은 142억 위안이며 20개의 정거역, 8만 제곱미터 규모의 공장부지, 25개의 다리, 445m의 배수로가 포함되었다. 2016년 11월, "두 개의 산" 철도 프로젝트의 후방 통로격인 바이아철도(白阿铁路)와 창바이철도(长白铁路)가 계획대로 상호 연결되었다.

세관 건설

중국과 몽골국 사이에 위치한 얼롄하오터—자민우드 경제협력지역은 양국 간 첫 번째 경제협력지역으로 2014년 8월 22일 양국 정부의 결정 하에 정식으로 추진되었다. 해당 지역은 중국과 몽골국의 접경지대에 위치해 있으며 얼롄하오터—자민우드 세관과 근접해 있다. 총 면적은 18km²로 양국 국토가 각 9 km²씩 포함되어 있으며 "양국일구(两国一区, 두 개의 나라, 하나의 지역), 경내관외(境内关外, 국경 내부, 세관 외부), 폐쇄적 운영"의 모델로 운영되고 있다. 해당 지역은 처음부터 무역, 물류, 수출입 가공 등 다양한 기능을 집성한 종합개발형 플랫폼으로 설계되었으며 최종적으로 영향권이 50km²에 달하는 국가 간 경제협력지역을 형성하는 것을 목표로 삼고 있다. 2016년 5월 5일, 중국과 몽골국이

---

01   처이발상(Choibalsan): 몽골국의 도시로서 중문으로는 "乔巴山"으로 표기되고 있다.

《얼렌하오터－자민우드 중국·몽골국 크로스보더 경제협력지역에 관한 거시적 공동 방안》을 체결함에 따라 해당 프로젝트는 실질적인 추진 단계에 접어들었다. 2017년 9월, 얼렌하오터－자민우드 경제협력지역 중 중국측 인프라 프로젝트들을 대상으로 한 포괄적·전략적 협력 협정이 체결되면서 시공 건설이 전면적으로 시작되었다. 2018년 5월, 중국·몽골국 크로스보더 경제협력지역 중 3 km² 규모의 중국측 핵심 인프라 PPP 프로젝트가 착공되었다. 투자규모가 7.8억 위안에 달하는 해당 프로젝트는 핵심지역 인프라 건설 프로젝트, 종합 회랑 건설 프로젝트, 창고물류센터 건설 프로젝트 등 3개의 서브 프로젝트로 구성되었다. 2016년 6월 4일, 《얼렌하오터－자민우드 중국·몽골국 크로스보더 경제협력지역 건설 협정》이 정식으로 체결되었다.

2015년 3월 23일, 국무원으로부터 정식 허가를 받고 설립된 만저우리 종합보세지역은 중국 네이멍구시의 첫 번째 종합보세지역이다. 해당 보세지역은 총 면적이 1.44km²에 달하며 만저우리의 도로 세관, 철도 세관, 항공 세관의 교차점에 위치해있다. 준공 후에는 현대물류, 보세창고, 국제무역, 보세가공 등 4대 중점 산업을 기반으로 삼을 예정이며 점진적으로 네이멍구, 더 나아가 중국의 중요한 생산 서비스 기지, 국제 물류 허브, 벌크상품 교역지, 제조업 가공 및 수출 기지, 국제 전시 센터로 발전해 나갈 계획이다. 2016년 12월 20일, 만저우리 종합보세지역이 정식 운영에 들어갔다.

우리지 세관은 중국과 몽골국의 접경 중심부에 위치해 있는데 중국 국내로는 서북, 화북, 화중 등 지역을 영향권 내에 두고 있고 유라시아 대륙교와 이어져 있으며 해외로는 몽골국의 5개 성(省)과 관련되어 있다. 우리지 세관은 중국, 몽골국, 러시아 간 가장 편의한 육로 대통로를 이어줄 예정이며 3대 유라시아 대륙교와 "일대일로" 사이의 허브, 그리고 "북개남연(北开南联, 북쪽으로 개방하고 남쪽으로 연결한다)" "서진동출(西进东出, 서쪽으로 들어가고 동쪽으로 나온다)"을 실현하는 허브로 거듭날 계획이다. 2014년 2월 21일, 몽골국은 중국과 몽골국 간 우리지−차칸더러우라 육로 세관이 상시 개방되었다. 2016년 1월 31일, 국무원은 네이멍구 우리지 도로 세관의 대외개방을 허락하였다. 해당 세관은 양자 간 상시 개방된 여객·화물 운수형 육로 세관이며 이를 계기로 전면적인 개발 및 건설 단계에 진입하였다. 2016년 우리지 세관 인프라 건설 프로젝트가 가동되었고 그 뒤 2019년 6월 25일 체결된 중국과 몽골국 간 우리지−차칸더러우라 세관 지원 건설 협정은 세관 건설이 새로운 시기에 접어들었음을 상징하고 있다.

에너지 협력

원유 및 천연가스 파이프라인을 포함한 에너지 협력은 중국−몽골국−러시아 경제회랑의 중요한 협력 분야 중 하나이다. 아무르 천연가스 공장 프로젝트는 중국과 러시아 간 천연가스 수급을 보장하는 대형 핵심 프로젝트로서 연간 천연가스 가공량 420억m³, 연간 헬륨가스 생산량 600만m³의 케파로 설계되었으며 준공 시 세계에서 가장 큰 천연가스 처리공장이라는 타이틀을 가지게 된다. 2017년 7월 아무르 천연가스 공장 프로젝트가 정식으로 착공되었으며 2025년 1월 1일 풀 케파 생산이 가능할 것으로 예상된다.

3국의 적극적인 노력에 힘입어 중국−몽골국−러시아 경제회랑 건설은 중요한 진전을 가져왔고 3국 간 경제 협력과 사회 발전을 촉진하였지만 중국—몽골국—러시아 경제회랑은 무역구조 단일화 및 불균형, 러시아와 몽골국의 낙후된 인프라, 관세·법률·기술표준 불일치, 전략적 상호 신뢰 부족 등 다양한 도전에도 직면해있다. 중국·러시아·몽골국 3국은 상호 간 정책적 협력을 강화하고 체계적인 협력 메커니즘을 구축하며 적극적으로 관련 프로젝트 실행을 추진하면서 3자 간 교류를 가일층 강화해야 한다. 중국—몽골국—러시아 경제회랑 건설의 순조로운 실행은 3국이 이익공동체·책임공동체·운명공동체를 구축하는데 긍정적으로 작용할 것이다.

(집필자: 티앤광치앙 田光强)

43. 신(新) 유라시아 대륙교 경제회랑

개념의 제기

신유라시아 대륙교 경제회랑은 중국 동부의 연해지역에서 서쪽으로 뻗어나가면서 중국 서북 지역과 중앙아시아, 러시아를 거쳐 중동부유럽으로 향한다. 해당 경제회랑은 중국과 유럽 경제권을 연결하는 핵심 통로이며 시베리안 랜드브릿지(SLB)보다 육상 운수 기준 2000~5000km, 해상 운수 기준 수만 km의 운송 거리를 단축시켰다. 2015년 발표된《실크로드 경제벨트와 21세기 해상 실크로드 공동건설 추진에 관한 비전과 행동》은 신유라시아 대륙교 경제회랑을 "일대일로" 이니셔티브 6대 경제회랑 중 맨 앞에 놓았는데 이는 신유라시아 대륙교 경제회랑의 중요성을 잘 보여주는 대목이다.[01] 신유라시아 대륙교 경제회랑은 중국—유럽 화물열차(CR Express) 등 현대화 국제 물류 시스템을 기반으로 경제 무역과 생산능력 협력을 중점적으로 발전시키고 에너지와 자원 관련 협력 공간을 개척하였으며 원활하고 효율적인 지역 빅 마켓을 구축하였다.[02]

---

01 《6대 경제회랑》, 중국 일대일로 홈페이지, https://www.yidaiyilu.gov.cn/zchj/rcjd/60644.htm.

02 《"일대일로" 공동건설: 이념, 실천, 중국의 기여》, 신화통신, http://www.xinhuanet.

획득한 성과

신유라시아 대륙교 경제회랑은 수년간의 건설을 거쳐 지역 협력을 심화시켰고 개방과 포용, 호혜와 상생을 골자로 하는 파트너 관계를 새로운 단계로 향상시켰으며 유라시아 대륙의 경제와 무역 교류를 추진하였다. 최근 들어 중국과 신유라시아 대륙교 경제회랑 주변국 간의 정치적 상호 신뢰가 가일층 강화되었고 다양한 분야에서의 청책 소통 메커니즘이 점진적으로 형성되었다. 신유라시아 대륙교 경제회랑은 양자 간 협력 모델을 위주로 중국과 주변 중점국 간 다양한 분야에서의 협력을 안정적으로 추진시키고 있다. 2015년 5월 중국과 러시아는 실크로드 경제벨트—유라시아 경제 연맹 연결 협정을 체결하였다. 그 후 2016년 중국과 카자흐스탄은 《"실크로드 경제벨트" 건설과 "광명의 길" 신 경제정책 간 연결 및 협력 계획》을 체결하였는데 이는 양국이 "일대일로" 프레임 하에서 체결한 첫 양자 간 협력 계획 문서이다.[03] 2017년 《중국—중동부유럽국가 협력 부다페스 강령》이 발표되었고 2018년 중국과 그루지야 간 자유무역협정이 정식으로 발효되었으며 같은 해 《중국—중동부유럽국가 협력 소피아 강령》이 발표되었다. 2019년 중국—중동부유럽국가 "17+1" 등 협력 메커니즘과 중국—유라시아 경제연맹 경제무역 협정이 정식으로 발효되었으며 유럽의회에서 "'일대일로'정책소통위원회"가 성립되었다. 중국·유럽 상호 연결 플랫폼과 유럽투자계획의 프레임 안에서 일련의 실질적인 협력 프로젝

---

com/politics/2017-05/10/c_1120951928.htm.

03   《6대 경제회랑 건설에 대한 관찰, 모든 내용 총망라!》, 중국 일대일로 홈페이지, https://www. yidaiyilu,gov.cn/sy/zlbw/87693.htm.

트들이 차질 없이 추진되고 있다. 실크로드기금과 유럽투자기금이 공동으로 투자한 5억 유로 규모의 중국·유럽 공동투자기금이 2018년 7월부터 실질적인 운영에 들어가면서 "일대일로" 이니셔티브와 유럽투자기금 간 연결성을 한층 더 강화시켰다. 또한 "일대일로" 건설에 대한 서유럽 국가들의 열정도 점차 뜨거워지고 있다. 2019년 이후 이탈리아, 룩셈부르크 등 국가들이 중국과 "일대일로" 공동건설에 관한 협력협정을 체결하였으며[04] 이탈리아는 G7 회원국 중 처음으로 "일대일로" 이니셔티브에 동참하였다.

신유라시아 대륙교 경제회랑의 가장 중요하고, 가장 눈에 띄는 성과로는 중국—유럽 화물열차 노선의 개통과 운영을 꼽을 수 있다. 2011년 충칭(重庆)에서 "위신오우(渝新欧, 충칭—신강위그루자치구(新疆维吾尔自治区)—유럽구간)" 열차가 처음으로 운행되기 시작해서부터 2019년 10월 말까지, 해당 노선은 누적 1.82만 회 운영되었고 화물운송량은 175만 TEU에 근접하며 연간 133%의 속도로 증가해왔다. 또한 유라시아대륙의 110개가 넘는 도시들을 연결하였고 유럽 전역을 커버하는 물류 네트워크가 형성되었다. 2018년 한 해, 중국—유럽 화물열차는 총 6363회 운행되면서 2020년 계획 목표를 앞당겨 실현하였다. 2019년 중국—유럽 화물열차 운행 횟수는 전년 대비 29% 증가한 8225회에 달했고 화물운송량은 전년 대비 34% 증가한 72.5만 TEU를 기록했으며 종합 적재율은 94%에 달했다.[05] 중국—유럽 화물열차의 운행 효율은 꾸

---

04 《2020년 1월 말 기준, 중국은 이미 138개 국가와 30개 국제조직과 200건의 "일대일로" 협력 문서를 체결했다. 중국과 "일대일로" 협력 문서를 체결한 국가 정보》, 중국 일대일로 홈페이지, https://www.yidaiyilu. gov. cn/gbjg/gbgk/77073. htm.

05 《2019년 중국—유럽 화물열차 8225회 운행 종합 적재율 94% 기록》, 중국 일대일로

준히 향상되었고 발차시 적재율은 100%에 근접했으며 발차/회차 비율은 2018년 3 : 2에서 2019년 1 : 1에 다다랐다. 2018년에는 불법 절도 단체 검거에 성공하면서 운행 안정성 또한 현저히 높아졌다. 중국은 또한 주변국과의 세관 통관 관련 협력을 추진하여 통관 편의성을 향상하였는데 열차의 평균 검사율과 통관 시간 모두 50% 줄어들었다. 운송 대상 화물도 과거의 휴대폰, 컴퓨터 등 IT제품에서 의류, 기전설비, 식량, 주류, 목재 등으로 확대되었고 완성차 수출입이 새로운 성장 모멘텀으로 자리 잡기 시작했다. 중국—유럽 화물열차의 우편물 배송이 상시화되었고 "포인트 투 포인트 운송", "열차 내 슈퍼마켓", 특수 상품 운송 등 새로운 서비스 모델이 우후죽순처럼 생겨나기 시작했다. 중국—유럽 화물열차는 "3개의 통로"와 "5개의 세관" 건설 계획을 통해 중국의 허브도시들을 북쪽으로는 러시아. 서쪽으로는 독일 뉘른베르크와 네덜란드 노테르담, 남쪽으로는 터키 이스탄불로 연결한다는 위대한 목표를 실현하였다. 중국—유럽 화물열차는 운행 이후 꾸준히 주변국들 간의 연결성 강화와 경제 발전을 추진하는 것을 통해 현지 인민들에게 실질적인 혜택을 가져다 주었고 세계 각 국의 "일대일로" 건설 동참에 있어 가장 직접적인 채널과 가장 인정 받는 브랜드로 자리 잡으면서 "일대일로 강철 낙타"라는 미명을 얻게 되었다.[06]

홈페이지, https://www.yidaiyil.Bor.on/xwzx/iall114532.him.

06 《국가발전개혁위원회 10월 기자회견, 거시경제 운영 상황 소개 및 중점문제 답변》, http: /zwdt. ndre. gov. cn/fwdt/fwdttzgg/201910/t20191021_1180975. html.

발전 전망

　중국의 서부 육해 신(新) 통로와 자유무역지대의 개방 추세는 신유라시아 대륙교 경제회랑의 미래 발전에 새로운 계기를 제공해 주고 있다. 2019년 8월 국가발전개혁위원회는 《서부 육해 신통로 총체적 계획》에 관한 통지를 발표하면서 "일대"와 "일로"를 연결하는 통로의 탄생을 선포했다. 중국 서남지역을 가로지르는 해당 통로는 실크로드 경제벨트와 21세기 해상 실크로드를 유기적으로 연결시켰으며 중국·인도차이나반도 경제회랑, 방글라데시·중국·인도·미얀마 경제회랑, 신유라시아 대륙교 경제회랑, 중국·중앙아시아·서아시아 경제회랑 등 글로벌 경제회랑 간 상호 연결을 강화하면서 육상과 해상, 국내와 해외를 연결하는 교량과 동방과 서방국가들이 서로를 지원하는 연결고리로 자리 잡았다. 2019년 8월, 국무원은 산둥(山东), 쟝수(江苏), 광시(广西), 허베이(河北), 윈난(云南), 헤이룽쟝(黑龙江) 등 6개 성의 자유무역시범구역 설립을 허가하였고 총체적 방안을 발표하였는데 이로써 "1+3+7+1+6"의 새로운 자유무역지대 개방 국면이 형성되었다. 이 중 《중국(쟝수)자유무역시범지역에 관한 총체적 방안》은 "일대일로" 교차점 건설을 추진하였고 편의성을 강조한 원스톱 운송 체계 구축을 모색하였으며 신유라시아 대륙교 해상 운수 전자데이터 교환 통로를 구축하였고 중국—유럽 화물열차 롄윈강(连云港) 구간을 중국—유럽 안전 스마트 무역항로 시범계획에 편입시켰다. 《중국(헤이룽쟝)자유무역시범지역에 관한 총체적 방안》은 동북지역 진흥과 산업 구조 조정을 통해 러시아와 동북아를 향한 교통·물류 허브 건설에 박차를 가했다. 《중국(광시)자유무역시범지역에 관한 총체적 방안》은 21세기 해상 실크로드와 실크로드 경제벨트 간 유기적 결합 도모라는 목표를 명확히 하였고 북부 지역의 항만과 중서부 지역의 해상·철도 운수 노선을 연결하여 중국—유럽 화물열차 노선과의 연결성을 강화하고 서부지역의 "일대일로" 철도 운송 통로 개척을 가속화해야 한다는 방향성을 제시하였다. 2019년 10월 8일, 국무원은 중국—상하이협력기구(SCO) 지방경제 무역 협력 시범지대 건설에 관한 총체적 방안을 승인하였고《중국—상하이협력기구 지방경제 무역 협력 시범지대 건설에 관한 총체적 방안》에 대해 원칙적으로 동의하였다. 첫번째 중국—상하이협력기구 지방경제 무역 협력 시범지대는 칭다오(靑島)로 낙점되었는데 이는 칭다오가 신유라시아 대륙교 경제회랑 건설과 해상 운수 협력에서 더 큰 역할을 발휘하여 중국과 상하이협력기구 회원국 간 상호 연결성을 강화하고 육상과 해상, 국내와 해외를 연결하면서 동방과 서방국가들의 상호 지원을 추진하는 개방형 국면을 만들어가기 위해서이다.

(집필자: 티앤펑 田丰)

44. 중국—중앙아시아—서아시아 경제회랑

개념의 제기

중국—중앙아시아—서아시아 경제회랑이란 중국, 중앙아시아, 서아시아 국가 간 상호 협력하에 형성된 역내 경제체계이다. 신장(新疆)에서 시작된 회랑은 중아시아 지역을 횡단하여 페르시아만, 지중해 연안과 아랍반도까지 이어지며 주요 주변국으로는 카자흐스탄, 키르기스스탄, 타지키스탄, 우즈베키스탄, 투르크메니스탄, 아프가니스탄, 이란, 사우디아라비아, 튀르키에, 이스라엘 등이 있다. 중국—중앙아시아—서아시아 경제회랑은 실크로드 경제벨트의 중요한 구성 부분으로 자리 잡고 있다. 2013년 9월 7일, 시진핑은 카자흐스탄 나사르바예프대학에서 진행한 연설 중에서 "유라시아 국가 간 더욱 긴밀한 경제적 연결을 위하여, 더욱 심층적인 상호 협력을 위하여, 더욱 광범위한 발전 공간을 위하여, 우리는 혁신적인 협력 모델을 통해 '실크로드' 경제벨트를 공동으로 건설하고 점진적·순차적으로 대규모 역내 협력을 이끌어가야 한다"고 밝혔다.[01] 2014년 1월 17일, 시진핑은 중국—걸프협력회

---

01 《시진핑의 "일대일로" 발자취》, 2016년 9월 6일, 인민망—중국공산당신문망, http://cpc.preople.com.cn/xuexi/nl/20160906/0385474-28694919.html.

의 제3차 전략적 대화 참석차 중국을 방문한 걸프협력회의 대표단을 접견하여 중국은 서아시아 국가들과 공동으로 실크로드 경제벨트 건설을 추진해 나갈 것이라고 밝혔다. 2015년 3월, 국가발전개혁위원회, 외교부, 상무부가 공동으로 발표한《실크로드 경제벨트와 21세기 해상 실크로드 공동건설 추진에 관한 비전과 행동》에는 "국제 대통로를 기반으로 삼고 주변국 중심 도시들을 버팀목으로 삼으며, 중점 경제무역 산업단지들을 협력 플랫폼으로 삼아 공동으로 중국—중앙아시아—서아시아 경제회랑을 건설할 것이다"라는 내용이 기입되어 있다.[02] 중국 측의 이니셔티브는 많은 중앙아시아, 서아시아 국가 정상들로부터 적극적인 호응을 받았으며 중국—중앙아시아—서아시아 경제회랑 공동건설에 관한 관련국 정상 간 공감대가 형성되었다.

구체적 내용

중국—중앙아시아—서아시아 경제회랑은 많은 국가들이 관련되어 있고 협력 범위 또한 매우 광범위하다. 중국—중앙아시아—서아시아 경제회랑은 발전 연혁으로 봤을 때 다음과 같은 3가지 세부사항을 내포하고 있다.

첫째, 중국—중앙아시아—서아시아 경제회랑은 국가 간 발전 로드맵의 상호 연결성을 플랫폼으로 삼고 있다. 중앙아시아와 서아시아 국가들은 중국이 제기한 중국—중앙아시아—서아시아 경제회랑 이니

---

02 국가발전개혁위원회, 외교부와 상무부:《실크로드 경제벨트와 21세기 해상 실크로드 공동건설 추진에 관한 비전과 행동》,《인민일보》 2015년 3월 29일 4면.

　　　　　　　　　　　　　　　　　　"일대일로" 수첩

셔티브를 고도로 중시하고 있으며 자국의 국가발전 로드맵과 경제회랑 건설을 긴밀히 연결시키면서 상호논의·공동건설·호혜상생의 원칙을 이행하고 있다. 그 예로 쿠웨이트의 "2035 국가 비전", 카자흐스탄의 "광명의 길", 타지키스탄의 "에너지, 교통, 식량 3대 발전전략", 투르크메니스탄의 "부강과 행복의 시대" 계획, 튀르키에의 "중간 회랑" 계획, 아랍에미리트의 "실크로드 부흥의 길", 사우디아라비아의 "2030 비전" 개혁 계획 등을 들 수 있다. 상기 국가들은 모두 중국과 협력 협정 또는 "일대일로" 공동건설 관련 협력 문서를 체결하면서 다자간 협력 프로세스에 강력한 모멘텀을 불어넣었다.

둘째, 중국―중앙아시아―서아시아 경제회랑은 경제 무역 협력수준과 투자 편의성 향상을 중점 목표로 삼고 있다. 경제회랑의 건설에 힘입어 중국과 중앙아시아, 서아시아 국가 간 경제 무역 협력에 가속도가 붙고 있다. 2017년 중국―카자흐스탄 양자 간 교역액은 동기 대비 10.4% 증가한 198.8억 달러를 기록했고[03] 중국―우즈베키스탄 양자 간 교역액은 동기 대비 48.4% 증가한 62.6억 달러에 달하면서 중국은 우즈베키스탄의 최대 무역 파트너, 최대 수입대상국, 최대 수출대상국으로 자리 잡았다.[04] 2019년 중국과 아랍국가 간 교역액은 동기 대비 9% 증가한 2664억 달러를 기록했다. 중동 지역의 첫 번째 위안화 청산결제 은행이 카타르에 설립되었고 위안화와 카자흐스탄 텡게는 은행 간 시

---

03   《"일대일로" 풍성한 결실 맺다 중국―카자흐스탄 협력 가일층 강화》, 2019년 5월 15일, 신화통신, http://www. xinhuanet com/silkroad/2019-05/15/c_1124499140. htm .

04   《특별 인터뷰: "일대일로" 공동건설, 중국―우즈베키스탄 미래 발전에 새로운 모멘텀 부여――주우즈베키스탄 중국대사 지앙옌(姜岩) 인터뷰》, 2019년 10월 30일, 신화통신, http://www.xinhuanet.com/silkroad/2019-10/30/c_1125170619.htm.

장 거래를 실현하였다. 향후 중국은 국제금융기구, 선진국 경제조직 및 기타 파트너와의 협력을 가일층 강화하여 중앙아시아, 서아시아 지역의 발전에 새로운 모멘텀을 불어넣을 것이다.

셋째, 중국—중앙아시아—서아시아 경제회랑은 경쟁우위를 지닌 프로젝트의 실행을 회랑 건설의 버팀목으로 삼고 있다. 중국—중앙아시아—서아시아 경제회랑 이니셔티브가 제기된 이후, 중국은 크로스보더 교통 인프라 건설, 생산능력 및 산업 협력을 돌파구로 삼아 일련의 굵직한 선행 프로젝트들을 실행에 옮겼다. 교통 인프라 프로젝트로는 튀르키에의 앙카라—이스탄불 고속철도, 타지키스탄의 코파르니혼—야완 철도, 우즈베키스탄의 앙그렌—파푸 철도터널 등이 있고, 에너지 전력 프로젝트로는 중국—중앙아시아 천연가스 파이프라인, 우즈베키스탄 앙그렌 화력발전소, 타지키스탄 두샨베 2호 화력발전소 1기 및 2기 프로젝트, 타지키스탄 배전망 220-500kV 고압 송전·변전 선로 프로젝트 등이 포함되며, 산업 협력 프로젝트로는 중국—오만(두쿰, duqm) 산업단지, 중국—카자흐스탄 롄윈강 물류 협력기지, 우즈베키스탄 폴리염화비닐(PVC) 생산 종합체 등을 예로 들 수 있다. 이 외에도 경제회랑은 통신 상호 연결 분야에서 긍정적인 진전을 거두었는데 그 예로 중화인민공화국 공업정보화부와 아프가니스탄 통신정보기술부가 체결한 《정보기술 협력 양해각서》, 화웨이와 카자흐스탄 통신사가 공동으로 구축한 카자흐스탄 전역 4G 통신 네트워크 등을 들 수 있다.

최신 진도

국가 로드맵 상호 연결에 입각해 보면, 2018년 7월 10일 개최된 중국—아랍국가 협력포럼 제8차 장관급 회담에서 중국은 아랍국가들과 《"일대일로" 공동건설에 관한 중국—아랍국가 행동 선언》을 체결하였는데 이는 중국이 지역 조직 및 국가들과 단체로 체결한 첫 번째 "일대일로" 협력 문서이다. 《"일대일로" 공동건설에 관한 중국—아랍국가 행동 선언》은 2016년 1월에 체결된 《아랍국가에 대한 중국의 정책 문건》과 함께 중국의 서아시아 경제회랑 건설 관련 2대 중요 지도문서로 자리 잡았다. 프로젝트 진도를 놓고 보면, 2018년 2월 우즈베키스탄—키르기스스탄—중국 운송 회랑의 화물 운송이 정식으로 가동되었고 2018년 5월에는 키르기스스탄 관개 시스템 개조 프로젝트가 중국의 지원하에 정식 착공되었으며 준공 일자는 예상보다 앞당겨지고 있다. 중국—중앙아시아—서아시아 경제회랑의 모범 프로젝트인 중앙아시아 천연가스 A/B/C 파이프라인은 2019년 6월 30일 기준, 중국에 누적 2774억Nm³의 천연가스를 수송했다.[05] 인문 교류 분야를 놓고 보면, 2019년 2월 사우디아라비아 대신(大臣) 바드르 친왕이 살만 빈 압둘아지즈 국왕 공공도서관 베이징대학 분관을 방문하여 "무함마드 빈 살만 왕세자 문화 협력상" 설립을 선포했다. 이는 같은 해 연초, 사우디아라비아 왕세자 무함마드 빈 살만이 중국 방문 기간 한어를 사우디아라비아 강의 개요에 포함시키기로 결정한 이후 획득한 또 하나의 결실이다. 우즈베키스탄은 2020년부터 중국 관광객들을 대상으로 7일 무사증 입국 정책을 실시하면서 처음으로 중국 국민의 무사증 입국을 허가한 중앙아시아 국가가 되었다.

---

05 《올해 상반기, 중앙아시아 천연가스 파이프라인 통해 중국에 누적 2774억Nm³의 천연가스 수송》, 2019년 7월 25일, 신화통신, http://ww.xjxinhuanet.com/a2019-07/25/1124796997.htm.

미래 전망

중앙아시아는 "일대일로" 건설이 처음으로 제기된 지역이며 서아시아 국가들은 실크로드 경제벨트 건설을 추진하는 과정에서 중국과 양호한 관계를 맺은 협력 파트너들이다. 현재 중국은 이미 중앙아시아 5개 국가와 전면적 전략동반자 관계 혹은 전략동반자 관계를 맺었고 중동 지역의 일부 국가들과 전면적 전략동반자 관계, 혁신적 전면 동반자 관계, 전략동반자 관계와 전략적 협력관계를 수립하면서 국가 간 협력의 장기성과 안정성을 도모하였다. 중국과 중앙아시아 국가들은 경제적 상호보완성이 강하고 협력 가능성이 큰 만큼 중국—중앙아시아—서아시아 경제회랑 공동건설은 모두의 발전에 긍정적인 역할을 할 수 있다. "일대일로" 건설 프로젝트들이 서아시아 지역에서 효율적으로 실행되고 있는데 이는 중동 이슈에 대한 중국의 사명감과 책임감을 잘 보여주고 있으며 해당 지역의 평화와 안정 회복에도 호재로 작용하고 있다. 중국—중앙아시아—서아시아 경제회랑 구상이 제기된 이후 중국은 중앙아시아와 서아시아 국가들과 정책소통, 경제협력, 민심 상통 등 분야에서 눈에 띄는 진전을 거두었지만 지역 안전형세 등 요소의 영향으로 인해 경제회랑을 성공적으로 건설하기까지는 여전히 갈 길이 먼 상황이다.

(집필자: 장위안 张元)

45. 중국—인도차이나반도 경제회랑(중국—라오스 경제회랑)

개념의 제기

중국—인도차이나반도 경제회랑은 "일대일로" 건설의 6대 회랑 중 하나이다.[01] 중국과 남아시아 아대륙 사이에 위치한 인도차이나반도는 서쪽으로는 벵골만, 안다만해, 말라카 해협, 동쪽으로는 태평양 해역의 남해까지 이어지며 아시아 남부 3대 반도 중 하나이다. 중국—인도차이나반도 경제회랑은 중국 서남부 도시인 광시성(广西省) 난닝시(南宁市)와 윈난성(云南省) 쿤밍시(昆明市)를 기점으로 인도차이나반도에 위치한 베트남, 라오스, 캄보디아, 태국, 미얀마, 말레이시아 등 국가를 거쳐 종착역인 싱가포르에 다다른다. 중국—인도차이나반도 경제회랑은 실크로드 육로와 해상 실크로드를 연결해 주고 있고 범아시아 철도 네트워크, 국도 네트워크, 육로·항만 네트워크 등 동남아 지역 인프라를 기반으로 삼고 있으며 주변국 경제 중심 도시와 통상지대를 활성화시키고 있다. 중국—인도차이나반도 경제회랑은 이처럼 중국과 동남아, 남아시아 지역을 이어주는 육로·해상 경제벨트이다.[02] 중국—인도차이

---

01   국가발전개혁위원회, 외교부와 상무부:《실크로드 경제벨트와 21세기 해상 실크로드 공동건설 추진에 관한 비전과 행동》,《인민일보》 2015년 3월 29일 4면.

02   《6대 경제회랑 건설에 대한 관찰, 모든 내용 총망라!》, 중국 일대일로 홈페이지,

나반도 경제회랑은 새로운 지역 성장 모멘텀 발굴을 통해 인도차이나 반도 주변국들의 공동번영을 도모하고 있으며 중국과 아세안 국가와의 협력의 저변을 넓히고 협력의 수준을 향상하면서 중국—아세안 운명공동체를 적극 구축하고 있다.

획득한 진전

중국—인도차이나반도 경제회랑은 건설 과정에서 정책 소통, 인프라 연통(联通, 연결), 무역 창통(畅通, 원활화), 자금 융통, 민심 상통 등 분야에서 일련의 진전을 거두었으며 특히 인프라 상호 연결, 크로스보더 경제협력 지역 건설, 중국—인도차이나반도 및 글로벌 육로·해상 신(新) 무역통로 건설 등 분야에서 눈부신 성과를 거두었다.

정책 소통 분야에 있어, 중국은 인도차이나반도 국가들과 양호한 파트너 관계를 구축하였고 공동상의·공동건설·상호공유의 원칙 하에 정책 소통 채널을 개설하였다. 중국은 이미 인도차이나반도 국가들과 각각 "일대일로" 건설 관련 협정을 체결하였다. 2019년 중국은 캄보디아와 라오스와 각각 《중국—캄보디아 운명공동체 구축에 관한 액션플랜》《중국—라오스 운명공동체 구축에 관한 액션플랜》을 체결하여 양자 간 경제 협력에 보장을 제공해 주었을 뿐만 아니라 세계 인류 운명공동체 건설에도 중요한 시범 역할을 보여주었다. 중국은 메콩강 경제권 협력 메커니즘(GMS, Greater Mekong Subregion), 아세안—메콩강 유역 개발협력 메커니즘, 메콩강—란창강 경제권 협력 메커니즘 등 소지역

---

https://www. yidaiyilu.gov.cn/sy/zlbw/87693.htm.

(subregion) 협력체를 통해 인도차이나반도 국가들과의 관계를 가일층 강화하고 있다. 《중국—아세안 전략적 파트너관계 2030 비전》이 현재 추진 중이고 《평화와 번영을 향한 중국—아세안 전략적 파트너관계 공동선언에 관한 액션플랜(2016-2020)》이 전면적으로 실행되고 있으며 향후 《액션플랜(2021-2025)》도 곧 제정될 예정이다. 또한 중국은 아세안 국가들과 "남해행동준칙" 초안에 대한 1라운드 공동 심사 및 해석 작업을 앞당겨 완성하였다. 이 외에 지방 정부들도 많은 노력을 하고 있는데 "중국 윈난(云南)—미얀마 협력포럼" "중국 윈난—라오스 북부 협력TFT" "중국 윈난—태국 북부 협력TFT" "중국 윈난과 베트남 하노이—하이퐁—라오까이—띠잉꽝닝 경제회랑 협력회의" "중국 난닝(南宁)—싱가포르 경제회랑" 등 상시화 협력 메커니즘과 조율 플랫폼들이 현재 운행 중에 있다.

인프라 연결은 중국—인도차이나반도 경제회랑 건설의 우선 분야로서 현저한 성과를 거두었다. 도로, 철도, 수로, 항공 등을 망라한 입체적 종합 운송 시스템과 크로스보더 복합 운수 등 물류 시스템을 형성하였을 뿐만 아니라 에너지, 정보 등 크로스보더 네트워크 시스템도 구축되었다.[03] 인도차이나반도와 인접해 있는 중국 광시성과 윈난성은 인도차이나반도와 이어지는 복수의 고속도로와 철도를 건설하였고 중국—유럽 화물열차(중국 난닝—베트남 하노이 구간) 크로스보더 컨테이너 직통 노선이 성공적으로 개통되면서 중국과 베트남 간 물류 황금 통로 역할을 하고 있으며 자카르타—반둥 고속철도가 전면적인 시공 단계에 도

03　《변강지역 경제발전 안정적 성장　내부 지역별 차이 존재》, 《변강청서: 중국변강 발전보고서(2019)》, 중국경제망, 국가경제포털, http://www.qgqesy.com.cn/dztd/%7Bmke/he/202001/21/u20200121_34172416.timm.

입했다. 또한 중국—미얀마 철도의 중국 내 파트가 순조롭게 건설되고 있고 범아시아 철도 동부노선의 중국 내 구간인 쿤위허(昆玉河) 철도는 수년 전부터 개통되어 꾸준히 운행되고 있다. 중국—베트남 베이룬허(北仑河, Sông Ka Long) 제2대교도 2019년 3월에 정식으로 개통되었다. 중국—아세안 정보항만은 2015년 9월 난닝시에서 정식으로 설립되었고 중국·라오스·미얀마·태국 란창강—메콩강 국제항로 2기 프로젝트 초기 작업이 이미 가동된 상태이다. 중국—싱가포르 호연호통(互联互通, 상호연결) 프레임 하에 설립된 국제 물류 통로인 육로·해상 신(新) 무역통로는 2017년 9월 정식 개통되었고 전 세계 71개 국가와 155개 항만을 연결하는 것을 목표로 삼고 있으며 중국 내에서는 칭하이(青海), 신장, 윈난, 닝샤 등 8개의 성(자치구, 직할시)이 회원 도시로 참여해있다. 2018년 연말 기준 "육로·해상 신 무역통로"의 3가지 물류 형태 모두 상시화 운행에 들어갔다. 향후 거시적 조율 메커니즘 구축, 주변국 인프라 개선, 국제협력 강화 등 분야의 마스터 플랜이 한층 더 강화될 예정이다.[04]

중국과 인도차이나반도 국가 간 인문 교류도 꾸준히 강화되고 있는데 이는 경제회랑 건설에 두터운 민심 기반과 환경을 제공해 주고 있다. 중국국가정보중심 "일대일로" 빅데이터센터가 발표한 "일대일로" 발전성과 종합평가 시스템에 따르면 민심 상통 분야 Top 10 국가 중 4개 국가 (태국, 베트남, 캄보디아, 라오스)가 인도차이나반도에 위치해 있다. 이는 중국과 인도차이나반도 국가 간 민심 상통과 상호 이해 및 신뢰

---

04   《6대 경제회랑 건설에 대한 관찰, 모든 내용 총망라!》, 중국 일대일로 홈페이지, https://www. yidaiyilu.gov.cn/sy/zlbw/87693.htm.

기반이 그만큼 탄탄하다는 것을 보여주고 있다.[05] 아세안 지역을 방문한 관광객 중 중국 관광객의 비중이 제일 높은 것도 이를 방증하고 있다.《중국—아세안 문화협력 액션플랜(2014-2018)》이 전면적으로 실행되고 있고 중국—아세안 박람회 문화전, 중국—아세안 문화산업포럼, 중국—아세안 청소년 예술전, 중국—아세안 의전홍보대사 대회 등 일련의 아세안 문화 및 국제 교류 요소를 내포한 활동들이 광시성에서 개최되었다. 2019년 중국—아세안 매체 교류의 해를 맞아 양측은 일련의 매체 교류 및 협력 활동을 개최하였다. 2019년 11월 중국—아세안("10+1") 정상회의 기간, 양측 정상은《중국—아세안 매체 교류 및 협력 강화에 관한 공동성명》을 발표하여 정책 소통, 공동 취재, 콘텐츠 협력, 프로그램 상호 방영, 전시회 공동 참여, 매체 산업 협력, 인원 교육, 미래 협력 등 8대 분야에서 협력을 강화하기로 의견을 모았다.[06]

장기적이고 안정적이며 지속 가능하고 리스크 관리가 가능한 다원화 융자 체계를 구축하여 충족한 자금 지원을 보장하고 자금 융통을 촉진하는 것은 중국—인도차이나반도 경제회랑 건설의 중요한 구성 부분이다. 중국은 "두 가지 양허성 차관", 생산능력 협력 전용차관, 남남협력(南南合作, 개도국 간 협력) 원조기금, 란창강—메콩강 협력 전용기금 등 협력 촉진 조치들을 취했다.[07] 위안화는 베트남, 싱가포르 등 국가에

---

05 주췌이핑(朱翠萍), 천푸호(陈富豪):《중국—인도차이나반도 경제회랑 건설: 잠재력, 도전과 대책》,《동남아종횡》2019년 제2기.

06 《중국—아세안 매체 교류 협력 강화에 관한 공동성명》, 2019년 11월 5일, 국가광전총국(国家广电总局) 홈페이지, http://www.nrta.yow.en/art2019/11/5/art11248621.html.

07 《변강지역 경제발전 안정적 성장 내부 지역별 차이 존재》,《변강청서: 중국변강 발전보고서(2019)》, 중국경제망, 국가경제포털, http://www.qgqesy.com.cn/

서 광범위하게 사용되고 있으며 이미 변경지역 무역의 주요한 청산 및 결제 통화로 자리 잡았다. 중국공상은행은 현재 아세안 9개 회원국에 67개의 지점을 설립했고 중국수출입은행이 아세안 10개국을 대상으로 발행한 차관 규모가 해당 은행 "일대일로" 차관 중 차지하는 비중이 30%를 초과했으며 관련 계약금액은 천억 달러를 넘어섰다.[08] 오늘날 금융분야 협력이 양측 경제성장 및 상호협력에서 차지하는 안정제 및 촉매제 역할이 날로 두드러지고 있다.[09]

무역 협력에 있어, 중국은 인도차이나반도 국가들과 공동으로 보호무역주의, 일방주의를 반대하고 함께 다자주의와 자유무역을 수호하고 있으며 시장 가일층 개방과 협력 관계 강화를 통해 동반성장을 도모하고 있다. 2019년까지 중국은 11년 연속 아세안 지역의 최대 무역 파트너 자리를 지키고 있으며 양자 간 투자협력도 꾸준히 강화되고 있다. 중국은 다수 아세안 국가의 최대 투자국이며 아세안 지역에 대한 중국의 투자규모도 꾸준한 증가 추세를 보이고 있다. 2019년 중국기업이 56개의 "일대일로" 주변국들을 대상으로 진행한 비금융 부문 대외 직접투자 Top10국가 중 아세안 국가가 7개를 차지했으며 그 중에서도 중국—인도차이나반도 경제회랑 국가가 1~3위(싱가포르, 베트남, 라오스)를 독점했다. 《역내포괄적경제동반자협정》(RCEP) 15개 회원국은 이미 협정 전체 내용에 대한 서면 협상과 사실상 모든 시장 진입 문제 관련 협

---

dztd/%7Bmke/he/202001/21/u20200121_34172416.timm.

08 《중국—아세안: 금융 시장 공동 개방 금융 협력의 미래 공유》, 신랑망(新浪网), http://
    finance. sina.com.cn/stock/ielnewwen/2019-09-24/doc-icene118052506.
    shtml.

09 《광시좡족자치구(广西壮族自治区) 아세안 개방 포털 건설 관련 총체적 방안》.

상을 마무리했다. 이 외에도 "중국—아세안 자유무역 확대협정"과 "중국—싱가포르 자유무역 확대협정"이 전면적으로 실행되고 있으며 중국—캄보디아 자유무역협정 1라운드 협상이 막을 내렸다.[10] 디지털경제 협력도 새로운 협력 분야로 각광받고 있다. 2020년은 중국—아세안 디지털경제 협력의 해이며 양측은 전자상거래, 디지털 무역, 5G 네트워크 등 분야에서 광범위한 협력 가능성을 지니고 있다.[11] 중국—아세안 박람회, 중국—아세안 비즈니스 및 투자 포럼, 중국 쿤밍(昆明) 수출입상품 교역대회 등 다양한 변경지역 교역 플랫폼들이 중국과 인도차이나반도 간 경제무역 협력에서 중요한 역할을 발휘하고 있다. 2019년 8월, 중국은 《6개의 자유무역시범지역 신설에 관한 국무원의 총체적 방안》(국무원발표[2019]16호)을 발표하였다.[12] 해당 방안에 따르면 중국(광시성)자유무역시범지역은 서남, 중남, 서북 출해구(出海口)와 아세안을 향한 국제 육로·해상 신 무역통로 건설을 중점적으로 추진하여 21세기 해상 실크로드와 실크로드 경제벨트를 유기적으로 연결시키는 역할을 맡고 있으며, 중국(윈난성)자유무역시범지역은 "일대일로"와 장강경제벨트를 연결하는 중요한 통로를 구축하고 남아시아·동남아 지역을 이어주는 허브 건설을 통해 중국·남아시아·동남아를 아우르는 개방형 전초기지 역할을 맡고 있다.

---

10 중국자유무역구 서비스 홈페이지, http: //fta. mofcom. gov. cn/ index. shtml.

11 중국—아세안 상무이사회, http: //www.china-aseanbusinessorg. cn/index. php? m = content&e=index&a = show&eatid = 10 &id = 32949 .

12 《6개의 자유무역시범지역 신설에 관한 국무원의 총체적 방안》(국무원발표[2019]16호), 정부정보공시, http: //www.gov.cn/ zhengce/content/2019 - 08/26/ content_5424522. htm.

미래 전망

　중국—라오스 경제회랑은 중국이 동남아 개별 국가와 단독으로 체결한 첫 번째 경제회랑 프로젝트이며 중국—인도차이나반도 경제회랑의 중요한 구성 부분이다. 2017년 하반기, 경제회랑은 중점 지역 및 중점 분야 건설 단계에 들어섰으며 다자간 협력에서 양자 간 협력으로 세분화되었는데 중국과 라오스가 맨 처음 공동발전 모델 탐색을 시작했다. 2017년 11월 시진핑 라오스 방문 기간, 양국은 중국의 "일대일로" 이니셔티브와 라오스의 "육지로 둘러싸인 나라에서 육지로 연결된 나라로" 전략을 결합시키는데 동의했고 중국 윈난에서 중국—라오스 철도를 거쳐 라오스 남부 지역에 다다르는 중국—라오스 경제회랑을 공동건설하기로 의견을 모았다. 윈난성을 출발점으로 하고 중국—라오스 철도를 거쳐 라오스 남부까지 도달하는 해당 회랑은 윈난성을 통해 중국 서남 지역과 장강 경제벨트 상류 지역을 연결할 뿐만 아니라 라오스를 통해 중국과 인도차이나반도 국가들을 연결하고 있으며 중국이 라오스를 포함한 소지역 국가들과 함께 협력과 발전을 꾀하는 연결고리 역할을 하고 있다. 현재 중국—라오스 경제회랑은 일부 핵심분야에서 순조로운 진전을 보이고 있다. 중국—라오스 철도는 중국—라오스 경제회랑의 중요한 교통 인프라인 동시에 범아시아 철도의 중선 부분이며 "일대일로" 이니셔티브 제기 후 중방 위주로 투자가 진행되고 전면적으로 중국의 기술표준이 적용되었으며 중국의 설비를 사용하고 중국의 철도 네트워크와 직접 연결된 첫 번째 국제 철도이다. 해당 철도는 중국 윈난성 위시(玉溪)시를 기점으로 하고 시솽반나(西双版纳)에 위치한 중국—라오스 변경 세관을 거쳐 라오스의 수도인 비엔티안에 다다른다. 2016년 12월에 착공한 중국—라오스 철도 프로젝트는 현재 순조롭게 진행되고 있으며 2021년 연말에 개통될 예정이다. 중국—라오스 철도가 이어주고 있는 모한(磨憨)—보텐 경제협력구와 싸이세타 (Saysettha) 종합개발구의 건설 또한 안정적으로 추진되고 있는데 이 중 싸이세타 종합개발구는 이미 57개의 기업을 유치했고 기업들의 투자 총액은 10억 달러를 넘어섰다.[13]

(집필자: 티앤펑 田丰)

---

13 《중국—라오스 경제회랑 건설이 가져온 새로운 발전의 기회》, http://la china-embassy. org/chn/gdw/t1646029. htm.

46. 중국—파키스탄 경제회랑

개념의 제기

중국—파키스탄 경제회랑은 중국과 파키스탄이 공동으로 발의하고 실행 중인 지역경제 통합화 협력체이며 양국이 경제 활동을 진행하는 과정에서 서로의 국내 제도와 거시경제 제도를 잘 조율해 주고 있다. 2006년 2월, 파키스탄 대통령 페르베즈 무샤라프는 중국을 방문하여 중국—파키스탄 에너지회랑 구상을 제기했다. 2013년 5월, 중국 리커창 총리는 파키스탄 방문 당시 중국—파키스탄 경제회랑 비전 계획을 제시했고 해당 계획은 파키스탄으로부터 적극적인 호응을 받았다. 그 후 2013년 9~10월, 시진핑 주석이 중앙아시아와 동남아 국가를 각각 방문하여 "실크로드 경제벨트"와 "21세기 해상 실크로드" 공동건설에 관한 구상을 제기하였고 중국—파키스탄 경제회랑의 중요성도 한층 더 향상되었다. 2015년 3월 2015년 3월, 국가발전개혁위원회, 외교부와 상무부는 공동으로 《실크로드 경제벨트와 21세기 해상 실크로드 공동건설 추진에 관한 비전과 행동》을 발표하였는데 해당 보고서에는 "중국—파키스탄 경제회랑을 '일대일로' 이니셔티브와 긴밀히 연결시키고 협력을 가일층 강화하여 더욱 큰 진전을 거둘 수 있도록 해야 한다"는 내용이 기입되어 있다.[01] 이로서 중국－파키스탄 경제회랑은 "일대일로" 이니셔티브의 중요한 구성 부분으로 자리 잡게 되었다. 현재 중국－파키스탄 경제회랑은 "일대일로" 6대 경제회랑 중의 선행 프로젝트이며 중화인민공화국 외교부로부터 "일대일로" 플래그십 프로젝트로 지정되었다.[02] 중국－파키스탄 경제회랑은 "일대일로" 건설이 추구하는 지역 협력, 경제 융합, 운명공동체 구축에 시범역할을 보여주고 있다.

구체적 사업

2015년 4월 중국국가주석 시진핑은 파키스탄 방문 기간, 양국 관계 발전에 대해 "중국－파키스탄 경제회랑을 중심으로 하고 과다르 항구, 교통 인프라, 에너지, 산업 협력을 중점으로 삼으면서 '1+4' 협력 구도를 형성해야 한다"고 건의했다.[03] 여기서 언급된 과다르 항구, 교통 인프라, 에너지, 산업 협력이 바로 중국－파키스탄 경제회랑의 4대 사업이다.

과다르 항구는 경제회랑 건설의 핵심 구성 부분이다. 중국－파키스탄 경제회랑의 종착역으로서 과다르 항구는 파키스탄의 지역 물류

---

01 국가발전개혁위원회, 외교부와 상무부:《실크로드 경제벨트와 21세기 해상 실크로드 공동건설 추진에 관한 비전과 행동》,《인민일보》 2015년 3월 29일 4면.

02 《외교부: 중국－파키스탄 경제회랑은 "일대일로" 플래그십 프로젝트이다》, 2015년 4월 15일, 환구망(环球网), https://world.hunngin.com/anticle/gCikmJK017.

03 《중국 국가주석 시진핑과 파키스탄 총리 셰바즈 샤리프 간 정상회담 중국－파키스탄 관계를 전천후 전략적 동반자관계로 격상하기로 결정》, 2015년 4월 21일, 신화통신, http://www.xinhuanet.com/world/2015-04/21/c_1115031072.htm.

허브와 역내 경제 중심으로 건설될 예정이다. 2016년 11월, 중국－파키스탄 경제회랑 공동무역 운수팀이 성공적으로 파키스탄 서부 지역을 횡단하여 과다르 항구에 도달하였고 2018년 3월는 중원해운컨테이너운수유한공사(中远海运集装箱运输有限公司)가 과다르－중동 항선을 개척했다. 현재 과다르 항구 건설은 주로 두 가지 분야를 둘러싸고 진행되고 있는데 하나는 항구와 해안선을 연결하고 있는 동부 고속도로, 과다르 항구 제방, 정박지 준설 공정, 자유무역구 건설, 신(新) 과다르 국제항공 등을 포함한 인프라 건설이고, 다른 하나는 30만kW 화력발전소, 중국－파키스탄 파취얼(法曲尔) 중학교 증축, 중국－파키스탄 부어아이(博爱) 응급의료센터, 과다르 자유무역구 해수 담수화 공장, "과다르 백만 식수" 캠페인 등 민생 안정 프로젝트들이다. 또한 해당 프로젝트들이 추진됨에 따라 현지 민중의 생활 환경이 크게 개선되었다. 2019년 11월 초, 중국생태환경부는 과다르 지역의 기후변화 대응 능력을 강화시키기 위해 파키스탄에 4000대의 태양광 패널 설비와 LED 전등을 지원해 주었다.

교통 인프라 및 에너지 분야 협력은 중국－파키스탄 경제회랑 초기 건설 단계에서의 양대 산맥이었다. 교통 인프라 건설의 주요 목표는 중국과 파키스탄 사이에 도로, 철도, 항공, 케이블 등 종합 운송통로를 구축하는 동시에 파키스탄 국내 인프라 상황을 개선하는 것이다. 현재 라호르 궤도교통 오렌지라인이 개통되었고 폐샤와르－카라치 고속도로의 수쿠르－물탄 구간이 준공되었으며 카라코람 산맥 도로 2기(하벨리안－타쿼트 구간) 공정 진도가 절반 이상 완료되었다. 또한 중국국제항공공사가 베이징－이스탄불 직항 노선을 개통했고 중국－파키스탄 크로스보더 케이블 프로젝트가 준공되었으며 중국철도총공사는 파키스

"일대일로" 수첩

탄과《1호 철도 간선(MLI) 업그레이드 및 하베리안 항구 공동건설 실행 가능성 검토 관련 기초협정》을 체결하였다. 에너지 협력의 주요 목적은 파키스탄 에너지 부족 분제를 근본적으로 해결하는 것이며 협력의 중점은 수력발전소와 현대화 화력발전소 프로젝트들이다. SK 수력발전소, 카롯 수력발전소, 아자드파탄 수력발전소, 타르 화력발전소, 허브 화력발전소, 사히왈 화력발전소, 포트 카심 화력발전소 등이 잇달아 가동되면서 파키스탄의 전력난 문제가 크게 개선되었다. 이 외에도 파키스탄 전력망 노후 문제 해결을 위해 중국은 세계 2번째 고압직류 송전선로인 마티아리—라호르 ±660kW 프로젝트를 추진할 예정이다.

산업 협력은 중국—파키스탄 경제회랑 2간계 건설의 중점 분야이다. 2018년 연말, 중국과 파키스탄은 공동으로《중국—파키스탄 전천후 전략적 동반자관계 강화, 새로운 시대들어 더욱 탄탄해진 중국—파키스탄 운명공동체 구축》을 주제로 한 공동성명을 발표하여 양자 간 협력의 중점이 산업 분야로 전환될 것임을 명확히 밝혔다. 중국은 현재 "기업 주체, 시장 지향, 상업 원칙, 국제 관례"의 원칙에 따라 파키스탄과의 산업 및 단지 협력을 적극 추진하고 있고 실력 있는 중국 기업들의 파키스탄 투자를 독려하고 있으며 제3국 기업의 경제특구 건설 동참을 환영하고 있다. 2020년 3월, 양국 정부는 양해각서 체결을 통해 중국—파키스탄 경제회랑의 협력 저변을 과학기술과 농업 분야까지 확대하였고 관련 공동 업무소조를 출범하였다.

최신 진전

중국—파키스탄 경제회랑 건설 추진 이래, 파키스탄의 GDP 연평균 성장률은 4.77%를 기록했고 파키스탄을 향한 외국의 직접투자규모는 약 240% 증가했다.[04] 양국의 공동상의·공동건설 메커니즘도 나날이 체계화되고 있다. 중국―파키스탄 에너지 업무소조는 이미 7차례 회의를 소집하였고 중국―파키스탄 경제회랑 매체포럼은 5번 개최되었디. 2018년 12월, 중국―파키스탄 경제회랑 공동위원회 사회민생 업무소조 제1차 회의가 소집되었고 2019년 3월에는 중국―파키스탄 경제회랑 제1차 정당 간 협상회의가 개최되었는데 파키스탄의 정의운동당, 무슬림연맹(샤리프파), 인민당 등 정당 대표들과 중국의 유관 부처가 해당 회의에 참석하였으며《중국―파키스탄 경제회랑 공동상의 메커니즘 제1차 회의 베이징선언》을 통과시켰다. 사우디아라비아는 중국과 파키스탄의 뒤를 이어 세 번째로 회랑건설에 참여한 국가이다. 과다르 항구, 교통 인프라, 에너지 관련 일련의 중점 프로젝트들이 잇달아 추진되고 있는 배경하에 중국 정부는 파키스탄 정부가 제기한 우선 사항에 근거하여 경제특구 건설을 핵심으로 하는 산업 협력을 선행 추진하는데 동의했으며 민간기업과 합자기업의 투자 및 참여를 적극 독려하였다. 2019년 3월 20일, 제1차 중국―파키스탄 외교장관 회담에서 중국 국무위원 왕이(王毅)는 "향후 경제회랑 프로젝트는 파키스탄 서부지역까지 더 광범위하게 확대될 것이며 더 많은 민중들에게 혜택을 가져다줄 것이다"라고 밝혔다.[05] 양국은 앞으로 교육, 건강, 농업, 관개용수,

---

04 《파키스탄 관원과 학자들이 "일대일로"가 파키스탄 경제 강건화에 일조한다고 밝혔다》, 2019년 5월 28일, 신화통신, http://www.xinhuanet.com/silkroad/2019-05/28/c_1124551704.htm.

05 《중국―파키스탄 제1차 외교부 장관 회담에서 폭넓은 공감대 형성》,《인민일보》2019년 3월 20일 3면.

빈곤퇴치 및 인력자원 발전 등 분야에서 일련의 협정을 추가 체결할 것
으로 전망된다.

미래 전망

중국─파키스탄 경제회랑은 중국과 파키스탄의 공동발전에 중요
한 기회를 제공해 주었고 양국 간 우호 왕래의 역사속에서 이정표로 기
록되고 있으며 중국─파키스탄 전천후 전략적 동반자관계를 가일층
강화시켰다. 경제회랑 건설 이래 일련의 눈에 띄는 결실들이 우후죽순
처럼 나타나고 있다. 예를 들면, 파키스탄 교통 인프라가 전면적으로
발전되었고 양국 간 에너지 협력이 가시적인 성과를 거두었으며 산업
단지 관련 협력이 안정적으로 추진되고 있다. 또한 인문 교류가 활발히
이뤄지고 있고 제3국 참여 메커니즘도 정식으로 가동되었다. 중국─파
키스탄 경제회랑 건설이 완료될 시 북으로는 중국 신장자치구(新疆自治
区) 카스(喀什)에서 출발하여 남쪽으로 파키스탄의 과다르 항구에 다다
르며 중국, 중앙아시아, 남아시아를 연결하고 더 나아가 중동지역까지
이어지는 경제무역 네트워크가 형성된다. 중국과 파키스탄은 양호한
정치관계를 구축하였고 다양한 경제 분야에서 상호보완성을 지니고
있으며 경제회랑 자체가 주변 지역에 번영을 안겨주는 호혜상생의 속
성을 지니고 있는 만큼 양국 정부와 인민 모두 경제회랑의 미래 전망에
큰 자신감을 내비치고 있다.

(집필자: 장위안 张元)

47. 방글라데시―중국―인도―미얀마 경제회랑

개념 설명

　방글라데시―중국―인도―미얀마 경제회랑이란 중국, 인도, 방글라데시, 미얀마 4국이 각자의 비교적 우위를 활용하여 상호 협력을 추진하고 지역 경제 통합화 실현을 위해 노력하는 협력체를 뜻한다. 방글라데시―중국―인도―미얀마 경제회랑은 중국 윈난(云南)성의 지역 경제협력 제안에서 비롯되엇다. 1999년 8월, 윈난성 사화과학원과 윈난성 경제기술연구중심이 공동 개최한 제1차 방글라데시―중국―인도―미얀마 지역 경제협력 국제세미나에서 4개국 학자들은 지역 협력체 건설에 관한 공감대를 형성했다. 2013년 5월 리커창 총리 인도 방문 기간, 양국은 지역 간 연결성 강화, 방글라데시―중국―인도―미얀마 경제회랑 건설, 방글라데시―중국―인도―미얀마 협력체 발전 등 내용을 골자로 하는 공동성명을 발표하였다. 2015년 3월, 중화인민공화국 국가발전개혁위원회, 외교부, 상무부가 공동으로 발표한《실크로드 경제벨트와 21세기 해상 실크로드 공동건설 추진에 관한 비전과 행동》보고서에는 "방글라데시―중국―인도―미얀마 경제회랑과 '일대일로' 건설 간 연관성을 강화해야 한다"는 내용이 기입되어 있다.[01] 이로써 방글라데시─중국─인도─미얀마 경제회랑은 "일대일로" 이니셔티브의 중요한 구성 부분으로 거듭나게 되었다. 2013-2017년, 방글라데시─중국─인도─미얀마 경제회랑 업무소조는 선후로 3차례의 회의를 소집했고 2017년 11월, 시진핑 주석은 미얀마 국가자문역 아웅산 수찌와 중국─미얀마 경제회랑을 건설하기로 의견을 모았다.

구체적 사업

방글라데시─중국─인도─미얀마 경제회랑은 인프라 건설, 에너지 개발, 산업 협력, 경제무역 투자, 빈곤 퇴치, 친환경 발전, 인문 교류 등 다양한 분야에서의 체계적인 프로젝트들을 망라하고 있다

인프라 상호 연결은 방글라데시─중국─인도─미얀마 경제회랑의 우선적인 방향성이다. 지리적 제한성, 부족한 자금, 건설 기술 관련 높은 요구 등 원인으로 인해 인도·방글라데시·미얀마 3국은 오랜 기간 중국과의 교통이 단절되거나 연결이 불충분한 상태에 처해있었고 4국 간 경제무역 왕래 및 인문 교류의 거대한 잠재력 또한 충분히 발휘되지 못하고 있었다. 이러한 문제를 인지한 4개국 정부는 2013년 12월 방글라데시─중국─인도─미얀마 연합 업무소조 제1차 회의에서 방글라데시─중국─인도─미얀마 경제회랑을 교통간선 혹은 종합 운수통로를 발전의 축으로 삼고 쿤밍(昆明), 만달레이, 다카, 치타공, 콜카타 등

---

01   국가발전개혁위원회, 외교부, 상무부:《실크로드 경제벨트와 21세기 해상 실크로드 공동건설 추진에 관한 비전과 행동》,《인민일보》 2015년 3월 29일 4면.

경제도시와 항만을 주요 포인트로 삼으며 중국 윈난성 및 서남부지역, 미얀마, 방글라데시, 인도 서벵골주 및 동부·동북지역을 연결하는 것을 통해 소지역 국가 및 지역 경제발전을 촉진하는 국제 지역 경제벨트라고 정의했다.[02] 현재 방글라데시—중국—인도—미얀마 경제회랑 교통 인프라 건설의 핵심 사업은 4개국 경제회랑을 미얀마 국내의 중장기 경제회랑 발전계획과 결합시키는 것이다.

에너지 개발, 산업 협력, 경제무역 투자는 방글라데시—중국—인도—미얀마 경제회랑 건설의 중점 분야이다. 방글라데시·중국·인도·미얀마의 자원 매장 종류, 경제 구조, 산업 기반은 각각 상이하다. 4국이 경제회랑 프레임 안에서 다양한 분야의 경제 협력을 추진하게 되면 다음과 같은 4가지 효과를 기대할 수 있다. 첫째, 4국의 지리적 우세, 자원 우세, 기술 특장, 인구 보너스를 발전 우세로 직접 전환할 수 있고 이를 통해 경제 요소의 상호 보완과 고도화를 도모할 수 있다. 둘째, 4국이 기존 경제 및 산업 구조를 개선하고 새로운 생산 네트워크 플랫폼을 구축하는데 호재로 작용할 수 있다. 셋째, 4국 시장을 효율적으로 연결시켜 4국 경제 메커니즘의 진일보한 개방을 촉진할 수 있다. 넷째, 4국 간 협력의 규모화를 통해 세계 각지의 자금과 기술을 유치할 수 있으며 4국의 국제 경쟁력을 동반 향상시킬 수 있다.

빈곤 퇴치, 친환경 발전, 인문 교류는 방글라데시—중국—인도—미얀마 경제회랑이 존재하는 의미이다. 방글라데시—중국—인도—미

---

02 《방글라데시—중국—인도—미얀마 경제회랑에 대한 윈난(云南)성의 연구 결과: 번영의 운명공동체 구축》, 2014년 9월 19일, 상무부 홈페이지, .
     http: //www. mofcom. gov. cn/article/resume/n/201409/20140900736582. shtml.

얀마 경제회랑 건설은 경제 및 무역 협력을 중점 분야로 삼는 한편 사회발전 관련 의제도 내포해야 한다. 경제회랑에 속해있는 중국 서남지역, 미얀마 북부지역, 방글라데시 북부·동부지역과 인도 동북부지역은 상대적으로 낙후하고 빈곤한 지역들이다. 방글라데시—중국—인도—미얀마 경제회랑 건설은 현지 의료보건 조건을 개선하고 교육자원의 공급과 인력 자원의 개발을 촉진하여 빈곤 퇴치를 근본적으로 해결할 수 있으며 해당 지역의 지속 가능한 발전을 실현할 수 있다. 식량난, 담수자원 부족, 감염병 유행, 마약 유통 등 비전통적 안보위협도 4국이 직면한 공동의 난제이다. 비록 역내 비전통적 안보 분야에서의 양자 간 협력이 어느 정도 성과를 도출하긴 했지만 4개국 간 통합 협력의 양적·질적 수준은 여전히 개선의 여지가 큰 상황이다. "정책 소통, 도로 연결, 무역 원활화, 통화 유통" 외에도 "민심 상통" 역시 방글라데시—중국—인도—미얀마 경제회랑 건설의 중요한 구성 부분인 만큼 인문 교류를 증진하는 것은 4국 간 정치적 상호신뢰 관계 강화에 긍정적으로 작용할 수 있다. 2017년 4월, 방글라데시—중국—인도—미얀마 경제회랑 합동회의에서 4국이 공동으로 작성한 연구보고서가 발표되었고 지속 가능한 발전과 인문 교류 등 분야에서 많은 공감대를 형성하였다.

최신 진전

중국—미얀마 경제회랑 건설이 획득한 혁신적인 진전은 방글라데시—중국—인도—미얀마 경제회랑 중에서도 가장 눈에 띄고 있다. 중국과 미얀마 간 일련의 호연호통(互联互通, 상호 연결) 및 에너지 관련 프로젝트들이 잇달아 가시적인 성과를 내고 있다. 예를 들면, 뮤즈

(Muse District)—만달레이 구간 철도 프로젝트의 실행 가능성 평가와 환경 적합성 평가가 마무리되었고 쿤밍(昆明)시에서 양곤, 네피도, 만달레이로 향하는 항공편이 개통되었으며 중국—미얀마 오일·천연가스 파이프라인 프로젝트가 준공되었다. 중국과 미얀마 간 경제·무역·금융 분야에서의 협력도 풍성한 결실을 맺고 있다. 2019년 양자 간 교역액은 28.5% 증가했고 이 중 미얀마 상품의 중국 수출 규모가 동기 대비 42.8% 증가했다.[03] 2019년 1~9월, 중국 기업의 미얀마 투자액이 1.5억 달러에 달했고 미얀마 현지의 공사청부계약 금액은 동기 대비 238.1% 증가한47.9억 달러를 기록했다.[04] 2019년 1월 30일, 미얀마는 위안화를 글로벌 결제통화로 받아들였다. 이와 동시에 양국 간 인적 교류도 나날이 활발해지고 있다. 2017년 미얀마 정부는 중국—미얀마 관광포럼을 개최하여 중국 관광객들에게 미얀마의 관광명소를 소개했으며 2018년 10월 1일부터는 중국 관광객들의 무사증입국을 허가했다. 이에 힘입어 2019년 미얀마를 방문한 중국 관광객 수가 처음으로 100만 명을 돌파했다.[05] 2020년 1월 17일, 시진핑 주석의 미얀마 방문을 계기로 양국 간 경제회랑 건설이 새로운 단계에 들어섰다. 양국 정상은 공동성명을 발

03 《그대가 가는 길 이르다 말라, 도처에 친지와 친구가 있다(莫道君行早 是处有亲朋)——시진핑 주석, 미얀마 공식 방문 통해 양국 간 우호관계를 새로운 단계로 격상하다》,《인민일보》, 2020년 1월 19일 1면 .

04 《특별 인터뷰: 중국과 미얀마 간 전통 우의 새로운 광채를 내뿜게 해야——주미얀마 중국대사 천하이(陈海) 인터뷰》, 2020년 1월 13일, 신화통신, .
    http://www. xinhuanet. com/2020-01/13/c_1125456942. htm.

05 《특별 인터뷰: 중국의 수요가 미얀마 관광산업 구조 전환 및 고도화를 견인하다——미얀마 호텔관광부 관원 Ayhan 인터뷰》, 2020년 1월 29일, 신화통신, http://m.xinhuanet.com/2020-01/29/c_1125511216. htm.

표하여 차우크퓨(Kyaukpyu) 경제특구, 중국―미얀마 변경지역 경제협력구, 양곤 신도시 설립을 추진하고 도로, 철도, 전력에너지 등 호연호통 인프라를 건설하기로 의견을 모았으며 2020년을 "중국―미얀마 문화 관광의 해"로 지정하여 양국 수교 70주년 기념행사를 공동 주최하기로 결정했다.[06]

중국과 방글라데시 간 경제 협력도 안정적으로 추진되고 있다. 파얄라 화력발전소, 방글라데시 배전시스템 개조 프로젝트, 파드마 다리(Padma Bridge), 치타공 중국경제산업단지 등 전력, 인프라, 산업단지를 망라하는 일련의 합작 프로젝트들이 정식으로 가동되었다. 2018년 4월 중국 알리바바 금융자회사인 앤트 파이낸셜이 방글라데시 모바일 결제사 bKash와 전략적 협력 관계를 구축하면서 현제 소비자들에게 더욱 편리하고 안전한 디지털 금융 서비스를 제공해 주고 있다. 방글라데시는 "일대일로" 주변국 중 앤트 파이낸셜의 투자 유치에 성공한 9번째 국가이다. 2018년 11월, 중국 유니온페이 자회사인 유니온페이 인터내셔널이 방글라데시 MTB은행과 카드 발급 및 모바일 결제 분야에서의 협력을 개시했다.

인도 정부도 방글라데시―중국―인도―미얀마 경제회랑 건설을 높게 평가하고 있다. 2018년 4월, 시진핑 중국 국가주석은 모디 인도 총리와 중국 우한(武汉)에서 비공식회담을 통해 양국 관계 미래 발전과 관련된 거시적·장기적 문제에 대해 의견을 교환했으며 방글라데시―중국―인도―미얀마 경제회랑의 프레임 안에서 경제 협력에 박차를 가하기로 합의했다. 같은 해 6월, 시진핑 주석은 모디 총리와 상하이협력

---

06   《중국―미얀마 공동 성명》,《인민일보》2020년 1월 19일 2면.

기구 칭다오(青島) 서밋 기간 정상회담을 한 차례 더 진행했고 방글라데시—중국—인도—미얀마 경제회랑을 포함한 지역 호연호통 협력을 추진하는데 동의했다. 2018년 연말 개최된 중국—인도 고위급 인문 교류 메커니즘 제1차 회의에서 양측은 문화, 매체, 미디어 등 분야에서 교류를 강화키로 공감대를 형성했다.

미래 전망

방글라데시, 중국, 인도, 미얀마는 자원 매장량이 풍부하고 인구가 많으며 경제 상호보완성이 강하고 상호 간 협력의 잠재력이 거대하다. 방글라데시—중국—인도—미얀마 경제회랑 건설은 중국과 인도, 두 신흥국가의 대외개방 확대 수요에 부합될 뿐만 아니라 방글라데시아와 미얀마의 산업화·도시화를 통한 경제사회 발전 수요도 만족시킬 수 있다. 따라서 방글라데시—중국—인도—미얀마 경제회랑 건설은 4국 간 경제무역 협력의 잠재력을 발굴하고 지역 경제의 호혜상생을 실현하는데 있어 매우 중요한 의미를 지니고 있다. 4개국 정상의 적극적인 추진에 힘입어 방글라데시—중국—인도—미얀마 경제회랑은 이미 다양한 분야에서 긍정적인 성과를 도출했고 꾸준히 미래를 향해 힘차게 매진하고 있다.

(집필자: 장위안 张元)

6부

추진 체계

48. 발전전략 간 매칭

개념의 제기

2013년 3월, 시진핑 주석은 러시아를 방문하여 발전전략 간 매칭이라는 개념을 제기했다. 러시아 방문 기간, 시진핑은 모스크바 국제관계학원에서 《시대의 흐름 편승 세계의 평화와 발전 촉진》이라는 주제의 기조연설을 통해 "중국과 러시아는 각각의 국가 및 지역 발전전략을 매칭하면서 끊임없이 이익의 접점과 협력의 성장점을 창조하고 있다"고 밝혔다.[01] 이 후 "발전전략 간 매칭"이라는 용어가 양자 간 및 다자간 관계 분야에서 광범위하게 사용되기 시작했다. "발전전략 간 매칭"이란 각각의 국가와 지역이 자체상황에 근거하여 제정한 발전전략 간 연결점 및 접점을 발굴하고 상호 매칭시키는 것을 통해 서로 장단점을 보완하고 시너지 효과를 발휘하여 최종적으로 공동의 목표를 실현하는 것을 뜻한다.

발전전략 간 매칭은 새로운 개념이긴 하지만 해당 개념의 제기는 두터운 이론적 기반을 지니고 있으며 중국 대외관계 발전의 필연성을

---

01   시진핑: 《시대의 흐름 편승 세계의 평화와 발전 촉진——모스크바 국제관계학원에서의 기조연설》, 《인민일보》 2013년 3월 24일 2면.

보여주고 있다. 20세기 90년대 이후, 경제실력을 기초로 한 종합국력의 굴기에 따라 중국은 국제사회에서 기타 국가 및 지역과의 전략적 관계 발전을 더욱 중요시하기 시작했다. 1996년, 중국은 러시아와 양국 관계를 한 단계 더 격상하기로 합의했고 중러 전략적 협력 파트너관계 구축을 선포했는데 이는 중국이 기타 국가와 체결한 첫 번째 파트너관계였다. 이 후 중국은 파키스탄 등 국가들과 잇달아 전략적 협력을 핵심으로 하는 파트너관계를 맺었고 일부 양자 간 파트너관계를 꾸준히 격상시켰다.

21세기 들어, 중국은 세계 주요 국가 및 지역들과 전략적 대화를 추진하기로 결정하였고 순차적으로 미국, 일본, 독일, 러시아, EU, 아프리카연합 등 국가 및 조직과 전략적 대화 메커니즘을 가동하였다. 전략적 대화는 대상국과 서로의 지혜와 사상을 소통하고 교류하는 것을 기반으로 하고 있으며 대상국과의 전략적 상호 신뢰 증진, 협력 강화, 분쟁 해결, 상대방 이익 보장 등을 통해 쌍방 더 나아가 전 인류에 복지를 제공해 주는 것을 목표로 삼고 있다.

"일대일로" 이니셔티브 제기 이후, 중국은 기타 국가 및 지역과 전략적 협력을 추진할 때 발전 관련 아젠다를 더욱 예의주시하기 시작했고 외부와의 발전전략 매칭에 박차를 가하고 있다. 2013년 이후, 시진핑 주석은 러시아 등 국가를 방문할 때마다 양자 간 발전전략 매칭의 필요성을 명확히 제기하였으며 보아오포럼, 브릭스국가 정상회담, APEC CEO 서밋, APEC 비공식 정상회의, 상하이협력기구 회원국 정상 이사회, 중국—아프리카 협력 포럼, 아시아—아프리카 정상회담, 빈곤퇴치 및 발전 고위층 포럼, 중국—중동부유럽 국가 정상회담, "일대일로" 국제협력서밋 등 국제회의와 주요 외교석상에서 중국과 관련 국가 및 지역, 그리고 국제사회와의 발전전략을 매칭해야 한다고 강조했다. 이로서 발전전략 간 매칭은 "일대일로" 건설의 핵심 내용이자 중국의 중요한 대외관계 수단으로 자리 잡게 되었다.

중요 의의

2008년 글로벌 금융위기 발발 후, 세계의 정치와 경제 형세는 거센 풍랑에 맞닥뜨렸고 "탈세계화" 사상이 태동하기 시작했다. 선진국들의 포퓰리즘, 보호무역주의와 일방주의가 기승을 부리고 신흥시장국과 개발도상지역의 안전, 발전, 안정 간 연동효과가 더욱 현저해졌다. 상술한 현상과 요소들이 세계화의 불확실성을 증폭시켰으며 과거 선진국들이 주도해왔던 기존의 세계화가 많은 문제점을 내포하고 있음을 보여주었다. 경제 글로벌화의 부정적인 영향을 해소하고 모든 국가와 민족들이 경제 글로벌화의 결실을 누릴 수 있도록 하기 위해 중국 지도자는 흔들림 없이 경제 글로벌화를 이끌어나가고 경제 글로벌화를 더 많은 사람들에게 혜택을 가져다 주는 방향으로 발전시켜야 한다고 강조했다. "일대일로" 이니셔티브가 제기된 이후, 중국은 세계 각 국가들과 발전전략을 적극 매칭하고 "일대일로" 프레임 안에서의 국제협력을 통해 세계화에 새로운 성장 모멘텀을 불어넣어야 한다고 역설하고 있다.

첫째, 발전전략 간 매칭의 이념은 세계화의 본질적인 요구를 반영하고 있다. 세계화의 심층적인 발전은 더욱 향상된 세계 개방 수준과 더욱 포용적인 국가 간 협력을 요구하고 있다. 발전전략 간 매칭은 이러한 수요를 만족시킬 수 있으며 세계와 궤를 같이 하는 개방적인 이념으로 새로운 개방형 세계경제 체계의 구축을 추진하고 있다. 발전전략 간 매칭의 주체는 고대 실크로드 국가 범위에만 국한되지 않는다. 중국이 제창하는 발전전략 간 매칭은 대내적이고 폐쇄적인 협력이 아닌 대외적이고 다양한 지역을 아우르는 협력 모델이다. 발전전략 간 매칭은 그 어떤 특정국가를 겨냥하지 않으며 배타적 경제 카르텔 형성을 추구하지 않는다. 발전에 대한 수요와 목표를 지닌 모든 국가들은 발전전략 간 매칭을 통해 호혜상생을 도모할 수 있으며 그 영향 범위는 전 세계 모든 곳을 포함하고 있다. 발전전략 간 매칭은 "공동상의·공동건설·상호공유"을 원칙으로 삼고 있으며 세계 각 국의 역량과 다양한 자원들을 최대한 결집하여 글로벌 통합화를 추진하고 세계화의 성과를 공유하고 있다.

둘째, 발전전략 간 매칭은 세계화 프로세스에 탄탄한 기반을 마련해 주었다. 세계 각 국은 나라별 자원 매장량이 상이하고 상호보완성을 가지고 있으며 서로에 대한 의존도가 높지만 인프라와 정책제도 등 분야의 상호 연결이 상대적으로 지연된 관계로 세계화의 심층적인 발전에 필요한 기반과 전제조건이 결여된 상태이다. 관련국들은 발전전략 간 매칭을 통해 서로 간의 공통점과 보완점을 발굴할 수 있으며 이를 계기로 중점 분야에서의 협력 프로젝트를 공동 기획할 수 있다. 중점 분야에서의 협력이 꾸준히 강화되고 협력 계획이 꾸준히 실행됨에 따라 발전전략 간 매칭은 관련국들에게 국가와 지역을 뛰어넘는 호연호통(互联互通, 상호 연결) 네트워크를 구축해 주고 있으며 그 범위가 점차 전 세계로 확대되면서 새로운 세계화의 버팀목이 되고 있다.

셋째, 발전전략 간 매칭은 새로운 형세하의 세계화 선도에 새로운 동력을 불어넣고 있다. 발전전략 간 매칭은 중국 개혁개방의 성공적인 실천에 기반하고 있다. 40여 년의 개혁개방 기간, 중국은 자국 국정에 입각하여 인민의 이익을 최우선으로 삼으면서 개혁과 혁신을 통해 개방 속에서 공동 발전을 도모하는 도로를 모색해 냈으며 이를 통해 세계 2위 경제체로 도약했다. 중국의 발전은 세계 각 국에 풍부한 경험과 다양한 기회를 제공해 주고 있다. 새로운 형세하에 중국은 혁신·조율·친환경·개방·공유의 발전 이념에 따라 끊임없이 성장 동력과 시장 활력을 활성화시키고 적극적으로 기업 친화적인 투자환경을 조성할 것이며 공동 발전을 골자로 하는 대외개방 구도를 형성하여 경제의 글로벌화에 새로운 동력을 제공해 줄 것이다. 중국은 "일대일로" 프레임 안에서 세계 각 국과의 발전전략 간 매칭을 강화하고 있고 중국 기업 역시 주변국들에 대한 투자를 꾸준히 늘려가고 있는데 이는 관련국들의 경제 발전과 일자리 창출에 큰 기회를 마련해 주는 동시에 세계화에 필요한 새로운 동력을 창조해 주고 있다.

넷째, 발전전략 간 매칭은 세계화의 부정적인 영향을 해소해 주었다. 경제 글로벌화의 발전에 따라 서로가 서로에게 의존하는 글로벌 이익공동체가 형성되고 있지만 불공정한 성과 분배 구조가 일부 글로벌화 참여국들의 이익을 침해하고 있다. 이로 인해 다양한 형태의 보호무역주의가 나타나기 시작했고 지금은 세계화 프로세스를 가로막는 가장 큰 걸림돌이 되고 있다. 이에 반해 발전전략 간 매칭의 목표는 호혜상생 도모이며 모든 참여국들의 공동번영을 시작점과 종착점으로 삼고 있다. 호혜상생이란 모든 주체들의 이익과 우려사항을 모두 감안하여 이익의 접점과 협력의 최대공약수를 모색하고 각자의 지혜와 창의력, 장점과 역량을 십분 발휘하여 서로의 우위와 잠재력을 충분히 발휘하는 것이다. 모든 국가와 지역이 함께 호혜상생과 공동번영의 궤도에 진입하는 것은 세계화 지속 발전의 보장이자 나날이 심화되고 있는 세계화 본연의 의미이기도 하다.

　발전전략 간 매칭은 새로운 형세하의 경제 글로벌화가 야기한 부정적인 문제들에 대한 근본적인 해결방안을 제시하고 있다. 중국은 발전전략 간 매칭을 강화하고 글로벌 거버넌스 문제점에 대한 해법을 모색하는 과정에서 중국의 지혜를 기여하고 있으며 경제 글로벌화를 선도하는 책임 있는 대국의 모습을 세계에 보여주고 있다.

모델과 실천

　발전전략 간 매칭 강화, 정책적 소통 심화는 "일대일로"의 순조로운 건설을 보장해 주고 있다. "일대일로" 이니셔티브가 제기된 이후, 많은 국가들이 제기한 지역협력 및 국가발전 계획이 "일대일로" 이니셔티브와 결합되었고 정책의 연동성과 협동성 모두 꾸준히 향상되었으며 상응한 매칭 방안들이 도출되었다. "일대일로" 건설을 적극 지지하고 이에 동참한 국가와 국제조직들도 꾸준히 증가하고 있다. 2020년 1월 기준, 중국은 이미 138개 국가와 30개 국제조직과 200건의 "일대일로" 관련 협력문서를 체결했다. 유엔 총회와 유엔 안보리 등 국제기구의 중요 결의사항도 "일대일로" 건설 내용에 포함되었다. "일대일로" 건설은 점차 계획단계에서 실천단계로, 이념에서 행동으로 전환되고 있으며 건설 진전과 협력 성과 모두 예상을 뛰어넘었다. 발전전략 간 매칭이 내포한 의미 역시 매우 다양하다. 발전전략 간 매칭은 "공동상의·공동건설·상호공유" 이념의 구현이자, 양자 간 협력 강화를 통해 호혜상생을 도모하는 행위의 실천이기도 하다. 발전전략 간 매칭은 현재의 글로벌 발전 트렌드에 부합될 뿐만 아니라 발전에 대한 세계 각 국과 전 인류의 염원 및 요구에도 부합된다.

중국은 관련 주체들과 다양한 형태의, 유연하고 효율적인 발전전략 간 매칭 모델을 형성하였다. 구체적으로 보면 첫째는 발전전략 간 "일대일" 매칭, 즉 중국이 기타 개별 국가와 양자 간 전략을 매칭하는 모델이다. 이는 "일대일로" 프레임하의 가장 기본적인 매칭 모델이기도 하다. 둘째는 발전전략 간 "일대다(一对多)" 매칭, 즉 중국이 특정 국제기구 혹은 특정 유형의 국가들과 발전전략을 매칭하는 모델이다. 이는 중국이 대외관계를 발전하고 국제협력을 강화하는 과정에서 도출한 혁신적인 모델이며 동일 유형 국가 간 시너지효과를 이끌어 내면서 협력의 효율을 향상시키고 있다. 셋째는 발전전략 간 "다대다(多对多)" 매칭, 즉 중국이 참여한 국제기구의 모든 회원국들이 기타 국제기구 산하 회원국들 혹은 특정 유형의 국가들과 발전전략을 매칭하는 모델이다. 이러한 모델은 글로벌 파트너관계와 인류 운명공동체 구축을 이념으로 삼고 있으며 공동이익 수호 및 발전성과 공유를 최대한으로 보장해 주고 있다.

양자 간 및 지역 측면에 입각해 봤을 때, "일대일로" 이니셔티브는 이미 튀르키예의 "중간 회랑" 계획, 카자흐스탄의 "광명의 길" 신(新) 경제정책 등 발전 및 협력 전략과 성공적으로 결합되었다. 이는 "일대일로" 이니셔티브가 유라시아대륙에서 뿌리를 내릴 수 있도록 해 주었으며 관련국들의 장단점 상호 보완과 이익 접점 모색에도 긍정적인 영향을 가져다 주었다. 중국 정부 혹은 정부 부처는 이미 유엔개발계획, 유엔공업개발기구 등 30개의 국제조직과 "일대일로" 협력문서를 체결했다.

이와 동시에 중국이 참여한 국제조직이 제창하는 "국제조직+" 이념과 행동도 발전전략 간 맹칭의 새로운 실천형태로 간주할 수 있다. 예를 들면, 브릭스 국가 협력 메커니즘 안에서 중국은 "브릭스+" 협력 모델을 제창하고 있다. 브릭스 국가들은 "개방, 포용, 협력, 윈윈"의 가치관을 견지하고 있으며 더 광범위한 파트너관계 구축을 원하고 있다. 2013년 이래, 브릭스 국가들은 남아프리카, 브라질, 러시아, 인도 등 국가와 정상회담을 개최했고 상술한 국가들이 위치한 지역 내 기타 국가 혹은 지역 조직과도 정상 간 교류를 추진하여 브릭스 국가와 해당 지역의 시장화 협력 모델을 탐색했다. 장기적인 협력 실천과정에서 브릭스 국가들은 "브릭스+" 대화협력모델을 모색해냈고 눈에 띄는 성과를 거두었다. 2017년 9월, 브릭스 국가 정상들은 중국 샤먼(廈门)에서 개최된 "신흥시장국가와 개발도상국가 간 대화 회의"를 통해 기존의 지역 제한을 뛰어 넘는, 더 광범위한 브릭스 국가 파트너관계를 구축하기로 의견을 모았다. "브릭스+" 협력모델은 브릭스 국가 메커니즘 건설과 개도국 간 협력의 새로운 방향을 제시했고 샤먼 회담을 통해 큰 진전을 거두었다. 브릭스 국가들은 "브릭스+" 협력모델을 통해 개도국들과의 개방형 협력과 발전전략 간 매칭을 효율적으로 추진하고 있다.

중국 정부와 관련 부처는 2015년 3월 발표된 《실크로드 경제벨트와 21세기 해상 실크로드 공동건설 추진에 관한 비전과 행동》외에도 《"일대일로" 공동건설: 이념, 실천과 중국의 기여》(2017년 5월), 《"일대일로" 공동건설 이니셔티브: 진전, 기여와 전망》(2019년 4월) 및 에너지 협력, 농업 협력, 친환경 발전, 해상 협력 등 분야의 정책 문서를 발표하면서 "일대일로" 참여국들에게 중국의 정책 방향과 구상을 설명하였고

정책적 소통과 발전전략 간 매칭에 필요한 기반을 다져주었다.[02]

(집필자: 쉬시우쥔 徐秀军)

---

02 국가발전개혁위원회, 외교부와 상무부가 공동으로 발표한《실크로드 경제벨트와 21 세기 해상 실크로드 공동건설 추진에 관한 비전과 행동》, 농업부, 국가발전개혁위원회, 상무부, 외교부가 공동으로 발표한《"일대일로" 농업 협력 공동 추진에 관한 비전과 행동》, 환경보호부, 외교부, 국가발전개혁위원회, 상무부가 공동으로 발표한《친환경 "일대일로" 건설에 관한 지도의견》, 국가발전개혁위원회와 국가해양국이 공동으로 발표한《"일대일로" 건설 해상 협력 구상》등.

49. 아시아인프라투자은행 (AIIB)

설립 배경

2013년 10월 2~8일, 시진핑 중국 국가주석은 인도네시아 방문 기간 자카르타에서 개최된 유도요노 인도네시아 대통령과의 정상회담에서 역내 호연호통(互联互通, 상호 연결) 건설 및 경제 통합화 프로세스를 추진하고 아세안 국가를 포함한 역내 개도국들의 인프라 건설에 자금을 지원해 줄 수 있는 아시아인프라투자은행 설립을 제안했다. 2013년 10월 9~15일, 리커창 중국 국무원 총리도 브루나이, 태국, 베트남 순방 기간, 동남아 국가 정상들에게 아시아인프라투자은행(이하 AIIB로 약칭) 설립 구상을 재차 제기했다.

중국이 제안한 AIIB는 "일대일로" 건설에 필요한 자금 융통 관련 지원을 제공해 줄 수 있고 지역 경제사회의 발전에 중요한 추진력을 부여할 수 있으며 기존의 다자간 개발기구 네트워크를 더욱 체계적으로 보완할 수 있다. 우선, AIIB는 아시아 지역 고저축률 국가의 저금이 인프라 건설 사업과 공공부처 및 민간부처 협력 플랫폼 구축 사업에 유입되도록 유도할 수 있고 아시아 역내 외국계 자본의 효율적인 분배와 통합을 통해 아시아 지역 인프라 건설의 자금난 문제를 해결하면서 역내 경제 통합화에 필요한 동력을 지속적으로 제공해 줄 수 있다. 다음으로, AIIB는 장기 발전계획 제정 및 다양한 투·융자 수단 활용을 통해 아시아 인프라 상호 연결을 가로막는 주요한 걸림돌들을 제거할 수 있으며 각국 기업과 관련 기구에 인프라 건설 양허성 차관을 제공하여 해당 주체들의 운영부담을 줄이고 인프라 건설 융자가 어려운 문제를 어느 정도 해결해 줄 수 있다. 마지막으로, AIIB는 세계은행과 아시아개발은행(ADB)의 대 아시아 투자 분야가 한정되어 있고 투자 자금이 부족하며 비영리 투자가 주를 이루고 빈곤퇴치 역량이 부족한 문제점들을 보완해줄 수 있다. 또한 관련 투·융자 비용을 절감해 줄 수 있으며 조달한 자금이 주로 인프라 건설 분야에 사용될 수 있도록 조치를 취할 수 있다. AIIB는 이처럼 아시아 경제사회 발전에 강력한 자금 지원을 제공해 줄 수 있다. 이와 동시에 AIIB는 아시아 역내 다자간 개발기구의 경쟁 구도를 형성하여 그들의 운영 효율과 투·융자 퀄리티를 향상할 수 있다. 이 외에도 AIIB는 중국이 인프라 건설 분야에서 지니고 있는 우세를 발휘하여 중국 주도의 아시아 호연호통 네트워크 건설 사업을 추진할 수 있으며 이 과정에서 중국의 발전 경험과 성과를 널리 공유할 수 있다.

총체적으로 보면, 아시아 신흥국 주도의 글로벌 다자간 개방형 금융기구 탄생은 글로벌 거버넌스 중에서 상징적 및 실천적 의미를 지니고 있다. 이는 중국을 대표로 하는 신흥국가의 경제적 굴기, 기존 글로벌 금융체계의 유의미한 변혁을 의미할 뿐만 아니라 아시아 지역이 글로벌 거버넌스 체계 중에서 차지하는 영향력 또한 한층 더 강화되었음을 상징한다.[01]

---

01   쉬시우쥔(徐秀軍), 펑웨이지앙(冯维江):《변화하는 시대의 아시아인프라투자은행: 새로

AIIB의 설립 준비 과정

시진핑 중국 국가주석이 2013년 동남아 순방 기간 제기한 AIIB 설립 구상은 많은 국가들로부터 적극적인 호응을 받았으며 그 후 바로 실행단계에 들어갔다. AIIB의 기본 프레임과 설립 계획을 확정하기 위해 참여 의향국들 간 5차례의 다자간 협상회의와 1차례의 장관급 만찬회담이 소집되었다. AIIB 건설은 다자 및 양자 간 협상을 결합하는 방식을 통해 많은 역내외 국가들의 적극적인 호응과 광범위한 참여를 이끌어냈다.

2014년 9월 27일, AIIB 설립에 관한 제5차 다자간 협상회의가 베이징에서 개최되었고 AIIB 창립 회원국 의향을 가진 21개의 국가대표가 협상을 통해 《AIIB 설립에 관한 양해각서》초안 내용을 확정했다. 같은 해 10월 24일, 21개국은 베이징에서 《AIIB 설립에 관한 양해각서》를 정식으로 체결하고 AIIB를 공동 설립하기로 결정함에 따라 AIIB의 체계적 운영이 정식 궤도에 진입하기 시작했다. 이 후 일련의 다자간 임시 연락사무소가 설립되었고 여러 차례의 대표 간 협상회의가 개최되었다.

2015년 4월 15일, AIIB 창립 의향국은 57개로 늘어났으며 해당 국가들은 세계 5대주에 널리 분포되어있다. 이 중 아시아 국가는 34개, 유럽 국가는 18개, 오세아니아 국가와 아프리카 국가는 각각 2개, 남아메리카 국가는 1개이다. 같은 해 6월 29일, 《AIIB 협정》 체결식이 베이징에서 개최되었다. 57개의 AIIB 창립 의향국 재무장관 혹은 대표가 체결

운 메커니즘과 새로운 역할》.

식에 참여했으며 중국의 심사를 거친 50개의 국가가 정식으로 해당 협정을 체결했고 나머지 7개 국가 대표는 정식 협정이 체결되는 과정을 지켜보았다. 같은 해 12월 25일, 총 50.1%의 지분을 보유한 17개 창립 의향국이 《AIIB 협정》승인서를 제출함에 따라 AIIB가 정식으로 설립되었다.

2016년 1월 16일, AIIB 개업식이 베이징에서 개최되었고 중국 재정부장관 러우지웨이(楼继伟)가 1기 이사회 주석으로, 진리췬(金立群)이 초대 은행장으로 선임되었다. 다음 날인 1월 17일에는 베이징 본사 건물에서 AIIB 테이프커팅식이 개최되었다.

AIIB 설립 이후, 많은 국가들의 가입 신청과 승인이 이어졌는데 2020년 3월 기준, AIIB 회원국은 102개로 늘어났다. 회원국이 많아짐에 따라 AIIB가 아시아 지역, 더 나아가 전 세계에 미치는 영향력이 끊임없이 향상되었고 각기 다른 지역 및 발전 단계에 위치한 국가들 간 협력의 본보기로 자리 잡았다.

거버넌스 구조

이사회는 AIIB의 최고 권력 및 의사결정 기구로서 AIIB의 모든 권한을 보유하고 있다. 이사회는 동사회에 새 회원국 가입 승인 및 가입 조건 결정, 수권자본금 증가 혹은 감소, 회원국 자격 박탈, 동사 선거, 은행장 선거, 은행장 직무 중지 혹은 해제, 은행 비축금 및 순수익 배분 결정,《AIIB 협정》수정, 은행 업무 중지 및 은행 자금 분배 결정 등 권력 외의 일부 혹은 모든 권한을 동사회에 부여할 수 있다. 이사회는 동사회에 부여한 모든 권한의 의사결정권을 보류할 수 있다. 이사회는 각 회원국들이 파견한 대표로 구성되었으며 회원국별로 이사 1명과 부이사 1명을 임명할 수 있다. 단 부이사는 이사가 결석한 상황에서만 투표권을 행사할 수 있다.

동사회는 AIIB의 집행 기구이며 은행의 전반적인 업무를 총괄하고 있다. 동사회는 《AIIB 협정》에서 규정된 권한과 이사회에서 부여한 권한을 행사할 수 있다. 동사회는 역내 회원국에서 9명, 역외 회원국에서 3명을 선출하여 총 12명으로 구성되며 이사회 회원은 동사회 회원을 겸임할 수 없다. 동사회 주석은 AIIB 은행장이 겸임한다.

AIIB는 1명의 은행장을 두고 있다. 해당 은행장은 동사회 업무를 관리하며 동사회의 지도하에 은행의 일상 업무를 운영한다. 은행장은 이사회가 선출한 은행의 법정 대표자이자 최고 관리인이며 임기는 5년으로 2회까지 연임이 가능하다. 이사회는 법정 절차에 따라 은행장의 직무를 중지 혹은 해임할 수 있다. 재임 기간, 은행장은 이사, 부이사, 동사 혹은 부동사를 겸임할 수 없다. 은행장이 겸임하고 있는 동사회 주석은 투표권이 없으며 오직 찬반 표수가 동등할 때 결정표를 던질 수 있다. 은행장은 이사회 회의에 참여할 수 있지만 투표권을 가지지 않는다. 은행장은 동사회에 부행장 적임자를 추천할 수 있으며 동사회는 공정성, 투명성과 형평성을 지닌 절차에 따라 부행장을 임명하고 부행장의 임기, 권한, 관리층 중에서의 직책을 결정할 수 있다.

수권자본금 및 투표권

수권자본금은 은행의 자금 규모와 실력을 가늠하는 중요한 지표이다. 《AIIB 협정》에 따르면 AIIB의 수권자본금은 1000억 달러이고 총

100만 주로 분할되며 주당 가격은 10만 달러이다. 모든 회원국은 반드시 은행에 자본금을 납부해야 한다. 각 회원국이 납부할 수 있는 수권 자본금은 국가별 GDP 총량에 따라 산정되는데 시장 환율 기준으로 산정된 GDP가 60%, 구매력 기준으로 산정된 GDP가 40%를 차지한다. 각 회원국은 자국 의향과 상황에 근거하여 배정받은 지분의 일부를 포기할 수 있다.

AIIB의 투표권은 주권 평등 및 권력에 따른 책임 원칙에 따라 배분되며 창립 회원국에는 별도로 특수 투표권을 부여한다. AIIB 투표권 분배 방안과 결과물을 놓고 볼 때, 크게 다음과 같은 3가지 특징을 띠고 있다. 첫째, 역내 국가의 우선 의사결정권을 보장한다. 둘째, 신흥시장국과 개도국의 주도적 역할과 이익을 강조한다. 셋째, 보유 지분이 상대적으로 적은 회원국들의 이익을 수호한다. AIIB의 이러한 특징은 기존 다자간 금융조직의 메커니즘 구조를 혁신했으며 국제금융 체계가 공정하고 합리적인 방향으로 발전하는데 일정 부분 기여하고 있다.

투자 프로젝트

AIIB는 설립 이후 줄곧 "간소화, 청렴, 친환경"의 핵심 이념을 제창해왔고 국제성과 규범성에 따라 높은 기준으로 운영되었으며 아시아 지역 인프라 상호 연결, 지역 경제 협력 및 통합화를 적극 추진했다. 2019년 연말 기준, AIIB 회원국이 납부 완료한 수권자본금은 193억 4370만 달러이며 추가로 납부해야 하는 수권자본금은 773억 7470만 달러이다. 2020년 4월 기준, AIIB는 총 71건의 차관 프로젝트를 승인했는데 총 금액은 142.7억 달러이며 에너지, 교통, 금융, 수자원, 도시 건설 등 분야에 사용될 예정이다. 2020년 코로나19 팬데믹 기간, AIIB는 50억 달러의 코로나19 위기극복기금을 설립하여 회원국들의 감염병 방역과 경제사회 문제 해결에 일조했으며 점진적으로 해당 기금 규모를 100억 달러까지 확대했다. 2020년 5월 기준, AIIB는 이미 중국에 3.55억 달러, 인도네시아에 10억 달러, 인도에 5억 달러, 방글라데시에 2.5억 달러, 파키스탄에 5억 달러 규모의 차관을 제공하여 해당 국가들이 조속히 코로나19의 영향에서 벗어나 경제를 회복시킬 수 있도록 도움을 주었다.

(집필자: 쉬시우쥔 徐秀军)

50. 실크로드기금

설립 과정 및 목표

2013년 시진핑 주석이 "일대일로" 이니셔티브를 제기한 이후, 중국공산당중앙위원회의 총체적 기획하에 중국국가발전개혁위원회, 중국재정부, 중국인민은행 등 부처가 "일대일로" 투·융자 시스템 설립 관련 연구를 시작했다. 2014년 11월 4일, 중국공산당중앙위원회 재경지도자소조는 제8차 회의에서 상기 부처들이 보고한 내용에 근거하여 실크로드기금 설립에 대한 토론을 진행했다. 중국공산당중앙위원회 총서기, 국가주석, 중앙군사위원회 주석, 중앙재경지도자소조 조장 시진핑은 "중국의 자금력을 바탕으로 실크로드기금을 설립하여 '일대일로' 건설에 직접적인 자금 지원을 제공해야 하고 국제관례에 따라 업무를 진행해야 하며 기존의 다자간 금융기구들이 오랜 기간 누적해온 이론 및 실천 경험을 충분히 참고하여 엄격한 규정제도를 제정 및 실행해야 한다. 또한 투명성과 포용성을 향상해야 하며 초기 프로젝트들을 잘 실행해야 한다. 아시아인프라투자은행 및 실크로드기금과 기타 글로벌 및 지역 내의 다자간 개발은행과의 관계는 상호 대체가 아닌 상호 보완

이며 기존의 국제금융질서에 기반하여 운영될 것이다"라고 밝혔다.[01]

2014년 11월 8일, 시진핑은 베이징에서 개최된 "호연호통(互联互通, 상호 연결) 파트너관계 강화" 주최국 파트너대회에서 중국은 400억 달러를 출자하여 실크로드기금을 설립하여 "일대일로" 주변국들의 인프라 건설, 자원 개발, 산업 및 금융 협력 등 호연호통 관련 프로젝트에 투·융자 서비스를 제공할 것임을 선포했다. 또한 실크로드기금은 개방적인 기금인만큼 지역, 산업, 프로젝트 유형에 따라 서브 펀드를 설립할 수 있으며 아시아 역내외 국가들의 적극적인 참여를 환영한다고 강조했다.[02] 중국의 해당 조치는 파트너대회에 참여한 기타 정상들과 국제기구 책임자들의 찬양과 지지를 받았다.[03] 11월 9일, 시진핑 주석은 2014년 APEC 최고경영자 회의 개막식에서 재차 해당 조치를 선포했다. 2014년 12월 29일, 중국인민은행, 중국투자유한책임공사, 중국수출입은행, 국가개발은행은 공동으로 615.22억 위안(약 100억 달러)을 출자하여 베이징에서 실크로드기금유한책임공사를 설립하였는데 이는 실크로드기금의 정식 설립을 상징한다. 2015년 1월 6일 실크로드기금은 제1기 동사회 제1차 회의를 소집했고, 2월 6일 제1기 감사회 제1차 회의를 소집했으며, 2월 16일 실크로드기금 현판식이 개최되었다. 실크로드기금은 이로써 정상적인 운영 궤도에 진입하게 되었다.

실크로드기금은 시장화, 국제화, 전문화 원칙에 따라 설립된 중장

---

01 《실크로드 경제벨트와 21세기 해상 실크로드 건설 가속 추진》, 《인민일보》 2014년 11월 7일 1면.

02 시진핑: 《호연호통형 발전 협력의 파트너——"호연호통 파트너 관계 강화" 주최국 파트너대회에서의 연설》, 《인민일보》 2014년 11월 9일 2면.

03 《"호연호통 파트너 관계 강화" 주최국 파트너대회 공동 코뮈니케》, 《인민일보》, 2014년 11월 9일 2면.

기 개발투자기금이며 "일대일로" 발전 과정에서 투자 기회를 모색하고 상응한 투자 및 융자 서비스를 제공하는 것을 골자로 하고 있다. 실크로드기금의 취지는 "개방포용, 호혜상생"의 이념에 따라 "일대일로" 프레임 내의 경제무역 협력 및 양자 간·다자간 호연호통 프로젝트에 투·융자 지원을 제공하는 것을 통해 역내외 기업, 금융기구들과 함께 "일대일로" 주변 국가 및 지역의 동반성장과 공동번영을 도모하는 것이다. 실크로드기금은 중장기 개발투자기금으로 포지셔닝되었으며 지분권 위주의 다양한 투·융자 방식을 통해 관련 국가 및 지역과 "일대일로" 이니셔티브를 둘러싼 인프라 건설, 자원 개발, 생산능력 및 금융 협력을 중점적으로 추진하여 중장기 재무상태의 지속 가능성과 합리적인 투자 수익을 보장하는 것을 목표로 삼고 있다.[04] 실크로드기금은 주로 다음과 같은 3가지 분야에서 특수한 역할을 발휘하고 있다. 첫째, "일대일로" 이니셔티브 이념을 적극 실행 및 홍보하고 있다. 둘째, 환경 친화적이고 지속 가능한 발전 이념을 적극 제창하고 사회적 책임을 이행하고 있다. 셋째, 국제 및 국내 기업, 금융기구들과 협력을 강화하면서 글로벌 협력의 효과를 최대화하고 있다.[05]

사업 분야 및 거버넌스 구조

실크로드기금은 주로 "일대일로" 이니셔티브 관련 인프라 건설, 자

---

04   실크로드기금유한책임공사 홈페이지, http://www.silkroadfund.com.cn.
05   웨이거쥔(魏革军), 장츠(张弛):《"일대일로" 투융자 협력의 새로운 구도 개척——실크로드기금 동사장 찐치(金琦)》,《중국금융》 2017년 제9기.

원 개발, 생산능력 및 금융 협력 등 분야에서 사업을 추진하고 있다. 인프라 건설에 있어, 실크로드기금은 인프라 간 연결성을 강화하고 인프라 건설 계획 및 기술 표준체계 간 매칭을 통해 전방위적이고 복합적인 호연호통 네트워크를 구축하기 위해 노력하고 있다. 자원 개발에 있어, 실크로드기금은 전통 에너지 자원의 탐사 및 개발 관련 협력을 강화하는 동시에 재생 에너지 분야를 둘러싼 광범위한 협력 추진에도 노력하고 있다. 생산능력 협력에 있어, 실크로드기금은 중국의 우세 케파를 해외 수요와 결합시켜 설비, 기술, 표준 및 서비스의 수출을 통해 현지의 경제와 사회 발전을 촉진하기 위해 노력하고 있다. 금융 협력에 있어, 실크로드기금은 투·융자 협력 시스템을 체계화하고 금융 협력모델을 혁신하며 국제금융기구와의 협력을 강화하는 것을 통해 개방·다원화·원원을 골자로 하는 금융협력 플랫폼 공동건설에 매진하고 있다.

실크로드기금은 인프라 건설과 호연호통 관련 프로젝트를 중점적으로 지원해 주고 있으며 "일대일로" 중대 프로젝트 리스트에 포함된 사업에 우선권을 부여하고 있다. 실크로드금의 투자범위에는 지분권 투자, 채권 투자, 기금 투자와 자산신탁관리, 대외위탁투자 등이 포함되는데 이 중 지분권 투자가 가장 큰 비중을 차지하고 있다. 지분권 투자에는 녹지 및 재개발단지 등 프로젝트의 지분권 출자, 기업 인수합병(M&A) 지분권 출자, IPO 및 Pre-IPO 투자, 우선주 투자 등이 포함된다. 채권 투자에는 주로 차관, 본드 투자(서브프라임, 전환사채), 메자닌 금융 등이 포함된다. 실크로드기금은 서브 펀드를 설립하여 자주적 투자를 진행하거나 국제 및 역내 금융기구와 공동투자기금을 설립할 수 있으며 기타 기금을 대상으로 투자를 진행할 수도 있다.

실크로드기금은 "사명, 혁신, 탁월, 원원"의 기업문화를 적극 제창하고 실크로드기금 특색을 지닌 핵심 가치관과 사훈 제정에 힘쓰고 있으며 기업의 구성원들과 함께 구심력과 창조력을 만들어가고 있다. 여기서 "사명"이란 "일대일로" 이니셔티브 복무와 호연호통 촉진이라는 시대적 사명감을 지니고 "일대일로" 프레임 내의 경제무역 협력과 호연호통 관련 프로젝트에 투·융자 지원을 제공하는 것을 뜻한다. "혁신"이란 다양한 투·융자 도구를 활용하여 새로운 목표시장과 업무분야를 개척하고 국가별 특징에 부합되는 지속 가능한 발전노선을 적극 모색하는 것을 뜻한다. "탁월"이란 최적화된 실천 방안과 행동 준칙을 실행하고 시장화·국제화·전문화를 방향 삼아 세계 굴지의 전문투자기구로 거듭나는 것을 뜻한다. "윈윈"이란 협력파트너들과의 평등협력 및 호혜상생을 통해 "일대일로" 건설 과정에서 동반성장 및 공동번영을 실현하는 것을 뜻한다.

실크로드기금은 시장화·국제화·전문화 원칙에 따라 투자업무를 진행하며 지분권, 채권, 차관 등 다양한 방식으로 투·융자 서비스를 제공하고 있다. 실크로드기금은 국제개발기구, 역내외 금융기구들과 공동투자기금을 설립하여 자산신탁관리, 대외위탁투자를 진행할 수 있다. 실크로드기금은 《중화인민공화국회사법》에 따라 동사회, 감사회와 관리층을 설립했고 시장화 방식을 통해 다양한 분야의 전문 인재를 유치하여 과학적·규범적·효율적인 회사 거버넌스 시스템을 구축했다. 실크로드기금의 총 자금규모는 400억 달러이며 중국인민은행, 중국투자유한책임공사, 중국수출입은행, 국가개발은행이 공동으로 출자하였다. 기금의 초기 자본금은 100억 달러이다.

회사 정관에 따라 동사회가 실크로드기금의 최고 의사결정기구이다. 동사회는 11명의 동사로 구성되었으며 과반수 지분권을 지닌 주주들이 1명의 동사장을 선임할 수 있다. 동사장은 회사의 법정 대표자이다. 실크로드기금 감사회는 주주대표감사와 직원대표감사 총 6명으로 구성되었다. 감사회 주석은 1명이며 전체 감사 투표에서 과반수를 획득한 인원이 주석으로 선출된다. 감사회 중 직원대표감사의 비중은 반드시 1/3을 초과해야 한다. 관리층의 최고 직위는 총경리이며 총경리는 과반수 지분권을 지닌 주주들의 추천을 받은 뒤 동사회를 통해 임명된다. 실크로드기금은 이 외에도 투자결정기구인 투자위원회를 설립했다. 투자위원회는 실크로드기금 관리층의 인솔하에서 회사의 투자업무에 대한 심의와 의사결정을 책임지며 주요 직무은 자산배분전략, 투자전략, 투자 의향 프로젝트, 투자 철수 프로젝트, 기타 투자사항 등에 대한 심의를 진행하는 것이다.

운영 원칙 및 발전 현황

실크로드기금은 국제 통용 표준과 준칙을 따르고 중국과 투자 대상 국가 및 지역의 법률규정을 준수하며 친환경 및 지속 가능한 발전을 중요시하고 상응한 사회적 책임을 적극 이행한다. 실크로드기금은 "일대일로" 프레임 내의 정책 소통, 인프라 연통(联通, 연결), 무역 창통(畅通, 원활화), 자금 융통, 자금 융통, 민심 상통 관련 프로젝트를 우선적으로 지원하며 협력파트너들과 함께 개방적인 협력 플랫폼을 구축하고 아름다운 미래를 만들어가고 있다.

"일대일로" 주변 국가와 지역의 경제사회 발전 및 다자간·양자 간 호연호통을 촉진하는 중장기 개발투자기금으로서 실크로드기금의 투자와 운영은 다음과 같은 4대 원칙을 준수한다. 첫째는 매칭 원칙이다.

실크로드기금은 "일대일로" 프레임 내의 호연호통 관련 프로젝트에 우선적으로 투자하며 투자 대상 국가 및 지역과의 발전전략 간 매칭을 중요시한다. 실크로드기금은 "일대일로" 발전 과정에서 투자 기회를 모색하고 상응한 투·융자 지원을 제공하여 중국과 "일대일로" 주변 국가 및 지역의 동반성장과 공동번영을 도모한다. 둘째는 수익성 원칙이다. 실크로드기금은 시장화 원칙에 따라 수익성이 있는 프로젝트에 투자하여 중장기적 투자 수익을 실현하고 주주들의 권리를 수호한다. 실크로드기금은 국부펀드도 지원형 펀드도 아니다. 실크로드기금은 수익성이 보이는 프로젝트에 투자하여 중장기내에 합리적인 수익을 창출하는 것을 목표로 삼고 있다. 셋째는 협력 원칙이다. 실크로드기금은 국제 통용 표준과 준칙을 따르고 중국과 투자 대상 국가 및 지역의 법률 규정을 준수하며 친환경 및 지속 가능한 발전을 중요시하고 기타 금융기구와 기업들과 장단점을 상호 보완하면서 호혜상생을 도모한다. 따라서 실크로드기금과 기타 금융기구는 상호대체의 관계가 아니라 상호보완 및 호혜상생의 관계를 가진다. 넷째는 개방 원칙이다. 실크로드기금은 일정 기간 운영된 이후 뜻이 맞는 투자자들의 가입을 환영하며 서브 펀드 관련 협력의 가능성도 열어두고 있다. 다양한 유형의 기구들이 상호 협력을 통해 서로의 장단점을 보완할 수 있으며 지역 및 전 세계 발전과 번영에 기여할 수 있다.[06]

실크로드기금은 설립 이후 일련의 협정과 양해각서를 체결하면서 협력의 잠재력을 꾸준히 발굴하고 있다. 2015년 4월 20일, 시진핑 주

---

06 찐치(金琦):《실크로드기금의 설립 취지는 기업 해외진출 지원이다》,《중국기업보》2015년 4월 14일 18면.

석과 나와즈 샤리프 파키스탄 총리가 참석한 가운데 실크로드기금, 싼샤그룹(三峽集团)과 파키스탄 전력 및 인프라 민영위원회가 MOU를 체결하면서 대외투자의 서막을 열었다. 2017년 5월 14일, 시진핑 주석은 "일대일로" 국제협력서밋 개막식에서 "일대일로" 건설에 대한 자금 지원을 강화하기 위해 실크로드기금에 1000억 위안을 증자한다고 선포했다. 이번 증자를 계기로 실크로드기금은 "일대일로" 프로젝트에 더욱 다양한 통화와 충족한 자금 지원을 제공해 줄 수 있게 되었다.

현재, 실크로드기금은 달러와 위안화를 활용하여 "일대일로" 주변국 프로젝트에 더 양질의 투·융자 서비스를 제공하는 방안을 적극 모색하고 있다. 2019년 11월 기준, 지분권, 채권, 펀드 등 다양한 방식의 투·융자 프로젝트 총 34건이 체결되었고 투자약속 금액은 약 123억 달러이며 이 중에는 300억 위안의 인민폐도 포함되었다. 실크로드기금의 투자 범위는 러시아, 몽골국, 중앙아시아, 남아시아, 동남아, 서아시아, 북아프리카, 유럽 등 지역의 인프라 건설, 자원 개발, 산업 및 금융 협력 등 분야를 아우르며 약 70%의 투자금이 전력시설 건설, 인프라 건설, 항만·항공 운수, 첨단 제조 등 대형 국제협력 프로젝트에 사용된다. 실크로드기금은 실천 과정에서 효율적이고 실행 가능성이 있는 투·융자 협력모델을 꾸준히 모색하면서 "일대일로" 자금 융통 사업에 널리 전파할 수 있고 바로 응용할 수 있는 소중한 경험을 제공해 주고 있다.[07]

(집필자: 쉬시우쥔 徐秀军)

---

07   셰두어(谢多):《일대일로 복무 자금융통 촉진》,《인민일보》2019년 5월 6일 3면.

51. "일대일로" 전용 차관

개념의 제기

2017년 5월 개최된 "일대일로" 국제협력서밋에서 시진핑 주석은 국가개발은행에서 2500억 위안 상당의 전용 차관을 공여한다고 선포했다. 이 중 "일대일로" 인프라 건설과 생산능력 협력 프로젝트에 각각 1000억 위안 상당의 차관을 공여하고 금융 협력 프로젝트에 500억 위안 상당의 차관이 공여되었다. 중국수출입은행도 1000억 위안 상당의 "일대일로" 전용 차관과 300억 위안 상당의 "일대일로" 인프라 건설 전용 차관을 제공하고 있다. "일대일로" 전용 차관은 "일대일로" 국제협력서밋이 이룬 성과 중 하나로서, 국가개발은행, 중국수출입은행이 지닌 개방성 금융 및 정책성 은행의 속성을 충분히 발휘하여 "일대일로" 건설에 큰 도움을 주고 있다. 국가개발은행은 프로젝트의 수익성 및 지속 발전 가능성 실현을 원칙으로 삼으며 전용 차관의 방식을 통해 더 많은 사회 자금이 "일대일로" 건설에 유입될 수 있도록 3년 좌우의 시간을 들여 전용 차관 체계를 구축 및 실행할 예정이다. 중국수출입은행은 시장화 운영방식을 통해 "일대일로" 건설에 자금을 지원하고 리스크를 관리하면서 최소한의 수익성과 지속 발전 가능성을 목표로 삼고 있다. 중국수출입은행의 투자는 주로 인프라 건설, 사회 민생, 자연 자원 등 분야의 중장기 프로젝트들을 대상으로 한다.

국가개발은행과 중국수출입은행은 "일대일로" 전용 차관을 공여하는 과정에서 자주적인 프로젝트 개발 및 선택 원칙을 견지하고 있으며 친환경적이고 지속 가능한 발전 이념을 제창하고 있다. 국가개발은행 "일대일로" 전용 차관 심사평가 체계를 구축하여 중대 프로젝트가 사회, 환경 및 이해관계자들에게 끼치는 영향을 평가하고 프로젝트의 현금 유동성과 리스크 관리를 강화하면서 "일대일로" 건설에 장기적이고 지속 가능하며 리스크 관리가 가능한 금융 서비스를 제공하고 있다. 국가개발은행의 "일대일로" 전용 차관은 주로 인프라 건설, 생산능력 협력, 에너지 및 자원, 금융 협력, 민생 복지 등 분야에 사용되고 있다.[01] 2016년 연말 기준, 국가개발은행은 "일대일로" 관련국에 누적 1600억 달러가 넘는 차관을 제공했고 대출잔액은 1100억 달러가 넘는다.[02] 2018년 국가개발은행은 2500억 위안의 "일대일로" 전용 차관 공여를 순차적으로 진행하면서 인프라 건설, 생산능력 협력, 금융 협력에 대한 지원 역량을 가일층 강화했다.[03] 2019년 2월 말 기준, 국가개발은행이 "일대일로" 건설에 제공하기로 약속한 차관 금액은 4807억 위안

---

01 《국가개발은행: 3년 남짓한 시간 동안 2500억 위안의 "일대일로" 전용 차관 준비》, 2017년 6월 1일, 중국정부 홈페이지, http://www.gov.cn/xinwen/2017-06/01/content_5198909.htm.

02 전파(振法): 《국가개발은행: 3년 남짓한 시간 동안 2500억 위안의 "일대일로" 전용 차관 준비》, 2017년 6월 2일, 일대일로 홈페이지, http:/www.yidaiyilu.gov.cn/xwzx/gnxw/15092.htm.

03 《국가개발은행: 2500억 위안의 "일대일로" 전용 차관 프로젝트 강력 추진》, 《경제일보》 2018년 1월 31일.

에 달하며 이 중 1391억 위안이 인프라 건설에 사용될 예정이다.[04]

중국수출입은행 전용 차관은 주로 인프라 건설, 글로벌 생산능력 및 설비제조 관련 협력, 경제무역 협력, 단지 건설, 에너지 및 자원 협력 등 분야에 사용되고 있다. 상술한 프로젝트들은 중국 기업들의 해외 투자에 긍정적인 영향을 미쳤고 중국의 기업, 상품, 기술, 표준의 해외 수출에 시장 기회를 마련해 주었을 뿐만 아니라 대상국의 투자환경 개선에도 일조하고 있다. 이를 통해 더 많은 자금들이 "일대일로" 지역에 유입되면서 양호한 경제적·사회적 효과가 나타나고 있다. 2019년 4월 기준, 중국수출입은행이 지원한 "일대일로" 프로젝트는 1800건을 초과했고 대출잔액은 1조 위안을 넘어섰다.[05] 2019년 4월 18일 기준, 중국수출입은행이 지원한 "일대일로" 프로젝트는 1800건을 초과했고 대출잔액은 1조 위안을 넘어섰다.[06]

중국수출입은행은 환경 보호와 사회적 책임 이행도 중요시하고 있으며 녹색금융 상품 체계화, 녹색금융 서비스 강화 등을 통해 더 많은 친환경 발전 프로젝트를 지원하고 "일대일로" 친환경 건설을 추진하면서 세계 경제의 친환경 발전을 촉진에도 큰 영향력을 발휘하고 있다. 중국수출입은행은 "일대일로" 주변국들에 녹색금융의 이념을 전파했을 뿐만 아니라 인클루시브 금융도 폭넓게 실행하면서 대상국 경제의

---

04   《[2019 보아오 포럼] 국가개발은행, "일대일로" 주변국에 1090억 달러 투자》, 신화재경망, http://forex.xinhua08.com/a/20190327/1807016.shtml?f=arelated.

05   《수출입은행: "일대일로" 전용 차관 잔액 1조 위안 초과》, 신화통신, http://www.xinhuanet.com/2019-04/18/c_1124385705.htm.

06   《수출입은행: "일대일로" 전용 차관 잔액 1조 위안 초과》, 중국정부 홈페이지, http://www.gov.cn/xinwen/2019-04/18/content_5384274.htm.

지속 가능한 발전을 추진하고 현지 인민들의 생활 수준을 향상시키고 있다. 예를 들자면, 중국수출입은행은 미얀마 현지 농민들이 씨앗, 화학비료, 농기구 등을 구매할 수 있도록 소액 농업 대출업무를 제공하고 있다. 2019년 4월 기준, 미얀마의 4만 개가 넘는 농촌합작사가 중국수출입은행이 제공한 소액 농업 대출금을 사용하고 있으며 1500만 명이 넘는 농민들이 혜택을 보고 있다.[07]

획득한 진전

"일대일로" 전용 차관에 힘입어 일련의 인프라 건설, 생산능력 협력, 금융 협력, 민생 및 환경보호 관련 프로젝트들이 중요한 진전을 거두었다. 인프라 건설에 있어, 국가개발은행은 캄보디아의 첫 번째 고속도로인 프놈펜—시아누크빌 고속도로, 카자흐스탄 아스타나 경전철 등 일련의 중대 인프라 프로젝트에 융자를 제공해 주었다. 이 중 국가개발은행으로부터 대출을 지원 받은 인도네시아 자카르타—반둥 고속철도는 전 과정에서 중국의 기술, 표준, 산업체인을 사용한 첫 번째 고속철도 수출 프로젝트이다. "일대일로" 주변국들은 전용 차관을 도입하여 총 발전용량 2200만 kW가 넘는 발전소들을 설립했으며 현지의 자원 우세를 경제사회의 발전 모멘텀으로 전환시켰다. 2019년 4월 기준, 중국수출입은행이 공여한 "일대일로" 차관 중 거의 절반 정도가 철도, 전력, 도로 등 인프라 호연호통(互联互通, 상호 연결) 프로젝트에 투입

---

07 《수출입은행: "일대일로" 전용 차관 1300억 위안 전부 달성》, 2019년 4월 24일, 금융망, http, //www. financeun. com/newsDetail/24085. shtml? platForm = jrw.

되었다. 원활한 현지 교통 네트워크는 중국 및 글로벌 투자 유치 및 현지 생활수준 향상에 긍정적으로 작용했으며 주변국 경제사회의 번영과 발전을 촉진하면서 각 국 인민들에게 실질적인 복지를 안겨주었다. 예를 들어, 중국수출입은행이 지원한 케냐 몸바사—나이로비 철도는 개통 이후 누적 200만 명이 넘는 여객과 200만 톤이 넘는 화물을 운송하면서 케냐 GPD 성장률의 1.5%를 기여했고 물류 비용을 40% 절감했으며 현지에 4.6만 개가 넘는 일자리를 창출했다.[08]

글로벌 생산능력 협력에 있어, 국가개발은행은 카자흐스탄 쉼켄트 정유공장 설비개조, 연 50만 톤 폴리프로필렌 생산라인 구축, 부르나이 헝이석화(恒逸石化) 연 800만톤 원유 정제 등 프로젝트에 융자를 지원하여 현지 산업체인 및 공업화 수준 고도화에 도움을 주었다. 국가개발은행은 대상국의 자원적 우세를 활용하여 중국과 인도네시아, 라오스, 카자흐스탄 등 국가와의 생산능력 협력 및 공업단지 건설을 추진했다. 이 중 인도네시아 칭산(青山)공업단지만 해도 현지에 3만 개가 넘는 일자리를 창출했다. 국가개발은행은 또한 이집트 수에즈 경제무역 협력단지, 중국·벨라루스 물류단지 등 해외 협력단지 시범 프로젝트에도 자금을 지원하여 대상국의 경제무역 수준을 향상시켰다. 캄보디아 시아누크빌 경제특구는 과거 물도, 전기도, 길도, 사람도 없는 황무지였지만 중국 수출입은행의 융자 지원에 힘입어 상전벽해의 변화를 이뤄냈다. 현재 해당 경제특구에는 100여개의 기업이 입주해있고 현지에 2만 개가 넘는 일자리를 창출했으며 캄보디아 내에서 생산 및 생활 관련 인프라가

---

08 《수출입은행: "일대일로" 전용 차관 중 50% 이상 인프라 건설에 투입》, 2019년 4월 19일, 양광망(央广网), https://baijiahao.baidu.comvs?id=16311964319987137828wfr=opidersfor=pc.

가장 완비된 공업단지로 거듭났다.[09]

제2차 "일대일로" 국제협력서밋 개최를 앞두고, 국가개발은행은 제1차 "일대일로" 국제협력서밋의 성과 리스트 중 국가개발은행과 관련된 25건의 세부 사항들을 전부 실행 완료했음을 선포했다. 2500억 위안 상당 규모의 "일대일로" 전용 차관의 실제 계약금액은 2607억 위안을 초과했고 2019년 9월 말 기준, "일대일로" 주변국들의 대출잔액은 1600억 달러를 넘어섰다.[10] 제1차 "일대일로" 국제협력서밋 기간, 중국수출입은행은 총 33건의 계약을 체결했다. 2019년 4월 기준, 중국수출입은행은 약속했던 1300억 위안 상당의 전용 차관을 전부 공여했고 이중 32건의 계약 대상 프로젝트들이 완료 혹은 상시화 운영 단계로 전환되었다. 중국수출입은행이 집행한 "일대일로" 관련 프로젝트들은 1800건을 넘어섰고 대출잔액은 1조 위안을 초과했다.[11]

"일대일로 전용 차관"은 "일대일로" 건설을 지원하는 과정에서 국제 관례와 시장화 운영 원칙을 준수하고 중요 분야와 중대 프로젝트에 포커싱하며 신용대출, 펀드 등의 지원 역량을 강화하면서 종합적인 금융 서비스를 제공하고 있다. 국가개발은행과 중국수출입은행은 설립 혹은 참여한 투자협력기금들을[12] 통해 투자와 융자를 상호 결합할 수

---

09 《수출입은행: "일대일로" 전용 차관 1300억 위안 전부 달성》, 2019년 4월 24일, 금융망, http, //www. financeun. com/newsDetail/24085. shtml? platForm = jrw.

10 《중국금융가: 국가개발은행, 양질의 서비스로 "일대일로" 전폭 지원》, 국가개발은행, http : //www.cdb.com.cn/xwzx/mtjj/201911/t20191127_6946. html.

11 《수출입은행: "일대일로" 전용 차관 중 50% 이상 인프라 건설에 투입》, 2019년 4월 19일, 양광망(央广网), https://baijiahao.baidu.comvs?id=16311964319987137828wfr=opidersfor=pc.

12 중국—아세안 투자협력기금, 중국—중동부유럽 투자협력기금, 중국—유라시아 경제

있는 우세를 발휘하였고 대상국의 채무부담을 가중시키지 않는 전제 하에 관련 프로젝트들에 대해 안정적이고 지속 가능한 중장기적 융자 서비스를 제공하고 있다. 국가개발은행과 중국수출입은행은 이 외에도 국내외 금융기구와의 교류와 협력을 중요시하고 융자 협력 모델을 혁신하고 있다. 또한 공동융자, 은행단 대출, 상호 신용공여, 대출 전환 등 방식으로 다양한 자금들을 "일대일로" 발전 사업에 유입시키면서 대상 국들의 경제 및 사회 발전 기반을 다져주고 중국과 "일대일로" 주변국 들의 호혜상생과 동반성장을 촉진하고 있다.

(집필자: 장중위안 张中元)

협력기금, 실크로드기금, 중국—아프리카 생산능력 협력기금 등.

52. 브릭스 신개발은행(NDB)

구상의 제기

브릭스 신개발은행(이하 "신개발은행"으로 약칭)의 구상은 노벨경제학상 수상자인 조셉 스티클리츠(Joseph Stiglitz)와 런던정치경제대학교 교수 니콜라스 스턴(Nicholas Stern)이 공동으로 작성한 보고서에서 비롯되었다. 이 둘은 현재 신흥시장국가들이 비교적 큰 투자 수요를 가지고 있는 동시에 대량의 여유 자금을 지니고 있다는 점을 발견했다. 국제에너지기구(IEA)가 출판한 《2010 세계 에너지 전망》은 향후 25년 간, 에너지 분야의 투자 수요가 33조 달러를 넘어설 것이고 이 중 64%의 투자 수요는 신흥시장국 및 개도국에서 발생할 것이라고 예측하고 있다.[01] 신흥시장국가의 자금을 합리적이고 효율적으로 활용하여 해당 국가들의 나날이 증가하는 투자 수요를 만족시키기 위해 스티클리치는 신흥시장국가와 개발도상국들을 대상으로 한 금융 시스템 설립의 필요성을 역설해왔다. 가장 실행 가능성 있는 방안은 신흥시장국가가 주도하는 남—남개발은행을 설립하여 과잉 저축을 투자로 전환하는 것이다.

인도는 스티클리치 보고서에 기초하여 기타 4개의 브릭스 국가들

---

01   International Energy Agency, World Energy Outlook 2010.

에 브릭스 5개국이 주도하는 신개발은행 공동설립을 제안하였다. 인도는 초반에 해당 개발은행을 "브릭스 국가가 주도하는 남—남 개발은행"(BRICS-led South—South Development Bank)으로 명명하였다. 기타 브릭스 국가들과 신개발은행 설립 관련 논의 및 연구를 진행하기 위해, 인도는 해당 은행의 설립목표, 자금출처, 업무범위, 자본구조 및 추진계획 등에 대한 초기 방안을 제시했다. 인도 측 방안에 따르면, 해당 개발은행은 브릭스 국가가 주도하고, 브릭스 국가와 기타 신흥시장국가가 출자한 자금 위주로 설립되며, 브릭스 국가와 기타 신흥시장국가, 개발도상국가들의 특정된 투자 수요를 만족시키는 것을 목표로 삼는다. 따라서 브릭스 국가들이 제창 및 설립코자하는 개발은행은 기존의 글로벌 금융 체계에 대한 도전과 이탈이 아니라 기존 다자간 기구에 대한 효율적인 보충이며 브릭스 국가와 기타 개도국들의 특정 투자 수요를 만족시키는 것을 목표로 삼는다. 해당 개발은행은 개도국 간, 더 나아가 개도국과 선진국 간 교량 역할을 발휘할 수 있다.

기타 브릭스 4국은 곧바로 인도가 제안한 신개발은행 구상에 호응했다. 2012년 3월 19일, 워싱턴 D.C.에서 개최된 브릭스 국가 재무장관 회의에서 각 나라 대표들은 신개발은행 TFT를 설립하기로 의견을 모았고 인도 (당시 브릭스 국가 의장국)과 남아프리카공화국(차기 브릭스 국가 의장국)을 신개발은행 TFT 공동의장국으로 선정했다. 2012년 3월, 제4차 브릭스 국가 정상회담 기간, 각 나라 정상은 신개발은행의 취지와 목적에 대해 의견을 교환했고 각 나라 재무장관에 해당 이니셔티브의 실행 가능성을 검토하도록 지시했다. 2013년 3월, 제5차 브릭스 국가 정상회담에서 5개국 정상들은 《더반선언》(Durban Declaration)을 채택하여 새로운 개발은행 설립을 정식으로 동의했다. 이는 브릭스 국가 간 협력이 실질적인 단계에 접어들었음을 상징하며 브릭스 정상들이 과거 글로벌 및 지역 층면의 거시적 협력에서 경제와 금융 분야의 실질적 협력으로 방향을 전환했음을 의미한다.

기능에 대한 정의

현재 세계의 주요한 다자간 개발기구로는 세계은행(IBRD), 유럽부흥개발은행(EBRD), 유럽투자은행(EIB), 미주개발은행(IDB), 아프리카개발은행(AfDB), 안데스 공동체 등이 있다. 기존의 다자간 개발기구의 취지와 기능은 주로 다음과 같은 4가지 내용을 포함하고 있다. 첫째는 빈곤 퇴치와 발전 촉진인데 이는 2차 세계대전 이후 설립된 다자간 기구와 세계은행, 아시아개발은행, 아프리카개발은행 등 개발은행들의 전통적인 목표이기도 하다. 둘째는 사회 취약분야의 발전 촉진이다. 유럽투자은행, 미주개발은행, 유럽투자은행 모두 해당 기능을 지니고 있으며 주로 중소기업을 위해 복무하고 있다. 셋째는 지속 가능한 발전 촉진이다. 전형적인 기구로는 유럽투자은행이 있으며 기후변화, 환경보호 및 지속 가능한 발전을 목표로 삼는다. 물론 기타 다자간 기구들도 유사한 목표를 가지고 있다. 넷째는 지역 발전 및 융합 촉진이다. 예를 들면, 유럽부흥개발은행은 주로 동유럽 국가들의 산업구조 전환을 지원해 주고 있고 안데스 공동체는 지역 통합화를 위해 노력하고 있다. 구체적으로 보면, 세계은행의 주요 기능은 빈곤 퇴치와 발전 실현이고, 유럽부흥개발은행의 기능은 중동부 유럽 구가들의 산업구조 전환을 추진하는 것이며, 유럽투자은행은 주로 중소기업 육성, 낙후지역 발전, 기후변화, 환경보호, 지속 가능한 발전, 지식경제, 유럽 내 교통 인프라 및 통신 네트워크 건설 등 분야를 지원하고 있다. 아시아개발은행의 주요 기능은 아시아 지역의 빈곤 퇴치와 발전이고, 미주개발은행의 주요 기능은 중소기업 및 민간 조직(특히 초소형기업) 지원이며, 아프리카개발은행의 주요 기능은 빈곤 퇴치 및 기술·금융 분야 지원이다. 안데스 공동체는 지역 경제 융합을 주요 목적으로 삼고 있다.

브릭스 국가 정상들은 2012년 제4차 브릭스 국가 정상회담을 통해 신개발은행의 기능에 대해 정의를 내렸고 서로 간 공감대를 형성했으며 2013년 개최된 제5차 정상회담에서 해당 내용을 재차 확인했다. 5개국 정상은《더반선언》과《델리선언》(Delhi Declaration)을 통해 새로운 개발은행은 브릭스 국가와 기타 신흥시장국가, 개발도상국가들의 인프라 건설 및 지속 가능한 발전에 자금을 조달하기 위해 만들어졌으며 기존의 글로벌 다자간 기구 및 지역 금융기구와 상호 보충의 관계를 가진다고 밝혔다. 이로부터 알 수 있듯이, 신개발은행의 취지는 브릭스 국가와 기타 신흥시장국가, 개발도상국가 복무이며 주요 기능은 크게 인프라 건설과 지속 가능한 발전 등 두 가지 내용을 포함한다.

신개발은행은 융자를 핵심 업무로 삼는 범지역적 금융기구로서 브릭스 국가 뿐만 아니라 기타 개도국들도 지원해야 하며, 이와 동시에 개도국과 선진국을 이어주는 교량 역할까지 맡아야 한다. 글로벌 금융위기 이후, 전 세계가 투자 부족이라는 곤경에 처해있는 만큼 신개발은행은 신흥국과 개도국에 융자 서비스를 제공해야 할 뿐만 아니라 신흥국의 대(對) 선진국 투자도 적극 추진해야 한다. 이는 신흥국의 발전에 유리할 뿐만 아니라 선진국의 경기 회복에도 긍정적으로 작용할 수 있다. 이와 동시에, 새로 설립된 다자간 개발기구로서 신개발은행은 기존의 다자간 금융 기구들이 누적한 경험과 교훈을 활용하여 조직 간소화,

의사결정 효율화, 대응방식 유연화를 골자로 하는 운영 메커니즘을 구축하고 투·융자 모델을 과감히 혁신하며 정책성 은행과 상업 은행, 그리고 간접 융자와 직접 융자를 결합시킨 금융 개발형 모델을 형성하여 세계 발전에 기여해야 한다.

획득한 진전

신개발은행은 정식 운영 이후 본연의 취지와 기능을 견지해왔고 브릭스국가들의 인프라 건설과 지속 가능한 발전 관련 프로젝트를 중점적으로 지원해 주었다. 2016년 신개발은행의 제반 업무가 정식으로 가동되었고 투·융자 업무도 본 궤도에 올라섰다. 이후 2년도 채 안 되는 사이에 신개발은행은 독립적인 정책·프로젝트·투자 평가 시스템을 통해 다양한 분야의 업무를 개척했고 일련의 대출 계약을 체결했으며 어느 정도 눈에 띄는 영향력을 가지기 시작했다.

투자 관련, 신개발은행은 지속 가능한 발전 이념과 효율적인 운영 모델을 통해 일련의 대출 프로젝트를 승인했다. 2019년 10월 기준, 신개발은행은 누적 40건이 넘는 프로젝트를 통과시켰고 총 금액은 120억 달러를 초과했으며 모든 회원국들이 대출 대상국에 포함되었다. 이 중 중국 대상으로는 13건의 대출 프로젝트를 통과시켰고 총 금액은 약 38억 달러에 달한다. 신개발은행이 승인한 대출건은 주로 풍력에너지, 태양에너지, 수력에너지 등 재생에너지와 환경 보호, 생태 회복, 지속 가능한 도시 인프라 발전 등 분야의 프로젝트들이었다.

융자 관련, 신개발은행은 혁신적인 이념을 기반으로 브릭스 국가들의 자국통화표시 채권 발행을 적극 추진했다. 신개발은행 향후 5년 전략에 따르면 신개발은행은 2016년과 2017년 준비 중인 대출 프로젝트와 추가로 발생할 수 있는 대출 수요를 감안하여 총 100억 위안 규모의 채권 발행을 계획하고 있다. 2016년 7월 신개발은행은 5년 만기, 30억 위안 규모의 첫 녹색금융 채권을 발행하였다. 이로써 신개발은행은 자본시장에서 성공적으로 데뷔했고 해당 채권도 다자간 개발은행이 중국 은행간 채권시장(CIBM: China Inter-Bank Bond Market)에서 발행한 첫 번째 녹색금융 채권으로 기록되었다. 2019년 2월, 신개발은행은 20억 위안 규모의 3년 만기형 위안화 채권과 10억 위안 규모의 5년 만기형 위안화 채권을 발행했다. 2020년 4월, 신개발은행은 중국의 코로나19 방역을 지원하기 위해 50억 위안 규모의 3년 만기형 위안화 채권을 발행했다.

신개발은행이 획득한 일련의 진전에서 볼 수 있다시피, 신개발은행은 정부와 시장의 전폭적인 지원에 힘입어 여전히 고속성장을 유지하고 있다. 또한 브릭스 국가들의 경제 성장과 거대한 건설 자금 수요는 신개발은행의 업무 개척에도 큰 호재로 작용하고 있다.

발전 전망

최근 몇 년간, 브릭스 국가들의 경제성장률이 대폭 완화되고 있으며 특히 2020년에 시작된 코로나19 팬데믹은 브릭스 국가들의 경제에 직격탄을 날렸다. 하지만 그럼에도 불구하고 기타 경제체와 비교했을 때 브릭스 국가들은 여전히 세계경제 성장을 견인하는 주요한 역량이다. 국제통화기금의 조사에 따르면, 2019년 브릭스 국가들의 구매력 기준 GDP 성장률은 4.8%로 신흥국과 개도국의 평균 GDP 성장률보다

1.1%p, 선진국 평균 GDP 성장률보다 3.1%p 높았다. 2020년 브릭스 국가들의 GDP 성장률 전망치는 0.2%로 신흥국과 개도국의 평균 GDP 성장률보다 3.1%p, 선진국 평균 GDP 성장률보다 6.3%p 높게 책정되었다.[02] 브릭스 국가들의 세계경제 성장률 기여도는 오랫 동안 50% 이상을 유지해왔으며 이는 신개발은행의 미래 발전을 지탱하는 튼튼한 버팀목이 되어주고 있다. 또한 개도국들의 인프라 건설 및 지속 가능한 발전 관련 자금수요가 거대하다는 점도 예의주시할 필요가 있다. 현재 전 세계 개도국들의 연간 인프라 건설 관련 자금수요는 약 2조 달러인데 반해, 개도국들이 실제로 조달할 수 있는 자금은 수요의 절반 수준에 불과하며 기존 다자간 기구들의 대출 규모로 수요 부족분을 메꾸기에는 턱없이 부족하다. 게다가 《유엔 2030 지속 가능 발전목표》(SDGs) 정식 발효에 따라 지속 가능 발전 분야의 자금수요가 크게 증가한 상황이다. 따라서 신개발은행은 시대의 요구에 부응한 산물이라고 볼 수 있다.

신개발은행은 기존의 경험들을 기반으로 발전 계획을 제정했으며 거대한 발전 가능성을 지니고 있다. 2017년 6월, 신개발은행 이사회는 《신개발은행 포괄적 전략: 2017~2021》(이하 《포괄적 전략》으로 약칭)을 채택하여 브릭스 국가와 기타 신흥국, 개도국의 인프라 건설 및 지속 가능한 발전 사업에 대한 자금 지원 계획, 기존 다자간 및 역내 금융기구과의 협업을 통한 세계경제 성장 공동견인 계획 등을 발표했다.

자금 조달 관련, 신개발은행은 자본금 징수와 국제시장 개척을 점진적으로 추진해 나갈 것이다. 회원국들의 납입자본이 점차 증가함에 따라 신개발은행의 자금 역량도 꾸준히 강화되고 있다. 2018년 기준,

---

02   IMF, World Economic Outlook, April 2020.

신개발은행의 납입자본은 49.91억 위안에 달했고 2022년까지 기존 100억 달러 자본금의 징수를 마무리할 계획이다. 이와 동시에 신개발은행은 자금 수요와 시장 상황에 근거하여 이미 결정한 100억 위안 규모의 채권 발행을 지속적으로 집행할 것이다. 이 외에도 신개발은행은 인도 루피화 표시 채권 발행을 검토하고 있으며 브라질과 러시아에서의 채권 발행 기회도 모색하고 있는 중이다.

대출 관련, 신개발은행은 투자 대상 프로젝트의 수량과 규모를 확대해 나갈 계획이다. 《포괄적 전략》에 따르면 2021년까지 신개발은행이 승인한 프로젝트 수량은 50~75건으로 확대될 예정이다. 회원국 추가 승인 및 증자를 고려하지 않은 전제하에서, 신개발은행의 2021년 연간 대출 규모는 적게는 100억 달러에서 많게는 150억 달러, 누적 대출 승인액은 적게는 320억 달러에서 많게는 445억 달러, 누적 대출 발행액은 적게는 58.5억 달러에서 많게는 146억 달러를 기록할 것으로 전망된다.

거버넌스 관련, 신개발은행은 새로운 형세에 적응할 수 있는 혁신적인 운영 모델을 구축해 나갈 계획이다. 신개발은행은 합리적인 프로젝트 평가 및 집행 모니터링 시스템을 통한 빠르고 유연하며 효율적인 조직 운영을 지향하고 있다. 현재 신개발은행은 리스크 관리에 기반한 시스템을 통해 프로젝트를 평가하고 집행 진도를 모니터링하고 있는데 복잡하고 리스크가 큰 프로젝트에 대해서는 더욱 엄격한 사전 심사를 적용하고 리스크가 상대적으로 낮은 프로젝트에는 간소화된 프로세스를 적용하고 있다.

회원국 관련, 신개발은행은 설립 이후 실무적이고 효율적인 운영 모델을 통해 꾸준히 투·융자 업무를 확대하고 내부 거버넌스 체계를 개선해왔다. 신개발은행의 미래는 아직 많은 도전에 직면해 있지만 전반적으로 봤을 때, 여전히 고속 성장기에 처해 있으며 새로운 전략 계획의 제정 및 순차적 실행에 따라 신흥국과 개도국의 인프라 건설 및 지속 가능한 발전에 더 강력한 자금 지원을 제공해 주면서 더 밝은 미래를 열어갈 수 있다.

(집필자: 쉬시우쥔 徐秀军)

53. 중국—아세안 투자협력기금(CAF)

설립 배경

중국과 아세안 국가 간 경제무역 협력이 빠르게 발전하고 아세안 지역의인프라 건설 수요가 꾸준히 상승하고 있는 배경하에, 원자바오 (溫家宝) 중국 총리는 보아오 포럼에서 역내 인프라 건설을 지원하기 위해 100억 달러 규모의 "중국—아세안 투자협력기금" (CAF, 이하 "아세안 기금"으로 약칭) 설립할 것임을 선포했다.[01] 2009년 10월, 원자바오 총리는 제12차 중국—아세안 정상회담에서 아세안기금 1기 자금 150억 달러에 대한 모금이 거의 마무리되었으며 연말 전에 해당 기금을 가동시킬 수 있다고 밝혔다. 또한 아세안 국가에게 제공한 150억 달러의 신용대출 중 67억 달러를 저금리 대출로 전환하여 아세안 국가와의 인프라 건설 협력을 강화하겠다고 밝혔다.[02] 중국—아세안 자유무역구 건설 이후, 인프라 상호 연결에 대한 양측의 수요가 크게 증가함에 따라 아세

---

01   원자바오(溫家宝):《자신감 증진, 협력 심화, 원원 실현——2009년 보아오 아시아 포럼 개막식에서의 연설》,《인민일보》 2009년 4월 19일 1면.

02   리팅(李腾):《원자바오 제12차 중국—아세안 정상회의 참석》,《광명일보》 2009년 10월 25일 1면.

안기금의 준비 단계에도 가속도가 붙기 시작했다. 2010년 1월 7일, 중국과 아세안 정상들이 공동으로 참석한 가운데, 아세안기금 발의자인 중국수출입은행은 중국투자유한공사, 중국은행, 국제금융공사, 중국교통건설그룹 등 역내외 4개 기구들과 아세안기금 설립에 관한 MOU를 정식으로 체결했다. 같은 해 3월 29일, 아세안기금 발의자인 중국수출입은행과 역내외 금융기구 및 기업들이 초창기 투자자의 신분으로 아세안기금 유한책임투자자협정 등 일련의 투자 관련 협정을 체결함에 따라 아세안기금 및 기금관리기구가 정식으로 운영을 시작했다.

중국—아세안 투자협력기금의 투자 및 운영 관리

아세안기금은 중국수출입은행이 발의하고 중국국무원으로부터 승인을 받아 해외에서 설립된 사모펀드이며 중국과 아세안 기업 간 경제협력에 융자 서비스를 제공해 주고 있다. 아세안기금은 아세안 지역 기초 산업에 대한 투자를 통해 중국과 아세안 국가 간 경제협력을 강화하고 투자대상의 가치를 향상하여 아세안기금 투자자들에게 최적의 수익을 가져다 주는 것을 사명으로 삼고 있다. 아세안기금은 국제화 및 전문화 관리 이념에 따라 운영되며 비즈니스 성공과 사회경제의 지속 가능한 발전 결합, 정부의 정책적 독려와 시장화 운영 결합, 중국의 요소와 아세안 및 아세안기금의 요소 결합 등 3대 분야의 결합을 실현하고 있다. 따라서 아세안기금의 투자 대상은 아세안 회원국(베트남, 라오스, 캄보디아, 태국, 미얀마, 말레이시아, 싱가포르, 인도네시아, 필리핀, 부르나이)이며 아세안 지역과 기타 지역 간 크로스보더 프로젝트에도 자금을 지원해 주

고 있다.[03]

　아세안기금은 아래와 같은 원칙을 준수한다. 첫째, 자산 가치를 증가시킬 수 있는 투자 모델에 집중하며 지분권 관련 투자를 주로 선택한다. 둘째, 자산의 평가절상 잠재력을 추구한다. 셋째, 균형적이고 다원화된 자산 포트폴리오를 운영한다. 여기에는 신축 프로젝트와 성숙된 프로젝트, 프로젝트에 입각한 투자와 회사에 입각한 투자 등이 다양하게 포함된다. 넷째, 자산 관리 교육 및 재무 스킬 향상을 통해 자산의 가치를 증가시킨다. 다섯째, 최적의 철수 시기를 모색하여 프로젝트 수익성을 극대화한다. 따라서 현재 건설 준비 혹은 건설 중인 그린필드 프로젝트와 운영 단계, 성장 단계 혹은 성숙 단계에 처한 브라운필드 프로젝트 모두 아세안기금의 투자 범위에 포함된다. 아세안기금의 프로젝트당 투자 규모는 통상적으로 5000만 달러에서 1.5억 달러 사이이며 기타 전략투자자들과 공동으로 투자하되 주주석은 최소한 적게 가져가고 대상 기업의 경영에 실질적으로 개입하지 않으며 지분 비중은 50%를 초과하지 않고 프로젝트 관리에 참여하지 않는 것을 원칙으로 한다. 투자 대상의 선택에 있어, 아세안기금은 다음과 같은 5가지 기준을 제시하고 있다. 첫째, 양호한 경영 실적과 신뢰성을 지녀야 한다. 둘째, 이미 증명되고 지속 가능한 비즈니스 모델을 지녀야 한다. 셋째, 성장 잠재력과 예상 가능한 수익성을 지녀야 한다. 넷째, 믿음직하고 안정적인 현금 유동성을 지녀야 한다. 다섯째, 탁월한 역량과 안정적인 구조의 관리층이 있어야 한다. 아세안기금의 전문가들은 모든 잠재적 투자 대상에 대해 전면적인 자산실사를 진행하며 실사 내용에는 산업

03　　중국—아세안 투자협력기금 홈페이지, http://www.china-asean-fund.com.

전망 및 성장 잠재력, 기업의 재무지표와 경쟁력, 프로젝트의 지속 가능성, 기업과 프로젝트의 환경 보호 및 사회적 책임 이행 여부 등이 포함된다. 아세안기금을 이를 기반으로 협력 기업들과 전략적 파트너관계를 구축하며 기업 및 프로젝트에 자산 가치를 증가시킬 수 있는 일련의 서비스를 제공해 주고 있다.

아세안기금의 특점과 우세는 강력한 투자 실력, 풍부한 경험, 그리고 아세안 지역과 목표 분야에 대한 심층적인 이해도이며 막강한 배경과 실력을 지닌 주주들의 지원을 등에 업고 있다. 아세안기금은 투자 및 운영 관리 강화를 통해 협력 기업과 프로젝트에 지속 가능하고 경쟁력 있는 가치 증대 서비스와 큰 시너지 효과를 가져다 줄 수 있다.

진전 사항

아세안기금은 설립 이후 일련의 프로젝트들을 성사시키면서 중국의 융 및 산업 자원과 아세안 지역의 경제사회 발전을 이어주는 교량역할을 해왔고 아세안 인프라 상호 연결을 촉진했으며 중국과 아세안간 인프라 건설 및 법규 표준 매칭을 추진하면서 비즈니스 성공과 사회적 영향 두 마리 토끼를 모두 잡았다. 1기 아세안기금은 아세안 8개국의 프로젝트 총 10건에 투자했으며 투자 분야는 항만, 항공운수, 통신, 광산, 에너지, 건축재, 의료 서비스 등을 망라하고 있다. 이러한 투자들은 중국과 아세안 국가 간 산업 융합과 투자 대상국의 경제 건설에 크게 이바지하고 있다.[04]

---

04   장민(張敏):《중국—아세안 투자협력기금 제1기 투자 대상: 아세안 8개국 10대 프로

아세안기금은 필리핀에서 두 항공사의 M&A를 주도했다. 2010년 12월, 아세안기금의 첫 투자금은 필리핀 국내 1, 2위 항공사 인수합병에 사용되었는데 이 두 회사는 합병을 거친 후 필리핀에서 가장 큰 항공운수그룹으로 재탄생되었으며 이를 계기로 물류 산업의 고성장을 이끌었다. 해당 프로젝트는 양호한 수익성을 거두었을 뿐만 아니라 현지의 일자리 창출과 경제 발전도 함께 촉진했다.

아세안기금은 캄보디아에서 통신 인프라 건설 프로젝트에 투자하여 캄보디아의 케이블 네트워크와 디지털 TV 산업 발전에 일조했으며 캄보디아의 디지털 TV 사업 모델을 미얀마 등 기타 아세안 국가에 수평전개했다. 2015년 연초, 아세안기금은 중국수출입은행 저장(浙江)성 지점과 함께 "투자+대출" 방식으로 캄보디아 케이블통신네트워크유한공사에 5000만 달러 규모의 신용대출을 제공했다. 이 외에도 아세안기금은 중국기업 및 캄보디아국가방송국과 함께 "캄보디아 3 in 1 스마트 TV 프로젝트"에 공동으로 투자하여 캄보디아 정부, 기업, 가정에 광대역 네트워크에 기반한 영상 송출, 인터넷 접속, 통신 등 종합 정보 서비스를 제공했다.

아세안기금은 中 칭산강철(青山钢铁)이 인도네시아에서 추진 중인 니켈선철(NPI) 제련 산업단지 1기 프로젝트에 투자하였다. 2013년 10월 3일 시진핑 중국 국가주석과 유도요노 인도네시아 대통령이 참석한 가운데, 아세안기금은 상하이딩신투자그룹유한공사(上海鼎信投资集团有限公司)와 인도네시아 빈탕델라판그룹(Bintang Delapan Group)과 니켈선철 프

젝트》, 2015년 12월 31일, http://www.asean-china-center.org/2015-12/31/ c_134966557.htm.

로젝트 관련 투·융자 협정을 체결하였고 합자회사인 인도네시아 술라웨시광업투자유한공사[05]를 설립하여 연간 30만 톤 규모의 니켈선철 제련 라인을 구축하기로 결정했다. 해당 공장은 중국─인도네시아 공업투자협력구에 위치해 있으며 아세안기금이 인도네시아에서 투자한 첫 번째 프로젝트이자 아세안 지역에서 투자한 아홉 번째 프로젝트이기도 하다. 2015년 4월 12일, 22000t의 니켈선철을 탑재한 첫 화물선이 인도네시아 술라웨시섬의 모로왈리공단에서 출발하여 중국 푸젠(福建)성 닝더(宁德) 통상구에 위치한 딩신(鼎信)물류부두에 정박하였는데 이는 30만 톤 니켈선철 프로젝트의 성공적인 개시를 상징한다.

이 외에도, 아세안기금은 태국의 최대 생물질발전 회사, 그리고 램차방 항만 프로젝트에 투자했고 라오스에서는 대형 칼리암염광산 프로젝트에 참여했으며 말레이시아에서는 광업 개발 프로젝트와 새로 시작된 시멘트 프로젝트에 투자했고 싱가포르에서는 의료 관련 프로젝트에 자금을 지원했다. 현재 1기 아세안기금은 대부분의 프로젝트에서 철수했으며 20% 이상의 연평균 수익률을 달성했다.

1기 아세안기금은 2015년 신규 투자를 종료했고 2016년 총 규모 10억달러, 존속기간 9-10년의 2기 아세안기금(유한책임투자자)이 설립되었다. 2기 투자 대상은 여전히 아세안 회원국들이고 투자 범위는 공업단지·전력·기계·건축재·철강·화학공업 등 생산능력 협력 분야, 항만·공항·전력망·통신 네트워크 등 인프라 호연호통(互联互通, 상호 연결) 분야, 고급 현금작물·농산품 심층 가공·자원 개발 등 자원 및 농업 분야,

---

05   술라웨시광업투자유한공사는 2009년 9월 중국 제2대 스테인리스강 생산기업인 칭산그룹(青山集团)과 인도네시아 니켈광 생산업체 Bintang Delapan그룹이 설립한 합자회사이다. .

물류·통신·의료·관광·신흥 비즈니스 등 소비 분야를 망라하며 프로젝트당 투자액은 원칙상 2000만 달러에서 1.5억 달러로 제정되었다. 2기 아세안기금은 새로운 투자기구의 출자를 받아들였다. 예를 들면, 중국 거저우댐그룹해외투자유한공사(中国葛洲坝集团海外投资有限公司)가 1.5억 달러를 출자했고 중국교통건설고분유한공사(中国交通建设股份有限公司) 자회사인 중국도로교량공정유한책임공사(中国路桥工程有限责任公司)가 1억 달러를 출자했다. 후자의 경우, 일반 파트너 명의로 100달러를 출자했고 남은 자금은 아세안기금 유한책임투자자 지분 확보에 사용했다.

(집필자: 쉬시우쥔 徐秀军)

54. 중국―중동부유럽 기금(China-CEE Fund)

기금의 설립

2015년 11월, 중국 수저우(蘇州)에서 개최된 제4차 중국―중동부유럽국 정상회담에서 중국 정부는 중국공상은행(ICBC) 주도의 상업화 금융모델을 구축하여 회원국 간 호연호통(互联互通, 상호 연결)과 생산능력 관련 협력을 지원하고 대외 투자의 다양화와 활성화를 도모하면서 "일대일로" 및 "중국―중동부유럽국 협력" 이니셔티브에 적극 호응하는 구상을 제기했다. 2016년 11월, 중국공상은행은 중동부유럽 국가와 글로벌 협력파트너들과 공동으로 중국―중동부유럽국 기금을 설립하였고 혁신적인 상업화 금융모델로 다양한 지역 간 상호 연결, 생산능력 협력, 산업 투자 등 사업을 지원하고 있다. 해당 기금은 중국공상은행 홍콩법인(ICBC ASIA)의 전액 출자로 설립되었고 기금 규모는 100억 유로이며 신용대출 한도는 500억 유로로 계획하고 있다. 중국―중동부유럽 기금은 상업화와 호혜상생을 골자로 하는 금융 모델을 통해 글로벌 자본을 유치하고 있으며 중국, 중동부유럽국, 유럽 및 세계 각 지 파트너들의 공동참여를 독려하고 있다.

운영 메커니즘

아시아인프라투자은행, 실크로드기금 등 정부 주도의 자금 플랫폼과 달리 중국ー중동부유럽금융홀딩유한공사(中国ー中东欧金融控股有限公司)는 "정부 지원, 상업화 운영, 시장 지향" 노선을 걷고 있으며 해외투자를 목적으로 하는 중국의 첫 번째 非국부펀드이다. 현재 폴란드, 체코, 라트비아 등 중동부유럽 국가와 중국·외국계 기업, 금융기구, 다양한 사회 자본들이 적극 투자금을 늘리고 있다. 중국공상은행외에도 중국생명보험(中国人寿保险), 푸싱그룹(复星集团), 진잉국제그룹(金鹰国际集团) 등 국제적 영향력과 풍부한 투자경험을 지닌 파트너들이 잇달아 중국ー중동부유럽국 기금에 참여했으며 교통물류, 청정에너지, 첨단제조, 의약품 및 의료 산업, 식품가공 등 분야에서 사회적 영향력과 투자 수익성을 겸비한 프로젝트들을 적극 발굴하고 있다. 해당 기금은 중국과 중동부유럽 더 나아가 전 세계의 자원적 우세를 통합하여 더 많은 국내외 자본의 투자를 유치할 것이며 지역 특성을 띈 산업 및 자본 플랫폼 구축을 통해 "상업은행+투자은행+투자" 3 in 1 금융 솔루션을 제공해 줄 것이다.

기금의 역할

중동부유럽은 "일대일로" 이니셔티브의 중요 지역으로서 투자환경이 양호하고 중국 경제와의 상호 보완성을 가지고 있다. 중국ー중동부유럽 기금은 더욱 시장화 및 상업화된 금융 서비스 제공을 통해 중국과 중동부유럽 국가들의 나날이 늘어나는 자금 수요를 만족시킬 수 있고 산업 투자의 수익성과 실행 가능성을 향상시킬 수 있다. 중국－중동부유럽 협력 프레임하에 해당 기금은 이미 가장 핵심적인 한 걸음을 내디뎠으며 향후 혁신적인 서비스로 호연호통 및 생산능력 협력의 금융 교량으로 거듭날 것이다. 중국－중동부유럽 기금은 지역 간 협력에서 선도 및 지원 역할을 강화하고 호혜상생의 이념을 심화하면서 지역경제의 성장을 견인하고 있으며 중국－중동부유럽 협력에 새로운 금융 모멘텀을 부여하기 위해 노력하고 있다.

중국－중동부유럽 기금은 "중동부유럽 요소"와 "양질의 투자 대상"을 핵심 방침으로 삼으며 "정부 지원, 상업화 운영, 시장 지향"의 원칙에 따라 중동부유럽 국가에 포커싱하고 있으며 향후 유럽 및 "일대일로" 주변 지역까지 영향력을 확대해나갈 계획이다. 현재 중국－중동부유럽 기금은 이미 유럽 등 주요 시장에서 잠재력을 지닌 투자 대상들을 충분히 물색해 두었고 글로벌 주요 투자은행 및 에이전시들과 긴밀한 관계를 구축했다. 주요 투자 분야는 인프라 건설, 제조업, 소비품 등이며 지분권 투자를 위주로 하고 메자닌 금융, 주가연계증권 등 투자 방식을 병행하고 있다. 기금은 중동부유럽 국가들의 인프라 건설, 첨단 기술, 소비품, 바이오 의료, 자동화, 인공지능, 첨단제조업, 반도체 업·다운 스트림, 친환경차, 자율주행 등 분야에서 투자와 협력의 기회를 모색하고 있으며 "일대일로" 이니셔티브의 방향성에 부합되고 중동부유럽 요소를 지닌 중점 프로젝트들을 조속히 실행하고 있다.

이미 투자한 프로젝트

현재, 중국－중동부유럽 기금은 중동부유럽 지역에서 그린에너지 관련 전담투자조직을 설립하여 그린필드 프로젝트 개시와 브라운필드 프로젝트 인수 업무를 진행하고 있다. 기금은 중국의 산업별 선두기업들과 체결한 전략적 협력관계를 활용하여 중국계 자본에 프로젝트 도급을 맡기고 중국의 설비와 생산능력을 수출하고 있으며 우수한 민영기업이 글로벌 무대로 진출하는 것을 적극 독려하고 있다. 중국—중동부유럽 기금은 이미 50GW 규모의 태양광 프로젝트 계약을 따냈고 다음 단계로는 폴란드와 헝가리 시장을 중점적으로 개척하여 2020년까지 200GW 규모의 그린에너지 병합발전을 마무리하고 장기적으로는 1000GW 규모의 그린에너지 프로젝트를 성사시키는 것을 통해 누적 50~100억 위안 상당의 그린에너지 관련 투자를 완성할 계획이다.

중국—중동부유럽 기금은 또한 중국 유명 호텔운영그룹인 진장그룹(锦江集团)과 함께 중동부유럽 및 기타 일부 유럽지역에서 세계적인 호텔 브랜드인 래디슨호텔(Radisson Hotel)에 대한 투자를 진행했다. 래디슨호텔은 중동부유럽의 메이저 호텔 브랜드로 유럽과 미국시장에서 탄탄한 입지를 가지고 있고 산하에 8개의 중·고급 호텔 브랜드를 두고 있으며 경자산(轻资产) 구조로 운영되고 있는 만큼 중국 브랜드와 상호 보완 및 시너지 효과를 기대할 수 있다. 또 다른 프로젝트로는 가전제조사인 칭다오하이얼(青岛海尔)이 중국—유럽 국제거래소(CEINEX)에서 발행한 D주에 대한 투자이다. 칭다오하이얼은 중국 기업으로는 처음으로 CEINEX에 상장하였으며 중국의 제조업 고도화 전략과 독일의 "공업 4.0" 전략 간 매칭에 계기를 마련해 주었다. 중국—중동부유럽 기금은 산업 파트너들과 함께 적극적으로 투자 사후 관리를 진행하고 있으며 중국의 모멘텀과 중동부유럽의 자원을 결합하여 시너지효과를 도출하는 사업 모델을 유럽 전 지역, 더 나아가 "일대일로" 전 지역까지 확대해나갈 계획이다.

중국—중동부유럽 기금은 중동부유럽 시장의 자금에 대한 수요를 일정 부분 만족시키고 있다. 중동부유럽의 많은 국가들이 EU회원국이다보니 중국국가개발은행과 중국수출입은행에 차관을 신청할 시 자국 국회와 EU관련 정책의 제약을 받게 된다. 따라서 중동부유럽은 지역 특성상 시장화 속성을 지닌 금융도구를 더욱 선호하고 있다. 이러한 배경하에 중국—중동부유럽 기금은 시장 지향적 요소를 한층 더 강화하고 비즈니스 원칙을 더욱 철저히 준수하고 있으며 불필요한 오해와 트러블을 줄이기 위해 노력하고 있다.

(집필자: 류쭈오쿠이 刘作奎)

55. 남—남 협력원조기금

개념의 제기

남—남 협력원조기금은 중국이 기타 개도국들의《유엔 2030 지속 가능 발전목표》(SDGs) 실행을 돕기 위해 설립한 대외 원조 기금이다.[01] 2015년 9월 26일, 시진핑 주석은 뉴욕 유엔 본부에서 개최된 유엔발전서밋(the UN Development Summit)에서《영원히 지속 가능한 공동 발전 도모, 협력과 상생의 파트너관계 구축》이라는 주제의 기조연설을 통해 "남—남 협력원조기금"을 설립하고 초반에 20억 달러를 투입하여 개도국들의《유엔 2030 지속 가능 발전목표》실현에 도움을 제공할 것임을 밝혔다.[02] 그 후 시진핑 주석은 2017년 5월 개최된 "일대일로" 국제협력서밋 개막식에서 남—남 협력원조기금에 대한 10억 달러 증자를 선포했다.[03]

남—남 협력원조기금은 중국이《유엔 2030 지속 가능 발전목표》를

---

01 《남남협력원조기금 프로젝트 신청 및 실시 관리방법(시행) (의견청구고)》, 2016년 9월 1일, 상무부, http://tfs.mofcom.gov.cn/article/as/201609/20160901387579. shtml.

02 《시진핑의 유엔발전서밋 기조연설》,《인민일보》2015년 9월 27일 1면.

03 시진핑:《"일대일로" 건설 공동 추진》,《인민일보》2017년 5월 15일 3면.

추진하고 기타 개도국들의 지속 가능한 발전을 지원하는 중요한 도구 중 하나이다. 해당 기금은 중국 및 글로벌 자원을 집중시켜 남남협력(개도국 간 협력)을 추진하고 개도국들이 글로벌 경제 거버넌스에 평등하게 참여하는 것을 지지하며 개도국들이《유엔 2030 지속 가능 발전목표》의 각 항 세부 목표를 달성할수 있도록 도움을 주고 있다. 기금의 취지는 빈곤 퇴치, 민생 보장, 경제·사회·환경의 조화로운 발전, 인간과 사회, 인간과 자연 간 상생을 실현하는 것이다.[04] 남—남 협력원조기금은 인도주의 원조, 농업 발전, 무역 촉진, 무역과 투자의 간소화 등 분야를 우선적으로 주목하고 있으며 소형 민생 관련 프로젝트 위주로 운영되고 있다[05] 시진핑 주석은 2017년 9월 5일 개최된 신흥시장국가와 개발도상국가 대화회의에서 향후 남—남 협력원조기금 산하 프로젝트에 5억 달러의 원조금을 제공하여 기타 개도국들과 공동으로 기근, 난민 위기, 기후변화, 공공보건사태 등 도전에 맞서나가겠다고 밝혔다.[06]

운영 방식

남—남 협력원조기금은 주로 원조 프로젝트 실행을 통해 개도국들의 지속 가능한 발전을 돕고 있다. 프로젝트 실행 기구는 중국과 원

---

04   《남남협력원조기금 개요》, 2018년 8월 24일, 국제발전협력서 홈페이지, http://www. cidca. gov.cn/2018-08/24/c_129939202. htm.

05   위와 같음.

06   《시진핑: 중국은 남남협력원조기금에 5억 달러의 원조를 제공할 계획이다》, 2017년 9월 5일, 신화통신, http:www.xinhuanet,com/world/2017-09/05/c_129606431.htm.

조 대상국의 비정부기구, 국내외 싱크탱크 및 국제기구 등이 포함된다. 2016년 9월 발표된 《남－남 협력원조기금 프로젝트 신고 및 실행에 대한 관리방법(시행)》은 중국상무부에 남－남 협력원조기금 프로젝트의 발의, 관리 및 감독 권한을 부여했다.[07] 2018년 4월, 중국 국가국제발전협력서(国家国际发展合作署)가 설립된 이후 남－남 협력원조기금의 관리 구조가 일정 부분 변경되었는데 프로젝트의 발의는 국가국제발전협력서가 담당하고 집행은 상무부가 담당하며 프로젝트 관리는 상무부 산하의 중국국제경제기술교류센터(中国国际经济技术交流中心)가 맡게 되었다. 기금은 신고를 마친 프로젝트 위주로 운영되고 다자간 기구와 민간 기구에 열려 있으며 각 기구들의 전문성과 장점을 활용하여 "유엔 2030 지속 가능 발전목표"와 "일대일로" 이니셔티브를 결합시키면서 다양한 분야에서 원조 프로젝트를 실행하고 있다.[08] 프로젝트 신고 시 1차 심사, 독립성 발의 평가, 정책 심사 등 3개 단계를 모두 통과해야 한다. 중국국제경제기술교류센터는 남－남 협력원조기금의 신탁관리 기구로서 프로젝트 신고, 신고 자료 접수, 1차 심사 및 발의 평가를 맡고 있으며 프로젝트 실행 기구와 공동으로 계약 체결 및 집행 진도 관리 업무를 수행한다.[09] 남－남 협력원조기금은 양자원조, 협력 기구와의 다자간 협력 및 3자간 협력 등 다양한 협력 모델로 운영되고 있다.

---

07   《남남협력원조기금 프로젝트 신청 및 실시 관리방법(시행) (의견청구고)》, 2016년 9월 1일, 상무부, http://tfs.mofcom.gov.cn/article/as/201609/20160901387579.shtml.

08   야오솨이(姚帅):《변혁과 발전: 2018년 국제발전 협력 회고 및 전망》,《국제경제협력》 2019년 제1기.

09   《남남협력원조기금 프로젝트》, 중국국제경제기술교류센터, http:www.cicete. org. cn/article/ywdh/nnhz/.

획득한 진전

남—남 협력원조기금은 일련의 원조 프로젝트를 순조롭게 완성하였고 큰 진전을 거두었다. 중국 정부는 남—남 협력원조기금 프레임 안에서 양자원조를 통해 부룬디, 케냐, 르완다, 코트디부아르, 카메룬 등 국가에 "만촌통(万村通)" 위성TV 등 다양한 민생 복지를 제공했다. 다자간 협력은 남—남 협력원조기금의 상징과도 같다. 중국 정부는 해당 기금을 통해 국제기구와의 다자간 협력을 적극 강화하고 개도국들의 지속 가능한 발전을 추진하고 있다.[10] 남—남 협력원조기금은 (1)유엔공업개발기구(UNIDO)과 함께 에티오피아 목축업 가치체인 고도화 프로젝트를 추진했다. (2)국제민간항공기구(ICAO)와 함께 콩고, 탄자니아연합공화국 등 개도국들의 민간항공 안전관리체계를 강화하고 케냐와 토고공화국에 민용항공 교육 커리큘럼을 개설했다. (3)국제이민기구(IOM)와 함께 나이지리아 동북부 충돌 지역의 주민들에게 인도적 원조를 제공했다. (4)유엔인구기금(UNPF)와 함께 사이클론 "이다이"(Cyclone Idai)의 피해를 입은 짐바브웨와 모잠비크의 부녀자 및 아동들에게 의료 원조를 제공했다. (5)유엔개발계획(UNDP)과 함께 짐바브웨, 말라위, 모잠비크의 사이클론 재해 복구사업을 지원했고 도미니카 연방, 앤티과 바부다, 방글라데시, 네팔, 파키스탄 등 5개국에 재해 구조 인력을 파견했으며 투르크메니스탄에 직업 교육과 사회 및 기업의 현대화 개조 관련 지원을 제공했다. (6)유엔세계식량계획(WFP)과 함께 파키스탄에 인도적 원조를 제공했고 나미비아, 짐바브웨, 모잠비크, 도미니카공

10　자세한 사항은 국제발전협력서 홈페이지 내 "남남협력원조기금" 카테고리 참조, http://www.cidca.gov.cn/nnhzyzjj.htm.

화국, 콩고, 레소토, 예멘 등 국가에 긴급 식량 원조를 제공했다. (7)세계보건기구(WHO)와 함께 콩고민주공화국, 부룬디, 남수단, 르완다, 우간다 등 국가의 에볼라 바이러스 방역을 지원했다. (8)유엔식량농업기구(FAO)와 함께 르완다, 우간다에서 토양 관리능력 향상 프로젝트를 실행했다. (9)유엔아동기금(UNICEF)과 함께 소말리아, 콩고민주공화국, 에티오피아, 케냐, 니제르, 나이지리아, 시에라리온, 수단, 짐바브웨 등 국가에서 아동과 부녀자를 대상으로 한 의료보건 프로젝트를 추진했고 레바논 국경 내의 시리아 난민과 모잠비크, 말라위, 짐바브우 등 사이클론 "이다이" 피해국에 인도적 원조를 제공했다.[11]

남－남 협력원조기금은 중국 정부가 《유엔 2030 지속 가능 발전목표》를 추진하고 기타 개도국들의 지속 가능한 발전을 지원하기 위해 설립한 기금이며 중국이 국제적 책임을 짊어지고 개도국들의 민생 사업을 지원하면서 인류 운명공동체 공동건설을 위해 노력하는 모습을 전 세계에 보여주고 있다. 중국은 남－남 협력원조기금을 통해 국제기구들과 다양한 원조 협력 프로젝트를 진행해왔다. 해당 기금은 중국이 다자간 협력에 참여하는 중요한 채널이 되었고 글로벌 발전 및 협력을 추진하는 과정에서 중국의 역량을 기여했으며 개도국 간 협력에 새로운 동력을 불어넣고 있다.

(집필자: 류웨이 刘玮)

---

11   남남협력을 통한 아동 복지 개선, https://www.unicef.cn/what-we-do/south-south-cooperation-for-children.

56. 중국─유엔 평화발전기금

개념의 제기

2015년 9월 28일, 시진핑 주석은 미국 뉴욕 유엔본부에서 개최된 제70차 유엔총회 일반성 변론에서 《공동으로 협력과 상생의 새로운 동반자 관계를 구축하고 한마음 한뜻으로 인류 운명공동체를 구축해야 한다》는 주제로 기조연설을 발표했으며 연설 중에서 "중국은 10년 만기, 총 10억 달러 규모의 '중국─유엔 평화발전기금'을 설립하여 유엔의 글로벌 사업을 지원하고 다자간 협력을 촉진하며 세계의 평화와 발전에 새롭게 기여할 것이다"라고 밝혔다.[01]

2016년 5월 6일, 중국과 유엔은 "중국─유엔 평화발전기금 협정"을 체결했다. 협정에 따르면 "중국─유엔 평화발전기금"은 유엔 사무총장이 관리하는 "사무총장 평화안전기금"과 유엔경제사회처(DESA)가 관리하는 "2030 지속 가능 발전목표 실행기금" 등 2개의 서브 펀드를 설립한다.[02]

"중국─유엔 평화발전기금"의 취지는 평화 수호, 반테러리즘 등 국

---

01   시진핑:《시진핑, 국정운영을 논하다》(제2권), 외문출판사 2017년호, 526페이지.

02   《중국과 유엔 공동으로 중국─유엔 평화발전기금을 체결하다》, 유엔 홈페이지, https://news. un.org/zh/story/2016/05/256522.

제 평화와 안보에 관련된 프로젝트 및 캠페인, 그리고 농업, 환경, 사회 보호 등《유엔 2030 지속 가능 발전목표》가 2015년 9월에 통과시킨 지속 가능한 발전 관련 프로젝트 및 캠페인에 자금을 지원해 주는 것이다.

유엔은 중국과 유엔이 공동으로 파견한 인원으로 구성된 지도위원회를 통해 "중국―유엔 평화발전기금"을 운영할 예정이다. 2017년 2월 3일, 뉴욕 유엔 본부에서 개최된 "중국―유엔 평화발전기금 지도위원회" 제1차 회의를 통해 체계화된 기금 관리 규정과 2017년 우선 사용 분야가 확정되었다. 2017년 10월 27일, 뉴욕 유엔 본부에서 개최된 "중국―유엔 평화발전기금 지도위원회" 제2차 회의는 2016년 프로젝트 진행 내용을 돌이켜보고 2017년의 구체적인 프로젝트 계획과 2018년 우선 투자 분야에 대해 논의를 진행했으며 유엔의 평화 수호 역량 가일층 강화, "일대일로" 주변국 발전 촉진, 《유엔 2030 지속 가능 발전목표》가속 추진 등 방향성을 명확히 하였다. 2018년 6월 4일, 뉴욕 유엔 본부에서 개최된 "중국―유엔 평화발전기금 지도위원회" 제3차 회의에서는 2016~2017년 프로젝트 진행 상황을 돌이켜보고 2018년 지원 예정인 프로젝트 내용을 점검했다. 2019년 10월 29일, 뉴욕 유엔 본부에서 개최된 "중국―유엔 평화발전기금 지도위원회" 제4차 회의에서는 2016~2018년 프로젝트 완성 상황을 돌이켜보았고 2019년 투자 예정 프로젝트들에 대한 승인을 완료했으며 2020년 우선 투자 분야를 확정했다.

획득한 진전

"중국―유엔 평화발전기금"은 운영 이후 줄곧 평화 수호, 반테러리즘, 유엔과 지역조직 간 협력, 《유엔 2030 지속 가능 발전목표》 실현, "일대일로" 이니셔티브 추진 등 제반 분야에서 긍정적인 영향을 끼쳤다.

2017년 5월 26일, "중국－유엔 평화발전기금" 서브 펀드인 "2030 지속 가능 발전목표 실행기금"의 지원에 힘입어, 주유엔 중국 대표단은 유엔경제사회처와 유엔 본부에서 "중국－유엔 평화발전기금 균초(菌草, 원목이 아닌 풀을 활용한 버섯 재배기술) 프로젝트 가동회의"를 개최했다. "균초 프로젝트"는 개도국들이 보편적으로 관심을 가지고 있는 빈곤 퇴치, 기근 방지, 재생 에너지 이용, 일자리 창출, 기후변화 대응 등 글로벌 문제에 포커싱하였고 중국의 지혜 및 경험 공유를 통해 개도국들의 발전 곤경을 타개하고 지속 가능한 발전을 촉진했다. "균초 프로젝트"는 남－남 협력(南南合作, 개도국 간 협력)의 본보기를 보여주었고《유엔 2030 지속 가능 발전목표》와 글로벌 발전 사업 추진에 일조하였으며 개발도상국 인민들에게 복지를 제공했다.

2017년 7월, 유엔경제사회처와 유엔개발계획은 공동으로 아세안 및 태평양 지역 국가들의《유엔 2030 지속 가능 발전목표》실현을 지원하는 프로젝트를 발의하였고 (1)체계화된 시스템 구축을 통한 정책의 일치성과 조율성 보장 (2)국가 및 지역 발전계획과 지속 가능 발전목표 간 일치성 보장 (3)데이터 격차 축소 및 진도 모니터링 관련 전략 제정 등 3대 원칙을 발표했다. 해당 프로젝트는 "중국－유엔 평화발전기금"의 전폭적인 지원을 받았고 아세안과 태평양 지역 국가들이《유엔 2030 지속 가능 발전목표》를 실현하는데 필요한 핵심 기반을 마련해주었다.

2018년 11월 19일부터 21일까지 "유엔 세계지리정보대회(UNWGIC)"가 저장(浙江)성 더칭(德清)현에서 개최되었다. 대회에서는 디지털경제 공유, 지속 가능한 발전 실현, 스마트사회 건설, 국제협력 강화 등 아젠다에 대한 공감대가 형성되었고 《뭐간산(莫干山)선언: 함께 공간에 대한 청사진을 만들어가고 아름다운 세상을 열어가자(同绘空间蓝图 , 共建美好 世界)》가 정식으로 채택되었다. "중국—유엔 평화발전기금"의 서브 펀드인 "2030 지속 가능 발전목표 실행기금"의 지원에 힘입어, 유엔경제사회처는 글로벌 지리 정보 분야의 협력을 증진하고 각 국가들의 지리 정보 관리 역량과 발전 수준을 향상시키기 위해 "유엔 세계지리정보대회"를 위한 전용 기금을 설립했다. 해당 전용 기금은 《유엔 2030 지속 가능 발전목표》 중 글로벌 지리 정보 관련 목표 실현에 있어 중요한 의미를 지니고 있으며 "일대일로" 주변국과의 협력 및 《유엔 2030 지속 가능 발전목표》 실현과 긴밀히 관련된 중점 분야에 우선적으로 투자하고 있다.

2016~2018년, "중국—유엔 평화발전기금"은 이미 60개가 넘는 프로젝트를 지원했으며 총 투입 예산은 4600만 달러에 달한다. 이 중 완성된 프로젝트는 17개이며 모두 긍정적인 성과를 거두었다.[03] 해당 프로젝트들은 아프리카, 아시아, 라틴아메리카, 카리브해 지역의 개발도상국가들, 특히 내륙 개발도상국과 작은 섬 개발도상국들에 큰 혜택을 안겨주었다.

"중국—유엔 평화발전기금"은 국제 평화와 안보 및 국제 협력을 촉진했고 《유엔 2030 지속 가능 발전목표》과 "일대일로" 이니셔티브에 모멘텀을 제공해 주었다. 해당 기금은 다자주의 옹호 및 유엔 사업 지지에 대한 중국의 굳건한 약속이자 중국이 기여해온 지혜와 역량의 결

---

03   《"중국—유엔 평화발전기금"의 안정적 실행》, 2019년 10월 31일, 인민망, http://world. people. com. cn/n1/2019/1031/c1002-31429895. html.

정체이다. 중국과 유엔의 공동 노력에 힘입어 "중국—유엔 평화발전기금"은 지속적으로 관련 프로젝트들을 차질 없이 추진하고 있다.

(집필자: 취차이윈 屈彩云)

"일대일로" 수첩

57. 중국—중동부유럽 은행협력체(China-CEEC Inter-Bank Association)

개념의 설명

은행협력체는 개발성 금융의 전형적인 실천 형태이며 각 상업은행 간 협력과 각 나라 중앙은행 간 협력을 제외한 제3의 협력 플랫폼이다. 개발성 금융기구로서 은행협력체는 주로 국가 간 협력에서 코디네이터 역할을 하고 있으며 국가별 개발성 금융기구와 국제 개발성 금융기구 간 소통의 플랫폼을 제공해 주면서 회원 은행들이 국가적인 측면에서 운행 주기와 투자비 회수기간이 길고 투자 리스크가 높은 중장기 프로젝트에 융자 지원을 제공하는 것을 독려하고 있다.

중국—중동부유럽 은행협력체(China—CEEC Inter-Bank Association)의 개념은 2016년 《중국—중동부유럽국가협력 리가(Riga) 강령》(이하 《리가 강령》으로 약칭)에서 처음으로 제기되었다. 《리가 강령》은 중국—중동부유럽 은행협력체 설립에 관한 논의와 시도를 적극 독려하며 다양한 국가들의 자발적 참여를 환영한다고 밝혔다. 2017년에 채택된 《중국—중동부유럽국가 협력 부다페스 강령》은 은행협력체 사무처와 코디네이팅센터 설립에 찬성했으며 중국국가개발은행과 헝가리개발은행이 각각 은행협력체 사무처와 코디네이팅센터를 설립하는 방안을 통과시켰다. 같은 해 11월, 중국—중동부유럽 은행협력체가 정식으로 설립되었다.

중국―중동부유럽 은행협력체는 다자간 금융 협력 플랫폼이며 업무 범위에는 정보 공유, 은행간 신용공여, 프로젝트 융자, 컨설팅 등 투·융자 분야, 그리고 교육과 교류, 고위층 대화, 정책 소통 등 협력 관련 분야도 포함된다. 중국―중동부유럽 은행협력체는 중국국가개발은행, 헝가리개발은행, 체코수출입은행, 루마니아수출입은행, 크로아티아부흥개발은행, 불가리아발전은행, 세르비아저축은행, 슬로바키아수출입은행, 슬로베니아수출입은행, 마케도니아발전촉진은행, 스롭스카공화국투자개발은행, 리투아니아공공투자발전서, 몬테네그로공화국투자발전기금, 라트비아ALTUM금융공사 등 다양한 국가들의 정책성 및 개방성 융자기구와 국유상업은행으로 구성되었다. 중국―중동부유럽 은행협력체는 이사회, 경영관리위원회와 사무처를 두고 있다. 중국―중동부유럽 은행협력체는 "자주적 경영, 독립적 의사결정, 리스크 자체 부담"의 원칙에 따라 시장화 방식에 기반한 효율적인 소통과 협력을 통해 중국과 중동부유럽 국가들의 인프라, 전기 통신, 전력, 단지, 농업, 첨단기술 등 중점 프로젝트에 융자 서비스를 제공하고 있으며 국가별 취약 산업과 병목 분야에 자금이 유입될 수 있도록 도움을 주고 있다.

건설의 성과

중국―중동부유럽 은행협력체는 총 16개의 회원 은행으로 구성되었다. 은행협력체가 중국―중동부유럽 협력 프로세스에서 금융 보장 역할을 발휘할 수 있도록 하기 위해, 중국국가개발은행은 은행협력체 설립 5년 안에 해당 회원 은행들에게 20억 유로 상당의 차관 제공을 약

"일대일로" 수첩

속했다.

다자간 금융협력기구의 상징인 중국―중동부유럽 은행협력체는 중국―중동부유럽 다자간 협력의 새로운 시대를 개척했다. 2012년 중국과 중동부유럽 국가들이 다자간 협력 의향을 서로 확인한 이후, 다양한 프로젝트들이 중동부유럽 지역에서 실행되었는데 중국은 해당 과정에서 시장화 운영 기반의 금융협력체제 부재가 현지 융자의 가장 큰 걸림돌이 되고 있음을 발견했다. 이러한 배경하에 설립된 중국―중동부유럽 은행협력체는 해당 문제점에 대한 최적의 해결방안이 되었으며 중국―중동부유럽 다자간 금융 협력 네트워크의 체계화와 고도화를 견인해 주었다.

우선, 중국―중동부유럽 은행협력체는 융자 채널을 가일층 확대하면서 중동부유럽의 인프라 건설 등 중장기 프로젝트에 융자 및 신용대출 서비스를 제공해 주고 있다.

다음으로, 은행협력체는 중국 자본이 중동부유럽에서 투·융자를 진행하는 과정 중에서 국가별 상이한 경제, 법률, 사회 상황이 야기한 문제점, EU측의 정치적 압박과 의구심, EU 법률조항 중의 대출 및 투자유치 관련 제약 사항 등 부정적인 요소들을 일정 부분 줄여줄 수 있다. 은행협력체는 중국의 투자금을 빠르게 중동부유럽에 전달해 줄 수 있으며 과거 중국이 오롯이 혼자 짊어져야 했던 리스크를 일부 분담해 줄 수 있다.

마지막으로, 은행협력체는 상호 신뢰 증진, 양호한 투·융자 환경 조성 등 장기적인 영향력을 끼칠 수 있다.

2017년 중국―중동부유럽 은행협력체가 설립되었고 다음 해인 2018년 《중국―중동부유럽국가 협력 소피아 강령》이 발표되었다. 해당 강령은 중국—중동부유럽 은행협력체 등 금융 협력 플랫폼의 발전을 지지하며 중국—중동부유럽 은행협력체 제1차 이사회 회의 개최를 환영한다고 밝혔다. 2019년 발표된 《중국—중동부유럽국가 협력 두브로브니크 강령》은 중국—중동부유럽 은행협력체는 항상 협력의 대문을 열어두고 있으며 더 많은 중동부유럽 금융기구들이 은행협력체에 가입하는 것을 환영한다고 밝혔다. 또한 해당 강령은 중동부유럽 16개 국가 외의 유럽 금융기구들이 파트너 신분으로 은행협력체와 협력하는 가능성도 함께 검토하였다. 향후 시간이 흐름에 따라 중국—중동부유럽국가 은행협력체의 발전 잠재력 또한 추가적으로 발굴될 것으로 전망된다.

발전 방향

중국—중동부유럽 은행협력체는 현재 시작 단계에 처해있고 아직 큰 영향력을 지니지 못하고 있으며 실무적인 협력을 한층 더 강화할 필요가 있다. 따라서 중국—중동부유럽 은행협력체 발전 전략을 제정하는 과정에서 기존의 은행협력체들의 경험을 활용하여 불필요한 시행착오를 줄이고 최대한 빨리 실질적인 협력 단계에 진입해야 한다.

중국은 중국—중동부유럽 은행협력체가 설립되기 전부터 이미 브릭스 국가, 중국—아세안 협력체, 상하이협력기구 등 협력 메커니즘 안에서 은행협력체 설립을 주도한 경험이 있다. 브릭스 국가 은행협력체는 2010년 설립되었고 2015년에 브릭스 신개발은행으로 탈바꿈했다. 중국—아세안 은행협력체 역시 2010년에 설립되었고, 2017년 기준 총 6차례의 이사회 회의를 개최하여 교육과 교류, 정보 공유 등 분야에서 일련의 협정을 체결했으며 100억 위안 상당의 중국—아세안 은행협력체 전용 대출을 설립했다. 상하이협력기구 은행협력체는 2005년 설립되었고 2011년과 2017년 각각 두 차례 중기 발전 전략을 발표했고 2017년 중국 실크로드기금과 파트너 관계 구축 MOU를 체결했다. 상하이협력기구 은행협력체와 브릭스 국가 은행협력체는 이미 제도화를 완료했고 각자의 역내 협력 서밋 체계에 편입되었으며 중국—아세안 은행협력체도 곧 중국—아세안 정상회담 협력 프레임에 포함될 예정이다. 상술한 3개의 은행협력체 모두 정식 궤도에 진입했으며 각자의 협력 프레임 안에서 정부의 지원을 받으면서 상대적으로 저렴한 융자 서비스를 제공하고 있다. 또한 정보 교류, 시스템 구축 등 분야에서도 플랫폼 역할을 담당하고 있다. 중국—중동부유럽 은행협력체는 상기 은행협력체들의 경험과 발전 노선을 참고하여 유사한 발전 목표를 제정하고 은행협력체 본연의 국가 간 소통 및 조율 역할을 발휘하면서 긍정적인 결과물을 도출해야 한다.

현재 중국은 주로 은행 대출과 투자 기금을 통해 중동부유럽 지역의 인프라 프로젝트에 투자하고 있으며 다음 단계에는 자본 시장에서의 융자 기회를 적극 포착하고 기존의 자금 루트를 다원화하여 리스크와 부담을 줄여나가야 한다. 개발성 금융이 중국—중동부유럽 협력에서 줄곧 선도 역할을 해온 만큼 중국—중동부유럽 은행협력체는 향후에도 지속적으로 양자 간·다자간 개발성 금융 분야에서의 협력을 추진하고 역내 개발성 금융기구 간 협력을 강화해야 한다.

이 외에도, 중국의 투자 기금과 전용 대출은 현재 중국—중동부유럽 금융 분야 협력에서 기대한 만큼의 융자 역할을 발휘하면서 일부 현지 프로젝트에 자금을 지원해 주고 있지만 기술표준, 법률, 자금규모,

신용대출 등 분야에서 여전히 개선해야 할 부분이 많은 상황이다. 따라서 중국—중동부유럽 은행협력체는 향후 역량과 지혜를 집중하고 개발성 금융기구의 장점을 발휘하면서 중국—중동부유럽 금융 분야 협력을 심층적으로 추진해야 하고 메커니즘 측면에서 보장과 지원을 제공해야 한다.

(집필자: 지이 计奕)

"일대일로" 수첩

58. 생산능력 협력

개념의 제기

생산능력 협력은 예로부터 중국 대외 경제협력의 시작점과 종착점이었지만 생산능력 협력을 중국 대외 경제협력의 모델 중 하나로 명확화한 것은 "일대일로" 이니셔티브가 제기된 이후였으며 이를 계기로 생산능력 협력은 중국이 "일대일로" 건설을 추진하는 중요한 수단 중 하나로 자리잡았다.

양자 간 관계에 있어, 중국은 가장 먼저 카자흐스탄과 생산능력 협력 관련 의제를 논의했다. 2014년 12월 14일, 리커창(李克强) 중국 국무원 총리는 카자흐스탄 수도 아스타나에서 누르술탄 나자르바예프 카자흐스탄 대통령과 카림 마시모프 카자흐스탄 총리와 회담을 가졌고 양국 간 상호 협력, 특히 생산능력 관련 협력을 강화하고 조속히 기본협정을 체결하기로 합의했다. 중국은 수준이 높고 가성비가 좋은 설비 케파를 활용하여 카자흐스탄에서 다양한 방식으로 철강, 시멘트, 유리 생산시설과 화력발전소 등 대형 인프라 프로젝트를 건설하고 있고 농산품 심층 가공 관련 협력을 강화해왔다. 이는 현지 경제 성장에 새로운 동력을 불어넣었고 경기 하방 압력을 크게 줄여주었으며 에너지 산업의 고도화를 촉진하고 카자흐스탄의 공업화 진도를 가속화시키는

한편 중국의 설비 수출도 함께 추진하면서 중국과 카자흐스탄의 호혜 상생 및 동반성장을 견인했다.[01]

최고층 의사결정에 있어, 중국은 2014년 12월 말에 생산능력 협력을 정상회담의 핵심 의제에 편입시켰다. 2014년 12월 24일, 리커창(李克强) 중국 국무원 총리는 국무원 상무회의를 소집하여 기업 수출업무에 대한 금융 지원 역량을 강화하고 경제의 안정적 성장, 경제구조 조정, 산업구조 고도화를 추진해야 한다고 강조했다. 회의에 참여한 고위층들은 국내와 해외 상황을 면밀히 살피고 기업 수출업무에 대한 금융 지원 역량을 강화하는 것은 경제의 안정적인 성장과 경제구조 조정을 실현할 수 있는 중요한 조치이며 중국의 비교우위 산업 유휴 케파를 해외로 수출하는 것을 통해 글로벌 생산능력 협력을 촉진하고 새로운 발전 공간을 개척할 수 있으며 중국 상품 특히 중국 설비의 국제경쟁력 향상, 대외무역 구조의 최적화, 제조업과 금융서비스업 수준 향상 등 효과도 기대할 수 있다고 의견을 모았다.[02]

정책 제정에 있어, 중국은 2015년 5월 처음으로 국제 생산능력 관련 문건을 발표했다. 2015년 5월 13일, 리커창 총리의 지시하에 국무원은 《국제 생산능력과 설비제조 협력에 대한 지도의견》을 배포하여 국제 생산능력과 설비제조 협력 관련 로드맵, 기본 원칙, 목표와 임무, 정책 조치 등을 명확히 하였다. 이는 중국 정부가 제정한 첫 번째 국제 생산능력과 설비제조 협력에 관한 문건이며 현재 및 향후 일정 시간 동안 중국

---

01   우러쥔(吴乐珺), 황원디(黃文帝):《중국과 카자흐스탄 생산능력 협력 관련 공감대 형성》, 《인민일보》2014년 12월 17일 2면.

02   《리커창 국무원 상무회의 소집》,《인민일보》2014년 12월 25일 1면.

의 국제 생산능력 협력 관련 사업에 지도사상을 제공하고 있다. 해당 문건의 지도하에 중국의 생산능력 협력이 고속성장 단계에 진입했다.

다만 "생산능력 협력"의 개념에 대해서는 아직 통일된 정의가 내려지지 않은 상태이다. 초반만 하더라도 생산능력 협력은 중국의 원재료 공업 분야 생산능력 과잉문제를 해결해 줄 수 있는 핵심 방안으로 여겨졌다. 해당 관점의 이면에는 다음과 같은 두 가지 근거가 자리 잡고 있다. 첫째, 중국 경제 발전이 중고속 성장의 뉴노멀 단계에 접어들면서 국내의 과잉 케파를 내수로만 소화하기에는 한계가 있다. 둘째, 국가별 자원 매장량과 경제 발전 수준이 상이하기 때문에 한 나라에서 넘쳐나는 생산능력이 다른 나라의 입장에서는 절박하게 수요로 하는 생산능력일 수도 있다.[03] 어느 정도 시간이 더 흐른 뒤에는 생산능력 협력에 대한 사람들의 이해가 더욱 전방위적이고 실제 상황에 가까워지기 시작했다. 일부 학자들은 국제 생산능력 협력이란 공급과 수요에서 각각 의향을 가지고 있는 두 개의 국가 혹은 지역이 해당 생산능력을 국가 간 혹은 지역 간으로 이동시키는 공동 행위라고 정의하고 있다. 이들은 생산능력 협력은 상품 수출과 산업 이전, 두 가지 채널을 통해 이루어지며 본질적으로는 자본의 수출이라고 주장하고 있다.[04] 또 혹자는 국제 생산능력 협력이란 중국이 경제 세계화의 흐름에 적응하기 위해 적극 독려 중인 중국 기업이 단독적으로, 혹은 해외 기업들과 공동으로 해외에서 진행하고 있는 다양한 형식의 프로젝트 도급, 공장 설

---

03 왕번리(王本力), 장하이량(張海亮), 정쿤(曾昆):《국제 생산능력 협력: 생산능력 과잉을 해결할 수 있는 새로운 사고방식》,《중국공업평론》 2015년 제11기.

04 궈차오셴(郭朝先), 덩쉐잉(邓雪莹), 피스밍(皮思明):《"일대일로" 생산능력 협력의 현황, 문제점과 대책》,《중국발전관찰》 2016년 제6기.

립 등 경영활동이며 시장을 목표로, 기업을 주체로 하고 있다고 역설하고 있다.[05] 생산능력 협력의 의미에 대해, 일부 연구기관은 제조업이 중국 산업의 국제 경쟁력을 향상하는 주요 동력이며 중국과 "일대일로" 주변국들이 생산능력 관련 협력을 진행하는 출발점이라고 보고 있다.[06] 중국은 주로 자국에서는 넘쳐나지만 대상국에서는 부족한 생산능력을 대상국에 제공함으로써 현지에서 아직 개발되지 않았지만 충분히 경쟁력을 가지고 있는 블루오션 산업들을 선점하고 있다.[07]

실천 의미

국제 생산능력 협력을 추진하는 것은 중요한 의미를 지니고 있다. 우선, 국제 생산능력 협력은 중국 경제가 중고속 성장을 유지하고 중고급화 발전 단계로 나아가도록 만드는 중대 조치로서 기업이 기술, 품질과 서비스 수준을 지속적으로 향상하고 전반적인 역량과 핵심적인 경쟁력을 강화하는데 긍정적으로 작용할 수 있으며 경제구조 조정과 산업구조 고도화를 추진하여 협력의 범주를 상품 수출에서 산업 수출로 격상시킬 수 있다. 다음으로, 국제 생산능력 협력은 높은 수준의 대외개방을 추진하고 국제 경쟁에서의 비교적 우위를 강화하는 중요한 내

---

05   위안리메이(袁丽梅), 주구성(朱谷生): 《중국이 생산능력 협력을 추진하는 동력과 전략》, 《기업경제》 2016년 제5기.

06   자오둥치(赵东麒), 상바이촨(桑百川): 《"일대일로" 이니셔티브하의 국제 생산능력 협력——국제 산업 경쟁력에 기반한 실증분석》, 《국제무역문제》 2016년 제10기.

07   중페이텅(钟飞腾): 《"일대일로" 생산능력 협력에 대한 국제정치경제학 기반 분석》, 《산둥(山东)사회과학》 2015년 제8기.

용으로서 개방성 경제 발전의 수준을 향상시킬 수 있으며 "일대일로"
와 중국—아프리카 "3망1화" (三网一化: 고속철도망, 고속도로망, 지역항공망, 공
업화) 등 전략적 이니셔티브에 긍정적으로 작용할 수 있다. 마지막으로,
국제 생산능력 협력은 상생형 협력을 추진하는 중요한 수단으로서 중
국과 관련국들 간 상생형 협력을 심화하고 현지의 경제 및 사회 발전을
촉진할 수 있다.[08] 산업 이전에 입각해 봤을 때, 중국과 "일대일로" 주변
국 간 생산능력 협력은 다음과 같은 긍정적인 역할을 발휘할 수 있다.
첫째, 중국의 유휴 케파를 활용하여 "일대일로" 주변국들의 케파 부족
현상을 해소할 수 있다. 둘째, 중국이 개혁개방 기간 획득한 발전 성과
를 "일대일로" 주변국들과 공유할 수 있다. 셋째, 무역만으로는 달성할
수 없는 경제적 이익을 실현할 수 있다. 넷째, 생산능력 수출대상국의
경제 발전을 꾀할 수 있다.[09]

획득한 진전

최근 몇 년간, 중국은 "일대일로" 건설과 국제 생산능력 협력을 적
극 추진해왔다. 2019년 4월 기준, 중국은 카자흐스탄, 이집트, 에티오피
아, 브라질 등 40여개의 국가와 생산능력 관련 협정을 체결했고 아세
안, 아프리카연합, 유럽연합, 라틴아메리카·카리브 국가 공동체 등 조
직과 체계화된 생산능력 협력을 강화했으며 관련 국가들과 특정 분야

---

08   중화인민공화국국무원:《국제 생산능력 및 설비 제조 협력 추진에 관한 지도의견》(국
      가배포[2015]30호), 2015년 5월 13일.
09   저우민량(周民良):《"일대일로" 국제 생산능력 협력 과정에서 신중에 신중을 가해야 한
      다》,《중국발전관찰》2015년 제12기 .

에서 제3자 협력을 적극 추진했다. 수출 체계가 점차 성숙됨에 따라, 점점 더 많은 중국 기업들이 능동적으로 경제 글로벌화에 편승하고 있다. 중국 상무부의 조사에 따르면, 2018년 연말 기준, 2.7만 개의 적격 국내 기관투자자가 전 세계 188개의 국가와 지역에 약 4.3만 개의 해외직접투자기업을 설립했고 해외기업 자산 규모는 6조 6천만 달러, 해외직접투자 누적규모는 1조9822억 달러를 기록했다. 같은 기간 적격 국내기관투자자들은 "일대일로" 주변의 63개 국가에 1만 개가 넘는 해외직접투자기업을 설립했고 2018년 연간 직접투자액은 178.9억 달러를 기록했다. 2013~2018년, "일대일로" 주변국들을 향한 중국의 누적 직접투자액은 986.2억 달러에 달한다.[10] 중국의 해외직접투자는 국민경제와 관련된 18개 주요 산업을 모두 커버했고 주로 리스 및 비즈니스 서비스업, 금융업, 제조업, 도매 및 리테일 산업에 투자가 진행됐다.

중국 기업은 장기적인 실천을 거쳐 "일대일로" 주변국들과 더욱 다양한 방식으로 생산능력 협력을 진행하고 있는데 초창기의 설비 공급에서, 지금은 EP(설계-구매), EPC(설계-구매-시공), BOT(건설-경영-양도), BOO(건설-소유-운영), PPP(공사합영[11]), M&A(인수합병), 융자 리스 등 다양한 형태로 전개되고 있다. 또한 해외경제무역협력구가 "일대일로" 프레임 안에서 국제 생산능력 및 설비제조 관련 협력 플랫폼 역할을 하고 있으며 중국의 공급과 대상국의 수요를 직접적으로 매칭시키고 있

---

10 중화인민공화국상무부, 중화인민공화국국가통계국, 국가외환관리국: 《2018년 중국 해외직접투자 통계 보고서》, 2019년.

11 공사합영(公私合營): 사회주의 국가에서, 국가와 민간이 공동으로 투자·경영하는 일. 또는 그런 기업. 중국이 자본주의에서 사회주의로의 과도적 경제 제도로서 취한 국가 자본주의의 한 형태이다.

다. 2019년 9월 기준, 중국 기업은 46개의 국가에서 해외경제무역협력구를 설립하였고 누적 투자규모는 426.9억 달러에 달하며 총 5452개의 기업이 입주해있다.[12] 글로벌 경제무역 협력의 신속한 발전은 중국 국내의 방직업, 의류, 경공업, 가전, 건축재, 자동차 부품, 유색금속 등 우세 케파의 해외 이전을 견인했고 중국은 이를 통해 대상국과의 호혜상생을 실현하고 있다.

(집필자: 쉬시우쥔 徐秀军)

---

12 《상무부: 1—9월 비금융류 해외직접투자 규모 5551.1억 위안 기록》, 중국신문망, http://www.china news.com/cj/2019/10-16/8980668.shtml.

59. 해외경제무역협력구

개념의 제기

"일대일로" 이니셔티브가 제기된 이후, 일련의 상징적 의미를 지닌 협력 프로젝트들이 인프라 건설, 공업 협력, 경제무역 협력, 인문 교류 등 다양한 분야에 거쳐 실행되면서 "일대일로" 건설에 풍성한 결실을 안겨주었으며 "일대일로" 건설과 글로벌 생산능력 협력의 중요한 매개체로 자리 잡았다. 이 중 대상 국가와 지역의 경제사회 발전을 견인하고 있는 해외경제무역협력구와 중대 공정 프로젝트는 중국 기업 해외진출의 플랫폼과 명함이 되고 있다.

해외경제무역협력구는 중국과 관련국 정부의 지도하에, 실력과 조건을 겸비한 중국 기업들이 관련 국가에 투자하여 건설하거나 혹은 현지 기업들과 공동으로 설립한 산업단지이며 완비된 인프라, 명확한 테마 산업, 체계화된 공공 서비스 기능 등 특징을 지니고 있다. 해외경제무역협력구는 중국, 대상국 혹은 기타 국가 기업의 단지 입주를 유치하는 것을 통해 양자 및 다자간 투자 협력을 추진하고 현지의 경제 발전과 무역 활동을 활성화시키고 있다.

중국의 해외경제무역협력구는 2006년부터 건설되기 시작했으며 주로 중국상무부 주도로 정치구도가 안정적이고 중국과 관계가 비교적 좋은 국가들과 정부 간 협상을 진행한 뒤, 중국 내에서 심사를 통과한 기업들이 건설 및 경영 주체의 신분으로 대상국 정부와 협정을 체결하고 해외에 경제무역협력구를 설립하는 방식이었다. 경제무역협력구가 건설된 이후, 해당 기업들이 적극적으로 외부 투자를 유치하고 국내외 관련 기업들의 입주를 독려하면서 점차 산업 클러스트를 형성하였으며 이는 중국 기업들이 서로 힘을 합쳐 해외직접투자를 추진하는 가장 전형적인 방법이 되었다.

60. 중국의 자유무역구

개념의 제기

"일대일로" 이니셔티브가 제기된 이후, 중국은 대외개방의 국정운영 방향에 따라 개방적인 건설 노선을 견지하면서 국제 협력을 적극 추진해왔다. 중국공산당 제19차 전국대표대회 보고서에는 "중국은 다자무역체계를 지지하고 자유무역구 건설을 촉진하며 개방형 글로벌 경제 건설을 추진할 것이다"라는 내용이 기입되었다. 시진핑은 항저우(杭州)에서 개최된 B20 서밋에서 《중국 발전의 새로운 기점, 글로벌 성장의 새로운 청사진》이라는 기조연설을 통해 중국의 자유무역구 전략을 소개했다. 시진핑은 해당 기조연설에서 "자유무역구 전략의 조속한 실행은 경제 세계화라는 새로운 트렌드 적응을 위한 객관적 조건일 뿐만 아니라 개혁의 전면적 심화와 새로운 개방형 경제체계 구축의 필연적인 선택이며, 중국이 대외관계를 운영하고 대외전략목표를 실현하는 중요한 수단이기도 하다. 우리는 자유무역구 전략 실행에 박차를 가해야 하고 자유무역구의 투자촉진 작용을 충분히 발휘하여 중국 기업의 국제시장 개척을 지원해야 하며 이를 통해 중국 경제발전에 새로운 동력을 불어넣고 새로운 활력을 부여하며 새로운 공간을 개척해 주어야 한다"고 강조했다.

자유무역구 건설에 관한 중국의 기본 원칙

첫째, 개방을 확대하고 개혁을 심화해야 한다. 중국은 더욱 능동적이고 더욱 신속하게 자유무역구 전략을 실행하고 자유무역구 개방 확대를 통해 개방의 수준과 품질을 향상하며 국제규칙 제정에 심층적으로 참여하고 개방형 경제의 새로운 공간 개척·전방위적인 새로운 구도 형성·높은 수준의 새로운 개방국면 타개를 도모해야 한다. 또한 글로벌 자유무역구 네트워크를 점진적으로 형성하고 대부분 신흥경제국가와 개발도상국가, 주요 지역의 경제집단, 일부 선진국가와 자유무역구 건설 관련 협력을 추진하며 브릭스 국가 빅마켓, 신흥경제체 빅마켓, 개발도상국 빅마켓을 구축해야 한다.

둘째, 전방위적으로 참여하고 중점적으로 돌파해야 한다. 중국은 자유무역구를 포함한 다양한 지역 무역 시스템에 전방위적으로 참여하고 인근 국가, "일대일로" 주변 국가, 생산능력 협력 관련 중점 국가 및 지역, 그리고 지역경제집단들과의 자유무역구 설립 관련 협력을 속도감 있게 추진해야 한다. 또한 모든 인근 국가와 지역들에 자유무역구를 설립하고 상호 간 경제무역 관계를 꾸준히 강화하며 호혜상생의 역내 빅마켓을 형성하는 것을 통해 "일대일로"를 창통(暢通, 원활화)의 길, 무역의 길, 개방의 길로 만들어야 한다.

셋째, 호혜상생과 공동발전을 도모해야 한다. 정확한 의리관을 수립하고 각 이해관계자들의 이익과 우려사항을 예의주시하며 개발도상국가와 최빈국가의 실제 상황에 근거하여 이익의 접점과 협력의 공약수를 모색해야 한다. 또한 호혜상생의 자유무역구 네트워크 구축을 위해 노력하고 중국과 세계 각 나라, 각 지역 간의 공동발전을 추진해야 한다.

넷째, 과학적으로 평가하고 리스크를 관리해야 한다. 과학적 논증과 리스크 평가를 강화하여 자유무역구 건설 과정에서 나타날 수 있는 리스크 요인들을 해소해야 한다. 또한 개방성 환경하의 정부 관리감독 역량을 강화하고 안전 심사, 반독점, 사중·사후 점검 관련 체계적인 법률법규를 제정 및 집행하면서 국가의 안보를 보장해야 한다.

기본 목표

단기적으로는, 현재 진행 중인 자유무역구 협상 진도를 가속화하고 조건이 허락하는 범위 내에서 기존 자유무역구의 자유화 수준을 점진적으로 향상하며 중국 주변의 대부분 국가 및 지역에서 자유무역구를 설립하여 중국과 자유무역 파트너들 간 교역액이 중국 전체 대외교역액에서 차지하는 비중을 다수의 선진국과 신흥시장국과의 교역액 비중과 같거나 더 높게 만들어야 한다. 중장기적으로는, 인근 국가와 지역, 더 나아가 "일대일로" 주변 지역과 세계 오대주(五大洲) 주요 국가를 아우르는 글로벌 자유무역 네트워크를 구축하여 중국의 대부분 대외무역과 상호투자의 자유화와 편의화를 실현해야 한다. 중장기 목표는 구제적으로 보면 다음과 같은 내용을 포함하고 있다.

첫째, 화물 무역의 개방 수준을 제고하고 서비스업의 대외 개방을 확대해야 한다. 수출입 병행을 견지하고 자유무역구를 통해 자유무역 파트너와의 상호 시장진입에 편의를 제공하며 합리적인 원산지 규정을 제정하여 자유무역 파트너와의 무역 수준을 향상하고 더욱 효율적인 글로벌 및 지역 가치사슬을 구축해야 한다. 또한 자유무역 파트너와 공동으로 관세 인하와 비관세 장벽 해소를 추진해야 한다. 이 외에도 금융, 교육, 문화, 의료 등 서비스 분야를 순차적으로 개방하고 돌봄서비스, 건축 설계, 회계와 심계, 비즈니스 무역과 물류, 전자상거래 등 서비스업의 외자 유입 규제를 완화해야 한다.

둘째, 투자준입 규정을 완화해야 한다. 투자시장의 개방과 외자관리체계의 개혁을 적극 추진하고 외국기업의 투자환경을 가일층 개선해야 한다. 자유무역구 투자 분야 협상을 가속화하고 외투기업 설립 전 내국민대우(准入前国民待遇)와 네거티브리스트 방식을 적용하며 자유무역구 내에서 위안화 자본계정 태환(RMB convertibility under capital account) 시범사업을 추진하여 크로스보더 투·융자의 편의성을 향상해야 한다.

셋째, 규정 협상과 제도 협력을 추진해야 한다. 국제사회에서 통상적으로 적용되는 규정과 관련 발전 추세를 참조하고 중국의 발전수준과 거버넌스 역량을 감안하여 지재권 보호, 환경 보호, 전자상거래, 경쟁 정책, 정부조달 등 새로운 아젠다에 대한 협상을 가속화해야 한다. 또한 자유무역 파트너와의 관리감독 시스템 관련 정보를 공유하고 무역기술장벽(TBT), 위생 및 식물위생 조치, 특정 산업 관리감독 표준과 자격의 상호 인증 등에 박차를 가하며 관리감독 관련 시스템, 프로세스, 방법, 표준의 융합을 촉진하면서 무역비용 절감과 무역효율 향상을 실현해야 한다.

넷째, 무역의 간소화 수준을 향상하고 민간인 이동의 편의화를 추진해야 한다. 원산지 관리를 강화하고 전자상거래 네트워크를 구축하며 자유무역 파트너와 원산지 전산데이터를 공유해야 한다. 또한 세관 통관 수속과 절차를 간소화하고 저리스크 화물 통관을 가속화하는 등 자유무역 파트너와의 세관 관련 협력을 강화해야 한다. 이 외에도 자유무역구 건설을 통해 해외투자자들의 출입국에 편의를 제공해야 한다.

중국의 자유무역구 설립 관련 성과 및 진전

2020년 4월 기준, 중국은 이미 모리셔스, 몰디브, 그루지야, 호주, 한국, 스위스, 아이슬란드, 코스타리카, 페루, 뉴질랜드, 싱가포르, 칠레, 파키스탄, 아세안 등 국가 및 지역과 자유무역협정을 체결했고 아시아, 라틴아메리카, 대양주, 유럽 등 다양한 지역에 자유무역 파트너들을 두고 있다. 중국은 이와 동시에 《역내포괄적경제동반자협정》(RCEP), 중국—걸프협력회의 자유무역구, 중국—노르웨이 자유무역구, 중·일·한 자유무역구, 중국—스리랑카 자유무역구, 중국—이스라엘 자유무역구, 중국—몰도바공화국 자유무역구, 중국—파나마 자유무역구, 중국—팔레스타인 자유무역구, 중국—캄보디아 자유무역구 건설 관련 협상과 다수의 FTA 업그레이드 협상을 진행하고 있다. 중국은 향후에도 자유무역구 건설에 박차를 가하면서 "일대일로" 주변국들을 기반으로 하고, 전 세계를 대상으로 하는 높은 기준의 자유무역구 네트워크를 구축해 나갈 것이다.

(집필자: 친성 秦升)

61. 하이난(海南) 자유무역항

개념의 제기

2018년 4월 13일, 시진핑 주석은 하이난(海南)성 경제특구 설립 30주년 대회에서 "중국공산당 중앙위원회는 하이난성에 자유무역시범구를 설립하기로 결정하였으며 하이난이 중국 특색의 자유무역항 건설을 안정적으로 추진하고 절차별, 단계별로 자유무역항 관련 정책과 제도를 구축하는 것을 지지한다"고 밝혔다.[01] 이후 발표된 《하이난 전면적 개혁개방 지지에 관한 지도의견》은 하이난에서 개혁개방시범구, 국가생태문명시범구, 국제관광소비센터, 국가중대전략서비스보장구 등 "세 개의 구 하나의 센터(三区一中心)" 설립을 명문화했다. 《지도의견》은 또한 구체적인 발전 목표도 함께 제시했다. 즉 2025년까지, 자유무역항 제도를 초보적으로 구축하고 경영환경을 국내 일류 수준까지 끌어올리며 거버넌스 체계와 역량의 현대화 수준을 현저히 향상하고 국내 선두의 생태환경 보호수준을 지속적으로 유지하는 것이다. 그리고 2035년까지, 더욱 성숙한 자유무역항의 제도체계와 운영모델을 구축하고

---

01 《하이난의 중국 특색 자유무역항 건설에 대한 당중앙의 지지 결정》, 2018년 4월 13일, 인민망, http://sh.people.comen/2/2018/0413/c134768-31460033.huml.

세계 굴지의 경영환경을 조성하며 21세기 중엽에는 사회주의 현대화를 실현하고 고도로 시장화·국제화·법치화·현대화된 제도체계를 형성하여 탁월한 종합 경쟁력과 문화 영향력을 지닌 지역으로 거듭나는 것이다.[02]

2018년 9월, 국무원은 《중국(하이난) 자유무역시범구에 관한 총체적 방안》을 인쇄 및 발행했다.[03] 해당 방안은 하이난에서 자유무역시범구를 설립하여 관광업, 현대서비스업, 첨단기술산업을 집중 육성하고 하이난의 산업 구조 고도화를 추진해야 한다고 밝혔다. 고품질 발전을 지탱할 수 있는 산업 체계를 구축하기 위해 하이난은 부동산에 대한 의존도를 줄이고 관광업, 현대서비스업과 첨단기술산업 등 12개의 중점 산업을 집중 육성하고 있다.[04] 2019년 3월, 하이난은 《산업발전 계획 제정 및 부지 보장 지원에 관한 의견》을 발표하여[05] 자유무역구(항) 건설 관련 계획 제정 및 부지 보장을 지원해 주었다. 해당 의견은 신축부지에 지표화 관리를 적용하고 중점 산업 및 중점 프로젝트용 부지를 보장하며 산업 프로젝트 토지 분류 및 관리방식을 혁신하여 차별화된 토지 공급을 통해 기존 산업 구조의 고도화를 견인해야 한다고 밝혔다.

---

02 《하이난 전면적 개혁개방 지지에 관한 중공중앙국무원의 지도의견》, 《인민일보》 2018년 4월 15일 1면.

03 국무원: 《중국(하이난) 자유무역시범구에 관한 총체적 방안》, 《인민일보》 2018년 10월 17일 1면.

04 하이난성 12대 산업: 관광, 열대 특색 농업, 인터넷, 의료건강, 현대 금융서비스, 회의 전시, 현대 물류, 천연가스 및 석유, 의약, 저탄소 제조업, 부동산, 첨단기술·교육·문화·체육 .

05 《산업발전 계획 제정 및 부지 보장 지원에 관한 하이난성 인민정부의 의견(시행)》, 2019년 3월 24일, 하이난성인민정부 홈페이지, http://www.hainan.gov.cn/hainan/szfwj/201903/886abb2a804c44dbblde8864d4babbc5.shtml.

관광업 관련, 2018년 12월 국가발전개혁위원회는《하이난성 국제
관광소비센터 설립에 관한 실행방안》(이하《실행방안》으로 약칭)을 발표했
다.[06]《실행방안》은 하이난성의 국제관광섬 건설 추진과 소비형 경제발
전의 새로운 노선 모색을 요구하고 있다. 2020년 3월에 발표된《포스
트 코로나 시대의 하이난성 관광업 진흥 계획——관광업 진흥에 관한
행동조치30 항 (2020-2021)》[07]은 관광업의 질적 성장을 촉진하고 하이난
자유무역항과 국제관광소비센터의 건설을 가속 추진하기 위해 세금과
금융, 프로젝트 실행, 마케팅 집행, 산업 융합 등 6개 분야에서 총 30항
의 행동조치를 제정했다.

현대서비스업 관련, 하이난성은 서비스업의 혁신 발전을 가속화하
고 현대서비스업을 집중 육성하고 있다. 하이난성은《하이난성 건강산
업 발전계획 (2019-2025)》[08]을 발표하여 건강산업을 중국 특색의 자유무
역항 건설, 그리고 더 높은 수준의 하이난성 개방을 실현하는 선행 산
업으로 지정하고 "하나의 핵심, 두 개의 점, 세 개의 지역"[09](一核兩极三

---

06 《〈하이난성 국제관광소비센터 설립에 관한 실행방안〉 인쇄 및 발행에 관한 국
    가발전개혁위원회의 통지》, 2018년 12월 28일, 중국하이난자유무역시범구
    (항) 홈페이지, http: //www. hainan. gov. cn/hn/zt/szrdl/zymyq/zcfg/
    zhl/201812/1201812283056791.html.
07 《포스트 코로나 시대의 하이난성 관광업 진흥 계획——관광업 진흥에 관한 행동조
    치30 항 (2020-2021)》, 2020년 3월 23일, 중국하이난자유무역시범구(항) 홈페이지,
    http://www. hnftp. gov.cn/xwzx/ywsd/202003/t20200323_3264412.html.
08 《하이난성 건강산업 발전계획 (2019-2025) 인쇄 및 발행에 관한 하이난성인민정부
    의 통지》, 2019년 1월 11일, 중국하이난자유무역시범구(항) 홈페이지, http://www.
    hnftp.gov.cn/zcfg/zcwj/tz/202002/t20200226_3261487.html.
09 보아오 러청(乐成) 국제의료관광 선행지역을 핵심으로 하고 하이청원(海澄文) 일체화
    종합경제권과 싼야(三亚) 관광경제권을 두 개의 성장점으로 하면서 하이난성 동부, 중
    부, 서부 3구의 조화로운 발전을 견인하는 것을 뜻한다.

区)을 골자로 하는 건강산업 발전 구도를 형성하며 중의약, 웰빙, 실버산업, 건강보험, 인터넷 의료 등 산업을 중점적으로 발전시킬 것이라고 밝혔다.

첨단기술산업 관련, 자유무역구는 글로벌 과학기술 협력을 강화하고 관련 기업에 대한 세수혜택을 제공하며 외자 유입 제한을 완화하면서 첨단기술산업의 발전을 추진하고 있다. 또한 첨단기술기업의 대외투자를 독려하고 합자, 합작, 인수합병, 기술이전 등 다양한 형식의 해외사장 진입을 지지하며 상품과 노동력의 수출을 견인하면서 자주적 지재권과 핵심 경쟁력을 지닌 대형 그룹들을 육성해 나갈 계획이다. 하이난은 하이난 소프트웨어 생태단지, 푸싱성(复兴城) 인터넷산업기지, 싼야(三亚) 아이디어 산업단지, 칭수이완(清水湾) 국제정보산업단지 등 단지 건설에도 박차를 가하고 있다. 이 외에도 인터넷, 사물인터넷, 빅데이터, 위성네비게이션, 인공지능과 실물경제 간 심층적인 융합을 통해 "디지털 하이난"을 건설하고 사물인터넷, 인터넷 데이터센터, 인터넷 교환센터 등 새로운 분야의 인프라 건설을 적극 추진하고 있다.

하이난은 다음과 같은 세 가지 방향으로 하이난 본사경제를 육성하고 있다. 첫재, 글로벌 기업과 국내 대형 그룹의 하이난 본사 설립을 유치하고 있다. 둘째, 하이난에 본사를 설립한 기업들에 대한 정책적 지원을 강화하고 있다. 셋째, 기존 하이난 기업들을 집중적으로 육성하여 기업 규모를 증대시키고 있다. 계획에 따르면 하이난 본사경제는 2020년에 기본적인 윤곽을 드러내고 2025년에 정형화될 예정이다. 하이난의 본사기업은 크게 글로벌 기업의 지역 본사, 종합성(지역성) 본사기업, 성장형 본사기업, 국제조직(기구)의 지역 본사로 분류된다.

획득한 진전

기업들의 경영부담을 줄여주기 위해 하이난은 법치화·국제화·편리화된 경영환경 조성에 주력하고 있고 심사비준의 간소화를 추진하고 있으며 일련의 개혁 및 혁신 조치를 제정하여 해외투자자들에 대한 자격증명문서 요구를 간소화하고 외국계 자본의 시장 진입 규제를 완화하며 외투기업 설립 전 내국민대우(准入前国民待遇)와 네거티브리스트 방식을 적용하고 있다. 2019년 11월, 상무부 등 관련 부처는 하이난 자유무역시범구에 대한 일련의 의견을 제시했다. (1)기타 자유무역시범구에서 시행되고 있는 정책을 하이난 자유무역시범구에 적용하여 후자의 국제화 수준, 투자와 무역의 편의화 수준을 향상해야 한다. (2)금융 분야의 개방을 확대하고 벌크상품 수출대상국, "일대일로" 관련 국가와 지역과의 벌크상품 교역 과정, 보세연료의 공급과 청산 과정에서 위안화를 사용을 추진해야 한다. (3)항공운수 분야의 발전을 가속화하고 "일대일로" 주변국 관련기구와 운수 안전, 환경 보호, 세관 감사 등 분야에서 협력 메커니즘을 구축해야 한다.[10] 2019년 8월, 중앙조직부, 국가발전개혁위원회 등 7개 부처가 공동으로 발행한 《하이난의 혁신형 인재 육성체제 지원에 관한 실행방안》은 하이난성 정부와 관련 부처들이 실제 상황에 근거하여 인재 육성체제를 혁신하고 더욱 개방적인 인재 유치 시스템을 구축할 것을 요구하고 있다.[11] 현재 하이난은 다

---

10 《중국(하이난)자유무역시범구에서 기타 자유무역시범구 현행 정책을 시범 적용할 것에 관한 통지》, 2019년 12월 23일, 중국하이난자유무역항 홈페이지, http://www.hnftp. gov. cn/zcfg/zcwj/my/202002/t202002263261444.html .

11 《하이난의 혁신형 인재 육성체제 지원에 관한 실행방안》, 2019년 8월 5일, 인민망, http://hi. people. com.cn/n2/2019/0806/c231190-33217041.html.

양한 투자와 무역 및 인적교류 편의성 향상 조치를 순차적으로 실행하고 있다.

하이난은 제도 혁신을 핵심으로 삼아 다양한 분야에서의 체계와 시스템을 혁신하고 있고 경영환경 개선에 힘쓰고 있으며 이미 일련의 긍정적인 성과들을 거두었다. 예를 들어, 하이난은 "하이난성 기업업무 통합화 처리" 제도를 도입하여 기업들이 "하이난e등기" 플랫폼을 통해 자주적으로 신고 및 등기 작업을 진행할 수 있도록 하면서 업무 소요 시간을 대폭 단축시켰다.[12] 하이난은 "철새" 관광객들의 대표적인 휴양지이며 매년 100만 명이 넘는 "철새" 관광객들이 하이난을 찾고 있다. 따라서 하이난은 "철새" 인재 유치를 위해 전국적으로도 첫 번째로 "철새" 인재 사무실을 설립하여 "철새" 인재들에게 의료 및 헬스 관련 서비스를 제공하고 있으며 이 외에도 대학교, 연구소, 의료기구, 산업단지, 도시 주거단지, 기업 등 매개체를 통해 기타 다양한 서비스를 제공해 주고 있다.[13] 하이난은 중국 내에서 처음으로 해외공증 관련 지역적 제한을 전부 개방했으며 하이난에 위치한 해외공증기구들이 더 이상 지역의 제한을 받지 않고 하이난성 모든 곳에서 관련 업무를 추진할 수 있도록 제도적 보장을 마련해 주었다.[14]

---

12 《하이난이 발표한 "제도적 혁신 사례" 다양한 전국 1위 타이틀 획득》, 2019년 2월 15일, 중국하이난자유무역항 홈페이지, http://www. hnftp. gov. cn/zdcx/cxal/202002/20200228_3261823. html.

13 《하이난성이 발표한 자유무역시범구 제5차 제도적 혁신 사례》, 2019년 4월 12일, 중국하이난자유무역항 홈페이지, http://www. hnftp. gov. cn/zdcx/cxal/202002/20200228_3261822. html.

14 《하이난성이 발표한 자유무역시범구 제5차 제도적 혁신 사례》, 2019년 11월 1일, 중국하이난자유무역항 홈페이지, http://www. hnftp. gov. cn/zdcx/

현재, 중국은 총 17개의 자유무역구와 1개의 자유무역항을 설립하였다. 중앙정부가 지정한 유일한 자유무역항으로서, 하이난 자유무역시범구는 중국 특색의 자유무역항 노선 모색이라는 중요한 사명을 지니고 있다. 하이난성 전역에서 자유무역시범구 및 자유무역항을 건설하는 중요한 조치는 중국이 능동적으로 개방을 확대하고 경제의 글로벌화에 적극적으로 편승하고자 하는 의지를 보여주었으며 중국과 세계 경제의 융합을 촉진하고 있다. 자유무역항 건설은 대외 개방의 중요한 엔진으로서 중국의 경제성장에 새로운 모멘텀을 불어넣고 있다.

(집필자: 장중위안 张中元)

cxal/202002/20200228_3261819. html.

62. 중국국제수입박람회(CIIE)

설립 배경

2017년 5월, 시진핑은 "일대일로" 국제협력서밋에서 2018년부터 중국국제수입박람회(China International Import Expo, CIIE, 이하 "수입박람회"로 약칭)를 개최할 것이라고 선포했다.

관련 제도에 따르면, 수입박람회는 중화인민공화국 상무부와 상하이(上海)시 인민정부가 공동으로 주최하고 세계무역기구, 유엔개발계획, 유엔무역개발회의, 유엔식량농업기구, 유엔공업개발기구, 국제무역센터 등 국제기구들이 협력기구로 참여하며 중국국제수입박람국과 국가회의전시센터(상하이)유한책임공사가 주관한다. 수입박람회는 매년 1회 개최되며 개최 장소는 상하이국가회의전시센터이다. 해당 센터는 전시관, 비즈니스센터, 사무실, 호텔 등 4개 부분으로 구성되며 총 건축면적은 150만 m²로 현재 세계에서 가장 큰 건축물 및 회의전시 종합체이다. 지금까지 수입박람회는 총 2차례 개최되었으며 제3차 개최를 앞두고 있다.

수입박람회는 세계에서 첫 번째로 수입을 주제로 한 국가급 전시회이며 국제무역발전사의 한 획을 그었다. 탈글로벌화, 보호무역주의, 포퓰리즘, 중미무역갈등 등 배경하에 나타난 수입박람회는 무역 자유화와 경제 글로벌화를 향한 중국의 굳은 의지이자 능동적인 대외개방을 향한 중대한 조치이다. 또한 세계 각국의 경제무역 교류를 촉진하고 글로벌 무역과 세계 경제의 성장을 견인하며 개방형 세계경제의 발전을 추진하고 있다.

획득한 진전

제1차 수입박람회는 2018년 11월 5일부터 10일까지 상하이에서 개최되었으며 중국이 보아오 아시아포럼, 상하이협력기구 칭다오(靑島)서밋, 중국—아프리카 협력포럼에 이어 성공적으로 개최한 네 번째 대형 외교행사이다. 전시회(국가무역 투자종합 전시회와 기업 비즈니스 전시회)와 포럼(홍치아오虹橋 국제경제무역포럼) 두 부분으로 나뉘어서 개최된 제1차 수입박람회는 총 172개의 국가, 지역 및 국제기구가 참여했고 3600개가 넘는 기업과 40만 명이 넘는 국내외 바이어들을 유치했으며 총 전시면적은 30만 m²를 기록했다. 2018년 11월 10일 점심 12시 기준, 누적 80만 명이 수입박람회를 찾았다. 전시품은 식품 및 농사품, 소비성 전자제품 및 가전제품, 의류 및 일상 소비품, 자동차, 스마트 및 첨단 설비, 의료 설비 및 의료 보건, 서비스 무역 등 다양한 분야를 망라했다. 홍치아오 국제경제무역포럼은 "글로벌 무역 활성화, 호혜상생의 새로운 개방국면 공동개척"을 주제로 삼았고 "무역과 개방" "무역과 혁신" "무역과 투자" 등 3대 테마를 둘러싸고 현재 글로벌 경제무역이 직면한 핵심 문제에 대해 논의를 진행했으며 경제 글로벌화와 무역과 투자의 자유화·편의화를 추진했고 새로운 기술과 산업형태로 투자 진흥과 무역의 혁신형 발전을 견인했으며 무역성장에 새로운 모멘텀을 불어넣었다. 제1차 수입박람회는 연간 누적 578억 달러의 계약을 성사시켰고 거래액 순위별로 △스마트 및 첨단 설비 (164.6억 달러) △식품 및 농산품 (126.8억 달러) △자동차 (119.9억 달러) △의료설비 및 의료보건 (57.6억 달러) △소비형 전자제품 및 가전제품(43.3억 달러) △의류 및 일상 소비품(33.7억 달러) △서비스 무역 (32.4억 달러) 등 풍성한 결실을 수확했다. 이 외에도 "일대일로" 주변국들과 47.2억 달러의 거래의향 계약을 체결했다.[01]

제2차 수입박람회는 2019년 11월 5일부터 10일까지 상하이에서 개최되었고 "새로운 시대, 미래 공유"라는 주제를 이어왔다. 박람회는 총 181개의 국가, 지역 및 국제기구가 참여했고 3600개가 넘는 기업과 50만 명이 넘는 국내외 바이어들을 유치했으며 총 전시면적은 36만 m² 를 기록했다. 2019년 11월 10일 점심 12시 기준, 누적 91만 명이 수입박람회를 찾았다. 제1차 수입박람회와 비교해 봤을 때, 제2차 수입박람회는 더욱 큰 규모, 더욱 높은 품질, 더욱 혁신적인 운영, 더욱 높은 단계, 더욱 풍성한 결실 등 특징을 보였다. 수입박람회는 점차 기업들이 각자의 산업에서 새로운 상품과 기술을 발표 및 거래할 때 가장 최우선으로 고려하는 플랫폼이 되고 있다. 통계에 따르면, 제2차 수입박람회를 통해 처음 선보인 중국 대륙 혹은 글로벌 기업들의 신상품, 신기술 및 서비스는 총 391건으로 제1차 수입박람회를 초과했다. 이와 동시에 제2차 수입박람회 기간 총 380회가 넘는 연계 행사가 개최되었다. 제2차 수입박람회는 1년 기준, 누적 711.3억 달러의 거래의향 계약이 체결되

---

01   《578.3억 달러! 제1차 수입박람회 풍성한 결실 맺다》, 2018년 11월, 중국 정부 홈페이지, http://www.gov.cn/xinwen/2018-11/10/content_5339213.htm.

었는데 이는 제1차 수입박람회보다 23% 증가된 수치이다.[02] 제2차 수입박람회는 눈부신 "성적표"를 제출했고 중국과 세계가 심층적으로 융합하고 호혜상생하는 생동한 화면을 만들어냈다.

제3차 수입박람회는 2020년 11월 5일부터 10일까지 상하이에서 개최될 예정이다. 비록 코로나19 팬데믹이 전 세계에 영향을 주고 있지만 박람회 참석 주체들의 열정에는 크게 영향을 끼치지 않은 것으로 보인다. 2020년 4월 기준, 기업들의 부스 계약률은 70%를 초과했고 1000개가 넘는 기업들이 참여를 신청했다. 코로나19가 파생해낸 웨비나, 화상회의, 원격계약체결, 클라우드 사무실 등 새로운 산업 형태가 제3차 수입박람회 준비 과정에서 각각의 진가를 발휘하고 있다. 제3차 수입박람회는 새로운 시도들도 준비하고 있는데 예를 들면 기술설비 전시관에 자동화, 스마트 제조 등 설비 외에도 고속정밀화, 유연집성화, 친환경화 등 산업 트렌드를 반영한 설비들을 대거 전시할 예정이다.

현실적 의미

첫째, 수입박람회는 더욱 높은 수준의 대외개방을 추진하는 중대조치이다. 중국 경제가 고속 성장에서 질적 성장으로 전환함에 따라 수출의 경제성장 기여도가 점차 줄어들고 있는 반면, 소비의 경제진작 역할이 점차 두드러지고 있다. 과거 낮은 원가에 의존한 대외무역 방식과 중국 내 자원 및 환경을 대가로 하는 맹목적인 수출확대 모델은 더 이

---

02 《711.3억 달러! 제2차 수입박람회 풍성한 결실 맺다》, 2019년 11월, 신화통신, http://www.xinhuanet.com/world/2019-11/10/c_1125214655.htm.

상 지속이 불가능한 만큼 중국은 무역 모델을 전환하고 대외무역의 품질과 효익을 중요시해야 한다. 수입박람회는 세계에서 첫 번째로 수입을 테마로 하는 국가급 박람회로서 참여자들에게 교역과 교류의 장을 제공해 주고 있으며 기타 경제체가 중국 시장에 더욱 양질의 상품과 서비스를 제공하게끔 만들고 있다. 수입박람회는 더 많은 국가로부터 수입을 진행하는 과정에서 중국과 무역파트너들의 협력을 한층 더 심화할 수 있으며, 다른 한 편으로는 중국 국내 산업의 고도화를 이끌어 내면서 중국 소비자들에게 더욱 양질의 상품과 효율적인 서비스를 제공해 줄 수 있다. 수입박람회 개최는 전면적 개방의 새로운 국면을 열어가는 혁신적인 조치이며 중국이 기타 경제체와 발전의 기회를 공유하고 그들이 중국경제 고속성장에 편승하는 것을 허락하는 넓은 흉금, 그리고 향후 대외개방을 가일층 확대하고자 하는 굳은 결의를 보여주고 있다.

둘째, 수입박람회는 탈글로벌화 추세에 대응하는 현실적인 선택이다. 현재 지정학적 리스크가 커지고 있고 포퓰리즘이 고개를 쳐들고 있으며 투자와 무역 보호주의가 성행하고 있다. 특히 트럼프 대통령 취임 후, 중미 간 무역 갈등이 첨예해짐에 따라 미래의 불확성 또한 커지고 있다. 그럼에도 불구하고 경제 글로벌화는 거스를 수 없는 시대적 흐름이다. 지금의 세계는 이미 서로가 서로와 얽히고 설켜있으며 서로에게 영향을 끼치는 "지구촌"이 된 만큼 그 어떤 국가도 대문을 걸어 잠근 채로 발전할 수 없으며 상호 연결 강화와 융합 발전 가속화는 공동번영과 동반성장을 실현하기 위한 필연적인 선택이 되고 있다. 수입박람회는 중국이 세계를 향해 개방한 대문의 문고리와도 같으며 경제의 세계화를 견인하고자 하는 중국의 책임감과 사명감을 잘 보여주고 있다. 많은 참여국과 주체들이 이미 실제 행동으로 수입박람회를 지지하고 있는데 이는 국제사회가 일방주의와 고립주의를 반대하고 국제 규정에 따른 다자주의를 지지하고 있다는 방증이다.

셋째, 수입박람회는 인류 운명공동체의 구체적인 구현이다. 수입박람회는 높은 경쟁력을 지닌 선진국 시장주체들뿐만 아니라 최빈국 기업들도 대거 참여하고 있다. "빨리 가려면 혼자 가고 멀리 가려면 함께 가라"는 말이 있듯이 중국의 대외개방은 자국 발전을 실현하는 동시에 기타 경제체들의 개방과 발전도 함께 견인하고 있다. 중국은 수입박람회 개최를 통해 호혜상상과 포용발전의 새로운 국면을 열어가고 있고 인류 운명공동체 건설을 행동에 옮기고 있다. 이처럼 수입박람회에 부여된 의미는 상당히 심원하다.

넷째, 수입박람회는 인민들의 "아름다운 삶에 대한 수요"를 만족시키는 수단이다. 현재 중국 사회의 주요 갈등은 이미 오래전부터 "인민의 나날이 증가하는 물질적·문화적 수요와 낙후한 사회 생산 간의 갈등"에서 "인민의 나날이 증가하는 아름다운 삶에 대한 수요와 불균형하고 불충분한 발전 간의 갈등"으로 바뀌었다. 중등 수입 계층이 점차 늘어나고 생활 수준이 대폭 향상함에 따라 인민들의 "아름다운 삶"에 대한 소망은 주로 고품질 상품에 대한 꾸준한 수요 상승에서 드러나고 있다. 수입박람회에는 중국 국내 전시회 기준, 가장 다양한 상품들이 전시되고 있으며 총 상품가치 역시 최고를 기록하고 있다. 뿐만 아니라 전시 상품들의 퀄리티도 상당히 뛰어난데 양질의 농산품과 식품 외에도, 의료와 생명공학, 혁신형 산업, 공업로봇, 인공지능, 빅데이터, 금융 및 전문 서비스, 교육 등 분야의 다양한 상품들이 전시된다. 참여 기업들은 수입박람회라는 플랫폼을 통해 더욱 다양하고 풍부하며 개성화된 상품과 서비스를 중국 소비자들에게 소개할 수 있으며 이를 통해 중국이라는 거대한 소비잠재력을 지닌 시장에 성공적으로 진입할 수 있다면 기업 입장에서는 상당한 수익을 기대할 수 있고 중국 소비자 입장에서는 "아름다운 삶"에 한걸음 더 가까워 질 수 있기에, 진정한 의미에의 호혜상생이 가능한 셈이다.

　수입박람회는 대외개방의 새로운 구도를 열어나간 혁신적인 시도이자 중국이 자국의 발전 수요에 기반하여 선택한 중대한 결정이며 경제 글로벌화 추진을 통해 세계 인민들에게 혜택을 가져다주는 중국의 책임감 있는 행동이기도 하다. 시진핑은 여러 차례 공식석상에서 "중국 개혁개방의 대문은 다시 닫히지 않을 뿐만 아니라 점점 더 크게 열려갈 것이다"라고 강조한 바 있다. 역사가 증명해 주다시피 폐쇄를 택하면 필연적으로 막다른 길에 다다르게 되고 개방과 협력을 택하면 탄탄대로를 걷게 된다. 대문을 활짝 열어두고 모두와 함께 협력하는 것은 공동번영과 동반성장을 위한 필연적인 선택이다.

(집필자: 쟈중정 贾中正)

63. 무역 투자 간소화

개념의 제기

무역 투자 간소화란 국제 통용 규범, 표준과 관례에 따라 종합적인 조율을 통해 국제 무역 및 투자 절차를 간소화하고 관련 장애물을 제거하며 국제 무역활동과 자본 유동과정에서의 거래 비용을 절감하면서 무역과 투자 과정의 효율성, 투명성, 예견 가능성을 보장하는 일련의 조치를 뜻한다. 구체적으로 봤을 때, 무역 투자 간소화는 무역 간소화와 투자 간소화로 세분화될 수 있다. 세계무역기구(WTO)는 1996년 싱가포르 장관급회담에서 처음으로 무역 간소화를 업무 아젠다에 포함시켰으며 투자 간소화는 아시아태평양경제협력체(APEC)가 2008년 발표한 《투자 간소화 행동계획》(IFAP)에서 처음으로 제기되었다.

투자 간소화에 대해 국제 기구 혹은 조직들마다 각자 다양한 정의를 내리고 있다. WTO는 무역 간소화란 수출입 프로세스의 간소화(simplification), 현대화(modernization) 및 조화(harmonization)라고 정의하고 있다.[01] WTO가 말한 수출입 혹은 국제 무역 프로세에는 국제 무역

---

01 WTO. Trade Facilitation. https://www. wto. org/english/tratop_ e/tradfa_ e/ tradfa_ e.htm.

중 상품 이전에 필요한 데이터와 정보의 수집, 전시, 교류, 처리와 관련된 일련의 활동, 실천과 절차를 포함한다.[02] 세계은행은 무역 간소화란 통관 제한 완화, 외화시장 자유화 등 일련의 복잡한 통관 조치 및 통관 후 조치를 뜻하며, 거시적으로는 제도와 관리감독 개혁에서 세관 및 항만 효율 향상까지 이어지는 광범위한 조치를 모두 포함한다고 정의하고 있다.[03] 세계은행은 인프라 투자, 세관 현대화, 수요 문서 간소화, 정보 유동, 자동화, 전자데이터 교환, 항만 효율, 물류와 운송 서비스의 관리감독 및 경쟁, 운송 수단의 다양화, 운송 안전 등 분야에 포커싱하면서 무역 간소화를 촉진하고 있다.[04] 경제협력개발기구(OECD)는 무역 간소화를 국제 무역 프로세스의 능률화(streamlining)와 간단화(simplifying)로 정의하고 있다.[05] 국제연합무역개발협의회(UNCTAD)는 무역 간소화에 대해, 간소화·표준화된 세관 절차, 문서 요구, 화물 및 통관 프로세스, 무역 및 운송 약정에 따라 투명하고(transparent), 일치하며(consistent), 예견 가능한(predictable) 크로스보더 거래 환경을 조성하는 것이라고 정의하고 있다. 거시적으로 봤을 때, 무역 과정을 간소화하여 거래 주기와 비용을 절감해 줄 수 있는 모든 조치들이 무역 간소화의 범주에 포함된다. UNCTAD는 무역 간소화 조치의 범위에 대해 (1)무역 거래 수속, 절차, 문서에 대한 표준화 및 디지털화 관리 (2)화물 운송서비스, 법

---

02   WTO. Trade Facilitation. http://gtad. wto. org/trta_ subeategory. aspx? cat=33121.

03   World Bank.Trade Facilitanion. http://go.worldbank.org/QWGE7JNIGO.

04   World Bank. Trade Facilitanion in the World Bank. http://siteresources. worldbank. org/INTRANETTRADE/Resources/Topics/Trade_ Facilitation_ Brochure July 2005. pdf.

05   OECD. Trade Facilitation. http://www. oecd. org/tad/facilitation/.

률 규정, 운송 및 통신 인프라의 체계화와 현대화 정보기술 도구 사용 (3)정부, 서비스 공급업체, 무역업체 등 주체 간 무역 간소화 관련 협상 메커니즘을 구축하여 무역정보 적시 공유 등을 열거하고 있다.[06] 세계 관세기구(WCO)는 무역 간소화를 불필요한 무역 제한을 철폐하고 현대화 기술과 방법 활용 및 국제적 조율을 통해 무역 품질을 향상시키는 방식이라고 정의하고 있다.[07] APEC은 무역 간소화를 세관 및 크로스보더 화물 운송 시간과 비용을 증가시키는 기타 행정 절차의 간소화와 합리화로 정의하고 있다. 즉 수입업체와 수출업체가 세관에서 소요하는 불필요한 시간과 비용을 줄여주는 것을 통해 무역 상품이 더욱 효율적이고 저렴한 방식으로 현지 소비자들에게 인도될 수 있도록 하는 것을 뜻한다.[08]

투자 간소화에 대한 정의도 기구별로 조금씩 차이를 보이고 있다. APEC은 투자 간소화를 정부가 외국인 투자를 유치하기 위해 투자 단계별로 편의를 제공하고 관리의 효율성을 극대화하는 수단으로 정의하고 있다. 투자 간소화 조치는 다양한 분야에 거쳐 실행되고 있는데 최종적으로는 투자금의 효율적인 유동과 최대 수익 보장을 목표로 하고 있으며 투명성, 간단성과 예견 가능성을 제일 중요한 원칙으로 삼고

---

06 UNCTAD. Trade Facilitation Handbook, Part I national facilitation bodies: lessons from experience. http : //unctad. org/en/Docs/sdtetlb20051_ en. pdf.

07 WCO. What is Securing and Facilitating Legitimate Global Trade. http:// www. wcoomd. org/en/topics/facilitation/overview/customs-procedures-and-facilitation. aspx.

08 APEC. APEC's Second Trade Facilitation Action Plan. APEC paper 207 -SE-05.2007.

있다.[09] UNCTAD는 투자 간소화를 투자자가 투자대상국에서 더욱 용이하게 투자를 진행하고 더욱 빠르게 투자를 확대할 수 있게끔 하는 일련의 정책과 행동이라고 정의하고 있다. 투자 간소화의 중점은 투자 집행 과정에서의 걸림돌을 척결하는 것이다. 예를 들어 정보의 투명성과 정보 획득의 편의성을 보장하고 투자자들에게 더욱 효율적인 행정 서비스를 제공하며 정책 환경 개선을 통해 투자자들의 투자 안정성과 예견 가능성을 향상시켜야 한다.[10] OECD 역시 비슷한 정의를 내리고 있는데, 투자 간소화란 투자자들의 신규 투자 집행과 기존 투자 확대에 편의를 제공해 줄 수 있는 모든 수단을 포함한다고 정의하고 있다. 따라서 하나의 전담기구가 통합형 원스톱 서비스를 제공하는 것이 무역 간소화를 실현하는 관건적인 요소이다. 투자 간소화의 핵심 임무는 기존 정책 중의 불일치 혹은 부정확함이 야기한 정보 격차를 해소하는 것이다.[11]

무역 간소화와 투자 간소화 모두 절차와 수속의 간소화를 통해 무역과 투자 관련 정책 환경의 투명성, 안정성과 예견 가능성을 강화하고 거래 비용을 절감하는 것을 강조한다. 연구 및 정책 실행 과정에서 투자 간소화와 무역 간소화는 통상적으로 무역 투자 간소화로 통칭되고

---

09 APEC. APEC Investment Facilitation Action Plan(IFAP). 2008/MRT/R004.31May2008.

10 UNCTAD. Investment Facilitation: A Review of Policy Practices. February 2017. http://investmentpol-icyhub. unctad. org/Upload/Documents/Investment-Facilitation_ Review% 20Note% 203%20feb. pdf.

11 OECD. Draft Chapter: InvesumemlPromotionandPacilitation.2014.hups : 1/www.oecd.ors/dainv/investment-policy/PFI-update-investment-promotion-and-facilitation. pdf.

있다.

무역 투자 간소화의 실행

무역 투자 간소화는 주로 국가, 지역, 글로벌 세 개 영역으로 나눠서 실행된다. 우선, 각 국가는 자국 상품의 경쟁력 향상에 입각하여 독자적 혹은 파트너국가와 양자 간 방식으로 시장 준입을 완화하고 국경관리를 개선하며 인프라와 호연호통(互聯互通, 상호 연결) 수준을 향상하고 정보통신기술을 발전하며 더욱 투명하고 예견 가능한 무역정책을 실행하는 등 일련의 무역 투자 간소화 조치를 취하고 있다. 예를 들어, 싱가포르는 1989년 세계에서 처음으로 "단일 창구" 조직을 설립하여 35개 변경 관련 기구의 직무를 통합하였는데 이는 곧바로 세관효율 향상과 기업 통관부담 감소로 이어졌다.

다음으로, 무역 투자 간소화가 지역 경제협력에서 차지하는 중요성이 점차 부각됨에 따라 많은 지역 무역기구들이 무역 투자 간소화 관련 조항을 폭넓게 제정하고 있다. 지역 무역기구가 제정한 무역 투자 간소화 조치는 초반에는 비용 삭감과 통관 절차 투명화 등 분야에만 제한되어 있었지만 시간이 흐름에 따라 점차 무역 증서 간소화, 변경 기구 통합화 등 분야까지 확대되었으며, 지금은 복잡한 통관 후 조치까지 포함하고 있다. APEC은 무역 투자 간소화를 적극 제창해온 지역 협력기구로서, 오랜 시간 동안 단일 창구 설립, 경영자 인증제 도입, 전산화 프로세스 구축 등 목표를 실현하기 위해 노력해왔으며 이미 두 차례의 무역 간소화 행동계획을 실행했고 투자 간소화 행동계획을 제기했다.

마지막으로, 일부 국제기구들이 다자간 체제에 기반하여 무역 투자 간소화가 전 세계적으로 확대되는 것을 추진하고 있다. OECD는 WTO 무역 정책에 근거하여 16개의 지표로 구성된 무역 간소화 지수를 만들었으며 이를 기반으로 각 국가들에 발전 단계별로 가장 우선적으로 취해야 하는 무역 간소화 조치를 제안했다. 세계은행과 UNCTAD도 최근 들어 투자 간소화 향상과 관련된 아젠다를 연구하고 있으며 투자 간소화 조치에 국제적인 참고 기준을 제시하고 있다. 2017년 2월 22일, 르완다, 오만술탄국, 차드공화국, 요르단 등 4개의 WTO 회원국이 WTO에《무역 간소화 협정》승인 문건을 제출함에 따라《무역 간소화 협정》을 체결한 회원국이 112개에 달했고 WTO 총 회원국의 2/3를 초과했다. 이로써《무역 간소화 협정》이 정식으로 발효되었고 협정 승인국 대상으로 실행되기 시작했다. 2017년 4월, 중국은 브라질, 아르헨티나, 나이지리아 등 개도국들과 "투자 간소화 파트너" 관계를 구축했고 2017년 12월에 개최된 WTO 제11차 장관급회의에서 70여개의 회원국들과《투자 간소화에 관한 장관급 공동성명》을 발표했으며 해당 아젠다를 WTO 토론 의제로 상정했다. 2020년 4월 8일 기준, 총 164개 WTO 회원국 중 150개 국가가《무역 간소화 협정》을 체결했다.[12]

"일대일로"와 무역 투자 간소화

무역 투자 간소화는 "일대일로" 공동건설 이니셔티브 중의 정책 소통, 무역 창통(暢通, 원활화), 자금 융통과 직결된 내용이며 "일대일로" 협력의 중요한 구성 부분이다.

---

12   Ratification List, http://www.tfafacility.org/ratifications.

중국은 "일대일로" 프레임하의 무역 투자 간소화 추진을 매우 중요시하고 있다. 2015년 3월 28일, 국무원이 승인하고 중국국가발전개혁위원회, 외교부, 상무부가 공동으로 발표한 《실크로드 경제벨트와 21세기 해상 실크로드 공동건설 추진에 관한 비전과 행동》에는 "투자 무역 간소화의 문제점 해결에 주력하고 투자와 무역 장벽을 철폐하며 역내 국가와 양호한 기업 경영 환경을 조성하고 주변 국가 및 지역과 공동으로 자유무역구를 설립해야 한다…… 세계무역기구가 제정한 《무역 간소화 협정》의 발효와 실행을 추진해야 한다." "관세장벽을 철폐하고 기술성 무역조치의 투명성을 공동으로 향상하여 무역의 자유화·간소화 수준을 제고해야 한다" "투자 간소화 프로세스를 가속화하고 투자 장벽을 철폐해야 한다" 등 일련의 구상이 포함되었다. 2017년 5월 10일, 중국 "일대일로" 건설업무지도소조 판공실은 《"일대일로" 공동건설: 이념, 실천, 중국의 기여》라는 보고서를 발표하여 "투자 간소화 추진" "국가와 지역을 넘나드는 투자 간소화 지지, 자유무역시범구 건설 가속화, 세계 선두 수준의 기업 경영 환경 조성, 다양한 국가들의 대중국 투자 유치" 등 분야에서 획득한 진전을 기록했다. 2019년 4월, "일대일로" 건설업무지도소조 판공실은 《"일대일로" 이니셔티브 공동건설: 진전, 기여와 전망》을 발표하여 무역 원활화가 "일대일로"의 중점 내용임을 재차 확인시켰다. "일대일로" 공동건설은 주변 국가와 지역의 무역 투자 자유화와 간소화를 촉진했고 거래 비용과 경영 원가를 절감시켰으며 발전의 잠재력을 발굴하면서 더 많은 국가들이 경제 글로벌화에 심층적으로 참여할 수 있도록 이끌었다.

"일대일로" 참여국들은 무역 투자 간소화 추진에 대해 많은 공감대를 형성했다. 2017년 5월 14일, 중국이 발의한 《"일대일로" 무역 창통 협력 이니셔티브》에 87개의 국가와 국제조직이 적극적으로 참여했고 5월 15일 발표한 《"일대일로" 국제협력서밋 원탁정상회담 공동 코뮈니케》는 "무역 투자 자유화와 간소화를 추진하여 일반 민중들에게 무역의 결실을 안겨주어야 한다" "세관 협력 강화, 수속 통일화, 비용 절감을 통해 무역 간소화를 촉진해야 한다" 등 내용을 통과시켰다. 2019년 4월 발표된 《제2차 "일대일로" 국제협력서밋 원탁정상회담 공동 코뮈니케》에는 "우리는 무역 투자의 자유화와 간소화를 촉진하고 시장을 가일층 개방하며 보호무역주의, 일방주의 및 세계무역기구 규정에 부합되지 않는 기타 모든 조치들을 반대한다. 우리는 또한 세계무역기구협정 중 '특수 및 차별 대우'의 중요성을 강조한다." "우리는 통관 간소화를 중요시하고 관련 부처들이 통관 프로세스, 세관간 협조, 정보 공유, 세관 및 통관 수속 간소화 등 분야에서 협력을 강화하는 것을 독려한다. 우리는 세계무역기구의 《무역 간소화 협정》에 따라 일련의 간소화 조치를 취할 것이고 국경관리조치를 강화하여 불법무역과 사기행위를 척결할 것이다" "우리는 각 나라가 자국 법률 및 국제 조약을 준수하는 전제하에서 외국인 직접투자를 강화하고 합자기업 설립에 편의를 제공해 줄 것을 호소한다. 우리는 각 나라가 투자 촉진과 비즈니스 기회 창출에 유리하고 예견 가능한 환경을 조성하는 것을 독려한다" 등 내용들이 명문화되었다.

(집필자: 펑웨이지앙 冯维江)

64. 새로운 국제 육상·해상 무역통로

개념의 제기

최근 몇 년간, 충칭(重庆), 광시(广西) 등 서부 성·구·시(省、区、市) 정부는 "일대일로" 공동건설에 적극 참여하고 있으며 싱가포르 등 동남아 국가와의 경제무역 협력을 강화하고 중국—싱가포르 호연호통(互联互通, 상호 연결) 프로젝트를 지속 추진하면서 통로 건설 관련 가시적인 성과를 거두었다. 다만 지역 경제사회의 발전과 대외개방 확대의 수요에 비교했을 때 기존 통로들은 여전히 운송량이 한계에 봉착했고 물류 비용이 비교적 높으며 통관 편의성이 상대적으로 떨어지는 등 눈에 띄는 문제점들을 안고 있다. 2017년 8월, 충칭, 광시, 구이저우(贵州), 간쑤(甘肃) 정부는 "남향 통로" 기본 협정을 체결하고 연석회의체를 설립했으며 2018년 6월과 8월, 칭하이(青海)와 신장(新疆)이 잇달아 "남향 통로" 연석회의체에 가입했다. 2018년 11월, 중국과 싱가포르는 《중국—싱가포르(충칭) 전략적 호연호통 시범 프로젝트 "새로운 국제 육상·해상 무역통로" 건설에 관한 양해각서》를 정식으로 체결했고 "남향 통로"라는 명칭을 "새로운 육상·해상 통로"로 변경하면서 통로 건설의 내용, 의미와 중점 분야를 가일층 확대했다. 2019년 1월 7일, 충칭, 광시, 구이저우, 간쑤, 칭하이, 신장, 윈난(云南), 닝샤(宁夏) 등 8개 서부 성시(省市)들이 충칭에서 《중국―싱가포르 호연호통 프로젝트 "새로운 국제 육상·해상 무역통로"(이하 "신 육해통로"로 약칭) 공동 구축에 관한 기본협정》을 체결했고 "신 육해통로" 건설을 공동 추진키로 합의했다.[01]

2018년 12월 31일 기준, "신 육해통로"의 철도·해상 운수, 크로스보더 국도와 크로스보더 철도 등 3가지 물류 방식이 상시화 운영에 들어갔다. 이 중 철도·해상 운송편 운영횟수는 805회, 국제 철도노선(충칭―하노이) 누적 철도편 운영횟수는 55회, 충칭―아세안 크로스보더 국도 셔틀버스 운영횟수는 661회를 기록했으며 서비스 네트워크는 이미 베트남, 라오스, 미얀마에서 태국 방콕, 캄보디아 프놈펜 및 말레이시아와 싱가프로 등 동남아 지역까지 확대되었다. "신 육해통로"는 이미 중국―유럽 화물열차, 창강(長江) 황금수역과 연결되었으며 실크로드 경제벨트와 21세기 해상 실크로드를 일정 부분 유기적으로 결합해주고 있다. "신 육해통로"의 목적지에는 이미 싱가포르, 일본, 호주, 독일 등 전 세계 6대주, 71개의 국가 혹은 지역의 155개 항만이 포함되었다.[02] 2019년 5월 16일, 산시(陝西)성이 정식으로 "신 육해통로" 연석회의체에 가입하면서 "신 육해통로"의 협력 범위가 한층 더 확대되었다. 2019년 "신 육해통로" 서부 철도·해상 운수노선 연간 운영횟수는 923회로 전년 대비 51% 증가했다.[03]

---

01 《중국 서부의 8개 성시(省市)들이 "새로운 국제 육상·해상 무역통로" 공동 구축》, 2019년 1월 7일, 중국 정부 홈페이지, http://www.gov.cn/xinwen/2019-01/07/comen5355642.htm.

02 《"신 육해통로" 목적지에 71개의 국가와 지역이 포함되었다》, 2019년 1월 8일, 신화통신, http://www.xinhuanet.com/local/2019-01/08/c_1123960864.htm.

03 《2019년 "신 육해통로" 서부 철도·해상 운수노선 연간 운영횟수 전년 대비 51% 증가》, 2020년 1월 11일, 중국 정부 홈페이지, http://www.gov.en/xinwen/2020

2019년 8월 2일, 중국은《서부 신 육해통로 총체적 계획》을 발표하여 서부 신 육해통로 건설을 국가급 전략으로 격상시킴에 따라 서부 신 육해통로의 발전이 큰 기회를 맞이했다.[04] 2019년 8월 15일, 국가발전개혁위원회는《서부 신 육해통로 총체적 계획》(이하《계획》으로 약칭) 인쇄 발행에 관한 통지를 발표했다.[05] 해당 통지에 따르면, 서부 신 육해통로는 중국 서부 지역의 복지에 위치해 있고 북쪽으로는 실크로드 경제벨트, 남쪽으로는 21세기 해상 실크로드를 연결하고 있으며 창강 경제벨트와도 유기적으로 이어져 있는 만큼 지역 발전 구도에서 중요한 전략적 요지 역할을 맡고 있다. 또한 해당 통지에는 서부 지역의 교통 인프라 건설을 강화하고 기존의 통로 역할을 확대해야 하며 창강 경제벨트와의 연결성을 강화하고 물류 서비스의 품질과 효율을 향상해야 한다는 내용도 기입되어 있다.《계획》은 다음과 같은 목표 사항을 제시했다. (1)2020년까지, 일련의 철도, 물류 허브 관련 중대 프로젝트들의 착공을 개시하고 충칭시 국제물류센터의 초기 건설 단계를 마무리하며 광시 북부항만과 하이난 양푸항만의 자원을 통합하고 철도·해상 운수와 복합형 운수의 "라스트 원 마일"을 기본적으로 완성한다. 또한 통관 효율을 대폭 향상하고 통로 물류 수준을 현저히 제고하며 신 육해통로가 서부대개발 프로젝트에서 차지하는 버팀목 역할을 강화해야 한다.

-01/11/content_5468312.htm.

04 《서부 신 육해통로 참여 성·구·시(省区市) 14개로 확대》, 2019년 10월 14일, 광시성 좡족자치구(广西壮族自治区)인민정부 홈페이지, http://www. gxzf. gov. cn/ gxyw/20191014 -772548. shtml.

05 《〈서부 신 육해통로 총체적 계획〉인쇄 및 발행에 관한 국가발전개혁위원회의 통지》, 2019년 8월 15일, 중국 정부 홈페이지, http://www. gov. cn/ xinwen/2019-08/15/content_5421375.htm.

(2)2025년까지, 경제성, 효율성, 편의성, 환경 친화성, 안전성을 모두 갖춘 서부 신 육해통로를 기본적으로 건설 완료한다. (3)2035년까지, 서부 신 육해통로의 전면적인 건설을 마무리하면서 통로의 운송 능력을 강화하고 허브 구조를 더욱 체계화하며 복합형 운수의 편의성을 한층 더 향상시켜야 한다. 또한 물류 서비스와 통관 효율을 국제 일류 수준까지 끌어올리고 물류 비용을 대폭 감소시키며 더욱 현저한 질적 성장을 실현하면서 현대화 경제 체계 건설에 탄탄한 기반을 마련해 주어야 한다.[06]

2019년 10월 13일, 충칭, 광시, 구이저우, 간쑤, 칭하이, 신장, 윈난, 닝샤, 산시, 스촨(四川), 네이멍구(內蒙古), 시짱(西藏) 등 12개 서부 지역 성·구·시(省、区、市) 와 하이난(海南)성, 광둥(广东)성 잔장(湛江)시가 충칭에서 《서부 신 육해통로 공동건설에 관한 기본협정》을 체결했고 서부 12개 성·구·시와 하이난성, 그리고 광둥성 잔장시로 구성된 "13+1" 협력 메커니즘을 설립했다. 2019년 9월 30일 기준, 란저우(兰州)—충칭 철도, 간쑤—충칭 철도, 간쑤—광시 철도, 구이저우—광시 철도, 광시—간쑤 철도, 칭하이—충칭—광시—신장 철도 등 다양한 노선이 조화롭게 발전해왔고 충칭—구이저우—광시—신장 철도·해상 운송편이 누적 1349회 운영되었다. 국제 철도인 충칭—하노이 철도편은 누적 103회 운영되었고 충칭—아세안 크로스보더 국도 셔틀버스 누적 운영횟수는 1600회를 초과했다. 서부 신 육해통로의 목적지는 이미 싱가포르, 일본, 호주, 독일 등 전 세계 90개의 국가 혹은 지역의 190개 항만을 포

---

06   《〈서부 신 육해통로 총체적 계획〉인쇄 및 발행에 관한 국가발전개혁위원회의 통지》, 2019년 8월 15일, 인민망, http://finance. people. com. cn/n1/2019/0815/ c1004-31298004. html.

함하고 있다.[07] 이와 동시에 충칭 세관, 난닝(南宁) 세관, 구이양(贵阳) 세관, 란저우(兰州) 세관 등 15개 직속 세관[08]이 충칭에서 《"서부 신 육해통로" 공동건설 지지에 관한 지역 세관 간 양해각서》를 체결하면서 통관 편의성 향상, 주변국 산업 발전 촉진, 관리감독 시스템 체계화 등 방식을 통해 서부 신 육해통로 건설을 전폭적으로 지원하기로 의견을 모았다.[09]

"신 육해통로"는 중국─싱가포르(충칭) 전략적 호연호통 시범 프로젝트 프레임 내에서 중국 서부 도시들과 싱가포르가 공동으로 구축한 국제 육상·해상 무역통로이며 철도, 국도, 해운, 항공 등 다양한 운송 방식을 지원하고 있다. 해당 통로는 충칭을 컨트롤타워로, 광시, 구이저우, 간쑤 등 서부 성급 행정구들을 핵심 거점으로 삼으며 충칭에서 남쪽으로 출발하여 구이저우 등 성급 행정구를 거쳐 광시 북부항만 등 연해 통상구에 도착한 뒤 다시 싱가포르 및 아세안 주요 물류도시에 다다른다. 이는 동부 지역을 거쳐 바다로 나가는 노선과 비교했을 때 운송 시간을 대폭 절감할 수 있다.[10] 충칭의 경우, △2019년 연간 철도·해

---

07 《서부 신 육해통로 참여 성·구·시(省区市) 14개로 확대》, 2019년 10월 14일, 광시성 쫭족자치구 인민정부 홈페이지, http://www. gxzf. gov. cn/gxyw/20191014 -772548. shtml.

08 구체적으로는 충칭(重庆)세관, 난닝(南宁)세관, 구이양(贵阳)세관, 란저우(兰州)세관, 시닝(西宁)세관, 우루무치(乌鲁木齐)세관, 쿤밍(昆明)세관, 인촨(银川)세관, 청두(成都)세관, 후허하오터(呼和浩特)세관, 만저우리(满洲里)세관, 라사(拉萨)세관, 시안(西安)세관 등 13개 서부 직속 세관과 잔쟝(湛江)세관, 하이커우(海口)세관 등 2개의 연해 직속 세관이 포함된다.

09 《중국 15개 직속 세관 "서부 신 육해통로" 공동건설 동참》, 2019년 10월 13일, 신화통신, http://www. xinhuanet. com/2019-10/13/c_1125099397. htm.

10 《중국 서부의 9개 성시(省市)들이 "새로운 국제 육상·해상 무역통로" 공동 구축》, 2019년 5월 16일, 신화통신, http://www. xinhuanet. com/2019-05/16/

상 운송편은 전년 대비 51% 증가한 923회 운영되었다. △중국－유럽 화물열차(충칭 구간)은 개통 이후 1500회가 넘는 철도편을 운영했으며 컨테이너 운송량과 화물 가치 모두 48% 증가했다. △19개의 국가급 개방형 플랫폼이 각각의 역할을 발휘하고 있고 누적 204건의 중국－싱가포르 호연호통 프로젝트 계약이 체결되었으며 총 프로젝트 금액은 300억 달러를 초과했다. △국제 무역 "단일 창구"에서 모든 업무를 처리하는게 가능해지면서 충칭 통상구의 수출입 통관 시간이 더욱 단축되었다. △48개의 해외 도시와 자매 결연을 맺었고 12개의 국가가 충칭에 영사관을 설립했으며 무사증입국 체류시간이 144시간으로 늘어났다.[11] "신 육해통로"는 북쪽으로 중국－유럽 화물열차와 연결되며 란저우－충칭 철도 및 서북 지역의 물류 거점을 통해 중앙아시아, 남아시아, 유럽 등 지역에 다다르고 있다. "신 육해통로"는 중국－유럽 화물열차, 창강(长江) 황금수역과 연결되었으며 실크로드 경제벨트와 21세기 해상 실크로드를 유기적으로 이어주고 있다.

(집필자: 장중위안 张中元)

---

c_1124503237.htm.

11 《서부 신 육해통로 "13+1" 협력 메커니즘 형성》, 2020년 1월 12일, 인민망, http://cq.people. com.cn/n2/2020/0112/c367889-33709999. html.

65. 두 가지 양허성 차관

개념의 제기

두 가지 양허성 차관이란 중국 정부가 기타 개발도상국에 제공하는 중국 정부 양허성 차관 (Chinese Government Concessional Loan)과 우대 구매자 신용 공여 (Preferential export Buyer's Credit)를 뜻한다. "일대일로" 이니셔티브가 제기된 이후, 두 가지 양허성 차관은 양자 간 기본 협정과 발전전략 매칭에 기반하여 아시아, 아프리카, 라틴아메리카 등 지역 국가들의 민생 복지 개선과 인프라 신축 및 업그레이드와 관련된 프로젝트에 금융 서비스를 지원해 주면서 개발도상국들의 자금 부족 문제를 해결해 주고 있으며 "일대일로" 이니셔티브 중 자금 융통의 중요한 구성 부분으로 자리 잡고 있다. "중국 정부 양허성 차관"은 중국 정부가 개발도상국과 빈곤국에 제공하는 원조 및 증여 성질을 지닌 중장기 저금리 차관이며 중국 국내 금융시장에서 발행한 채권을 자금 출처로 사용하고 중국정부에서 기준금리 간 차액을 지원해준다. "우대구매자 신용 공여"는 중점 국가 및 지역과의 경제무역 협력을 추진하기 위해 국무원의 승인을 받고 개도국과 빈곤국 수입업자에 일정한 우대 조건으로 직접 신용을 공여해 주는 대출방식이며 중국 국내 금융시장에서 발행한 채권을 자금 출처로 사용한다.

중국수출입은행은 중국 정부가 지정한 두 가지 양허성 차관의 주관 은행이다. 중국수출입은행은 1994년에 국가의 출자로 설립된, 독립적인 법인 지위를 지닌, 국무원 직속의 국유 정책성 은행이며 중국의 대외 경제무역 투자와 글로벌 경제 협력을 지원하기 위해 만들어졌다. 중국수출입은행의 경영 모토는 국가를 위해 복무하고 시장화 운영 체계와 제약 메커니즘을 구축하며 명확한 포지셔닝, 체계적인 업무 구조, 뛰어난 기능성, 충족한 자본, 규범화된 거버넌스 체계, 엄격한 내부 관리 체계, 안전한 운영, 양호한 서비스 및 지속 가능한 발전 능력 등을 완비한 정책성 은행으로 거듭나는 것이다. 중국수출입은행은 주로 대외 경제무역 및 크로스보더 투자, "일대일로" 건설, 국제 생산능력 및 설비 제조 협력, 과학기술, 문화, 중소기업 해외 진출, 개방형 경제 건설 등 분야를 지원하고 있다. 중국수출입은행은 국가 신용의 지지하에 경제의 안정적인 성장, 경제 구조 조정, 대외 무역 발전, 기업의 해외 진출 등 영역에서 긍정적인 역할을 발휘하고 있으며 중점 분야와 취약한 분야에 대한 지원 역량을 강화하면서 경제와 사회의 지속 가능한 발전을 촉진하고 있다.

중국수출입은행은 두 가지 양허성 차관을 활용하여 "친(亲, 우호), 성(诚, 신용), 혜(惠, 호혜), 용(容, 포용)의 이념, 그리고 이웃과 화목하게 지내고 이웃을 파트너로 삼는 외교 방침에 따라 개발도상국과의 프로젝트 협력을 추진해왔고 "일대일로" 이니셔티브, 아프리카 "3망1화"(三网一化: 고속철도망, 고속도로망, 지역항공망, 공업화), 국제 생산능력 및 설비 제조 협력 등 국가급 중대 발전 전략의 융자 업무를 도맡고 있다. 2018년 연말 기준, 중국 정부는 아세안, 남아시아, 중앙아시아, 서아시아, 아프리카, 라틴아메리카, 남태평양 지역 등의 90여 개 국가에 두 가지 양허성 차관을 제공하면서 차입국의 전력, 전자통신, 교통, 수리(水利) 등 인프라 건설과 대형 설비 완성품 수출을 지원했고 개발도상국들의 투자 환경 및 현지 민생 개선에 일조했으며 지역 간 상호 연결을 촉진했다. "일대일로" 이니셔티브가 제기된 이후, 중국수출입은행의 두 가지 양허성 차관 규모는 점진적으로 증가하고 있다. 두 가지 차관은 중국과 많은 개발도상국들 간 상호 신뢰와 호혜 상생의 전략동반자 관계를 더욱 탄탄하게 만들었으며 인류 운명공동체 구축을 향한 긍적적이고 실질적인 영향력을 보여주었다.

두 가지 양허성 차관의 운영 프로세스 및 특징

두 가지 양허성 차관의 운영 프로세스는 다음과 같다. (1)프로젝트 선택: 프로젝트의 경제적 수익성과 사회적 영향력 뿐만 아니라 차입국의 차관 상환능력도 함께 평가한다. "일대일로" 이니셔티브의 요구에 따라 인프라 (항구, 공항, 도로) 건설, 전력, 자원 에너지 개발 등 분야의 프로젝트들에 우선권을 부여한다. (2)서류 준비: 승인과 허가를 받은 프로젝트 실행 가능성 연구 보고서, 수출입은행 심사에 필요한 서신, 환경평가허가서, 대출신청서, 재무평가보고서 등이 포함된다. (3)중국수출입은행 심사: 두 가지 양허성 차관에 대한 정부의 구체적인 요구에 따라 서류 심사와 프로젝트 평가를 진행한다. (4)국가국제발전합작서(国家国际发展合作署)와 관련 부처가 공동으로 프로젝트를 심사한다. (5)중국수출입은행과 차입자가 차관협정을 체결한다. (6)프로젝트 실행: 차관협정 발효 후, 중국수출입은행은 협정 조항에 따라 차관을 공여하고 프로젝트를 정식으로 실행한다. 중국 정부 양허성 차관과 우대구매자 신용 공여 간 차이점은 아래와 같다. (하단 표 참조)

중국 정부 양허성 차관과 우대구매자 신용 공여 비교

	중국 정부 양허성 차관	우대구매자 신용 공요
금액	2000만 위안 이상	200만 달러 이상
화폐 종류	위안화	달러
융자 비중	최고 100%	일정 비율 자체조달 (보통 15%)
차입자	차입국 정부 (재정부 대표)	차입국 정부 (재정부 대표)
보험	강제적 요구 없음 (통상적으로 프로젝트 재무 수익을 담보로 함)	강제적 요구 없음 (통상적으로 프로젝트 재무 수익을 담보로 함)
금리	정부 간 양허성 차관 협정에 따른 금리 적용, 고정 금리	중국 정부가 승인한 대출 금리 적용, 일반적으로 고정 금리
기한	대출 기간은 거치기간 (원칙적으로 대출 기간의 1/3 초과 불가)과 상환기간으로 구성되며 대출기간은 보통 20년이다. 거치기간 동안 차입자는 원금을 갚지 않고 이자만 지불하며 상환기간에 들어선 후 차관 협정에 따라 원금과 이자를 상환한다.	대출 기간은 거치기간 (원칙적으로 대출기간의 1/3 초과 불가)과 상환기간으로 구성되며 대출기간은 보통 20년이다. 거치기간 동안 차입자는 원금을 갚지 않고 이자만 지불하며 상환기간에 들어선 후 차관 협정에 따라 원금과 이자를 상환한다.

두 가지 양허성 차관은 중국 정부가 개발도상국과 빈곤국가에 제공하는 우대형 자금 지원 정책이며 상환능력, 신용, 기술 실행 가능성, 자연환경과 인문환경 보호 등 통상적인 대출 심사 항목외에도 고유의 특징을 지니고 있다. 두 가지 양허성 차관의 차입자는 보통 차입국 정부의 주권기관 (일반적으로 차입국 재정부)이며 특정 상황에서는 차입국 정부가 지정하고, 중국수출입은행이 승인한 금융 기구 혹은 기타 기구가 될 수 있다. 단 이러한 경우, 해당국 주권국가가 담보를 제공해야 한다. 따라서 차입국과 중국 간 양호한 외교관계는 두 가지 양허성 차관의 전

제조건인 셈이다. 두 가지 양허성 차관을 사용하는 프로젝트는 반드시 차입국의 경제 발전전략과 산업 육성계획에 부합되어야 하고 차입국의 경제와 사회 발전에 긍정적인 영향을 미쳐야 하며 소재지 정부가 중요시하는 프로젝트여야 한다. 구체적으로는 차입국 경제와 사회 발전에 심원한 의의를 가지는 인프라 프로젝트, 경제적 수익을 실현할 수 있는 생산성 프로젝트, 에너지 자원 개발 프로젝트, 사회 복지 프로젝트 등을 포함하되 이에 국한되지 않는다. 이와 동시에 해당 프로젝트는 중국 정부의 과학적인 논증과 심사를 받아야 하며 차입국과 중국 간 경제 무역 협력의 저변을 넓힐 수 있어야 한다. 예를 들면 중국기업이 도급업자 혹은 수출업자의 신분으로 프로젝트에 참여하고 설비, 기술, 원재료, 서비스 등은 우선적으로 중국에서 조달해야 하며 프로젝트 자체가 "일대일로" 이니셔티브가 제기한 호혜상생 목표 실현에 긍정적으로 작용할 수 있어야 한다.

(집필자: 친성 秦升)

66. 거시경제정책 다자·양자 간 협력 대화 메커니즘

　　거시경제정책 다자·양자 간 협력 대화 메커니즘이란 각 국가가 거시적 경제 문제를 둘러싼 다자·양자 간 공식 석상에서 대화, 협상 혹은 정책적 조율을 진행하는 국제 협력 시스템이며 통상적으로 각 국의 거시경제관리 기능을 지닌 부처가 조직과 운영을 책임진다. 메커니즘은 사회자 혹은 대화 참여자의 위치에 따라 원수(元首) 및 정부 정상급, 부총리급, 장관급, 부장관급 대화와 사국(司局)급, 부사국급 업무 대화로 나뉘어 지며 부총리급 이상의 대화 메커니즘은 주로 다자·양자 간 관계의 전략적, 통합적, 장기적 문제에 대한 논의를 진행하고 대화 분야에 따라 재정금융, 통화, 구조개혁, 경제발전전략 등 정책성 대화로 분류될 수 있다.

　　거시경제정책 다자·양자 간 협력 대화 메커니즘는 "일대일로" 이니셔티브 중 정책 소통 분야의 중요한 매개체이다. 2017년 발표된《제1차 "일대일로" 국제협력서밋 원탁정상회담 공동 코뮈니케》는 협력 조치와 관련하여 "거시경제문제에 대한 심층적인 논의를 진행하고 기존의 다자·양자 간 협력 대화 메커니즘을 개선하면서 협력 강화 및 대형 프로젝트 추진에 강력한 정채적 지원을 제공해 주어야 한다"고 강조하고 있다.[01] 2019년 발표된 《제2차 "일대일로" 국제협력서밋 원탁정상회담 공동 코뮈니케》는 "유엔 및 기타 다자간 메커니즘을 통해 거시경제정책 대화를 강화하고 기존에 거둔 진전에 기반하여 각 주체들의 발전계획과 호연호통(互联互通, 상호 연결) 이니셔티브 간 매칭을 촉진해야 한다"고 밝혔다.[02]

다자간 거시경제정책 대화 메커니즘

중국은 현재 주요 20개국(G20) 메커니즘 내의 거시경제정책 대화, 브릭스 국가 협력 메커니즘 내의 거시경제정책 대화, 아시아태평양경제협력체(APCE) 메커니즘 내의 거시경제정책 대화, 아세안+한중일(10+3) 협력 메커니즘 내의 거시경제정책 대화, 중·일·한 협력 메커니즘 내의 거시경제정책 대화, 아시아―유럽 정상회의(ASEM) 내의 거시경제정책 대화, 상하이협력기구(SCO) 내의 거시경제정책 대화, 1+6 원탁회의 대화 등 다자간 거시경제정책 대화 메커니즘에 참여 중이다.

G20 메커니즘 내의 거시경제정책 대화는 주로 G20 재무장관 및 중앙은행장 회의 메커니즘을 통해 진행된다. 1999년 9월 25일, G7 재무장관들이 미국 워싱턴D.C.에서 G20 설립을 선포했다. 1999년 12월, 독일 베를린에서 제1차 G20 재무장관 및 중앙은행장 회의가 개최되었다. 2020년 3월 26일, G20 정상들은 코로나19 공동대응을 위한 특별정상회

---

01 《"일대일로" 국제협력서밋 원탁정상회담 공동 코뮈니케》, 《인민일보》 2017년 5월 16일.

02 《제2차 "일대일로" 국제협력서밋 원탁정상회담 공동 코뮈니케》, 《인민일보》 2019년 4월 28일.

의를 개최하여 코로나 19가 건강, 사회와 경제 끼치는 복잡한 영향성에 대해 논의했으며 △생명 보호 △국민의 일자리와 수입 보장 △자신감 회복 △금융 안정화 보장, 성장 모멘텀 회복 △코로나19가 무역과 글로벌 공급망에 끼치는 영향 최소화 △도움이 필요한 국가에 지원 제공 △공공보건 및 재정조치 조율 등 분야에서 협력을 강화하기로 의견을 모았다.[03]

브릭스 국가 협력 메커니즘 내의 거시경제정책 대화는 주로 브릭스 국가 재무장관 및 중앙은행장 회의를 통해 진행된다. 2008년 글로벌 금융위기 발발 후 중국, 인도, 브라질과 러시아는 공동으로 위기에 대응하기 위해 같은 해 11월 브라질에서 제1차 재무장관 및 중앙은행장 회의를 개최하여 글로벌 경제형세, G20 관련 아젠다 및 4국 간 재정 금융 협력에 대해 의견을 교환했다. 2019년 10월 17일, 브릭스 국가 재무장관 및 중앙은행장 회의가 미국 워싱턴D.C.에서 개최되었으며 주로 브릭스 내 자국 통화 표시 채권 및 펀드 설립, 크로스보더 결제 편의성 강화, 브릭스 신개발은행(NDB) 설립 등 의제를 다루었다.

APEC 메커니즘 내의 거시경제정책 대화는 주로 APEC 재무장관 회의를 통해 진행된다. APEC은 아시아·태평양 지역에서 가장 큰 영향력을 지닌 경제 협력 공식포럼이다. 1993년 11월 미국 시애틀에서 개최된 제1차 APEC 비공식 정상회담의 결의사항에 따라 APEC 재무장관들은 1994년부터 매년 정례회의를 개최하여 지역 거시경제와 금융 문제에 대해 의견을 교환하기로 결정했다. 1994년 3월 18~19일, 제1차

---

03 《코로나19 공동대응을 위한 G20 특별정상회의 공동성명》,《인민일보》2020년 3월 27일 2면.

APEC 재무장관 회의가 미국 호놀룰루에서 개최되었다. 2019년 기준, 총 26차례의 APEC 재무장관 회의가 개최되었으며[04] 중국은 2001년과 2014년에 각각 제8차, 제21차 APEC 재무장관회의를 주최했다.

10+3 메커니즘 내의 거시경제정책 대화는 주로 10+3 재무장관 회의를 통해 진행된다. 1997년 아시아 금융위기는 동아시아 국가들로 하여금 역내 재정 및 금융 협력 강화의 필요성과 긴박성을 느끼게 해 주었다. 1999년 4월, 제1차 10+3 재무장관 회의가 필리핀 마닐라에서 개최되었고 2012년 5월부터 10+3 재무장관 및 중앙은행장 회의로 확대되었다. 10+3 거시경제정책 대화는 주로 역내 다자간 자금 원조 메커니즘 구축, 역내 경제 관리감독 능력 강화, 아시아 채권시장 발전 촉진 등 의제를 중점적으로 다루고 있다. 2019년 5월 2일, 제22차 10+3 재무장관 및 중앙은행장 회의가 피지에서 개최되었으며 회의에서는 주로 글로벌 및 지역 거시경제 형세, 10+3 역내 재정 및 금융 협력 비전, 메커니즘 개혁 등 의제가 논의되었다.

중·일·한 협력 매커니즘 거시경제정책 대화는 주로 재무장관 회의 위주로 진행되고 있으며 재무 부장관, 중앙은행 부은행장, 사장(司长), 국장 회의 및 세미나 등 대화 플랫폼을 산하에 설치하였다. 3국 재무장관은 매년 정례회의를 개최해왔다. (보통 10+3 재무장관회의 후순으로 개최) 중·일·한 3국 재무 부장관, 중앙은행 부은행장과 국제사(国际司) 사장 간 비공식회의도 비정기적으로 개최되고 있으며 주로 경제 형세와 재정 및 금융 관련 중대 사항들을 다루고 있다. 중·일·한 재무장관 회의의

---

04 2020년 3월 17일부터 19일까지 말레이시아에서 개최 예정이던 APEC 재무장관 회의가 코로나19로 인해 연기되었다.

주요 임무는 역내 거시경제 형세 대해 의견을 교환하고 치앙마이 이니셔티브 다자화 협정, 10+3 거시경제 조사기구(AMRO), 아시아 채권시장 발전 이니셔티브 등 아젠다에 대한 3국 간 입장을 조율하는 것이다.

아시아―유럽 정상회의(ASEM) 메커니즘 내의 거시경제정책 대화는 주로 아시아―유럽 재무장관 회의를 통해 진행된다. 1997년 9월, 제1차 아시아―유럽 재무장관 회의가 태국에서 개최되었다. 2019년 기준, 총 13차례의 아시아―유럽 재무장관 회의가 소집되었고 가장 최근인 2018년 불가리아 소피아에서 개최된 회의에서는 글로벌 및 유라시아 거시경제 형세, 세금 징수, 디지털 경제, 금융 네트워크 보안 등 의제를 중점적으로 다루었다. 아시아―유럽 재무장관 회의는 주로 ASEM 관련 재정 및 금융 문제에 대한 의사결정을 진행하며 대화와 협상을 통해 아시아와 유럽 간 경제 및 금융 분야에서 협력을 강화하고 지역 통합화와 글로벌 금융 안정화를 촉진하고 있다.

상하이협력기구(SCO) 메커니즘 내의 거시경제정책 대화는 주로 상하이협력기구 재무장관 및 중앙은행장 회의를 통해 진행된다. 2009년 12월, 글로벌 금융위기에 공동으로 대응하기 위해 상하이협력기구 회원국들은 카자흐스탄 알마티에서 제1차 재무장관 및 중앙은행장 회의를 소집하여 회원국 간 재정 및 금융 협력 강화, 글로벌 금융위기 공동 대응 등 의제에 대해 의견을 교환했다. 상하이협력기구 재무장과 및 중앙은행장 회의는 주로 글로벌 및 지역 거시경제 형세, 재정 통화 정책 조율, 회원국 간 자국 통화 결제 및 청산 촉진, 상하이협력기구 개발은행과 발전기금(전용계좌) 설립 등 의제를 다루고 있다.

1+6 원탁회의는 중국이 2016년 발의한 대화 회의이며 중국 총리와 세계은행, 국제통화기구, 세계무역기구, 국제노동기구, 경제협력개발

기구, 금융안정위원회 책임자들이 거시경제 형세, 경제 세계화, 구조적 개혁, 혁신, 무역 투자, 노동과 취업, 금융 감독, 지속 가능 발전, 글로벌 경제 거버넌스 등 의제를 논의하는 자리이다. 2019년 12월 21일 , "세계 경제의 개방, 안정, 질적 성장 촉진"을 주제로 한 제4차 "1+6" 원탁회의 가 베이징에서 개최되었으며 참여자들은 세계경제 전망 및 대응 방향, 글로벌 거버넌스 개혁 추진, 경영 환경 개선, 개방 확대 등 의제를 둘러 싸고 심층적인 교류를 진행했다.

양자 간 거시경제정책 대화 메커니즘

중미 포괄적 경제 대화(CED)는 중국과 미국이 양자 간 거시경제 정 책을 조율하는 주요한 채널이다. 중미 양국은 2006년 12월 개최된 중 미 전략적 경제 대화에서 향후 정기적으로 고위층 경제 대화를 소집하 기로 결정했으며 2009년 4월 런던에서 개최된 중미 정상회담에서 양국 정상은 중미 전략적 경제 대화의 기초하에 중미 전략 및 경제 대화 메 커니즘을 구축하기로 의견을 모았다. 2017년 4월, 시진핑 주석과 트럼 프 대통령은 미국 플로리다주에서 개최된 정상회담을 통해 외교안전 대화, 포괄적 경제 대화 등 4개의 대화 메커니즘 신설을 선포했다. 2020 년 1월 15일, 중미 1단계 경제무역협정이 미국 백악관에서 체결되었다.

이 외에도 기타 다양한 양자 간 거시경제정책 대화 메커니즘이 있 는데 구체적으로는 중국·영국 경제재정금융 대화, 중국·프랑스 고위층 경제재정금융 대화, 중국·독일 고위층 재정금융 대화, 중국·캐나다 경 제재정금융 전략적 대화, 중국·러시아 재무장관 대화, 중국·일본 재무 장관 대화, 중국·유럽 재정금융 대화, 중국·인도 재정금융 대화, 중국·

브라질 고위층 조율 및 협력 위원회 산하 재정금융 소위원회 등이 포함된다.

거시경제정책 대화 메커니즘과 "일대일로"

거시경제정책 다자·양자 간 협력 대화 메커니즘은 "일대일로"가 제창하는 정책 소통 사업의 중요한 매개체이다. 2015년 3월, 국가발전개혁위원회, 외교부와 상무부가 공동으로《실크로드 경제벨트와 21세기 해상 실크로드 공동건설 추진에 관한 비전과 행동》은 정책 소통 관련 "다양한 계급의 정부 간 거시경제정책 소통 메커니즘을 적극 구축해야 한다"고 밝혔다.[05] 2017년 5월 "일대일로" 건설업무지도소조 판공실은《"일대일로" 공동건설: 이념, 실천, 중국의 기여》를 발표하여 "일대일로" 공동건설을 협력의 계기와 플랫폼으로 삼아 국가 간 경제정책에 대한 조율을 촉진해야 한다고 밝혔다.[06] 같은 해 5월 15일 채택된《"일대일로" 국제협력서밋 원탁정상회담 공동 코뮈니케》에는 "거시경제 문제에 대해 심층적으로 논의하고 기존의 다자·양자 간 협력 대화 메커니즘을 개선하면서 실질적인 협력과 대형 프로젝트에 강력한 정책적 지원을 제공해야 한다"는 내용이 기입되었다.[07] 2019년 4월, "일대

---

05 국가발전개혁위원회, 외교부, 상무무 공동 발표《실크로드 경제벨트와 21세기 해상 실크로드 공동건설 추진에 관한 비전과 행동》,《인민일보》2015년 3월 29일 4면.

06 "일대일로" 건설업무지도소조 판공실:《"일대일로" 공동건설: 이념, 실천, 중국의 기여》, 2017년 5월 10일, 신화통신, http://xinhuanet.com/silkroad/2017-05/10/c_1120951928.htm.

07 《"일대일로" 국제협력서밋 원탁정상회담 공동 코뮈니케》,《인민일보》2017년 5월 16일.

일로" 건설업무지도소조 판공실이 발표한《"일대일로" 이니셔티브 공동건설: 진전, 기여와 전망》보고서는 참여 국가와 국제기구들이 "일대일로" 공동건설 프레임 안에서 구동존이(求同存异, 서로 다른 점은 인정하면서 공동이익 추구)의 원칙에 따라 경제 발전 관련 계획과 정책에 대해 충분히 교류하고 공동으로 협력 계획과 실행조치를 제정하는 과정에서 획득한 성과를 돌이켜보았다.[08] 같은 해 4월 27일, 베이징에서 발표된《제2차 "일대일로" 국제협력서밋 원탁정상회담 공동 코뮈니케》는 "유엔과 기타 다자간 기구와 거시경제정책 관련 대화를 강화하고 이미 획득한 진전을 기반으로 서로의 발전 계획과 호연호통(互联互通, 상호 연결) 이니셔티브를 유기적으로 결합시켜야 한다"고 강조하고 있다.[09]

(집필자: 펑웨이지앙 冯维江)

---

08 "일대일로" 건설업무지도소조 판공실:《"일대일로" 이니셔티브 공동건설: 진전, 기여와 전망》,《인민일보》2019년 4월 23일 7면.

09 《제2차 "일대일로" 국제협력서밋 원탁정상회담 공동 코뮈니케》,《인민일보》2019년 4월 28일.

67. 신(新)산업 혁신 협력

제기 배경

신산업이란 첨단과학기술 성과 및 신흥 기술 응용을 통해 형성된 신형 경제활동이며 첨단기술산업, 현대서비스업 등이 포함된다. 신산업의 형태는 주로 다음과 같다. 첫째, 새로운 기술을 통해 형성된 신산업, 즉 신기술의 산업화 산물이며 클라우드컴퓨팅, 빅데이터. 사물인터넷 등을 예로 들 수 있다. 둘째, 새로운 상품을 통해 형성된 신산업, 즉 현대화 정보기술과 새로운 공법을 통해 기존의 상품을 개조하면서 형성된 신산업 형태이며 스마트 제조, 3D 프린팅, 스마트 교통 등을 예로 들 수 있다. 셋째, 새로운 수요가 만들어낸 신산업, 즉 새로운 시장의 수요를 만족시키기 위해 과학기술성과와 정보화 기술을 통해 산업의 세분화, 업그레이드, 융합을 이끌어 내는 과정에서 파생된 신산업 형태이며, 전자상거래, 현대화 물류, 인터넷 금융 등을 예로 들 수 있다.[01]

중국 경제는 현재 고속 성장에서 질적 성장 단계로 전환 중이며 신형 공업화, 정보화, 도시화, 농촌 현대화가 빠르게 진행됨에 따라 경

---

01   3대 신(新)산업 통계 개요, http: //sxzd. stats. gov. cn/ztlb/2017nzgtjkfrzt/
      sxtjzsjj/201709/2017091890587. html.

제구조의 심층적인 조정, 산업의 지속적인 고도화, 신흥산업의 신속한 발전 등 양상을 보이고 있다. 2018년 중국의 첨단기술 제조업, 전략적 신흥산업과 설비 제조업은 전년 대비 각각 11.7%, 8.9%, 8.1% 성장했고 신에너지자동차(NEV), 스마트 TV, 리튬이온배터리, 집적회로는 전년 대비 각각 66.2%, 17.7%, 12.9%, 11.2% 성장했다. 정보서비스업은 전년 대비 30.7% 성장했고 세부 종목별로 모바일게임, 인터넷쇼핑, 카헤일링 플랫폼, 관광 플랫폼, 빅데이터, 클라우드컴퓨팅 등이 각각 30%~50%의 고속 성장세를 보였으며 각각의 분야를 대표하는 유니콘 기업들을 육성해냈다.[02] 2020년 코로나19가 중국 경제에 단기적인 영향을 미치긴 했지만 빅데이터, 인공지능 등 디지털 기술을 골자로 하는 새로운 산업 형태들이 두각을 드러내기 시작했고 온라인 검진, 원격근무, 화상회의, 클라우드 백업, 데이터 융합, 디지털 엔터테인먼트, 스마트 서비스, 소셜 커머스, 산업 인터넷 등 산업의 디지털화와 디지털의 산업화가 만들어낸 기회를 포착하여 경제 발전에 새로운 모멘텀을 부여해왔다.[03]

현재 차세대 과학기술 혁명과 산업 변혁이 끊임없이 추진되고 있으며 과학기술 혁신을 통한 지속 가능한 발전 도모가 세계 각 국이 글로벌 문제를 대응하는 과정에서 반드시 해결해야 하는 필수 과제로 자리 잡았다. 중국은 과학기술 세계화의 참여자, 수혜자이자 더욱 광범위한 혁신 협력을 추진하는 기여자와 선도자이기도 하다. 혁신형 협력 강화, 호혜상생 실현은 중국 미래 발전의 중요한 전략적 거점이다. "일대

---

02   《새로운 시대의 중국과 세계》백서,《인민일보》2019년 9월 28일 1, 12, 13면.

03   《새로운 산업과 새로운 형태, 성장의 가능성 내포》,《인민일보》2020년 4월 20일 20면.

일로" 이니셔티브는 본질적으로 봤을 때 혁신 그 자체이며 끊임없는 혁신을 모멘텀으로 삼고 있다. 중국은 "일대일로" 건설 과정 중에서 개방과 포용의 글로벌 안목을 견지하고 혁신 자원에 포커싱해야 하며 디지털 경제, 인공지능, 나노미터급 기술, 양자 컴퓨터 등 첨단 분야에서의 협력을 강화하고 빅데이터, 클라우드컴퓨팅, 스마트 도시 건설을 추진해야 한다. 또한 21세기 디지털 실크로드 건설에 박차를 가하여 "일대일로"를 평화의 길, 번영의 길, 개방의 길, 친환경의 길, 혁신의 길, 문명의 길로 건설해야 한다.

　"일대일로" 이니셔티브의 발의자로서, 중국은 "일대일로" 주변 국가들과 유사한 발전 단계에 처해있고 공동의 발전 수요와 조건을 가지고 있으며 신산업을 둘러싼 거대한 혁신 협력 잠재력을 지니고 있다. 일련의 개발도상국들이 산업화 가속 단계에 진입하면서 빅데이터, 크로스보더 전자상거래, 친환경 발전을 대표로 하는 다양한 형태의 신산업이 꾸준히 발전수요를 창출하고 협력의 잠재력을 발굴하고 있다.[04] 중국 신흥 산업의 활기찬 발전도 플랫폼 경제, 공유 경제, 협동 경제 등 새로운 경제 모델이 전 세계로 확산되는데 일조하고 있다. 해당 과정에서, 글로벌 가치사슬 중 각자 다른 위치에 있는 다양한 국가들은 자국의 비교 우위를 발휘하여 중국과 "산업동맹"을 맺으면서 발전의 결실을 함께 공유할 수 있다. 이러한 협력 모델은 글로벌 산업 분업체계를 획기적으로 개선시킬 수 있고 글로벌 산업사슬과 구도의 최적화를 실

04　《동풍만리회홍도(东风万里绘宏图)——시진핑 동지를 핵심으로 하는 당중앙의 "일대일로" 공동건설 추진 기록》,《인민일보》 2019년 4월 26일 4면.

현할 수 있으며 주변 국가들에게 발전의 기회를 안겨줄 수 있다.[05] 이와 동시에, 신산업을 둘러싼 혁신형 협력은 "일대일로" 주변국들의 사회 생산력 제고와 종합 국력 향상에 도움이 될 수 있고, 주변국들의 산업 발전과 민생 건설을 유기적으로 결합시키는 것을 통해 민생 수준을 향상시킬 수 있으며, 주변국들과 함께 개방과 협력을 길을 견지하면서 글로벌 도전에 공동으로 대응하고 경제의 지속 가능한 발전을 실현할 수 있다.

협력 진전

최근 몇 년간, 신산업을 둘러싼 혁신형 협력은 "일대일로" 프레임 안에서 질적·양적으로 꾸준히 강화되고 있다. 시진핑 주석은 제1차 "일대일로" 국제협력서밋에서 "일대일로" 과학기술혁신 행동계획의 가동을 선포했으며 과학기술 관련 인적 교류 강화, 연합 실험실 공동건설, 과학기술단지 협력, 기술 이전 등 중점 분야에서 "일대일로" 참여국들과 폭넓게 협력을 진행할 것이라고 밝혔다. 2018년 기준, 중국의 베이더우(北斗) 위성항법시스템이 30여 개의 "일대일로" 주변 국가와 지역에서 광범위하게 응용되고 있고, 중국의 정보통신기술이 12개 주변국들의 지하·해저 케이블 및 핵심 네트워크 관련 사업을 기술적으로 지원해 주고 있으며, 중국의 고속철도기술을 통해 30여 개 주변 국가가

---

05   《새로운 시대의 중국은 어떤 방식으로 세계에 지대한 영향을 미치고 있는가》, 2018
      년 6월 8일, 인민망, http://theory. people. com. cn/n1/2018/0608/c40531-
      30044981.html.

효율적으로 상호 연결되고 있다.[06] 중국은 "일대일로" 주변국들과 전자상거래, 빅데이터. 인공지능, 클라우드컴퓨팅, 스마트 도시 등 신흥 분야에서 발 빠르게 협력하고 있고 일련의 디지털경제 협력 플랫폼을 구축하고 있으며 "디지털 실크로드" "빙상 실크로드" "공중 실크로드" 등 신형 허브 간 유기적인 연동을 실현하고 있다. 중국은 이미 10여 개의 "일대일로" 주변국들과 "디지털 실크로드" 건설 관련 협정을 체결했고 다양한 국가들과 공동으로 "일대일로" 디지털경제 협력 이니셔티브를 발의하면서 더 많은 국가들이 디지털화의 성과를 공유할 수 있도록 만들었다. "디지털 실크로드"는 데이터와 정보의 원활한 유동을 통해 "일대일로" 주변국 간 "디지털 격차"를 해소해 주고 있다.[07] 중국과 "일대일로" 주변국 간 과학기술·문화 교류 활동이 나날이 풍부해지면서 협력의 단계와 수준을 한층 더 격상시키고 있다. 중국은 "일대일로" 혁신 공동체 구축을 적극 추진하고 있으며 다양한 과학기술 연구 협력, 기술 이전, 및 자원 공유 관련 플랫폼을 구축했다. 또한 주변국들과 투자와 협력의 새로운 모델을 모색하고 서비스업의 상호 개방을 확대했으며 산업체인 분업 구조 최적화, 무역 투자 협력 잠재력 발굴, 신산업 발전 계획 공동 제정, 기술 발전 성과 공유 등을 추진했다. 이 외에도 주변국들과 함께 해외 경제무역협력구, 크로스보더 경제협력구 등 다양한 산업단지를 건설했고 단지 내 새로운 기술, 새로운 산업, 새로운 형태, 새

---

06 《과학기술 혁신 협력은 "일대일로"의 빛나는 명함이 되고 있다》, 2019년 4월 25일, 인민망, http://world.people. com. cn/n1/2019/0425/c1002 -31050539. html.

07 《글로벌 경제 거버넌스 체계화를 위한 새로운 실천——"일대일로" 이니셔티브 6주년을 맞아 쓰는 글》, 2019년 9월 11일, 국가인터넷정보판공실(网信办), http://www. cac. gov.cn/2019-09/11/c_15697038113129385.htm.

로운 모델의 발전을 독려 및 지원하고 있다. 코로나 19 팬데믹은 전통 대외무역에 직격탄을 날렸지만 크로스보더 전자상거래에는 성장의 기회를 제공해 주었다. 2020년 4월, 중국은 46개의 크로스보더 전자상거래 종합시범구 신설을 발표했다. 이미 승인을 받은 59개의 시범구까지 포함하면 중국은 30개의 성·구·시(省区市)에서 105개의 크로스보더 전자상거래 종합시범구를 보유하게 되며 육상과 해상, 동부와 서부를 연결시키는 통합적인 발전 구도를 형성하게 된다. 2019년 중국의 크로스보더 전자상거래 수출입 규모는 1862.1억 위안으로 2015년의 5배 수준을 기록했으며 연간 평균 성장률은 49.5%에 달했다.[08] 이 외에도 중국은 주변국들과 신산업을 둘러싼 혁신형 협력을 통해 혁신 요소의 상호 유동을 보장했으며 관련 산업의 융합 발전을 실현했다. 2019년 중국의 외자유치 규모는 역대 최고 기록을 경신하면서 세계 2위를 차지했다. 신산업, 신형태, 신상업모델 등 "3개의 신(新)" 분야에서의 외자유치가 11.4% 증가했는데 이 중에는 항공 정비, 선박 정비, 의료설비 정비, 풍력발전시설 정비 등 기술적 요구가 높고 부가가치가 큰 가공 제조 및 생산 서비스 분야의 신산업이 대거 포함되었으며 중국경제 발전 모멘텀의 신구교체(新旧交替)를 견인했다.[09]

중국은 향후 더욱 적극적이고 능동적인 신산업 혁신 협력 전략을 제정할 것이며 "일대일로" 주변국들과 함께 평화협력·개방포용·상호

---

08 《대외무역의 새로운 국면을 개척하는 크로스보더 전자상거래》, 2020년 4월 13일, 중국 정부 홈페이지 http://www. gov. en/xin-wen/2020-04/13/content_5501756. htm.

09 《지난 해 대외무역, 외자유치 모두 역대 최고기록 경신 소비 6년 연속 경제 성장 기여도 1위 차지》, 신화통신, http://www.xinhuanet.com//2020-01/22/c_1125492978.htm.

학습·호혜상생의 "실크로드 정신"에 따라 전략적 상호 신뢰를 강화하고 공동발전을 추진해 나갈 것이다. 또한 공동상의·공동건설·상호공유의 원칙을 고수하고 산업의 디지털화와 디지털의 산업화를 수반한 기회를 포착하며 5G 네트워크, 데이터 센터 등 신형 인프라 건설에 박차를 가할 것이다. 뿐만 아니라, 중국은 "일대일로" 주변국들과 빅데이터, 클라우드컴퓨팅, 크로스보더 전자상거래, 스마트 제조 등 신산업에서 협력을 강화하고 과학기술 혁신을 추진하며 새로운 성장 포인트를 모색하고 새로운 발전 모멘텀을 발굴하면서 "일대일로" 건설에 강력한 동력을, 세계 발전에 새로운 기회를 제공해 줄 것이다.

(집필자: 티앤펑 田丰)

68. 글로벌 인프라 네트워크

개념의 제기

인프라는 국가의 경제와 사회 발전을 실현해 줄 수 있는 세계 공인의 핵심 요소이다. 따라서 인프라 분야에 대한 투자와 건설은 단기적으로는 경제체의 수요를 활성화시킬 수 있고, 중장기적으로는 경제성장 추진, 규모의 경제 실현, 무역비용 절감 등 효과를 기대할 수 있다. 체계적인 인프라는 상품과 서비스의 전문화, 생산율 향상, 소비 촉진에 지대한 영향을 끼친다. 세계화의 배경 하에 각 나라와 지역 간 경제 발전이 긴밀히 연결되었으며 이 중 인프라는 대체 불가한 연결고리 역할을 맡고 있다. "일대일로" 이니셔티브의 취지는 도로, 철도, 항만, 해상 및 내하(內河) 운송, 항공, 에너지 파이프 라인, 전력, 해저 케이블, 광케이블, 전자통신, 정보통신기술 등 분야에서의 실질적인 협력을 추진하는 것이며 신 유라시아 대륙교, 북방해상항로, 중간 회랑 등 다양한 형태의 종합성 회랑과 국제 핵심 통로와 함께 글로벌 인프라 네트워크를 점진적으로 형성하고 있다.

글로벌 인프라 네트워크는 전 세계 범위 내의 상호 연결성을 가일층 강화하는 중요한 조치이며 인프라 분야에 대한 글로벌 투자 증대를 통해 전 세계 인프라 발전 불균형 문제와 개도국 및 빈곤국의 인프라 부실 문제를 해결해 줄 수 있다. 2016년 9월, 시진핑 중국 국가주석은 B20 서밋 개막식에서 《중국 발전의 새로운 기점, 글로벌 성장의 새로운 청사진》이라는 기조연설을 통해 "글로벌 인프라 호연호통(互联互通, 상호 연결) 공동체" 이니셔티브를 제기했다. 시진핑은 연설에서 "우리는 인프라 연동을 강화해야 한다. 글로벌 인프라 호연호통 프로세스를 가속화하기 위해 중국은 '글로벌 인프라 호연호통 공동체' 이니셔티브를 제안하며 다자간 개발은행들이 인프라 프로젝트에 대한 자금 투입 확대 및 지혜 기여에 관한 공동 성명을 발표할 것을 촉구한다. 우리는 이익 공동체 관계를 강화하고 글로벌 가치사슬의 최적화를 추진해야 하며 더 많은 국가들과 함께 글로벌 호혜상생 사슬을 구축해야 한다"고 밝혔다. 주요 20개국(G20) 산하의 글로벌 인프라스트럭처 허브(Global Infrastructure Hub)가 발표한 보고서 《글로벌 인프라 전망》에 따르면, 2040년 글로벌 인프라 투자 수요는 97조 달러까지 증가할 것으로 보인다. 글로벌 인프라 네트워크는 국가와 지역 간 상호 연결을 통해 운송 비용을 절감하고 정보와 데이터의 공유화 수준을 향상하면서 경제 성장을 견인할 수 있다. 현재 세계 경제가 경기 하방 압력을 겪고 있는 가운데 인프라 분야의 투자를 확대하는 것은 세계 각 국이 경제 침체의 늪에서 벗어나 경제 성장을 회복하는데 긍정적으로 작용할 수 있다.

글로벌 협력

글로벌 인프라 네트워크의 투자와 건설은 세계적인 범위 내의 협력, 조율 및 소통과 떼려야 뗄 수가 없다. 현재, 많은 국가, 국제기구, 금융기구들이 글로벌 인프라 네트워크 구축을 위해 노력하고 있다. 2016

년 9월, 주요 20개국 정상은 항저우(杭州) 정상회의에서《주요 20개국 항저우 정상회의 코뮈니케》를 발표하여 인프라 호연호통은 지속 가능한 발전과 공동 번영을 실현하는 관건이라고 강조했다. 참여국 정상들은 회의에서 2016년 연초에 가동된 "글로벌 인프라 호연호통 공동체" 이니셔티브를 승인했고 향후 인프라 호연호통 관련 조율과 협력을 강화하기로 결정했다. "글로벌 인프라 호연호통 공동체"는 지역과 글로벌 인프라 호연호통 프로젝트 지원, 관련 프로젝트 정책 정보 공유, 다양한 이니셔티브와 투자 계획 매칭, 글로벌 인프라 호연호통, 상이한 분야의 인프라 건설, 시설과 기술 표준화에서 존재하는 병목현상 해소 등을 통해 사람, 물건, 정보 등 요소의 유동을 촉진하고 지속 가능하며 균형적인 경제성장에 모멘텀을 제공하고 있다. G20은 OECD와 함께《인프라와 중소기업에 대한 융자 도구 다원화 지침》을 제정하여 전통적 융자 방식 타파, 자본 시장 발전, 지분권 투자, 혼합 융자, 크라우드 펀딩 추진, 기관 투자자 참여도 향상 등 분야에 대한 일련의 정책적 건의을 제기했다. 이 외에도 세계은행을 포함한 11개의 글로벌 다자간 개발은행이 G20 이니셔티브에 호응하면서《인프라 투자 행동 지지에 관한 다자간 개발은행 공동성명》을 발표하고 고품질 인프라 프로젝트 지원에 관한 정량화 목표를 제정했다.

2016년 4월 16일, 제1차 "글로벌 인프라 포럼"(Global Infrastructure)이 워싱턴D.C.에서 개최되었다. 포럼의 개최 취지는 글로벌 발전 파트너들 간 협력을 강화하고 2015년 유엔 제3차 개발 재원 국제회의에서 채택된《아디스아바바 행동 의제(AAAA)》를 실행하며 개도국들을 도와 지속 가능하고 원활하며 지역별 특성에 유연히 적응할 수 있는 인프라를 건설하면서 유엔 2030 지속 가능 발전목표(SDGs)의 실현을 촉진하는 것이다. 다자간 개발은행 책임자, 발전 파트너, G20, G24, G77+중국 등 국제조직의 대표들이 "더 많은, 더 양질의 투자 인프라"를 주제로 한 제1차 포럼에 대거 참석하였다. 2017년 "포용적이고 지속 가능한 인프라 건설"을 주제로 한 제2차 "글로벌 인프라 포럼"이 워싱턴 D.C.에서 개최되었고 2018년 "포용적이고 회복력이 있으며 지속 가능한 기술 선도형 인프라 개시"를 주제로 한 제3차 "글로벌 인프라 포럼"이 인도네시아 발리에서 개최되었다. "글로벌 인프라 포럼"에서 거둔 회의 성과와 공감대에 기반하여, 아프리카개발은행, 아시아개발은행, 아시아인프라투자은행, 유럽부흥개발은행, 유럽투자은행, 미주개발은행을 포함한 13개의 다자간 은행들은 (1)지식 창조와 지식 이전에 관한 기술적 지원 및 컨설팅 업무 증가 (2)담보 가능 프로젝트와의 협업을 통한 지식 전파 (3)다자간 개발은행 정보 협력 플랫폼 통한 지속 가능한 인프라 건설 지원 (4)지속 가능한 융자 대규모 동원 (5)지속 가능한 공공 조달 지원 (6)최빈국, 내륙 개발도상국, 군소 도서 개도국, 아프리카국가 인프라 시설 및 역량 현황 파악 등 6개 분야에서 인프라 건설을 지원할 것을 약속했다. 유엔, 주권국가정부, 국제금융기구는 글로벌 인프라 네트워크의 중요한 참여자이다.

중국의 기여

인프라 호연호통은 "일대일로" 이니셔티브의 우선 분야이며 아시아인프라투자은행의 설립은 글로벌 인프라 발전의 병목현상을 해소하는 과정에서 중요한 역할을 발휘했다. 중국은 관련 국제표준 참조를 통해 필요시 규정체계, 기술표준 등 수단을 통일하여 인프라 계획과 건설의 시너지 효과 극대화할 계획이고 개인자본의 인프라 투자와 관련하여 긍정적이고 예견 가능한 환경을 조성해 줄 것이다. 또한 일자리 창출과 효율 제고에 도움을 줄 수 있는 분야에서 끈끈한 정경 협력 관계를 구축할 것이며 국제금융기구의 인프라 건설에 대한 지지와 투입 확대를 적극 환영한다. "일대일로" 이니셔티브가 제기된 이후 중국은 "6개의 회랑, 6개의 길, 많은 국가, 많은 항만" 전략을 기반으로 글로벌 인프라 네트워크 구축에 힘쓰고 있다.

　유라시아 대륙의 중동부 지역을 거쳐가는 신 유라시아 대륙교, 중국—몽골국—러시아, 중국—중앙아시아—서아시아 경제회랑은 경제 활력이 넘치는 동아시아 경제권과 발달한 유럽 경제권을 연결시켰을 뿐만 아니라 페르시아만, 지중해, 발트해 간 원활한 협력 통로를 만들어주었다. 중국—인도차이나반도, 중국—파키스탄, 방글라데시—중국—인도—미얀마 경제회랑은 세계적으로 인구 밀도가 가장 높은 아시아 동부와 남부 지역을 가로지르고 있으며 주요 주변 도시와 인구 밀집지역, 산업 클러스터를 연결하고 있다. 란창강(瀾滄江)—메콩강(湄公河) 국제 항로와 현재 건설 중인 지역 철도, 도로, 오일 및 천연가스 파이프라인들이 실크로드 경제벨트와 21세기 해상 실크로드를 이어주고 있으며 경제 발전의 성과를 남아시아, 동남아, 인도양, 남태평양 등 지역들과 공유할 수 있도록 만들었다. 향후 중국은 "일대일로" 이니셔티브를 중요 발전 플랫폼으로 삼아 국제사회와 함께 과학적이고 지속 가능한 글로벌 인프라 네트워크를 구축해 나갈 것이다.

(집필자: 친성 秦升)

69. 글로벌 인프라 및 관련 표준

인프라 건설은 "일대일로"와 기타 유형의 지역협력 계획 간 가장 현저한 차이점 중 하나이다. 시진핑은 "일대일로"를 설명 과정에서 "인프라 건설을 핵심으로 '일대일로'의 질적 발전을 추진해야 하며 국제적으로 통용되는 높은 표준에 따라 관련 프로젝트를 실행해야 한다"고 여러 차례 강조했다.

개념의 제기

2013년 9월, 시진핑 주석은 카자흐스탄 방문 과정에서 "실크로드 경제벨트" 구상을 제기했고 처음으로 5개의 통(通)정책 소통, 인프라 연통(联通, 연결), 무역 창통(畅通, 원활화), 자금 융통, 민심 상통에 대해 설명했다. 시진핑은 "각 주체들과 크로스보더 교통 인프라 체계화에 대해 적극적으로 논의하고 점진적으로 동아시아·서아시아·남아시아를 연결하는 교통 운송 네트워크를 형성하면서 다양한 국가들의 경제 발전과 인적 교류에 편의를 제공하겠다"고 밝혔다.[01]

---

01   시진핑:《시진핑, "일대일로"를 논하다》, 중앙문헌출판사 2018년호, 4페이지.

2013년 10월, 시진핑 주석은 인도네시아 방문 과정에서 "21세기 해상 실크로드" 구상을 제기했다. 또한 "중국은 아세안 국가들과의 상호 연결성을 강화하기 위해 노력할 것이고 아시아인프라투자은행의 설립을 제안하며 아세안 국가를 포함한 역내 개발도상국의 인프라 호연호통(互联互通, 상호 연결) 건설을 지원할 의향이 있다"고 강조했다.[02]

2015년 3월, 국가발전개혁위원회, 외교부와 상무부가 공동으로 발표한 실크로드 경제벨트와 21세기 해상 실크로드 공동건설 추진에 관한 비전과 행동》은 "'일대일로'를 전방위적이고 다차원적이며 복합적인 호연호통 네트워크로 건설해야 하며 인프라 호연호통을 '일대일로' 건설의 우선 분야로 지정한다"고 강조했다.[03]

2016년 9월, G20 항저우(杭州) 정상회담에서 채택된 코뮈니케는 처음으로 고품질 인프라 건설에 대한 내용을 담았다. 각 국 정상은 고품질 인프라 투자가 투자 및 취업 기회 창출에 매우 중요한 영향을 끼치며 인프라 호연호통은 지속 가능한 발전과 공동 번영을 실현하기 위한 가장 핵심적인 요소라고 의견을 모았다. G20 정상은 또한 2016년부터 "글로벌 인프라 호연호통 공동체 이니셔티브"를 가동하기로 결정했고 고품질 인프라 프로젝트에 관한 정량화 목표를 제시한《인프라 투자 행동 지지에 관한 다자간 개발은행 공동성명》을 환영한다고 밝혔다.[04]

2017년 5월, 베이징에서 개최된 제1차 "일대일로" 국제협력서밋에서 시진핑 주석은 "중국―파키스탄, 중국―몽골국―러시아, 신 유라시

---

02   시진핑:《시진핑, "일대일로"를 논하다》, 중앙문헌출판사 2018년호, 11페이지.

03   국가발전개혁위원회, 외교부와 상무부:《실크로드 경제벨트와 21세기 해상 실크로드 공동건설 추진에 관한 비전과 행동》,《인민일보》 2015년 3월 29일 4면.

04   《G20 항저우 정상회담 코뮈니케》,《인민일보》 2016년 9월 5일 4면.

아 대륙교 등 경제회랑을 기반으로 하고 육해공 통로와 정보 고속도로를 골격으로 삼으며 철도, 항구, 파이프라인 네트워크 등 중대 공정을 버팀목으로 하는 복합적인 인프라 네트워크가 점차 형성되고 있다"고 밝혔다.[05]

2019년 4월, 제2차 "일대일로" 국제협력서밋에서 시진핑 주석은 "인프라는 호연호통의 초석이자 많은 국가들이 발전 과정에서 직면한 한계이기도 하다. 지속 가능하고 리스크에 강하며 가격이 합리적이고 포용적인 고품질 인프라는 각 국가들로 하여금 자원 우세를 더욱 충분히 발휘하고 글로벌 공급사슬, 산업사슬, 가치사슬에 더 깊숙이 융합되면서 동반 성장을 실현하게끔 만들어 줄 수 있다. 중국은 향후 다양한 주체들과 함께 신 유라시아 대륙교를 기반으로 하고 중국—유럽 화물열차와 신(新) 육상·해상 무역통로 등 대형 통로와 정보 고속도로를 골격으로 삼으며 철도, 항구, 파이프라인 네트워크 등을 버팀목으로 하는 호연호통 네트워크를 구축해 나갈 것이다"라고 밝혔다.[06]

2019년 6월, 오사카 G20 정상회의 개최 직전에G20 재무장관 및 중앙은행장 회의에서《G20 고품질 인프라 투자 원칙》이 채택되었다. 중국은 해당 원칙에 대해 중국 측이 꾸준히 제창해온 "공동상의·공동건설·상호공유" "호연호통" 등 중요 이념을 반영하고 있으며 항저우 정상회의 컨센서스에 대한 심화와 연속이자, 향후 각 국가들의 고품질 인프라 투자에 유익한 참고 기준이 될 것이라고 평가하고 있다.[07]《G20

---

05 시진핑:《시진핑, "일대일로"를 논하다》, 중앙문헌출판사 2018년호, 194페이지.

06 《한마음 한뜻으로 "일대일로" 건설의 아름다운 미래 공동 개척》,《인민일보》2019년 4월 27일 3면.

07 《시진핑 주석의 제14차 G20 정상회담 참석에 관한 외교부 기자회견》, 2019년 6월

정상회의 오사카 선언》도 양질의 인프라에 투자하는 원칙에 대해 찬성했고 이는 G20 공동의 전략적 목표이자 숭고한 소망이라고 강조했다. 단 "인프라의 자산으로서의 요소를 발전시키고 양질의 인프라 투자에 대한 정량적 지표가 제정될 수 있기를 기대한다"는 내용에서 알 수 있다시피 해당 선언은 인프라가 보유한 자산 속성에 주안점을 두고 있다.[08]

주요 내용

현재, 각 주체들은 여전히 인프라 질적 발전에 대한 내용들을 조정하고 심화시키고 있다. 예를 들어 2018년 10월, 신미국안보센터(CNAS)는 보고서에서 미국, 일본과 유럽이 협력하여 국제 표준화 기구과 함께 고품질 인프라에 대한 표준을 제정하고 해당 표준을 각 국가들과 다자간 개발은행들이 "일대일로" 프로젝트 지원 여부를 결정하는 기준으로 삼아야 한다고 제안했다. 비록 해당 보고서의 작성자는 중국을 포함한 주요 20개국이 인프라 분야에서 제정한 기존 원칙들을 어느 정도 인용하긴 했지만 전반적으로 봤을 때, 여전히 유럽과 미국이 해당 표준의

24일, 신화통신, http://www. xinhuanet. com/politics/leaders/2019-06/24/c_1124663173.htm.

08 《G20 정상회의 오사카 선언》에서 인프라 내용이 포함되지 않은 점에 대해 신화통신은 각국 정상 간 의견 불일치가 있었을 거라는 추측성 보도를 발표했다. 왕천시(王晨曦), 펑춘(彭纯) 《G20 오사카 정상회의 폐막 자유롭고 공평한 무역투자 환경 조성 약속》, 2019년 6월 30일, http://www. xinhuanet. com/world/2019-06/30/c_1124689173.htm .

제정 과정을 주도해야 한다고 보고 있다.[09] 오사카 G20 정상회의 이후에도 미국, 일본과 유럽은 여전히 선진국들을 핵심으로 하는 표준화 체계를 추진하고 있다.

중국은 단순히 미국, 일본, 유럽에 기대는 대신, G20이 제기한 일련의 인프라 원칙 제정에 직접 참여하고 해당 원칙들을 찬성했으며 2016년 의장국의 신분으로 해당 원칙들을 더욱 풍부하게 만들었을 뿐만 아니라 2019년 6월 G20 재무장관 및 중앙은행장 회의에서 채택된 《G20 고품질 인프라 투자 원칙》에 대한 환영 입장을 명확히 밝혔다. 해당 원칙은 △지속 가능한 발전 촉진 △프로젝트 생명주기 경제성 고려 △환경 요소 고려 △사회적 요소 고려 △자연 재해 대응 역량 향상 △인프라 거버넌스 강화 등을 포함하고 있다.

글로벌 인프라 및 관련 표준과 "일대일로"

인프라 건설을 핵심으로 하는 "일대일로" 이니셔티브는 포용적인 세계화 건설에서 중요한 의미를 지니고 있다. 이론적 연구가 보여주다시피 절대다수의 개발도상국들에게 있어, 초기 발전 단계에서 해결해야 하는 가장 절박한 문제가 바로 인프라 건설이다. 중국에는 "부를 쌓으려면 길부터 닦아야 한다(要致富 , 先修路)"는 말이 있다. 그 후 초기 발전 단계에서 중고급 단계로 넘어가게 되면 제도 건설을 포함한 시스템

---

09 펑슝(彭雄), 장창린(张昌林), 지앙하이어우(姜海欧): 《"일대일로" 인프라 건설 분야 중 제도적 인프라 건설에 대해 논하다──미국 싱크탱크 "신미국안보센터(CNAS)"가 발표한 "높은 수준의 인프라 건설 국제표준 제정" 관련 내용에 대한 해석과 건의》, 《중국공정자문(中国工程咨询)》 2019년 제1기.

구축에 대한 요구가 주를 이루게 된다.

현재 고품질 인프라 건설의 방법론에 대해 국제사회는 여전히 의견의 차이를 보이고 있다. 서방의 주류 이론은 대개 규모의 경제를 크게 중요시하지 않고 대형 공정을 저평가하며 정부가 내놓은 중대 계획의 합법성에 대해 의구심을 품고 있다. 대부분 서방 국가들의 사회적 이론과 평가 체계가 성숙된 시기는 이미 철도, 전력 발전을 핵심으로 하는 산업 혁명 단계를 거친 뒤였다. 신고전경제학 성행 이후, 인프라가 점차 주류 연구 대상에서 멀어짐에 따라 서방의 학계는 대체로 대형 공정들을 평가절하하고 있으며 이로 인해 대부분의 매체와 비정부기구들이 가치관을 내세워 대형 프로젝트에 대해 비판적인 태도를 보이고 있다.

여기서 주목해야 할 또 다른 문제는, 인프라 건설의 유효성을 어떻게 검증하느냐이다. G20 재무장관 및 중앙은행장 회의에서 채택된 《G20 고품질 인프라 투자 원칙》만 보더라도 "인프라 건설은 하나의 단순한 경제 문제가 아닌 만큼 수익과 비용에 대한 분석만으로는 인프라의 유효성을 정확히 평가할 수 없다"는 내용이 기입되어 있다.

(집필자: 중페이텅 钟飞腾)

70. 글로벌 가치사슬과 공급사슬

　　전통적인 국제무역과 국제무역통계는 두 개의 국가(수입국과 수출국)만 대상으로 하며 절대다수의 이론적 연구 역시 수입국과 수출국 위주로 진행되어 왔다. 글로벌 가치사슬이 나날이 발전하고 점점 더 많은 국가들이 글로벌 무역 가치사슬에 편입됨에 따라 관련 통계 업무가 큰 어려움에 봉착했고 연구자와 의사결정자들에게도 도전을 가져다 주었다. 세계은행의 《2020 세계 발전 보고서》에 따르면, 현재 글로벌 무역의 50% 이상이 중간재이며 글로벌 가치사슬에 기반한 무역 형태가 글로벌화의 핵심 특징을 지니기 시작했다.[01] 경제협력개발기구(OECD)의 통계에 따르면 오늘날 국제무역의 70%가 글로벌 가치사슬과 엮여있으며 전통적인 국제 무역은 30%에 불과하다. 따라서 "일대일로" 건설을 더 잘 이해 및 추진하려면 현재 급변하고 있는 세계 경제구도를 예의주시할 필요가 있다.

01　World Bank. World Development Report 2020: Trading for Development in the Age of Global Value Chains. Washington , DC: World Bank , 2020. .

형성 과정

글로벌 가치사슬에 대한 연구는 최근 20년 동안 하나의 트렌드로 자리 잡았다. David Hummels 등이 1998년 발표한《수직적 특화(Vertical Specialization)와 세계 무역 성질의 변화》및 2001년 발표한《세계 무역 중 수직적 특화의 성질과 성장》은 중요한 연구 의제를 제시했을 뿐만 아니라 글로벌 가치사슬을 평가할 수 있는 정량화 지표를 내놓으면서 빠르게 글로벌 가치사슬 연구분야의 대표 문헌으로 거듭났다.[02]

오랜 기간 동안 중미 무역관계의 가장 눈에 띄는 특징은 양국 세관의 상품 통계 방식에 차이가 있다는 것이다. 2004년 중미 양국은 공동으로 통계 업무TF를 설립했고 통계 방식의 가장 큰 차이는 중국의 대미 수출에서 비롯되었다는 점에 대해 공감대를 형성했다. 특히 대미 수출상품 중에서도 중국을 떠난 뒤 중간 국가 혹은 지역을 거쳐 다시 미국으로 수출되는 상품이 가장 큰 문제였다. 경제학에서는 중간재 교역, 즉 가치사슬에 기반한 부가가치기준 무역으로 불리우며 많은 정부 고위자들이 이를 눈여겨보고 있다.

현재까지는 아직 그 어떤 국가도 정부차원에서 가치사슬 무역 데이터를 공개하지 않은 반면, 무역과 투자를 주로 다루는 국제기구들은 자신들의 연구내용을 기반으로 한 관련 보고서와 데이터 베이스를 속속 공개하고 있다. 유엔무역개발협의회(UNCTAD)가 2013년 발표한《세

---

02 David Hummels , Dana Rapoport , Keimu Yi , "Vertical Specialization and the Changing Nature of World Trade , Economic Policy Review , Vol.4 , No.2 , 1998 ; David Hummels , Jun Ishii and Kei-Mu Yi , "The Nature and Growth of Vertical Specialization in World Trade" , Journal of International Economics , Vol 54 , No.1 , 2001 , pp.75-96.

계투자보고서: 글로벌 가치사슬——발전을 촉진하는 투자와 무역》은 가치사슬 문제를 중요시하기 시작했고 아시아개발은행이 2015년 발표한 《아시아·태평양 지역 핵심 지표》 보고서는 처음으로 가치사슬 분석 내용을 담았다. 미국과 유럽이 글로벌 가치사슬에 대한 연구를 등한시하고 경험의 이론화에만 머물러 있을 때 일본과 동남아는 이미 긴밀하고 장기적인 경제 연결고리를 만들었고 한때는 동아시아의 산업 분업을 선도하기도 했다. 글로벌 가치사슬에 대한 일본 학자들의 연구 수준은 세계적으로 앞서가 있다.

2018년 9월, 중국 정부가 발표한 《중·미 경제무역 마찰 관련 사실과 중국 입장》 백서 중에는 "글로벌 가치사슬"이라는 단어가 총 12차례 언급되었다. 중국은 백서에서 "글로벌 가치사슬과 부가가치 기준 무역에 기반한 국제무역 통계 제도의 개혁을 지지한다"고 밝혔다.[03] 2019년 4월 26일, 베이징에서 개최된 제2차 "일대일로" 국제협력서밋 개막식에서 시진핑 주석은 "지속 가능하고 리스크에 강하며 가격이 합리적이고 포용적인 고품질 인프라는 각 국가들로 하여금 자원 우세를 더욱 충분히 발휘하고 글로벌 공급사슬, 산업사슬, 가치사슬에 더 깊숙히 융합되면서 동반 성장을 실현하게끔 만들어줄 수 있다"고 강조했다.[04]

---

03   중화인민공화국국무원 신문판공실: 《중미 경제무역 갈등에 관한 사실과 중국의 입장》, 《인민일보》 2018년 9월 25일 10면.

04   《한마음 한뜻으로 "일대일로" 건설의 아름다운 미래 공동 개척》, 《인민일보》 2019년 4월 27일 3면.

주요 내용

전통 무역 데이터의 주요 출처는 세관 기록인데 보통 수입, 수출, 재수입과 재수출로 분류되며 총액의 형식으로 기록되어 있다. 하지만 이런 방식은 무역상품의 현지 및 해외 속성 비중을 구분할 수 없으며 생산 과정에서의 이익 배분 구조를 반영하지 못한다. 특정 지역이 특정 상품의 교역 과정에서 차지하는 기여도를 정확히 평가하려면 해당 상품이 해당 지역에서 생산 및 가공을 거친 뒤 얼마 만큼의 순부가가치를 발생시켰는지를 계산해 내야 한다. 따라서 해당 순부가가치를 만들어 낸 수입과 수출 발생지를 정확히 파악해야만 해당 국가가 글로벌 가치사슬에서 차지하는 위치를 알아낼 수 있으며 향후 산업사슬 위치 조정과 관련된 의사결정에 유효한 정보를 제공해 줄 수 있다.

글로벌 가치사슬에는 3개의 비교적 눈에 띄는 지역이 있는데 각각 북미, 동아시아·서태평양, 유럽 지역이다. 이 세 지역의 가치사슬 중에서도 태평양 양안의 가치사슬 연결성이 유럽을 상회하고 있으며 분업 형태도 더욱 정교화되어 있다. 유엔 산하 아시아·태평양경제사회위원회(ESCAP)가 2018년 12월 발표한 《아시아·태평양 무역 투자 보고서 2018》에 따르면 글로벌 가치사슬을 통한 지역 통합화가 이뤄지면서 아시아·태평양 지역이 중국 수출 상품 관세 징수 조치의 영향을 간접적으로 받고 있다. 2017년 아시아·태평양 지역의 연간 수출액 중 69%는 원재료, 중간재, 자본재가 차지했으며 이 중 27%가 중국으로 수출되었다.[05]

---

05   United Nations Economic and Social Commission for Asia and the Pacific , Asia-Pacific Trade and Investment Report 2018 : Recent Trends and Developments, United Nations, 2018, pp.92 -93.

아시아개발은행이 2019년 9월 발표한 《아시아·태평양 지역 핵심 지표》 최신본 보고서는 가치사슬 연구에 대한 진전을 돌이켜보았고 전 방연쇄효과(Forward Linkage Effect)에 입각하여 아시아와 글로벌 가치사 슬의 변천사를 보여주었다. 전방연쇄효과란, B국이 수출한 특정 상품 의 부가가치 중에서 A국이 기여한 부분이 있다면 해당 기여분을 A국 이 B국 수출에 끼친 전방연쇄효과로 간주한다. 2001년부터 2018년까 지, 세계무역의 전방연쇄 중 아시아 지역이 차지한 비중이 30.2%까지 증가하였으며 중국은 일본을 제치고 아시아 지역에서 가장 큰 전방연 쇄효과를 지닌 국가로 거듭났다. 해당 보고서는 아시아와 북미 지역이 서로에게 가져다주는 전방연쇄효과가 꾸준히 줄어들고 있는데 이는 양 지역 간 연결성이 점차 약화되고 있다는 방증이라고 보고 있다.[06]

세계은행의 분류 기준에 따르면, 동아시아 국가들은 글로벌 가치 사슬에서 각기 다른 위치에 놓여있다. 세계은행이 발표한 《세계 발전 보고서 2020》은 세계 각 국이 글로벌 가치사슬에 참여하는 방식은 상 이하지만 글로벌 가치사슬 통합화의 유형과 고도화 방식에 있어서는 어느 정도 규칙성을 가진다고 보고 있다. 1990부터 2015년까지 146개 의 국가를 대상으로 한 연구 결과, △상품 △한정 생산 △첨단 제조업 과 서비스업 △혁신 활동의 글로벌 가치사슬 참여가 눈에 띄고 있다.

---

06   Asian Development Bank , Key Indicators for Asia and the Pacific 2019 , Mandaluyong City , Philippines : Asian Development Bank, 2019 , p.212.

글로벌 가치사슬·공급사슬과 "일대일로"

2020년 코로나19 팬데믹이 발발하면서 세계 각 국은 가치사슬의 단절을 우려하기 시작했고 일각에서는 자국의 제조 역량을 우선적으로 강화하여 경제를 보호해야 한다는 주장도 나오고 있다. 가치사슬 무역 흥행의 배후에는 발전된 인터넷 기술, 대량의 숙련된 노동력, 선진적인 제조 역량과 새로운 경제무역 규칙 등 다양한 요소가 복합적으로 작용하고 있기에 특정 국가의 정치와 경제 상황이 변했다 해도 해당 무역 구조의 발전과 변혁에는 큰 영향을 끼치지 못한다. 따라서 우리는 돌발사건이 글로벌 가치사슬에 끼치는 부정적인 영향을 과대평가해서는 안된다. 국제무역 모델이 새로운 단계에 진입함에 따라 글로벌 경제 거버넌스의 기반을 이루고 있는 국제경제이론도 꾸준히 진화를 거듭해야 한다.

"일대일로" 이니셔티브는 공동상의·공동건설·상호공유의 이념에 따라 인프라 건설, 생산능력 협력, 지역제도 건설을 통해 중저수입 개발도상국의 세계화 참여를 적극 독려하고 있다. 이는 "일대일로" 이니셔티브가 동남아 국가들의 적극적인 호응을 받을 수 있었던 중요한 원인이기도 하다. 동남아 국가는 인프라와 생산능력에 대한 투자를 강화해야 할 뿐만 아니라 교육 커리큘럼 혹은 아세안 내부의 성숙된 노동력 전환 배치를 통해 노동생산율을 높이고 양호한 비즈니스 환경을 조성하여 장기적 투자를 유치하고 역외 경제강국과 양호한 관계를 유지해야 한다. 이를 위해 동남아 국가들의 지속적인 투입과 아세안의 제도 건설이 반드시 필요하며 관련국들 사이에서는 이미 해당 사항에 대한 정치적 공감대가 형성되었다.

(집필자: 중페이팅 钟飞腾)

71. 재생에너지 및 에너지 효율 관련 협력 추진

재생에너지의 의미

재생에너지란 재생 가능한 자원을 통해 획득한 에너지를 뜻한다. 인류의 역사를 척도로 삼았을 때, 재생에너지는 고갈, 소진될 수 있는 비재생에너지와는 달리 인위적인 개입이 없이도 자연적으로 보충될 수 있는 무궁무진한 에너지이며 주로 태양에너지, 수력에너지, 풍력에너지, 생물 자원, 파도 에너지, 조력 에너지, 지열 에너지 등이 포함된다. 재생에너지는 통상적으로 발전, 공기와 물의 가열 및 냉각, 교통, 농촌 (전력망과 떨어진 곳) 등 4대 분야에 에너지를 제공한다.

글로벌 재생에너지 발전 특징

재생에너지 발전과 에너지 효율 향상은 에너지 구조 전환을 가속화하고 《파리협정》 목표를 실현하는 데 있어 가장 핵심적인 절차이다. 최근 들어, 재생에너지 비중, 경제의 에너지 집약도, 전기화 수준이 눈에 띄게 향상되었지만 《파리협정》에서 정한 유해 물질 배출량 목표와는 아직 큰 차이가 있다. 에너지 안전을 보장하고 생태환경을 보호하며 기후변화에 대응하기 위해 세계 각 국은 재생에너지의 발전을 고도로 중요시하고 있으며 정부 보조금 지금, 병합 발전 지원, R&D 투입 확대 등 방식을 통해 재생에너지의 발전을 적극 독려하고 있다. 재생에너지에 대한 개발과 이용을 가속화하는 것은 국제사회 공동의 컨센서스와 액션플랜이 되었다. 현재 전 세계적으로 봤을 때, 재생에너지의 개발 및 이용 규모가 신속히 증가하고 있고 비용이 현저히 줄어들고 있으며 재생에너지는 이미 중국을 포함한 많은 국가들이 에너지 구조를 전환하고 기후변화에 대응하는 핵심적인 루트로 자리 잡았다.

우선, 재생에너지를 발전시키는 것은 이미 에너지 구조 전환과 기후변화 대응을 위한 전 세계 차원의 전략적 선택이 되었다. 글로벌 에너지 구조 전환의 추세를 놓고 보면, 우선은 화석연료 체계에서 저탄소 에너지 체계로 전환한 뒤, 최종적으로 재생에너지를 위주로 하는 지속가능한 에너지 체계로 나아가고 있다. 유엔기후변화협약과 《파리협정》을 체결한 국가들은 거의 모두가 재생에너지 발전 목표를 설정했다.

다음으로, 재생에너지는 이미 중요한 대체에너지로 자리 잡았다. 현재 재생에너지는 제2대 발전용 에너지가 되었으며 재생에너지 관련 기술들이 글로벌 발전설비 신규 설치 시장을 주도하고 있다. 2019년 재생에너지를 사용한 발전 증가량이 전력 수요의 증가량을 초과했는데 이는 화석연료를 사용한 발전량이 줄어들었음을 의미하고 있다.[01] 최근 수십 년간 처음으로 화석연료 발전량이 줄어들었음에도 불구하고 총 발전량이 증가한 현상이 발생한 것이다. IEA는 2019~2014년, 원가 저감과 정책 지원에 힘입어 글로벌 재생에너지 설비 설치 규모는 50%

---

01 International Renewable Energy Agency (IRENA) , Global Renewables Outlook : Energy Transformation 2050 , April 2020.

증가하고 증가량은 1200GW에 달하며 이 중 60%는 태양광 발전(분포식 PV 비중 약 50%)이 차지할 것으로 전망하고 있다. 또한 글로벌 총 발전량에서 재생에너지 발전량이 차지하는 비중 역시 2019년의 26%에서 2024년 30%로 증가할 것으로 보고 있다.[02] 재생에너지 발전량 증가율은 이미 전력 소비량 증가율을 넘어섰으며 이는 글로벌 전력 시스템 건설이 구조적 전환을 겪고 있다는 것을 보여주고 있다. 특히 독일 등 유럽 국가들에서는 재생에너지가 점차 메인 에너지로 자리 잡고 있다.

마지막으로, 재생에너지의 경제성이 눈에 띄게 향상되었다. 재생에너지 기술의 진보와 응용 규모의 확대에 따라 재생에너지의 발전 비용이 현저히 저감되고 있다. 미국의 풍력발전 장기 전력 구매가격과 독일의 신규 신에너지 전력 가격은 이미 전통 에너지 가격 수준으로 인하되었다. 또한 재생에너지의 가격 경쟁력이 점차 강화됨에 따라 재생에너지에 대한 보조금도 줄어들고 있다. 절대다수 국가의 분포식 태양광 발전의 원가는 이미 전력 소매가를 하회하고 있다. 태양광 발전과 풍력 발전은 점차 제일 저렴한 전력원으로 탈바꿈하고 있으며 향후 10년 절대다수 재생에너지의 원가 경쟁력이 대폭 강화될 것이다. IEA의 예측에 따르면 2019~2024년까지, 태양광 발전의 원가는 15%~35% 추가 인하될 것이며 태양광 발전 기술이 전 세계 범위 내에서 더욱 빠르게 보급될 것이다.[03]

중국 정부는 심각한 공기오염 문제를 해결하고, 원유에 대한 수입 의존도를 줄이며, 국가의 에너지 공급 안전을 보장하기 위해 재정 보조

---

02   IEA. Renewables 2019: Market Analysis and Forecast from 2019 to 2024 , October 2019.

03   Ibid. .

금 지급과 병합 발전 지원 등 방식으로 재생에너지 산업의 발전을 적극 추진하고 있다. 《재생에너지 발전에 관한 "13차 5개년" 계획》에서는 재생에너지 소비가 1차 에너지 소비에서 차지하는 비중을 2020년 까지 15%, 2030년까지 20%로 끌어올린다는 재생에너지 발전 목표를 제시하고 있다. 현재 재생에너지는 중국의 중요한 대체에너지가 되었고 기술의 신속한 발전과 개발 및 응용 규모의 지속적인 확대에 힘입어 중국의 재생에너지 기술과 설비 수준이 현저히 향상되면서 점차 재생에너지 기술 강국과 글로벌 재생에너지 산업 선도국으로 거듭나고 있다. IEA의 통계와 예측에 따르면, 중국의 2019년 태양광 발전 설비 신규 설치량은 전 세계의 50%를 차지할 것이며 2021년 분포식 태양광 발전 설비 설치량이 EU를 초과할 것이다.[04]

재생에너지와 에너지 효율, 그리고 "일대일로"

재생에너지와 에너지 효율 관련 협력 추진은 "일대일로" 건설의 중요한 루트이며 절박한 현실적 수요와 거대한 발전 잠재력을 지니고 있다. 그 이유로는 첫째, 많은 "일대일로" 주변국들은 경제발전 수준이 비교적 낮고 화석연료에 대한 의존성이 강하며 환경 오염이 비교적 심각하고 에너지 효율이 낮으며 청정에너지 발전 능력이 부족하다. 따라서 이들 국가는 재생에너지 발전과 에너지 효율 향상에 대한 강한 의지를 보이고 있다. 둘째, 많은 "일대일로" 주변국들이 풍부한 석유, 가스, 재생에너지 자원을 보유하고 있지만 효율적인 개발 부재로 인해 자원적

---

04   IEA. Renewables 2019: Market Analysis and Forecast from 2019 to 2024 , October 2019.

우세를 경제적 우세로 전환시키지 못하고 있다. 셋째, 전통적인 화석 에너지가 부족한 일부 국가들에게 있어, 재생에너지 발전과 에너지 효율 향상은 가장 시급히 해결해야 하는 과제이며 이를 잘 풀어나갈 경우, 대외 에너지 의존도를 줄이고 자국 에너지 공급 안전을 보장할 수 있다.

중국 정부가 발표한 《실크로드 경제벨트와 21세기 해상 실크로드 공동건설 추진에 관한 비전과 행동》에는 "수력, 원자력, 풍력, 태양광 등 청정에너지, 재생에너지 관련 협력과 에너지 자원의 가공 및 전환 협력을 적극 추진하여 에너지 자원 협력 관련 일원화된 산업체인을 형성해야 한다." "신흥산업 협력을 추진하고 장단점 상호 보완과 호혜상생의 원칙에 따라 주변국들과 신에너지 분야를 둘러싼 심도 있는 협력을 촉진해야 하며 창업과 투자 관련 협력 메커니즘을 구축해야 한다." 등 내용이 기입되어 있다.[05] 《"일대일로" 국제협력서밋 원탁정상회담 공동 코뮈니케》에도 재생에너지와 에너지 효율 촉진 관련 협력을 강화해야 한다는 내용이 담겨있다. 이 외에 유엔의 《2030 지속 가능 발전목표(SDGs)》도 "국제협력을 강화하고 재생에너지, 에너지 효율, 더욱 선진적이고 친환경적인 화석연료기술 등을 포함한 청정에너지 관련 연구와 기술을 촉진하며 에너지 인프라와 청정에너지에 대한 투자를 강화해야 한다"고 강조하고 있다.

중국과 "일대일로" 주변국 간 에너지 관련 실질적인 협력을 추진하기 위해, 중국국가발전개혁위원회와 중국국가에너지국은 공동으로 《실크로드 경제벨트와 21세기 해상 실크로드 공동건설 추진에 관한 비

---

05   국가발전개혁위원회, 외교부, 상무부: 《실크로드 경제벨트와 21세기 해상 실크로드 공동건설 추진에 관한 비전과 행동》, 《인민일보》 2015년 3월 29일 4면.

전과 행동》을 발표하여 친환경 발전 원칙을 강조하였다.《비전과 행동》은 "청정에너지 개발과 이용을 적극 추진하고 오염물 및 온실가스 배출을 엄격히 제한하며 에너지 효율을 향상하면서 각 국가들의 친환경적이고 효율적인 에너지 발전을 추진해야 한다." "2030 지속 가능 발전목표와 파리협정을 실행하고 모든 국가 국민들이 부담할 수 있는 안정적이고 지속 가능한 현대화 에너지 서비스를 제공해야 하며 각 국의 청정에너지 투자, 개발과 이용을 촉진하면서 에너지 분야의 국제협력을 추진해야 한다." 등 내용을 담고 있다. "일대일로" 재생에너지 협력의 순조로운 추진을 보장하기 위해, 중국 정부는 아래와 같은 두 개의 액션플랜을 선포했다. 첫째, 국제에너지기구(IEA), 석유수출국기구(OPEC), 국제에너지포럼(IEF), 국제재생에너지기구(IRENA), 에너지헌장조약(ECT), 세계에너지협의회(WEC) 등 글로벌 에너지기구와의 협력을 지속적으로 강화해야 한다. 둘째, 중국－아세안 청정에너지 능력 건설계획을 적극 실행하고 중국－아랍연맹 청정에너지센터와 중국－중동부유럽 에너지 프로젝트 대화 및 협력센터 구축을 추진하며 국제에너지변혁포럼, 동아시아서밋 청정에너지포럼 등 플랫폼의 건설적인 역할을 지속적으로 발휘해야 한다.[06]

미래 전망

중국과 "일대일로" 국가들은 재생에너지 분야에서 거대한 협력

---

06   국가발전개혁위원회, 국가에너지국:《실크로드 경제벨트와 21세기 해상 실크로드 에너지 협력 추진에 관한 비전과 행동》, 2017년 5월.

가능성을 지니고 있다. 중국신에너지해외발전연맹(CNEI)의 추산에 따르면 2019년 "일대일로" 주변 38개국의 재생에너지 설비 총 설치량은 644.3GW에 달하고 풍력 발전과 태양광 발전의 총 투자액은 6443.3억 달러를 기록할 것으로 보인다. 현재 중국과 "일대일로" 주변국 간 재생에너지 관련 국제협력은 다음과 같은 특징을 띄고 있다. 첫째, 해외 EPC, 해외공장 건설, 해외기업 인수합병, 해외 R&D 등을 위주로 하는 협력 모델이 형성되었다. 둘째, 중국─파키스탄 경제회랑, 방글라데시─중국─인도─미얀마 경제회랑, 중국─인도차이나반도 경제회랑, 중국─중앙아시아─서아시아 경제회랑, 신 유라시아 대륙교, 중국─러시아─몽골국 경제회랑, 중국─아프리카 협력체 등 중점 협력 지역이 형성되었다. 셋째, 수력, 태양광, 풍력 발전 프로젝트들이 선두를 달리고 있고 태양열 발전 등 프로젝트가 뒤를 잇는 전방위적인 협력 구도가 형성되었다. 단 중국과 "일대일로" 주변국들 간 재생에너지 관련 협력은 융자가 어렵고 전기가격이 낮으며 산업 지원 정책이 부족하다는 문제점에도 직면해있다.[07]

현재 에너지 효율 국제협력 분야에서 가장 큰 영향력과 상징성을 지닌 문건은 G20이 2014년과 2016년 각각 발표한 《G20 에너지효율행동계획(EEAP)》과 《G20 에너지효율선도계획(EELP)》이다. 《G20 에너지효율선도계획》에는 에너지 효율과 관련된 목표, 협력원칙, 협력분야 및 실행 메커니즘 등 내용이 포함되어 있다. 《G20 에너지효율 선도계획》은 중국 정부 주도로 제정된 계획이며 중국이 에너지 효율 아젠다에서

---

07   중국신에너지해외발전연맹: 《"일대일로" 재생에너지 발전 협력 노선 및 메커니즘에 대한 연구》, 2019년 4월.

참여자와 추종자로부터 주도자과 선도자로 탈바꿈하였음을 잘 보여주는 사례이다. 세계 최대의 에너지 생산국과 소비국으로서, 중국은 에너지 분야에서 선도국 역할을 맡을 능력과 의무, 그리고 의향이 있으며 향후 꾸준히 선진적인 이념, 기술, 상품과, 서비스 관련 협력을 추진하면서 관련국들과 함께 에너지 효율 수준을 지속 향상해 나갈 것이다.[08]

중국과 미국은 에너지 효율 분야에서 심층적인 협력을 진행하고 있다. 중미 양국은 세계 GDP의 37%와 에너지 소비의 40%를 차지하는 G2국가이며 양국 간 협력은 글로벌 에너지 효율 향상에 지대한 영향을 미친다. 양국 정부, 기업과 기구들은 에너지 효율 관련 기술, 정책과 관리 방안에 대해 교류하였고 일련의 양자 간 시범 프로젝트를 실행하면서 에너지 산업의 공동 발전을 추진했다. 구체적으로는 (1)세미나, 기술교류회 등 방식으로 에너지 절감 기술과 설비 관련 협력을 강화했다. (2) 닝보(宁波)와 시안(西安)의 보일러 시설 업그레이드를 통해 화석연료의 오염물 배출을 최소화했다. (3)G20, IPEEC, CEM 등 다자간 메커니즘을 통해 《G20 에너지효율선도계획》을 실행에 옮겼고 전 세계 범위 내에서 에너지 절감 기술의 홍보와 응용을 추진한다. (4)총 투자액 6.5억 위안에 달하는 9개의 에너지 관리 시범공정과 6개의 프로젝트 계약을 체결하였으며 연간 10만 톤의 석탄 발전량에 맞먹는 에너지를 절감했다.[09]

(집필자: 왕용중 王永忠)

---

08 《에너지 효율 협력 강화를 통해 글로벌 에너지 효율 향상》,《경제일보》 2016년 10월 24일, http://www. cssn. cn/dzyx/dzyx_ kygz/201610/20161024_ 3246488.shtml.

09 런수번(任树本):《에너지 효율 협력 강화, 녹색 미래 공동 창조》,《전력 수요측 관리》 2018년 제1기.

72. 광둥성·홍콩·마카오 대만구(粤港澳大湾区, GBA)

광둥성·홍콩·마카오 대만구의 정의

광둥성·홍콩·마카오 대만구(粤港澳大湾区, Guangdong—Hong Kong—Macao Greater Bay Area, 이하 GBA로 약칭)는 홍콩과 마카오 두 개의 특별행정구와 광둥(广东)성 광저우(广州)시, 선전(深圳)시, 주하이(珠海)시, 포산(佛山)시, 후이저우(惠州)시, 둥관(东莞)시, 중산(中山)시, 지앙먼(江门)시, 자오칭(肇庆)시 등 주장삼각주(珠江三角洲) 지역의 9개 도시로 구성되었고 총 면적은 5.6만 km2이며 2017년 연말 기준 총 7000만 명의 인구가 거주하고 있다. GBA는 중국에서 개방도와 경제 활성도가 가장 높은 지역 중 하나이며 중국의 발전 체계에서 중요한 전략적 지위를 차지하고 있다. GBA 건설은 새로운 시대를 맞아 전면적으로 개방된 신(新) 국면을 형성하기 위한 새로운 시도이자, "일국양제(一国两制, 하나의 중국 두 개의 제도)" 사업의 발전을 추진하는 새로운 실천방식이다.

GBA는 이론에서 실천까지 총 20년이 넘는 세월을 겪었다. 1994년 당시 홍콩과학기술대학교 총장을 맡고 있던 우쟈웨이(吴家玮)가 처음으로 샌프란시스코를 벤치마킹한 선전·마카오 베이 에리어 건설을 제안했다. 광저우시는 21세기 초반 맨 먼저 도쿄 베이를 벤치마킹한 난사항(南沙港) 기반 베이 에리어 건설 구상을 제기했다. 2009년 10월, 광둥성,

홍콩, 마카오 정부는 공동으로 《대(大) 주장삼각주 도시 클러스터 협동 발전계획 연구서》를 발표하여 광둥성, 홍콩, 마카오를 아우르는 세계급 도시 클러스터를 건설 할 것이라고 밝혔다. 2014년 선전시는 정부업무 보고서에 "베이 에리어 경제 건설" 관련 내용을 추가했다. 2016년 3월 중앙정부가 발표한 《중화인민공화국 국민경제 및 사회발전 관련 제13차 5개년 계획 강령》에는 "홍콩과 마카오가 주장삼각주 지역 협력에서 중요한 역할을 발휘하는 것을 지지하며 광둥성·홍콩·마카오 대만구와 다양한 성(省) 간 중대 협력 플래폼 건설을 추진해야 한다"는 내용이 명문화되어있다. 같은 해 3월, 중국 국무원은 《주장삼각주 지역 협력 강화에 관한 지도의견》을 통해 광저우시와 선전시가 홍콩, 마카오와 함께 공동으로 GBA를 세계급 도시 클러스터로 건설해야 한다고 명확히 밝혔다. 이를 계기로 GBA 건설에 가속도가 붙기 시작했다.

2017년 7월, 《광둥성·홍콩·마카오 협력 심화 및 대만구 건설 추진 관련 기본협정》이 홍콩특별행정구에서 체결되었다. 2018년 5월, 시진핑은 중앙정치국상무위원회의와 중앙정치국회의를 소집하여 《광둥성·홍콩·마카오 대만구 발전계획 강령》에 대한 심의를 진행했다. 2019년 2월 중국공산당 중앙위원회와 국무원은 《광둥성·홍콩·마카오 대만구 발전계획 강령》을 정식으로 배포하였고 같은 해 12월, 국무원 참사실(參事室)에서 《"대중의 차업, 만인의 혁신" 연구(2019) —— 광둥성·홍콩·마카오 대만구 혁신보고서》를 발표했다. 해당 보고서는 GBA는 "일국양제와 세 개의 관세 지역"이라는 특수성을 지닌 만큼 지역 시장의 구조적 혁신과 국제 혁신시장의 통합화 모색에서 중대한 의미를 지니고 있다고 강조하고 있다.

GBA의 발전계획

GBA의 발전계획은 초창기의 "각개전투" 방식에서 점차 국가급 통합형 계획으로 거듭나고 있는데 이는 GBA가 중국의 국가발전전략에서 차지하는 지위가 현저히 상승되었고 중국의 미래 발전을 견인하는 중임을 짊어지고 있다는 것을 보여주고 있다. GBA의 발전 연혁에서 《광둥성·홍콩·마카오 협력 심화 및 대만구 건설 추진 관련 기본협정》과 《광둥성·홍콩·마카오 대만구 발전계획 강령》은 상당히 큰 역할을 맡고 있으며 특히 후자는 거시적인 측면에서 GBA의 발전 방향성을 제시했고 미래의 아름다운 비전을 보여주었다.

2017년 체결된 《광둥성·홍콩·마카오 협력 심화 및 대만구 건설 추진 관련 기본협정》은 협력의 취지, 목표, 원칙, 중점 영역, 제도적 건설 등 분야의 내용을 명확히 하였다. GBA의 협력 취지는 "일국양제" 방침을 전면적으로 실행하고 혁신형 협력 메커니즘을 개선하며 호혜상생의 협력관계를 구축하면서 GBA 건설을 공동 추진하는 것이다. 협력의 목표는 광둥성이 지니고 있는 전국 개혁개방 선행지역 및 경제발전 중요엔진 역할을 강화하고 홍콩의 금융·해상 운송·무역 등 3대 글로벌 허브 지위를 공고히 하며 마카오를 세계급 관광휴양지로 만드는 것이다. 협력의 원칙은 개방 확대와 혁신 구동, 장단점 보완과 호혜상생, 시장 주도와 정부 지원, 선행 시범과 중점 돌파, 생태 우선 및 친환경 발전이다. 협력의 범위에는 인프라 호연호통(互联互通, 상호 연결), 시장 통합화, 국제과학기술혁신센터 설립, 현대화 산업체계 구축, 거주·경영·관광 적합형 생활권 조성, 국제협력 중 우세 분야 육성, 중대 협력 플랫폼 구축 등이 포함된다. 제도적 건설에는 조율 시스템과 실행 시스템 최적화, 대중들의 참여 유도체계 등이 포함된다. 최종 목적은 GBA의 종합적 우위를 충분히 발휘하여 마카오와 홍콩의 발전에 새로운 모멘텀을 부여하고 마카오와 홍콩의 장기적인 번영과 안정을 도모하는 것이다.

2019년 2월 발표된 《광둥성·홍콩·마카오 대만구 발전계획 강령》은 더욱 거시적인 측면에서 GBA 건설의 총체적 구도를 제시했고 GBA 건설의 서막을 열어주었다. 강령은 GBA를 활력 넘치는 세계급 도시 클러스터, 글로벌 영향력을 지닌 국제과학기술혁신센터, "일대일로" 건설의 중요한 버팀목, 내륙·마카오·홍콩 심층 협력 시범구, 거주·경영·관광 적합형 생활권으로 포지셔닝하고 있다. 강령의 기본원칙은 혁신 구동과 개혁 주도, 조화롭고 통합적인 발전, 친환경 발전과 생태계 보호, 개방협력과 호혜상생, 공동 발전과 민생 개선, "일국양제"와 법치 등을 포함한다. 발전 목표는 2022년까지 GBA의 종합실력을 현저히 증진시키고 더욱 심층적인 역내 협력을 추진하며 발전 동력 내재화를 실현하는 것을 통해 넘치는 활력, 뛰어난 혁신능력, 체계적인 산업화 구도, 원활한 요소 유동, 아름다운 생태환경 등을 집대성한 국제 일류의 베이 에리어와 세계급 도시 클러스트를 기본적으로 형성하는 것이다. 그리고 2035년까지 (1)혁신을 골자로 하는 경제체계와 발전모델을 형성하고 경제실력과 과학기술력을 대폭 향상하며 국제경쟁력과 영향력을 가일층 증진한다. (2)GBA 역내 시장 간 높은 수준의 호연호통을 기본적으로 실현하며 다양한 자원과 요소의 효율적인 유동을 보장한다. (3)역내 발전의 조화성을 현저히 향상하고 주변 지역에 낙수효과를 가져다 준다. (4)인민들이 더욱 부유한 삶을 영위한다. (5)사회 문명이 전례 없이 높은 단계에 진입하고 문화 실력이 현저히 강화되며 중화문화의 영향이 더욱 광범위하게 전파되고 다양한 문화 간 교류와 융합이 가일층 촉진된다. (6) 자원 절약과 효율성이 눈에 띄게 제고되고 생태환경이 효과적으로 보호되며 거주·경영·관광 적합형 생활권이 전면적으로 건설된다.

GBA 구축의 의미

GBA를 구축하고 세계적인 도시 클러스트로 육성하는 것은 시진핑 동지를 핵심으로 하는 중국 당중앙이 내린 중대한 결정사항이며 새로운 시대를 맞아 전면적으로 개방된 신(新) 국면을 형성하기 위한 새로운 시도이자, "일국양제" 사업의 발전을 추진하는 새로운 실천방식이다.

첫째, GBA는 "일국양제"의 실천 내용을 풍부히 하고 중국 내륙과 홍콩, 마카오 간의 교류와 협력을 강화시키며 홍콩과 마카오의 경제 사회 발전, 그리고 홍콩과 마카오 동포의 내륙 진출 발전에 더 큰 기회를 가져다 줄 수 있다. 또한 홍콩과 마카오의 중국 국가발전전략 참여, 국제 경쟁력 강화, 장기적인 안정과 번영 실현에 중요한 영향력을 끼치고 있다. 구체적으로는 (1)광둥성·홍콩·마카오 간 인원, 물류, 자금, 정보 유통을 저해하던 제도적 장벽을 허물어 버리고 제도 관련 갈등이 발생할 리스크를 줄여주었다. (2)국가급 실험실, 국가급 중대 과학기술 인프라, 종합형 국가 과학센터 등을 홍콩과 마카오 지역에 개방하고 홍콩과 마카오의 과학자와 연구 기구들이 적극적으로 국제 과학기술 프로젝트와 공정에 참여하는 것을 지지한다. (3)마카오와 홍콩의 청년들의 대만구 취업 및 창업을 독려한다. 일련의 혁신창업기지 건설을 통해 마카오와 홍콩 청년들에게 창업 교육 보조금, 임대료 보조금, 창업 인큐베이팅 보조금 등을 제공하고 마카오와 홍콩 청년들의 우수한 창업 프로젝트에 자금을 지원하며 이들에게 더욱 양질의 근무 조건과 더욱 다양한 취업 기회를 제공한다. (4)마카오와 홍콩 주민들에게 우대형 세수정책을 적용한다. 개인소득세 관련 정책으로는 마카오와 홍콩, 대만 주민 및 외국인들의 내륙 거주시간 기준을 완화하고 출입국 왕복 당일은 내륙 거주일자에 포함시키지 않는 것 등이 있다. 이러한 정책과 조치들은 홍콩과 마카오 지역이 "일국양제"의 제도적 보너스를 충분히 누릴 수 있게끔 만들어 주고 있다.

둘째, GBA는 새로운 발전 이념을 이행하고 새로운 모멘텀을 육성하며 새로운 혁신 구동형 발전을 실현하면서 중국 경제의 혁신력과 경쟁력 향상에 강력한 버팀목이 되어주고 있다. 《광둥성·홍콩·마카오 대만구 발전계획 강령》은 홍콩, 마카오와 내륙 간 과학기술 혁신 협력 강화를 미래의 중점 추진 업무로 지정하고 있다. 광둥성·홍콩·마카오는 특출난 과학기술 연구개발 및 전환 능력을 지니고 있고 전 중국, 더 나아가 전 세계적으로도 중요한 영향력을 가지는 대학교, 과학기술연구소, 하이테크기업과 국가급 과학공정을 보유하고 있으며 국제과학기술혁신센터 건설의 양호한 기반을 구비하고 있다. 혁신 구동형 발전전략 이행, 광둥성·홍콩·마카오 간 혁신 협력 강화, 개방형·융합발전형 역내 혁신공동체 구축, 글로벌 혁신 자원 포커싱, 혁신제도와 정책환경 최적화, 과학기술성과 전환능력 집중 향상은 GBA를 세계적인 과학기술혁신기지와 신흥산업책원지(策源地)로 만드는데 긍정적인 영향을 미칠 수 있다.

셋째, GBA는 "일대일로" 건설 추진 및 지역 간 상호 개방을 통한 실크로드 경제벨트와 21세기 해상 실크로드 연결에 있어 중요한 연결고리 역할을 하고 있다. "일대일로" 이니셔티브가 제기된 이후, 광둥성·홍콩·마카오가 힘을 합쳐 "일대일로"를 함께 건설하는 협력의 틀이 어느 정도 형성되었다. GBA는 중국 대외개방의 전초기지이며 뚜렷한 지역적 우세와 탄탄한 산업 기반을 가지고 있다. 특히 과학기술 혁신과 현대화 서비스업에서 비교적 강한 경쟁력을 지니고 있는데 이는 GBA가 "일대일로" 건설에서 차지하는 중요한 전략적 지위를 한층 더 공고하게 만들어주었다. "일대일로" 건설이 꾸준히 진행됨에 따라 GBA에 더욱 높은 수준의 국제 협력과 경쟁에 참여할 수 있는 새로운 기회를 제공해 주고 있다. GBA는 세계 일류의 초대형 도시 클러스트와 국제 자유무역항으로 성장할 수 있는 거대한 잠재력을 지니고 있다. 따라서 GBA가 향후 투자와 기업 경영 환경을 개선하고 시장의 통합화 수준을 향상하며 국제화 시장 규칙에 눈높이를 맞추고 새로운 개방형 경제체계 구축을 가속화할 수 있다면 "일대일로" 건설을 지탱하는 중요한 허브로 거듭날 것이라 믿어 의심치 않는다.

(집필자: 쟈중정 贾中正)

73. 새로운 서부 육상·해상 통로

새로운 서부 육상·해상 통로(이하 "서부 신(新)육해통로"로 약칭)는 중국 서부 지역의 복지에 위치해 있고 북쪽으로는 실크로드 경제벨트, 남쪽으로는 21세기 해상 실크로드와 닿아있으며 지역 간 조화로운 발전 구도에서 중요한 전략적 역할을 발휘하고 있다.

총체적 계획

2019년 8월, 중국국가발전개혁위원회는 《서부 신육해통로에 관한 총체적 계획》(이하 《계획》으로 약칭)을 배포했다. 이는 육상·해상 상호 개방을 심화하고 서부대개발을 새로운 단계로 견인한 중요한 조치였으며 계획기간은 2019년부터 2025년까지, 전망기간은 2035년까지로 정했다. 《계획》에 따르면, 현재 세계는 거대한 발전, 거대한 변혁, 거대한 조정 시기에 처해 있으며 중국의 발전은 여전히, 그리고 향후 오랜 시간 동안 중요한 전략적 선택기를 겪게 될 것이다. 지역간 조화로운 발전 전략이 심도 있게 추진되고 있지만 서부대개발은 여전히 일련의 도전과 과제에 직면해있다. 따라서 앞으로 서부 지역의 교통 인프라 건설을 강화하고 기존 통로를 확대하며 장강경제벨트와 유기적으로 결합하면서 물류의 수준과 효율을 향상해야 한다. 서부 신육해통로 건설 가속화는 서부지역의 "일대"와 "일로" 연결 작용을 충분히 발휘하고 육상·해상 상호 개방을 촉진하며 서부대개발의 새로운 구도를 형성하고 지역 경제의 질적 성장을 추진하는데 있어 중요한 현실적 의미와 심원한 역사적 의미를 겸비하고 있다. 《계획》은 충칭(重庆)에서 출발하여 구이양(贵阳), 난닝(南宁)을 거쳐 북부항 출해구(북부항만, 양푸洋浦항만)에 다다르는 통로, 충칭에서 출발하여 화이화(怀化), 류저우(柳州)를 거쳐 북부항 출해구에 다다르는 통로, 청두(成都)에서 출발하여 루저우(泸州), 바이서(白色)를 거쳐 북부항 출해구에 다다르는 통로를 통틀어 서부 신육해통로를 구성하는 3대 주요 통로로 정의했다. 《계획》은 종합형 국제교통 허브를 구축하고 "일대일로"와 장강경제벨트 접점에 위치한 충칭의 지리적 우세를 충분히 발휘하여 통로 내 물류 및 운영 센터를 설립하는 것을 목표로 삼고 있다. 《계획》은 또한 청두의 국가 상품무역 물류센터의 역할을 발휘하여 통로 발전을 견인해야 한다고 밝혔으며 광시(广西)성 북부항만을 글로벌 무역항구로 육성하고 하이난(海南)성 양푸항만의 글로벌 컨테이너 운송허브 역할을 발휘하면서 통로의 출해 기능을 향상해야 한다고 강조하였다. 《계획》에 따르면, 서부 신육해통로는 3대 주요 통로를 중심으로 서남지역의 교통 운수 네트워크를 최적화하고 구이양, 난닝, 쿤밍(昆明), 준의(遵义), 류저우 등 서남지역 중점 도시 및 물류 허브들과의 연결성을 강화하면서 서남지역 경제 사회의 질적 발전에 이바지해야 한다. 또한 주요 통로와 서부 지역의 종합운수통로를, 서부 신육해통로와 실크로드 경제벨트를 유기적으로 결합하여 서북지역의 발전에 낙수효과를 가져다줘야 한다. 이 외에도, 서남지역의 전통적인 출해구인 잔장항(湛江港)을 적절히 활용하여 통로와 장강경제벨트

간의 연결성을 강화해야 한다.[01]

《계획》은 2020년까지의 요구사항으로 일련의 철도, 물류 허브 관련 중대 프로젝트 정식 착공, 충칭내륙국제물류센터 초반 건설 준공, 광시성 북부항만과 하이난성 양푸항만 간 자원통합 가시적 성과 도출, 철도·해상 공동운수와 다양한 형태 복합운수의 "마지막 1마일" 개통, 통관 효율 대폭 향상, 통로 물류 수준의 현저한 제고, 서부 신육해통로의 서부대개발 지원 역할 부각 등을 나열했고 2025년까지 경제성, 효율성, 편의성, 친환경성, 안전성을 모두 구비한 서부 신육해통로가 기본적으로 건설 완료되어야 한다고 요구하고 있다. 2035년까지의 요구사항으로는, 서부 신육해통로 전면 건설, 더욱 강력한 통로 운송 능력, 더욱 합리적인 허브 구조, 더욱 편의한 복합운송방식, 세계 일류의 물류 서비스와 통관 효율, 대폭 하락한 물류 비용, 현저히 제고된 통합 발전 수준, 현대화 경제체계 지원 등을 들고 있다. 이 외에도 《계획》은 운송 통로 건설 가속화, 물류 인프라 건설 강화, 통로 운행 및 물류 효율 향상, 통로와 지역 경제 간 융합 발전, 통로의 대외개방 및 국제협력 수준 강화 등에 대한 설명 내용을 담고 있다.[02]

---

01   《서부 신육해통로에 관한 총체적 계획》, 2019년 8월 15일, 신화통신,http://www. xinhuanet.com/politics/2019-08/15/c_1124880536. htm.

02   《국가발전개혁위원회가 배포한 〈서부 신육해통로에 관한 총체적 계획〉》, 2019 년 8월 15일, 인민망, http://finance. people. com. cn/n1/2019/0815/c1004-31298004.htm.

"일대일로" 와의 결합 및 전망

《서부 신육해통로에 관한 총체적 계획》은 새로운 시대를 맞아 전면적 개방이라는 새로운 구도를 형성하기 위한 행동 목표이자 서부지역이 서로 손을 잡고 공동 발전을 도모하는 로드맵이기도 하다. 서부 신육해통로는 중국 서부 지역에서 "일대"와 "일로" 간 연결고리를 만들어 냈고 서부 공동 발전의 주요한 채널이 되었으며 육상과 해상을 아우르는 다양한 복합형 운수 시스템을 구축하고 물류 통로와 허브를 엔진으로 삼아 무역을 촉진하면서 중국과 아세안 사이의 경제무역 협력을 가일층 추진했다.[03]

중국 국무위원 겸 외교부 장관 왕이(王毅)는 2019년 8월 충칭시 방문 기간 특별히 "일대일로" 충칭국제물류허브와 디지털경제전시센터에 대한 실사를 진행했으며 "일대일로" 국제물류통로 건설 상황을 직접 확인했다. 왕이는 "충칭시의 지리적 우세를 충분히 발휘하고 역사와 지리 자원을 심층적으로 발굴하여 내륙의 개방 확대, 서부 신육해통로 건설, 높은 수준의 '일대일로' 공동건설에 기여해야 한다"고 강조했다.[04] 2019년 8월, 국무원은 《중국(광시)자유무역시범구에 관한 총체적 방안》을 발표하여 아세안 지역과의 협력을 강화하고 새로운 국제

---

03 리무위안(李牧原):《서부 신육해통로 서부 개방의 새로운 시대 개척》, 2019년 8월 16일, 중화인민공화국발전개혁위원회, https://www.ndrc.gov.cn/fggz/zessfz/ zegh/201908/t20190816_ 1145790.html.

04 《왕이(王毅): 서부 신육해통로 구축 높은 수준의 "일대일로" 공동건설 추진》, 2019년 8월 18일, 신화통신, http://www. xinhuanet. com/politics/2019-08/18/ c_1124890399.htm.

육상·해상 무역통로 건설을 추진하며 주변 지역과의 공동 개발 및 개방의 길을 모색해야 한다고 밝혔다. 그 후 광시성 정부는 금융, 인프라 등 분야에서 잇달아《서부 신육해통로 금융 지원에 관한 약간의 정책과 조치》《광시성 서부 신육해통로 가속 건설에 관한 약간의 정책과 조치(수정본)》등 일련의 정책성 문건을 제정하여 서부 신육해통로 건설을 전방위적으로 추진하고 "일대일로" 건설에 일조했다.[05] 또한 서부 신육해통로의 강력한 구동력에 힘입어 항만 화물 운송량도 연이은 증가세를 기록했다. 2019년 12월 31일 기준, 광시성 연해 철도의 연간 화물 운송량은 6611만 톤을 기록했고 이 중 화물 누적 발송량은 5665.66만 톤으로 전년 대비 12.7% 증가했다. 서부 신육해통로의 해상·철도 복합 화물 운송량은 114.7만 톤으로 동기 대비 163% 증가했고 역대 최고 기록을 경신했다.[06] 서북 지역 내륙에 위치한 간쑤(甘肃)성은 "일대일로" 건설에 따라 점차 대외 개방의 전초기지로 거듭나고 있다. 간쑤성은 란저우(兰州)무역상담회, 둔황(敦煌)문화박람회, 중의약박람회 등 국제화 플랫폼을 활용하고 새로운 국제 육상·해상 무역통로에 편승하면서 국제 에너지 협력을 증진하고 "일대일로" 주변국과의 교류를 지속적으로 강화하고 있다. 2019년 1~11월 간쑤성과 "일대일로" 주변국 간 교역액은 186.3억 위안까지 확대되었으며 간쑤성 수출입 총액의 54.2%를 차

---

05 《중점내용 선별! 2019 "일대일로" 정책 정리》, 2020년 1월 20일, 중국 일대일로 홈페이지, https : //www.yidaiyilu. gov. cn/xwzx/gnxw/116043. htm.

06 《2019년 서부 신육해통로의 해상·철도 복합 화물 운송량 동기 대비 163% 증가》, 2020년 1월 8일, 중국 정부 홈페이지, https://www. yidaiyilu. gov. cn/xwzx/dfdt/114863. htm.

지했다.[07] 2019년 9월 21일, 제16차 중국—아세안 박람회와 중국—아세안 비즈니스 투자서밋이 광시성 난닝(南宁)시에서 개최되었다. "'일대일로'공동건설 협력비전 공동제시"를 주제로 한 해당 서밋은 새로운 국제 육상·해상 무역통로, 자유무역구, 금융개방기지 및 GBA 건설을 중점적으로 다뤘다.[08] 2019년 10월 13일, 충칭(重庆), 구이저우(贵州), 간쑤, 칭하이(青海), 신장(新疆), 윈난(云南), 닝샤(宁夏), 산시(陕西), 스촨(四川), 네이멍구(内蒙古), 시짱(西藏) 등 12개의 서부 성·구·시(省区市)와 하이난성, 광둥성 잔장(湛江)시가 충칭에서 서부 신육해통로 공동건설에 관한 기본협정을 체결했다.[09]

실천이 증명하다시피,《서부 신육해통로에 관한 총체적 계획》은 산업 발전의 방향성을 제시해 주었다. 서부 신육해통로는 물류 산업에서 신흥무역 산업으로, 인프라에서 기업 경영환경으로, 수출 주도형에서 내수 견인형으로, 공동협력에서 동반혁신으로, 개념에서 실천으로의 과도를 완성했으며 모든 통로 참여 주체들이 전략적 배치에 박차를 가하고 있다. 서부 신육해통로는 물류를 통해 흥하고 무역을 통해 성공했으며 개발 단계에 처해 있던 서부 지역을 개방의 전초기지로 탈바꿈

---

07 《간쑤(甘肃)성과 "일대일로" 주변국 간 교역액간쑤성 수출입 총액의 과반수 차지》, 2019년 12월 27일, 중국신문망, https://www. chinanews.com/cj/2019/12-27/9044905. shtml.

08 《[실크로드 신문 개요] 2019년 9월 23일: 중국—아세안 박람회 "일대일로"에 포커싱하다》, 2019년 9월 23일, 중국 일대일로 홈페이지, https://www. yidaiyilu. gov. cn/xwzx/gnxw/104300.htm.

09 《12개의 서부 성·구·시(省区市) 충칭(重庆)에서 서부 신육해통로 공동건설에 관한 기본협정을 체결》, 2019년 10월 14일, 양광망(央广网) http://news.cctv.com/2019/10/14/ARTIghAWHuOupOKba3mx58U191014.shtml.

시켰다.[10]

(집필자: 판쥐앤룽 范娟荣)

---

10   리무위안(李牧原): 《서부 신육해통로 서부 개방의 새로운 시대 개척》, 2019년 8월
      16일, 중화인민공화국발전개혁위원회,https://www.ndrc.gov.cn/fggz/zessfz/
      zegh/201908/t20190816_1145790.html.

7부

전문분야 다자간
협력 이니셔티브 및 플랫폼

74. 아시아 문명 대화대회

형성 과정

"냉전" 종료 후 "문명충돌론"이 고개를 들기 시작하면서 문명은 하나의 분석 대상과 범주를 넘어서, 피아를 식별하고 국제 협력과 충돌을 판단하는 중요한 이론적 시각으로 자리 잡았으며 이는 세계 각 국 정부들의 문화와 문명에 대한 관심을 불러일으켰다. 아시아 지역 및 국가들을 놓고 보면, 일본과 동아시아 4마리 용(한국, 중국 대만, 중국 홍콩, 싱가포르)의 굴기 이후, 경제성장 배후의 문화적 요소에 대한 논의가 이뤄지긴 했지만 "문명충돌론"의 영향에는 미치지 못했다. 이는 서방문화가 여전히 전 세계적으로 절대적 지위를 차지하고 있다는 방증이기도 하다.

1998년 9월, 당시 이란 대통령인 모하메드 하타미가 "문명대화"를 제안했고 유엔은 해당 제안에 따라 2001년을 "문명 대화의 해"로 지정했다. 2000년 6월, 모하메드 하타미는 중국을 방문하였고 《중국―이란 공동 코뮈니케》를 발표했다. 《공동 코뮈니케》에는 "중국은 모하메드 하타미 대통령이 제기한 문명대화 이니셔티브와 유엔이 2001년을 문명 대화의 해로 지정한 것을 환영한다. 위대하고 유구한 역사를 지닌 아시아 문명 고국인 중국과 이란은 문화, 교육, 사회 등 분야에서의 교류와 협력 강화를 통해 문명대화의 의미를 선양하고 문명대화 관련 국제 협력을 추진하기로 의견을 모았다"라는 내용이 담겨있다.[01] 2001년 2월, 중국 정부는 외교부 부장관 왕광야(王光亜)가 이끄는 대표단을 이란에 파견하여 "아시아 문명 대화 국제세미나"에 참석시켰다. 이 후, 문명 대화는 아시아 국가 간 교류의 중요한 내용이 되었고 중국 대외정책의 중요한 구성 부분으로 자리 잡았다.

시진핑 주석은 서로 다른 문명 간의 교류와 학습을 유독 중요시하였다. 2012년 5월, 당시 국가 부주석을 맡고 있던 시진핑은 아랍연맹 비서장 나빌 알 아라비를 접견하여 인문 교류 증진과 문명 대화 촉진을 제안했다.[02] 2013년 4월, 시진핑 주석은 하이난(海南)에서 개최된 보아오 포럼에서 국제기구 책임자들을 만났을 때에도 서로 다른 문명 간 대화와 교류를 촉진해야 한다고 거듭 강조했다.[03] 2014년 3월, 시진핑 주석은 베이징에서 사우디아라비아 왕세자 겸 부총리, 국방부 장관 살만 빈 압둘아지즈를 접견하여 문명 대화와 인문 교류를 촉진해야 한다고 밝혔다.[04] 2014년 3월 27일, 시진핑 주석은 파리 유네스코 본부에서 기조연설을 발표하여 인류 문명 간 교류와 학습을 추진해온 유네스코의 기여를 높게 평가하였고 "중화문명은 중국 대지에서 나타난 문명이자, 기타 문명과의 끊임없는 교류와 학습을 통해 형성된 문명이기도 하다"

---

01 《중국—이란 공동 코뮈니케》,《인민일보》2000년 6월 23일 4면.

02 《시진핑 주석 아랍연맹 비서장 나빌 알 아라비 접견》,《인민일보》(해외판) 2012년 5월 9일 1면.

03 《시진핑 주석 제69기 유엔총회 이장 부크 예레미치(Vuk Jeremić), 국제통화기구 총재 크리스틴 라가르드(Christine Lagarde), 미국게이츠기금회 주석 빌 게이츠(Bill Gates) 접견》,《인민일보》2013년 4월 9일 1면.

04 《시진핑 주석 사우디아라비아 왕세자 겸 부총리, 국방부 장관 살만 빈 압둘아지즈 접견》,《인민일보》2014년 3월 14일 1면.

라고 강조했다.[05] 2016년 1월, 시진핑 주석은 아랍연맹 본부에서 기조연설을 통해 "중화문명과 아랍문명은 체계와 특색이 서로 상이하지만 모두 인류 발전과 진보를 위한 공동된 이념과 추구를 지니고 있으며 평화, 관용, 자율 등 가치관을 공유하고 있다. 우리는 문명 간 대화를 추진하고 상호 포용과 학습을 제창하며 민족문화 전통과 현 시대의 접점을 함께 발굴해 나가야 한다"고 밝혔다.[06]

2019년 5월 15일, 아시아 문명 대화대회가 베이징에서 성황리에 개최되었으며 아시아 47개 국가와 5대주에서 온 2000여명의 귀빈들이 대회에 참석했다. 시진핑 주석은 개막식 연설에서 서로 다른 국가, 민족, 문화 간 상호 교류와 학습과 관련하여 아래와 같이 4대 주장을 제기했다. 첫째, 상호 존중과 평등 대우를 견지해야 한다. 둘째, 서로의 장점을 포용하면서 시너지 효과를 창출해야 한다. 셋째, 개방과 포용, 상호 학습을 견지해야 한다. 넷째, 시대의 흐름에 순응하면서 혁신적인 발전을 도모해야 한다.[07]

주요 내용

시진핑 주석은 개막식 연설에서 아시아 문화 유산 공동 보호, 아시아 고전물 번역계획과 아시아 영화·TV 교류 협력계획 실행, 싱크탱크 교류 협력 네트워크 구축, 아시아 관광 촉진계획 실행 등 4대 행동 강

05 《시진핑, 국정운영을 논하다》, 외문출판사 2014년호, 260페이지.

06 《시진핑, 국정운영을 논하다》(제2권), 외문출판사 2017년호, 464페이지.

07 시진핑:《문명 간 교류와 학습 강화, 아시아 운명공동체 공동건설—아시아 문명 대화대회 개막식에서의 기조연설》,《인민일보》2019년 5월 16일 2면.

령도 함께 제시했다. 이러한 조치들은 아시아 문명 교류 증진에 큰 영향을 끼치고 있다.

아시아 문명 대화대회는 다양한 내용을 담고 있다. 대회는 아시아 문화카니발외에도 "아시아 국가 국정운영 경험 교류 포럼" "아시아 문명 다양성 수호 포럼" "문화 관광과 인적 교류 포럼" "아시아 문명 전승과 발전에 대한 청년의 책임 포럼" "아시아 문명 글로벌 영향력 포럼"과 "아시아 문명 간 상호 학습 및 인류 운명공동체 공동 구축 포럼" 등 6대 포럼을 준비하였다.

아시아 문명 대화대회 준비위원회에 따르면, 해당 대회는 일련의 문명 교류 관련 실질적인 성과를 거두었는데 총 4대 부류, 26개 세부 조치로 나눌 수 있다. 첫째, 《아시아 문명 대화대회 2019 베이징 컨센서스》를 발표했다. 둘째, 다자·양자 간 협력 이니셔티브가 다수 발의되었다. 셋째, 다자·양자 간 협력 문건이 다수 체결되었다. 넷째, 프로젝트 성과와 연구 보고서가 다수 발표되었다.[08]

1352명의 회의 대표들이 형성한 공감대를 내포하고 있는 《아시아 문명 대화대회 2019 베이징 컨센서스》 아시아 선조들이 창조한 눈부신 문명 성과를 높게 평가하였고 아시아 국민들의 문화적 자부심을 고취하여 아시아 문명의 새로운 역사를 써내려가야 한다고 강조하고 있다. 아시아 문명 대화대회는 아시아, 더 나아가 전 세계 문명 간 평등한 대화, 상호 학습, 공동 발전을 촉진할 수 있는 플랫폼 역할을 하고 있다. 다양한 문명들은 마땅히 상호 존중과 포용 학습의 이념을 이행해야 하

---

08 《아시아 문명 대화대회 준비위원회가 발표한 대회 성과》, 《인민일보》 2019년 5월 16일 3면.

며 문명 우월주의가 아닌 문명 공존의 길을, 문명 간 충돌이 아닌 문명 간 상생의 길을, 문명 단절이 아닌 문명 융합의 길을, 문명 고착화가 아닌 문명 공동번영의 길을 걸어야 한다. 아시아와 국제사회는 이번 대회를 새로운 기점으로 삼아 더욱 광범위하고 심층적인 문명 간 대화, 교류 및 협력을 추진하면서 아시아 운명공동체와 인류 운명공동체 구축을 위한 인문, 사회, 민심 기반을 튼튼히 다져야 한다.[09]

현실적 의미

중국은 아시아 발전과 세계 발전에 더 큰 기여를 하기 위해 "일대일로" 이니셔티브와 "인류 운명공동체" 이념을 제기했다. "일대일로" 이니셔티브의 본질은 다양한 국가의 공동 발전을 도모하는 것이다. 선진국이 된 후 규칙을 제정하기에 급급한 서방국가들과는 달리, 중국은 실천을 통해 학습하고 인프라 건설을 우선적으로 추진하여 더 많은 사람들이 발전의 결실을 누릴 수 있도록 해야 한다고 주장하고 있다. 운명공동체라 하면 공동으로 미래를 맞이하고 미래를 공유해야 하며 장기적인 비전과 공동의 계획 제정을 통해 정치적 컨센서스를 형성해 나가야 한다.

아시아 지역의 부흥에 따라, 사람들은 아시아에 대해 새롭게 인식하고 있으며 아시아 인민들의 입장에서 아시아의 전통과 현대적 가치를 이해하기 시작했다. 아시아 문명 대화대회의 개최는 새로운 문명 교류의 시대가 곧 열릴 것임을 보여주고 있다. 지금의 세계는 백 년만의

---

09 《아시아 문명 대화대회 2019 베이징 컨센서스》, 《인민일보》 2019년 5월 16일 3면.

큰 변화를 겪고 있고 세계 인구의 2/3를 차지하는 아시아가 다시 굴기하고 있다. 아시아는 문명의 다양성을 제창하고 문명간 교류와 학습을 끊임없이 추진하면서 세계 평화와 발전 수호 과정에서 중요한 역할을 발휘하고 있다.

(집필자: 중페이팅 钟飞腾)

75. "일대일로" 국제협력서밋 자문위원회

개념의 제기

제1차 "일대일로" 국제협력서밋의 결과물인 "일대일로" 국제협력서밋 자문위원회(이하 "자문위원회"로 약칭)은 2018년 설립되었으며 관련국 전임 정부 고위층, 국제기구 책임자, 기업계 리더, 관련 분야 학자 등 국제적 영향력을 지닌 인사들이 개인 신분으로 자문위원회 활동을 진행하고 있다. 자문위원회는 비영리 국제자문기구이며 "일대일로"와 국제협력서밋에 컨설팅 서비스를 제공해준다.

2018년 12월 16일, 자문위원회 제1차 회의가 베이징에서 개최되었다. 중국공산당 중앙위원회 정치국 위원, 중앙외사업무위원회 판공실 주임 양제츠(杨洁篪)가 개막사를 발표한 뒤 전체 위원들을 접견했다. 중국 외교부 부부장 러위청(乐玉成)이 관련 행사에 참여했고 외교부 부장 보좌관 장쥔(张军)이 중방 대표로 회의 사회를 맡았다. 회의는 "일대일로" 이니셔티브, 유엔《2030 지속 가능 발전목표(SDGs)》, 세계경제 성장, "일대일로" 국제협력 중점 분야, 메커니즘 및 역량 건설 등 의제를 광범위하게 다루었다. 자문위원회 위원들은 "일대일로" 이니셔티브에 대한 찬사를 아끼지 않았고 "일대일로" 관련 국제협력의 진전을 높게 평가했으며 "일대일로" 공동건설이 개방형 세계경제 체계 구축, 지속 가능한 발전 촉진, 글로벌 도전 대응에 긍정적으로 작용할 것이라고 입을 모았다. 자문위원회 위원들은 각 주체들이 공동상의·공동건설·상호 공유의 원칙을 견지하고 인프라 상호 연결을 둘러싼 실질적인 협력을 강화하여 더 많은 초기 성과를 거두고 이를 계기로 《2030 지속 가능 발전목표》와 공동 번영을 실현해야 한다고 건의했다. 자문위원회 위원들은 2019년 개최될 제2차 "일대일로" 국제협력서밋이 다자주의를 견지하고 각 참여 주체들의 협력을 강화하며 메커니즘과 역량 건설을 체계화하면서 더 많은 긍정적인 성과를 도출할 수 있기를 기대한다고 밝혔으며 많은 건설적인 제안을 제기했다. 양제츠는 "'일대일로'이니셔티브는 지난 5년 동안 국제사회로부터 적극적인 호응을 받았고 '일대일로' 공동건설은 이미 국제적인 컨센서스를 넘어 세계경제 성장을 견인하고 무역과 투자의 자유화·편의화를 촉진하며 공동으로 도전에 대응하고 경제 글로벌화를 추진하는 기회의 플랫폼으로 거듭나고 있다. 중국은 각 관련 주체들과 함께 개방, 연결, 협력, 친환경을 골자로 하는 발전 노선을 추진하고 다자주의를 흔들림 없이 옹호하며 개방형 세계경제와 호연호통(互联互通, 상호 연결)의 파트너 관계를 구축하여 전 세계 발전 사업에 기여할 것이다"라고 밝혔다. 양제츠는 또한 "자문위원회 설립은 '일대일로' 다자간 협력의 중요한 성과인 만큼 모든 위원들이 적극적으로 의견을 개진하고 '일대일로' 국제협력을 공동 추진하면서 자문위원회를 국제협력서밋의 싱크탱크로 만들어야 한다"고 강조했다.

2019년 4월 24일, 자문위원회가 제2차 "일대일로" 국제협력서밋 준비위원회에 제공한 《"일대일로" 공동건설: 더욱 아름다운 미래 건설》이라는 정책 건의서가 "일대일로" 홈페이지와 제2차 "일대일로" 국제협력서밋 홈페이지를 통해 발표되었다. 해당 건의서는 유엔 아시아

태평양 경제사회위원회 전임 집행비서관 샴사드 악타르와 세계은행 전임 부은행장 겸 베이징대학 국가발전연구원 명예원장 린이푸(林毅夫)가 공동 집필했으며 제1차 자문위원회 회의 내용을 토대로 "일대일로" 협력 진전을 결합하여 "일대일로" 협력이 호연호통 강화, 세계경제 성장 촉진,《2030 지속 가능 발전목표》실현에 끼치는 긍정적인 영향력을 분석 및 연구했다. 해당 건의서는 "일대일로" 협력의 향후 중점 협력 분야와 발전 방향에 대해 논의했고 △다자주의 지지 △개방형 세계 경제 구축 △인프라와 정책 연결성 강화 △실질적인 협력 추진 △"일대일로" 브랜드화 △국제협력서밋 메커니즘 개선 등에 대한 정책적 건의를 제시했다.

2019년 12월 21~22일, 자문위원회 제2차 회의가 중국 베이징에서 개최되었다. 중국 외교부 부부장 마차오쉬(马朝旭)가 회의 사회를 맡았고 프랑스 전 총리 장 피에르 라파랭, 러시아 전 총리 미하일 프라드코프, 이집트 전 총리 에삼 샤라프 등 자문회 위원이 회의에 참석했다. 금번 회의는 주로 제2차 "일대일로" 국제협력서밋 결의사항 실행, 높은 수준의 "일대일로" 공동건설 등 의제를 다루었다. 자문위원회 위원들은 "일대일로" 공동건설이 취득한 진전에 찬사를 보냈고 높은 수준의 "일대일로" 공동건설 이념이 내포한 공동상의·공동건설·상호공유의 원칙, 친환경·개방·청렴의 이념, 민생 개선과 관련된 높은 기준의 지속 가능 목표 등을 높게 평가했으며 △높은 기준의 프로젝트 건설 △"일대일로" 협력 네트워크 체계화 △호연호통 파트너관계 구축 △세계 경제성장 촉진 △개방형 세계 경제 건설 △《2030 지속 가능 발전목표》실현 등 조치를 통해 제2차 "일대일로" 국제협력서밋의 정치적 공감대를 성과로 전환시켜야 한다고 건의했다.

설립의 의미

첫째, 자문위원회 설립은 "일대일로" 건설 가속화에 유리하다. "일대일로" 프레임 내에서 "6개의 회랑, 6개의 길, 많은 국가, 많은 항만"을 골자로 하는 호연호통 구도가 기본적으로 형성되었고 일련의 실질적인 협력 프로젝트들이 잇달아 실행되면서 세계 경제성장에 새로운 모멘텀을 불어넣고 새로운 공간을 창출해 주었다. "일대일로" 이니셔티브가 중요시하는 인프라 건설은 경제발전 촉진과 생산 효율 및 능력 향상에 큰 영향력을 끼치고 있다. 예를 들어, 영국 "일대일로" 특사 더 글라스 플린트(Douglas Flint)는 기자와의 인터뷰에서 "하드 인프라와 소프트 인프라 간 상호 연결은 매우 중요한 문제인데 '일대일로'는 해당 문제를 겨냥하여 발의된 야심 넘치는 프로젝트이며 미래의 세계 경제 번영에 지대한 영향을 끼치고 있다"고 밝힌 바 있다. 또한 영국이 "일대일로"에서 맡은 역할이 무엇이냐는 질문에 대해서는 "영국의 우세는 국제 기준에 부합되는 프로젝트를 자세히 연구하여 '일대일로' 융자 능력 향상에 일조하는 것이다"라고 답했다. 이 외에도 그는 "지속 가능성, 실행 가능성, 투명성 등 국제 표준이 세계 각지, 그리고 런던의 자금들을 대거 끌어들이고 있는데 이것이 우리가 세계에 가장 크게 기여할 수 있는 부분인 것 같다." "인프라 건설은 장기적인 프로젝트이기에 그 실효성과 야기할 수 있는 금융 리스크에 대해 갑논을박이 끊이질 않고 있다." "하지만 결과적으로 봤을 때, 인프라 프로젝트는 확실히 현지의 경제 발전에 많은 긍정적인 영향을 끼치고 있으며 이를 수반한 일자리 증가, 교통 운송 비용 저감 역시 현지 경제 발전 촉진에 현저한 효과를 가져다 주고 있다." 등 "일대일로" 관련 입장을 피력했다.

둘째, 자문위원회 설립은 인류 운명공동체 설립에 유리하다. 이집트 전 총리 에삼 샤라프(Essam Sharaf)는 호혜상생과 미래 공유를 "일대일로" 이니셔티브의 가장 중요한 의미로 꼽고 있다. "모두가 함께 노력하고 함께 수확할 수 있는 이념은 희망으로 가득 차기 마련이다. 향후 공동체 건설에 좀 더 집중하고 사람들 사이의 연결을 강화하면서 전 인류가 공유할 수 있는 미래공동체를 건설할 수 있기를 기대해 본다." "일대일로" 자문위원회 위원들은 다양한 국가 출신에 다양한 정치 및 학술 배경을 지니고 있기에 서로 다른 관점에 입각하여 "일대일로" 건설에 다양한 의견을 제시해 줄 수 있으며 이것이 바로 다자간 협력의 구현이다. 에삼 샤라프는 또한 "우리는 어떻게 해야 '일대일로'에 대한 사람들의 이해를 증진시킬 수 있을지 고민하고 있다. 현재 '일대일로'에 관한 많은 오해와 부정적인 평가들이 팽배하며 특히 서방국가에서는 더욱더 그러하다"고 밝혔다. 인도네시아 전 관광창조경제부 장관 마리 엘까 빵에스뚜(Mari Elka Pangestu)도 아래와 같이 자신의 의견을 밝혔다. "자문위원회 위원들은 '일대일로' 관련 프로젝들이 향후 더욱 다자주의 색채를 띨 것이고 중국을 포함한 다양한 주체들이 '일대일로' 프레임 안에서 협력의 저변을 넓혀갈 것이라 믿고 있다. 중국은 여전히 적극적으로 세계은행과 산하 국제금융회사 등 관련 주체들과 협력을 강화하고 있다. '일대일로'를 둘러싼 대부분 비난들은 사실무근이며 우리는 향후 다자간 협력을 통해 이런 비난과 몰이해를 줄여나가야 한다." "이익을 공유할 수 있어야 원원을 실현할 수 있다. 자문위원회 위원 모두가 '일대일로' 이니셔티브가 내포하고 있는 긍정적인 가치관들을 신뢰하고 있다." "2017년 1월, 시진핑 주석이 다보스포럼에서 인류 운명공동체에 대한 구상을 제기했는데 나는 해당 구상이 전 세계적으

로 공유를 독려할 수 있는 비전이라고 생각하며 우리가 살고 있는 지금
의 시대적 현실에도 부합된다고 보고 있다."

(집필자: 궈진펑 郭金峰)

"일대일로" 수첩

76. "일대일로" 국제과학조직연맹

개념의 제기

"일대일로" 주변 국가 및 지역과의 과학기술 협력을 가일층 강화하고 공동으로 도전에 대응하며 "일대일로" 과학기술 혁신공동체를 구축하기 위해 중국과학원이 주도하고 40개 국가 및 지역의 과학연구기구와 국제과학기술조직들이 공동으로 참여한 "일대일로" 국제과학조직연맹(이하 "ANSO"로 약칭)이 정식으로 설립되었다. ANSO는 중국과학원 주도로 설립된 비영리 및 비정부 국제과학조직이며 "일대일로" 건설 과정에서 빈번하게 발생하는 문제점들에 대한 해결 방안을 도출하고 세계 과학계가 직면한 다양한 도전에 대응하는 것을 목적으로 삼고 있다. ANSO는 "일대일로" 이니셔티브 프레임 안에서 주변 국가와 지역의 과학연구기구 및 국제조직들이 공동으로 발의한 첫 종합형 국제과학기술조직으로서, 주변 국가와 지역 간 심층적인 과학기술 협력 추진, 공동의 도전 대응, 민심 상통과 인문 교류 촉진, 인류 운명공동체 구축을 뒷받침해 주는 제도적 플랫폼 역할을 발휘하고 있다.

ANSO의 설립

2018년 11월 4일, "일대일로 과학기술 협력과 지속 가능한 발전"을 주제로 한 "일대일로" 국제과학조직연맹 성립대회 및 제2차 "일대일로" 과학기술혁신 국제세미나가 중국 베이징에서 개최되었다. 40여 개의 "일대일로" 주변국에서 온 700여 명의 과학연구기구 및 대학교 책임자, 국제조직 대표, 국제 유명 전문가들이 개막식에 참석하여 ANSO 공동 설립 및 "일대일로" 지역 과학기술 혁신과 협력에 대해 의견을 교환했다. 시진핑 주석이 ANSO 성립대회에 보낸 축하메시지에는 아래와 같은 내용이 담겨있었다. "'일대일로'공동건설은 국제사회로부터 적극적인 호응을 받고 있다. 관련국들과 과학기술 협력을 추진하는 것은 '일대일로' 공동건설의 중요한 내용이며 민생 개선, 발전 촉진, 공동의 도전 대응 등 분야에서 긍정적인 역할을 하고 있다. 각 나라 과학계가 힘을 합쳐 '일대일로' 국제과학조직연맹의 플랫폼 기능을 충분히 발휘하고 과학기술혁신정책과 발전전략 간 매칭을 강화하며 중대 과학기술협력 프로젝트를 추진하고 혁신형 창업 인재를 육성하며 과학기술 혁신역량을 제고하면서 민심 상통과 경제사회의 지속 가능한 발전을 위해, 친환경의 길과 혁신의 길 건설을 위해, 그리고 인류 운명공동체 구축을 위해 중요한 기여를 해 주길 기대한다."

2018년 11월 4일, ANSO 이사회와 회원국은 만장일치로 "일대일로" 국제과학조직연맹의 설립을 선포했다. ANSO의 설립 취지는 다음과 같다. (1)"일대일로" 과학기술혁신 공동체를 구축하여 각 국 경제사회의 지속 가능하고 높은 수준의 발전을 촉진한다. (2)"일대일로" 지역 공동의 도전과 중대한 수요에 포커싱하고 각 국의 과학기술혁신정책 간 소통과 전략적 매칭을 촉진하며 중대 과학기술협력 프로젝트를 공동 기획 및 실행한다. (3)혁신 능력의 상호 개방을 추진하고 혁신 자원과 데이터의 상호 공유를 확대한다. (4)혁신형 인재의 육성을 강화하고 과학기술 혁신역량을 공동으로 제고한다. ANSO 이사회와 회원국 회의에서 각 회원대표들은 연맹의 정관 내용과 관리 구조를 확정했고 향후 발전 계획을 발표했으며 중국과학원 칭장(青藏)고원연구소에 ANSO 사무처를 설립하고 연구소 소장 천파후(陈发虎) 원사를 사무처 집행주임으로 임명한다고 선포했다.

ANSO의 운영

2019년 4월, 37개의 ANSO 제1기 회원조직들이 공동으로 《2019~2020 ANSO 행동계획》을 발표하면서 "일대일로" 주변국들의 과학기술 혁신 및 협력을 강화할 것이라고 선포했다.

첫째, ANSO상장을 설립한다. "일대일로" 과학기술협력에서 탁월한 성과를 거두었거나 국가와 지역 발전에 특출난 기여를 한 개인과 조직에 상장을 수여한다. 상장은 과학상(기후변화, 자연재해, 수자원, 대기오염과 인류건강, 농업과 식량 안전, 에너지 안보, 빅데이터)과 민생상(기술 이전, 빈곤 퇴치, 재해 방지 및 복구)을 포함한다.

둘째, ANSO 장학금을 설립한다. "일대일로" 주변국과 기타 역외 국가들의 우수한 유학생들에게 중국과학원 석박사 과정 장학금을 지원하는 것을 통해 주변국 및 기타 국가들과의 청년과학기술인재 육성 및 과학기술능력 건설 관련 협력을 강화하고 국제과학기술협력의 인적 기반을 다진다.

셋째, ANSO 전문분야 연맹을 구축한다. 중국과학원 산하 20여 개의 연구소들이 "일대일로" 관련 국제조직을 설립했으며 기초과학, 응용과학, 융복합학과, 첨단과학기술, 기술 이전, 빅데이터. 인재 육성 등 다양한 분야에서 ANSO의 연구를 지원하고 있다.

넷째, 공동 교육 커리큘럼을 개설한다. 회원조직들 간 다양한 분야에서의 과학기술협력 강화를 위해, 회원조직의 수요와 연맹의 발전전략에 따라 분야별 단기 교육 프로그램을 설립하고 회원조직 간 정보와 지식의 공유를 확대하면서 "일대일로" 민심상통을 촉진하고 제도적 보장을 제공한다.

중국과학원 원장 바이춘리(白春礼)는 "문제와 수요에 입각한 해당 조치들은 관련국들 간 과학기술협력 추진, 공동의 도전 대응, 민심 상통 촉진, 사회경제의 지속 가능한 발전 도모에 제도적 플랫폼을 제공해주는 동시에 ANSO의 기반을 더욱 단단하게 다져주고 있다"고 밝혔다. 또한 "ANSO는 향후 자신의 역할을 충분히 발휘하고 '일대일로' 주변 국가들과 지역의 과학기술발전을 조율, 촉진 및 선도하는 국제과학조직으로 거듭날 것이며 '일대일로' 건설과 공동번영에 필요한 이념, 인재, 지혜를 기여하면서 과학기술혁신을 새로운 성장모멘텀과 본보기로 만들 것이다"라고 강조했다.

ANSO의 발전 과정

2019년 11월 6일, 제2차 ANSO 이사회 회의가 베이징에서 개최되었다. 중국과학원, 러시아과학원, 파키스탄과학원, 헝가리과학원, 카자흐스탄과학원, 네팔Tribuvan University, 태국국립과학연구개발청

(NSTDA) 대표, 중국과학원 국제협력국 대표 및 ANSO 사무처 전원을 포함한 30명이 회의에 참석했다.

ANSO 주석, 중국과학원 원장 바이춘리는 환영사에서 ANSO가 지난 1년간 거둔 진전과 성적을 긍정적으로 평가했고 이사회 구성원들의 헌신적인 기여에 감사의 뜻을 전했다. ANSO 이사회 구성원들도 ANSO 설립 1주년을 열렬히 축하했다. 금번 이사회 회의는 19개의 ANSO 전문분야 연맹 신청, 15개 ANSO 가입 신청, ANSO 장학금 방안 등 의제를 통과시켰다. 이사회 대표들은 또한 신규 회원 발전, 수상, 대사, ANSO지역센터 등 사항에 대해 논의를 진행했으며 중점적으로 2020 모스크바 GA대회의 취지와 일정에 대해 토론했다.

2019년 11월 7일 개최된 ANSO 화이러우과학성(怀柔科学城) 현판식에는 아시아, 유럽, 아프리카와 국제조직 대표들이 대거 참석했다. 참석 대표들은 ANSO 화이러우과학성의 새로운 발전과 창업기회 모색, 화이러우과학성의 국제화 발전과 국제과학협력 촉진 등 의제에 대해 의견을 교환했고 "일대일로" 이니셔티브 공동 추진에 대한 공감대를 형성했다. 설립 1주년을 맞은 ANSO는 눈에 띄는 발전을 이뤄냈고 핵심이념을 더 널리 전파했으며 조직이 점차 체계화되었다. 또한 국제화 건설에서 새로운 진전을 거두었고 영향력이 지속적으로 커지고 있으며 넘치는 활력과 드넓은 발전 잠재력을 보여주고 있다. 현재 화이러우과학성은 국제과학조직의 입주를 적극 유치하고 있으며 독특한 국제화 학술생태계를 구축하고 있다. ANSO 부주석, 러시아과학원 원장 Alexander Sergeev는 "ANSO는 세계 각지의 과학자들을 한 곳에 모이게 만들었으며 모두의 힘을 모아 생태환경, 농업, 의학 등 인류가 직면한 공동의 도전에 대응하는 것을 취지로 삼고 있다. 화이러우는 뛰어난 지리적 우세와 풍부한 인재와 자원을 지니고 있다. 우리는 이곳의 양호한 조건들을 활용하고 주변의 대학교와 과학기구와의 협력을 통해 상응한 과학성과들을 도출하면서 인류가 직면한 공동의 문제점들을 해결해 나갈 것이다"라고 밝혔다.

(집필자: 귀진펑 郭金峰)

"일대일로" 수첩

77. "일대일로" 에너지 협력 파트너 관계

개념의 정의 및 형성 과정

에너지 협력은 "일대일로" 건설의 중점 분야로서 "일대일로" 주변 국들이 직면한 에너지 문제를 해결하고 지속 가능한 발전을 촉진할 수 있으며 더 넓은 범위, 더 높은 수준, 더 심도 있는 지역 협력을 이끌어 내면서 세계경제의 번영에 일조할 수 있다. 시진핑 주석은 "각 국가들과 '일대일로' 프레임 안에서 에너지 협력을 강화하고 공동 발전에 유리한 조건을 창조하며 공동으로 글로벌 에너지의 지속 가능한 발전을 촉진하고 글로벌 에너지 안보를 강화할 의향이 있다"고 여러 차례 강조한 바 있다.

2017년 5월, 중국국가발전개혁위원회와 국가에너지국은 공동으로 《실크로드 경제벨트와 21세기 해상 실크로드 에너지 협력 추진에 관한 비전과 행동》을 발표하여 각 주체들과 "일대일로" 에너지 협력그룹을 설립하고 더 많은 국가와 지역이 "일대일로" 에너지 협력에 참여할 수 있는 플랫폼을 제공하면서 상호 이해를 증진하고 공감대를 형성해 나갈 것이라고 선포했다.[01] 2018년 10월, 국가에너지국과 국제재생에너

---

01   중국상무부 홈페이지, http://www.mofcom.gov.cn/article/resume/

지기구(IRENA)가 공동으로 주최한 "일대일로" 에너지 장관급 회의에서 중국은 튀르키예, 알제리, 아제르바이잔공화국, 몰타, 라오스, 미얀마, 파키스탄 등 17개 국가와 함께《"일대일로" 에너지 협력 파트너 관계 공동건설에 관한 장관급 공동 선언》을 발표하였으며 "일대일로" 에너지 협력 파트너 관계를 구축하여 에너지 분야의 국가 간 협력을 촉진하기로 결정했다.[02]

2019년 4월 25일, "일대일로" 에너지 협력 파트너 관계(이하"파트너 관계"로 약칭)가 베이징에서 정식으로 설립되었으며《"일대일로" 에너지 협력 파트너 관계 협력원칙 및 행동강령》이 공식 발표되었다.[03] 해당 문건은 이하 내용을 포함하고 있다. 파트너 관계는 관련국들의 에너지 문제 해결, 에너지 안보 강화, 생태환경 보호, 기후변화 대응, 지속 가능한 발전 촉진 등을 추진하기 위해 설립된 국제 에너지 협력 플랫폼이며 공동상의, 공동건설, 상호공유를 견지하고 에너지 상생 협력을 촉진하며 각 참여국들의 에너지 분야 공동 발전과 번영을 도모하는 것을 취지로 삼고 있다. 해당 문건에 따르면 파트너 관계는 2년 마다 한 번씩 "일대일로" 에너지 장관급 회의를 소집하며 필요할 경우, 장관급 교육 커리큘럼과 에너지 리더 육성 프로그램을 추가로 운영한다. 파트너 관계는 또한 정부 간 정책 및 협력의향 소통을 적극 증진하고 양자·다자간 협

---

n/201504/20150400929655.shtml.

02 《"일대일로" 에너지 장관급 회의 공동 선언 에너지 협력 파트너 관계 공동 구축》, 2018년 10월 18일, 중국광전총국(中国广电总局) http://news.cri.cn/20181018/194a3088-9796-5d834e67-e1083548acd3.html.

03 《"일대일로" 에너지 협력 파트너 관계 협력원칙 및 행동강령》, 2019년 4월 25일, 국가에너지국 홈페이지, http//www. nea. gov. cn/2019 -04/25/c_ 138008739.htm.

력 프로젝트 및 기술 교류 플랫폼을 구축하면서 에너지 분야의 실질적인 협력을 추진하고 있다.

건설 내용

《"일대일로" 에너지 협력 파트너 관계 협력원칙 및 행동강령》에 따르면, 파트너 관계는 개방과 포용, 호혜와 상생의 원칙을 견지하며 다음과 같은 6개 분야에서 국제 에너지 분야의 실질적인 협력을 추진할 수 있다.[04]

첫째, 국가 간 에너지 발전 관련 정책 및 계획을 둘러싼 교류와 협력을 증진할 수 있다. 파트너 관계는 각 국 에너지 자원 조건과 에너지 수요에 입각하여 서로의 발전 계획과 에너지 정책을 결합하고 에너지 산업의 국가별 장단점을 상호 보완시키며 각 국가 간 효율적인 협력을 추진하고 각 국의 에너지 보장 능력과 서비스 수준을 보편적으로 향상시킨다.

둘째, 인프라 연결성과 글로벌 에너지 안보 역량을 강화할 수 있다. 2015년 발표된《실크로드 경제벨트와 21세기 해상 실크로드 공동건설 추진에 관한 비전과 행동》은 에너지, 교통, 전자통신 인프라 호연호통(互联互通, 상호 연결)을 "일대일로" 건설의 우선 분야로 지정하였다. 에너지 인프라 호연호통은 주로 가스 및 오일 파이프라인 안전 보장, 크로

---

04 《"일대일로" 에너지 협력 파트너 관계 협력원칙 및 행동강령》, 2019년 4월 25일, 국가에너지국 홈페이지, http//www. nea. gov. cn/2019 -04/25/c_ 138008739. htm.

스보더 전력 수송 네트워크 구축, 지역 전력망 업그레이드, 돌발상황 대응 역량 강화 등이 포함된다.

셋째, 에너지 투자와 생산능력 협력을 강화하고 에너지 교역과 투자의 편의성을 향상할 수 있다. 중점 협력 분야로는 △석탄, 오일 및 가스, 금속광산 등 전통 에너지 탐사와 개발 관련 협력 강화 △수력, 원자력, 풍력, 태양광 등 청정·재생에너지 관련 협력 강화 △에너지 정밀가공 기술, 설비, 서비스 관련 협력 강화 △업스트림과 다운스트림 기업 연결성 강화 △건설 운영 일체화 추진 △산업사슬 통합화 역량 강화 △투자 환경 개선, 융자 비용 저감, 에너지 산업사슬 발전수준 향상 등이 포함된다.

넷째, 에너지 혁신기술 협력을 강화할 수 있다. 다자·양자 간 에너지 협력 메커니즘을 활용하여 "일대일로" 참여국들과 공동으로 차세대 에너지 구조 전환 및 기술 변혁 관련 의제를 논의한다. 2016년 과학기술부, 국가발전개혁위원회 등 부처가 공동으로 발표한 《"일대일로" 과학기술 혁신 및 협력 추진에 관한 전문 계획》은 에너지 협력을 "일대일로" 과학기술 혁신 협력의 중점 분야로 지정했다. 에너지 협력의 주요 임무는 다음과 같다. (1)주변국 실제 상황에 따라 태양 에너지, 생물 에너지, 풍력 에너지, 해양 에너지, 수력 에너지 등 재생에너지의 응용을 확대하고 석탄, 석유, 가스 등 전통 에너지의 청정화·효율화 기술에 대한 연구개발과 시범추진을 강화해야 한다. (2)중점 산업의 에너지 절약과 탄소 배출 저감 수준을 향상해야 한다. (3)에너지 절감 기술, 에너지 설비 및 중요 부품의 공동 연구개발과 생산을 강화해야 한다. (4)해외 석유 및 가스 자원에 대한 투자를 확대하고 탐사와 개발 관련 협력을 증진해야 한다. (5)에너지 효율 표준화 관련 협력을 추진하고 안전성·

효율성·스마트화를 겸비한 미래 에너지 체계를 구축해야 한다.

다섯째, 청정에너지와 에너지 효율 관련 국가 간 협력을 촉진하고 글로벌 에너지 구조의 친환경·저탄소 전환을 가속화할 수 있다. 중국과 "일대일로" 주변국 간 재생에너지 협력은 거대한 잠재력을 지니고 있다. 천연자원보호협회(NRDC)의 연구에 따르면 2020년부터 2030년까지, "일대일로" 주변 38개 국의 재생에너지 설비 설치규모는 6조4400만 KW에 달하고 풍력에너지와 태양광 에너지의 총 투자액은 6440억 달러를 기록할 것으로 전망된다.[05] 중국은 이미 해외 EPC, 해외공장 건설, 해외기업 인수합병, 해외 R&D 등을 위주로 하는 협력 모델을 형성하였고 6대 경제회랑과 중국—아프리카 협력체를 골자로 하는 중점 협력 지역을 형성하였다. 중국은 향후 "일대일로" 중점 협력 지역의 재생에너지 관련 국제협력에 더욱 적극적으로 참여하고 해외 재생에너지 프로젝트에 대한 투자와 홍보를 강화하며 중국 재생에너지 기업들의 국제적 영향력을 향상시키면서 모든 국가 국민들이 부담할 수 있는 안정적이고 지속 가능한 현대화 에너지 서비스를 제공해 줄 것이다.

여섯째, 금융, 능력 건설과 인재 육성 관련 협력을 강화할 수 있다. 에너지 프로젝트들은 통상적으로 투자 규모가 크고, 건설 주기가 길며, 초반 융자가 어려운 문제점들을 가지고 있다. 따라서 세계은행, 아시아인프라투자은행 등 국제금융기구와의 협력을 강화하고 금융산업이 "일대일로" 에너지 프로젝트에 깊숙히 참여하도록 독려해야 하며 지식, 기술과 경험을 공유하면서 협력의 수준을 한 단계 더 끌어올려야

---

05 《"일대일로" 재생에너지 발전 협력 노선 및 추진 메커니즘에 대한 연구》, 2019년 4월, 천연자원보호협회(NRDC), http://www.nrdc.cn/news/newsinfin?id=59980ook=2 .

한다. 현재 2년 마다 한 번씩 "일대일로" 에너지 장관급 회의를 개최하고 각 국의 에너지 장관, 국제기구 책임자와 기업계 리더들을 초청하여 국제 에너지 협력의 로드맵과 액션플랜에 대해 논의하기로 결정되었다. 또한 수요에 따라 장관급 교육 커리큘럼과 에너지 리더 육성 프로그램을 포함한 에너지 협력 관련 교육 프로젝트들이 공동 운영될 계획이다.

건설의 의미

"일대일로" 이니셔티브 발의로부터 지금까지 거의 6년이라는 시간 동안, 중국은 이미 다양한 국가들과 100건이 넘는 에너지 협력 문서를 체결했고 70개가 넘는 다자·양자 간 협력 메커니즘을 신설했으며 10여 개의 주변 국가와 지역들과 에너지 협력 계획을 제정하면서 경제와 사회에 긍정적인 영향을 끼쳤다. 또한 일련의 상징적인 에너지 협력 프로젝트들을 잇달아 성공시키면서 각 국 인민들에게 실질적인 혜택을 안겨주었다.[06] 친환경적이고 안전하며 효율적이고 지속 가능한 에너지 발전을 추진하는 것은 이미 세계 각국의 공통된 소망과 일치된 행동 목표로 자리 잡았다. "일대일로" 에너지 협력 파트너 관계의 설립은 "일대일로" 에너지 협력이 이론적 범주에서 정책적 교류로 업그레이드되었다는 방증이자 각 국가들의 에너지 안보에 대한 내적 수요의 구현이며 글로벌 에너지 거버넌스 체계를 개선하고 글로벌 에너지 구조 전환을

---

06 《발전개혁위원회: 6대 "일대일로" 에너지 협력 파트너 관계 설립》, 2018년 10월 18일, 중국신망, http://www.chinanews.com/cj/2018/10-18/8653740. shtml.

실현하는 중요한 루트이다.

파트너 관계는 개방적이고 포용적인 국제 협력 플랫폼으로서 △개방과 포용, 보편적 혜택과 공유를 골자로 하는 에너지 이익공동체, 책임공동체, 운명공동체 구축 △지역 에너지 안보 수준 강화 △지역 에너지 최적화 배분 실현 △지역 에너지 시장의 심층적 융합 △지역 에너지 산업의 친환경·저탄소 발전 촉진을 통해 각 국가의 증가된 에너지 소비 수요를 만족시키고 경제와 사회의 빠른 발전을 추진하고 있다. 파트너 관계의 설립은 국제 에너지 협력 모델의 혁신과 실천에 새로운 글로벌 플랫폼을 제공해 주었으며 회원국들 간 에너지 분야 협력 증진에 일조하고 있다.

2019년 12월, 제1차 "일대일로" 에너지 협력 파트너 관계 포럼이 베이징에서 개최되었다. 청정에너지 협력을 주제로 한 해당 포럼은 "일대일로" 에너지 협력 추진과 친환경 발전 실현을 취지로 삼고 있다. 2019년 4월 기준, "일대일로" 에너지 협력 파트너 관계 회원국은 이미 30개에 달했다. 파트너 관계는 향후에도 지속적으로 정책 소통과 프로젝트 실행을 추진하고 적극적으로 기술 교류와 협력을 전개하며 금융 산업의 "일대일로" 에너지 프로젝트 심층 참여를 독려하고 국가 간 에너지 관련 전략, 계획, 정책, 표준 등 분야에서 협력을 강화할 것이다.

(집필자: 티앤후이팡 田慧芳)

78. "일대일로" 세금 징수 및 관리 협력 메커니즘

개념의 제기

"일대일로" 이니셔티브가 제기된 이후, 2014년부터 2019년까지 중국과 "일대일로" 참여국들 간 누적 교역액은 44조 달러를 넘어섰고 연 평균 성장률은 6.1%에 달했다. 이 중 2019년 교역액은 전년 대비 10.8% 증가한 9조 2700만 달러로 연간 수출입 총액의 30%를 차지했다.[01] 이와 동시에 중국과 "일대일로" 참여국들 간 양자 간 투자 규모도 안정적으로 증가하고 있다. "일대일로" 주변국들과의 세수관리 관련 조율과 협력을 강화하는 것은 생산요소의 최적화 배분과 기업 친화적 경영환경 조성을 촉진할 수 있으며 무역 자유화와 투자 편의화를 가일층 추진할 수 있다.[02] 이러한 배경하에 세수관리 관련 협력이 "일대일로" 이니셔티브의 중요한 협력 의제로 자리 잡고 있다.

"일대일로" 이니셔티브의 첫 시작점인 카자흐스탄은 2018년 5월 "'일대일로'공동건설: 세수 조율 및 협력"을 주제로 하는 "일대일로"

---

01 《2019년 중국 수출입 총액 전년 대비 3.4% 증가》,《인민일보》 2020년 1월 15일 2면.

02 《34개의 국가와 지역 세무부처 간 양해각서 체결 "일대일로" 세금 징수 및 관리 협력 메커니즘 정식 설립》,《인민일보》 2019년 4월 19일 2면.

세수협력회의를 개최하였고 "일대일로" 세수 협력의 장기적 메커니즘 관련 구상을 제기했다.

2019년 4월 18일, 중국국가세무총국이 주최한 "'일대일로'공동건설: 세수 협력 강화, 경영 환경 개선"을 주제로 하는 제1차 "일대일로" 세금 징수 및 관리 협력포럼이 저장(浙江)성 우전(乌镇)시에서 개최되었으며 34개 국가(지역)의 세무부처들이 공동으로 《"일대일로" 세금 징수 및 관리 협력 메커니즘 양해각서》를 체결했다. 이는 "일대일로" 세금 징수 및 관리 협력 메커니즘이 정식으로 설립되었음을 상징한다.

메커니즘의 운영

제1차 "일대일로" 세금 징수 및 관리 협력포럼은 중국 세무부처가 발의 및 주최한 첫 고위급 국제세수회의이며 이탈리아, 프랑스, 독일, 캐나다, 러시아, 영국, 일본, 카자흐스탄 등 85개의 국가(지역) 세무부처 대표와 16개의 국제조직, 다수의 학술기구 및 글로벌 기업 대표들이 포럼에 참석했다. 해당 포럼은 (1)"일대일로" 세금 징수 및 관리 협력 메커니즘 설립, (2)"일대일로" 세금 징수 및 관리능력 향상 연맹 성립, (3)《우전(乌镇)성명》을 통한 "일대일로" 세금 징수 및 관리 협력 공감대 형성, (4)《우전행동계획(2019−2021)》[03] 제정 등 4개의 상징적인 성과를 거두었다.

---

03 《우전(乌镇)행동계획(2019−2021)》, http://www.chinatax. gov.cn/n810219/ n810724/c4308333/5131993/files/7061f01655144015b9b917109b30774. pdf.

금번 포럼의 핵심 의제인 "일대일로" 세금 징수 및 관리 협력 메커니즘은 이사회, 사무처, "일대일로" 세금 징수 및 관리 협력포럼, "일대일로" 세금 징수 및 관리능력 향상 연맹 및 전문가 자문위원회로 구성되었으며 비영리 성질을 띠고 있다. 메커니즘은 현재 34개의 이사회 구성원, 22개의 옵저버, 19개의 세금 징수 및 관리능력 향상 연맹 회원을 두고 있으며 11명의 유명한 글로벌 세무 전문가들이 자문위원으로 활동하고 있다. 이사회는 중국국가세무총국 왕쥔(王军) 국장을 이사회 주석으로 임명하였고 이 외 관련 책임자들을 선임하였다.

해당 메커니즘은 "일대일로" 국가와 지역 세무부처들이 공동으로 제창하고 상의하며 건설한 규범화·제도화된 다자간 세수 협력 플랫폼이며 세금 징수 및 관리 협력을 통해 세무부처 간 경험을 공유하면서 기업 및 경제 성장에 유리한 세수환경을 조성하는 것을 취지로 삼고 있다. 메커니즘은 경제 협력 발전 조직과 유엔이 제정한 세수 협정, 세금 기준, 조세 객체 권리 침해 및 이윤 이전 관련 포용성 규정, 세수 투명성 및 정보교환 글로벌 포럼 등 현행 국제 세수 표준을 강화하는 것을 지지하고 있다.[04] 메커니즘은 기존 다자간 세수 협력 메커니즘과 국제 세수 체계를 효과적으로 보완해 주고 있으며 각 국가와 지역이 공동으로 준수해야 하는 세수 규칙과 가이드라인 제정을 통해 무역 원활화의 교량을 구축하고 세수 장벽을 철폐하면서 무역 창통과 유엔 2030 지속가능 발전목표 실현을 촉진하고 있다. 메커니즘 참여자들은 "일대일로" 건설에 복무하고 인류 운명공동체를 구축을 추진하기 위해 "일대

---

04 《우전(乌镇)성명》, http://www.chinatax. gov.cn/n810219/n810724/c4308333/content.html.

일로" 세금 징수 및 관리 협력 메커니즘하에서 세수 관련 협력을 가일 층 강화해 나갈 것이다.

해당 메커니즘은 《우전행동계획(2019－2021)》에 따라 지식 공유 플랫폼 구축하고 투자자들에게 "일대일로" 국가(지역) 세법 해석 서비스를 제공할 계획이다. 또한 세금 분쟁의 조속한 해결, 세금 징수 및 관리 역량 강화, 세수 간소화·디지털화를 통해 각 국가의 조세 객체들을 보호하는 동시에 투자자들의 합법적 권익도 보장하면서 세금 징수 및 관리 협력을 실질적으로 추진할 것이다. 예를 들자면, 세수 관련 전문인력들은 "일대일로" 세금 징수 및 관리 역량 향상 연맹을 통해 교육 커리큘럼에 참여하고 학술 연구 및 교류를 진행하면서 공동으로 업무 역량을 향상할 수 있다. 해당 연맹은 카자흐스탄과 중국 베이징(北京), 양저우(扬州), 마카오(澳门) 등 지에서 "일대일로" 세무학원을 설립 중이며 이 중 양저우 학원은 이미 운영을 개시하였다. 연맹은 또한 세금 기준 제정, 조세 객체 권리 침해 및 이윤 이전 관련 행동계획 등을 주제로 여러 차례 교육 프로그램을 개최했다. 이 외에도 《우전성명》에 따라 "일대일로" 세금 징수 및 관리 협력 포럼이 매년 정기적으로 개최될 예정이며 제2차 포럼 개최지는 카자흐스탄으로 정해졌다.

획득한 진전

협력 메커니즘이 정식으로 설립된 이후, 각 참여 주체들의 공동된 노력에 힘입어 "일대일로" 세무학원 건설, 징수 및 관리 역량 향상, 세수 관련 분쟁 해결, 세수 정보화 발전 등 분야에서 단계적인 진전을 거두었다. 해당 성과들은 "일대일로"의 미래 발전에 탄탄한 기반을 다져주었을 뿐만 아니라 기존의 다자간 협력 메커니즘의 부족점을 효과적으로 보완해 주었다.

세금 징수 및 관리 협력 메커니즘은 "일대일로" 질적 발전을 추진하는 중요한 구성 부분이다. 해당 메커니즘을 통해 각 국가 세수정책 간 유기적인 결합을 실현할 수 있고 구체적인 액션플랜을 통해 개인, 기업, 정부에 실질적인 호재를 제공해 줄 수 있다. 메커니즘은 또한 각 국가 세무부처, 국제조직, 기업, 학계에 더 높은 수준의 교류 플랫폼을 제공하고 있으며 각 주체들의 "일대일로" 세금 징수 및 관리 역량과 조세 서비스 수준을 향상하고 경영 환경을 지속적으로 개선시키고 있다.

글로벌 다자간 협력에 입각해보면, 해당 메커니즘은 현재 보편적으로 통용되고 있는 공개적이고 투명한 국제 세수 규정을 준수하면서 아시아, 아프리카, 유럽 및 미국 등 지역과 국가의 광범위한 참여를 이끌어 냈으며 각 국가들의 기본 국정을 충분히 존중해 주었다. 메커니즘은 기존의 국제성·지역성 세수 협력 플랫폼의 부족점을 효과적으로 보충 및 개선할 수 있으며 "일대일로" 주변 국가와 지역의 세수 및 경영 환경 최적화, 그리고 지역 경제의 조화로운 발전과 세계 경제의 포용적인 성장에 긍정적으로 작용할 수 있다.

(집필자: 류웨이 刘玮)

"일대일로" 수첩

79. "일대일로" 신문협력연맹

연맹의 성립 배경과 목적

시진핑 주석은 "일대일로" 국제협력서밋 개막식에서 신문협력연맹 건설을 명확히 제기한 바 있다. 인민일보사(人民日報社)는 이에 따라 "일대일로" 주변 국가와 지역들의 언론기구들과 "일대일로" 매체 협력 포럼을 기반으로 한 "일대일로" 신문협력연맹을 설립했다. 2014년부터 2018년까지, 중국은 관련국 언론기구들과 총 5차례의 "일대일로" 매체 협력 포럼을 개최하면서 "일대일로" 국가 언론매체 간 대화와 협력의 장을 만들어주었다. 2018년 4월 9일 개최된 아시아 매체 서밋에서 아르헨티나, 방글라데시, 인도, 이집트, 필리핀, 카자흐스탄, 이란, 러시아, 한국, 몽골국 등 32개 국가의 59개 매체들이 공동으로 《"일대일로" 신문협력연맹 건설 공동추진 선언》을 발표했다. "일대일로" 신문협력연맹은 "일대일로" 참여국 신문 매체들 간 정보 교환과 자원 공유, 그리고 관련국 간 인적 교류와 문화 소통 촉진을 목적으로 삼고 있다. 연맹의 설립은 민심 상통과 인문 교류를 증진하는 중요한 조치이다.

연맹의 성립

2019년 4월 23일, 제1기 "일대일로" 신문협력연맹 이사회 회의 개막식이 개최되었는데 이는 "일대일로" 신문협력연맹이 정식으로 성립되었음을 상징한다. 회의는 《"일대일로" 신문협력연맹 제1차 이사회 공동선언》을 발표했고 《"일대일로" 신문협력연맹 이사회 운영규칙》과 《"일대일로" 신문협력연맹 정관》을 통과시켰으며 연맹 홈페이지와 모바일 플랫폼을 런칭했다.

제1기 이사회 회의에는 25개 국가에서 온 40개의 주류 언론매체들이 참여했으며 중앙선전부 부장 황쿤밍(黃坤明)도 함께 참석했다. 시진핑 주석은 "일대일로" 신문협력연맹 이사회 개막식 축전을 통해 "일대일로" 파트너 관계 구축 과정에서 각 국의 언론매체들이 긍정적인 역할을 발휘했다고 강조했다. "'일대일로'신문협력연맹은 각 국 언론매체에 편리한 소통의 장을 제공해 주고 있다. 각 이사회 구성원들은 실크로드 이념을 발양하고 소통과 협력을 증진하며 정책 소통, 인프라 연결, 무역 원활화, 자금 융통, 민심 상통을 적극 추진해 주길 바란다. 또한 '일대일로'의 이야기를 잘 전달하고 '일대일로' 공동건설에 긍정적인 여론 환경을 조성해 주면서 '일대일로'가 더 많은 주변국 민중들에게 더 큰 혜택을 안겨줄 수 있도록 해야 한다."[01] 황쿤밍은 아래와 같이 의견을 발표했다. "각국 매체들은 '일대일로' 질적 발전의 흐름에 편승하여 시야를 넓히고 공감대를 형성하며 적극적으로 행동으로 대화와 교류를 증진하고 실질적인 협력을 강화하면서 '일대일로'라는 대합창

---

01   《시진핑 주석 "일대일로" 신문협력연맹 이사회 개막사에 축전 보내》, 《인민일보》 2019년 4월 23일, https://wap. peopleapp.com/article/4088697/3946322.

을 펼쳐가야 한다. 신문협력연맹이라는 플랫폼을 활용하여 각 국가 발전전략 간 접점과 민중 이익의 교차점에 포커싱하고 '일대일로' 건설의 최전선에 뛰어들어야 하며, 희망과 미래를 품은 공동의 실천 내용들을 잘 보도하고 각국 인민들의 열정적이고 실무적인 정신면모를 잘 표현하면서 매체 협력의 새로운 장을 공동으로 개척해야 한다."[02]

주요 내용 및 추진 과정

"일대일로" 신문협력연맹 본부와 사무처는 모두 인민일보사 내부에 위치해 있다. 이사회 임기는 2년이며 이사장 조직이 이사회 회의와 실무 회의 소집을 책임지고 제반 업무들의 진행상황을 조율 및 감독한다. 연맹의 발전과 관련된 중대 의제는 이사회 구성원들 간 공동 논의를 거쳐 결정된다. 제1기 이사장 조직은 연맹 설립을 주도한 인민일보사로 선정되었으며 아시아, 아프리카, 유럽, 라틴아메리카 등 지역의 25개 국가에서 온 40개의 주류 언론기구들이 이사회에 가입했다. "일대일로" 신문협력연맹은 광범위한 대표성과 영향력을 지니고 있으며 현재는 94개 국가에서 온 194개의 언론기구들이 연맹에 소속되었다.

《"일대일로" 신문협력연맹 정관》에 따르면 연맹의 목적은 상호 이해와 우호 관계를 증진하고 협력을 촉진할 수 있는 상시화 협력 메커니즘을 구축하는 것이다. 연맹은 주로 다음과 같은 4대 기능을 내포하고 있다.

---

02 《황쿤밍(黃坤明) "일대일로" 신문협력연맹 이사회 개막사 발표》, 2019년 4월 23일, 신화통신, http://www.xinhuanet.com/politics/leaders/2019-04/23/0112440 5941.htm.

첫째, 개방과 협력의 플랫폼 구축이다. 컨텐츠 정보, 시청각 방송, 다큐멘터리 등 분야별 협력 메커니즘을 구축하고 프로젝트 협력을 추진하며 자원 통합, 정보 취합, 채널 융합, 우세 결합을 강화하면서 연맹 내 매체들의 다자간 협력을 촉진할 수 있다.

둘째, 상호 간 협조와 교류를 촉진하고 다양한 형식의 대화 교류와 신문상품 교환을 추진하며 인적 교류를 증진한다. (1)"일대일로" 매체 협력 포럼을 개최하고 매체 발전과 SNS, 뉴미디어 등 의제 관련 교류를 추진한다. (2)국제 커뮤니케이션 "실크로드상"을 설립하고 크로스보더 공동 인터뷰를 조직하며 신문의 혁신을 독려하고 커뮤니케이션의 볼륨을 키운다. (3)연맹 구성원들로부터 사전 동의를 거친 후 구성원 간 인터뷰를 조직하여 상호 이해를 증진하고 업무 교류를 강화한다. (4)매체 고위층 연수 프로그램을 개설하여 변화하는 산업 트렌드와 공동으로 직면한 도전에 대응한다. (5)공용 문고와 데이터 베이스를 구축하여 신문 자원을 공유한다.

셋째, 혁신적이고 실질적인 협력 추진이다. 컨텐츠 협력에 있어서는, (1)신문 정보 공유 플랫폼을 구축하여 매체 간 정보를 공유하고 컨텐츠를 교환할 수 있는 메커니즘을 형성할 수 있다. (2)신문 작품 저작권을 존중하고 보호하는 전제하에 구성원들에게 무료로 컨텐츠 업로드 및 공유 서비스를 제공하여 구성원 간 더욱 직접적이고 편의한 컨텐츠 협력 공간을 조성해 줄 수 있다. (3)판면(版面), 채널, 시간대 교환과 보도내용 방영 등 분야의 협력을 강화할 수 있다. (4)공식 홈페이지와 모바일 APP를 통해 전 세계에 객관적이고 진실되며 정확하고 공정한 뉴스를 전파하면서 다양한 국가와 지역 국민 간 이해와 신뢰, 교류와 협력 증진에 건설적인 역할을 할 수 있다. 운영 협력에 있어서는, 전시 기획, 자작권 거래, 영상 제작, 광고 호환 등 프로젝트 협력을 추진하고 자원 통합을 통해 이익을 공유할 수 있다. 기술 협력에 있어서는, AI, 빅데이터 등 신기술의 뉴미디어 분야 응용에 포커싱하여 공동 연구를 추진하고 테마 행사를 조직하며 특정 영역에서의 상호 지원 서비스를 통해 커뮤니케이션의 기술적 수준을 공동으로 향상할 수 있다.

넷째, 중대 문제에 대한 심도 있는 연구 실행이다. 언론매체의 지혜와 장점을 결집하여 "일대일로" 공동건설 과정 중의 중점 이슈와 문제점 관련 정보를 수집하고 조사를 진행하면서 맞춤형 의견과 생산적인 건의를 제시할 수 있다. 또한 실행 가능한 최선의 방안을 도출하여 "일대일로" 공동건설에 여론 지원과 지혜를 기여할 수 있다.

신문협력연맹은 뉴스 공유 플랫폼, 교류 협력 플랫폼, 매체 커뮤니케이션 플랫폼을 공동으로 구축하여 구성원들에게 협력 교류 행사, 홈페이지 및 모바일 플랫폼 서비스, "일대일로" 데이터 베이스 자원 공유, 크로스보더 공동 인터뷰, 테마별 전문 교육 프로그램, 기술적 지원, 국제 커뮤니케이션 "실크로드상" 설립, 개성화 서비스 등 다양한 관련 서비스를 제공하기 위해 노력하고 있다.

획득한 성과

현재, "일대일로" 신문협력연맹은 이미 3차례의 단기 연수 프로그램을 조직했다. 2019년 9월 17일 가동된 제1기 연수 프로그램은 "새로운 시대, 새로운 이념, 새로운 미디어, 새로운 기술"을 주제로 하였으며 아프리카와 라틴아메리카 지역의 26개 국가에서 온 50명의 베테랑 기자들이 참석했다. 이들은 청강, 언론사 방문 및 광둥(广东)성, 저장(浙江)

성, 산시(陝西)성 실사를 통해 성공의 노하우를 공유하고 중국의 문화를 몸소 체험하는 시간을 가졌다. 같은 해 10월 22일 가동된 제2기 연수 프로그램에는 유럽, 서아시아, 북아프리카 지역의 20개 국가에서 온 43명의 베테랑 기자들이 참석했고 제1기 프로그램의 주제를 이어 강의를 듣고 언론사를 방문했으며 산둥(山東)성, 쓰촨(四川)성, 쟝쑤(江苏)성에 대한 실사를 진행했다. 제3기 연수 프로그램은 같은 해 11월 29일 가동되었으며 중동부유럽, 중앙아시아, 러시아에서 온 28명의 기자단이 수저우(苏州) 산업단지를 방문하여 단지의 건설 및 발전 성과를 참관했다.

"일대일로" 신문협력연맹은 매체들에게 실질적인 협력 플랫폼과 메커니즘을 제공했고 "일대일로" 신문 자원의 공유를 실현했으며 매체 분야의 새로운 협력 모델과 새로운 발전 구도를 발굴했다.

(집필자: 팡쟈신 庞加欣)

　　　　　　　　　　　　　　　"일대일로" 수첩

80. "일대일로" 국제싱크탱크 협력위원회

개념의 제기

싱크탱크는 정부와 대중, 그리고 정책의 연구와 전파(传播)를 이어주는 교량이다. "일대일로" 이니셔티브가 제기된 이후, 국내외 학계들은 해당 이니셔티브를 적극적으로 호응했고 광범위하고 심층적인 연구를 전개했으며 관련 연구기관들도 잇달아 나타나고 있다. 또한 "일대일로" 참여국 싱크탱크 간 교류와 협력이 꾸준히 증진되면서 일련의 중요한 연구성과들이 도출되었다. 싱크탱크는 "일대일로" 건설에서 소통 촉진, 이해 증진, 공감대 형성의 교량을 놓아주었고 호연호통(互联互通, 상호 연결) 특히 민심 상통 분야에서 긍정적이고 독특한 역할을 발휘하고 있다. 국내외 싱크탱크 학자들의 탁월한 식견과 투철한 견해는 "일대일로" 건설에서 불가결한 요소들이다. 시진핑 주석은 "일대일로" 국제협력서밋에서 "싱크탱크의 역할을 십분 발휘하고 싱크탱크 연맹과 협력 네트워크를 구축해야 한다"고 강조했다.[01] 관련국 싱크탱크 간 교류 및 협력 강화는 "일대일로" 국제협력의 중요한 구성 부분이자 "일

---

01 《"일대일로" 건설 공동 추진──"일대일로" 국제협력서밋 개막식에서의 기조연설, 《인민일보》2017년 5월 15일 3면.

대일로" 비전을 현실로 만들어주는 촉매이며 동반성장과 공동번영의 "지혜로운 실크로드" 건설을 촉진할 수 있다.

2019년 4월 24일, 신화통신(新华社)연구원은 베이징에서 중국국제경제교류센터, 중국사회과학원 산하 글로벌전략싱크탱크, 중공중앙대외연락부 산하 당대세계연구센터, 중국국제문제연구원, 상무부 산하 국제무역경제협력연구원, 베이징대학 신구조경제학연구원, 베이징사범대학 "일대일로 "연구원, 러시아 발다이 클럽(Valdai Club), 불가리아 "일대일로 "전국연합회, 아프리카경제전환센터, 인도네시아전략국제문제연구센터, 미국 하버드대학 케네디스쿨 애쉬센터, 카자흐스탄 나자르바예프대학(Nazarbayev University), 싱가포르국립대학 동아시아연구소, 한국 "일대일로" 연구원 등 15개의 국내외 싱크탱크들과 "'일대일로'국제싱크탱크 협력위원회"를 설립했으며 59개 국가, 2개 국제기구, 130개 싱크탱크의 전문가와 학자 200여 명이 성립대회에 참석했다. 시진핑 주석은 "'일대일로'국제싱크탱크 협력위원회" 성립대회에 보낸 축사에서 "싱크탱크는 '일대일로' 공동건설의 중요한 역량이다. '일대일로'국제싱크탱크 협력위원회는 관련국 싱크탱크 간 이념과 대화교류를 촉진하고 의사결정에 필요한 자문을 제공하는 중요한 플랫폼이다. 협력위원회가 향후 지속적으로 심층적인 학술교류를 추진하고 더 많은, 더 높은 수준의 연구 성과를 도출하면서 '일대일로' 건설과 인류 운명공동체 구축에 기여해 주기를 바란다"고 밝혔다.[02]

2019년 4월 25일, "일대일로" 국제싱크탱크 협력위원회는 제2차

02　《시진핑 주석이 "일대일로" 국제싱크탱크 협력위원회 성립대회에 보낸 축사》, 《인민일보》 2019년 4월 25일 1면.

570 　　　　　　　　　　　　　　　　　　　　　　　　　"일대일로" 수첩

"일대일로" 국제협력서밋 싱크탱크 교류 포럼에 참석하였으며 △공동상의: "일대일로" 및 각국 발전 전략과 계획 간 매칭 △공동건설: 공평하고 개방적이며 투명한 "일대일로" 국제규칙 △상호공유: "일대일로"와 글로벌 경제의 포용적이고 조화로운 동반성장 △공동노력: 인류 운명공동체 구축 등 4대 의제를 둘러싸고 전 외국 정부 고위층, 국제조직 대표, "일대일로" 신문협력연맹 이사회 구성원, 기업체 및 금융기구 대표, 홍콩·마카오 지역 대표들과 많은 의견을 교류했다.

주요 기능

"일대일로" 국제싱크탱크 협력위원회의 주요 기능은 다음과 같다. (1)학술교류 플랫폼을 구축하고 학술교류 행사를 개최하며 싱크탱크 성과를 발표하고 전문가 현지 실사를 조직한다. (2)공동연구 플랫폼을 구축하고 "일대일로" 비영리 국제연구기금을 설립하여 "일대일로" 관련 과제 연구에 자금을 지원한다. (3)정보 공유 플랫폼을 구축하고 홈페이지와 APP를 개설하며 학술지를 편찬하고 연구성과를 다양한 언어로 번역하며 기초데이터 베이스를 구축한다.

"일대일로" 국제싱크탱크 협력위원회는 개방적인 학술교류 협력 메커니즘이며 주로 싱크탱크와 싱크탱크 기능을 지닌 매체기구, 국제조직, 대학교 연구기관, 개인 명의로 참여한 저명 학자들이 참여해있다. 협력위원회의 취지는 국제싱크탱크, 국제 및 지역 조직 전문가들과 학자들을 위해 복무하고 "일대일로" 관련 과제에 대한 연구와 교류를 추진하며 이론의 혁신, 성과의 공유, 지식의 전파와 인원 간 왕래를 촉진하는 것이다.

"일대일로" 국제싱크탱크 협력위원회 이사회는 16개의 발의 조직으로 구성되었으며 신화통신 사장 겸 신화통신 연구원 원장인 차이밍자오(蔡名照)가 이사장직을 맡고 있다. 이사회 사무처 역할은 신화통신 연구원이 맡고 있으며 위원회의 일상 운영을 책임지고 있다.[03]

"일대일로" 국제싱크탱크 협력위원회의 성립은 제1차 "일대일로" 국제협력서밋의 중요한 결과물이다. 협력위원회는 국내외 싱크탱크들에게 "일대일로" 건설을 공동으로 상의할 수 있는 탄탄대로를 개척해 주었고 상호 교류, 공동 연구, 성과 공유를 골자로 하는 개방형 플랫폼을 제공해 주었다. "일대일로" 국제싱크탱크 협력위원회는 "일대일로" 건설과 발전 중의 공동건설, 공동상의, 상호공유를 추진할 것이며 "일대일로" 국가들의 번영과 발전 추진, 그리고 인류 운명공동체 구축에 지혜와 힘을 실어줄 것이다.

(집필자: 취차이윈 屈彩云)

---

03 《"일대일로" 국제싱크탱크 협력위원회 성립》,《인민일보》2019년 4월 25일 4면.

81. "일대일로" 융자지도 원칙

지도원칙의 제기

"일대일로" 융자체계 건설을 추진하기 위해 중국 재정부는 아르헨티나, 벨라루스, 캄보디아, 칠레, 체코, 에티오피아, 피지, 그루지야, 그리스, 헝가리, 인도네시아, 이란, 케냐, 라오스, 말레이시아, 몽골국, 미얀마이, 파키스탄, 카타르, 러시아, 세르비아, 수단, 스위스, 태국, 튀르키예, 영국 등 26개국 재정부와 공동으로《"일대일로" 융자지도 원칙》(이하《지도원칙》으로 약칭)을 제정 및 통과시켰다.《지도원칙》에 따르면, 각국은 국가 및 지역의 실물경제 발전에 필요한 금융 자원 서비스를 제공해야 하며 인프라 상호 연결, 무역 투자, 생산능력 협력 등 분야에서의 융자 지원을 집중적으로 강화해야 한다.

2017년 5월 14일, 제1차 "일대일로" 국제협력서밋 "자금 융통 촉진" 평행주제회의 기간, 중국 재정부 부장 샤오제(肖捷)는 영국 재무부 장관 필립 해먼(Philip Hammond), 그루지야 제1부총리 겸 재무부 장관(Dimitri Kumsishvili), 러시아 재무부 장관 안톤 실루아노프(Anton Siluanov), 파키스탄 재무부 장관 이샤크 다르(Ishaq Dar), 이란 경제재정부 장관 알리 타예브냐(Ali Tayebnia), 헝가리 국제경제부 장관 버르거 미하이(Varga Mihaly), 에티오피아 재무부 차관 아드마수 네베베, 캄보디아 경제재무부 장관 온 뽀안 모니롯(Aun Porn Moniroth), 아르헨티나 금융부 장관 루이스 카푸토(Luis Caputo) 등 17개국 재무부 장관 혹은 재무부 장관 위임 대표들과 《지도원칙》을 체결했다. 해당 문건은 2019년 제2차 "일대일로" 국제협력서밋 원탁정상회담에서 14개의 "일대일로" 전문분야 다자간 협력 이니셔티브 및 플랫폼 중 하나로 선정되었다.

주요 내용

《지도원칙》체결국 재무장관들은 주변국 정부, 금융기구, 기업들이 공동으로 나서서 "평등 참여, 이익 공유, 리스크 분담"의 원칙에 따라 장기적이고 안정적이며, 지속 가능하고 리스크 관리가 가능한 융자체계를 구축해야 한다고 호소했다. 《지도원칙》은 양호한 융자체계와 융자환경은 주변국 정부의 강력한 정책적 지원을 필수로 한다고 밝혔으며, 주변국 정부들이 정책 소통을 강화하고 협력 의향을 공고히 하면서 "일대일로" 건설과 융자 지원에 관한 적극적인 신호를 보여줘야 한다고 강조하고 있다.

첫째, 《지도원칙》은 국가별 정책 간 조율과 매칭의 중요성을 강조하였고 주변국들이 공동으로 협력 플랫폼을 구축하는 것을 독려하고 있다. 또한 역내 국가 간 발전전략과 투자계획 매칭을 전제로 역내 인프라 발전전략 혹은 계획을 공동으로 제정하고 중대 프로젝트 식별 및 우선 추진 원칙을 확정하며 국가별 지원 정책과 융자 조치를 조율하고 상호 간 경험을 교류해야 한다고 강조하고 있다.

둘째, 《지도원칙》은 금융 서비스의 실물경제 복무 원칙과 중점 분야를 제기했고 "일대일로" 주변 국가 및 지역들의 실물경제 발전을 위해 금융 서비스를 지원하는 것을 찬성한다고 명확히 밝혔으며 인프라 상호 연결, 무역 투자, 생산능력 협력, 에너지 및 사용 효율, 자원, 중소기업 등 분야에 대한 융자 지원을 집중적으로 강화한다고 밝혔다.《지도원칙》은 인프라가 경제와 사회의 지속 가능한 발전에 끼치는 영향을 집중적으로 다루었다.《지도원칙》은 주변국들이 자국 실정에 근거하여 공공 서비스 시장을 개방하고 양호하고 안정적인 법률·정책·관리감독 체계를 수호하며 정부와 민간 자본의 협력을 통해 다양한 분야의 자금을 유치하고 인프라의 공급 효율과 품질을 제고하는 것을 적극 독려하고 있다.《지도원칙》은 협력 의향을 지닌 민간조직과 금융기구들이 효율적인 정보 교류 플랫폼을 구축하는 것을 지지하고 있으며 인프라 융자를 통해 지속 가능한 발전 실현에 일조하고 있다.

셋째,《지도원칙》은 금융 주체별 역할과 행위에 대한 건의성 가이드라인을 제시하였다. (1)공공자금이 중대 프로젝트의 계획과 건설에서 발휘하는 선도 역할을 중요시해야 한다. 정부간협력기금, 대외원조 기금 등 기존 공공자금 채널과 기타 다양한 자금 채널을 병행 이용하여 "일대일로" 주변 국가 및 지역의 민생 발전, 인문 교류 등 분야의 협력과 소통을 증진해야 한다. (2)각국의 정책성 금융기구와 수출신용기구들은 지속적으로 "일대일로" 건설에 정책성 금융 서비스를 지원해야 한다. 상술한 기구들이 상호 조율과 협력을 강화하고 대출, 담보, 자본 투자, 공동 융자 등 다양한 방식으로 융자를 촉진하고 리스크를 분담하는 것을 적극 독려한다. (3)개발성 금융기구들이 "일대일로" 주변국에 더 많은 융자 및 기술 지원을 제공해 줄 것을 호소한다. 우리는 다자간 개발은행과 각국 개발성 금융기구들이 직무 범위 내에서 대출, 자본 투자, 담보, 공동 융자 및 기타 다양한 융자 방식을 통해 "일대일로" 건설, 특히 크로스보더 인프라 건설에 적극 참여하는 것을 제창한다. 우리는 다자간 개발은행과 각국 개발성 금융기구들이 상호 협력을 강화하여 주변국들에 지속 가능한 융자, 기술, 컨설팅 등 서비스를 제공하는 것을 지지한다. (4)시장 메커니즘이 금융 자원 배분에서 차지하는 결정적인 영향력을 강조하며 상업은행, 주식투자펀드, 보험, 리스 및 담보 업체 등 다양한 상업성 금융기구들이 "일대일로" 건설에 자금 및 기타 금융 서비스를 제공해 줄 것을 호소한다. 또한 노후기금, 주권재부기금 등 장기 기관 투자자들이 자체 상황과 기준에 따라 "일대일로" 건설, 특히 인프라 건설에 참여하는 것을 환영한다.

넷째, 《지도원칙》은 금융시장의 역할 발휘와 금융기구의 혁신에 관한 방법론을 제시하였다. 각국 정부는 자국 및 해당 지역의 금융시장 발전을 적극적으로 지원해야 한다. 주변 국가의 자국통화 표시 채권시장과 주식시장을 발전시키는 것을 통해 장기적인 융자 출처를 확보하고 통화미스매칭(Currency mismatching) 리스크를 줄여야 한다. 또한 금융시장의 질서 있는 개방을 지지하며 관련국이 짊어질 수 있는 국제의무를 존중한다. 각국은 자국 국정에 근거하여 자국 법률이 허락하는 범위 내에서 점진적으로 은행, 보험, 증권 등 시장에 대한 진입 문턱을 낮추고 금융기구의 해외자회사 및(혹은) 지부 설립을 지지하며 금융기구 설립 신청과 심사 프로세스의 간소화를 촉진해야 한다. "일대일로" 건설 수요와 주변국 발전 수요에 기반한 금융 혁신을 독려하며 금융기구가 리스크 관리가 가능한 범위 내에서 융자 관련 모델, 채널, 도구, 서비스를 혁신하는 것을 지지한다.

다섯째, 《지도원칙》은 금융 감독, 융자 환경, 사회적 책임 및 포용적인 융자 수단에 대한 규범성 건의사항을 제기했다. (1)주변국 간 금융 감독 협력을 통해 크로스보더 관리감독과 조율을 강화하고 공동으로 금융기구를 위해 투명하고 우호적이며 평등하고 예견 가능한 융자 환경을 조성해야 한다. (2)실제 상황에 근거하여 해외직접투자 개방을 확대하고 투자 편의화 프로세스를 가속화하며 모든 형식의 무역 및 투자 보호주의를 반대해야 한다. (3)공평·공정·공개·효율을 골자로 하는 법률 제도와 호혜상생 및 투자친화형 세수 제도를 구축하는 것을 제창한다. (4)공정하고 합법적이며 합리적인 방식으로 채무와 투자 관련 분쟁을 적절히 해결하고 채권자와 투자자의 합법적 권익을 확실히 보장해야 한다. (5)융자 프로젝트가 사회환경에 끼치는 영향을 평가하고 수반되는 리스크를 관리해야 하며 에너지 절감과 환경 보호 관련 협력을 중요시해야 한다. 또한 사회적 책임을 이행하고 현지 취업을 활성화하면서 경제와 사회의 지속 가능한 발전을 추진해야 한다. (6)자금을 사용하는 과정에서 채무 상환 가능성도 함께 검토해야 한다. (7)"일대일로" 건설의 융자 조치는 모든 기업과 각계각층에 혜택을 안겨주어야 하며, 지속 가능하고 포용적인 경제사회 성장에 긍정적으로 작용해야 한다. (8)과학기술역량 향상, 기술 발전 촉진, 일자리 창조와 관련된 프로젝트에 대한 융자를 강화하며 특히 청년과 여성 취업에 필요한 융자 지원을 제공해야 한다. (9)인클루시브 금융을 적극 지원하고 주변국 정부, 정책성 금융기구, 개발성 금융기구 및 상업성 금융기구 간 상호 협력을 강화하여 모든 사람들이 금융 정보와 서비스를 누릴 수 있게 해야 한다. 또한 중소기업에 맞춤화된 안정적이고 부담 가능한 전용 융자 서비스를 출시해야 한다.

(집필자: 펑웨이지앙 冯维江)

82. "일대일로" 녹색투자 원칙(GIP)

개념의 제기

중국은 "일대일로" 이니셔티브의 발의국과 주요 참여국으로서 자국 내 녹색금융 시스템 구축과 녹색금융 글로벌 협력을 꾸준히 추진하면서 "일대일로" 관련 저탄소·친환경 및 지속 가능 프로젝트에 대한 투자를 확대해왔다. 2015년 녹색금융 발전이 G20 아젠다에 정식으로 포함되었다. 중국과 영국은 G20 녹색금융 연구소조의 공동 의장국으로서 최근 몇 년간 꾸준히 글로벌 녹색금융 발전을 견인해왔으며 특히 글로벌 녹색채권, 녹색융자 표준과 각국 친환경 표준과의 조율 업무를 중점적으로 추진해왔다. 중국금융학회 녹색금융전문위원회(이하 "녹색위원회"로 약칭)와 시티오브런던(City of London) 녹색금융이니셔티브는 중·영녹색금융업무소조와 중·영녹색금융센터 설립을 발의했고 금융기구의 녹색금융 혁신 참여 및 녹색채권시장 상호 개방을 독려하면서 양국 간 녹색금융 협력을 적극 추진했다. 또한 2017년 연말 개최된 제9차 중·영 경제금융대화의 성과를 기반으로 "일대일로" 녹색투자 원칙의 제정을 주도했다. 이 외에도 "일대일로" 은행 간 상시화 협력 메커니즘, "일대일로" 녹색투자자 연맹, 국제금융센터(IFC), 유엔 책임투자원칙(PRI), 폴슨 연구소(Paulson Institute), 세계경제포럼(World Economic

Forum) 등 기구들이 원칙 제정에 공동 참여했다. 2018년 11월 말, "일대일로" 녹색투자 원칙(GIP)이 런던에서 정식으로 발표되었다. 2019년 4월 25일, 《"일대일로" 녹색투자 원칙》 채택 업무가 가동됨에 따라 "일대일로" 친환경 투자가 새로운 단계로 진입했다.

"일대일로" 녹색투자 원칙은 유엔 책임투자원칙(UN PRI)의 기초하에 저탄소 및 지속 가능 발전 관련 의제를 "일대일로" 이니셔티브에 편입시켰으며 투자 프로젝트에 대한 환경 및 사회 리스크 관리를 강화하는 것을 통해 "일대일로" 신규 프로젝트들의 환경친화성, 기후적응성과 사회포용성을 보장하였고 녹색투자 확대를 통해 탄소 배출량이 높고 환경 오염을 야기할 수 있는 투자를 최소화하면서 유엔 2030 지속 가능 발전목표와 《파리협정》 이행에 일조하고 있다.[01] 원칙 발표 이후, 녹색위원회와 시티오브런던은 전문 사무처를 설립하였고 더 많은 금융기구들과 기업들의 참여를 독려했다. 사무처는 또한 "일대일로" 녹색투자를 지원할 수 있는 방법 및 도구의 개발을 책임지고 있으며 원칙 실행 진도 평가를 통해 관련기구들의 적극성과 역량을 향상시키고 있다. 중국과 영국 정부가 공동으로 발의하고 세계 금융계의 전폭적인 지원을 받고 있는 "일대일로" 녹색투자 원칙은 친환경 발전을 추진하는 중요한 플랫폼으로 거듭날 것이다.

---

01   《중영 관련기구 〈"일대일로" 녹색투자 원칙〉 공동 발표》, 2018년 12월 1일, 신화통신, http://www.xinhuanet.com/world/2018-12/01/c 1123793737.htm.

주요 내용

"일대일로" 녹색투자 원칙은 전략, 운영, 혁신 등 3대 분야에서 기업 거버넌스, 전략 제정, 리스크 관리, 대외 소통, 녹색금융툴을 포함한 7개의 원칙성 이니셔티브를 제기하였다. 해당 원칙은 "일대일로" 투자에 참여한 글로벌 금융기구와 기업들의 자발적인 채택과 실행을 전제로 하고 있으며 구체적으로는 다음과 같은 내용을 포함하고 있다.[02]

원칙1: 지속 가능성을 기업 거버넌스에 포함시켜야 한다. 채택기구는 지속 가능성을 기업 전략과 문화에 포함시켜야 하며 이와 관련된 리스크와 기회를 예의주시해야 한다. 또한 전문 인력을 파견하여 관련 리스크를 식별, 분석 및 관리하며 "일대일로" 주변국에서 진행하는 투자활동이 기후, 환경과 사회 분야에 끼치는 잠재적 영향성을 명확히 해야 한다.

원칙2: ESG 리스크를 충분히 인지해야 한다. 채택기구는 종사하고 있는 산업과 대상국의 사회·문화·환경 관련 표준, 법률 및 법규를 숙지해야 하고 의사결정 과정에서 환경, 사회, 지배구조(ESG) 요소를 충분히 고려해야 하며 환경 및 사회 실사를 추진하고 리스크 예방 및 관리 방안을 도출해야 한다.

원칙3: 환경 관련 정보를 충분히 공시해야 한다. 채택기구는 진행중인 투자활동이 환경에 끼치는 영향, 예를 들면 에너지 소모, 온실가스 및 오염물 배출, 수자원 이용, 삼림 퇴화 등 제반 요소를 면밀히 분석해야 하고 투자 결정과정에서 환경 테스트 결과도 함께 고려해야 하

02　Green Investment Principles Official Website , http://gipbr. net/SIC. aspx? id=170&m=2.

며 꾸준히 환경과 기후 관련 정보 공시 시스템을 체계화해야 한다.

원칙4: 이해관계자와의 소통을 강화해야 한다. 이해관계자 정보 공유 메커니즘을 구축하여 정부, 환경보호조직, 언론매체, 현지 사회단체, 민간조직 등 다양한 이해관계자들 간 효율적인 소통을 촉진하는 동시에 분쟁 해결 시스템도 함께 구축하여 사회단체, 공급업체와 고객 간 분쟁을 적시에 원만하게 해결해야 한다.

원칙5: 녹색금융툴을 충분히 이용해야 한다. 친환경 프로젝트 융자 과정에서 녹색채권, 녹색자산유동화증권(ABS), 일드코(YieldCo), 탄소배출권 융자, 녹색투자기금 등 녹색금융툴을 활용해야 하며 환경책임보험, 중대재해보험, 녹색건축보험 등을 적절히 이용하여 프로젝트 운영 및 자산 관리 과정에서 나타날 수 있는 환경 관련 리스크를 효과적으로 예방해야 한다.

원칙6: 친환경 공급사슬 관리 모델을 적용해야 한다. 기업체는 ESG 요소를 공급사슬 관리에 포함시켜야 하며 투자, 구매, 운영 과정에서 온실가스 배출량 계산법, 수자원의 합리적인 사용법, 공급업체 "화이트리스트", 효율성 지표, 정보 공시, 데이터 공유 등 분야의 국제 우수 사례를 벤치마킹해야 한다.

원칙7: 다자간 협력을 통해 능력 건설을 강화해야 한다. 채택기구는 능동적으로 전용 예산을 편성하고 전문 인력을 파견하여 다자간 국제조직, 연구기구와 싱크탱크들과 협력을 강화해야 하며 이를 통해 정책 집행, 시스템 구축, 툴 개발 등《"일대일로" 녹색투자 원칙》관련 분야의 전문 능력을 향상해야 한다.

전반적으로 보면, 원칙1과 원칙2는 채택기구가 기업 전략 및 조직 내부 측면에서 지속 가능한 관리를 강화하는 것을 독려하고 있고, 원칙

3과 원칙4는 환경 리스크 분석, 정보 공유, 분쟁 해결 메커니즘의 구축 필요성을 강조하고 있으며, 원칙5와 원칙7은 채택기구가 녹색금융툴 혁신, 친환경 공급사슬 구축, 지식과 정보 공유를 통해 자체적인 전문 능력을 향상하는 것을 독려하고 있다.

실행 진도

"일대일로" 녹색투자 원칙의 제정 및 실행은 "일대일로" 투자 프로젝트들의 환경, 기후, 사회 관련 지속 가능성을 보장하고 《파리협정》을 실현하며 생태환경 보호, 그리고 세계의 지속 가능한 발전을 추진하는 데 있어 중대한 의미를 지닌다. 녹색투자 원칙은 기업과 투자기구들의 "일대일로" 관련 녹색투자에 중요한 가이드라인을 제시해 주었다. 다수의 OECD 국가들이 2050년까지 넷 제로를 실현한다는 공약을 발표했는데 이 과정에서 개발도상국들의 역할이 더욱더 두드러지고 있다. GIP는 녹색투자 관련 원칙의 제정 및 실행을 통해 《파리협정》 이행에 기여할 수 있다. 따라서 GIP는 "일대일로" 이니셔티브가 잠재적 환경 리스크를 줄이기 위해 내디딘 첫 걸음이라 할 수 있다.

2018년 연말에 발표된 일대일로" 녹색투자 원칙은 2019년 한 해 동안 주로 다음과 같은 세 가지 성과를 거두었다.[03]

첫째, GIP는 2019년 제2차 "일대일로" 국제협력서밋 중요성과 리스트에 포함되었는데 이는 중국이 친환경 "일대일로"를 건설하고자 하

---

03   Green Investment Principles Official Website , http://gipbr. net/SIC. aspx? id=170&m=2.

는 굳은 의지를 잘 보여주었다.

둘째, GIP 사무처가 출범되었고 베이징과 런던에 사무실이 설립되었다. 사무처의 주요 업무로는 전 세계적으로 더 많은 기구의 동참 유도, 역량 향상 관련 툴과 방법 개발, 관련기구들과 "일대일로" 친환경 프로젝트 베이스 공동 구축, 연간 진도 보고서 발표 등이 포함된다.

셋째, 환경 및 기후 리스크 평가 업무소조, 환경 및 기후 정보공시 업무소조, 녹색금융상품 혁신 업무소조 등 3개의 업무소조를 설립했다. 중국공상은행(ICBC)이 환경 및 기후 리스크 평가 업무소조 의장을, PWC가 비서를 맡고 있다. 크레디아그리콜은행(CACIB)와 흥업은행(CIB)이 환경 및 기후 정보공시 업무소조 공동의장을, 언스트 앤 영(Ernst & Young)이 비서를 맡고 있다. 스챈더드 차터은행(SCB)과 중국은행(Bank of China)이 녹색금융상품 혁신 업무소조 공동의장을, 국제금융센터(IFC)가 비서를 맡고 있다. 각 업무소조는 향후 2달 내에 업무 계획을 제정한 뒤, 이를 근거로 관련 업무를 실질적으로 추진할 예정이다.

2020년 4월 6일, "일대일로" 녹색투자 원칙 지도위원회는 화상회의 방식으로 제1차 회의를 소집하여 체계적인 거버넌스 구조 구축, 비서처 역할 다각화, 향후 3년 비전 등 중장기 전략에 대해 의견을 교환했고 GIP 채택기구 환경 관련 정보공시 강화, "일대일로" 지역 친환경 투자 모니터링, 기타 국제 이니셔티브 및 "일대일로" 관련국 정부와의 협력 심화 등 일련의 원칙성 건의사항을 제시했다. 지도위원회는 또한 2021년 영국에서 개최될 제26차 유엔기후변화협약 당사국총회(COP26) 기간, GIP 전문 행사를 마련하여 더 많은 민간 자본이 친환경, 저탄소 및 지속 가능한 발전 사업에 유입되도록 해야 한다고 의견을 모았다.

"일대일로" 녹색투자 원칙은 채택기구들이 지속 가능성을 회사 거버넌스에 포함시키고 "일대일로" 주변국에서의 투자 및 경영활동이 기후, 환경과 사회에 끼치는 잠재적 영향을 예의주시해야 한다고 규정하였으며 국내외 금융기구들로부터 폭넓은 공감과 호응을 이끌어냈다. 2020년 3월 기준, 37개의 글로벌 기구(주로 대형 금융기구)들이 GIP를 정식으로 채택했으며 11개의 조직이 공식적으로 GIP를 지원하고 있다. 여기에는 "일대일로" 투자에 참여한 중국계 자본 금융기구와 영국, 프랑스, 독일, 룩셈부르크, 일본, 중국 홍콩, 싱가포르, 아랍에미리트, 파키스탄, 카자흐스탄, 몽골국 등 국가와 지역의 대형은행과 금융기구들이 포함된다. 도이치은행(Deutsche Bank)은 "일대일로" 건설에 적극적으로 참여한 외국계 은행 중 하나이며 GIP 채택을 통해 중국과 유럽 지역의 "일대일로" 개방 협력을 추진하고 관련 프로젝트들의 지속 가능한 발전을 최대한 보장하겠다고 약속했다. GIP를 채택한 중국계 금융기구들도 녹색금융 이념과 사회적 책임 이행, 글로벌 시야와 광범위한 국제 네트워크를 활용하여 국내외 자본시장 연결, "일대일로" 주변국 정부, 기구, 기업들과의 협력과 소통을 강화하여 고객들에게 전방위적이고 포괄적인 양질의 서비스 제공, "일대일로" 녹색투자의 실천자, 추진자, 선도자 역할 발휘 등을 약속했다. 2020년 3월 19일, 중국핑안보험그룹(PingAn)이 GIP 채택을 공식 발표하면서 처음으로 해당 원칙을 채택한 보험사가 되었다.

(집필자: 티앤후이팡 田慧芳)

83. "일대일로" 채무 지속가능성 분석프레임(DSF)

프레임의 유래

"일대일로" 이니셔티브는 지금까지 국제사회로부터 열렬한 호응과 폭넓은 지지를 받고 있지만 일각에서는 여전히 여러 가지 비방과 음모론이 제기되고 있다. "채무 함정" 음모론이 가장 전형적인 사례이다. "채무 함정"이란 통상적으로 차입국 정부의 채무가 지속 불가할 정도로 불어나는 것을 뜻한다. 인도 뉴델리 정책연구센터의 브라흐마 셸리이니(Brahma Chellaney)가 2017년 처음으로 중국의 "일대일로" 이니셔티브를 채무 함정과 연결시켜 추측성이 다분한 "채무 함정" 논점을 제기했다. 그는 중국이 "일대일로" 이니셔티브를 통해 전략적 의미를 지닌 개발도상국에 거액의 차관을 제공하여 대상국들로 하여금 중국이 설치한 채무의 덫에 빠지게 만들고 중국에 절대적으로 복종하게끔 만들고 있다고 역설했다. 해당 논점은 특정 서방국가들의 이익에 부합되었고 서방 여론에서의 영향력이 점차 커지기 시작했다.

상기 음모론을 정면으로 반박하기 위해, 그리고 "일대일로" 국가들의 채무 지속 가능성을 보장하는 동시에 현지 경제사회의 지속 가능한 발전을 추진하기 위해, 중국 재정부는 2019년 4월 25일 개최된 제2차 "일대일로" 국제협력서밋에서 《채무 지속 가능성 분석프레임》(이하

"프레임"으로 약칭)을 정식으로 발표했다. 국제통화기금(IMF)과 세계은행 (WBG)의 저소득국 채무 지속가능성 체계(Debt Sustainability Framework for Low-Income Countries, LIC-DSF)를 기반으로 하고 "일대일로" 국가의 국정 현실과 발전 상황을 결합시켜서 만들어진 《프레임》은 "일대일로" 참여 국 금융기구 혹은 국제조직의 자발적인 응용을 독려하고 있다. 해당 프 레임의 발표는 중국이 채무 지속가능성 문제에서의 적극적이고 개방 적인 태도를 잘 보여주었고 중국이 "일대일로" 저소득국의 국정 상황 과 발전 수요를 예의주시하고 있음을 보여주었다. 《프레임》은 "일대일 로" 참여국들의 투·융자 관련 의사결정에 과학적인 근거를 제공해 주 었고 관련국들의 투자 리스크 관리 역량과 채무관리 역량 향상에 일조 하면서 "일대일로"의 질적 발전과 호혜상생을 추진하고 있다.

주요 내용

《아디스아바바 행동의제》(AAAA)에 따르면, 투자는 지속 가능한 발 전의 핵심이며 채무 융자는 투자 자금을 제공해 주는 중요한 도구이 다. "일대일로" 건설에 사용되는 채무 융자는 관련국의 투자 수요와 지 속 가능한 발전의 융자 수요를 모두 만족시키는 동시에 재무의 지속가 능성도 함께 보장할 수 있어야 한다. 《프레임》이 존재하는 의미는 양자 간 최적의 균형점을 찾아내는 것이다.

《프레임》은 채무범위 확정, 거시경제 동향 예측, 예측의 정확성 검 증, 국가 분류기준 확정, 테스트 진행, 리스크 신호 판단, 모형 결과 수 정, 리스크 등급 확정, 분석보고서 제정 등 재무 지속가능성 관련 표 준화된 분석 시스템을 구비하고 있다. 해당 시스템은 융자 수요가 있

는 국가들의 채무 리스크를 등급별로 분류했으며 이 중 공공부문 외채
는 저(低) 리스크, 중등 리스크, 하이 리스크 및 외채 곤경으로 나뉘어진
다.[01] 전체 채무 리스크는 저 리스크, 중등 리스크, 하이 리스크 및 재무
적 곤경으로 분류된다.[02]

특정 국가의 부채가 저 리스크 혹은 중등 리스크 등급일 경우 해당
채무는 지속 가능하다고 판단된다. 단 하이 리스크 혹은 재무적 곤경
판정을 받았다 해서 해당 채무가 반드시 지속 불가능한 것만은 아니며
전형적인 사례로 일본을 들 수 있다. 특정 국가가 현재 및 미래의 채무
상환 책임을 이행할 가능성이 높을수록 해당 채무의 지속가능성 또한
함께 높아진다. 즉 채무상환 의향과 실제 보유 중인 안정적인 현금유동
성이야말로 채무 지속가능성을 가늠할 수 있는 가장 핵심적인 두 개의
요소이다.

실제 시나리오별 테스트에서 대상 채무가 안정적인 수준을 유지하
는 동시에 상환 가능성이 높으며 차입국 경제 성장률을 기대 수준으로
유지시키고 발전 목표 실현에 긍정적으로 작용할 수 있다면 해당 채무
가 지속가능성을 지니고 있다고 판정한다. 따라서 특정 국가의 채무 지
속가능성을 분석할 때 채권자 구도, 채무 구조, 타당성 문제, 발전 목표
에 대한 영향 등 제반 요소도 함께 면밀히 검토해야 하지만 아쉽게도
상기 요소들은 아직 《프레임》 분석시스템에 포함되지 않았다.

채권국은 평가보고서의 내용을 채무국의 신규 대출 감당능력, 채

---

01 특정 국가가 외채조정 협상 혹은 외채불이행 진행 중이거나 곧 진행될 예정일 경우,
외채 곤경에 처했다고 판단한다.

02 외채 곤경에 처한 국가가 국내채무조정 협상 혹은 국내채무불이행 진행 중이거나 곧
진행될 예정일 경우, 재무적 곤경에 처했다고 판단하다. .

무 지속가능성, 미래 발전공간,《유엔 2030 지속 가능 발전목표》내용 등과 결합하여 "일대일로" 국가별 채무 리스크 등급을 분류하고 이를 대출 관련 의사결정의 핵심적인 근거로 삼을 수 있다. 이 외에도 평가 보고서는 채무국의 재정정책 체계화, 채무 리스크 관리역량 강화, 외부 충격 방어, 융자 선택 최적화 등에 중요한 참고 사항이 될 수 있다.

설립의 의미

첫째, 채무 지속가능성 분석에 과학적이고 효과적인 도구를 제공할 수 있다.《프레임》의 제기는 "채무 함정" 음모론에 대한 정면 반박일 뿐만 아니라 관련국 채무 지속가능성을 과학적으로 분석할 수 있는 도구의 선택지를 넓혀주었다. 사실은 웅변보다 설득력이 있기 마련이며 거짓은 수천 번 반복되어도 결국 거짓일 뿐이다. 서방이 주장하고 있는 "채무 함정론"에 대해서는 실제로 중국으로부터 차관을 차입한 국가들이 가장 큰 발언권을 가지고 있다. 필리핀 외교부 장관 알란 피터 카예타노(Alan Peter Cayetano)는 2018년 8월 개최된 필리핀 상원 재정위원회 청문회에서 "중국의 채무가 필리핀 외채에서 차지하는 비중은 1%에 불과하기에 필리핀이 소위 중국발 '채무 함정'에 빠질 일은 결코 없을 것이다"라고 강조했다. 스리랑카 중앙은행의 통계에 따르면 2017년 기준, 중국의 대출이 스리랑카 외채에서 차지하는 비중은 약 10%에 불과하며 이 중 61.5%는 국제기준금리보다 낮은 양허성 차관이었다. 이는 중국의 대출이 결코 스리랑크 외채 부담을 가중시키는 주요한 원인이 아니라는 점을 설명하고 있다. 파키스탄 정부가 발표한 데이터에 따르면, 스리랑카 장기 채무 중의 42%는 다자기구의 대출이고 중국의 대출 비중은 10%에 불과할 뿐만 아니라 그마저도 서방보다 훨씬 저렴한 2%대 금리의 양허성 차관들이다. 상술한 국가들은 자국의 실제 사실을 근거로 삼아 "채무 함정" 음모론을 강력하게 반박하고 있다. 향후 해당 국가들이 《프레임》을 사용하여 채무 지속가능성을 과학적으로 분석할 수 있다면 자국의 채무 리스크 관리역량을 강화할 수 있을 뿐만 아니라 더욱 신빙성 있고 설득력 있는 채무 지속가능성 결과를 도출할 수 있다.

둘째, "일대일로" 국가의 지속 가능한 발전을 추진할 수 있다. 자금 융통은 "일대일로" 건설의 중요한 버팀목이다. 채권국은 "일대일로" 관련국에 자금 융통 서비스를 제공할 때 반드시 대상국의 채무 지속가능성을 사전 점검해야 한다. 《프레임》은 차입국의 경제발전 계획과 중장기 재정계획에 근거하여 경제발전 상황, 경제주기, 자본 누적, 인구구조, 기술 고도화 등 요소를 종합적으로 분석하는 것을 통해 차입국의 향후 20년 간 거시경제 발전 시나리오를 예측한다. 또한 5가지 시나리오별 테스트를 통해 채무 부담 지표의 가정(假定) 조건별 민감성을 가늠한다. 《프레임》의 최종 목적은 신빙성이 높은 채무 지속가능성 관련 지표를 도출하여 "일대일로" 건설의 자금 융통을 추진하고 관련국 경제의 지속 가능하고 포용적인 성장을 지원하는 것이다.

셋째, "일대일로"의 수준을 향상하고 호혜상생을 실현할 수 있다. 《프레임》이 엄밀한 논리와 과학적인 분석에 기반하여 얻어낸 채무 지속가능성 보고는 "일대일로" 참여국 간 자금 융통에 유익한 참고 기준이 될 수 있다. 채무 리스크가 관리 가능한 범위 내에 있고 경제 발전이 지속 가능하다는 전제하에 채권국은 표준 절차에 따라 대출을 제공할 수 있으며 채무국의 채무 불이행을 과도하게 걱정하지 않아도 된다. 채무국은 해당 대출을 사용하여 급한 불을 끌 수 있으며 자국 경제 발전을 위해 유용하게 사용할 수 있다. 이러한 협력 모델은 관련국의 발전을 추진할 수 있을 뿐만 아니라 주변국의 민생 개선에도 도움을 줄 수 있으며 채권국과 채무국이 공동으로 "일대일로"의 질적 발전 수준을 향상하고 호혜상생하는 새로운 국면을 열어주고 있다.

(집필자: 쟈중정 贾中正)

"일대일로" 수첩

84. 국제실크로드과학원

개념의 제기

2017년 9월 24일, "국제실크로드과학원 과학기술혁신국제회의 겸 국제실크로드과학원 설립대회"가 중국 베이징에서 개최되었으며 25개 "일대일로" 주변국에서 온 과학기술계 전문가와 학자들이 회의에 참여했다. 회의는 국제실크로드과학원의 정식 가동을 선포했고 국제실크로드과학원 운영위원회를 설립했다. 국제유라시아과학원이 원장조직을 맡았고 국제유라시아과학원 중국과학센터 지앙정화(蔣正华) 주석이 운영위원회 주석으로, 중국과학센터 장징안(张景安) 부주석이 비서장으로 선임되었으며 러시아, 카자흐스탄과 유럽 지역이 각각 한 명의 부주석을 선출하기로 결정했다. 국제실크로드과학원 본부는 베이징에 설립되었다.

비정부·비영리 국제학술기구인 국제실크로드과학원은 "일대일로" 주변국들의 유명한 자연과학자, 사회과학자, 공학기술과학자들로 구성되었으며 유라시아지역의 과학기술계, 경제계와 사회활동가들이 협력과 교류를 증진하는 중요한 플랫폼이자 "일대일로" 건설을 추진하는 국제고급자문센터와 신형 고위층 싱크탱크 역할을 맡고 있다. 《국제실크로드과학원 정관(초고)》은 국제실크로드 설립 취지를 다음과 같이 정의하고 있다. "국제실크로드과학원은 '일대일로' 주변국들과 발전전략 매칭, 자원 개발 및 이용, 경제구조 전환 및 고도화, 생태환경 안전, 문화 교류와 융복합 등 분야의 공동 연구, 상호 교류 및 컨설팅을 통해 '일대일로' 공동건설 과정 중에 존재하는 국가 간 발전 불균형, 발전전략 간 부조화, 정보 비대칭, 문화 차이성 등 문제의 해법을 모색하고 있다."

국제유라시아과학원은 1994년에 설립되었고 중국과학센터는 1996년에 설립되었다. 후자는 현재 160명이 넘는 원사(院士)를 보유하고 있는데 이는 국제유라시아과학원 전체 원사의 1/4을 차지한다. 2015년 카자흐스탄국가자연과학원과 러시아자연과학원이 잇달아 국제유라시아과학원 중국과학센터에 서신을 보내 국제유라시아과학원 중국과학센터 주도의 "국제실크로드과학원"을 설립할 것을 건의했다. 그 후 2년간의 준비과정을 거친 뒤, 2017년 9월 24일 국제유라시아과학원 중국과학센터 주도로 설립된 "국제실크로드과학원" 설립대회가 베이징에서 개최되었다. 25개의 "일대일로" 주변국 과학기술조직이 초창기 회원으로 가입했으며 "국제실크로드과학원 과학기술혁신국제회의 겸 국제실크로드과학원 설립대회"에 참석 대표를 파견하였다.

전국인민대표대회 상무위원회 부위원장, 국제유라시아과학원 집행원장, 국제유라시아과학원 중국과학센터 주석 지앙정화(蔣正華)가 회의 개막사를 발표했다. "과학기술혁신은 '일대일로' 국제협력의 중요한 구성부분이다. 국제실크로드과학원은 국제 교류 협력 플랫폼을 구축할 계획이며 이미 과학기술부, 중국과학기술협회, 중국과학원 등 관련 부처의 전폭적인 지원을 받고 있다. 국제실크로드과학원 회원조직들은 '일대일로' 과학기술 혁신과 협력에 동참하고 과학기술의 발전 성과와 경험을 공유하면서 과학기술 혁신이 주변국 경제, 사회와 민생의 발전

"일대일로" 수첩

에 실질적인 혜태을 안겨줄 수 있도록 해야 한다." 국제유라시아과학원 중국과학센터 상무부주석, 외국전문가국 전임 국장 마쥔루(马俊如)가 회의 사회를 맡았고 국제실크로드과학원 운영업무소조장, 국제유라시아과학원 중국과학센터 부주석, 과학기술일보사 전임 사장 장징안(张景安)이 중국인민정치협상회의전국위원회 부주석, 중국과학기술협회 주석, 과학기술부 부장 완강(万钢)이 보낸 축전을 낭독했다. 축전에는 다음과 같은 내용이 담겨있었다. "시진핑 주석은 '일대일로' 국제협력서밋에서 중국은 기타 국가들과 혁신 협력을 강화하고 '일대일로' 과학기술혁신 행동계획을 실행하며 과학기술 관련 인문교류 증진, 공동실험실 및 과학기술단지 설립, 기술 이전 등 사업을 추진할 의향이 있다고 강조했다. 상술한 사업들은 각국 과학가와 전문가들의 지혜와 심혈을 필요로 한다. 다자간 교류 협력 플랫폼인 국제실크로드과학원이 향후 과학기술혁신 행동계획 실행에 적극 기여해 주기를 기대한다."

중국과학기술부 전임 부장 주리란(朱丽兰), 국무원 참사관 류옌화(刘燕华), 국제유라시아과학원 부원장 료커(廖克) 등 20여 명의 국제유라시아과학원 중국과학센터의 고위층 인사와 원사들이 거의 100명에 달하는 러시아, 카자흐스탄, 독일, 핀란드, 스위스, 벨라루스, 탄자니아, 불가리아, 몽골국, 영국, 키프로스, 오스트리아, 아제르바이잔, 세르비아, 말레이시아, 프랑스, 이탈리아, 타지키스탄, 방글라데시 등 국가의 과학기구, 대학교 대표들, 그리고 과학기술부, 국가발전개혁위원회, 중국과학기술협회, 중국과학원, 중국공정원, 자연과학기금회 및 기업가, 금융 종사자들과 과학기술혁신 의제를 둘러싼 열띈 토론을 벌렸다. 회의에 참석한 각국 과학기술계 대표들은 적극적으로 자신의 의견을 피력했으며 "국제실크로드과학원"에 대한 자신감과 기대를 한껏 드러냈다. 쿵

더융(孔德涌), 귀화둥(郭华东) 등 유라시아과학원 원사들과 외국 학자들이 과학기술혁신과 동반성장을 주제로 기조연설을 발표했다. 회의에 참석한 전문가와 학자들은 일련의 투철한 견해와 실행 가능한 건의사항들을 제시했고 "국제실크로드과학원"의 전략적 구상을 한층 더 풍부하게 만들었다.

운영 메커니즘

국제실크로드과학원은 비정부·비영리 국제학술기구, "일대일로" 과학기술계, 기업계, 금융계 및 관리분야 전문가와 학자 간 교류 협력의 플랫폼, "일대일로" 건설을 추진하는 국제고급자문센터와 신형 고위층 싱크탱크로 정의되었다. 국제실크로드과학원은 자연과학, 공정기술, 관리과학 및 기타 인문사회과학의 융복합을 추진하고 과학기술과 산업, 과학기술과 금융을 결합시키면서 "일대일로" 공동건설 과정 중의 자연, 경제, 사회, 생태 관련 문제 및 리스크에 대한 과학적인 의사결정 근거와 거버넌스 방안을 제공할 것이다. 국제실크로드과학원은 향후 "일대일로" 주변국들과 발전전략 매칭, 자원 개발 및 이용, 경제구조 전환 및 고도화, 생태환경 안전, 문화 교류와 융복합 등 분야의 공동 연구, 상호 교류 및 컨설팅을 통해 "일대일로" 공동건설 과정 중에 존재하는 국가 간 발전 불균형, 발전전략 간 부조화, 정보 비대칭, 문화 차이성 등 문제의 해법을 모색해 나갈 것이다.

(집필자: 귀진펑 郭金峰)

85. "일대일로" 친환경 발전 국제연맹

개념의 제기

2019년 4월 25일, 제2차 "일대일로" 국제협력서밋 "친환경의 길" 포럼에서 "일대일로" 친환경 발전 국제연맹이 정식으로 설립되었다. 연맹은 개방적·포용적·자발적 국제협력 네트워크 구축을 취지로 삼고 있으며 친환경 발전의 이념을 "일대일로" 건설과 결합시켰다. 연맹은 대화와 교류를 강화하는 것을 통해 구성원과 "일대일로" 주변국 간 상호 이해를 증진시키고 "일대일로" 협력파트너 간 심층적인 협력을 추진하면서 친환경의 길을 《유엔 2030 지속 가능 발전목표》(SDGs) 실현의 중요 루트로 만들어주고 있다.

목표와 임무

"일대일로" 친환경 발전 국제연맹의 주요 목표는 "일대일로" 친환경 발전 관련 글로벌 컨센서스를 형성하고 지속 가능한 발전을 "일대일로" 이니셔티브와 결합시키면서 "일대일로" 참여국들의 《유엔 2030 지속 가능 발전목표》 실현에 도움을 제공하는 것이다.[01] 연맹의 3대 주

---

01 "일대일로" 친환경 발전 국제연맹 홈페이지, http: //www. greenbr. org.cn/lsfz/ lslmgywm/lmjs/.

요 임무는 다음과 같다.

첫째, 정책성 대화와 소통 플랫폼을 구축해야 한다. (1)지식 공유와 공동 학습을 통해 친환경 발전 이념과 환경 정책을 공유하고 발전 및 보호 관련 우수사례와 선진적인 경험을 널리 알리면서 관련 국가와 지역의 친환경 발전 수준을 향상시켜야 한다. (2)글로벌 및 지역 범위 내의 세미나와 대화를 통해 "일대일로" 이해관계자 간 소통의 장을 만들어주고 참여 주체 간 효과적인 대화와 교류를 촉진해야 한다. (3)공동연구 네트워크를 구축하여 "일대일로" 친환경 발전에 정책성 건의를 제공해야 한다.

둘째, 환경 지식과 정보 관련 플랫폼을 구축해야 한다. "일대일로" 생태환경 데이터 플랫폼 구축을 통해 관련 국가와 지역의 환경 정책, 표준, 법규, 기술 등 분야의 교류와 협력을 촉진하고 "일대일로" 관련 의사결정에 참고가치가 있는 데이터를 제공해야 한다. 구체적으로는 생태환경보호와 오염 예방·퇴치 관련 정보와 데이터를 공유하고 친환경 "일대일로" 관련 데이터와 분석결과를 제공하며 환경관리능력을 향상하고 관련국의 환경보호의식을 제고시켜야 한다.

셋째, 녹색기술 관련 교류 및 이전 플랫폼을 구축해야 한다. (1)녹색기술 협력을 촉진하고 "일대일로" 관련국의 생태환경보호, 기후행동, 오염 예방·퇴치 등 역량을 제고하며 국제 다자간 금융기구와의 협력을 통해 개발도상국의 지속 가능한 발전에 긍정적으로 작용할 수 있는 인프라 프로젝트 관련 계획, 기술 및 관리 서비스를 제공해야 한다. (2)친환경·저탄소 기술의 교류와 이전을 촉진하고 녹색인프라, 녹색투자, 녹색무역의 발전을 추진해야 한다.

전문분야 파트너 관계는 연맹이 제반 업무를 추진하는 과정에서 중요한 매개체 역할을 발휘하고 있다. 현재 국제사회는 보편적으로 △생물 다양성과 생태계 △녹색 에너지와 에너지 효율 △녹색금융과 투자 △환경 개선과 녹색 도시 △개도국 간 협력과 지속 가능한 발전목표 △녹색기술혁신과 기업의 사회적 책임 △환경정보 공유와 빅데이터 △지속 가능한 교통 △글로벌 기후 거버넌스 및 친환경 전환 △환경 법률법규와 표준 등 환경 관련 의제를 중요시하고 있다. 연맹은 이를 감안하여 1차적으로 10개의 전문분야 파트너 관계를 설립했으며 분야별로 국내외 관련 기구와 조직들을 소집하여 상응한 활동을 전개하고 있다. 예를 들어, "글로벌 기후 거버넌스 및 친환경 전환 파트너 관계"는 중국국가기후전략센터, 에너지기금회(베이징), 미국환경보호협회, 영국아동투자기금회가 공동으로 설립한 파트너 관계이다. 해당 파트너 관계는 기후변화와 친환경 전환 이념을 "일대일로" 건설에 융합시키고 글로벌 기후 거버넌스와 친환경 전환 분야에서의 협력 가능성을 발굴하며 정책 연구, 역량 육성, 실질적인 협력을 강화하여 공평하고 합리적이며 원원할 수 있는 글로벌 기후 거버넌스를 구축하고 글로벌 친환경·저탄소 전환과 생태문명 건설을 촉진하는 것을 목표로 삼고 있다. "글로벌 기후 거버넌스 및 친환경 전환 파트너 관계"는 주로 "일대일로" 국가들의 관련 연구와 정책 대화를 촉진하고 중국 주도의 자연기반해법(Nbs)을 지원할 수 있는 행동계획 제정 업무를 책임지고 있다. 향후 추진할 주요 임무로는 (1)"일대일로" 기후변화 대응 관련 연구 실행 (2)"일대일로" 이니셔티브와 글로벌 기후 거버넌스 아젠다 간 교류 플랫폼 구축 (3)더욱 개방적이고, 더욱 광범위한 "일대일로" 저탄소 전환 파트너 관계 구축 등이 포함된다. 기타 전문분야 파트너 관계도 상응한 업무 추진 계획을 제정했으며 사무처별로 "일대일로" 참여국의 친환경 발전 수요에 근거하여 이해관계자 간 협상을 통해 해당 파트너 관계의 설정, 조정과 해지 관련 건의사항을 제기하고 있다.

현실적 의미

"일대일로" 주변의 생태환경은 현저한 차이점을 가지고 있을 뿐만 아니라 보편적으로 환경관리 기반 취약, 기후대응 역량 부족 등 문제를 안고 있다. 따라서 반드시 현지 상황과 특성에 맞는 협력 모델을 모색 해야 한다.

2017년 중국생태환경부가 배포한 《"일대일로" 생태환경보호 협력 계획》은 2025년까지 생태문명과 친환경 발전의 이념을 "일대일로" 건 설과 결합시키고 생태환경보호 협력의 기반을 다지며 양호한 생태계 를 구축할 것이라고 밝혔다. 또한 2030년까지, 《유엔 2030 지속 가능 발 전목표》 중 환경 관련 목표를 실현하고 생태환경보호 협력의 수준을 전방위적으로 향상할 것이라고 강조했다.[02] 연맹은 개방, 포용, 친환경, 지속가능성을 골자로 하는 발전 이념에 따라 "일대일로" 건설의 진전 과 실천을 공유하고 환경지식과 정보의 교류, 녹색기술의 이전을 촉진 하며 신형 글로벌 파트너 관계 구축을 추진하면서 개발도상국들의 《유 엔 2030 지속 가능 발전목표》 실현에 유리한 외부 조건을 만들어 주고 있다.

"일대일로" 친환경 발전 국제연맹은 설립된 시간이 그리 길지 않

---

02   중국생태환경부: 《〈"일대일로" 생태환경보호 협력계획〉 배포에 관한 통지》([2017] 65 호), http://www.mee.gov.cn/gkml/hbb/bwj/201705/t20170516_414102.htm.

지만, 2019년 11월 기준 이미 80여 개의 기구를 회원으로 받아들였으며 시범국가의 연구 프로젝트와 역량 육성 분야에서 눈에 띄는 진전을 거두었다. 중국의 기술과 경험은 점점 더 많은 국가들의 인정을 받고 세계적으로 널리 응용되고 있다. 예를 들어, 유엔은 중국이 사막화 퇴치 분야에서 거둔 특출난 성과를 벤치마킹하기 위해 네이멍구(內蒙古) 쿠부치(庫布齊) 사막에 "글로벌 생태경제 시범구"와 "'일대일로'사막녹색경제 혁신센터"를 설립했으며 "일대일로" 주변, 더 나아가 전 세계적으로 사막화가 심각한 국가와 지역에 쿠부치 사막의 생태경제 발전 경험을 전파하고 있다. 아프리카는 중국이 공유한 경험을 참고하여 사하라 사막과 초원 지역에서 "녹색 장성" 프로젝트를 추진하고 있다.

2020년 4월 1일, "일대일로" 친환경 발전 국제연맹은 화상회의 방식으로 2020년 제1차 업무조율회의를 개최했다. 회의는 연맹 "일대일로" 프로젝트 친환경 발전 지침("신호등" 프로젝트), 중점 문제 보고서, 전문분야 연구 진전 및 초기 성과 등을 공유했다. 많은 회원국들 회의에서 연맹 사무처와 긴밀히 협력하여 시범국가, 시범프로젝트를 둘러싼 공동연구를 강화하겠다는 입장을 밝혔다. 연맹은 향후 2년마다 한 번씩 "일대일로" 친환경 발전정책 대화회의와 전문분야 파트너 관계 관련 행사를 소집하면서 친환경 발전의 경험을 공유하고 협력의 기회를 모색하며 주변 국가와 지역의 친환경 발전 수준을 제고하겠다고 선포했다. 연맹은 앞으로도 실제 수요에 근거하여 더 다양한 전문분야 파트너 관계를 구축할 것이며 이를 통해 "일대일로" 주변 협력 프로젝트를 적극 추진해 나갈 것이다.

(집필자: 티앤후이팡 田慧芳)

86. 지식재산권 관련 실질적인 협력 가일층 강화에 관한 "일대일로" 국가 공동성명

공동성명의 제기

2018년 8월 28~29일, 중국국가지식재산권국, 국가판권국, 상무부, 베이징시인민정부, 세계지적재산권기구(WIPO)가 공동으로 주최한 2018년 "일대일로" 지식재산권 고위층 회의가 베이징에서 개최되었다. "일대일로" 주변국 지식재산권 주관부처와 기구 대표 120여 명이 회의에 참석했으며 유럽특허국, 유라시아특허국, 걸프협력회의특허국, 아세안사무처의 고위층 대표들이 참관인 신분으로 회의에 배석했다.

"포용, 발전, 협력, 윈윈"을 주제로 한 2018년 "일대일로" 지식재산권 고위층 회의는 현재 국제 지식재산권 발전의 새로운 형세를 교류하고 "일대일로" 주변국들이 직면한 지식재산권 문제를 토론하며 미래의 협력 비전을 함께 만들어가기 위해 개최되었다. 회의는 2016년 "일대일로" 지식재산권 고위층 회의의 내용의 기초하에 "일대일로" 주변국 간 지식재산권 협력을 가일층 추진했고 지식재산권 분야의 실질적인 협력 프로젝트를 실행시켰으며《지식재산권 관련 실질적인 협력 가일층 강화에 관한 "일대일로" 국가 공동성명》을 발표했다. 회의는 또한 "지식재산권 활용을 통한 산업구조 전환과 고도화 촉진, '일대일로' 주변국 경제발전 추진" "협력 강화, 디지털시대 글로벌 지식재산권 체계가 직면한 새로운 도전 공동대응――법률, 정책과 모범사례” “지식재산권 전환 및 응용 능력 향상, 지식재산권 가치 실현, ‘일대일로’ 주변국 혁신 모멘텀 활성화” “지식재산권 보호 강화, ‘일대일로’ 주변국 국정에 부합되는 지식재산권 보호체계 모색, 혁신 및 기업 친화형 환경 조성” “전통 지식, 전승 자원, 민간 문화의 효과적인 보호――법률제도와 모범사례” “지식재산권 다자간 협력 지속 증진, 혁신성·창의성의 글로벌화 추진” 등 주제를 둘러싼 거의 30개의 기조연설을 준비했고 심층적인 토론을 진행했다.

2018년 8월 29일, “일대일로” 지식재산권 고위층 원탁회의가 개최되었다. 50여 개의 “일대일로” 주변국 지식재산권 관련 기구, 국제 및 지역조직 주요 책임자들이 회의에 참석하여 지식재산권 협력 강화에 대한 공감대를 형성했고 만장일치로《지식재산권 관련 실질적인 협력 가일층 강화에 관한 “일대일로” 국가 공동성명》을 통과시켰으며 8개의 협력 프로젝트를 확정했다. 중국국가지식재산권국 국장 선창위(申长雨)가 회의 사회를 맡았다.

참석 대표들은 회의에서 2016년 “일대일로” 지식재산권 고위층 회의 개최이래 거두었던 협력의 결과물들을 돌이켜보았으며 지식재산권 협력이 각국의 혁신, 경제, 무역 및 문화 발전에 중요한 영향력을 끼치고 있다고 의견을 모았다. 2016년 “일대일로” 지식재산권 고위층 회의에서 통과된《지식재산권 분야 협력 강화에 관한 “일대일로” 국가 공동이니셔티브》는 (이하《공동이니셔티브》로 약칭) “일대일로” 지식재산권 협력 강화에 긍정적인 역할을 발휘했고 가시적인 효과를 거두었다. 참석 대표들은 새로운 국제 형세에 직면한 지금, “일대일로” 주변국 간 더욱 긴밀하고 실질적이며 원원이 가능한 협력을 추진하고 지식재산권 분야의 소통과 조율을 강화하며 상대국 지식재산권 제도에 대한 이해와 상호 신뢰를 증진하고 지식재산권 기구의 전문 역량을 꾸준히 향상해야 한다는 결론을 도출했다. 또한 지식재산권 의식을 제고하고 각국 경제사회 발전에 유리한 지식재산권 생태계를 구축하며 국가 간 호연호통(互联互通, 상호 연결)과 호혜상생을 촉진해야 한다고 입을 모았다. 이 외에도 참석 대표들은 "일대일로" 주변국 간 지식재산권을 둘러싼 심층적인 협력을 가일층 추진해야 한다는 점에 대해 공감대를 형성했다. 회의는 만장일치로《지식재산권 관련 실질적인 협력 가일층 강화에 관한 "일대일로" 국가 공동성명》(이하《공동성명》으로 약칭)을 통과시켰다.《공동성명》에는 "일대일로" 주변국가와 지식재산권 관련 기구들은 향후 △지식재산권 법률 및 정책 교류 △지식재산권 의식 제고 △지식재산권 역량 육성 △특허, 상표 및 외관 디자인 등 분야의 심사 프로세스 비교 및 연구 △지식재산권 관련 데이터 교환 △세계지적재산권기구(WIPO) 국가별 시장 조사 등 8대 분야에서 실질적인 협력을 강화할 것이라는 내용이 담겨있다. 각국은 "포용, 발전, 협력, 원원"의 이념에 따라 꾸준히 "일대일로" 주변국 간 지식재산권 분야 협력을 강화하고 공동으로 역내 혁신능력을 제고하면서 시장의 활성화와 지역 경제의 지속 가능한 발전을 촉진하고 있다.

중국국가지식재산권국 부국장 허즈민(何志敏)은 중국의 관련 부처들이 지난 2년간 "일대일로" 지식재산권 협력 분야에서 거둔 진전과 성과를 소개했고 차기 협력 프로젝트들의 실행 메커니즘에 대해 설명했다. 허즈민은 "공동성명은 '일대일로' 기구 간 지식재산권 협력 강화의 중요성을 재차 강조했으며 지식재산권 분야 다자간 협력을 통해 지식재산권 관련 국제규칙을 개선해 나가고 있다. 공동성명이 정한 8개의 협력 프로젝트들은 향후 모든 국가들이 '일대일로' 이니셔티브의 성과를 공유할 수 있도록 만들 것이다"라고 밝혔다.

WIPO 사무부총장 왕빈잉(王彬穎)을 비롯한 참관인들도 회의에 배석했다. 왕빈잉은 "지난 2년 동안, WIPO, 중국과 '일대일로' 주변국 간 지식재산권 협력이 눈에 띄는 성과를 도출했고 협력의 분야가 확대되었으며 협력의 내용이 꾸준히 풍부해지고 있다. 향후 WIPO는 중국과 '일대일로' 주변국 간 지식재산권 협력을 전폭적으로 지원하면서 '일대일로' 주변국들의 혁신 구동형 발전에 일조할 것이다"라고 밝혔다.

주요 내용

《공동성명》은 새로운 국제 형세 하에, 지식재산권기구 간 더욱 긴밀하고 실질적이며 원윈이 가능한 협력을 추진하고 지식재산권 분야의 소통과 조율을 강화하며 상대국 지식재산권 제도에 대한 이해와 상호 신뢰를 증진하고 지식재산권 기구의 전문 역량을 꾸준히 향상해야 한다고 밝혔다. 또한 지식재산권 의식을 제고하고 각국 경제사회 발전에 유리한 지식재산권 생태계를 구축하며 국가 간 호연호통을 촉진해야 한다고 강조했다. 《공동성명》은 이 외에도 WIPO의 지식재산권 국제조약 회원 범위를 확대하고 WIPO 글로벌 지식재산권 체계를 더 널리 적용해야 한다고 건의했다.

"일대일로" 주변국들은 《공동성명》이 설정한 협력 비전과 방향에 따라 (1)지식재산권 법률 및 정책 교류, "일대일로" 지시재산권 협력 홈페이지 개설, 지식재산권 분야에서의 국가 간 이해와 신뢰 증진 (2)지식재산권 의식 제고 관련 토론과 교류의 장 개최, 경험과 모범사례 공유

(3)능력 건설 분야 협력, 각국 지식재산권기구 전문역량 향상 등 분야의 협력 프로젝트에 참여할 수 있다.

《공동성명》은 "일대일로" 지식재산권기구들의 (1)특허, 상표 및 외관 디자인 등 분야의 심사 프로세스 비교 및 연구 (2)특허, 상표 및 외관 디자인 등 분야의 데이터 교환 (3)세계지적재산권기구(WIPO) 국가별 시장 조사 참여 등 협력 프로젝트 참여를 적극 독려하고 있다.

향후 각국은 "포용, 발전, 협력, 윈윈"의 이념에 따라 꾸준히 "일대일로" 주변국 간 지식재산권 분야 협력을 강화하고 공동으로 역내 혁신능력을 제고하면서 시장의 활성화와 지역 경제의 지속 가능한 발전을 촉진해 나갈 것이다.

(집필자: 궈진펑 郭金峰)

87. 중국─유럽 화물열차(CR Express) 합동TFT

개념의 제기

2017년 4월, 중국철도총공사의 주도하에 중국, 벨라루스, 독일, 카자흐스탄, 몽골국, 폴란드, 러시아 7개 국가의 철도 관련 부처들이 《중국─유럽 화물열차(CR Express) 협력 강화에 관한 협정》을 체결하였고 철도 호연호통(互联互通, 상호 연결) 추진, 운수조직 최적화, 서비스 보장 체계화, 통관 효율 향상 등 분야에서 공감대를 형성했으며 중국─유럽 화물열차의 지속적이고 안정적인 발전에 튼튼한 버팀목이 되어주었다. 협정의 효과적인 실행을 위해 철도총공사는 적극적인 조율을 통해 중국─유럽 화물열차 합동TFT 제1차 회의를 소집하여 상호 간 공감대를 넓혀갔고 장기적인 안정, 원활한 소통, 효율적인 조율을 골자로 하는 중국─유럽 화물열차 국제철도 협력 메커니즘을 구축했다.

2017년 5월,《중국─유럽 화물열차 협력 강화에 관한 협정》이 "일대일로" 국제협력서밋 성과 리스트에 포함되었다. 서밋의 이념을 적극 이행하고 중국─유럽 화물열차 관련국 철도부처들과의 정기적인 업무 협상 메커니즘을 구축하기 위해, 중국철도총공사는 10월 17일부터 19일까지 중국 정저우(郑州)에서 중국─유럽 화물열차 합동TFT 제1차 회의를 소집하였고 참여 주체들과 운수조직 최적화, 서비스 보장 체계화,

공동 TFT 가입방법 등 의제에 대한 심층적인 논의를 진행했으며 광범위한 공감대를 형성했다. (1)《중국―유럽 화물열차 합동 TFT 업무방법》을 심의 및 체결하였고 정식 발효일을 2017년 10월 19일로 결정했다. 합동 TFT는 주석, 비서, 회원으로 구성되었으며 중국철도총공사 책임자가 제1기 주석으로 선임되었다. (2)중국―유럽 화물열차의 벨라루스, 카자흐스탄, 몽골국, 러시아 구간의 운수조직을 슬림화하고 운수효율을 향상하는데 동의했다. (3)합동 TFT 산하에 정보 협업 TFT, 운수조직·마케팅 TFT를 설립하여 중국―유럽 화물열차의 기술적 문제들에 대한 연구를 진행하기로 결정했다. (4)2018년 중국―유럽 화물열차 합동TFT 회의시간과 장소를 결정했다. 2018년 제2차 회의는 벨라루스, 제3차 회의는 독일에서 개최될 예정이다. (5)《중국―유럽 화물열차 신규회원 가입방법》을 심의 및 체결했으며 정식 발효일은 2017년 10월 19일이다.

메커니즘의 운영

2017년 10월 19일, 3일간 지속된 중국―유럽 화물열차 합동TFT 제1차 회의가 정저우에서 원만히 막을 내렸다. 중국, 벨라루스, 독일, 카자흐스탄, 몽골국, 폴란드, 러시아 7개 국가의 철도 관련 부처들이 중국―유럽 화물열차 협력을 강화하기로 의견을 모았고 일련의 중요한 성과를 도출했으며 《중국―유럽 화물열차 합동TFT 제1차 회의록》을 공동체결하면서 중국―유럽 화물열차의 지속적이고 안정적인 발전에 기반을 다져주었다. 금번 회의의 성공적인 개최는 중국철도총공사 주도로 설립된 중국―유럽 화물열차 국제철도 협력 메커니즘의 정식 가동을 상징하고 있으며 중국-유럽 화물열차의 지속적이고 안정적인 발전과 "일대일로" 건설에 중요한 영향을 가져다주었다.

2018년 4월 10~11일, 중국-유럽 화물열차 합동TFT 제2차 회의가 벨라루스 민스크에서 성공적으로 개최되었다. 중국철도총공사 부총경리 류전팡(刘振芳)이 사회를 맡았고 벨라루스철도국, 독일철도공사, 카자흐스탄철도국유공사, 몽골국울란바토르철도국, 폴란드국가철도공사, 러시아철도공사 대표단들이 회의에 참석했으며 벨라루스공화국 교통부 차관 알렉시이 아브라멘코(Aleksei Avramenko)와 벨라루스철도국 국장 블라디미르 모로조프(Vladimir Morozov)가 축사를 발표했다. 회의는 2017년 중국-유럽 화물열차 운영상황을 돌이켜보았고 2018년 연간 계획을 제정하였으며 정보 협업 TFT와 운수조직·마케팅 TFT의 업무상황을 점검하였고 두 TFT의 2018년 업무계획을 비준하였다. 회의는 또한 오스트리아, 라트비아, 리투아니아의 《중국-유럽 화물열차 협력 강화에 관한 협정》 가입 신청건에 대해 논의했으며 3국 철도부처가 옵저버의 신분으로 합동 TFT 제3차 회의에 참석하는 것을 만장일치로 동의했다. 회의 종료 후, 참여 부처들은 《중국-유럽 화물열차 합동TFT 제2차 회의록》을 공동으로 체결하였다.

2018년 9월 17~18일, 중국-유럽 화물열차 합동TFT 제3차 회의가 독일 포츠담에서 성공적으로 개최되었다. 중국철도총공사 부총경리 리원신(李文新)이 사회를 맡았고 벨라루스철도국, 독일철도공사, 카자흐스탄철도국유공사, 몽골국울란바토르철도국, 폴란드국가철도공사, 러시아철도공사 대표단들이 회의에 참석했다. 회의는 2018년 1~8월 중국-유럽 화물열차 운영상황을 돌이켜보았고 2019년 연간 계획을 제정하였으며 정보 협업 TFT와 운수조직·마케팅 TFT의 업무상황을 점검하였고《중국—유럽 화물열차 운수조직 합병 및 최적화 방안》《중국—유럽 화물열차 운수조직 관련 문제점 발생 시 상호 소통 및 협력 방안》을 비준했다. 회의는 또한 오스트리아, 라트비아, 리투아니아의《중국—유럽 화물열차 협력 강화에 관한 협정》가입 신청건에 대해 논의했으며 3국 철도부처가 공식 옵저버 신분으로 합동 TFT 회의에 참석하는 것을 만장일치로 동의했다. 회의 종료 후, 참여 부처들은《중국—유럽 화물열차 합동TFT 제3차 회의록》을 공동으로 체결하였다.

2019년 4월 2~3일, 중국—유럽 화물열차 합동TFT 제4차 회의가 카자흐스탄 알마티에서 성공적으로 개최되었다. 중국철도총공사 부총경리 리원신(李文新)이 사회를 맡았고 벨라루스철도국, 독일철도공사, 카자흐스탄철도국유공사, 몽골국울란바토르철도국, 폴란드국가철도공사, 러시아철도공사 대표단들이 회의에 참석했다. 회의는 2018년 중국—유럽 화물열차 운영상황을 돌이켜보았고 2019년 연간 계획을 제정하였으며 정보 협업 TFT와 운수조직·마케팅 TFT의 업무상황을 점검하였고 두 TFT의 2019년 업무계획을 비준하였다. 회의 종료 후, 참여 부처들은《중국—유럽 화물열차 합동TFT 제4차 회의록》등 협력 문서를 공동으로 체결하였다.

2019년 4월 27일, 제2차 "일대일로" 국제협력서밋이 중국 베이징에서 개최되었고 40개국 정상을 포함한 백여 개 국가의 대표들이 회의에 참석했다. 참여 대표들은 경제, 금융, 문화, 환경보호 등 분야에서 광범위한 공감대를 형성하였고 많은 협정과 MOU를 체결하였다. 중국, 벨라루스, 독일, 카자흐스탄, 몽골국, 폴란드, 러시아 7개 국가의 철도부처들이 공동으로 체결한《중국—유럽 화물열차 합동TFT 의사규칙》은 중점적으로 중국—유럽 화물열차 운행 관련 사안에 대해 설명하였고 중국―유럽 화물열차가 거둔 성과에 대해 높게 평가했다.

2019년 9월 25일, 중국―유럽 화물열차 합동TFT 제5차 회의가 폴란드에서 개최되었다. 중국, 벨라루스, 독일, 카자흐스탄, 몽골국, 폴란드, 러시아 7개 국가의 철도부처들이 중국―유럽 화물열차 관련 협력 강화, 중국―유럽 화물열차 운수품질 향상에 대한 컨센서스를 도출하였고 일련의 중요한 성과를 거두었다. 합동 TFT는 만장일치로 중국국가철도그룹유한공사 부총경리 리원신(李文新)을 제2기 주석으로 선임했다. "실크로드의 강철 낙타"로 불리우는 중국―유럽 화물열차는 "일대일로" 건설 추진에 따라 점점 더 많은 주변국 운수업체와 관련 기업들의 주목을 받고 있으며 거대한 시장 잠재력을 드러내고 있다. 금번 회의의 개최는 중국철도총공사 주도로 설립된 중국―유럽 화물열차 합동 TFT가 모든 참여 부처들로부터 인정받고 있다는 방증이며 향후 중국―유럽 화물열차의 질적 발전과 "일대일로" 건설에 더 크게 기여할 것으로 전망된다.

(집필자: 궈진펑 郭金峰)

88. 해상 실크로드 항구 협력 닝보(宁波) 이니 셔티브

이니셔티브의 발표

현재 전 세계 항구들은 친환경 발전, 스마트 서비스, 과학기술 혁신, 효율 향상 등 4대 도전에 직면해있다. 중국과 해외 유관 부처와 기업들은 "일대일로" 항구 간 교류와 협력을 강화하기 위해 2015년부터 매년 한 번씩 "해상 실크로드 항구 국제협력 포럼"을 개최해왔으며 이를 플랫폼 삼아 경험을 공유하고 사고방식을 교류하면서 해상 실크로드 항구 협력 네트워크를 공동으로 구축해왔다.

제1차 "일대일로" 국제협력서밋 성과 실행, 해상 실크로드 협력 플랫폼역할을 발휘하고 "일대일로" 항구 건설 프로젝트를 추진하기 위해 중국, 네덜란드, 이탈리아, 단마르크, 벨기에, 스페인, 이집트, 스리랑카, 아랍에미리트, 라트비아, 슬로베니아공화국, 피지군도공화국, 루마니아, 싱가프로 등 14개 국가의 33개 항구 기업, 교통 및 세관 관련 부처, 항구관리국, 부두운영업체의 대표들이 2018년 6월 개최된 제4차 해상 실크로드 항구 국제협력 포럼에 참석하여 《해상 실크로드 항구 협력 닝보(宁波) 이니셔티브》(이하 《닝보 이니셔티브》로 약칭)를 통과 및 발표하였다.[01] 해당 이니셔티브의 취지는 "일대일로" 주변국 간 항구 관련 협력을 강화하고 해상 실크로드 항구 파트너 관계를 구축하며 체계적인 "일대일로" 국가 항구 협력 메커니즘을 형성하는 것이다.《닝보 이니셔티브》가 발표된 이후 "일대일로" 주변국 항구 기업들도 일련의 양해각서를 체결했다. 그 예로 저장성하이강그룹(浙江省海港集团)은 두바이 DP World와《"일대일로" 프로젝트 양해각서》를 체결하여 서로의 지리적 우세와 산업적 장점을 결합하고 루마니아 콘스탄차항만 등 프로젝트에 공동으로 참여하면서 양자 간 교역 및 투자 규모를 확대하기로 의견을 모았다. 이 외에도 저장성하이강그룹과 닝보저우산강그룹(宁波舟山港集团)은 두바이 DP World, 미국항저우상회와 일련의 양해각서를 체결하여 공동으로 물류, 무역, 종합 서비스 등 분야에서의 항구 협력을 추진하기로 결정했다.

2019년 4월,《닝보 이니셔티브》는 제2차 "일대일로" 국제협력서밋의 성과 리스트에 편입되었고 서밋의 다자간 협력 플랫폼으로 거듭났다.[02]

---

01 《닝보 스마트 제조 해상 실크로드 지수와 〈해상 실크로드 항구 협력 닝보(宁波) 이니셔티브〉, 제2차 "일대일로" 국제협력서밋 성과 리스트에 정식 편입》, 2019년 4월 28일, 닝보시 경제정보화국 홈페이지, http://www. nbel. gov. cn/art/2019/4/28/art_ 10959_3707332.html .

02 《해상 실크로드 항구 국제협력 포럼, "일대일로" 교류와 협력의 플랫폼으로 거듭나다》, 2019년 7월 12일, 중국 정부 홈페이지, http://www.gov.cn/xinwen/ 2019-07/12/content_5408741.htm.

주요 내용

공동상의·공동건설·상호공유의 원칙에 따라 항구 간 교류와 협력 강화, 항구의 글로벌 공급사슬 허브 역할 발휘, 무역과 투자의 자유화·편의화 촉진, 지역 간 상호 연결 추진을 위해 항구 관련기구들은 다음과 같은 다자간 협력 메커니즘을 구축했다.

첫째, 해상 실크로드 항구 국제협력 포럼을 협력의 플랫폼으로 삼아 해상 실크로드 항구 파트너 관계를 구축했다. "일대일로" 항구 간 소통 메커니즘을 구축하고 일상 소통기구를 지정했으며 매년 정기적으로 "일대일로" 항구 협력 및 발전 세미나를 개최하고 "일대일로" 국가 간 항구 정보 교류 메커니즘을 체계화하였다. 또한 고위층 상호 방문을 증진했고 항구 발전과 관리에 관한 경험을 적극 공유했다.

둘째, 항구 관련 정책, 기획, 건설, 운영 등 분야에서의 실질적인 교류와 협력을 강화했다. (1)항구 간 교류 메커니즘을 구축하고 항구 관련 업무의 교류와 조율을 강화했으며 항구의 서비스 역량과 품질을 꾸준히 향상했다. 또한 항구 간 물류와 정보를 유기적으로 결합했고 항구와 해운의 융복합 발전을 촉진했으며 해상 공급사슬의 호연호통(互联互通, 상호 연결)을 추진했다. (2)관리 마인드를 개선하고 효율적이고 편리한 통관 환경을 조성했으며 통관 절차의 간소화 서비스 효율의 상향화를 실현했고 "원스톱 업무처리 창구"를 공동 설립했다. (3)전략적 협력을 추진하고 물류 생태계를 구축했으며 항구 간 물류 운영환경을 개선했다. 또한 정부, 기업 등 각계각층 간 소통과 협력을 증진하면서 동반성장을 촉진했다. (4)드랍쉬핑 세일즈 네트워크를 구축했고 합자, 투자 등 방식으로 다양한 국가의 항구들과 심층적인 협력을 진행했으며 드랍쉬핑 세일즈 네트워크 인프라의 디지털화를 추진했다. (5)항구 산업 생태계를 공동으로 구축하고 항구와 산업단지 간 연결성을 강화했으며 항구 산업 생태계의 영향력을 확산시켰다.

셋째, 항구의 스마트화·자동화·정보화 수준을 꾸준히 향상하였고 스마트 항구를 공동으로 구축했다. 항구 간 인재, 기술 서비스, 스마트화 솔루션, 항구 생태계 등 분야를 아우르는 공유형 클라우드 플랫폼을 구축하였고 높은 기준의 항구를 신설하였으며 스마트화 국제무역서비스 플랫폼을 설립했다. 또한 컨테이너 글로벌 운송 노선을 확대했고 지역 간 무역 및 경제 발전을 촉진했다. 특히 허브 항구 건설에 주안점을 두면서 허브 항구들이 글로벌 공급사슬에서 더 큰 작용을 발휘할 수 있도록 했다. 디지털화와 전략적 전환과 관련하여, 운수체인 중의 모든 관계자들을 디지털화 방식으로 상호 연결시켰고 블록체인 기술을 활용하여 항구의 효율과 서비스 품질을 향상시키면서 항구의 운영에서 관리, 서비스까지 아우르는 전방위적인 발전을 도모했다.

넷째, 친환경적이고 지속 가능한 항구 발전 이념을 이행하고 친환경 항구 건설을 가속화하였다. 항구 자원을 과학적으로 배분하였고 자원 이용 효율을 향상하였으며 항구 발전, 기술 고도화, 자원 이용, 환경 보호 4대 요소를 결합시켜 에너지 소모와 오염이 적고, 생태환경과의 조화로운 발전이 가능한 친환경 항구를 함께 건설했다. 또한 기술 협력 등 방식으로 친환경 항구 관련 기업 간 협업을 강화하였고 기후변화와 생태환경 악화가 야기한 글로벌 도전을 공동으로 대응하였다. 이 외에도 다양한 방식을 통해 항구 수역환경을 정화하였고 오염물 배출을 저감하였다.

다섯째, 연구 및 교육 프로그램을 설립했다. "일대일로" 공동건설과 항구의 국제화 발전에 필요한 조건을 충족시키기 위해, 각 항구 관련 기업들과 기구들은 항구 분야의 인재 육성에 박차를 가하기 시작했다. 글로벌 기업 간 항구 관련 인재 교육 및 교류를 강화했고 유관기구들의 인재 육성 커리큘럼을 지원했으며 개방적이고 지속 가능하며 모두가 참여할 수 있는 교육 프로그램을 설립했다. 또한 4차 산업혁명의 트렌드와 디지털 경제의 발전 흐름에 편승하기 위해 항구 분야를 둘러싼 다양한 연구와 교류의 장을 마련해 주었고 관련 부처와 인재들의 전문 역량을 향상시켰으며 해양과학원과의 기술 협력을 촉진하면서 "일대일로" 공동건설 중 항구 분야의 글로벌 인재 수요를 만족시켰다.

획득한 진전

중국과 해외의 항구 관련 부처와 기업들은 《닝보 이니셔티브》의 다자간 협력 프레임 안에서 상시화된 상호 방문 메커니즘과 전천후적인 소통 채널을 구축하면서 항구 협력을 대폭 증진하였고 다양한 분야에서의 상호 매칭을 강화하였다. 또한 항구 및 해운업 관련 새로운 기술, 새로운 산업과 새로운 형태를 구축하면서 해상 실크로드의 호연호통을 효율적으로 추진했다.

《닝보 이니셔티브》를 기반으로 해상 실크로드 항구 국제협력 포럼, 중국 항구 혁신발전 투자기금, "일대일로" 국가 항구관리 연수 프로그램, "21세기 해상 실크로드 해외 항구 방문" 홍보 및 인터뷰 행사, 항구 혁신형 발전 창업대회 등 일련의 항구 협력 및 교류 관련 플랫폼들이 형성되었고 다양한 브랜드 행사들이 기획되었다. 이러한 플랫폼과 행사들은 관련 주체들이 항구 운영관리 경험을 공유하고 스마트화·디지털화 항구를 건설하는데 일조하였고 항구 간 물류 시스템과 산업 생태계의 고도화를 견인했으며 항구 간 실질적인 협력을 강화시켰다.

2019년 해상 실크로드 항구 국제협력 포럼은 《해상 실크로드 친환경 발전 비전》을 통과시켰다. 친환경 항구 건설을 골자로 하는 해당 비전은 항구 및 해운 종사자들의 △"항구, 인간, 자연의 조화로운 상생" 이념 이행 △녹색 에너지 사용 보급 △항구와 해운 산업의 지속 가능한 발전 도모 △항구 친환경 발전 관련 협력 강화 등을 촉구했다. 산티아고 밀라 국제항만협회(IAPH) 총재는 "에너지 구조 전환과 친환경 발전은 항구의 지속 가능한 발전이 직면한 양대 도전이다. 항구 운영의 지속 가능성을 보장하는 동시에 경제의 고속 성장도 함께 견인하려면 과학기술 혁신 뿐만 아니라 높은 수준의 인재 유치도 함께 추진하면서 스마트 항구와 도시의 발전을 유기적으로 결합시켜야 한다"고 밝혔다.[03] "일대일로" 참여국들은 향후에도 지속적으로 친환경 실크로드를 공동 건설하고 과학기술을 경제 성장의 엔진으로 삼아 해상 실크로드 항구 파트너 관계를 구축해 나갈 것이다.

(집필자: 팡쟈신 庞加欣)

---

03 《해상 실크로드 항구 국제협력 포럼, "일대일로" 교류와 협력의 플랫폼으로 거듭나다》, 2019년 7월 15일, 신화통신, http://www.imsilkroad.com/news/p/377957.html.

89. 지속 가능한 "일대일로" 도시연맹 공동건설

개념의 제기

2019년 4월 25~27일, 제2차 "일대일로" 국제협력서밋이 중국 베이징에서 개최되었다. 서밋 기간 시진핑 주석은《한마음 한뜻으로 "일대일로" 건설의 아름다운 미래 공동 개척》이라는 기조연설을 통해 "우리는 글로벌 발전 관련 협력을 강화하여 개발도상국들에게 더 많은 발전 기회와 공간을 창출해 주고 그들의 빈곤 퇴치와 지속 가능한 발전을 도와야 한다. 이를 위해, 우리는 각 관련 주체들과 공동으로 지속 가능한 '일대일로' 도시연맹 및 친환경 발전 국제연맹을 구축하고《'일대일로' 녹색투자 원칙》을 제정하였으며 '아동 케어, 발전 공유, 지속 가능한 발전목표 실현' 협력 이니셔티브를 발의하였다"고 밝혔다. 서밋 기간, 중국국가발전개혁위원회 도시소성진(小城镇,인구 20만 이하의 소도시)센터 주임 스위룽(史育龙), 유엔 사무부총장 겸 유엔인간정주계획 집행주임 마이무나 모드 샤리프(Maimunah Mohd Sharif), WHO 주중국대표 가우덴 갈리아(Gauden Galea), 에너지기금회(EFC) 동사회 중국위원회 주석 장훙쥔(张红军)은 지속 가능한 "일대일로" 도시연맹 공동건설에 관한 양해각서를 체결했다. 중국국가발전개혁위원회 도시소성진센터는 향후 지속 가능한 "일대일로" 도시연맹 구축을 적극 추진할 것이며 국제조직들과 공동으로《지속 가능한 "일대일로" 도시연맹 발전 보고서》를 발표하고 《지속 가능한 "일대일로" 도시연맹 발전 행동계획》을 제정할 것이다.

47년 전, 스톡홀름에서 개최된 유엔인간환경회의에서 지속가능성 개념이 정식으로 제기되었다. 그때 당시에는 건강하고 생기 넘치는 환경이 지속가능성의 핵심 요소로 손꼽혔지만 오늘날 지속가능성의 정의는 이미 환경의 범주를 벗어나 더 나은 생활방식, 친환경 모빌리티 등 영역으로까지 확대되었다. 단 환경이든, 교통이든, 결국 모두 도시라는 통합적인 매개체를 기반으로 하고 있다. 지속 가능한 "일대일로" 도시연맹은 이러한 배경에서 태동되기 시작했다. 2019년 7월 15일, 제1차 지속 가능한 "일대일로" 도시연맹 원탁회의가 중국 스촨(四川)성 청두(成都)시에서 개최되었다.

설립의 의미

"일대일로" 주변의 국가와 지역은 60개가 넘으며 국가와 지역별 발전단계도 상이하다. 이는 도시들마다 서로 다른 문제점들에 직면해 있다는 것을 의미하고 있다. 도시발전 분야의 대가들은 취업, 사회 거버넌스, 교통 등 전통적인 주제와 스마트 도시, 녹색 도시 등 새로운 화두들에 대해 많은 관점을 제시했다.

원탁회의에서 싱가포르 내셔널파크보드그룹 디렉터 Chuah Hock Seong은 싱가포르 정원도시 건설 관련 경험과 노하우를 아래와 같이 공유했다. "자연생태계는 도시 지속가능성을 보장하는 중요한 요소인 만큼 도시의 관리자들이 관리시설과 인프라 개발 과정에서 현지 생물종 보호를 반드시 유념해 주기를 바라며 생태계 파괴현상 발생 시 적극적으로 복구에 나설 수 있기를 희망한다." 2009년부터 2010년까지, 싱가프로와 유엔 생물다양성협약은 일련의 전문회의와 세미나를 개최했고 2010년 도시의 생물다양성 회복 및 수호 관련 업무 효율성을 평가할 수 있는 싱가포르 도시 생물다양성 지표를 제정하였다. Chuah Hock Seong은 "공원 및 녹지 건설 과정에서 녹화를 중요시해야 할 뿐만 아니라 현지의 생물다양성 특점도 함께 고려해야 한다. 싱가포르의 생물다양성 자가평가 플랫폼은 현재 및 향후 몇 년간 현지의 생물종 변화추세를 지속적으로 모니터링하고 있으며 현지 정부가 도시환경 발전에 유리한 의사결정과 투자결정을 내리는데 과학적인 근거를 제공해주고 있다"고 밝혔다.

유명한 건축학가 량스청(梁思成)의 말을 인용하자면 "도시계획의 가장 큰 목표는 시민들이 행복하고 평안한 삶을 영위할 수 있게끔 만들어주는 것이다. 사람은 언제나 도시의 주체(主体)이며 사람의 수요가 곧바로 도시계획의 수요이다." 인본주의는 지속 가능한 도시의 핵심이며 더 나은 생활방식을 만들어줄 수 있다.

슬로바키아 트렌친시 부시장 Patrick Zak는 아래와 같이 자신의 견해를 제시했다. "과거 십 년간 슬로바키아의 평균임금이 거의 40% 증가하고 국민들의 삶의 수준이 향상됨에 따라 녹색도시에 대한 수요가 더욱 두드러지고 있다. 녹색도시는 반드시 지속가능성을 내포해야 하며 여기에는 더욱 깨끗한 공기, 더욱 적은 차량, 쓰레기와 폐기물 등이 포함된다. 오늘날 도시가 직면한 가장 큰 문제는 교통과 개인 이동이다. 현재 도시 교통 인프라의 확장이 자차보유량의 가파른 증가세를 따라가지 못하고 있는 만큼 우선은 자가용 차량의 이동을 제한해야 한다. 트렌친은 주차비용을 상향하고 자가용 차량에 대한 관리감독을 강화하는 것을 통해 도시의 지속 가능한 발전을 꾀하고 있으며 이러한 강제적 수단들은 이미 가시적인 성과를 보이고 있다. 트렌친시가 내놓은 일련의 강제수단에 힘입어 시민들은 대중교통의 편의성과 효율성에 다시 눈을 돌리기 시작했고 이는 교통부담 완화로 이어졌다. 단 모든 사회 운영 메커니즘이 다 정확하다는 보장은 없으며 여전히 일부 시민들이 현행 규정에 대한 불만을 표출하고 있는 만큼 정부는 더욱 효율적인 관리감독을 통해 도시의 지속 가능한 발전 실현에 박차를 가해야 한다.”

이클레이(ICLEI) 동아시아 사무소 주임 겸 중국수석대표 주펑(朱澎)은 지속 가능한 “일대일로” 도시연맹 원탁회의에 패널로 참석했으며 금번 회의를 통해 많은 기회를 포착했다고 밝혔다. “이번 회의는 우리들에게 청두시의 매력을 보여주었고 경험과 아이디어를 교류할 수 있는 플랫폼을 제공해 주었으며 지속 가능한 ‘일대일로’ 도시연맹이라는 글로벌 지식과 자원 집성체를 출범시켰다. 참석자들은 제각각의 의문을 가지고 이번 회의에 참석했지만 돌아갈 때는 저마다 풍성한 결실을 수확하였으며 각자 도시의 지속 가능한 발전에 유용하게 사용할 예정이다.”

지속 가능한 “일대일로” 도시연맹 원탁회의와 “일대일로” 국제협력서밋은 “일대일로” 주변도시들의 지속 가능한 발전을 추진할 수 있는 효과적인 메커니즘에 대해 논의하였고 선진적인 이념을 제창하였으며 모범 사례를 공유하면서 정부, 도시와 기업을 이어주는 교류 및 매칭 플랫폼을 제공해 주었다. 많은 기업들 또한 이 과정에서 성장의 기회를 포착했다. 주펑은 “‘일대일로’ 건설이 가져다준 인프라와 경제무역 원활화는 주변도시들의 지속 가능한 발전과 현지 주민들의 삶에 직접적인 영향을 끼치고 있다. 우리는 도시 간 지속 가능한 발전 관련 경험을 교류할 수 있는 플랫폼을 구축하고 '선 오염 후 관리'의 과오를 범하지 말아야 하며 불필요한 리스크를 최소화해야 한다"고 강조했다.

지속 가능한 발전은 결코 독립적인 개념이 아니다. 베이징시 교통위원회 전문가위원회 왕지앙얜(王江燕) 위원은 "전 세계 도시들이 인구 증가, 도시 혼잡, 에너지 위기 등이 야기한 거대한 도전에 직면해있다. 이러한 도전에 대응하기 위해 특정 도시가 아닌 범국가적인 차원에서 지속 가능한 발전에 대해 논의해야 한다"고 밝혔다. 중국국가발전개혁위원회 기획사(规划司) 부사장 저우난(周南)은 원탁회의에서 아래와 같이 발언했다. "도시의 지속 가능한 발전을 목표로 하는 '일대일로' 도시연맹은 주변국 도시 간 더욱 충분히 교류하고 협력할 수 있는 플랫폼을 제공해 주었으며 과거 양자 간 협력 위주의 국제도시협력을 다자화, 네트워크화, 메커니즘화 방향으로 격상시키고 있다. 중국의 도시화율은 세계 평균수준을 상회하는 60%를 기록하고 있으며 중국의 도시화는 고속성장단계에서 질적성장단계로 전환하는 핵심적인 시기에 처해있다. 중국의 도시들은 새로운 환경 문제에 대응하기 위해 지속 가능한 발전 노선 적극 모색, 글로벌 거버넌스 적극 참여, 지속 가능한 발전 경험 적극 공유 등 방식으로 '일대일로' 주변국 국민들과 지속 가능한 발전의 성과를 공유하고 있다." 지속 가능한 "일대일로" 도시연맹은 중국국가발전개혁위원회(도시소성진센터), 유엔인간정주계획, WHO, 에너지기금회가 공동으로 설립한 조직이다. 중국도시소성진센터 국제협력부 주임 류웨(刘悦)는 아래와 같이 의견을 개진하였다. "도시연맹의 취지는 방법론 공동상의, 플랫폼 공동구축, 사례 상호공유를 통해 '일대일로' 도시들의 지속 가능한 발전을 촉진하는 것이다. 도시연맹은 향후 대량의 사례 분석을 기반으로 '일대일로' 지속가능성 관련 지표와 행동지침을 제정해야 한다. 정량화 평가는 서로 다른 국가 간 문화와 분야의 벽을 뛰어넘는 교류에 과학적인 비교 기준을 제공해 줄 수 있으며 각 도시들이 최적화된 전문 분야를 도출하고 해당 분야를 적극 발전시키는 데도 일조할 수 있다. 연맹 소속 도시들은 자신의 국제 순위를 향상시키는 과정에서 '일대일로'의 지속 가능한 발전도 함께 추진할 수 있다."

(집필자: 궈진펑 郭金峰)

부록

"일대일로"
국제협력서밋

90. 제1차 "일대일로" 국제협력서밋

서밋의 개최

2017년 1월 17일, 시진핑 중국국가주석은 스위스 다보스컨벤션센터에서열린 세계경제포럼(WEF) 개막식에서 2017년 5월 제1차 "일대일로" 국제협력서밋이 중국 베이징에서 개최될 것이라고 선포했다. 시진핑은 기조연설을 통해 세계 각국의 서밋 참여를 요청했으며 협력계획을 공동상의하고 협력 플랫폼을 공동구축하며 협력 성과를 상호공유하면서 전 세계 인민들에게 "일대일로"의 결실을 안겨줘야 한다고 호소했다.[01] 금번 서밋은 "일대일로" 이니셔티브가 제기된 3년 이래 가장 큰 규모의 행사이며 리커창(李克强) 총리도 2017년 3월 제12기 전국인민대표대회 제5차 회의에서 높은 수준의 "일대일로" 국제협력서밋을 성공적으로 개최해야 한다고 거듭 강조했다. 이는 중국이 "일대일로" 건설과 국제협력서밋의 개최를 중요시하고 있다는 방증이며 전 세계 각계각층 인사들의 "일대일로" 국제협력서밋에 대한 기대를 증폭시켰다. 29개국 정상, 130여 개 국가와 70여 개의 국제조직에서 온 1500명이 넘

---

01 《시진핑이 전 세계에 보낸 초청장 "일대일로"의 새로운 항로 개척——"일대일로" 국제협력서밋 개최를 한 달 앞둔 시점에서 쓰는 글》, 2017년 4월 14일 ,인민망, http://politics.people.com. cn/nl/2017/0414/c1001-29209934.html.

는 국내외 귀빈들이 서밋에 참석하여 지난 3년간 "일대일로" 이니셔티브가 거둔 성과를 돌이켜보았고 차기 건설 목표, 방향과 형식에 대해 논의했으며 상호 간 파트너관계를 돈독히 다지면서 호혜상생을 실현했다. "국제협력 강화, '일대일로' 공동건설, 호혜상생 실현"을 주제로 한 금번 서밋은 5개의 통(通), 즉 정책 소통, 인프라 연통(联通, 연결), 무역 창통(畅通, 원활화), 자금 융통, 민심 상통을 주축으로 삼았으며 인프라 연결, 경제무역 협력, 산업 투자, 에너지 자원, 금융 지원, 인문 교류, 생태 환경 보호, 해양 협력 등 분야를 중점적으로 다루었다.[02]

금번 서밋은 개막식, 원탁정상회담, 고위층 회의 등 3개 부분으로 구성되었다. 5월 14일 오전, 시진핑은 "일대일로" 국제협력서밋 개막식에서 《일대일로 건설 공동 추진》이라는 기조연설을 발표했다. 시진핑은 기조연설에서 평화협력, 개방포용, 상호학습, 호혜상생을 골자로 하는 실크로드 이념을 소개하였고 "일대일로" 이니셔티브가 지난 4년간 정책, 인프라, 무역, 자금 융통, 민간 교류 등 분야에서 거둔 가시적인 성과에 대해 설명했으며 향후에도 지속적으로 모든 "일대일로" 참여국들과 우호적인 협력을 유지하고 인적, 물적 지원을 아끼지 않을 것이라는 중국의 입장을 피력했다. 시진핑은 또한 세계 각국과 더욱 다양한 협력 플랫폼과 협력 채널을 구축하면서 최종적으로 모든 국가들과 "일대일로" 건설 성과를 공유할 수 있기를 기대한다고 강조했다.

개막식 뒤에 개최된 고위층 회의에서는 중화인민공화국 국무원 부

---

02 《국제협력 강화, "일대일로" 공동건설, 호혜상생 실현——양제츠(杨洁篪), "일대일로" 국제협력서밋 준비과정을 논하다》, 2017년 2월 3일, 신화통신, http://www.xinhuanet.com/world/2017-02/03/c129464546.htm.

총리 장가오리(張高麗)와 각국 정상들이 순서대로 축사를 발표하면서 금번 서밋의 성공적인 개최를 기원했다.

5월 14일 오후, 국가발전개혁위원회, 국무원발전연구센터, 교통운수부, 상무부, 재정부, 인민은행, 중공중앙대외연락부, 중공중앙선전부 등 부처들이 "정책 소통과 전략 매칭 강화" "인프라 연통 가속화" "무역 창통 추진" "자금 융통 촉진" "민심 상통 증진" "싱크탱크 교류" 등 6대 주제 포럼을 개최하여 다자·양자 간 정책 소통과 발전 전략 매칭, 인프라 호연호통(互联互通, 상호 연결), 무역 창통, 문화·교육·보건 분야 협력 등 의제에 대해 논의했다. 1500여 명의 국내외 대표들이 "5개의 통"과 싱크탱크 교류를 둘러싼 심층적인 토의를 진행했고 일련의 협정을 체결했으며 다양한 컨센서스를 형성했다.[03]

5월 15일, 제1차 "일대일로" 국제협력서밋 원탁정상회담이 원만히 막을 내렸다. 30개국 정상과 유엔, 세계은행, 국제통화기금 대표들이 원탁정상회담에 참석하여 "국제협력 강화, '일대일로' 공동건설, 호혜상생 실현" 주제를 둘러싼 발전전략 매칭, 호연호통 추진, 인문교류 촉진 등 의제에 대해 의견을 교환했고 폭넓은 공감대를 형성했으며《제1차 "일대일로" 국제협력서밋 원탁정상회담 공동 코뮈니케》를 통과시켰다[04].《공동 코뮈니케》는 각국이 평등협상, 호혜상생, 균형과 지속가능성, 시장화 운영, 조화와 포용의 협력 원칙에 따라 정책 소통, 인프라

---

03 《"일대일로" 국제협력서밋 고위층 회의에서 6개의 주제 포럼이 개최되었다》, 2017년 5월 14일, 신화통신, http://www. xinhuanet.com//world/2017-05/14/c_1120970493. html .

04 《"일대일로" 국제협력서밋 원탁정상회담 개최, 시진핑 주석이 사회를 맡고 축사를 발표하였다》, 2017년 5월 16일, 신화통신, http://www.mohrss.gov/SYrlzyhshbzb/dongtaixinwen/shizhengyaowen/20201705/t20170516_270875.html.

연통, 무역 창통, 자금 융통, 민심 상통을 실질적으로 추진하고 "일대일로" 건설과 호연호통 이니셔티브 간 매칭을 강화하면서 개방·포용·홍익의 세계화를 실현해야 한다고 강조했다.[05]

성과 내용

2017년 5월 15일, 이틀간 지속된 제1차 "일대일로" 국제협력서밋이 베이징에서 정식으로 막을 내렸다. 금번 서밋은 각국이 국제협력을 강화하고 발전전략을 매칭하며 협력성과를 공유하는 중요한 플랫폼 역할을 발휘하였다. 서밋 개최 및 준비 기간 각국 정부, 지방, 기업들은 일련의 협력 컨센서스를 형성했고 중요한 조치를 실행했으며 실질적인 성과를 도출했다. 중국은 이 중 상징성을 지닌 성과들을 선별 및 정리하여 제1차 "일대일로" 국제협력서밋 성과 리스트를 작성했다. 해당 리스트에는 정책 소통, 인프라 연통, 무역 창통, 자금 융통, 민심 상통 등 5대 카테고리, 76개 부류, 279건의 구체적인 성과들이 포함되었다.[06]

정책 소통과 관련하여, 금번 서밋은 총 10개 부류의 성과를 도출했으며 주로 중국 정부와 관련부처가 외국 정부 및 국제조직들과 체결한 협력 계획, 협정 혹은 양해각서들이다. 구체적으로는 (1)중국 정부가 몽골국, 파키스탄, 네팔, 크로아티아, 몬테네그로공화국, 보스니아 헤르체고비나, 알바니아, 동티모르, 싱가포르, 미얀마, 말레이시아 정부들과 체

---

05   《"일대일로" 국제협력서밋 원탁정상회담 공동 코뮈니케》, 《인민일보》 2017년 5월 16일 5면.

06   《"일대일로" 국제협력서밋 성과 리스트》, 《인민일보》 2017년 5월 16일 5면.

결한 "일대일로" 협력 양해각서 (2)중국 정부와 라오스, 캄보디아 정부가 체결한 "일대일로" 양자 간 협력 계획 (3)중국 정부가 유엔개발계획(UNDP) 등 국제조직들과 체결한 "일대일로" 협력 문서 (4)"일대일로" 국제협력서밋 정례화, 자문위원회와 연락사무소 설립 등이 포함된다.

인프라 연통과 관련하여, 금번 서밋은 총 14개 부류의 성과를 도출했다. 프로젝트 협력을 가일층 강화하기 위해, 중국 정부는 상무부, 공업정보화부를 포함한 다수 부처, 외국 정부 및 관련 기구들과 국제운수, 원자력에너지, 수자원, 인프라, 통신정보, 환경, 융자대출 등 분야에서 공감대를 형성하였고 관련 협정 혹은 양해각서를 체결하였다. 이 외에도 중국 글로벌에너지연계개발협력기구(GEIDCO)가 유엔경제사회이사회(ECOSOC), 유엔아시아태평양경제사회위원회(UNESCAP), 아랍국가연맹, 아프리카연맹, 걸프협력회의(GCC) 등 국제조직들과 에너지 분야 양해각서를 체결했다.

무역 창통과 관련하여, 금번 서밋은 총 16개 부류의 성과를 도출했다. 그 일환으로 중국 정부는 파키스탄을 포함한 30개국 정부와 경제무역협정을 체결했는데 이는 "일대일로" 국가 간 무역 편의성을 극대화시켰고 비즈니스 거래를 활성화시켰으며 각국 경제 발전에 다양한 호재를 제공해 주었다. 이 외에도 중국농업부, 중국세관총서, 중국국가질량감독검험검역총국, 중국수출입은행, 중국국가개발은행이 다양한 외국 정부 및 관련 국제기구들과 농업, 세관, 물류운수, 검험검역, 프로젝트 차관 및 융자 분야에서 곰감대를 형성하고 관련 협정을 체결했다.

자금 융통과 관련하여, 금번 서밋은 총 16개 부류의 성과를 도출했으며 주로 중국재정부, 실크로드기금, 중국국가발전개혁위원회, 중국수출입은행, 중국국가개발은행과 기타 금융기구들이 "일대일로" 프로젝트에 자금 지원 및 전용 대출을 제공할 것이라는 내용을 담고 있다. 이와 동시에 실크로드기금, 중국수출입은행, 중국국가개발은행, 중국 공상은행, 중국수출입신용보험공사 등 기구들이 적극적으로 각국 주요 은행 및 동급 기구들과 협력을 추진하였고 프랑스공공투자은행(BPI France) 등 해외금융기구들과 차관 공여, 무역 융자, 채권 언더라이팅 분야에서의 실질적인 협력을 진행했다.

민심 상통과 관련하여, 금번 서밋은 총 20개 부류의 성과를 도출했다. 중국 정부는 "일대일로" 주변 개발도상국에 대한 지원 역량을 강화하기로 결정했는데 여기에는 자금 지원, 긴급 식량원조, 글로벌 협력 프로젝트 추진 등 다양한 내용이 포함되었다. 중국교육부, 중국과학기술부는 각각 관련국 부처들과 교육, 과학기술 혁신 및 연구, 생태환경 보호 및 친환경 발전, 재경, 보건, 관광, 언론매체 교류 등 분야에서 협력과 교류를 심화하기로 의견을 모았다. 중국민간조직국제교류촉진회 (CHINA NGO)와 "일대일로" 싱크탱크 협력위원회도 각자의 분야에서 국가 간 민간교류 증진 및 글로벌 싱크탱크 협력 관련 프로젝트들을 적극 추진하면서 인류 운명공동체 구축이라는 위대한 목표를 실현하는 데 일조할 것이다.

각국의 적극적인 협조와 공동의 노력에 힘입어, 2019년 4월 22일 "일대일로" 건설업무지도소조 판공실은 《"일대일로" 공동건설 이니셔티브: 진전, 기여와 전망》이라는 보고서를 발표하였다. 보고서에 따르면, 제1차 "일대일로" 국제협력서밋에서 형성된 5대 카테고리, 76개 부류, 279건의 구체적인 성과들이 전부 실시되었고 일부 성과들은 상시

화 운영 체계에 편입되어 지속적으로 추진되고 있다.[07]

(집필자: 비엔융주 卞永祖)

---

07 《제1차 "일대일로" 국제협력서밋에서 도출된 성과들이 전부 실시되었다》, 2019년 4
    월 22일, 신화통신, http://www. xinhuanet. com/2019-04/22/c_ 1124399474.
    htm.

91. 제2차 "일대일로" 국제협력서밋

서밋의 개최

2017년 5월 15일, 제1차 "일대일로" 국제협력서밋 폐막식에서 시진핑 주석은 2019년에 제2차 "일대일로" 국제협력서밋을 개최할 것이라고 선포했다. 제1차 "일대일로" 국제협력서밋의 성공적인 개최는 전세계의 이목을 끌었고 서밋을 통해 수확한 풍성한 결실은 각국 인민들에게 실질적인 혜택을 안겨주었으며 각계각층 인사들로부터 한결같이 찬사를 받았다. 2년 남짓한 시간 동안 점점 더 많은 국가들이 "일대일로" 이니셔티브에 참여했고 국가 간 경제, 정치, 문화들 둘러싼 교류와 협력이 꾸준히 강화되었으며 일련의 프로젝트들이 잇달아 진행되었고 다자간 협력 메커니즘이 나날이 체계화되었다. 2018년, 중국은 67개 국가와 협력 관련 문서를 체결하였다. 2019년 4월 기준, 126개 국가와 29개 국제조직이 중국과 협력 관련 문서를 체결하였으며 "일대일로" 이니셔티브도 일련의 중요한 진전을 거두었다. 2019년 4월 19일, 중국국무위원 겸 외교부 장관 왕이(王毅)는 중국외교부가 개최한 국내외 매체 기자회견에서 제2차 "일대일로" 국제협력서밋 개최를 통해 고대 실크로드 정신을 선양하고 참여 주체들과 경험을 공유하고 미래를 계획하며 공감대를 형성하면서 "일대일로" 국제협력의 질적 발전을 견인할 수 있기를 기대한다고 밝혔다. 또한 이를 통해 세계경제에 더욱 강력한 모멘텀을 부여하고 각국 발전에 더욱 광활한 공간을 조성해 주며 인류 운명공동체 구축에 새롭게 기여해야 한다고 강조했다.[01] 제2차 "일대일로" 국제협력서밋은 2019년 중국의 가장 중요한 외교행사로서 그 규모가 2017년 5월 개최된 제1차 국제협력서밋을 훨씬 상회했으며 각계각층의 신뢰, 성원과 기대를 한몸에 받았다. 금번 서밋의 성공적인 개최는 시진핑 외교사상의 성공적인 실천을 상징하였고 중국의 이념, 중국의 이니셔티브가 국제사회에서 가지는 호소력과 영향력을 잘 보여주었으며 개방과 발전, 상생과 윈윈을 향한 구심점을 형성하였다.[02] 37개국의 정상과 유엔 사무총장 안토니우 구테흐스(Antonio Guterres), 국제통화기금 총재 크리스틴 라가르드(Christine Lagarde)가 금번 서밋에 참석하였다. 이 외에도 150여 개 국가와 90여 개 국제조직에서 온 5000명에 근접하는 대표들이 서밋에 참석하였다. "'일대일로' 공동건설, 아름다운 미래 공동개척"을 주제로 한 금번 서밋은 개막식, 원탁정상회담과 고위층 회의로 구성되었으며 4월 25일에는 12개의 포럼과 "일대일로" 기업가 대회가 개최되었다.

2019년 4월 25일, 제2차 "일대일로" 국제협력서밋의 12개 산하 포럼과 기업가 대회가 베이징에서 순조롭게 개최되었다. 12개 포럼은 각각 정책 소통 포럼, 민심 상통 포럼, 청렴의 실크로드 포럼, 혁신의 길 포럼, 해외 경제무역 협력 포럼, 디지털 실크로드 포럼, 지방 협력 포럼,

---

01　《왕이(王毅): 제2차 "일대일로" 국제협력서밋의 5대 의미》, 2019년 4월 19일, 인민망, http://world.people.com.cn/n1/2019/0419/c1002-31039290.html.

02　《제2차 "일대일로" 국제협력서밋, 광범위한 공감대를 형성하고 풍성한 결실 맺다》, 《인민일보》 2019년 4월 29일 3면.

싱크탱크 교류 포럼이다. 상기 포럼들은 △"협력의 공감대 심화, '일대일로' 질적 발전 추진", "친환경 '일대일로' 건설, 2030 지속 가능 발전 목표 실현", "개방과 포용, 혁신과 선도, '일대일로' 무역 창통(暢通, 원활화) 협력 강화", "안전과 창통, 스마트화와 효율화", "민심 상통 공동촉진, 민생 협력 공동추진, 아름다운 생활 공동개척", "공동상의·공동건설·상호공유의 청렴한 실크로드 건설" 등을 주제로 삼았다. 포럼에 참석한 각국 패널과 각 분야 전문가, 학자들은 실질적인 협력 프로젝트 추진, 일방주의와 보호무역주의 공동 대응, 싱크탱크의 독특한 우세 발휘, 반부정부패 및 법치교류 관련 플랫폼 구축 △과학기술 혁신수준 향상 등 의제에 대해 의견을 교환하고 경험을 공유하였으며 자매도시 결연, 인문교류 강화, 경제무역 협력 등 분야에서 총 14건의 지방 협정이 체결되는 것을 목도하면서 "일대일로" 지방 협력 강화 및 인류 운명공동체 구축을 향한 긍정적인 신호를 전 세계에 전파했다.[03] 88개 국가와 지역에서 온 900명에 근접하는 기업대표들이 기업가 대회에 참석하였으며 참석 기업 중에는 90개의 포춘 글로벌 500기업, 78개의 중국 Top 500 기업, 100여 개의 중앙기업(央企, 중앙정부가 관리감독하는 국유기업), 200여 개의 민간기업이 포함되었다. 기업가 대회는 전체회의, 체결식, 국내외 기업 매칭상담회, 폐막식으로 구성되었는데 이 중 프로젝트 협약 체결식과 국내외 기업 매칭상담회가 가장 큰 주목을 받았다. 다양한 국가와 분야를 아우르는, 중요한 역할과 시범효과를 지닌, 민생 개선과

---

03 《새로운 성과, 새로운 단계, 새로운 기회——제2차 "일대일로" 국제협력서밋의 12개 포럼 모두 풍성한 결실 맺어》, 2019년 4월 25일, 신화통신, http://www.xinhuanet.com/world2019-04/26/0-1124417542.hum?agt=6201.

깊게 관련된 일련의 프로젝트 협약들이 현장에서 체결되었다.[04] 금번 기업가 대회는 참여 기업들에게 대화와 협력의 플랫폼을 제공해 주었으며 "일대일로" 이니셔티브가 가져온 소중한 기회들을 각국 상공계와 공유했다.

2019년 4월 26일, 시진핑은 베이징에서 개최된 제2차 "일대일로" 국제협력서밋 개막식에서 《한마음 한뜻으로 "일대일로" 건설의 아름다운 미래 공동 개척》이라는 기조연설을 통해 참석자들에게 환영의 인사를 전했고 2년 전 개최된 제1차 "일대일로" 국제협력서밋의 위대한 성과를 돌이켜보았다. 시진핑은 "관련국들은 '공동상의·공동건설·상호공유'의 원칙에 따라 개방, 친환경, 청렴의 이념을 널리 전파하면서 높은 기준, 민생 혜택, 지속 가능한 발전이라는 목표를 실현해야 하며 더 많은 사람들이 '일대일로'의 결실을 누릴 수 있게끔 해야 한다"고 밝혔다. 시진핑은 또한 "호연호통(互联互通, 상호 연결)의 초석인 인프라 건설을 강화하고 과학기술 혁신과 다양한 문명 간 상호 학습을 증진하면서 상품, 자금, 기술, 인원의 원활한 유통과 세계의 균형잡힌 발전을 촉진해야 한다"고 강조했다. 2019년은 중화인민공화국 성립 70주년이라는 특별한 의미를 내포하고 있다. 시진핑 주석은 중국은 향후 일련의 중대한 개혁개방 조치를 통해 제도적, 구조적 건설을 강화하고 대외개방의 수준을 한층 더 제고할 것이며 각국 인민들과 함께 발전의 성과를 공유하면서 더 행복한 삶, 더 아름다운 세계를 만들어갈 것이라고 역설했

---

04   《제2차 "일대일로" 국제협력서밋 기업가 대회 25일 개최》, 2019년 4월 25일 ,남방
      망(南方网), http://news. southcn. com/china/content/2019 -04/25/content_
      186919497. html.

다.[05]

2019년 4월 27일, 제2차 "일대일로" 국제협력서밋 원탁정상회담이 베이징 옌치후(雁栖湖) 국제회의센터에서 개최되었다. 시진핑은 개막사를 통해 각 참여 주체들과 협력의 이념과 중점을 명확히 하고 협력 메커니즘을 체계화하면서 전방위적인 호연호통 강화, 파트너관계 심화, "일대일로" 질적 발전을 추진할 것이라고 밝혔다. 개막식 뒤에는 각각 1단계, 2단계, 3단계 원탁정상회담이 개최되었다. 각국 정상들은 △"호연호통 추진, 새로운 성장 모멘텀 발굴" △"정책 간 매칭 강화, 더욱 긴밀한 파트너 관계 구축" △"친환경적이고 지속 가능한 발전 추진, 유엔 2030 지속 가능 발전목표(SDGs) 실현" 등 의제에 대해 의견을 교환하고 중요한 공감대를 형성하였다. 각국 정상들과 국제조직 책임자들은 지난 5년간 "일대일로" 공동건설 과정에서 거둔 풍성한 결실들을 높게 평가했고 "일대일로" 이니셔티브가 무역, 투자, 인프라 건설, 국제 발전 협력 등 분야에 끼친 긍정적인 역할을 인정했으며 중국과 함께 "일대일로" 건설을 추진하면서 그 결실을 널리 공유할 수 있기를 기대한다고 밝혔다.[06] 4월 27일 오후 《"일대일로" 공동건설, 아름다운 미래 공동개척——제2차 "일대일로" 국제협력서밋 원탁정상회담 공동 코뮈니케》가 통과되었으며 중국국가주석 시진핑의 폐막사를 마지막으로 제2차 "일대일로" 국제협력서밋이 정식으로 막을 내렸다.

05　《한마음 한뜻으로 "일대일로" 건설의 아름다운 미래 공동 개척》,《인민일보》2019년 4월 27일 3면.

06　《제2차 "일대일로" 국제협력서밋 원탁정상회담 개최, 시진핑 주석이 사회를 맡고 축사를 발표하였다》,《인민일보》2019년 4월 28일 4면.

성과 내용

두 차례의 "일대일로" 국제협력서밋 기간 각국 정부, 지방, 기업들은 일련의 협력 컨센서스를 형성했고 중요한 조치를 실행했으며 실질적인 성과를 도출했다. 중국은 주최국으로서 이 중 상징성을 지닌 성과들을 선별 및 정리하여 제2차 "일대일로" 국제협력서밋 성과 리스트를 작성했다. 해당 리스트에는 △중국이 발의한 협력 이니셔티브 △서밋 준비 및 개최 기간 체결된 다자·양자 간 협력 문서 △국제협력서밋 프레임 안에서 구축된 다자간 협력 플랫폼 △투자 관련 프로젝트 △융자 관련 프로젝트 △국내외 지방 정부와 기업 간 협력 프로젝트 등 6대 카테고리, 총 283건의 구체적인 성과들이 포함되었다.[07]

중국이 발의한 협력 이니셔티브와 관련하여, 금번 서밋은 총 26개 부류의 성과를 도출했다. 구체적으로는 (1)《"일대일로" 이니셔티브 공동건설: 진전, 기여와 전망》《"일대일로" 국제협력서밋 자문위원회 정책성 건의 보고서》《청렴한 실크로드 베이징 이니셔티브》《"혁신의 길" 협력 이니셔티브》《"일대일로" 채무 지속가능성 분석프레임》 등 문서 혹은 이니셔티브 (2)발전 테마 채권 및 전용 차관 (3)"일대일로" 세관정보 교환 및 공유 플랫폼, 국가 표준화 정보 플랫폼 등 글로벌 협력 플랫폼 (4)장학금 프로젝트, "한어교(汉语桥)" 하계 캠프, 엘리트 교류 프로그램 등 학자, 인재 관련 교류 프로그램 (5)2019년 개최 예정인 제2회 중국국제수입박람회 및 박람회 기간 개최될 글로벌 전자상거래 서밋 등이 포함된다.

---

07   《제2차 "일대일로" 국제협력서밋 성과 리스트》,《인민일보》2019년 4월 28일 5면.

국제협력서밋 프레임 안에서 구축된 다자간 협력 플랫폼과 관련하여, 금번 서밋은 총 26개 부류의 성과를 도출했다. 구체적으로는 (1)중국과 이집트, 스리랑카, 아랍에미리트, 라트비아, 슬로베니아공화국, 피지군도공화국, 이탈리아, 네덜란드, 단마르크, 루마니아, 싱가포르 등 13개 국가에서 온 33개의 교통 및 세관 기구, 항구 기업, 항구관리국, 부두운영업체들이 공동으로 구축한 "해상 실크로드" 항구 협력 메커니즘과 공동으로 발표한 《해상 실크로드 항구 협력 닝보(宁波) 이니셔티브》 (2)중국과 영국, 프랑스, 싱가포르, 파키스탄, 아랍에미리트, 중국 홍콩 등 관련 국가 및 지역의 주요 금융기구들이 공동으로 체결한 《"일대일로" 녹색투자 원칙》 (3)다자간 개발 융자 협력센터, "일대일로" 친환경 발전 국제연맹, 지속 가능한 "일대일로" 도시연맹, 글로벌 비즈니스 갈등 예방 및 해결 조직, 중국—라틴아메리카 개발성 금융 협력 메커니즘, "일대일로" 국제과학조직연맹, 실크로드 국제박물관연맹 등 다양한 국제조직 설립 등이 포함된다. 이 외에도 중국은 많은 국가 혹은 국제조직들과 세수, 지식재산권, 에너지, 지진 복구 등 다양한 분야에서의 협력을 강화했으며 관련 협약을 체결했다.

투자 프로젝트와 관련하여, 금번 서밋은 총 17개 부류의 성과를 도출했다. 중국국가발전개혁위원회, 중국실크로드기금, 중국교통건설그룹유한공사, 중국중철고분유한공사(中国中铁股份), 중국투자유한책임공사, 중국국제금융고분유한공사 등 중국 정부 부처 혹은 기업들이 해외 관련 기구들과 다양한 프로젝트를 논의하였고 양해각서 등 협력 문서를 체결하였다.

융자 프로젝트와 관련하여, 금번 서밋은 총 4개 부류의 성과를 도출했다. 중국국가개발은행과 중국수출입은행은 다양한 국가의 재정부,

중앙은행 및 기타 금융기구들과 프로젝트 대출 및 융자 관련 협정을 체결했다. 이 외에도, 북기포톤기차고분유한공사(北汽福田汽车股份有限公司)가 중국—아프리카발전기금과 아프리카지역 자동차 투자 관련 협정을 체결했다.

국내외 지방 정부와 기업 간 협력 프로젝트와 관련하여, 중국—세르비아 우호산업단지 프로젝트, 중국—아랍에미리트 생산능력 협력 시범단지의 산업 및 과학기술 협력 프로젝트, 캄보디아 시아누크빌 특별경제구역 산업 고도화 및 사회 발전 관련 협력 프로젝트, 타지키스탄 공화국 중타이신실크로드(中泰新丝路) 농업방직 산업단지 프로젝트, 세네갈 잠나죠(Diamniadio) 산업단지 제2기 프로젝트, 미얀마 만달레이 시내교통 인프라 개조 프로젝트, 두바이 "일대일로" 물류·비즈니스·무역 종합체 프로젝트 등 다양한 프로젝트들이 계획대로 추진되고 있으며 이 중 일부 프로젝트는 이미 가시적인 성과를 거두었다.

(집필자: 비옌융주 卞永祖)

참고문헌

시진핑: 《전면적인 소강사회 건설, 새로운 시대 중국 특색 사회주의의 위대한 승리 쟁취──중국 공산당 제19차 전국대표대회에서의 보고》, 인민출판사 2017년호.

류쯔(刘稚) 편집장: 《메콩강 경제권 협력 발전 보고서 (2016/2015/2014)》, 사회과학문헌출판사 2016/2015/2014년호.

[미] Samuel P. Huntington: 《변화하는 사회의 정치 질서》, 상하이인민출판사 2015년호.

창둥량(常东亮): 《인류 운명공동체: 내적인 논리, 현실적인 도전과 실천 노선》, 《샤먼특구당교(厦门特区党校)학보》 2019년 제5기.

궈차오셴(郭朝先), 덩쉐잉(邓雪莹), 피스밍(皮思明): 《"일대일로" 생산능력 협력의 현황, 문제점과 대책》, 《중국발전관찰》 2016년 제6기.

리징쯔(李景治): 《공동상의·공동건설·상호공유의 글로벌 거버넌스관》, 《사상이론 교육지》 2018년 제8기.

리샹양(李向阳): 《"일대일로" 건설 중의 의리관》, 《세계 경제와 정치》 2017년 제9기.

류더중(刘德中): 《새로운 시대의 글로벌 거버넌스관 탐구 및 분석》, 《링난(岭南)학술지》 2018년 제1기.

류밍저(刘铭赜): 《"일대일로": 중국 특색의 글로벌 거버넌스》, 《쟝수사범대학교(江苏师范大学) 학보》(철학사회과학호) 2017년 제6기.

류스챵(刘世强): 《시진핑의 글로벌 거버넌스관: 사상의 출처, 이론의 핵심, 가치적 함의》, 《윈멍(云梦)학술지》 2017년 제3기.

어우양샹잉(欧阳向英), 리얜(李燕):《당대 중국의 글로벌 거버넌스관》,《관찰과 사고》 2019년 제6기.

팡중잉(庞中英):《글로벌 거버넌스 적자 및 해법——중국이 글로벌 거버넌스 적자 해결에서 차지하는 역할》,《사회과학》 2016년 제12기.

런린(任林):《누가 글로벌 거버넌스를 죽였는가?》,《세계지식》 2018년 제21기.

런린(任林):《중국의 글로벌 거버넌스관: 시대적 배경과 도전》,《당대 세계》 2018년 제4기.

런린(任林), 펑보(彭博):《글로벌 공공재 공급의 시각으로 바라본——글로벌 거버넌스 변화 형세 및 중국의 대응 방법》,《국제경제평론》 2020년 제1기.

루안중저(阮宗泽):《세계를 흔들고 있는 중국 특색의 대국 외교》,《공공관계세계》 2017년 제17기.

타오린(陶林):《중국의 글로벌 거버넌스 방안: 인류 운명공동체 개술》,《우한이공대학교(武汉理工大学) 학보》(사회과학호) 2020년 제1기.

왕판(王帆):《긍정적인 에너지를 발산하는 중국 특색의 대국 외교》,《공공관계세계》 2018년 제7기.

왕홍위(王宏禹), 주주(朱珠):《"제도 혁신"과 "과학기술 혁신": 혁신 구동형 "일대일로" 이니셔티브의 발전 노선》,《재정이론연구》 2019년 제5기.

왕쟈루이(王家瑞):《공동상의·공동건설·상호공유의 "일대일로" 새로운 호혜상생 구도 개척》,《인민포럼》 2015년 제28기.

왕펑추앤(王鹏权):《신형 국제관계 구축 글로벌 평화 적자 해소》,《붉은기문고(红旗文稿)》 2018년 제21기.

왕사오광(王少光), 장융훙(张永红):《마르크스 세계역사 이론과 인류 운명공동체에 대한 재고》,《이론가이드》 2020년 제1기.

웨이난즈(魏南枝):《공동상의 공동건설 상호공유의 방식으로 발전 적자 해결 촉진》,《붉은기 문고》 2017년 제20호.

우정리(吴增礼), 이표표(易飘飘):《인류 운명공동체: 문명 발전의 세계적 의미》,《쟝수대학교(江苏大学) 학보》(사회과학호) 2020년 제1기.

세라이후이(谢来辉):《"일대일로"와 글로벌 거버넌스의 관계——유형학적 분석》,

《세계 경제와 정치》 2019년 제1기.

양표(杨飘): 《글로벌 3대 적자 문제에 대한 사고》, 《국제공공관계》 2019년 제3기.

인원구이(殷文贵): 《인류 운명공동체에 대한 중국의 연구 및 논평》, 《사회과학동향》 2019년 제12기.

짠스유(詹世友): 《글로벌 논리의 체계화 노선——천하질서에 대한 도덕적 상상부터 인류 운명공동체까지》, 《화중과학기술대학(华中科技大学) 학보》(사회과학호) 2020년 제1기.

장청(张程): 《거버넌스 적자의 사상적 근원과 해결 방법》, 《붉은기 문고》 2017년 제17기.

장지룽(张继龙): 《인류 운명공동체 사상에 대한 중국 학계의 연구 및 논평》, 《사회주의연구》 2016년 제6기.

시진핑: 《인류 운명공동체 공동 구축》, 《인민일보》 2017년 1월 20일.

시진핑: 《개방을 통한 공동 번영 혁신을 통한 미래 개척——2018년 보아오 아시아 포럼 개막식에서의 기조연설》, 《인민일보》 2018년 4월 11일.

시진핑: 《더 아름다운 지구를 건설하기 위해 지혜와 역량을 기여해야 한다》, 《인민일보》 2019년 3월 27일 3면.

시진핑: 《"일대일로" 건설 공동 추진——"일대일로" 국제협력서밋 개막식에서의 기조연설, 《인민일보》 2017년 5월 15일.

《호혜상생, 균형발전, 안전효율을 골자로 하는 개방형 경제체계 구축》, 《인민일보》 2012년 12월 4일 6면.

《"일대일로" 건설 공동 추진——"일대일로" 국제협력서밋 개막식에서의 기조연설, 《인민일보》 2017년 5월 15일 3면.

《중국공산당 중앙위원회와 국무원이 발포한 〈과학기술 체계 개혁 심화 실행방안〉》, 《인민일보》 2015년 9월 25일.

《새로운 개방형 경제체제 구축에 관한 중국공산당 중앙위원회와 국무원의약간의 의견》, 《인민일보》 2015년 9월 18일.

가오후청(高虎城): 《글로벌 발전 협력 촉진에 관한 중국의 방안》, 《인민일보》 2015

년 9월 18일 7면.

"일대일로" 건설업무지도소조 판공실:《"일대일로" 이니셔티브 공동건설: 진전, 기여와 전망》,《인민일보》2019년 4월 23일 7면.

세쟈수(谢加书), 차이둥리(蔡东丽):《"일대일로" 건설은 3대 적자를 해결할 수 잇는 중국식 방안이다》,《2030 지속 가능 발전목표(SDGs)와 "일대일로" 건설——중국신흥경제체연구회 2017년 정례회의 및 2017년 신흥경제체포럼 (국제학술회의) 논문집 (하)》.

장훙(张红):《중국의 "4대 적자" 해결 방안》,《인민일보》(해외판) 2019년 3월 29일 1면.

시진핑:《성장노선 혁신 발전성과 공유——제10차 G20 정상회담 1단계 회의에서 발표한 세계경제 형세 관련 발언》, 2015년 11월 16일, 신화통신(新华社), http: //www. xinhuanet. com/world/2015-11/16/c_ 1117147101. htm.

시진핑:《제2차 "일대일로" 국제협력서밋 기자회견 발언》, 2019년 4월 27일,신화통신,http://www.xinhuanet.com/politics/leaders/2019-04/27/c_1124425067.htm.

《"일대일로"와 캄보디아 "사각전략(Rectangular Strategy)" 간 매칭 및 발전》, 2018년 1월 8일, 신화통신, http://www.xinhuanet.com/asia/2018-01/08/c_1122227601.htm.

《배경자료: 메콩강 경제권 경제 협력 및 정상회의》, 환구망(环球网), https: //world.huanqin.com/article/9CakmIG6DI.

《차우원더(曹云德): 캄보디아 경제 발전 판도》, 2012년 5월 9일, 중국신문망(中国新网),http://www.ce.en/eyse/newmain/yc/isxw/201205/09/120120509_21160130.shtml.

《메콩강 경제권 경제 협력》, 2019년12월, 외교부 홈페이지, https://www.fmprc.8ov.Cn/web/gihdg_676201/8ihdgn_681964/hg_682686/jbak_682688/.

《메콩강 경제 협력 계획: 개술》, 아시아개발은행 홈페이지, https://www.

adb.org/zh/publications/greater-mekong-subregion-economic-cooperation-program-overview.

《메콩강 경제 협력 정상회의에서 통과된 다양한 성과 문서》, 인민망(人民網), http://world. people. com.cn/n1/2018/0402/c1002-29901162.html.

《훈센(Hun Sen) 총리, 제5기 캄보디아 내각 제1차 회의를 소집하다》, 2013년 9월 27일, 주캄보디아 중국대사관 경제상무처, http://cb.mofcom.gov. cn/aarticle/ddgk/zwjingji/201309/20130900326895.html.

《캄보디아 인민혁명당, 푼신뺏당과 협력 협정을 체결하다》, 2004년 6월 30일, 신화통신, http//www.china.com.cn/chinese/HIAW/599076.htm.

《캄보디아 정부 〈사각전략(Rectangular Strategy)〉》, 2004년 12월 13일, 주캄보디아 중국대사관 경제상무처, http://cb.mofcom.gov.cn/aarticle/ddgk /zwminzu/200412/20041200318821.html.

《캄보디아 정부가 제기한 국가발전전략——"사각전략"》, 2004년 7월 17일, 신화통신, http://news. cri.cn/gb/3821/2004/07/17/106@235267. htm.

《"일대일로" 건설 중 과학기술 혁신 협력 추진에 관한 전문 계획》, 국가과학기술부 홈페이지, http://www.most.gov.cn/tztg/201609/t20160914_127689.htm.

《시진핑: 중국의 지속 발전은 "일대일로"에 강력한 동력을 부여할 것이다》, 2017년 5월 14일, 인민망, http://world.people.com. cn/GB/nl/2017/0514/c1002-29273754.htm.

《중국공산당중앙위원회와 국무원이 발포한 〈국가 혁신 구동형 발전전략 강령〉》, 2016년 5월 19일, 중국 정부 홈페이지, http://www.gov. cn/xinwen/2017-12/21/content5249241.htm.

《중국의 메콩강 경제권 경제 협력 참여에 관한 국가보고서》, 중국 정부 홈페이지, http://www. gov. cn/jrzg/2011 -12/17/content_ 2022602.htm.

《주캄보디아 중국대사: "일대일로"와 캄보디아 "사각전략" 간 매칭이 가속화되고 있다》, 2017년 4월 29일, 중국신문망, http://www.chinanews. com/gn/2017/04-29/8212051.shtml.

《주캄보디아 중국대사관 중국 국경절 축하행사 개최》, 2009년 9월 30일, 중국신문망, http: //news.sina.com.cn/o/2009-09-30/112116384750s.shtml.

《중국과 캄보디아 정부, "일대일로"와 "사각전략" 가속 매칭에 동의하다》, 2019년 1월 24일, 중평망(中评网), http://www.crnlt.com/doc/1053/1/7/2/105317217.himl?coluid=78kindid=0&docid=105317217&mdate=0124093210.

《중국과 캄보디아 간 우호 관계는 청년들의 왕래와 직결되어 있다》, 2019년 8월 13일, 중국신문망.

http://m.haiwainet.en/middle/3542185/2019/0813/content_31609677_1.html.

천지민(陈积敏):《"일대일로"에 대한 정확한 인식》, 2018년 2월 26일, 인민망, http://theory.people.com.cn/nl/2018/0226/40531-29834263.html.

류샤오밍(刘晓明):《"일대일로"의 황금법칙: 공동상의 공동건설 상호공유》, 2018년 3월 29일, 인민망, http://world.people.com. cn/n1/2018/0329/cl002-29896589.html.

_____
엮은이 소개

편집장

차이팡(蔡昉)   제13차 전국인민대표대회 농업 및 농촌위원회 부주임 위원
                중국인민은행 통화정책위원회 위원
                중국사회과학원 국가고위싱크탱크 이사회 부이사장 겸 수석전문가
                중국사회과학원 학부 위원

Peter Nolan   경제학자
                영국 케임브리지 대학교 예수학원 중국센터 주임

왕링구이(王灵桂)   중국사회과학원 부원장 겸 연구원

편집주간

자오지양린(赵江林)   중국사회과학원 국가고위싱크탱크 연구원

_____
옮긴이 소개

김극(金克)   중앙대학교 전문통번역학과 석사학위 취득(2016년)
             현재 프리랜서 번역가

"일대일로" 수첩
"一带一路"手册

초판1쇄 인쇄 2024년 5월 28일
초판1쇄 발행 2024년 6월 7일

엮은이   차이팡(蔡昉), Peter Nolan, 왕링구이(王灵桂), 자오지앙린(赵江林)
옮긴이   김극(金克)
펴낸이   이대현
편집   이태곤 권분옥 임애정 강윤경
디자인   안혜진 최선주 이경진
마케팅   박태훈 한주영

펴낸곳   도서출판 역락
출판등록 1999년 4월 19일 제303-2002-000014호
주소   서울시 서초구 동광로 46길 6-6 문창빌딩 2층 (우06589)
전화   02-3409-2060
팩스   02-3409-2059
홈페이지   www.youkrackbooks.com
이메일   youkrack@hanmail.net

ISBN 979-11-6742-613-0 93300